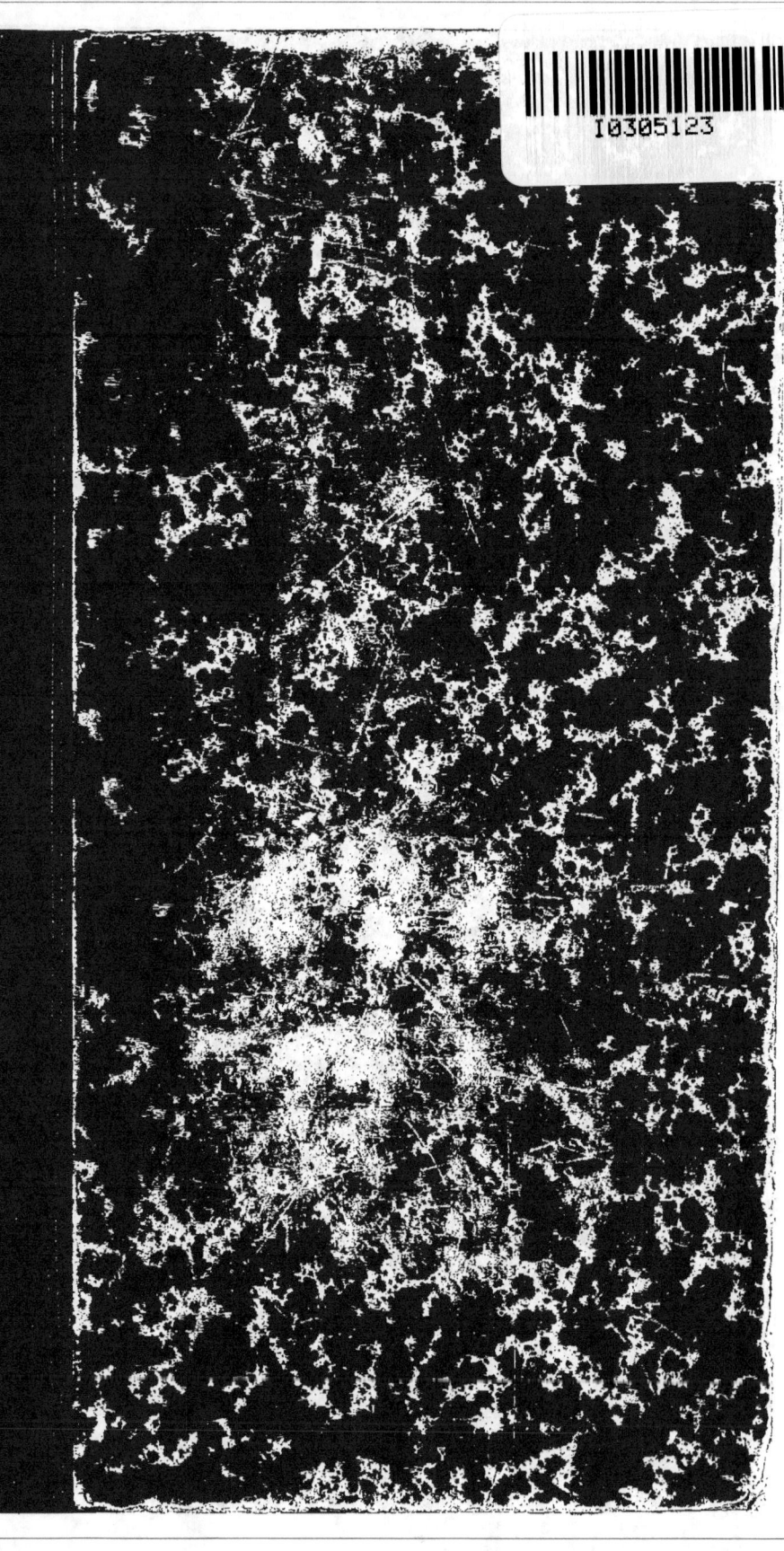

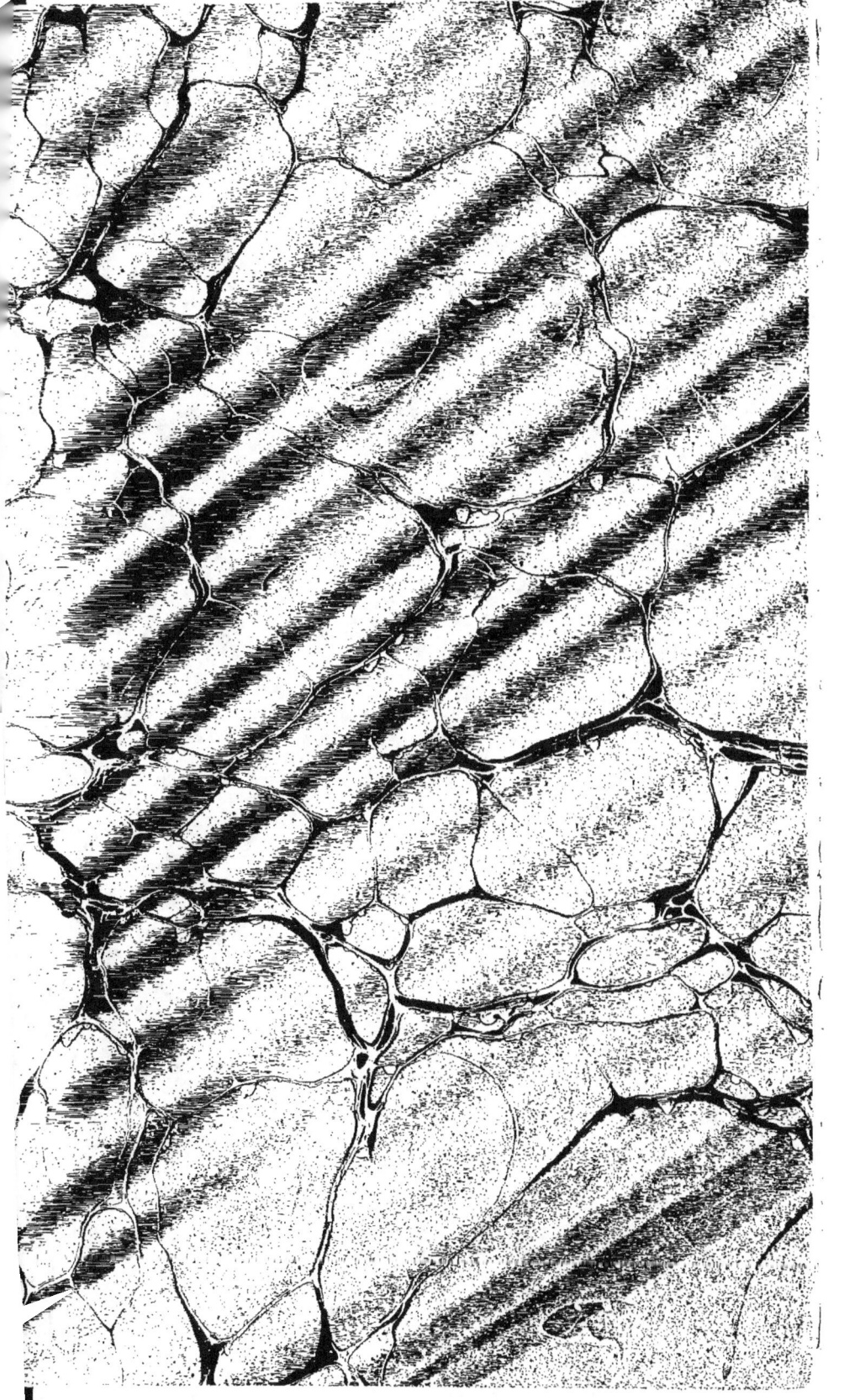

ÉPHÉMÉRIDES HISTORIQUES

DE LA ROCHELLE.

LA ROCHELLE. — TYP. DE A. SIRET,
PLACE DE LA MAIRIE, 3

ÉPHÉMÉRIDES

HISTORIQUES

DE LA ROCHELLE

Avec un Plan de cette ville en 1685 et une Gravure
sur bois représentant le Sceau primitif de son
ancienne Commune.

PAR

J.-B.-E. J.

MEMBRE DE L'ACADÉMIE DE LA ROCHELLE.

LA ROCHELLE
A. SIRET, IMPRIMEUR-ÉDITEUR,
Place de la Mairie, 3.

MDCCCLXI

1864

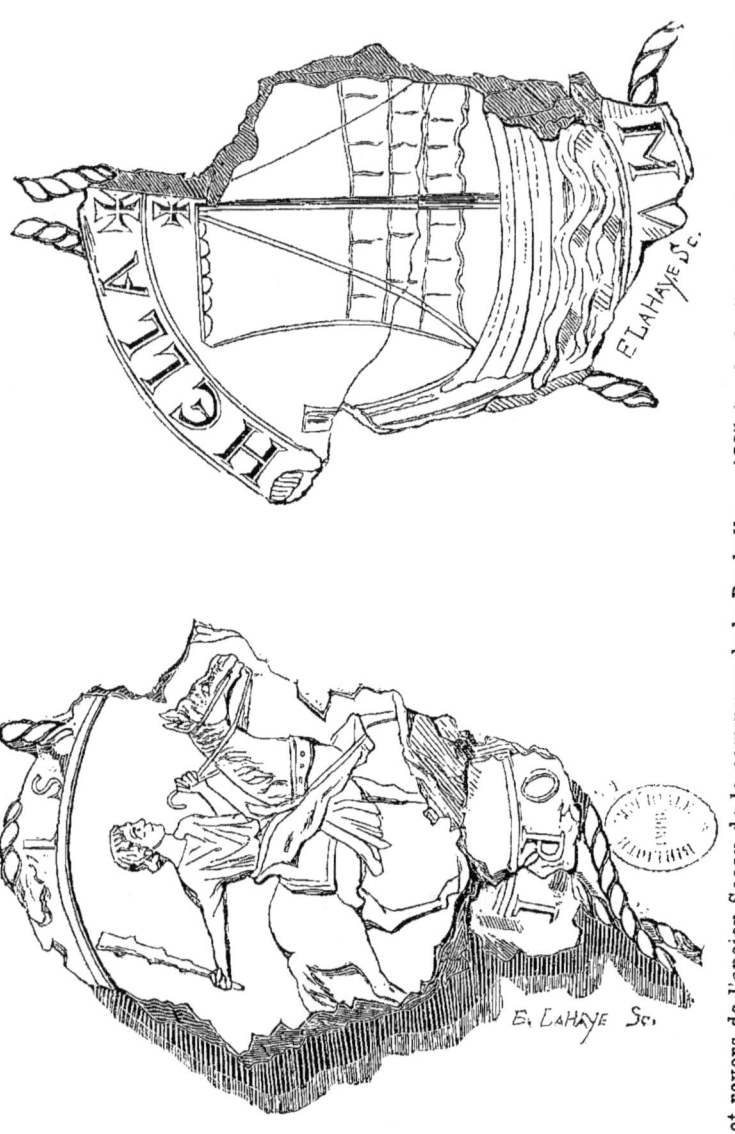

Face et revers de l'ancien Sceau de la commune de la Rochelle — 1225 (arch. de Fontevrault. — (v. p. 285 note 2.)

Ces pages, sans aucune suite entr'elles, sans ordre chronologique ni méthodique, écrites au jour le jour et au courant de la plume, sur des notes consultées à la hâte pour satisfaire à la double exigence de la concordance des dates et de la régularité d'un journal, méritaient-elles bien l'honneur d'être réunies en volume ? Quelques amis indulgents, et surtout l'éditeur, ont bien voulu le supposer ; mais je crains fort que beaucoup de gens, au nombre desquels je ne serais pas éloigné de me ranger, n'en jugent autrement. Encore, s'il m'eût été permis de les revoir, de corriger les incorrections de style, de mieux coordonner les articles qui ont trait au même sujet, de réparer plusieurs omissions, de donner à certains faits importants plus de développement que ne le comportait l'espace restreint d'un journal (1)... mais l'in-

---

(1) Près de la moitié des articles des Ephémérides n'ont pu trouver place dans les colonnes du *Courrier de la Rochelle*.

térêt de l'éditeur du livre, en même temps propriétaire et gérant du journal, exigeait que l'impression de l'un et de l'autre fut simultanée, ce qui rendait impossible tout travail de révision. D'un autre côté, un grand nombre de faits intéressants de nos annales n'ont pas de date précise ; à peine connaît-on le mois, parfois l'année, dans lesquels ils ont eu lieu ; beaucoup de lettres-patentes ou d'édits de nos Rois, octroyant d'importants privilèges aux Rochelais, sont datés du mois et non du jour où ils ont été accordés ; ils ne pouvaient par suite entrer dans le cadre que j'avais adopté : de là nécessairement de regrettables lacunes. Heureusement que le modeste titre D'ÉPHÉMÉRIDES commande l'indulgence au lecteur, qui se gardera bien de penser qu'en y ajoutant l'épithète D'HISTORIQUES, l'auteur ait eu aucune prétention au titre d'*historien* ; il sait trop tout ce qui lui manque pour en remplir les nombreuses et si difficiles conditions : s'il eût osé prétendre à écrire l'histoire de son pays, ce n'est certes pas sous cette forme ingrate qu'il l'eût entrepris.

Rochelais de naissance et de cœur, je n'ai eu d'autre but que de réveiller parmi mes compatriotes les souvenirs du glorieux passé de notre patrie commune ; de populariser les traditions de l'antique et grande famille rochelaise, en secouant la poussière de ses nobles parchemins ; de montrer à l'aide de quelles sages institutions, par quel courage et par quelle ermeté de caractère, nos pères avaient maintenu l'indépendance de leur cité et de leur gouvernement municipal et avaient conquis les immenses privilèges qui avaient porté si haut l'importance et la richesse de la Rochelle ; de signaler à la reconnaissance et au respect de leurs descendants les plus dignes et les plus illustres de nos aïeux ; de faire comprendre aux catholiques comme aux protestants qu'ils avaient trop de griefs mutuels à faire oublier, pour qu'il n'y eût pas sagesse de la part de tous à renoncer à de fâcheuses récriminations (1) ; d'aider ceux qui aiment non moins l'histoire des pierres que celle des hommes, à retrouver l'antique Rochelle dans les débris respectés par le temps, ou à l'aide des chroniques de nos vieux annalistes ; enfin d'épargner peut-être à quelques-uns l'humiliation à laquelle j'ai été exposé, il y a quelques dix ans, et qui a déterminé ma première résolution d'étudier sérieusement les annales de ma ville natale.

Une circonstance particulière me mit alors dans l'obligation de faire les honneurs de notre cité à un magistrat non moins éminent par son intelligence et par son savoir que par les hautes fonctions dont il était revêtu. Très versé dans l'étude de l'histoire, il y avait puisé la plus haute opinion de la Rochelle, et se promettait un grand plaisir, en y venant passer quelques jours, de visiter les lieux où s'étaient passés tant de grands évènements. J'avais eu l'imprudence, par un sentiment d'amour-propre que je ne tardai pas à expier chèrement, de me vanter d'être Rochelais, et le savant étranger ne crut pas pouvoir trouver de meilleur cicérone.

---

(1) Loin de moi la pensée de méconnaître que nulle part peut être les deux cultes ne vivent en aussi grande harmonie qu'à la Rochelle, où jadis les rivalités religieuses ont été si ardentes ; et ce n'est pas un des traits les moins remarquables du caractère rochelais que les dissidences religieuses ou politiques ne nuisent en rien aux bons rapports de toutes les classes de la population entr'elles ; mais les zélés de l'une et l'autre religion m'ont reproché tour à tour d'avoir manifesté des sentiments trop favorables pour ceux dont ils ne partageaient pas les convictions : je leur devais donc cette déclaration d'impartialité.

X

Je ne puis me rappeler encore sans confusion de combien de questions son avide curiosité humilia mon inexcusable ignorance des choses de mon pays : « Vers quelle époque remonte la fondation de la Rochelle? A qui attribue-t-on la création de sa commune, qui acquit une telle indépendance, qu'on l'appelait souvent *République*? (1) Quelle était son organisation? De combien de membres se composait son fameux *Sénat*? Qu'appelait-on *pairs, échevins, conseillers*? (2) Où était situé et qui avait construit le château, cette bastille rochelaise, dont l'adroite conquête, fort plaisamment racontée par Froissard, et la destruction servirent si puissamment l'émancipation et les franchises communales des Rochelais? (3) De quelles dates sont ces vieilles tours, qui donnent à l'entrée du port une physionomie si originale? (4) Sur les vitraux de laquelle Louis XI a-t-il écrit ces mots restés célèbres : *O la grande folie!* (5) C'est de l'une à l'autre sans doute que, pour fermer l'accès du port, se tendait chaque soir la grosse chaîne, qui, selon Rabelais, servit à lier Gargantua? (6) Le nom de cette belle tour, en forme de clocher, fait supposer que là devait se trouver la *lanterne* qui guida Pantagruel au *port de Lanternois?* (7) Ce monument moderné de la

(1) V. 19 fév. 1152, 26 déc. 1199, 30 août 1542, 19 nov. 1572 et 29 juill. 1624.
(2) V. 27 mars 1544, 15 et 19 avril 1398.
(3) V. 26 déc. 1199, 15 août 1372, 22 janv. et 17 juin 1373.
(4) V. 19 nov. 1651. — (5) V. 25 mai 1472.
(6) V. 25 mai 1472 (note). — « .... Craignant que Gargantua ne se gastat, il feist faire quatre grosses chaisnes de fer pour le lier et de ces chaisnes en avez une à la Rochelle, que l'on lève au soir, entre les deux grosses tours du hâvre. » *(Pantagruel, t. 2. chap.* IV.)
(7) V. 28 avril 1443 (note). — « .... Sur l'instant entraisnez au port de Lanternois. Là, sur une haulte tour, recognust Pantagruel la lanterne de la Rochelle, laquelle nous feist bonne clarté. » *(Ibidem.)*

Grosse-Horloge serait-il l'ancien beffroi communal ou une vieille porte de ville? (1) Le charmant petit hôtel, que vous appelez d'Henri II, a-t-il appartenu à ce prince où l'a-t-il habité? (2) En admirant votre vieil échevinage on est frappé d'une diversité de style et d'architecture, qui révèle des constructions successives; on pourrait croire que du haut de la tribune qui termine l'escalier, Guiton devait ranimer le courage du peuple, si cet escalier fait d'hier ne formait avec le reste de l'édifice un choquant anachronisme. (3) Où est l'emplacement de ce fameux boulevard de l'Évangile, théâtre de tant d'héroïsme de la part de vos pères et de leurs dignes compagnes? (4) Dans quel hôtel, pendant son long séjour à la Rochelle, Jeanne d'Albret trônait-elle au milieu de sa brillante cour des plus grands seigneurs protestants? (5) Où habitait cette fière duchesse de Rohan pendant le siège de 1627, dont elle supporta avec tant de courage l'horrible famine? (6) Quelle était donc la pauvre église, seule restée debout, dans laquelle officia le cardinal Richelieu, après l'entrée de Louis XIII? (7) Où était logé ce prince durant cet interminable siège et dans le séjour qu'il fit dans la ville après sa reddition? (8) Un monument ne fut-il pas élevé pour consacrer la mémoire de ce grand événement? (9) Montrez-moi la maison de ce héros populaire, dont la sombre énergie personnifie si bien cette dernière lutte du parti protestant et des antiques libertés municipales? (10)

(1) V. 24 décemb. 1792, 15 avril 1398. — (2) V. 8 avril 1748. — (3) V. 1er mars 1298, 18 janvier 1790. — (4) V. 4 déc. 1222, 10 avril 1573, 27 juin 1590. — (5) V. 25 mars 1571, 2 nov. 1628. — (6) V. 1er février 1617, 13 févr. 1626. — (7) V. 9 mai 1600, 1er nov. 1628. — (8) V. 12 octob. 1627, 1er octob. et 2 nov. 1628. — (9) V. 15 janvier 1629 (note). — (10) V. 24 oct. 1828 (note).

XII

A défaut de statues, on cherche en vain quelque inscription qui révèle la demeure des Valin, (1) des Dupaty, (2) des Duperré (3) et autres illustrations nées dans vos murs?.... (4) » Et il continuait toujours, sans paraître s'apercevoir que chacune de ses questions, auxquelles je balbutiais des réponses évasives, était une nouvelle blessure à mon amour-propre. En vain j'employais le temps qu'il me laissait libre à feuilleter les ouvrages d'Arcère, de Massiou et de Dupont, que j'avais empruntés : ils étaient presque toujours muets, ou ne m'offraient que de vagues éclaircissements, souvent encore erronés, comme je l'ai reconnu depuis. Que j'eusse payé cher alors le livre qui m'eût permis de satisfaire l'ardente curiosité de mon impitoyable questionneur !

Ces Éphémérides ne sont cependant pas un Manuel du cicérone rochelais, un guide du voyageur ; elles sont plutôt un aide-mémoire, des notes à consulter, qu'on ne saurait lire d'une façon suivie, mais que l'on pourra utilement interroger, non seulement sur les principaux évènements de l'histoire de notre ville, mais encore sur une multitude de particularités et de petits faits négligés par les historiens, dont ils eussent embarrassé le récit et retardé la marche, et qui n'en ont pas moins un véritable intérêt pour la connaissance des lieux et l'étude des mœurs. La difficulté était de pouvoir s'y reconnaître au milieu d'une telle confusion de faits et de dates et trouver, sans longues et ennuyeuses recherches, les renseignements désirés. Une table alphabétique et analytique très détaillée

---

(1) V. 10 juin 1695. — (2) V. 9 mai 1746 (note). — (3) V. 20 fév. 1775. — (4) V. 21 avril 1370, 1er janv. 1543, 2 oct. 1619, 23 avril 1756, etc.

m'a paru le seul moyen d'y parvenir et je n'ai pas dû reculer devant cette tâche pénible, ni m'effrayer de la longueur de ce complément indispensable, en fesant tous mes efforts pour qu'il ne se glissât pas trop d'erreurs dans la multitude de chiffres qu'il m'a fallu entasser.

J'ai pensé qu'un plan de la Rochelle viendrait ajouter quelque valeur à un livre, qui n'en aura guères peut-être à bien des yeux ; j'étais embarrassé seulement sur l'époque qu'il convenait le mieux de choisir. Les deux plans de la ville actuelle, publiés presque simultanément dans ces derniers mois, auraient suffi pour me détourner d'augmenter encore le grand nombre de ceux qui existent déjà, alors même qu'un plan historique ne m'eût pas semblé plus en rapport avec le but que je m'étais proposé dans cet ouvrage. Ayant publié, il y a quelques années, à la suite de l'histoire du siège de 1572-73 de Cauriana, le plan de la Rochelle de cette époque, j'avais eu d'abord l'idée de donner celui du temps du siège de 1627-28, avec le nouvel accroissement qu'avait pris la Rochelle par l'adjonction des terrains qui formaient *la ville-neuve*, et avec les grands bastions royaux et les nouvelles fortifications élevés de 1596 à 1622 ; mais la grande carte du célèbre graveur Callot, la réduction qu'en a donnée l'ancien libraire Lacurie, le plan qui se trouve dans l'ouvrage d'Arcère, sans compter un grand nombre d'autres publiés en différents temps, l'ont déjà mis dans beaucoup de mains et presque popularisé. J'ai donc préféré le plan complétement inédit de l'époque qui a précédé immédiatement la révocation de l'édit de Nantes; c'est-à-dire quand la Rochelle, toute démantelée, n'avait conservé des anciennes fortifications et de ses vieilles murailles que le front sud de la place, formé par les murs du Gabut et de la Chaîne, avec leurs belles tours dont la mer venait battre le pied, et un pan du premier mur d'enceinte encore debout dans le jardin de l'hôpital fondé par Auffrédy. Dépouillée de sa ceinture de pierre, la Rochelle avait pu s'étendre à l'aise au-delà de ses anciennes limites, aller tendre la main, pour ainsi dire, aux faubourgs de Lafons, de Saint-Éloy et de Tasdon, relever l'ancien faubourg du Colombier et créer les nouveaux faubourgs de la Vallée et de la porte des Deux-Moulins ; l'ingénieur général Ferry n'avait pas encore démoli une partie de ces faubourgs pour élever les nouvelles fortifications ; le grand temple de la place du château, destiné à devenir bientôt la proie des flammes, servait toujours de cathédrale et le *prêche* de la ville neuve, entouré d'une belle place plantée, n'était pas tombé sous le marteau du fanatisme catholique ; les paroissiens de chacune des cinq paroisses avaient pu relever leur église de ses ruines et rétablir près d'elle leur cimetière particulier ; les couvents, plus nombreux qu'avant les guerres de religion, occupaient dans tous les quartiers de la ville des terrains aussi vastes qu'autrefois ; notre Place d'armes, dont on admire aujourd'hui les belles proportions, étroite et irrégulière alors, était en partie occupée par le Grand Temple, qui s'avançait presque jusqu'à la hauteur de la rue Gargouillaud, par les bâtiments de la Vieille Monnaie et par la chapelle Ste-Anne ; la tour de Saint-Nicolas avait conservé les ouvrages de fortification qu'y avait fait faire le rebelle comte du Doignon, et l'on distinguait encore les traces des travaux de défense entrepris alors par les habitants ; sur l'emplacement du bassin se trouvait la fosse aux mâts, et une grande partie de la petite rive était couverte par les celliers et magasins de la *Compagnie des grandes Indes;* les ponts de Saint-Sauveur, de Maubec et de la Gourbeille, flanqués de leurs vieilles tours, n'étaient point démolis; les portes de Mallevault, de Cougnes, de Maubec, de la Poterie, de la grande et petite rue du Port, l'ancienne Porte-Neuve, la porte de Vérité, la triple porte de Saint-Nicolas subsistaient encore; la tour de Moureille marquait l'angle sud-est de la vieille ville; la jolie place Habert, entourée d'une double rangées d'arbres, n'avait pas disparu sous les constructions de l'arsenal... En un mot, la physionomie de la Rochelle était tout autre que celle qu'elle offre aujourd'hui, et j'ai pensé que ses fils auraient quelque plaisir à contempler ce vieux portrait de famille.

Enfin, grâce à la complaisance de M. Paul Marchegay, j'ai pu utiliser les bois qu'il avait fait graver pour l'une de ses savantes publications, et qui représentent la face et le revers du plus vieux sceau connu de la commune rochelaise. Outre l'intérêt qu'elle m'a paru offrir, l'image de ce sceau mutilé, dont quelques lettres de la légende se lisent à peine, mais laissent deviner le reste, m'a semblé l'emblême assez fidèle de ces lambeaux historiques, que j'ai baptisés du nom D'ÉPHÉMÉRIDES, et qui comme les almanachs, ses pareils, ne méritaient guères de survivre à l'année qui les avait vus naître.

J.-B.-E. J.

La Rochelle, le 2 Janvier 1861.

ÉPHÉMÉRIDES ROCHELAISES.

Tout le monde sait que ce fut par un édit de Charles IX., donné à Roussillon, en Dauphiné, le 9 août 1564, que le premier jour de l'année fut fixé pour l'avenir au 1er janvier. Antérieurement dans l'Aquitaine, dont faisait partie la Rochelle, l'année commençait le 25 mars, contrairement à l'ancienne coutume de France, qui fixait le premier de l'an au jour de Pâques. Toutefois, l'année municipale rochelaise continua de s'ouvrir le jeudi après la Quasimodo, jour de l'installation du Maire, dont l'élection avait lieu chaque année, le dimanche de la Quasimodo.

1ᵉʳ Janvier.

1543. — Jamais la Rochelle ne vit éclater de plus vifs transports d'allégresse qu'en ce jour, qu'elle croyait être celui de sa ruine. Deux jours auparavant (1) François Iᵉʳ était arrivé dans ses murs, précédé du plus menaçant appareil, et annonçant l'intention de punir d'un châtiment exemplaire la résistance que les Rochelais et les îles voisines avaient opposée à l'établissement de la gabelle. Descendu à l'ancien hôtel de Mérichon, situé vis-à-vis du grand vitrail de l'église de Saint-Barthélemy,

---

(1) C'est par erreur qu'Arcère dit qu'il y arriva le 2 décembre.

entre les rues de Bazoges et des Augustins, le roi avait fait dresser, dans la cour, un magnifique théâtre, sur lequel il tint un lit de justice, entouré des princes du sang, du chancelier, des cardinaux et des plus grands seigneurs. Les plus notables Rochelais, en habits de deuil, à genoux et tout en larmes, attendaient avec effroi la terrible condamnation dont les menaçait la colère du roi, quand, après leur avoir reproché en termes sévères leur coupable révolte, le monarque, changeant tout coup de langage, leur annonça qu'il leur pardonnait comme un père à ses enfants, et que, sûr désormais de leur fidélité, il regardait les Rochelais comme ses meilleurs amis. Aussitôt la joie la plus vive éclata en bruyants transports et en acclamations enthousiastes ; toutes les cloches de la ville et de nombreuses salves d'artillerie célébrèrent cet heureux évènement; les carrefours s'éclairèrent, le soir, de nombreux feux de joie, et un splendide souper fut offert à Sa Majesté dans la salle de saint Michel (dans la petite rue de ce nom). Le repas fini et les tables enlevées, le roi ouvrit le bal avec les princes d'Orléans et de Vendôme, et le duc de Saint-Pol; et trente des plus notables citoyens, qui déjà l'avaient été chercher, une torche allumée à la main, le reconduisirent ensuite à son hôtel. *(Voy., du roy François Ier en sa ville de la Roch. — Gallant, Bruneau, etc.).*

1764. — Inauguration de l'hôtel de la Bourse, commencé en 1760, sous la direction de M. Hüe, ingénieur en chef; il ne fut cependant terminé qu'en 1785, époque à laquelle furent plantés les tilleuls, qui sont au fond de la cour. C'était le troisième construit, depuis 1650, sur le même emplacement; les deux premiers avaient été dévorés par des incendies. *(ms. de Perry).*

2 Janvier.

1543. — Après avoir reçu les hommages du conseil de ville et des principaux citoyens, avoir entendu la messe à l'église Saint-Barthelemy et déjeuné chez l'avocat Mathurin Tarquex, seigneur des Fontaines, François Ier partit de la Rochelle, salué par les acclamations de la plus vive reconnaissance. *(Voy., du roy François Ier. — Gallant).*

1772. — Achèvement des travaux, commencés depuis le mois d'avril 1670, pour enlever la vase et les pierres, qui menaçaient de combler le port; on en ôta environ cinq pieds de hauteur, que l'on transporta sur des gabarres dans l'anse des Coureilles. *(ms. du temps).*

3 Janvier.

1423. — Ordonnance de Charles VII, qui défend aux maire et membres du corps de ville de se rendre adjudicataires, directement ou par personnes interposées, des fermes de la commune.

1571. — Après l'édit de pacification, trop justement appelé *la paix boiteuse et mal assise*, le maréchal de Cossé et Dupin, conseillers au parlement de Rennes, furent envoyés comme commissaires, par la cour, pour rétablir l'exercice du culte catholique à la Rochelle. Un certain nombre de personnes, choisies parmi les plus notables de l'une et l'autre religion, jurèrent, ce jour là, entre leurs mains, au nom de tous les habitants leurs coréligionnaires, de vivre à l'avenir *en bonne paix et union*. (1) Les églises ayant été détruites dans les troubles précédents, les catholiques célébrèrent la messe dans un vaste magasin qu'on fit planchéier. *(Ph. Vincent. — Chronique de Langon).*

1642. — Une violente tempête, qui dura plusieurs jours, jeta à la côte, près de Tasdon, un gros corsaire algérien, monté par 140 Turcs et 25 Chrétiens. Les hommes furent envoyés aux galères, et le vaisseau servit de magasin pour l'armée navale du roi. *(ms. recherches curieuses).*

4 Janvier.

1628. — Pendant le siège, la Grossetière et la Cotencière sortent de la ville, avant le jour, avec un petit peloton de cavalerie, fondent sur un gros de mousquetaires royaux, postés vers Saint-Maurice, les rompent, les mettent en fuite et leur font un certain nombre de prisonniers. *(Mervault).*

---

(1) Arcère s'est trompé en fixant, au 3 janvier 1570, la date de cette cérémonie.

1819. — Installation à la Rochelle des frères de l'école chrétienne. Ils s'établirent d'abord dans les dépendances de l'ancien couvent des religieuses hospitalières, dans la rue Rambaud, et quand le séminaire eut été transporté sur l'emplacement jadis occupé par le monastère des pères Capucins, ils vinrent prendre possession de l'ancienne maison de l'Oratoire, qui avait longtemps servi de séminaire.

5 Janvier.

1619. — Malgré les défenses de la cour, une assemblée générale de protestants, convoquée à la Rochelle, avait ouvert ses séances dans les derniers jours du mois précédent. Le lieutenant criminel de Voyon, ayant voulu faire respecter les volontés du roi, on le chassa, ce jour là, de la ville, lui et toute sa famille. Des ordres réitérés de Louis XIII finirent par lui en rouvrir les portes ; mais, informée de son retour, *toute la ville*, dit Colin, fut aussitôt sous les armes. Le maire crut devoir se mettre à la tête des patrouilles, pour empêcher qu'on ne se portât à quelques excès sur sa personne. Il fut résolu aussitôt de le bannir à perpétuité avec sa famille. L'impopulaire magistrat jugea prudent alors de se retirer de la Rochelle, et n'y rentra que le 26 août suivant. Telle était l'autorité dont jouissait à la Rochelle le pouvoir royal. *(Colin)*.

1709. — Commencement du grand hiver. La gelée dura 18 jours. Beaucoup de gens périrent de froid ; bêtes et oiseaux tombaient morts dans les campagnes ; le froment valut jusqu'à 10 livres le boisseau, prix énorme pour le temps. *(ms. contemporain)*.

6 Janvier.

1628. — Terrible tourmente qui, à la grande joie des Rochelais, renverse en partie la digue construite par Richelieu, et jette à la côte trois des vaisseaux du roi, dont l'un est brisé et mis en pièce devant le fort Louis. *(Mervault)*.

1760. — Une assemblée générale du commerce décide qu'il sera construit une nouvelle Bourse, pour remplacer celle qui avait été détruite par les flammes. Le 7 juin suivant, on plaça dans l'un des piliers de l'édifice, une plaque de cuivre constatant la date de sa construction, et sur laquelle étaient gravés les noms des principaux fonctionnaires et des notables du commerce. *(ms. de Perry).*

7 Janvier.

1616. — Le Maire, Paul Yvon (1), ayant été outragé par le tribun Tharay, veut le faire arrêter ; le peuple s'y oppose. Ce singulier personnage fait alors le serment de ne boire, ni manger avant que le coupable ne soit mis en prison. Déjà il était à son quatrième jour de jeûne, quand heureusement l'insolent consentit à se constituer prisonnier et à demander pardon à l'excentrique magistrat, qui eût poussé la bizarrerie peut-être jusqu'à mourir de faim plutôt que de manquer à son ridicule serment. *(Merlin.)*

8 Janvier.

1348. — Date de l'acte de fondation de l'hôpital Saint-James ou Saint-Jacques, par Henri de Nochoue et Jehanne, sa femme. Il formait l'angle des rues de la Verdière et des Saints-Pères, et fut démoli, en 1557, pour la construction de la citadelle projetée par Henri II (1). *(Arch. de l'hôpital Saint-Barthelemy).*

1373. — Lettres patentes de Charles V, qui déterminent les limites de la banlieue de la Rochelle. Elle comprenait alors 37 paroisses, sans compter celles de la ville ; la paroisse de Ciré y fut annexée plus tard. *(A. Barbot).* — Autres lettres du même monarque, qui, en récompense des preuves de fidélité que les Rochelais avaient données à la France, en chassant les Anglais de leur ville et en se soumettant à l'obéissance du roi, confèrent à perpétuité le droit de noblesse héréditaire au

---

(1) Il était seigneur de Laleu et oncle de Tallemant des Réaux, qui lui a consacré, sous le nom de *Laleu*, une *historiette* remplie de tant d'excentricités qu'on est autorisé à croire que le pauvre magistrat avait la raison quelque peu altérée. On distingue encore ses armoiries sur les murs de l'église de Laleu.

(1) Voir la XIXe lettre rochelaise.

maire et aux 24 échevins de la commune de la Rochelle et à leurs successeurs. *(Delaurière).*

1705. — Dans la nuit du 8 au 9 janvier, un terrible incendie consumme entièrement le tribunal de commerce, appelé l'*auditoire de la juridiction consulaire*. *(Arcère).*

9 Janvier.

1568. — François Pontard, élevé dès l'âge de 27 ans à la dignité de maire (1), non moins fougueux calviniste qu'ardent partisan du prince de Condé, chef des protestants, profite de son autorité pour lever l'étendard de la révolte et faire prononcer la Rochelle en faveur du prince. Dès six heures du matin, il parcourt les rues de la ville à cheval, accompagné du ministre de Nort et du lieutenant général lui-même, Jean Pierre; appelle le peuple aux armes; fait désarmer les *papistes*, emprisonner les prêtres et ceux des bourgeois qu'il sait contraires à ses projets, et laisse la populace se ruer dans les églises, dont elle a bientôt déchiré les images, brisé les statues, détruit, brûlé ou enlevé ce qu'elles contenaient de plus précieux. Peu à près, le prince de Condé, averti par Pontard, dépêchait à la Rochelle son lieutenant de St-Hermine, pour régulariser le mouvement insurrectionnel. *(Am. Barbot.)*

1641. — M. de Villemontée, intendant des provinces de Poitou, Angoumois, Saintonge et Aunis, procède à l'inauguration solennelle de la *cour souveraine des salins*, établie à la Rochelle par un édit de 1639, et dont il avait été nommé premier président. Revêtue de la même autorité que la cour des aides, cette nouvelle cour de justice devait avoir dans ses attributions non-seulement la juridiction souveraine et l'administration de tout ce qui concernait les marais-salans des Sables-d'Olonne, de Montaigu, de Brouage, de la Charente, de la Seudre, du gouvernement de la Rochelle et des îles voisines; mais encore la juridiction et la police administrative du gouvernement de la Rochelle. Elle se composait de

(1) « Jusques alors il n'en avoit esté pourveu en si bas âge » *(A. Barbot).*

trois présidents et dix-huit conseillers, d'un procureur général, deux avocats généraux et de deux substituts. Cet établissement souleva tant de difficultés, de réclamations et de protestations de toutes sortes de la part de plusieurs parlements, sièges présidiaux, amirautés, tribunaux consulaires, archevêques, évêques et hauts justiciers, qu'au mois de septembre 1643, le roi crut devoir casser, par un nouvel édit, la Cour des Salins de la Rochelle, qui ne dura guère plus de deux ans. *(Colin, etc.).*

1794. — Fête magnifique, organisée par les soins du commissaire du salut public, Julien, à l'occasion de la reprise de Toulon. Sur un char attelé de trois chevaux richement caparaçonnés, trônaient les trois déesses de la Liberté, de l'Égalité et de la Victoire, représentées par trois belles rochelaises, au pied desquelles un enfant demi nu tenait le livre de la Loi sur les genoux. Vingt jeunes *citoyennes* entouraient le char, vêtues de blanc, avec un ruban tricolore en sautoir. La foule suivait, en faisant retentir l'air des cris mille fois répétés de : *vive la République ! vive la Montagne ! vivent les vainqueurs de Toulon !* Arrivé à la Cathédrale, décorée du beau titre de *temple de la Raison*, on entonna des hymnes républicains, et on représenta les héros et les dieux de la Montagne terrassant les préjugés et foudroyant les têtes couronnées. Puis, déesses, nymphes et simples citoyens se répandirent sur la place, où ils formèrent des chœurs de danse jusqu'à la fin du jour. *(Voir l'Histoire de la Roch. de Dupont).*

10 Janvier.

1704. — On ressentit à la Rochelle un tremblement de terre vers les six heures du soir. *(Arcère).*

11 Janvier.

1463. — Marie d'Anjou, fille du roi de Naples et veuve de Charles VII, ayant reçu en douaire, entr'autres domaines, le bailliage d'Aunis, était venue à la Rochelle pour surveiller l'arpentage qu'elle en avait ordonné. Pendant le séjour de près d'une année qu'elle fit dans notre ville, Louis XI, son fils, vint l'y visiter, affectant une grande simplicité et refusant les honneurs que la commune voulait lui faire. Ce fut de la Rochelle que, le 11 janvier, il expédia des lettres patentes par lesquelles, après avoir résolu de prolonger son voyage jusqu'à Bayonne, il institua gouverneurs de Paris, pendant son absence, Bertrand de Beauveau, président de la cour des comptes, et Ch. Melun, seigneur de Landes. *(A. Barb. Bruneau, don Lobineau)*.

1613. — Il s'était manifesté depuis quelque temps déjà, de la part des bourgeois contre le Corps de ville, une vive opposition, qui menaçait de dégénérer bientôt en révolte. Les premiers se plaignaient, non sans raison, des graves atteintes portées aux institutions municipales par les brigues qui présidaient aux élections du Maire ; par le scandaleux trafic que l'on faisait des charges d'échevins et de pairs; par les abus d'autorité dont étaient victimes beaucoup de citoyens, qu'on emprisonnait sous le moindre prétexte, sans leur laisser la facilité de se défendre, etc. Le désir de mettre un terme à un pareil état de choses, avait porté les bourgeois à se réunir dans des clubs où l'aristocratie municipale n'était sans doute pas épargnée et où il avait été résolu d'invoquer l'intervention de l'autorité royale. Le 11 janvier, le Corps de ville répondit à ces plaintes en rendant une ordonnance prohibant, sous peine de mort, *tous conventicules et assemblées illégitimes*. Cette terrible mesure, qui montre de quelle puissance jouissait le Corps municipal, ne découragea pas le parti démocratique, et, l'année suivante, les bourgeois contraignirent leurs adversaires à subir *vingt-huit articles* destinés à faire cesser les abus dont ils se plaignaient. *(Bruneau, Merlin)*.

12 Janvier.

1419. — Charles VI confirme, par des lettres-patentes, l'obligation imposée à tous les hôteliers de la Rochelle, de renouveler leur serment chaque année entre les mains du nouveau Maire, et de jurer notamment de lui apporter les noms et qualités de tous les étrangers qui logeraient chez eux. *(Invent. des privilèges)*.

1556. — La Cour, contrairement à l'engagement pris par

Charles V (1), qu'il ne serait jamais rétabli à la Rochelle aucun château ni forteresse, avait résolu d'y faire construire une citadelle, sous prétexte de faire de la Rochelle un puissant boulevard contre les tentatives des Anglais. Elle devait embrasser presque tout le quartier du Perot (de Saint-Jean), depuis la plate-forme de la Verdière jusqu'au port, en y comprenant les tours de la Chaîne et de la Lanterne. L'église de Saint-Jean et les bâtiments des chevaliers de Malte, le vaste couvent des Carmes et son église, si vénérée des marins, furent condamnés à être démolis. Le gouverneur d'Estissac, qui nourrissait de mauvaises dispositions contre les Rochelais, mit une perfide diligence à activer les travaux, pendant que ceux-ci ne cessaient de faire des démarches pour faire renoncer la Cour à sa résolution. Ce jour-là, ils envoyèrent au Roi des députés, qui réussirent à mettre dans leurs intérêts plusieurs grands du royaume et finirent par faire abandonner ce projet de citadelle, plus menaçant pour leurs libertés que pour les ennemis de la France. (*A. Barbot, man. de la Bibliothèque, n° 2,130*).

13 Janvier.

1574. — Condamnation par un tribunal, composé de membres du présidial et de juges de l'amirauté, des équipages de trois navires, commandés par un gentilhomme Lucquois, argentier du roi, nommé Luchani, et, qui, croisant sur les côtes de la Saintonge et de l'Aunis, avec l'assentiment de la Cour, croyait-on, arrêtaient et pillaient les navires qui venaient trafiquer à la Rochelle. Dix hommes furent pendus sur la petite rive; les autres furent fouettés à tous les cantons de la ville. Luchani et son frère parvinrent à s'échapper et ne furent exécutés qu'en effigie. (*A. Barbot, Bruneau*).

1628. — Malgré les lignes de circonvallation dont Richelieu avait entouré la Rochelle, un certain nombre de soldats et d'habitants parviennent à faire passer dans la ville affamée un troupeau de 80 à 100 bœufs, à la grande joie des Rochelais et au vif mécontentement du Roi. (*Bruneau*). (2)

(1) V. 22 janvier.
(2) Mervault place le fait au jour précédent et réduit le nombre des bœufs à environ 60 têtes.

1789. — Après un hiver aussi long que rigoureux, qui avait commencé à la fin de novembre et pendant lequel le thermomètre était descendu jusqu'à 15 degrés au-dessous de zéro (1), le dégel se prononça enfin le 13 janvier. La terre était restée couverte de six pouces de neige depuis le 5 décembre (*Perry*).

14 Janvier.

1777. — Enregistrement des lettres royales, du mois de janvier précédent, qui érigeaient en *marquisat*, sous le nom de *d'Aligre*, en faveur d'Etienne-François d'Aligre, premier président du Parlement de Paris, le *comté de Marans et la châtellenie d'Andilly et leurs dépendances*. A la révolution, d'Aligre reprit son ancien nom *de Marans*, qu'on devrait terminer par un *t* et non pas par un *s*. (*Maraant 1060*, en latin *Maraantum* et *Marantum*).

15 Janvier.

1629. — Vérification et enregistrement par le Parlement, le Roi y étant, de la déclaration royale qui avait suivi la reddition de la Rochelle à Louis XIII. Cette déclaration portait en substance : que le culte catholique, dont l'exercice avait été suspendu depuis plusieurs années à la Rochelle, serait rétabli, mais que le libre exercice du culte protestant serait maintenu; que les ecclésiastiques rentreraient en possession de leurs anciens domaines non aliénés ; que le grand temple, construit par les protestants sur la place du Château, serait transformé en cathédrale, après que le Roi aurait obtenu du Saint-Père que le siège de l'un des évêchés voisins fût transféré à la Rochelle (2); que les cinq paroisses anciennes de la ville étaient réduites à trois; que l'hôpital communal de Saint-Barthelemy (aujourd'hui d'Auffrédy) était donné aux frères de la Charité, et que le soin des femmes, désormais séparées des hommes, serait confié aux religieuses hospitalières; qu'il serait érigé sur la place du Château une croix, sur le piédestal de laquelle une

---

(1) A Paris, il était descendu à 18 degrés 1/2. (*Perry*).

(2) Ce fut seulement en 1648 qu'une bulle du Pape Innocent X, transféra l'évêché de Maillezais à la Rochelle.

inscription perpétuerait le souvenir de la réduction de la Rochelle à l'obéissance du Roi (1) et qu'il serait fait chaque année, à perpétuité, une procession solennelle pour rendre grâce à Dieu de ce mémorable événement ; qu'amnistie pleine et entière était accordée, sans exception, à tous ceux qui avaient pris part à la dernière guerre ; mais que la mairie et le corps de ville de la Rochelle étaient à jamais supprimés et tous les privilèges et franchises dont avait joui jusque là la commune abolis ; que tous ses biens et revenus étaient réunis au domaine royal et que les murailles, remparts et fortifications de la ville seraient rasés et ses fossés comblés, de telle façon que la charrue put passer sur leur emplacement, à l'exception toutefois des tours de Saint-Nicolas, de la Chaîne et de la Lanterne, et de la portion du mur d'enceinte qui fesait face à la mer ; que nul ne pourrait s'établir désormais à la Rochelle sans une autorisation expresse du roi ; qu'aucun protestant n'y pourrait demeurer, s'il n'y était déjà domicilié avant la descente des Anglais à l'île-de-Ré en 1627 ; que les habitants ne pourraient avoir chez eux ni armes, ni poudre, ni munitions d'aucune sorte ; enfin qu'il serait établi à la Rochelle un intendant, dont le pouvoir s'étendrait depuis la Loire jusqu'à la Garonne.... *(Déclaration de Louis XIII.)* Ainsi finit l'antique et célèbre commune rochelaise, qui ne comptait pas moins de cinq siècles d'existence.

16 Janvier.

1628. — Pendant le siége, un détachement de cavalerie sort de la ville par la porte de Cougnes et pousse une reconnaissance jusques vers le milieu du village de Lafons ; mais découvert par ceux de l'armée royale, qui étaient dans les forts de Lafons et de Beaulieu, et attaqué par des forces de beaucoup supérieures aux siennes, il se replie sur la ville. On apprit plus tard qu'il avait failli prendre le duc d'Angoulême et le maréchal Schomberg, qui avaient été dégagés par le maréchal de Bassompierre et par Thoiras. *(Mervault.)* — Qui

(1) Cette disposition ne fut exécutée qu'en 1650, par la construction de la *Fontaine Royale*, qui se terminait par une pyramide surmontée d'une croix de bronze dorée. Mutilée et défigurée par le temps, cette fontaine a été détruite depuis quelques années seulement.

sait quelle influence aurait pu exercer une telle capture sur l'issue du siége?

17 Janvier.

1569. — La Rochelle était devenue la capitale de la Réforme, en même temps que la principale place d'armes des princes confédérés. Jeanne d'Albret, le prince de Navarre, son fils, et le prince de Condé, résolus à la guerre, y avaient amassé une quantité considérable d'armes et de munitions ; avaient armé une flotte, levé de nombreux subsides et augmenté les fortifications de la ville; enfin, intéressant Elisabeth à la cause de la Réforme, ils avaient conclu avec elle un traité d'alliance, auquel les Rochelais accédèrent solennellement le 17 janvier. Mais on calomnia leur patriotisme en ajoutant qu'aux termes de ce traité, la ville de la Rochelle devait être le prix des services qu'Elisabeth rendrait au parti : le privilège dont ils étaient le plus jaloux était précisément celui qui consacrait que jamais la Rochelle ne pourrait être détachée de la couronne de France. (*Mém. de Castelnau.* — *Arcana Sœc*).

18 Janvier.

1578. — Le corps de ville achète à Michel Esprinchard (nommé maire peu de mois après), « un horloge fort singulier et beau, pour le prix de 1,500 escuz, duquel il fit présent au Roi. » (*Bruneau*). Sans doute en reconnaissance de ce que, quelques mois auparavant, il avait confirmé aux Rochelais tous leurs anciens privilèges et accordé amnistie entière à ceux qui s'étaient compromis dans les troubles précédents. (*Idem*).

1624. — Depuis la paix que le duc de Rohan avait signée, au mois d'octobre 1622, l'exercice du culte catholique n'avait point encore été rétabli à la Rochelle. Deux commissaires du Roi étaient arrivés pour faire droit aux plaintes des catholiques. Les églises ayant été détruites en 1568, le corps de ville ordonna aux ministres de vider la chapelle de l'ancien couvent des Sœurs Blanches ou de Sainte-Marguerite (1), qui

(1) Devenue aujourd'hui la chapelle des Frères de l'École Chrétienne.

avait été transformée en temple protestant, et le 18 janvier 1624, monseigneur Michel Raoul, évêque de Saintes, accompagné des prêtres de l'Oratoire, que l'on avait précédemment chassés, y célébra pontificalement le service divin. (*Reg. des délibérations du corps de ville. — Arcère*).

1790. — En vertu du décret de l'Assemblée Nationale du 14 décembre précédent, les *citoyens actifs* des cinq paroisses de la ville, assemblés dans les cinq églises, nommèrent d'abord les présidents de district et procédèrent ensuite à l'élection des membres d'une nouvelle municipalité. M. J. Denis Goguet, directeur de la chambre de commerce, fut nommé maire. (*Perry*). Après avoir refusé, d'abord par modestie, il se laissa vaincre par les instances qui lui furent faites, et le lendemain il prêta serment ainsi que les autres officiers municipaux, « dans cette tribune où le fameux Guiton parût autrefois avec tant d'éclat », ajoute un journaliste du temps. (*Affich. de la Rochelle*).

19 Janvier.

1545. — Une caraque génoise, chargée de poudre et de munitions de guerre pour l'armée navale du Roi, s'étant échouée, au mois d'octobre précédent, près de la Rochelle, on l'avait déchargée et on avait transporté 200 barils de poudre dans le cellier d'une maison, appartenant à la confrérie de Saint-Jean du Perrot, et située vis-à-vis l'église de Saint-Jean. Ce jour là, vers dix heures du matin, le feu prit aux poudres et une épouvantable explosion, qui fut entendue de plus de dix lieues à la ronde, fit croire un instant aux Rochelais, glacés d'effroi, « qu'ils étaient parvenus au jour terrible du dernier jugement. » Une douzaine de maisons furent totalement détruites, et un beaucoup plus grand nombre fortement endommagées ; vingt et quelques brasses du grand mur, qui unissait la tour de la Chaîne à celle de la Lanterne, et qui avait huit à neuf pieds d'épaisseur, s'écroulèrent ; l'admirable église de Saint-Jean et son clocher furent presque anéantis, et celle du couvent des Carmes éprouva d'immenses dégâts ; enfin, chose plus triste encore, 100 à 120 personnes furent tuées et un nombre très considérable gravement blessées. On ne put pas découvrir la cause de cet affreux malheur. *(Proc. verb. des commissaires. — A. Barbot).*

1606. — « *Le jeudy, 19 janvier, a esté commancé à mettre des livres en la bibliothèque dans les armoires de la salle Saint-Yon* » (1), lit-on sur un registre de baptêmes du temple Saint-Yon. C'est le commencement de la première bibliothèque publique établie à la Rochelle. Pour la composer, on avait fait appel à *la plus part des gens de lettres et qui aiment les livres*, avec promesse de voir leurs noms inscrits avec éloge au frontispice des livres donnés. L'Estoile répondit qu'il *n'avoit nulle envie de changer les siens à des éloges de louange, qui ne sont que vent* ; et Scaliger : *que c'estoit comme si quelqu'un demandoit à un autre qu'il lui donnast sa femme*. Plus généreux, Duplessis Mornay offrit tous les livres qu'il avait fait imprimer. En 1628, Louis XIII, après avoir confisqué les biens de la commune, fit don à Richelieu de cette bibliothèque, que le cardinal fit apporter à Paris et *colloquer dans la sienne*. (*L'Estoile-Scaligerana*, etc.).

20 Janvier.

1572. — Malgré les horribles massacres de la Saint-Barthelemy, qui avaient ensanglanté Paris et une partie de la France, l'*hydre* du calvinisme n'avait pas été écrasée sous la massue de l'*hercule* Charles IX (2). Aux premières nouvelles qui leur en étaient parvenues, les Rochelais avaient fermé leurs portes à tous les agents de la Cour, et s'étaient préparés avec une merveilleuse activité à défendre leur ville ou à vendre chèrement leur vie. Comprenant toutefois qu'ils ne pouvaient, réduits à leur propres ressources, résister aux forces royales, ils avaient invoqué l'assistance de la reine d'Angleterre, qui se

---

(1) Tout en démolissant l'église et une partie du monastère des religieux Augustins, qui s'étendaient de la rue Dupaty à la rue des Augustins, en longeant celle de Saint-Yon, les protestants avaient conservé le vaste réfectoire pour en faire un Temple, qu'on appelait ordinairement la *Salle Saint-Yon*. (V ma première *Lettre Rochelaise*).

(2) Sur le revers de l'une des médailles commémoratives de cet épouvantable forfait et représentant l'effigie de Charles IX, on voyait *Hercule* terrassant l'*Hydre*. (H Martin. — *Hist. de France*).

qualifiait de *protectrice de la foi.* La Cour paraissant résolue à assiéger la Rochelle, ils avaient, dès le mois d'octobre précédent, envoyé des députés pour demander des secours à Elisabeth. Le navire sur lequel ceux-ci étaient montés, ayant été assailli par une tempête, ils avaient été obligés de regagner la Rochelle sur une barque. Le 20 janvier, un assez grand nombre de navires, conduits par Languillier, accompagné de quatre nouveaux députés, furent expédiés pour l'Angleterre, où, avec l'appui du comte de Montgommery et du vidame de Chartres, ils devaient se procurer de la poudre et autres munitions. (*Bruneau. — A. Barb.*).

1628. — « Grande et horrible éclipse de lune. » (*Mervault*).

21 Janvier.

1628. — Arrivée devant la Rochelle de deux flottes, l'une française, commandée par le duc de Guise, l'autre espagnole, sous les ordres de dom Fabrique de Tolède. Celle-ci, aussi peu nombreuse que mal équipée, était cette *armada* promise à si grand bruit par le cabinet de l'Escurial pour aider Louis XIII à chasser les Anglais de l'île de Ré. Elle arrivait plus de deux mois après leur départ, et partit peu de temps après, au premier bruit de retour offensif des Anglais (1). (*Bassomp.*^{re}—*H. Martin*).

Le même jour, le cardinal de Richelieu, voyant que la digue, qui fermait une partie du canal, n'avait pas empêché, deux jours auparavant, plusieurs navires Rochelais de passer pour se rendre en Angleterre, fit enfoncer douze vaisseaux, qui étaient venus de Bordeaux, après les avoir fait maçonner à l'intérieur. (*Mém. du cardinal de Richelieu. — Mervault*).

22 Janvier.

1373. — Lettres-patentes de Charles V, qui séparent l'Aunis de la Saintonge, pour en former un gouvernement distinct. A dater de ce moment, la Rochelle qui, jusqu'à sa cession par le roi Jean à la couronne d'Angleterre, se trouvait comprise dans la sénéchaussée de Saintonge, eut un gouverneur ou sénéchal

---

(1) Mervault fixe l'arrivée des flottes au 24, mais la date donnée par Bassompierre, témoin oculaire, paraît plus sûre.

particulier, qui connaissait en appel des causes jugées en première instance. (*Delaurière*).

Autres lettres patentes, à la même date, par lesquelles Charles V s'engage à n'exercer aucune poursuite à l'occasion de la démolition du château de Vauclerc, que les Rochelais s'étaient empressés de raser, aussitôt après l'expulsion des Anglais de leurs murs. Le roi se réserve seulement les quatre tours, qui subsistaient encore, pour en faire des prisons, et promet, pour lui et ses successeurs, qu'il ne sera jamais, à l'avenir, élevé à la Rochelle aucun autre château ni forteresse. (*Idem*). (1)

23 Janvier.

1573. — Tous les efforts de la Cour pour rassurer les Rochelais sur ses intentions et les déterminer à recevoir Biron dans leurs murs, comme gouverneur, ayant échoué devant le souvenir des *Noces de Paris*, Biron avait fait avancer ses troupes autour de la ville, déterminé à en faire le blocus. Déjà plusieurs engagements avaient eu lieu entre les Rochelais et les troupes royales. Dans la nuit du 23 au 24 janvier, Strozzi résolut de s'emparer du moulin de la Brande, situé à trois cents pas de la contre-escarpe, entre la Porte-Neuve et la porte Rambaud. Les soldats chargés de le défendre pendant le jour, rentraient en ville le soir, n'y laissant qu'une sentinelle pour la nuit. Strozzi, qui ignorait cette circonstance, vint attaquer le moulin, à la tête d'un détachement qu'accompagnaient deux couleuvrines. L'unique défenseur du moulin, pauvre chaudronnier de l'île de Ré, dont le nom est resté inconnu, résolut d'user de stratagème et de payer d'audace. Il fit feu sur les assaillants avec une si étonnante activité, et sut si bien déguiser sa voix de diverses manières, que la troupe de Strozzi put croire que le chétif moulin, contre lequel furent tirés 16 coups de canon, comptait de nombreux défenseurs. Le capitaine Normand, du haut d'un cavalier de la place, encourageait le valeureux soldat et lui parlait comme s'il commandait une compagnie, lui annonçant un prompt renfort. Cependant, à bout de ressources et de munitions, l'intrépide défenseur se vit obligé de demander quartier

(1) V. ma IIIe lettre Rochelaise.

pour lui et *pour les siens*. Quand on lui eut accordé sa demande, Strozzi, furieux d'avoir été le jouet d'une ruse aussi téméraire, voulut le faire pendre, mais Biron le condamna seulement à être rameur sur une galère ; châtiment auquel le brave chaudronnier parvint à se dérober par la fuite. (*A. Barbot*).

1577. — Aussitôt que la Ligue triomphante eut fait voter par les Etats généraux, réunis à Blois, qu'il n'y aurait plus dans le Royaume d'autre religion que la religion catholique, les huguenots avaient repris les armes à la voix du Roi de Navarre, qui s'était échappé de la Cour, et du prince de Condé, déclarés l'un chef, l'autre lieutenant-général de *la contre-Ligue*. Ce dernier arriva bientôt après à la Rochelle pour déterminer les habitants à embrasser la cause de la Confédération. Mais, sachant combien le Maire était jaloux de son autorité et peu disposé à s'en démettre, en faveur d'un prince puissant moins que de tout autre, et n'ignorant pas d'ailleurs que la Rochelle était à peine remise des maux qu'avait entraînés le siège de 1573, si glorieux qu'il eût été pour elle, il crut devoir recourir au crédit dont jouissait, auprès de ces fiers citoyens, le brave et loyal la Noue. L'éloquence persuasive du héros calviniste l'emporta sur les partisans de la paix, et le 23 janvier, dans une assemblée générale tenue dans la salle Saint-Michel (sur l'emplacement actuel du temple protestant), le peuple se prononça pour la cause des princes et de la religion réformée, mais en stipulant de prudentes garanties pour la conservation des priviléges de la Rochelle et en dictant à Condé les conditions de son obéissance. (*Bruneau*).

24 Janvier.

1601. — Le Corps de ville érige en *maîtrise* la corporation des apothicaires de la Rochelle, dont il réglemente l'exercice de la profession dans un statut en 67 articles. Nul ne pouvait ouvrir une boutique d'apothicaire avant d'avoir fait preuve au Maire de sa moralité et de sa probité et d'avoir passé deux examens, l'un devant une commission, composée de médecins et d'*hommes entendus* choisis par le Maire, et présidée par deux délégués du Corps de ville ; l'autre en séance publique, à l'échevinage, en présence du Maire, assisté de tous les médecins de la ville et d'hommes spéciaux désignés par ce magistrat. Si cette double épreuve était favorable au candidat, on lui donnait à faire deux médecines, d'une composition difficile, qu'on appelait le *chef-d'œuvre*. Sa capacité reconnue, il était ensuite conduit par tous les maîtres de la corporation, ayant en tête les *maîtres regardes*, et présenté avec son chef-d'œuvre au Maire, entre les mains duquel il prêtait un long serment qui énumérait les principaux devoirs de sa profession. Ces *maîtres regardes*, au nombre de quatre, étaient les syndics de la corporation, renouvelés par moitié chaque année par l'élection de tous les maîtres apothicaires. Ils avaient pour mission de veiller à l'exécution des statuts, de surveiller et réprimer les fraudes et les abus et de visiter, à cet effet, au moins deux fois par an, toutes les officines de la corporation. Nos lois modernes pourraient encore utilement emprunter à ce vieux statut municipal quelques-unes des sages mesures de prudence et de minutieuses précautions qui étaient imposées à cette non moins importante que dangereuse profession. (*Statuts et régl. du Corps de ville.*)

25 Janvier.

1461. — Louis d'Ambroise cède à Louis XI les seigneuries de Marans et de l'île de Ré. (*M. de la Bibliothèque*).

1628. — Dans la nuit du 25 au 26 janvier, les capitaines David et Martin, dit *Sacremore*, malgré les nouveaux obstacles de la digue, réussissent à la traverser avec trois grandes pataches, pour aller porter en Angleterre la nouvelle de l'arrivée, devant la Rochelle, des deux flottes française et Espagnole. (*Ms. de Guillaudeau.* — *V. 21 janvier*).

26 janvier.

1574. — Ni la cour, ni les protestants, ne s'étaient montrés satisfaits du traité de paix, qui avait mis fin au siège de la Rochelle de l'année précédente. Tandis que ceux-ci tendaient à constituer une sorte de fédération républicaine, l'astucieuse Catherine de Médicis avait recours à la trahison, son moyen ordinaire, pour réparer ses affaires et recouvrer la Rochelle. Par l'entremise de Biron, elle avait réussi à gagner plusieurs notables rochelais, qu'effrayaient de nouveaux troubles; mais le complot ayant été découvert, le maire, Jacques Henry, en avait châtié les auteurs avec une impitoyable rigueur. Les ministres protestants, et surtout le fanatique Denort, soufflaient le feu de la révolte. L'arrivée de La Noue et la confiance qu'il inspirait avaient fini par déterminer le peuple à embrasser l'*union civile* déjà formée dans le Languedoc et la Guienne, en accompagnant cette résolution de la publication d'un manifeste, par lequel on déclarait qu'on ne prenait les armes que pour la défense de la religion et contre les *massacreurs*, et que les catholiques paisibles n'avaient rien à redouter. Effrayée de ces nouvelles, la cour dépêcha Saint-Sulpice à la Rochelle pour tâcher de ramener les esprits. Il y arriva le 26 janvier. Mais en vain essaya-t-il dans une assemblée, tenue à l'Hôtel-de-Ville, de dissiper les craintes et de faire entrevoir à quels nouveaux malheurs la guerre allait exposer la Rochelle, tous ses efforts échouèrent devant la ferme résolution des Rochelais. La Noue fut élu général des provinces poitevines, en *attendant qu'un plus grand se déclarât. (A. Barb. — H. Martin).*

1577. — En vertu du traité passé, le 23 du même mois, avec le prince de Condé, le corps de ville décide qu'il sera nommé un conseil extraordinaire, composé de quatre échevins, quatre pairs et quatre bourgeois, aux séances duquel pourraient assister le dernier maire, les *coélus* à la Mairie et les capitaines des compagnies militaires, pour délibérer sur les affaires de la guerre et aviser aux nécessités du temps. *(Bruneau. — V. 23 janvier).*

27 Janvier.

1628. — Ambrosio Spinola, illustre capitaine italien au service de l'Espagne, ambassadeur extraordinaire de Philippe IV, moins désireux peut-être de saluer le Roi de France que de contempler les travaux de ce siège, dont s'entretenait toute l'Europe, arrive à Aytré où était le quartier du Roi. (1) Louis

(1) Louis XIII habitait la maison seigneuriale *des Réaux* ou *Rouhaux*, appartenant aujourd'hui à M. Arsac Seignette, et alors, je le crois, à la famille Tallemant; ce qui expliquerait le titre de *des Réaux*, porté par Gédéon Tallemant, l'auteur des *Historiettes*.

— 20 —

XIII, qui ignorait sans doute que Spinola avait donné à son maître le conseil de le trahir et d'employer les vaisseaux promis à Richelieu, à anéantir la flotte royale et à sauver la Rochelle, lui fit l'accueil le plus empressé, et chargea le duc de Richelieu et le Maréchal de Schomberg de lui faire voir la digue et tous les travaux du siège, sur lesquels il lui demanda ensuite son avis. Spinola blâma la trop vaste étendue donnée à la ligne de circonvallation, et fit comprendre qu'il ne fallait reculer devant aucun sacrifice pour achever la digue, (seul moyen d'empêcher les secours des Anglais), par ces mots espagnols : *Abrir la mano y cerrar el puerto*. (*Bassompierre, Mervault* (1), *H. Martin*).

Le même jour, les assiégés réussirent à faire passer à travers la digue une barque chargée de femmes et de bouches inutiles. (*Mervault*).

28 Janvier.

1202. — Jean Sans-Terre, roi d'Angleterre, qui déjà avait encouragé les efforts d'Isambert, maître des écoles de Saintes, pour la construction d'un pont de pierre sur le canal Maubec, (vis-à-vis des rues de Saint-Sauveur et de Saint-Nicolas), en ajoutant 2,000 livres aux dons particuliers offerts à l'habile architecte pour cette entreprise, prend sous sa sauve-garde et protection spéciale les propriétaires des maisons construites sur ce pont et les déclare libres et exempts de tout autre impôt que celui de cinq sols de rente annuelle, qui devaient être consacrés aux réparations du pont et à son éclairage pendant la nuit, *dans l'intérêt des bonnes mœurs et de la sécurité des passants*. (*Rot. litter. patent*).

1589. — Le roi de Navarre, encore convalescent d'une pleurésie dont il avait failli mourir, arrive à la Rochelle au milieu des acclamations de joie de toute la population, qui, pendant tout le temps qu'il avait été en danger, avait manifesté la plus profonde douleur et était accourue en foule dans les

---

(1) Mervault fixe au 28 janvier l'arrivée de Spinola, à laquelle Bassompierre, témoin oculaire, donne la date du 27.

temples adresser au ciel des prières publiques pour la conservation des jours de leur prince bien-aimé. (1) (*Comptes de la maison de Navarre. — Man. de la bibliothèque de la Rochelle*).

29 Janvier.

1569. — Le grand Conseil des confédérés protestants, tenu à Niort, et auquel assistaient le Maire de la Rochelle et six membres du Corps de ville, qui y avaient accompagné Jeanne d'Albret, décrète que tous les biens ecclésiastiques, existant dans les provinces occupées par les protestants, seront vendus au profit de *la cause*, et, pour inspirer confiance aux acquéreurs, la reine de Navarre et son fils, Condé et les principaux seigneurs du parti, prennent l'engagement d'affecter à leur garantie tous leurs biens personnels. (*Arcère. — H. Martin*).

1628. — De Feuquières (gendre de l'ancien commandant du fort Louis, Arnault), conseiller d'Etat et maréchal de camp, ayant été fait prisonnier par quelques Rochelais lorsqu'il se rendait de Coureilles à Rompsay, est enfermé dans la tour de Moureilles (2), où il resta jusqu'à la fin du siège. De la Forest, lieutenant des gardes du cardinal de Richelieu et qui accompagnait de Feuquières, fut tué d'un coup de mousquet au moment où il cherchait à s'évader. (*Mervault*).

1645. — Tourmente épouvantable qui jette à la côte 30 ou 35

---

(1) Trois jours après il écrivait à la belle Corisandre : « ... Certes, mon cœur, j'ai vu les cieux ouverts, mais je n'ai été assez homme de bien pour y entrer. Dieu veut se servir de moi encore. En deux fois vingt-quatre heures j'étois réduit à être tourné dans le linceul. Je vous eusse fait pitié. Si ma crise eût duré deux heures à venir, les vers auroient fait chère de moi. Je finis parce que je me trouve mal. Bon jour, mon âme.   Henry. »

(2) La tour de Moureilles ou du Trésor, bâtie en 1399 et qui servit successivement d'ouvrage de défense ; d'archives pour les titres les plus précieux de la commune et du parti protestant ; de prison ; d'infirmerie aux pères Récollets, auxquels Louis XIII l'avait donnée après le siège ; enfin de magasin à poudre, était située près du canal Maubec, vis-à-vis les portes de l'Arsenal et du couvent des Dames blanches, et formait un des angles de l'ancienne muraille d'enceinte, que vient de mettre à nu la chûte d'une petite maison qui s'appuyait sur elle. (*V. ma XVIe lettre Rochelaise*).

navires, la plupart anglais. L'un d'eux, de 200 tonneaux, fut porté jusqu'au pied d'un moulin à vent, situé sur un tertre élevé de douze pieds au-dessus du niveau de la mer. A l'île de Ré, la mer traversa de l'un à l'autre côté de l'île, et, sur le continent, elle fit irruption, en plusieurs endroits, jusqu'à une lieue dans les terres. (*Lettre d'un négociant, insérée dans le recueil des Recherches curieuses*).

30 Janvier.

1628. — Dans la nuit du 30 au 31 janvier, cinq ou six soldats, revenant de la petite guerre, parviennent à faire passer à travers les lignes de l'armée royale et à amener dans la ville 16 ou 17 bœufs, qu'ils avaient pris à Croix-Chapeau (*Mervault*).

1791 — Prestation du serment civique par les ecclésiastiques de la Rochelle. Neuf seulement le prêtèrent, dont un seul curé de la ville, celui de Saint-Sauveur. (*Man. de Perry*).

31 Janvier.

1200. — Les bourgeois de la Rochelle prennent de Jean Sans-Terre la ferme des impôts de leur ville, pour 40,000 sols Angevins et vingt coupes d'argent, chacune du poids d'un marc. C'est, dit M. le Cointre Dupont, dans un mémoire inséré dans le *Recueil des Antiquaires de l'Ouest*, un des premiers exemples d'une commune traitant avec le prince pour s'affranchir des exactions de ses officiers.

1829. — Exécution, sur la place des Cordeliers, de Richard, l'assassin de Madame Trimouille.

MOIS DE FÉVRIER.

1ᵉʳ Février.

1271. — Mort à la Rochelle du savant et éloquent moine franciscain, célèbre sous le nom de *Jean de la Rochelle*. (1) (Arcère.)

1519. — *Premier voyage de François Iᵉʳ à la Rochelle.* — L'évêque de Saintes, à la tête de son clergé, que suivaient tous les corps de métier, en habits de fête, de même couleur que leur bannière, avec musique, *bedauts et suisses;* le Maire et les membres du corps de ville à cheval, précédés des *sergens à verge*, *des archers et canonniers de la commune*, tous portant la *livrée* de la ville, allèrent au-devant du monarque jusqu'au pont des Salines. A l'arrivée du roi, le maire Vincent Nicolas, seigneur de Coureilles, mit le genou en terre pour le haranguer et lui présenta les clés de la porte de Cougnes, que portait, sur un coussin de satin cramoisi, Jean du Perat, seigneur de l'Immagine, capitaine de la tour de la Chaîne. Quand le cortège approcha de la ville, il fut salué par une salve de toute l'artillerie des remparts. A l'entrée de la porte de Cougnes, l'ancien maire, sire Seguin Gentilz, que François Iᵉʳ, à son avènement à la couronne, avait créé chevalier, arrêta par la bride la haquenée du Roi, et, après avoir adressé au monarque

(1) L'abbé Cholet, curé d'Aigrefeuille, est parvenu à réunir la plus grande partie des œuvres de notre illustre Rochelais, restées jusqu'ici inédites et dispersées dans un grand nombre de lieux. Grâce à ses courageux et intelligents efforts, elles vont, après huit siècles, bientôt être publiées.

une nouvelle harangue, le pria, avant de pénétrer dans la ville, de jurer par serment, selon l'antique usage, de respecter les franchises et privilèges de la Rochelle et spécialement de ne la détacher jamais de la couronne de France. Après avoir accompli cette formalité, le roi fut reçu sous un dais de drap d'or et d'argent magnifiquement brodé, que portaient huit membres du corps de ville. Il trouva sur son passage toutes les rues, (qu'emcombrait une foule immense), sablées et tendues de tapisseries. Aux différents carrefours étaient dressés des théâtres, sur lesquels des troupes d'enfants, habillés de taffetas rouge et blanc, couleurs du roi, et tenant en main des bannières aux armes de France, chantaient des vers à sa louange et faisaient retentir l'air des cris de : *vive le Roi!* répétés par des milliers de voix. Après avoir conduit le roi à l'hôtel d'Huré (bâti par Mérichon) (1), le cortège alla recevoir la duchesse d'Angoulême, mère de François Ier, et sa femme, Claude de France, fille de Louis XII (2), qu'il accompagna jusqu'à la demeure du Roi, sous un nouveau dais de velours cramoisi, enrichi de broderies d'argent et porté par six autres membres du corps de ville. Pendant leur séjour, François Ier et les princesses furent fêtés avec cette magnificence que les Rochelais surent toujours déployer dans ces sortes de circonstance. *(Livre de la Paterne. — A. Barb. — Bruneau, &.)*

1573. — « Le portail du temple de Saint-Sauveur, après avoir été sappé, tomba de nuit et rompit plusieurs maisons. » *(Bruneau.)*

1617. — Mort de Bernard de Marsan, qui se tua en tombant du haut des murailles de la ville. Par son testament, il léguait à l'hôpital de Saint-Barthélemy son hôtel de la rue Dompierre (aujourd'hui de Fleuriau), dans lequel logèrent, pendant le siège de 1627-28, la duchesse de Rohan et sa fille. Ce fut aussi dans cet hôtel que siégea, durant sa courte existence, la *Cour souveraine des Salins* (V. 9 janvier). Acheté, en 1673, par monsei-

(1) V. 1er janvier.
(2) Arcère dit Eléonore d'Autriche, mais celle-ci n'épousa François Ier qu'en 1530, et Claude de France, sa première femme, ne mourut qu'en 1524.

gneur de Laval, il fut abattu peu de temps après et sur son emplacement on construisit un séminaire, auquel succéda l'hôtel qui a longtemps appartenu à la famille Boutiron. *(Arch. de l'hôp. St-Barth. — Colin. — Masse.)*

1722. — Sacre dans l'église des Jésuites de la Rochelle (celle du Lycée) de Mgrs de Rastignac, évêque de Tulle, et de Foudras, coadjuteur de l'évêque de Poitiers, assistés des évêques de la Rochelle et de Poitiers. *(d'Arger. Oraison fun. de M. de Champflour.)*

2 Février.

1568. — Après avoir pillé les églises et détruit tous les ornements extérieurs du culte (V. 9 juillet), les protestants avaient transformé les églises en temples, se servant des cloches pour leurs exercices religieux ; mais le 2 février, dit Chambeau, ils descendirent celles-ci des clochers et les brisèrent : dans la prévision sans doute qu'ils auraient bientôt besoin de canons pour défendre la Rochelle contre les troupes du terrible Montluc. *(Vincent. — Bruneau.)*

1791. — La chambre de commerce fait arborer, pour la première fois, le drapeau tricolore à bord du navire le *Tigre*, appartenant à M. Guibert. Il fut hissé par M. Jacques Carayon, ancien directeur de la chambre et doyen des négociants rochelais, qu'accompagnaient les membres de la chambre de commerce, les officiers municipaux en écharpe, et tous les négociants de la ville. La garde nationale était sous les armes et trois décharges de neuf pièces de canon saluèrent le nouveau drapeau national. Le cortège se rendit ensuite à l'église de Saint-Sauveur, dont le curé avait seul prêté le serment civique et où fut chanté un *Te Deum* solennel. *(Perry.)*

3 Février.

1573. — Biron comprenant que ce n'était pas assez d'avoir investi la Rochelle du côté de la terre (V. 23 janvier), résolut de la bloquer aussi du côté de la mer, pour empêcher que des secours ne fussent envoyés aux assiégés. Il fit en conséquence commencer deux forts pour battre le canal, l'un à Coureille et l'autre à Port-Neuf, et fit venir de Brouage une grande caraque vénitienne, du port de 1200 tonneaux, selon Mervault, pour en établir un troisième au milieu même du canal. On la remplit en conséquence de pierre et de sable, et on l'enfonça, le 3 février, à portée de canon, en face de l'ouverture du port. Prévoyant le danger auquel les exposait une pareille entreprise, les Rochelais résolurent de profiter du moment où la mer serait basse pour mettre le feu à la carraque. La nuit suivante, hommes, femmes, enfants et soldats, chargés de matières combustibles et de pièces d'artifice (1), firent de vains efforts pour l'incendier : le retour du flot les obligea à se retirer et quinze personnes se noyèrent ou furent tuées par les mousquetades des assiégeants. Ce fort fut appelé le *Fort de l'Aiguille*. *(Cauriana. — A. Barbot.)*

1756. — A cinq heures trois quarts, tremblement de terre, précédé d'un bruit assez fort. *(Arcère.)*

4 Février.

1573. — Outre les forts de Coureilles et de Port-Neuf (v. 3 fév.), les assiégeants avaient résolu d'en construire un autre sur la *motte Saint-Michel*, à l'endroit même où plus tard fut élevé le fameux Fort-Louis. Pour entraver les travaux que l'on venait de commencer, les Rochelais font une sortie par la porte des Deux-Moulins ; mais les catholiques, qui étaient sur leurs gardes marchent contre eux, les forcent à se replier et s'emparent des maisons de la *corderie*. Le brave La Noue sort alors de la place, fond sur les papistes et les oblige à déguerpir de la corderie, mais non sans perdre bon nombre de soldats. *(A. Barbot.)*

5 Février.

1558. — Arrivée à la Rochelle d'Antoine de Bourbon, roi de Navarre et gouverneur de la Rochelle, de Jeanne d'Albret,

---

(1) Cauriana dit à cette occasion que les Rochelais excellaient dans l'art de faire les pièces d'artifice.

sa femme, et d'Henri, prince de Béarn, leur fils, alors âgé de quatre ans. Le maire et le corps de ville allèrent au-devant d'eux avec toutes les milices bourgeoises, dont les officiers étaient habillés aux couleurs du roi (incarnat et violet). A la porte de Cougnes, le roi et la reine descendirent de leur litière pour prêter l'un et l'autre le serment d'usage (V. 1er février); puis, au bruit de toute l'artillerie de la place et d'enthousiastes acclamations, ils continuèrent leur route à pied, sous un dais de drap d'or, porté par huit membres du corps de ville, vêtus de velours et de satin incarnat. Mais la foule réunie sur leur passage était si grande qu'ils furent obligés pour s'en dégager de remonter en litière. Alors le peuple se rua sur le dais qu'il déchira en mille pièces, chacun en voulant avoir un morceau. Ils trouvèrent toutes les rues décorées de tapisseries et la plupart sablées jusqu'à la *grande maison de Fouchier, en la rue des Maîtresses*, qui leur avait été préparée pour logement. La reine Jeanne y donna un bal, nous apprend Barbot, aux dames et à la jeunesse rochelaises. « Pendant qu'elle alloit en danse elle-même, ajoute-t-il, elle tomba en pamoison, dont elle se recognust grosse pour son premier sentiment, qui fust d'une fille, Catherine, sœur unique du roy Henri IV, mariée au duc de Bar. » (1) *(Bruneau. — A. Barbot.)*

1699. — Acte d'échange, par Louis XIV et les enfants de Pharamond Green de Saint-Marsault, de la seigneurie de Dompierre, appartenant à ces derniers, pour la baronnie de Châtelaillon, dont leur famille jouissait depuis près d'un siècle, mais qui avait fait retour à la couronne par la mort du dernier mâle de la maison de Longueville, à laquelle Charles VII en avait fait don, en 1458, avec clause de reversion, en la per-

(1) Les manuscrits de Bruneau et de Baudoin fixent précisément au 5 février l'arrivée des souverains de Navarre à la Rochelle ; A. Barbot prétend qu'ils n'y arrivèrent que dans la première semaine de carême : tous sont d'accord toutefois sur l'année 1558. Or, les historiens et les biographes s'accordent à faire naître Catherine de Navarre *à Paris, le 7 ou le 9 février de cette même année 1558*. Trompés sans doute par l'ancien style, ils n'auront pas pris garde que l'ancien mois de février 1558 se trouvait dans l'année nouvelle 1559 et ont vieilli Catherine d'une année. Mais sa mère ne s'en serait pas moins abusée dans ses prévisions de grossesse.

sonne de Jean, comte de Dunois et de Longueville. (*Dupuy.— Droits du Roi.*)

1718. — Louis XIII ayant, en 1628, supprimé l'ancien corps de ville de la Rochelle, les affaires de la commune avaient été jusqu'en 1694 administrées par un conseil de direction. A cette époque, Louis XIV avait rétabli une sorte de conseil municipal et érigé en office la mairie, qui avait été imposée au bureau des finances, établi en même temps à la Rochelle, et dont les trésoriers exerçaient à tour de rôle les fonctions de maire. Le 5 février 1718, Louis XV, après avoir supprimé dans tout le royaume les offices de maire, enleva la mairie de la Rochelle au bureau des finances, et la rendit élective. Aux termes de son ordonnance, le corps de ville se composait d'un maire, de quatre échevins, de dix conseillers et d'un procureur-syndic, qu'on appelait *officiers de l'hôtel-de-ville*. Le maire, nommé pour deux ans, était choisi par le roi, sur une liste de trois candidats élus par les officiers du corps de ville. Les échevins, qui se renouvelaient chaque année par moitié, étaient élus et nommés de la même manière. Il y avait en outre dix notables nommés à vie d'abord par le roi et remplacés ensuite, en cas de mort, par l'élection des officiers. Le maire était autorisé à porter une robe d'écarlate, comme les membres du présidial, et les échevins une robe de satin noir. (*Lettres pat. de Louis XV*).

6 Février.

1545. — Le corps de ville approuve le traité passé avec Mᵉ Guillaume Nicolas, *principal du collége*, et par lequel la commune s'engageait à lui donner 600 livres par an, pour lui et les quatre régens, ses collaborateurs. (*Invent. des privilèges*). Le premier établissement d'un collége communal à la Rochelle ne date donc pas, comme on le croit généralement, de l'année 1565 seulement : on doit le faire remonter à l'année 1504, époque à laquelle la commune acheta, dans la rue Bazoges, deux maisons contigues pour en faire les *grandes écoles*. Ces maisons, qui étaient, pour ainsi dire, encastrées dans l'hôtel d'Huré, auquel il confrontait au sud et à l'est, étant humides et mal aérées, le maire Jean de Conan, dans l'intérêt de la santé des enfants et des professeurs, y fit faire, en 1516, de très-grandes réparations (1). En 1538, le corps de ville, pour assurer la prospérité de l'établissement communal, défendit « à tous manans et habitants de ceste ville d'envoyer leurs enfants à autres escholles qu'ès *grandes escholles publiqués*, dédiées et ordonnées par la ville pour le publicq. » Cette mesure ayant sans doute augmenté beaucoup le nombre des élèves, la commune, trois ans après, sollicita et obtint de François Ier la permission de construire et établir un collége, *pour l'instruction de la jeunesse, au lieu de la ville le plus commode qu'il adviseroit* et d'allouer 600 livres *de gages aux principal et régens*. Cependant soit qu'on ait reculé devant la dépense que devait entraîner cette construction, soit qu'on n'ait pas trouvé de local convenable, il n'apparaît pas que le corps de ville ait usé de la faculté qui lui était accordée, avant l'époque à laquelle il fut autorisé par Charles IX à acheter une partie du couvent abandonné par les Cordeliers, sur l'emplacement duquel le collége est toujours resté depuis. *(Liv. de la paterne, — terrier de l'hôp. Saint-Barthélemy. — A. Barbot.)*

1558. — Le lendemain de l'arrivée à la Rochelle du roi et de la reine de Navarre, le corps de ville « allant saluer Leurs Majestés, leur porta le présent de la ville. C'estoit pour le roy un petit navire d'or, très-bien travaillé, valant 2,000 livres, et pour la reine un miroir très-riche : ce qui fust reçu très-agréablement. » *(Ms. int. recherches curieuses.)* Pendant les treize jours qu'ils passèrent à la Rochelle, leur aumônier, nommé David, prêcha le premier, dans la chaire de Saint-Barthélemy, les dogmes de la religion réformée, ce qui fait dire à Amos Barbot, que « ce fust pour la première fois que le flambeau de l'Evangile fust allumé en ceste ville publiquement. » Mais l'effet de ces prédications fut peut-être moins grand sur la foule que celui d'une pièce allégorique qui fut jouée par l'ordre du roi de Navarre et qui était une amère parodie de la religion catholique, en même temps qu'un chaleureux panégyrique de la religion calviniste. *(Ph. Vincent. — V. Arcère, T. 1 p. 333).*

---

(1) Je crois que ce sont les armoiries du maire de Conan, que l'on voit encore au-dessus d'une porte intérieure de la maison du commandant Vivier, dans la rue Bazoges

7 Février.

1566. — Enregistrement des lettres patentes de Charles IX, du mois de novembre précédent, qui établissaient à la Rochelle un tribunal consulaire, auquel de nouvelles lettres, du 8 mai 1566, conférèrent les mêmes droits et pouvoirs qu'à celui de Paris, créé trois ans auparavant. Cette nouvelle juridiction, dont le corps de ville avait combattu l'établissement, se composait d'un juge, remplissant les fonctions de président, et de deux consuls, tous trois élus par cinquante notables commerçants. Leurs fonctions ne duraient qu'une année, et ils ne pouvaient être réélus l'année suivante. « Il leur fut donné, dit Amos Barbot, pour tenir leurs séances, une place qui fait partie du couvent des Augustins, » dans la rue de ce nom. (*Lettres pat. — A. Barb.*)

1781. — Naissance de Michel-Nicolas, Balisson de Rougemont, mort à Paris, le 16 juillet 1840. On ne lui attribue pas moins de quatre-vingt-trois pièces de théâtre avec divers collaborateurs, et de trente-cinq autres sans aucune collaboration, sans compter les romans, poèmes, chansons, articles de journaux, &. La plupart des mots soi-disant historiques, qui coururent du temps de l'Empire et de la Restauration, les uns sous le nom de l'Empereur, les autres sous celui de Louis XVIII, de Charles X, &., étaient en réalité des mots créés par Rougemont. Il n'eût pas un moins grand succès dans l'art des fausses citations : ce qu'il prêta de phrases à Bossuet et à Voltaire ; ce qu'il inventa de vers de Boileau, de Corneille, &., est vraiment incroyable ; on les acceptait sur parole, aimant mieux croire à sa mémoire qu'à son esprit. (*Rainguet, biog. Saint. — Ed. Fournier.*)

8 Février.

1563. — Entreprise du capitaine Chesnet, pour entraîner la Rochelle dans le parti du prince de Condé. — Quoique, l'année précédente, les protestants Rochelais (qui déjà, selon A. Barbot, formaient près des trois quarts des habitants), eussent non moins que leurs frères frémi d'indignation à la nouvelle du massacre de Vassy, ils avaient résisté aux puissantes sollicitations de Condé, pour se joindre à la levée de boucliers, dont le prince et l'amiral de Coligny avaient donné le signal. Ils avaient même fermé leurs portes au comte de Larochefoucault, l'un des plus zélés lieutenants du parti, quand il s'était présenté pour entrer à la Rochelle. Plus heureux, le fanatique catholique, duc de Montpensier, avait réussi à s'y introduire par ruse et à y faire entrer de nombreux soldats, avec lesquels il s'était rendu maître de la ville, où il avait établi un régime de persécution et de terreur. Après son départ, un fougueux partisan de Condé, le capitaine Chesnet, crut le moment favorable pour déterminer les Rochelais à secouer ce joug odieux. Entré mystérieusement dans la ville avec quelques soldats et s'étant concerté avec les conjurés, dans une maison située devant l'église Saint-Jean, il monte à cheval, le 8 février (1), parcourt les rues, l'épée à la main, en criant : *Vive l'Evangile !* et bientôt les plus zélés huguenots, au nombre de cinq ou six cents, viennent se ranger autour de lui. Le corps de ville était en ce moment réuni à l'échevinage, sous la présidence de Guillaume Pineau, l'un des coélus, qui, par suite de la maladie de son frère Jean (le premier maire protestant de la Rochelle), remplissait les fonctions du chef de la commune. A la vue de cette foule armée, conduite par un chef aussi audacieux qu'intrépide, l'assemblée se dissipe saisie d'effroi et Pineau court se cacher dans une étable voisine de l'Hôtel-de-Ville (2). Cependant, Chesnet perd un temps précieux à chercher inutilement les clés des portes de la ville, pour y introduire un détachement de cavalerie qui s'avançait. L'ardeur de la multitude se refroidit de ces retards. Le président Claude d'Angliers en profite pour rallier les catholiques. Ils vont retirer Guillaume Pineau de sa cachette, et celui-ci, rachetant un moment de faiblesse par une noble énergie, se met à leur tête, après avoir revêtu la casaque blanche des conjurés et en criant comme eux : *Vive l'Evangile*, les poursuit à outrance, s'empare des principaux chefs et réussit à rétablir l'ordre dans la ville, qui, pendant

(1) Cette date est celle donnée par Am. Barbot et adoptée par Arcère et Massiou ; mais La Popelinière fixe ces évènements au 18 février.

(2) Cette étable était au coin de la *venelle Borgle* ; ainsi appelait-on la petite impasse, aujourd'hui fermée d'une barrière, près de la rue de la Grille. (*A. Barbot.*)

cinq heures, avait été au pouvoir des révoltés. Sept des principaux meneurs furent pendus ; les autres, au nombre desquels était le capitaine Chesnet, ne durent leur salut qu'à la paix, qui fut bientôt signée entre la cour et les protestants. Le roi récompensa par une charge de maître de son hôtel la fermeté un peu tardive du magistrat Pineau. *(La Popelin. — A. Barbot. — Ph. Vincent.)*

1714. — Naissance à la Rochelle de François de Beauharnais, chevalier-baron de Beauville, seigneur de Villechauve, de la Ferté-Avrain, &., chevalier de Saint-Louis, major des armées navales, fils du marquis de Beauharnais, gouverneur-général du Canada, et père de François, surnommé le *féal Beauharnais*, et du vicomte de Beauharnais, mari de Joséphine, première femme de Bonaparte. *(Biograp. Saint. — Terrier de l'hôp. Saint-Barthélemy.)*

9 Février.

1628. — Le corps de ville décide que la Rochelle se trouvant, par suite de son état de siège, au lieu et place du roi, la commune est autorisée à s'emparer, par *droit d'aubaine*, de la succession d'une femme flamande décédée à la Rochelle, sans laisser d'héritiers. Mais l'assesseur criminel Colin, protestant contre une telle prétention, fit enlever les scellés que les officiers de la commune avaient apposés au domicile de la défunte. *(Reg. des délib. du corps de ville.)* — Singulier trait de mœurs, que dans une ville révoltée et assiégée depuis bien des mois déjà par Louis XIII lui-même, les droits et l'autorité du roi fussent encore respectés et sauvegardés.

1687. (1) — Incendie du *grand temple*, construit par les protestants sur la place du Château (place d'Armes) et qui, donné en 1628 aux paroissiens de Saint-Barthélemy, en attendant qu'ils eussent rebâti leur église, avait été érigé depuis en cathédrale, lors de la translation à la Rochelle de l'évêché de Maillezais. Toutes les milices et la population entière étaient

---

(1) Arcère, suivant le manuscrit de Colin, avait donné d'abord à ces évènements la date du 29, mais il l'a rectifiée ensuite dans ses *errata*.

réunies sur la place, autour du feu de joie destiné à célébrer le rétablissement du roi ; le vent, qui était très-fort, porta sans doute quelques flammèches sur l'immense charpente de l'édifice qu'aurait dû cependant préserver sa couverture de plomb, et le feu prit tout-à-coup une telle intensité qu'en peu d'heures ce beau monument, construit sur les dessins du célèbre Philibert de Lorme, fut entièrement consumé. La pluie de plomb fondu qui tombait de la toiture avait empêché les travailleurs d'approcher du foyer de l'incendie ; à peine avait-on pu sauver le saint sacrement et quelques ornements. Le chapitre fut obligé de se retirer dans l'église paroissiale de St-Barthélemy, où il demeura jusqu'à la construction de la nouvelle cathédrale. Le bruit courut que, profitant des décharges de mousqueterie faites par la milice bourgeoise, un huguenot, mécontent de voir le temple construit par ses ancêtres servir au culte catholique, avait mis dans son fusil *une balle pleine d'artifice*, qu'il avait dirigée sous la charpente. Déjà une première fois, le 28 août 1613, le feu avait éclaté dans la toiture, par suite de l'imprudence d'ouvriers, mais il avait été promptement éteint. (*Reg. du chap. — Merlin. — Colin. — Masse. — Jaillot.*)

10 Février.

1568. — Saint-Hermine (1) informé par le maire Pontard, son parent, du soulèvement de la Rochelle en faveur du prince de Condé, s'y rendit en toute hâte et, *le 10 février*, les habitants jurèrent solennellement entre ses mains une inviolable fidélité à la cause de la réforme. Le voisinage des troupes du terrible Montluc donnant lieu de craindre un siège, tous les citoyens, sans distinction de condition, d'âge, ni de sexe, se mirent aussitôt à travailler avec une incroyable ardeur pour mettre la ville en complet état de défense. Par malheur les matériaux manquant pour les fortifications, on ne recula pas devant la démolition à jamais regrettable de ces magnifiques églises, qui faisaient l'orgueil de nos pères. Toutes furent impitoyablement abattues. On ne conserva que les clochers de Saint-Barthélemy, de Saint-Sauveur, de Notre-Dame et du

(1) Ce St-Hermine était de la famille de l'ancien préfet de la Vendée. (*de la Fontenelle Vaudoré, Chron. Fonten.*)

couvent de Sainte-Catherine (1), comme ouvrages de défense et pouvant servir à placer du canon. On rasa de même au dehors tout ce qui pouvait servir aux approches de la place : la superbe tour de la seigneurie de Faye et le beau monastère de Saint-Jean-dehors, qui décoraient si bien l'entrée de la porte de Cougnes, et même les faubourgs de Saint-Eloy et de Lafons. Saint-Hermine et Pontard ne se contentèrent pas d'imposer aux habitants les plus lourdes contributions, pour subvenir aux nécessités de la guerre, et de vendre, *au profit de la cause,* les biens des ecclésiastiques et des catholiques, qui, ne s'y croyant pas en sûreté, abandonnaient la ville, ils eurent encore l'affreuse cruauté de faire égorger treize prêtres ou religieux (2) enfermés dans la tour de la Lanterne et qui furent ensuite précipités dans la mer. Delà le nom de *tour des Prêtres* donné longtemps à cette tour. C'était malheureusement, il faut bien le dire, une horrible réponse aux sanguinaires cruautés des Montpensier et des Montluc ! *(Chron. de Langon. — La Popelin. — A. Barbot.)*

1592. — « Il est venu à Chef-de-Boys une galère d'Espagne avecques 250 forsés *(forçats)* et 25 soldats, et se sont venus rendre en ceste ville de leur bon gré et volonté. Et ladite galère avoit 10 pièces de canon et 3,000 livres de poudre et des boulets et grand nombre de biscuitz et de vin ; et le capitaine de ladite galère s'est donné à messieurs de ceste ville. » *(Diaire de Bergier.)* Notre chroniqueur a oublié de nous dire ce que ceux-ci avaient fait du cadeau.

1628. — Louis XIII, après un séjour de quatre mois devant la Rochelle, s'ennuyant de la longueur du siège et redoutant d'ailleurs les maladies, qu'engendraient les exhalaisons des marais, part pour Paris, après avoir investi le cardinal de Richelieu des fonctions de lieutenant-général de ses armées

---

(1) Située dans la rue des Trois-Cailloux. (V. ma *XVe lettre Rochelaise.)*

(2) L'ouvrage intitulé *l'entrée de la religion prétendue réformée à la Rochelle,* en porte le nombre à vingt ou trente, chiffre évidemment exagéré ; j'ai préféré celui donné par la *Chronique de Langon,* écrite par une plume contemporaine et *catholique.*

dans les provinces de l'Ouest. Le duc d'Angoulême et les maréchaux durent prendre désormais le mot d'ordre du cardinal-guerrier. Ses aides-de-camp étaient le fameux capucin père Joseph et l'évêque de Mende, Lamothe-Houdancourt (1). Ce fut un singulier spectacle, dit H. Martin, que ce général en chapeau rouge, avec son état-major en mître et en froc. Mais le cardinal sut rendre terrible ce qui touchait de si près au grotesque. Il avait agi jusqu'alors à l'ombre du Roi : il fut tout désormais ostensiblement, général, amiral, ingénieur, munitionnaire, intendant, comptable, communiquant le feu de son âme à tout ce qui l'entourait. *(Mervault. — H. Martin.)*

11 Février.

1573. — Le duc d'Anjou, frère de Charles IX, auquel il succéda sous le titre d'Henri III, et qui s'était acquis dans plusieurs batailles précédentes un grand renom de talent et de courage, qu'il allait compromettre devant les murs de la Rochelle, arrive au camp pour prendre le commandement de l'armée assiégeante, salué par toute l'artillerie royale. (*Voir 23 janvier*). Il était accompagné du duc d'Alençon, son frère ; du roi de Navarre et du prince de Condé, que l'on avait contraints de marcher dans les rangs catholiques, à côté des meurtriers de l'amiral, pour prouver la sincérité de leur retour à l'église Romaine ; du duc de Montpensier, qui, dix ans auparavant, avait laissé à la Rochelle de si cruels souvenirs de son fanatisme (*voir 8 février*); de son fils, le prince dauphin d'Auvergne ; des ducs de Guise, de Longueville et de Nevers ; du jeune duc de Bouillon, qui, malgré les conseils de son oncle, avait craint qu'on imputât *à faute de cœur* de ne pas se rendre à un siège où *toute la France alloit*, dit-il dans ses mémoires ; du marquis de Mayenne, du duc d'Uzès, du bâtard d'Angoulême, grand prieur de France ; du maréchal de Cossé, de Blaise Montluc, qui devait l'être bientôt ; de Gonzague, de Villequier ; du comte de Retz, des deux de Beauffremont, de la Valette, du grand prieur de Champagne, de Puy-Gaillard,

---

(1) Ce dernier, qui dirigeait, sous la direction de Richelieu, la construction de la digue, mourut sur ces entrefaites, en ordonnant qu'on l'enterrât *dans la Rochelle !*

de Clermont, de Brantôme, de Coconas, etc., en un mot de tous les princes, de tous les capitaines et grands seigneurs, qui avaient quelque réputation dans les armes.

Le même jour, suivi d'une faible escorte, le duc d'Anjou fit le tour de la ville, à portée d'arquebuse, pour reconnaître la place, et convoqua ensuite tous les chefs pour discuter et arrêter les plans de campagne et assigner à chacun son poste. (*Cauriana*, — *de Thou*, — *Davila*, — *H. Martin*, etc.)

12 Février.

1573. — L'arrivée du duc d'Anjou et de la brillante troupe de guerriers qui l'accompagnaient, dut nécessairement imprimer une grande activité aux opérations du siège. Pour montrer que les assiégés n'en étaient pas effrayés, la Noue, dès le lendemain, sortit de la place avec 25 chevaux et un certain nombre d'hommes de pied, fondit sur un détachement de cavaliers, qui conduisaient du canon, et leur fit quelques prisonniers, parmi lesquels Sainte-Colombe. Sans une brume épaisse, qui lui fit craindre de tomber dans une embuscade, il pouvait charger une compagnie, commandée par le duc d'Anjou, qui courut un instant le danger d'être pris. (*A. Barbot*).

13 Février.

1582. — Erection en maîtrise, par le corps de ville, de la corporation des couteliers, qui comptait alors dix maîtres. Chaque année, après l'installation du Maire, ils devaient élire *deux maîtres regardes*, chargés d'inspecter et de vérifier tous les ouvrages de coutellerie exposés en vente et sur lesquels devait être apposée la marque du fabricant, dont l'empreinte était déposée à l'échevinage sur une plaque de cuivre. (*Statuts du Corps de ville*).

1626. — Catherine de Parthenay, l'opulente héritière des anciens barons de Châtelaillon, cette femme au cœur tout viril, qui devait jouer bientôt un rôle si actif pendant le siège de la Rochelle, et qui, presque octogénaire, aima mieux subir les rigueurs d'une prison que de courber la tête devant le vainqueur Louis XIII; l'auteur de la tragédie d'Holopherne, représentée avec éclat à la Rochelle, en 1574; qui non-seulement avait écrit des élégies, et un pamphlet sur la conversion d'Henri IV, mais encore avait traduit du grec les *préceptes d'Isocrate* ; la mère du vaillant chef des protestants, Henri de Rohan, et du duc de Soubise, cet ardent boute-feu des guerres religieuses du commencement du XVIIe siècle ; la vieille duchesse de Rohan enfin, abandonnant son château de Soubise, vient se fixer à la Rochelle, avec sa fille, la belle Catherine, qui fit cette noble réponse à Henri IV : Je suis trop pauvre pour être votre femme et de trop bonne maison pour être votre maîtresse. — Le Corps de ville les reçut avec de grands honneurs et leur offrit pour logement l'hôtel de Marsan (*v. 1er février*), où elles demeurèrent jusqu'à la fin du siège. (*Colin. — Actes de Dupuy. — La Croix Dumaine. — Bul. de la société de l'histoire du protestantisme, etc.*)

14 Février.

1630. — Prise de possession par les Jésuites de l'ancien collége communal de la Rochelle. Après la soumission de la Rochelle, Louis XIII, « considérant le fruit que les pères Jésuites pouvoient faire en la ville de la Rochelle pour la conversion des âmes, » leur avait fait don de la salle Saint-Michel (*v. 1er janvier*) et de ses dépendances, en y comprenant les fossés adjacents des anciennes fortifications, et en promettant que, s'il croyait devoir établir un collége dans la ville, il leur en donnerait la direction. L'année suivante, les catholiques Rochelais ayant adressé au Roi un placet pour obtenir un collége, dirigé par eux, Louis XIII s'empressa de leur abandonner l'ancien collége de la ville, à la condition qu'ils laisseraient la maison Saint-Michel aux pères Récollets. « Afin que les dits Jésuites ayent moïen de se nourrir et entretenir au dit collége, suivant leur institut, qui ne leur permet pas de prendre aucun sallayre de leurs escolliers, disent les lettres patentes, Sa Majesté leur accorde présentement et à toujours 2,000 livres de rente annuelle, à prendre sur les premiers et plus clairs deniers du domaine royal de la dite ville. » (*Lettres patentes de Louis XIII. — Guillaudeau.*) — *V. 6 février.*

15 Février.

1471. — On appelait jadis *petite Rive* tout l'espace compris entre le port, le pont Saint-Sauveur, le mur d'enceinte du faubourg Saint-Nicolas et la grande muraille, bâtie sous Charles V, pour unir la grosse tour St-Nicolas à la porte du même nom. (1) Sur cette place, qui appartenait au roi, « toutes manières de gens, bourgeois et autres avoient accoustumé descendre leurs marchandises pour les amener ailleurs en la ville et y faire leurs aisemens et exploictz pour leurs denrées et marchandises *franchement, sans en faire aulcun debvoir au roi ou à aultre.* » En 1436, Charles VII avait fait don à la commune de la *petite rive* « pour y faire un port, quay et hâvre, » à la charge de lui payer chaque année deux marcs d'argent et *une tasse martelée au fond et verrée ou dorée aux bords*. Reculant sans doute devant la dépense qu'aurait entraînée le creusement d'un second port, la commune s'était contentée d'y faire un large canal, qui servait principalement à déposer les mâts et bois de construction (ce qui lui avait donné le nom de *Fosse aux mâts*), et d'établir sur ses bords le chantier de construction des navires. Le *15 février* 1471, Louis XI, à la demande des Rochelais, leur fit remise de cette redevance, mais à la condition de curer et entretenir le port à leurs frais. *(Invent. des priv. — Bruneau.)*

1762. — Arrêt du conseil du roi, qui établit à la Rochelle une Société royale d'Agriculture pour la généralité. Elle devait se composer de quatorze membres, outre les associés et correspondants, dont le nombre n'était pas limité. Parmi les premiers titulaires, on remarque MM. Green de Saint-Marsault, marquis de Châtelaillon, grand sénéchal d'Aunis; le marquis de Culant, de l'ancienne famille qui, depuis le XVe siècle, avait possédé la seigneurie de Ciré; le baron de Pauléon; Mesnard de la Garde, directeur de la monnaie; le célèbre naturaliste de la Faille; le père Arcère; Weis, négociant, &.

16 Février.

1569. — Anne de Salm, cette princesse de Lorraine, qui,

---

(1) V. ma IIIe Lettre Rochelaise.

éprise d'une passion romanesque pour François de Coligny, sieur d'Andelot, colonel-général de l'infanterie française, avait épousé ce noble et digne frère de l'amiral, étant accouchée à la Rochelle (où peu de mois auparavant elle avait suivi l'amiral de Coligny et sa famille), de son second fils Benjamin, l'enfant fut présenté au baptême, *le 16 février*, par le comte François de la Rochefoucault et par Catherine de Parthenay, alors femme de Ch. de Quelenec, vicomte du Fou, baron de Pons, seigneur de Soubise, &. *(Regist. des bapt. protestants.)* — *V. 13 février*.

1617. — Un pâtissier, nommé Vilain, ayant adressé au maire, Paul Yvon (1), *des paroles grandement outrageuses*, le présidial l'avait condamné par contumace à faire amende honorable, en chemise, la corde au cou et un cierge à la main, et à demander pardon à Dieu, au roi, à la justice et à M. le maire, puis à *être pendu* sur la place du château et porté ensuite aux fourches patibulaires. Le maire eût été moins impopulaire, que la sentence n'en eût pas moins paru bien rigoureuse. Elle causa une grande agitation parmi les artisans, qui menacèrent d'appeler le peuple aux armes, si elle était exécutée. Les amis du condamné ayant réussi à le cacher d'abord, puis à le faire évader de la ville, Vilain ne pouvait plus être pendu qu'en effigie. Le peintre de la commune se refusa à le *pourtraire*, mais il fut condamné à 500 livres d'amende, avec contrainte par corps s'il n'obéissait à la justice. Enfin, *le 16 février*, le lieutenant criminel et trois conseillers du présidial, tous à cheval et accompagnés de sergens, firent *effigier Vilain en un tableau*, en donnant l'ordre aux sergens d'arrêter et conduire dans la prison du château quiconque s'opposerait à l'exécution du jugement. Dans la soirée cependant, un savetier renversa le poteau et le tableau ; il fut arrêté, mais le lendemain la populace se porta tout armée devant la maison du lieutenant criminel, en menaçant d'y mettre le feu si le prisonnier n'était mis immédiatement en liberté. Le magistrat, voyant cette foule prête à exécuter ses menaces, jugea prudent de céder à ses exigences et donna l'ordre de relâcher le savetier. *(Merlin.)*

(1) V. 7 janvier.

1736. — Grand tremblement de terre à la Rochelle et bourgs circonvoisins, vers les dix à onze heures du matin. (*Journ. du P. Jousseaume.*)

17 Février.

1621. — Dès ses premiers actes, qui étaient autant d'atteintes à la souveraineté royale, la fameuse assemblée des Eglises réformées de France, réunie à la Rochelle, malgré les défenses expresses du roi, semblait annoncer le projet d'établir au sein de la monarchie une véritable république fédérative, une sorte d'état dans l'État. Les évènements si graves du dehors rendaient plus inexcusable encore, en de telles conjonctures, la conduite des meneurs calvinistes. Aussi, les hommes politiques du parti et les principaux et plus illustres chefs, Duplessis-Mornay, Rohan, la Trémoille, Lesdiguières, Bouillon, Soubise, &., voyaient-ils avec douleur ces plans chimériques et ces provocations téméraires, qui ne pouvaient que fournir des armes à leurs ennemis et irriter contre eux le jeune roi. Les trois premiers avaient été chargés par la cour d'intervenir auprès des membres de l'assemblée pour les déterminer à se séparer; mais tous leurs efforts avaient échoué. *Le 17 février*, le sage Duplessis se décida à adresser à l'assemblée un long mémoire, dans lequel il lui proposait ce tempérament : que les députés suspendissent leurs séances ; que, sans dissoudre l'assemblée et prêts à se réunir de nouveau, si le besoin s'en fesait sentir, ils sortissent de la Rochelle et se retirassent dans les villes voisines, en alléguant qu'il ne pouvaient avec sécurité retourner dans leurs provinces, après les déclarations royales rendues contre eux, et qu'on profiterait ensuite de cette apparente soumission aux volontés du roi, pour obtenir de lui la réparation des justes griefs dont avaient à se plaindre les églises réformées. Rien ne put vaincre l'obstination de l'assemblée : il devint dès lors évident qu'une nouvelle guerre civile était imminente. (*Proc. verb. de l'assemblée. — d'Aubigné. — Levassor*, &.)

18 Février.

1573. — « Les *Philistins* (depuis quelque temps les Rochelais qualifiaient ainsi les soldats de l'armée royale), commencèrent, près du moulin de la Brande (*V. 23 février*), un fort, qu'ils appelèrent de *Saint-Martin le luthérien* » (*Bruneau*) du nom du capitaine qui devait le commander. Cauriana l'appelle le *fort de la Brande*, et dit qu'il était situé en face du boulevard de l'Evangile, à quatre cents pas de la ville. (1)

1700. — A trois heures après midi, tremblement de terre, suivi de légères secousses. (*Arcère.*)

19 Février.

1152. — La ruine de l'antique ville de Châtelaillon et surtout les privilèges dont le duc d'Aquitaine, Guillaume X et sa fille Aliénor, avaient successivement doté la Rochelle, érigée en commune par le premier (2), avaient rapidement accru l'importance de la jeune cité et augmenté sa population par le nombre d'étrangers, qui de toutes parts étaient venus s'y fixer. Les habitants n'ayant d'autre église que Ste-Marie-de-Cougnes (*Notre-Dame*), avaient sollicité et obtenu d'Eble de Mauléon et de Geoffroy de Rochefort, neveux et héritiers d'Isambert de Châtelaillon, leur ancien seigneur, l'abandon d'un terrain, situé près du vieux port et de la porte du Petit-Comte (*nommée depuis Porte-Neuve*) et qu'on appelait *le champ de Guillaume de Syré*, afin d'y édifier, sous l'invocation de saint Barthélemy, une seconde église dans l'enceinte même des nouvelles murailles de la ville. Les moines de l'Ile-d'Aix, fondateurs et patrons de Sainte-Marie-de-Cougnes, se chargèrent de cette construction et confièrent à Pierre de Mougon, l'un des religieux, la direction des travaux. Mais à peine avait-il mis la main à l'œuvre que l'évêque de Saintes, Bernard, fit défense au moine-architecte de continuer le pieux édifice. L'abbé de la célèbre abbaye de Cluny, dont dépendait le monastère de l'île d'Aix, prit alors le parti d'aller lui-même se plaindre au pape de l'opposition de

(1) La date du 28 février, donnée par Arcère, est fausse.

(2) Je crois avoir établi, dans un mémoire lu devant le Congrès scientifique de la Rochelle, que c'était à tort que nos historiens attribuaient à Aliénor l'établissement de la commune, qu'ils ne font dater que de 1199 et qui remonte, selon mon opinion, vers 1130.

— 42 —

l'évêque et obtint d'Eugène III des lettres apostoliques, datées de Segni, le 10 des calendes de mars (*19 février*), par lesquelles il était enjoint à Bernard de n'apporter aucun empêchement à la construction de l'église de la Rochelle. (*Charte de fondation de St-Barth.*) — Malheureusement, de cette antique basilique, dont l'entrée principale se trouvait dans la petite rue de l'Evêché, et qui fut détruite, en 1569, par les ordres de Sainte-Hermine (*V. 10 février*), il ne reste plus rien, si ce n'est peut-être quelques fûts de colonnettes, surmontés de chapiteaux bizarres et encastrés dans le pied du clocher, qui est évidemment d'une date beaucoup moins ancienne.

1500. — On ne connaît pas aussi exactement l'époque de la fondation de l'église de Saint-Sauveur, due aussi aux religieux de l'île d'Aix ; mais elle suivit sans doute d'assez près celle de Saint-Barthélemy, car toutes deux furent en même temps érigées en églises paroissiales, par le pape Ponce II, en 1217. L'église de Saint-Sauveur n'était primitivement qu'une simple chapelle dédiée à sainte Marguerite. Par des lettres patentes *du 19 février 1500*, Louis XII prit sous sa sauvegarde les biens de l'église et de la fabrique de Saint-Sauveur, en déclarant l'église de fondation royale, et en s'intitulant : *Chef et maystre de la confrairie du corps de Christ et de Saint-Marsault, desservie dans ladite église* ; titre qu'avaient déjà porté avant lui Louis XI et Charles VIII. (*Reg. de Saint-Sauveur. — Jaillot.*)

1617. — Les troubles occasionnés par la condamnation du pâtissier Vilain, ne s'étaient pas terminés par la mise en liberté de celui qui avait renversé la potence de la place du château (*V. 16 février*) : le présidial avait décerné une ordonnance de prise de corps contre le capitaine Laroze, chef des mutins, qui par leurs menaces avaient obligé le lieutenant criminel à leur rendre le prisonnier. A cette nouvelle (*19 février*), l'alarme est donnée à tous les quartiers de la ville, qui sont bientôt sous les armes ; le peuple s'empare des cantons et dresse de nombreuses barricades, principalement dans les paroisses de Notre-Dame et de St-Jean ; et comme le maire paraissait disposé à agir avec vigueur pour rétablir l'ordre, les émeutiers s'emparent des canons des navires, les chargent, puis les placent sur les barricades pour les défendre. Après deux jours passés en pourparlers et en délibérations, on se décida enfin à se faire de mutuelles concessions et, le 21, les barricades furent détruites. (*Merlin.*)

1841. — Le conseil municipal de la Rochelle décide qu'il sera érigé une statue à l'héroïque maire Guiton ; mais cette délibération ne fut pas approuvée par l'autorité supérieure.

20 Février.

1573. — Mariage à la Rochelle de Lancelot du Voysin, plus connu sous le nom de la Popelinière, avec Marie Bobineau, fille ou peut-être nièce du maire alors en exercice. Ainsi devenait plus rochelais encore le vaillant guerrier, qui, depuis longtemps déjà, avait voué son épée à la défense de la cause rochelaise ; l'habile négociateur, qui plus d'une fois avait défendu ses intérêts à la cour ou dans les assemblées protestantes ; l'historien de mérite, qui écrivit et fit imprimer à la Rochelle son histoire, encore si estimée, des troubles et des guerres religieuses, dans lesquelles il avait joué un rôle important. (*Reg. de l'état-civil des protest.*)

1628. — Richelieu fait enfoncer dans le canal vingt-quatre nouveaux vaisseaux venus de Bordeaux, et qu'il avait fait maçonner à l'intérieur ; ce qui portait à plus de quarante les navires ainsi submergés. (*Mém. de Richelieu.*) (*V. 21 janvier.*)

1775. — Naissance de Guy-Victor Duperré, devenu amiral sous le règne de Louis-Philippe ; son père, *trésorier des guerres de la marine et des colonies*, habitait alors, dans la rue Dauphine, l'hôtel qu'il avait acheté en 1769 et qui appartient aujourd'hui à la famille de Coupé. (*Regist. des naissances de Notre-Dame.*)

21 Février.

1542. — Selon une vieille coutume Aunisienne, évidemment d'origine féodale, le jour du mardi-gras (qui, en 1542, tombait *le 21 février*) était consacré à la perception d'une sorte de tribut carnavalesque, destiné au *plaisir du roy, s'il estoit présent, ou de ses officiers, s'il estoit absent*, et qu'on appelait *la pelotte du roi*. Tous ceux de *l'estat de noblesse ou de pratique* du gouvernement de la Rochelle, qui s'étaient mariés dans l'année, devaient payer une contribution, dont la quotité était déterminée, proportionnellement à leur fortune, par le lieutenant-général, et qui était employée à faire les frais d'un magnifique banquet. Chacun d'eux était tenu de présenter en outre, comme *hommage*, trois pelottes ou balles, qui servaient à un divertissement populaire ou joûte d'agilité. Le procès-verbal de l'une de ces fêtes nous a été conservé sur un registre du gouverneur, de l'année 1542. Tous les officiers royaux de la ville et du gouvernement avaient été invités à se réunir, *selon l'usage*, au carrefour de Monconseil, d'où le cortège se rendit ensuite dans la prairie appelée la *Corderie-les-Cours*, en dehors de la porte des Deux-Moulins. (1) Là, les nouveaux mariés apportèrent les *hommages et devoirs dûs au roi*. A leur tête était l'avocat Mathurin Tarquex, important personnage sans doute, puisque, l'année suivante, François Ier déjeûna chez lui avant de quitter la Rochelle (*V. 2 janvier*). Il présenta trois pelottes, dont l'une était aux armes du roi et les deux autres blanches; chacun des tributaires en fit autant et ceux qui manquèrent à l'appel furent condamnés à l'amende et à *être pris au corps*. Toutes les pelottes mises ensuite dans un chapeau furent *offertes, selon la coutume, au lieutenant du gouverneur* (en l'absence de celui-ci), *au prévôt et aux autres officiers*, qui prirent chacun une de celles qui étaient décorées des armoiries royales; les blanches furent distribuées aux principaux personnages, qui les lancèrent dans la prairie, pour être courues par les plus agiles de la foule attirée par ce spectacle. Le procès-verbal ne dit pas qu'elle était la récompense réservée aux vainqueurs et si, outre la modeste pelotte gagnée, il leur était réservé une place au banquet qui terminait la cérémonie. (*Reg. du gouv.*)

1573. — Brillante victoire remportée par les assiégés sur les troupes royales, près du village de Lafons, après un combat qui avait duré six heures, et dans lequel les royalistes avaient perdu huit capitaines ou cornettes, et avaient eu cinquante soldats tués et plus de cent blessés, dont plusieurs gen-

---

(1) Vraisemblablement sur l'emplacement ou a été plantée depuis la promenade du Mail.

tilshommes et favoris des ducs d'Anjou et d'Alençon. La Noue y avait fait preuve du plus bouillant courage et avait eu son cheval tué sous lui. Au moment où le colonel royaliste, Sérilliac, était rapporté blessé dans sa tente, après avoir tué de sa main l'un des plus braves officiers rochelais, un des soldats de celui-ci, voulant venger la mort de son capitaine, se précipita sur le colonel et le renversa d'un coup d'épieu à la tête, en lui prédisant sa fin prochaine. « Je ne sais pas si mon heure est venue... » répondit Sérillac, et saisissant son épée, il la passa au travers du corps de l'intrépide soldat. (*Cauriana*.)

1798. — Naissance de Gustave Drouineau, auquel ne purent suffire les brillants succès, que lui valurent ses pièces de théâtre, ses romans, ses douces poésies, et qui paya de la perte de la raison l'ambition de vouloir être le prophète d'une religion nouvelle.

22 Février.

1603. — Un réglement du corps de ville, à cette date, peut faire juger de la façon étrange dont nos pères entendaient la liberté du commerce et des transactions et à quel esprit de défiance les poussait le désir de rester maîtres chez eux. Les marchands, bourgeois de la commune, s'étant plaints du tort que leur causaient les nombreux étrangers, qui étaient venus s'établir à la Rochelle avec leur famille, pour y vendre leurs marchandises aux étrangers et forains (commerce dont ils prétendaient avoir le monopole (1) en récompense des charges qu'ils avaient à supporter), le conseil de la commune fit défense à toutes personnes, qui n'étaient pas de la ville, de vendre ou d'acheter aucune marchandise en gros ou en détail, à nul autre qu'aux bourgeois et jurés de la commune, sous peine de 500 livres d'amende et de la confiscation des marchandises. Il leur défendit en même temps d'y séjourner à l'avenir plus de six mois, sous prétexte d'affaires ; avec injonction, dans ce cas, d'avoir à se présenter aussitôt leur arrivée devant le Maire, pour lui faire connaître leurs noms et le lieu de leur logement;

---

(1) Ce privilège leur avait en effet été accordé, en 1338, par Philippe de Valois. (*Invent. des prévil.*).

obligeant en outre tous individus, chez lesquels ils étaient logés, à en donner avis au Maire : le tout sous peine d'amende. — Se fondant ensuite sur ce qu'il résultait d'un recensement récent qu'une telle quantité d'Espagnols, de Portugais, d'Anglais, d'Ecossais, de Flamands (1) et d'Allemands étaient venus et venaient chaque jour se *glisser avec leur femme et famille parmi les habitants*, qu'il était à craindre qu'ils ne surpassassent bientôt en nombre les *originaires*, il ordonna à tous ceux qui étaient venus se fixer à la Rochelle, *depuis douze ans*, sans la permission du corps de ville, de déguerpir dans le délai de deux mois, sous peine de 500 liv. d'amende et d'être expulsés par force. Il autorisa toutefois le Maire à accorder une permission de séjour à ceux que bon lui semblerait. Et pour l'avenir, défense fut faite à tout étranger, de quelque qualité et condition qu'il fût, de demeurer à la Rochelle avant d'en avoir obtenu l'autorisation du corps de ville (après justification de son origine et de sa moralité), et à tous habitants de lui louer maison ou logement, s'il ne produisait cette autorisation. *(Statuts du corps de ville.)*

1622. — Toutes les démarches faites auprès de l'Assemblée de la Rochelle, pour la déterminer à se dissoudre ayant échoué (*V. 17 février*), Louis XIII s'était décidé à recourir à la voie des armes. Marchant en personne contre les révoltés, il s'était emparé, l'année précédente, de la ville de Saint-Jean-d'Angély, qu'on appelait le *boulevard de la Rochelle* ; mais au lieu de marcher ensuite contre cette dernière ville, il avait pris le chemin de la Guienne, laissant au duc d'Epernon et à Biron le soin d'aller l'attaquer. Les troupes de ces deux généraux n'étaient pas suffisantes pour une pareille entreprise, surtout avec les immenses ressources dont pouvaient disposer les Rochelais, déjà maîtres de la mer et dont les innombrables corsaires étaient l'effroi de l'Océan. Aussi ne pouvaient-elles engager que des combats partiels, dans lesquels le succès se prononçait tantôt pour l'un tantôt pour l'autre parti. Comme il était évident toutefois que de nouvelles forces ne tarderaient pas à

(1) De là le nom de *canton des Flamands*, donné à la portion de la rue Chef-de-Ville, qui va de la fontaine des Petits-Bancs à la rue Verdière, et qu'elle conserve encore.

être envoyées contre la Rochelle, le corps de ville, pour empêcher que les royalistes ne pussent s'établir solidement dans le voisinage de la ville, ordonne, *le 22 février*, que « tous les temples *(églises)*, clochers et autres forteresses qui sont dans le gouvernement *(de la Rochelle)* et mesme les forteresses, qui sont en maisons particulières, comme de la Sausaye, la Gremenaudière et autres seront desmolies et razées. » (*Reg. des délibér. du corps de ville.*)

1625. — Mort d'Amos Barbot, frère du Maire de 1610 (dont il avait été le coélu), grand bailli d'Aunis, et auteur du manuscrit si précieux pour notre histoire, auquel nous fesons de si fréquents emprunts, et dont la bibliothèque impériale de Paris possède l'original.

1628. — Somptueuses funérailles faites par les assiégés à un simple tisserand, nommé Audroin, autrement Laforest, qui, par son courage et son dévouement à la patrie, avait rendu des services signalés à la Rochelle, et avait été tué deux jours auparavant dans un rude combat près de Rompsay. Toute la cavalerie marchait devant le corps, qui était couvert d'une brunette de panne, ornée d'armoiries représentant une épée d'argent, sur champ d'azur, avec cette devise : *Fortitudo nobilem fecit.* « Sa valeur lui servit d'aïeux. » (*Guillaudeau. — Mervault.*)

23 Février.

1574. — Les tours, qui avaient seules survécu à la ruine du château de Vauclerc et qui depuis cette époque avaient servi de *prisons royales* (*V. 22 janvier*), ayant été fortement endommagées par le canon de l'armée du duc d'Anjou, pendant le siège de l'année précédente, s'écroulèrent tout-à-coup, écrasant sous leurs ruines la maison du concierge et divers bâtiments construits à leur pied, mais sans cependant tuer personne. Les prisonniers n'y étant plus en sûreté furent transférés dans les prisons municipales de l'Hôtel-de-Ville, en attendant que les lieux fussent mis en état de les recevoir. Ce ne fut que vers 1625 qu'une nouvelle prison fut construite près du Palais, sur l'emplacement où elle existe encore aujourd'hui. *(Reg. du gouvernement. — Requête du présidial.)*

1622. — Si la prise de Saint-Jean-d'Angély par Louis XIII *(V. 22 février)* n'avait intimidé ni l'assemblée ni les Rochelais, elle leur avait fait comprendre la nécessité de ne rien négliger pour fortifier davantage la Rochelle. Le côté de la place, qui s'étendait depuis la porte des Deux-Moulins jusqu'au fameux boulevard de l'Evangile, étant le plus faible, on couvrit la Porte-Neuve par une demi-lune (qui semble être l'ouvrage de défense appelé dans des titres du temps : *fort de l'Assemblée*); on enveloppa d'un ouvrage à corne le boulevard de la porte des Deux-Moulins et au-delà du fossé, qui bordait la muraille de la ville, on fit cinq redans, simplement gazonnés, mais fortement fraisés et palissadés ; enfin, sur le haut du faubourg de Tasdon, on éleva un très grand fort, qui prit le nom de ce village et qui était destiné à défendre la côte. Tout le monde, hommes, femmes, enfants, de quelque condition qu'ils fussent, même les membres de l'assemblée, travaillèrent avec une noble ardeur aux travaux les plus rudes. Pour établir sans doute plus d'ordre et de discipline parmi les travailleurs, et afin que nul, surtout parmi les catholiques, ne pût s'en exempter, il fut fait, *le 23 février*, une proclamation portant injonction à tous les habitants d'aller *à la hotte*, par deux compagnies (1) chaque jour, sous peine d'amende d'abord et de prison ensuite. *(Reg. des délib. — Pièces diverses.)*

24 Février.

1574. — Le *chef-général*, que La Noue avait fait espérer aux Rochelais, de voir bientôt à la tête des confédérés protestants unis à une partie des *politiques (V. 26 janvier)*, était le duc d'Alençon, le plus jeune frère du Roi, et dont Henri de Navarre et le prince de Condé avaient embrassé la cause. Les

(1) Il y avait dix compagnies, la première de Saint-Yon ; la deuxième du Temple ; la troisième de la Grande-Rue ; la quatrième de St-Sauveur ; la cinquième du Minage ; la sixième de Saint-Nicolas ; la septième du Carrefour ; la huitième des Cordouans ; la neuvième de Cougnes, et la dixième du Perrot. *(Reg. des délib.)*

conjurés se proposaient de favoriser la fuite des princes, qui étaient comme prisonniers à la cour de Charles IX, dont il était facile de prévoir la fin prochaine, et de s'emparer du plus grand nombre de places que l'on pourrait. Le jour de l'exécution avait été fixé au mardi-gras ; ce qui fit donner à cette prise d'armes le nom de *guerre du mardi-gras.* Les indiscrétions du duc d'Alençon, ses hésitations et sa faiblesse firent échouer le complot ; La Mole et Coconas payèrent de leur tête la participation qu'ils y avaient prise et peu s'en fallut que le duc d'Alençon et le roi de Navarre n'eussent le même sort. Cependant au jour convenu, *le 24 février,* les Rochelais, conduits par La Noue, marchèrent contre Rochefort et s'en emparèrent. Quoique désavoués bientôt par les chefs de la conjuration, ils n'en continuèrent pas moins, soutenus par l'énergie de La Noue, leurs expéditions militaires, armèrent d'innombrables corsaires et se préparèrent à combattre les troupes que Catherine de Médicis ne tarda pas à diriger vers le Poitou, sous le commandement du duc de Montpensier. *(A. Barbot. — H. Martin.)* — V. 24 mars..

25 Février.

1412. — Lettres patentes de Charles VI, par lesquelles il s'engage à « n'asseoir ni imposer sur les bourgeois et habitants de la Rochelle, aucuns subsides, gabelles, impositions du 10e et 13e, ni autres quelconques, *si ce n'est de leur consentement et volonté,* sans que chose aucune puisse cy-après estre sur eux exigée si non de leur dit consentement. » *(Invent. des privil.)* Privilège immense, s'il eût toujours été respecté !

1700. — Jour des cendres, à 3 heures après midi, tremblement de terre. *(Maudet.)*

1803. — Arrêté du gouvernement, qui fixe à trois le nombre des églises consistoriales du département de la Charente-Inférieure, et désigne comme chefs-lieux : la Rochelle, Saintes et la Tremblade. *(Affich. de la Rochelle.)*

26 Février.

1628. — Le maréchal de Bassompierre et Thoiras, qui s'étaient laissé entraîner jusque près de la porte de Cougnes, à la poursuite de quelques cavaliers rochelais, n'échappent que par miracle aux nombreux coups de canon qui leur sont tirés des remparts. — Un vent impétueux, qui soufflait depuis deux jours, avait brisé une partie de la chaîne flottante de la digue, démoli plusieurs des navires enfoncés dans le canal et couvert la plage de leurs débris : hommes et femmes se répandirent sur le rivage pour recueillir ces épaves, mais le canon de la digue leur fit chèrement expier leur témérité. *(Mervault.)*

1664. — « Une colonie française s'embarque à la Rochelle, pour aller peupler l'île de Cayenne. » Deux ans après, au mois de mars, François de Lopis, marquis de Mondevergue, amiral et lieutenant-général, chargé du commandement des places et des vaisseaux français au-delà de la ligne de l'Equateur, partit aussi de notre ville pour Madagascar, avec dix navires, escortés par quatre vaisseaux du Roi, sous la conduite du chevalier de la Roche, chef d'escadre. *(Arcère.)*

27 Février.

1791. — Après de longues discussions et trois tours de scrutin, l'abbé Robinet, curé de Saint-Savinien, est élu évêque du nouveau département de la Charente-Inférieure, par les électeurs du département, réunis dans la cathédrale de la ville de Saintes, qui était devenue le seul siège épiscopal de la Charente-Inférieure, par suite de la suppression de celui de la Rochelle. Il succédait à Pierre-Louis de la Rochefoucauld, qui, ayant refusé de prêter serment à la Constitution, se trouvait ainsi déchu de sa dignité épiscopale. C'était un pauvre curé de village, sans plus de naissance que de fortune, qui était appelé à ceindre la mitre portée par un prince de la maison de Bourbon, un Rochechouart de Mortemart, un Bassompierre, un la Châtaigneray, &. Trois jours après son élection, le nouvel évêque, dit un contemporain, entra dans sa ville épiscopale avec ses *guêtres de laine* et dans un costume qui retraçait l'humble simplicité des premiers siècles de l'église et contrastait avec la pompe fastueuse des prélats de la cour. *(Affich. de la Rochelle. — Moniteur.)*

28 Février.

1519. — Décret de la chambre des comptes, qui consacre le droit des bourgeois de la Rochelle, de ne pouvoir être contraints de sortir de la ville *pour aller aux exécutions de la justice du Roi*. Déjà des lettres patentes de Charles VI, de 1406, les avaient dispensés d'assister aux exécutions à mort des bourgeois rochelais. *(Invent. des privil.)* Si ces sanglants spectacles, si fréquents à cette époque, pouvaient avoir l'avantage d'imposer aux âmes perverses une crainte salutaire, ils avaient le fâcheux inconvénient d'endurcir le cœur du peuple, en l'accoutumant à d'horribles scènes de mort, qu'accompagnaient presque toujours les plus affreux raffinements de cruauté.

1573 *(Siège de)*. — Le nombre des ministres présents à la Rochelle n'étant pas moindre de cinquante-sept, le conseil de guerre décide qu'il en sera spécialement attaché à chaque compagnie militaire et qu'ils ne se borneront pas à visiter les malades et les blessés, mais que ceux auxquels leur âge et leur santé le permettront, prendront les armes et que les autres travailleront aux fortifications ou feront les patrouilles. *(Am. Barbot. — Mervault.)*

1643. — La disposition de la déclaration de Louis XIII, qui, après la soumission de la Rochelle, avait ordonné que l'un des évêchés voisins serait transféré dans notre ville *(V. 15 janvier)*, n'avait pas encore reçu d'exécution. Le cardinal de Richelieu, à son lit de mort, avait désigné au Roi l'abbé de Beaumont, « comme l'homme le plus digne de fonder l'église de la Rochelle, et d'y faire triompher la vérité de l'erreur, en qualité de premier évêque de la Rochelle. » Se conformant à ce vœu, Louis XIII fit expédier, *le 28 février 1843*, à Hardouin de Beaumont de Pereflxe (le futur archevêque de Paris et l'auteur de la *Vie d'Henri IV*), un brevet qui l'appelait à l'évêché de la Rochelle. Mais les difficultés qui entravèrent encore pendant plusieurs années l'établissement du nouvel évêché, firent renoncer le prélat à son titre d'évêque de la Rochelle. *(Oraison fun. de Beaum. de Perefixe. — Cart. de Massiou.)*

1683. — Naissance de « René, Antoine, fils de Maître René Ferchaud, Seigneur de *Ruaumur*, conseiller du Roy au siège présidial de cette ville, et de dame Geneviesve Bouchet, sa femme. » Ce sont les termes même de l'acte de baptême de notre illustre compatriote Réaumur, qui a laissé un si grand nom dans les sciences, et qui fut membre de l'académie royale des sciences de France, de la société royale de Londres, des académies de Saint-Pétersbourg, de Berlin, de Stockolm, de la Rochelle et de l'institut de Bologne, commandeur de l'ordre de Saint-Louis, &. (*Reg. de bapt. de St-Barth.*)

29 Février.

1616. — Soutenu par le parlement, dans sa rupture avec la reine-mère, le prince de Condé, prêt à prendre les armes, avait fait appel aux huguenots et particulièrement aux Rochelais. Déjà au mois de décembre précédent, il était venu à la Rochelle pour arrêter avec les habitants les bases du traité qui devait lui assurer leur concours. Il y revint le 28 février avec les ducs de Longueville et du Maine, et, *le lendemain*, ils visitèrent ensemble les fortifications, les tours et toute la côte jusqu'à Chef-de-Bois. « Il se présenta, dit un contemporain, un frère Minisme, haut de stature, quy désiroit parler à M. le prince ; mais *craignant que mal en advint*, il en fut empesché par quelqu'un et on le fit embarquer bien viste sans luy faire aucun mal. » (*Merlin. — de Berrandy. — Ms. de M. Vivier.*) Quel temps que celui où l'on voyait partout des poignards cachés, même sous la robe du prêtre !

1628 (*Siège de*). — « Les huguenots de la campagne commencèrent à croire que le Roy viendroit à son honneur de ce siège, et ne pouvant souffrir de voir prendre ceste ville, commencèrent à faire assemblées secrettes dans les maisons de quelques gentilshommes ; dont le cardinal adverty, il fit trouver bon à M. d'Angoulême d'aller en bas Poitou, avec deux compagnies de cavalerie ; et le maréchal de Schomberg envoya en Saintonge et Angoumois pour faire veiller aux actions des plus remuans. » (*Mémoires de Richelieu.*) Le duc d'Angoulême partit *le 29 février*, « et il se disoit dans la ville qu'il avoit quitté l'armée, mécontent de ce que M. le cardinal y donnoit l'ordre et commandoit en l'absence du Roy. » (*Mervault.*) — V. *10 février*.

MOIS DE MARS.

1ᵉʳ Mars.

1298. — C'est la date d'un titre précieux, dont la copie nous a été conservée, par lequel *Johan de Forras, bourgeis de la Rochele, Nicholas et Guillaume de Forras, ses filz*, vendent au prix de 920 livres tournois, à *Guillaume Evrart, adoncques Maire de la commune de la Rochele, aux esquevins* (échevins), *conseillers et pers, au proffict de tout le commung de ladite ville, cinq maisons.... et les vergers qui y appartiennent*, dont trois situées dans la rue de *Pierre* (de l'Hôtel-de-ville), devant les maisons de *Johan Sudre* (le Maire de 1300) et de *sire Johan Aimery* (le Maire de 1270); la quatrième, dans la rue de la *Pelleterie* (actuellement de la Grille), et la cinquième enfin, dans la rue des *Grandes-Tendes* (à l'extrémité de la rue des Gentils-Hommes, du côté de la rue des Merciers). — A ces confrontations, il est facile de reconnaître l'emplacement sur lequel, deux siècles plus tard, fut commencée la construction de l'Hôtel-de-ville actuel, dont l'enceinte extérieure date de 1486. Avant même cette acquisition, l'*échevinage* était placé dans une maison contigüe à celles vendues par la famille de Forras, et ce fut sans doute pour l'agrandir que la commune acheta ces cinq nouvelles maisons. (*Inv. des priv. — Baillette de 1282. — A. Barbot.*)

1607. — Ouverture du XVIIIᵉ synode national des Eglises réformées, dans la bibliothèque publique, au-dessus de la salle Saint-Yon (*V. 19 janvier à 1606.*) — Comme on devait s'y occuper non-seulement de matières religieuses, mais encore d'affaires politiques, et que la ville de la Rochelle avait rang de *province*, le corps de ville nomma des commissaires pour assister aux séances. Plusieurs lettres d'Henri IV à Sully témoignent du mécontentement qu'éprouva le Roi de l'esprit qui anima cette assemblée et de plusieurs de ses décisions, notamment de l'annexion des églises de *son pays souverain de Béarn* à celles de France, et de la résolution de *faire un fond d'argent à la Rochelle* (sans doute une caisse générale des Eglises réformées). « Ils ne cherchent qu'à gagner toujours pied et au préjudice de mon autorité, écrivait-il à Sully, le 15 mars : *si cela continuoit il vaudroit mieux qu'ils fussent les roys et nous les assemblées.* J'ay jugé quand et où ils en veulent venir... » Le synode ne se sépara que le 12 avril suivant. (*Lett. d'Henri IV. — Merlin. — Aymond. — Hist. de l'édit de Nantes. — OEconomies roy. de Sully,* &.)

1685. — Avant même que la révocation de l'édit de Nantes (1) eut mis le dernier sceau à toutes les iniquités auxquelles, depuis longtemps déjà, les protestants étaient en but, le parlement de Paris, confirmant en ce point une sentence du juge criminel de la Rochelle, avait ordonné la démolition du *temple de la ville neuve* (2), que les protestants avaient construit sur l'emplacement d'un ancien bastion, après que leur *grand temple* de la place du château avait été donné par Louis XIII aux catholiques (*V. 15 janvier*). Dans sa ferveur de nouveau converti, le lieutenant criminel eut voulu imposer aux protestants eux-mêmes cette œuvre de destruction; mais il s'y refusèrent, et force fut d'y employer des ouvriers catholiques, que l'on paya avec le produit des matériaux. « On somma d'abord *les anciens*, dit Tessereau, de remettre les vases dont ils se servoient à la communion, et qui consistoient en *six coupes et en deux grands bassins d'argent. Le moindre servoit à mettre le pain de la communion et l'autre, qui étoit d'un grand poids, à recevoir sur les tables les aumônes des communians...* Les ouvriers com-

(1) L'édit de révocation est du mois d'octobre 1685.

(2) On appelait *ville neuve* la portion de la ville bâtie depuis l'agrandissement autorisé par Henri IV, en 1590.

mencèrent par enlever les vitres, la cloche et les choses qu'on voulut conserver en entier ; puis ils mirent en pièces la chaire et un fort grand tableau, sur lequel étoient écrits en lettres d'or, sur fond d'azur, les commandements de Dieu... Tout autour de la cloche étoit une inscription, qui indiquoit qu'elle avoit été fondue, pour le temple de l'église réformée de la Rochelle, en 1630. Elle fut vendue par les directeurs de l'hôpital général (qui, par la volonté du Roy, étoient devenus maîtres de tout), à l'église Saint-Barthélemy, où *après amende honorable et avoir été fouettée* (3), elle sert encore. » Les ouvriers mirent tant d'ardeur au travail, que cinq jours suffirent pour la démolition complète de l'édifice, dont une rue, celle du *prêche*, conserve encore le nom. (*Ms. du temps.* — *Tessereau*, Hist. des réf. de la Rochelle. — *Benoit*, Hist. de l'édit de Nantes. — *Jaillot.*)

2 Mars.

1622. — Violant le serment, qu'il avait prêté après la soumission de Saint-Jean-d'Angély, de ne plus porter les armes contre le Roi, Soubise était entré, à la tête de 3,000 hommes, dans le bas Poitou, et s'était rendu maître des Sables-d'Olonne et de plusieurs petites places du pays. Le seigneur du Plomb, fils de Paul Yvon, avait été chargé par lui de porter à la Rochelle et d'offrir en son nom à la commune cinq drapeaux ou guidons, qu'il avait enlevés aux royalistes (4). Le *2 mars*, « ils furent mis en l'Hôtel-de-ville, pour estre gardés et conservés en mémoire honorable dudit exploict. » (*Proc.-verb. de l'ass.* — *Mervault.* — *Mercure français.*) — V. *22 février 1622.*

(3) Je me suis abstenu de rapporter les cérémonies burlesques dont, selon le ministre Benoit, fut accompagnée cette purification de la cloche huguenote, parce qu'il prétend avoir puisé ces détails dans l'ouvrage de Tessereau, qui n'en dit rien, et que son témoignage est trop suspect pour être cru sur parole. Arcère, après avoir énergiquement protesté contre les *chimères absurdes* inventées par Benoit, n'osant nier la flagellation de la cloche, dit : « Si elle est vraie, elle n'a pu être qu'une saillie de canaille et de la vile populace. » Mais ceux dont l'aveugle fanatisme avait été jusqu'à ordonner la démolition du temple, parce qu'une fille, nouvellement convertie au catholicisme, y avait assisté au prêche, étaient bien dignes de jouer une pareille comédie.

(4) « Dans lesquels il y avoit un soleil rouge avec une croix blanche de couleur tannée, jaune orangé et vert. »

1688. — La Rochelle, *cette sainte Sion des huguenots*, comme l'appelle H. Martin, *dragonnée*, martyrisée par les *missionnaires bottés* de Louvois, et dépeuplée de ses enfants « les plus considérables par la naissance, par le mérite et par la fortune » *(Tessereau)* (5) possédait encore de nobles cœurs, qui gémissaient des souffrances de leurs anciens coreligionnaires, et savaient affronter la rigueur des ordonnances pour leur manifester de généreuses sympathies. Quand, lassé des affreuses persécutions qui avaient suivi la révocation de *l'irrévocable et perpétuel* édit d'Henri IV, Louis XIV aima mieux déporter que mettre en liberté les hérétiques obstinés qui encombraient les prisons, un nombreux convoi de ces infortunés (parmi lesquels se trouvaient des avocats au parlement et leurs femmes, des capitaines d'infanterie, &.) traversant la Rochelle pour se rendre à l'Ile-de-Ré, où il devait attendre un navire en partance pour la Martinique, avait déjà trouvé de douces consolations dans les marques d'intérêt dont il avait été l'objet de la part des habitants; mais les malheureux déportés durent être bien plus touchés encore quand, après trois semaines de séjour dans les cachots du fort de l'Ile-de-Ré, ils trouvèrent en s'embarquant, *le 2 mars*, sur le navire de commerce qui devait les conduire à la Martinique, « trois dames, qui les y attendoient *depuis deux jours*, pour leur offrir de la part de leurs frères de la Rochelle, un assortiment de vivres délicats, de vins, de sucrerie, linge, vêtements de toutes sortes, menus ustensiles de ménage et quelque peu d'argent. » *(Relation de J. Olry, avocat au parlement, l'un des exilés.)*

(5) Il n'est pas aisé, ajoute Tessereau, de marquer bien exactement le nombre des personnes de l'un et de l'autre sexe qui, à l'approche ou au plus fort de la tempête, avoient quitté tout pour ne pas être exposées à la tentation et qui passèrent heureusement chez les étrangers. On fait état que dans la ville d'Amsterdam, il y a quatre à cinq cents réfugiés de la Rochelle; cependant il n'y a guères de ville dans la Hollande et dans les autres Provinces-Unis, où il n'y en ait quelqu'un. Il y en a eu Suisse, à Bareith, en Brandebourg, en Prusse, en Danemarck, en Angleterre, à Boston, à la Caroline et peut-être ailleurs. — « Une des plus belles parties du cap de Bonne-Espérance, dit Bougainville, dans son *Voyage autour du monde*, est celle à laquelle on a donné le nom de *petite Rochelle*. C'est une peuplade de Français chassés de leur patrie par la révocation de l'édit de Nantes. Elle surpasse toutes les autres par l'industrie des colons. Ils ont conservé à cette mère adoptive le *nom de leur ancienne patrie.* »

3 Mars.

1573 *(Siège de)*. — Claude de Lorraine, duc d'Aumale, s'étant approché de la place, pour examiner ce que fesaient les canonniers et ayant levé la tête au-dessus du parapet, est tué roide par un boulet tiré du boulevard de l'Evangile (1). Les assiégés, joyeux de la mort de celui qu'ils regardaient comme l'un de leurs ennemis les plus acharnés, donnèrent son nom à la couleuvrine *la Mercière* (2), qui lui avait porté le coup mortel. *(A. Barbot. — Conain.)*

1616. — L'assemblée générale des Eglises réformées, réunie d'abord à Grenoble, puis transférée à Nîmes et enfin à la Rochelle, ouvrit ses séances dans notre ville, le *3 mars*. Le fils aîné du duc d'Epernon, le comte de Candale, dont l'acte d'abjuration venait d'être condamné au feu par arrêt du parlement de Toulouse, arriva peu de jours après à la Rochelle, et fit à son tour condamner l'arrêt du parlement de Toulouse à être brûlé « sur la place du chasteau, près du gibet, par l'exécuteur de la haute justice. » — L'arrivée du duc de Sully et de l'ambassadeur d'Angleterre, Edmond, détermina bientôt

(1) A l'occasion de cet évènement, Catherine écrivit, le 17 mars, au duc de Montpensier : « Je vous prie, quelque mine qu'ils vous fasent *(ses fils, les ducs d'Anjou et d'Alençon)*, ne creindre à les empescher du tout de n'aler plus ou yl on tousiours alé ; car vous voyez l'ynconvenyent avenu au povre M. d'Aumale, y lour en peult advenir aultant, et pour l'honneur de Dieu, metez-vous tous ensemble et les empeschez, comme aussy le Roy, mon fils, pour le regret qu'il a d'avoyr perdu un tel prinse contre des belistres... Yl désire la conservation de vous tous plus que la prise de la Rochelle, encores que le luiimporte de la conservation de son royaulme et ne veult nulement que neul prinse alet allasault, &. »

(2) Ainsi appelée du nom de son donateur, Guillaume Mercier, maire de 1494, qui avait fait sculpter sur la culasse ses armoiries, formées de *trois lumats* (limaçons). D'anciens réglements municipaux obligeaient les Maires, lors de leur élection, à donner à la ville une pièce d'artillerie. Gôlnitz, dans son *itinéraire*, prétend que la *Mercière* ou la *d'Aumale* avait quarante pieds de long. Arcère a raison, je le crois, de taxer cette assertion d'exagération ; mais il se trompe en ajoutant qu'en dérision de l'obésité de Catherine de Médicis, les Rochelais appelaient précédemment cette couleuvrine *la Vache* ; celle qu'ils avaient ainsi ironiquement baptisée était la pièce nommée *le Gerfaut*, qui n'avait pas moins de vingt-deux pieds de longueur. *(Livre de la paterne.)*

l'assemblée à accepter un projet d'accommodement et la paix fut signée, le 3 mai, par le prince de Condé. (*Merlin.*) — *V. 29 février.*

4 Mars.

1573 *(Siège de).* — Tout en pressant vivement la place, le duc d'Anjou ne laissait pas de profiter des occasions qui lui étaient offertes pour adresser aux assiégés des propositions d'accommodement; mais elles échouaient toujours par l'impossibilité de s'entendre sur les conditions de la paix. De nouvelles conférences furent ouvertes, *le 4 mars*, pendant lesquelles il fut arrêté que tout acte d'hostilité serait suspendu. « Ces tresves ainsy faites, raconte Brantôme, parurent aussitost comme nous hors des tranchées force gens de la ville sur les remparts et sur les murailles, et surtout il y parust une centaine de dames et bourgeoises des plus grandes, des plus riches et des plus belles, toutes vestues de blanc, tant de la teste que du corps, toutes de fine toile de Hollande, qu'il fit très-beau à voir, et ainsy estoient-elles vestues à cause des fortifications des remparts où elles travailloient, fust où à porter la hote, ou à remuer la terre; et d'autres habillements se fussent salis, mais ces blancs, on estoit quitte pour les mettre à la lessive... Nous autres fusmes fort ravis à veoir ces belles dames et plusieurs s'y amusèrent plus qu'à toute autre chose. Aussy voulurent-elles se montrer à nous et ne furent guères chiches de leur veüe; car elles se plantèrent sur le bord du rempart, d'une fort belle grâce et démarche qu'elles valoient bien les regarder et désirer. Nous fusmes curieux de demander quelles dames c'estoient : ils nous répondirent que c'estoit une bande de dames ainsy jurées, associées et ainsy parées pour le travail des fortifications et pour faire de tels services à leur ville; comme de vray elles en firent de bons, jusques-là que les plus vieilles et robustes menoient les armes, de telle sorte que j'ay ouï conter d'une que, pour avoir souvent repoussé les ennemys d'une pique, elle la garde si soigneusement comme une sacrée relique qu'elle ne la donneroit ny vendroit pour beaucoup d'argent, tant elle la tient chère chez soy. » (*Mém. de Brantôme.*) — Quel charmant sujet de tableau pour un peintre ! — « Cependant, ajoute Cauriana, les ennemis (les Rochelais) ne quittent pas leurs rangs, et leurs officiers, se promenant le long du fossé, les maintenaient dans le devoir ; en sorte que nous ne pûmes pas examiner leurs fossés... »

1789. — Les élections pour les états généraux, convoqués par Louis XVI, s'étaient ouvertes dans les premiers jours de février, au milieu de l'hiver le plus rigoureux dont on eût gardé la mémoire (4). Mais le choix des députés, des trois ordres, était moins important encore que la rédaction des *cahiers* qui devaient leur être remis, pour porter au pied du trône, l'expression des besoins et des vœux du pays. Le tiers-état de la ville de la Rochelle termina son travail *le 4 mars.* L'original du *cahier de ses plaintes, doléances et remontrances*, contenant *quatre-vingt-treize* articles, et signé par quatre-vingt-deux des plus notables citoyens, a été conservé au greffe du tribunal civil. Il se distingue par un très remarquable esprit de sagesse, de modération et de noble fermeté. Malheureusement son étendue ne permet pas d'en faire ici l'analyse même la plus sommaire.

5 Mars.

1622. — Le corps de ville de la Rochelle ordonne la démolition des *fortifications* d'Esnandes et de l'église d'Angoulins. *(Regist. des délibérations.)*

1628. — Les royalistes renforcent la digue de plusieurs navires liés les uns aux autres par de gros câbles et des chaînes de fer, pour empêcher qu'aucun navire ennemi pût passer. *(Mervault.)*

1630. — L'intendant Coignet de la Thuilerie met les religieux de la Charité en possession de l'hôpital de Saint-Barthélémy, qui leur avait été donné par Louis XIII. *(Proc.-verb.*

---

(4) *V. 13 janvier.* — Les *Affiches de la Rochelle* vont même jusqu'à dire que la mer gela et que, dans la soirée du 8 janvier, une brise du sud s'étant élevée, au moment où le flot baissait, un banc de glace, d'environ *trois lieues* d'étendue, s'ébranla avec fracas et entraîna quarante bâtiments, qui perdirent leurs ancres et furent jetés à la côte. *(V. Massiou, t. 6, p. 8.)*

de prise de posses.). — *V. 15 janvier 1629.* — Ils s'y étaient cependant provisoirement installés dès le 10 novembre 1628, et avaient rendu de grands services pendant la peste, qui avait succédé au siège. La Rochelle se trouva ainsi dépouillée définitivement de l'hôpital fondé, en 1203, par Auffrédy, et dont ce généreux citoyen lui avait, peu de temps après, abandonné la propriété.

1685. — Arrêt du conseil, qui enlève aux protestants de la Rochelle le droit de noblesse, que leurs ancêtres avaient acquis par l'exercice des fonctions de Maire, et les soumet à la taille et autres impositions, comme de simples roturiers, tant qu'ils feront profession de la religion réformée. (*Hist. de l'édit de Nantes.*)

6 Mars.

1619. — La Rochelle, paraissant menacée d'un siège, le conseil des bourgeois avait demandé qu'il fut établi un grenier d'abondance (5) aux frais de la commune. Dans une séance *du 6 mars*, le corps de ville rejetant ce système, décide que chaque particulier sera tenu de s'approvisionner d'une quantité de grains proportionnée à sa fortune et à ses besoins, selon la détermination qui en sera faite par des commissaires nommés à cet effet. Pour faciliter ces approvisionnements particuliers, d'autres commissaires furent ensuite chargés de parcourir, *à main armée*, les campagnes du gouvernement de la Rochelle et « de faire amener en ceste ville tous les bleds qu'ils y trouveroient, avec assurance aux propriétaires de les pouvoir vendre et débiter aux habitants, ainsi qu'ils verroient bon être. » Ce qui causait ces inquiétudes aux Rochelais, c'est qu'ils étaient informés que la cour, irritée de ce que, au mépris de ses défenses et de ses menaces, une assemblée générale des protestants se fut réunie à la Rochelle dès le mois de décembre précédent (*V. 5 janvier*), méditait quelque sourde entreprise sur leur ville et que d'un autre côté, l'enlèvement de la reine-mère du château de Blois, par l'ambitieux d'Epernon, était de nature à leur faire redouter de nouveaux troubles,

(5) On eut recours plus tard à ce moyen pendant le siège de 1627-28.

contre lesquels il était prudent de se prémunir. (*Reg. des délib.* — *Mém. de Duplessis.* — *Merlin.*)

7 Mars.

1628 (1). — Combat singulier entre la Meilleraie, depuis maréchal de France, cousin-germain du cardinal de Richelieu, et la Cotencière-Bessay, gentilhomme du Poitou, l'un des commandants de brigade des volontaires de la ville. On n'est pas d'accord sur celui qui adressa le cartel à son adversaire. Le lieu de la rencontre était la pelouse, qui s'étendait depuis Lafons jusqu'à la porte de Cougnes ; les armes, l'épée et deux pistolets ; le simple pourpoint pour costume, sans casque ni cuirasse. La Cotencière tira le premier, mais l'amorce ne prit pas. La Meilleraie, mieux monté que son adversaire, ayant tiré ses deux coups, qui ne portèrent que dans la crinière du cheval du huguenot, fit un détour pour le saisir par derrière ; mais la Cotencière, tira par dessus l'épaule, son second pistolet et blessa mortellement le cheval de la Meilleraie, qui s'abattit sous son cavalier. Le vainqueur s'avança alors l'épée à la main sur l'officier royaliste, en le sommant de lui demander la vie ; mais quelques cavaliers, voyant le danger que courait la Meilleraie, accoururent à son secours et obligèrent la Cotencière à rentrer dans la place. Un semblable combat ayant été défendu peu de temps auparavant par le cardinal, et la Meilleraie ayant agi sans permission, un conseil de guerre le condamna à la dégradation et au bannissement de l'armée ; mais il fut grâcié par la faveur du cardinal, et reprit son commandement un mois après. (*Guillaudeau.* — *Bassompierre.* — *Colin.* — *Mervault.* — *Mém. de Richelieu.* — *Tallem. des Réaux.*) (2).

(1) Cette date est celle donnée par l'avocat Guillaudeau, ordinairement fort exact, Colin et Mervault indiquent celle du 3 mars.

(2) La fureur des duels était telle à cette époque, malgré la sévérité des édits, que vers le même temps, le vieux poète Malherbes étant venu au camp pour demander justice à Louis XIII contre de Piles, qui avait tué son fils en duel, et n'ayant pu obtenir la satisfaction qu'il sollicitait, déclara à de Nesle qu'il voulait offrir le combat au meurtrier de son fils. Le poète Racan, qui commandait une compagnie de gendarmes, chercha à l'en dissuader, en lui disant qu'il serait ridicule à un vieillard de 73 ans, de se battre contre un homme de 25 ans : « C'est

8 Mars.

1580. — Décès à la Rochelle du ministre protestant Pierre Richier ou Richer, dit de Lisle, que la Popelinière appelle *le père de l'église de la Rochelle*. Sorti de l'ordre des Carmes, et reçu ministre à Genève, en 1556, il était allé prêcher la réforme au Brésil. Entravé dans ses efforts de prosélytisme par Villegagnon, il était revenu débarquer à la Rochelle en 1558. Il y trouva un faible troupeau, composé d'une cinquantaine de personnes, que Charles de Clermont, avait, l'année précédente, initiées secrètement aux principes de Luther. Les esprits y étaient si bien préparés qu'en peu de temps un grand nombre de citoyens embrassèrent le culte réformée et que Richer put former un consistoire et établir la discipline de la nouvelle église. (*De Bèze. — Ph. Vincent*) — *V. 6 février 1558*.

1626. — Publication par tous les cantons, au son des trompettes et des tambours, du traité de paix accordé par le Roi aux Rochelais, le 5 février précédent. (*Guillaudeau.*) La guerre avec les huguenots durait depuis le mois de janvier 1625. Malgré les revers de Soubise et de leur amiral Guiton, les Rochelais avaient repoussé les premières conditions que le Roi avait voulu leur imposer, après la fatale bataille de l'île de Ré, et Louis XIII avait refusé ensuite de les comprendre dans la paix générale signée avec les protestants; mais Richelieu, qui ne se sentait pas encore assez fort pour entreprendre le siège de la Rochelle, et qui comprenait la nécessité d'avoir la tranquillité à l'intérieur avant de porter au-dehors l'activité de la France, détermina le Roi à adoucir la rigueur des conditions primitives. On fit disparaître les articles qui obligeaient les Rochelais « à recevoir le Roi dans leur ville, avec le respect et la révérence qui lui sont dus, toutes fois et quantes il leur feroit l'honneur d'y aller », et qui leur imposaient un *intendant de justice et de police* (3). Au lieu de la démolition de

---

pour cela que je le fais, lui répondit brusquement Malherbes, je hasarde un sou contre une pistole. » L'illustre vieillard gagna à ce voyage la maladie dont il mourut peu de temps après. (*Tallem. des Réaux.*)

(3) L'établissement d'un intendant à la Rochelle ne date réellement que de la capitulation de 1628, et si M. Amelot, comme le dit Arcère,

toutes les fortifications élevées depuis 1560, la cour se contenta de la destruction du fort de Tasdon (*V. 23 février*). L'exercice du culte catholique était rétabli à la Rochelle, mais *sans les processions et le port du corpus domini*; les capitaines de navires rochelais devaient se munir à l'avenir d'un congé du grand amiral, suivant l'usage général du royaume; obligation dont ils s'étaient jusque-là dispensés. Il n'était pas parlé dans le traité du rasement du fort Louis, réclamé avec tant d'instance et depuis si longtemps par les Rochelais; mais la promesse en avait été faite aux ambassadeurs d'Angleterre, qui étaient intervenus dans les négociations en faveur des Rochelais. L'article qui avait été l'objet de la plus vive opposition de la part des bourgeois, quand le traité avait été soumis à leur approbation et qui avait soulevé la populace contre le Maire, était celui qui rétablissait le gouvernement municipal, tel qu'il était avant 1614, supprimait le conseil des bourgeois appelé les *quarante-huit*, et abolissait les fameux *vingt-huit articles*, causes de si longues luttes entre les bourgeois et le corps de ville. (*V. 11 janvier.*) Mais la Rochelle n'ayant pas été comprise dans le traité général fait avec les protestants et n'ayant obtenu la paix que par un acte séparé, la crainte d'avoir à combattre seuls, si la guerre était continuée, avait déterminé les bourgeois, après de longs débats, à souscrire aux conditions signées par les députés Rochelais. (*Guillaudeau. — Reg. du corps de ville*, &. — *Colin*.)

9 Mars.

1698. — « La porte Dauphine fut ouverte et on commença à y passer. » (*Maudet*.) Elle avait été construite sur l'emplacement de la barrière *du Landa*, dont elle porta d'abord le nom (4) et d'après les dessins de M. Ferry. Commencée en 1697, elle ne fut complètement achevée qu'en 1699. Mérite-t-elle bien

en a eu le titre dès 1623, il ne paraît pas en avoir exercé les fonctions. Jean Boucherat, maître ordinaire en la chambre des comptes, nommé après la fin du siège, céda presque aussitôt sa place à M. Gaspard Coignet de la Thuilerie, maître des requêtes. (*Duchesne. — Arcère*.)

(4) Sans doute en l'honneur du lieutenant-général du Landaz, qui demeurait vis-à-vis le Jardin des Plantes.

l'éloge qu'en fait Brunzen de la Martinière, qui la trouve *d'un goût exquis, d'une propreté et d'une magnificence peu communes* ?

1705. — Incendie qui dévore une partie du couvent des Récollets et tout le chœur de l'église (5). A peine les dégâts étaient-ils réparés, que, l'année suivante et dans la nuit du 11 au 12 mars, le feu prit de nouveau dans la cuisine, gagna le réfectoire, puis le clocher, dont il fondit les cloches. Le voisinage de la tour de Moureille, qui servait alors de poudrière, donna les craintes les plus vives : si elle eût été atteinte, il en fut résulté une explosion terrible.

1749. — Grandes fêtes en réjouissance de la paix d'Aix-la-Chapelle. — Elles commencèrent par la publication de la paix, faite en grand appareil par tous les officiers du corps de ville, en robe et à cheval (*V. 5 février*), précédés de la musique militaire, *du roi d'armes et de deux hérauts d'armes* et escortés, devant et derrière, par une grande partie des troupes de la garnison et des milices bourgeoises. Les publications eurent lieu d'abord devant le *palais royal* (le palais de justice), ensuite devant l'hôtel du commandant ou gouverneur Phelippeaux de Pontchartrain (aujourd'hui l'hôtel Chabot); l'hôtel de l'intendance (celui que vient d'abandonner la gendarmerie); la maison du maire, M. Joseph Pascaud, dans la grande rue Porte-Neuve; enfin aux principaux carrefours de la ville.

Au milieu de la *Place-Royale* (la Place-d'Armes), *du côté du bois d'Amourettes*, on avait construit un temple à la Paix, vaste édifice, en toile peinte à la détrempe, qui n'avait pas moins de cinquante-et-un pieds d'élévation jusqu'au sommet de l'obélisque, qui surmontait une grande plate-forme, d'environ trente pieds de hauteur, sur laquelle était dressé le feu d'artifice. On n'y voyait que trophées, statues, bas-reliefs allégoriques et inscriptions de toutes sortes, célébrant les bienfaits de la paix et la grandeur du monarque. De nombreux gradins étaient

---

(5) C'est leur église qui sert aujourd'hui de temple aux protestants. Et comme elle a été bâtie sur l'emplacement de la salle Saint-Michel, où se firent les premiers exercices de la religion réformée, on est frappé de cette étrange singularité qu'après trois siècles et tant de douloureuses péripéties, les protestants rochelais sont revenus prier au lieu qui fut le berceau de la religion de leurs aïeux.

réservés aux principaux fonctionnaires, aux notables et dames de la ville, pour assister au feu d'artifice. A deux des coins de la place et à l'une des portes de l'intendance coulaient pour le peuple des fontaines de vin. Le soir, la ville resplendissait de lumière comme en plein jour : l'hôtel de l'intendance et surtout l'hôtel de ville se fesaient remarquer par leurs magnifiques illuminations ; les deux façades intérieure et extérieure de celui-ci scintillaient d'innombrables lampions et pots de feu, au milieu desquels des transparents et de nombreuses devises, latines et françaises, traduisaient en style quelque peu emphatique l'expression de la joie publique. Mme de Pontchartrain eût l'honneur de mettre le feu au dragon qui communiqua l'étincelle à un feu d'artifice magnifique. Parmi les pièces, aussi nombreuses que variées, celles qui excitèrent surtout l'admiration générale furent un grand soleil fixe, de trente pieds de diamètre, au milieu duquel on lisait en feu bleu : *Vive le Roy !* et le globe qui lui succéda, d'où s'échappèrent à la fois en éclatant 4,500 pièces d'artifice. Un repas splendide, donné à l'Hôtel-de-Ville, termina ces fêtes qui durèrent deux jours. (*Description imprimée.*)

10 Mars.

1759. — Ordonnance du Roi, qui forme une compagnie de deux cents volontaires, choisis parmi les négociants de la Rochelle, sous le nom de *Volontaires d'Aunis* (*Ms. de la bib.*). Leur uniforme était : l'habit blanc avec boutons jaunes ; parement et veste d'écarlate ; épaulettes d'or et chapeau bordé d'or (*Perry*). Quand, dix-huit mois auparavant, une flotte anglaise s'était montrée sur nos côtes, disposée à faire une descente, un admirable enthousiasme avait fait courir toute la population aux armes : mais le danger passé, l'ardeur des guerriers bourgeois s'était refroidie, et quand M. de Selines, le commandant des volontaires d'Aunis, essaya de les soumettre à la discipline militaire, il vit son autorité méconnue. Une ordonnance royale (1er septembre 1762), en prononça bientôt le licenciement, sur ce motif que leur concours n'était plus nécessaire, et avec l'assurance que, si les circonstances l'exigeaient, le Roi les rappellerait sous les armes. (*Idem.*)

1762. — Signification aux jésuites de la Rochelle et au corps de ville de l'arrêt du parlement, du 2 du même mois, qui, par suite de l'expulsion prononcée contre ces religieux, ordonnait que les officiers municipaux de la Rochelle s'assembleraient « *pour délibérer sur ce qu'ils trouveront convenable pour la tenue du collége de ladite ville par autres que les soi-disants jésuites;* les autorisant à cet effet de *faire tel concordat qu'ils aviseront, avec tels corps séculiers ou avec tels particuliers qu'ils trouveront à propos et telles conditions qu'il appartiendra, et à fixer les appointements des professeurs et autres personnes nécessaires pour la tenue dudit collége.* » Les Jésuites avaient pendant cent trente-deux ans été chargés de l'éducation publique à la Rochelle; après leur expulsion, l'enseignement fut confié à des prêtres séculiers. (*Perry. — Dupont.*)

11 Mars.

1573 *(Siège de)* (1). — La Noue, désespérant d'amener les Rochelais à des dispositions pacifiques, découragé par les calomnies, les humiliations même (2) qu'il avait eu à subir, après avoir vainement cherché la mort sur le champ de bataille par la plus audacieuse témérité, se décide à sortir de la Rochelle et à se retirer au camp du duc d'Anjou, avec plusieurs gentilshommes. Ce départ du héros calviniste pouvait produire sur les esprits le plus fâcheux effet, aussi le Maire s'empressa-t-il de convoquer, le même jour, une assemblée générale des habitants et gens de guerre et, après leur avoir rappelé leur devoir, il leur fit jurer à tous « de rester unis pour résister, sous la faveur de Dieu, aux ennemis de sa gloire, sans se rendre déserteur du party ny abandonner la place, et d'exposer leurs biens et leur vie pour sa juste défense. » Il fut décidé en même temps que les huit mousquetaires et les vingt-neuf arquebusiers, qui avaient été donnés pour gardes à La Noue, seraient désormais attachés à la personne du Maire. (*A. Barbot.*)

(1) Les historiens et les annalistes donnent des dates différentes au départ de La Noue; mais une lettre de Charles IX le fixe au jour que nous avons adopté.
(2) Quelques jours auparavant, le ministre Desmazières, dit la Place, après l'avoir accablé d'outrages, avait été jusqu'à lui donner un soufflet. (*A. Barbot.*)

1574. — Pendant que le duc d'Alençon trahissait la cause de ceux qui s'étaient armés en sa faveur (*V. 21 février*), les protestants de l'Ouest, fidèles au mot d'ordre des conjurés, s'étaient emparés d'un grand nombre de places du Poitou et de la Saintonge. Rochefort, Tonnay-Charente, Tallemont, Pons, Royan, Fontenay, Melle, Lusignan, &., étaient déjà en leur pouvoir, quand les Rochelais apprirent les évènements de Paris et que les principaux chefs étaient aux mains de l'habile et impitoyable Catherine de Médicis. A ces nouvelles, la crainte et le découragement abattirent un instant leur résolution et leurs espérances ; mais La Noue survint bientôt, qui ranima les courages et, *le 11 mars*, bourgeois, habitants, gentilshommes, capitaines, soldats et gens de toute condition, convoqués au son de la cloche dans la salle Saint-Yon, jurèrent solennellement de n'abandonner jamais la cause commune. On établit aussitôt un conseil extraordinaire, formé de quatre échevins et d'autant de pairs, de gentilshommes et de bourgeois, pour pourvoir à toutes les affaires que les circonstances exigeraient. (*V. 26 janvier*). Deux jours après, les Rochelais et les députés des trois provinces de Poitou, Saintonge et Angoumois s'unissaient plus étroitement encore par un acte de confédération particulière. (*A. Barbot.*)

1708. — Consécration, par Mgr de Champflour, évêque de la Rochelle, de l'église de Saint-Sauveur, reconstruite après avoir été brûlée au mois de mai 1705. (*Ms du temps.*)

12 Mars.

1345. — Lettres patentes de Philippe de Valois, qui octroient au corps de ville de la Rochelle le droit d'établir et de nommer des *courratiers-jurés*. (*A. Barbot.*) Nul doute que ces premières charges de courtiers durent être vendues au profit de la commune. Le documents postérieurs il résulte que les titulaires avaient la faculté de présenter un successeur, qui devait être agréé par le corps de ville. S'il était admis, il payait à la commune le *quart denier* sur le prix de son office, et prêtait entre les mains du Maire serment de garder et observer les statuts et ordonnances concernant l'état de courtier (serment qui devait être renouvelé chaque année à l'installation du nouveau Maire) (1). Quand un courtier mourait sans avoir disposé de son office, celui-ci fesait retour à la commune, qui le vendait à son profit; toutefois si la famille du défunt était dans le besoin, le corps de ville lui abandonnait la totalité ou une partie du prix, ou autorisait la veuve à vendre elle-même la charge. (*Reg. du corps de ville.*)

1684. — Naissance du Rochelais Théophile Désaguliers, tout à la fois mécanicien, mathématicien, astronome et surtout physicien d'un grand mérite. Fils d'un ministre protestant, il suivit dès sa plus tendre enfance son père en Angleterre, où la révocation de l'édit de Nantes avait forcé celui-ci de chercher un refuge. Il y devint l'ami et le collaborateur du grand Newton, dont il s'appliqua à expliquer et à populariser l'immortel système, et eut l'honneur de compter plus d'une fois des têtes couronnées parmi les auditeurs qui se pressaient à ses doctes leçons. Reçu ministre anglican, il fut fait chapelain du duc de Galles, son élève. Il était membre de la société royale de Londres, et publia un grand nombre d'ouvrages théologiques et scentifiques. (*Arcère, d'après une note communiquée par la famille Désaguliers.*)

13 Mars.

1577. — « Statut du corps de ville établissant qu'à l'avenir il ne sera loisible à aucuns, ains est expressément deffendu à tous habitans de la Rochelle, de non desmolir ni rebastir aucunes avances de leurs maisons, soit en pierre ou bois, sans ordonnance de M. le Maire, qui, après avoir ouï gens compétens, les règlera en leurs dites avances comme il appartiendra, sous peine de démolition de ce qui aura esté basty et de cent livres d'amende. » (*Bruneau.*)

1794. — Sous l'inspiration du commissaire du comité de salut public, Marc Antoine Julien, la *société populaire de la Rochelle* décide qu'il sera fait une liste exacte de tous les

(1) Le registre de la Mairie de 1571 constate la prestation de serment de huit courtiers.

suspects de la commune; qu'en conséquence deux commissaires par section seront chargés de recueillir les renseignements nécessaires pour la formation de cette liste, qui sera publiée et affichée dans la salle des séances. (*Document contemporain*.)

14 Mars.

1564. — Vérification et enregistrement des lettres patentes de Henri II, par lesquelles l'hôpital de Saint-Jacques, fondé par Henry de Nochoue *(V. 8 janvier)* et qui avait été démoli par suite du projet de construction d'une citadelle, *(V. 12 janvier)* est annexé avec tous ses biens et revenus à l'hôpital Saint-Barthelemy. *(Arch. de l'hôp. St-Barth.).*

1605. — Funérailles du maire Jacques Barbot, seigneur de l'Ardenne. — Voici le récit que nous en a laissé Colin : « Il fut enterré selon l'usage, avec très grande pompe. Les compagnies de la ville s'assemblèrent en armes sur la place du Château, en forme de régiments en bataille, les capitaines et chefs à la teste, les lieutenants en queue. Elles allèrent prendre le corps en sa maison, en passant les armes basses et les drapeaux traînants. A la queue du régiment, marchoit la compagnie du feu Maire, composée d'environ deux cents hommes, conduits par le lieutenant, les armes basses et le drapeau-colonel traisnant. Après marchoit le capitaine de l'artillerie, avec ses canonniers ayant *leurs robes de livrée, leur boute-feu en main;* puis après les gagiers, et parmi eux les sergents de Mairie, portant à leur baguette un écusson aux armes de la ville, et avec eux les portiers de toutes les portes de la ville, les clefs sur leurs épaules; puis les capitaines des tours, portant les clefs sur leurs bras. Après estoit conduit en main un cheval couvert de deuil, avec six écussons aux armes du feu Maire. Après marchoit un homme, avec *ses armes complètes* et son espée à la main. Les panonceaux de la ville estoient portés par trois sergents et le tableau où sont contenus les noms des sergents. Le corps estoit porté par huit eschevins et quatre des plus anciens Maires portoient la brunette. « Notre annaliste ne dit pas si l'on exécutait encore les anciens réglements, qui ordonnaient qu'aussitôt que le crieur public aurait annoncé par la ville la mort du Maire, les portes de ville et toutes les boutiques sans exception, même celles des boulangers, fussent fermées jusqu'après l'enterrement. » (*Statuts du corps de ville.*)

15 Mars.

1434. — L'indolente faiblesse de Charles VII n'avait pas su profiter de l'élan patriotique inspiré par la vaillante bergère de Vaucouleurs. Les Anglais possédaient encore Paris et une grande partie de la France. Maîtres du Bordelais, ils fesaient de fréquentes incursions dans la haute Saintonge, et les Rochelais venaient d'apprendre que, s'avançant jusqu'à la ville de Mornac, située sur la petite rivière de la Seudre, ils s'en étaient emparés la nuit par surprise. Un pareil voisinage était de nature à inspirer aux Rochelais de sérieuses inquiétudes et menaçait la sécurité de leur commerce. A cette nouvelle, le Maire fait aussitôt sonner la cloche de l'échevinage pour réunir le corps de ville, et il est résolu qu'on s'empressera de secourir le brave capitaine du Gast, qui, renfermé dans le château de Mornac avec une poignée de soldats, avait refusé de le rendre, et que, secondé par le puissant seigneur de Pons, qui avait donné l'avis au Maire, on s'efforcerait de chasser les Anglo-gascons de la place. On fit une telle diligence que deux jours suffirent pour équiper, avitailler et expédier cinq *baleiniers*, montés par cent soixante hommes d'élite et commandés par des officiers expérimentés, avec mission de remonter la Seudre et de garder la rivière. De nouveaux renforts devaient suivre bientôt. (*Livre de la paterne. — A. Barbot.*)

1603. — « Fust montée et pezée la cloche, qui est à présent au clocher de l'eschevinage ou maison commune, au lieu de l'autre qui estoit cassée, il y avoit un an ; et peze ladite cloche neufve, poids de France, environ 3,200 livres. » (*Conain.*) — C'est la cloche qui, chaque matin et chaque soir, annonçait l'ouverture et la fermeture des portes de la ville (1) et l'heure

(1) Du 1er avril au 30 septembre, elles s'ouvraient entre 4 et 5 heures du matin et se fermaient à *7 heures du soir*, et du 1er octobre au 1er avril, entre 6 et 7 heures du matin et à *5 heures du soir*. (*Statuts du corps de ville.*)

de la *retraite* ou du *couvre-feu* (1); celle que sonnait le concierge de la Mairie, pour la convocation des conseils ordinaires et extraordinaires du corps de ville, et aussi pour les assemblées générales des citoyens; pour les audiences de *la cour de la Mairie* ; pour les funérailles des Maires, des échevins et des pairs; pour la résignation des charges des membres du corps de ville, qui alors se vendaient comme des offices (*V. 11 janvier*); pour la reddition annuelle des comptes des trésoriers de la commune et des gouverneurs des hôpitaux, qui avait lieu publiquement ; pour l'adjudication des nombreuses fermes communales, dont la plupart étaient mises chaque année aux enchères; pour la nomination des curateurs, que le juge de la Mairie était chargé de donner aux enfants qui avaient perdu leur père, &. (*Statuts du corps de ville.*)

1654. — « Le 15ᵉ de mars, Jean Guiton, escuyer, sieur de Repose-Pucelle (2), aagé de 69 ans ou environ, a esté enterré. » Telle est la simple mention qui constate, sur un des registres de décès des protestants, la mort du dernier Maire de l'ancienne commune rochelaise; de l'intrépide amiral qui combattit si vaillamment, en 1622 et 1625, contre les forces supérieures des ducs de Guise et de Montmorency; du héros populaire dont l'inébranlable fermeté et la sombre énergie caractérise si bien l'immortel siège de 1628. Il fut enterré dans le cimetière des protestants, situé alors près du canal de la Verdière, dans la rue nouvellement appelée de *Réaumur*, sur l'emplacement même de ces anciennes fortifications qu'il eût la douleur de voir tomber, après avoir tant fait pour les défendre. (*Reg. des protest.*) (3)

16 Mars.

1432. — Lettres patentes de Charles VII, établissant à Poi-

---

(1) Comme pour l'*Angelus* catholique, la cloche du couvre-feu ne sonnait que neuf coups, du 1ᵉʳ avril au 30 septembre, entre 8 et 9 heures du soir, et du 30 septembre au 1ᵉʳ avril, entre 9 et 10 heures. (*Ibid.*)

(2) Nom d'une métairie de la paroisse de la Jarne, que Guiton avait eue de sa femme.

(3) Sur le terrain aujourd'hui occupé par les maisons de MM. Morch et Arnoux.

tiers une université, avec les mêmes droits et priviléges dont jouissaient les universités de Paris, Toulouse, Orléans, Angers et Montpellier. Elle devait se composer de quatre facultés : de théologie, de droit, de médecine et des arts. Le carme Cousin Seguin, professeur de théologie, fut député vers le corps de ville de la Rochelle pour lui notifier cet établissement. Celui-ci, voulant montrer le prix qu'il attachait à cette institution scientifique et son désir de contribuer à sa prospérité, n'hésita pas à offrir son concours généreux. Un passage de notre annaliste Merlin prouve que, de son temps, la Rochelle comptait de nombreux élèves à l'université Poitevine : « Les étudiants de ceste ville et gouvernement à Poitiers, dit-il, ayant voulu faire *un admiral d'Aunix*, bien qu'ils soient de la juridiction du comté de Poitou, furent rompus, battus et blessés par les Poitevins ». (*Thibaudeau*, Hist. du Poitou).

1436. — Le corps de ville rétablit d'anciennes ordonnances, qui prescrivaient qu'en cas de décès des échevins et pairs, leurs enfants seraient appelés de préférence à leur succéder, s'ils en étaient jugés dignes et capables. (*Statuts du corps de ville.*) C'était substituer l'hérédité à l'élection pour des charges qui devaient être données aux plus dignes. Cette fâcheuse dérogation aux institutions primitives du corps de ville et qui engendra bientôt la vénalité, devint la source de longs troubles et de déplorables luttes entre le corps de ville et les bourgeois. (*V. 11 janvier 1613.*)

1704 (*Jour des Rameaux*). — Ouverture du jubilé centenaire, par une procession générale, à laquelle assistaient l'évêque, le maréchal de Chamilly, commandant en chef des provinces de Poitou, Aunis et Saintonge, les membres du présidial et du corps de ville, les différents ordres religieux, les curés des paroisses et tous *les corps de métiers*. (*Maudet.*)

17 Mars.

1573 (*Siège de*). — « Le 17 au soir, le capitaine Lafons (1)

(1) Quelques jours après, « sur certaines rumeurs qu'il se tramait quelque trahison... on arrêta le capitaine Lafons, quelques bons exploits qu'il eust fait, on lui fit son procès et, *mis à la question*, il avoua avoir cherché à entraîner quelques habitants et soldats. » (*A. Barbot.*)

estant de garde hors la ville, à une casemate, ayant choisi neuf ou dix de ses soldats, les mena à la *Ladrerie* (1), proche le Plessis, où il trouva à table, sous une tente, neuf ou dix tant gentilshommes que capitaines, lesquels estant surpris furent tués sans avoir esgard à grand nombre d'escus qu'ils promettoient pour leur rançon ; apportant toutes leurs hardes, dont plusieurs *mandilles* estoient de velours ; ce qui fit croire que c'estoient quelques seigneurs. » *(Mém. d'estat. — Mervault. — A. Barbot.)*

1811. — « Le *17 mars*, la garde nationale fut réorganisée : elle était telle que la révolution l'avait faite, et il y avait bien des officiers qui devaient rentrer dans les rangs et céder leurs épaulettes à d'autres citoyens. M. Regnier fut nommé colonel. Un grand nombre d'habitants prirent alors l'uniforme, et la garde nationale présenta un fort bel ensemble aux fêtes qu'amena la naissance du Roi de Rome. » *(Dupont, Hist. de la Rochelle.)*

18 Mars.

1152. — Le concile de Beaugency-sur-Loire, prononce le divorce du roi Louis VII et d'Aliénor d'Aquitaine, dépouillant ainsi la maison royale de France, des vastes états que lui avait apportés la fille unique du puissant duc d'Aquitaine, Guillaume X, et qui passèrent bientôt à la couronne d'Angleterre, par le nouveau mariage qu'Aliénor ne tarda pas à contracter avec le jeune Henri Plantagenets, déjà duc de Normandie et d'Anjou, qui, deux ans après, réunit le royaume d'Angleterre à ses magnifiques domaines de la Gaule. La Rochelle devint alors une ville anglaise et ne fut rendue à la France que soixante-dix ans après, par la conquête du roi Louis VIII. *(H. Martin, Hist. de France.)*

1588. — Depuis que Henri III s'était complètement jeté dans les bras de la Ligue et avait, en 1585, rendu un édit par lequel était interdit dans toute la France, l'exercice de tout autre

(1) On appelait ainsi l'hôpital des lépreux, dont l'établissement au village de Saint-Eloy datait des premiers temps de la commune.

religion que celle enseignée par l'Eglise catholique, apostolique et romaine, les huguenots avaient constamment été sous les armes et l'Aunis et la Saintonge en particulier, n'avaient pas cessé d'être le théâtre de continuelles hostilités. La victoire de Coutras avait récemment relevé les affaires des huguenots; mais sans amener la paix. Jean de Beaumanoir, seigneur de Laverdin, lieutenant du gouverneur du Poitou, marchant contre Marans, s'en était emparé. Le château résistait seul encore, défendu par l'ancien Maire de la Rochelle, Guillaume Choisy, seigneur de la Jarrie. Comprenant combien était importante pour la Rochelle la possession de Marans, le roi de Navarre, que la mort du prince de Condé venait de faire le principal chef des protestants, accourt de Saint-Jean-d'Angély à la Rochelle, *le 18 mars*, et en repart aussitôt avec les soldats qu'il avait pu réunir pour tâcher de dégager Marans. Trois jours après, il racontait ainsi son expédition à sa belle maîtresse, Corisande d'Andouins : « Estant arrivé à Taillebourg,
» je trouve que Laverdin avoit pris l'*isle* de Marans, avec son
» armée, qui est de 4 à 5,000 hommes; qu'il ne restoit plus
» que le chasteau, qu'il bastoit de deux pièces. Soudain je
» m'acheminois de ce lieu à la Rochelle, pour tascher de
» secourir les assiégés et assembler mes troupes, lesquelles
» j'estime assez fortes pour faire un grand eschec à Laverdin.
» Je ne crains si non que ledit chasteau soyt mal pourveu et
» qu'il se rende ne sachant point de mes nouvelles. J'ai repris
» un des forts *(le fort du Braud)* et suis jour et nuit à faire des
» ponts, car l'eau est haute au maroys.... Depuis que je suis
» ici, je n'ai couché qu'une heure dans mon lit estant tousjours
» à cheval.... » Après d'inutiles efforts pour pénétrer jusqu'à Marans et avoir couru de très-grands dangers, par suite de l'élévation des eaux du marais, Henri fut obligé de se retirer et le commandant du château se rendit le 25, après avoir obtenu de sortir avec armes et bagages, tambours battants et enseignes déployées. (*Compt. de la maison de Navarre. — d'Aubigné. — de Thou.*)

19 Mars.

1434. — Départ de quatre grandes *berches* (espèce de navires que l'on appela plus tard *ramberges*), montées par trois cents soldats, que commandaient messires Regnault Girard, seigneur de Bazauges (1), et Laurent Poussard, seigneur de Faye, tous deux chevaliers et membres du corps de ville, pour aller au secours de Mornac. *(A. Barbot.)* — V. *15 mars.*

1793. — Le soulèvement de la catholique et royaliste Vendée, venait d'augmenter encore les dangers dont la coalition étrangère menaçait la République. Il s'était rapidement répandu de Nantes jusqu'au Sables-d'Olonne, et l'on devait craindre qu'il ne trouvat de puissants auxiliaires dans les Anglais, auxquels la France venait de déclarer la guerre. On disait que les Vendéens devaient marcher sur la Rochelle, pour s'emparer de l'arsenal, et se diriger ensuite sur Niort et Poitiers. Dans ces conjonctures critiques, les Rochelais se distinguèrent par leur zèle patriotique. Tandis qu'une partie de la population travaillait aux fortifications, la portion la plus jeune ou la plus ardente courait aux armes pour aller défendre les côtes ou combattre les *brigands*; riches et pauvres apportaient à l'envi argent et objets précieux pour subvenir aux frais de la guerre. « Aussitôt que le décret, qui fixe à 240 hommes le contingent de notre commune, nous est parvenu, disait le corps de ville, dans une lettre qui fut lue, *le 19 mars*, à la convention, nous avons ordonné la réunion de nos concitoyens pour le dimanche suivant. Nous avons ouvert un registre et 180 jeunes gens se sont volontairement inscrits sous les yeux de leurs parents. Le lendemain, il y avait sur le registre 263 volontaires inscrits. L'armement et l'équipement de ces jeunes défenseurs ne coûteront rien à la République. Les citoyens qui, à cause de leur âge ou de leurs infirmités, ne peuvent marcher à la défense de la patrie, ont pourvu à leur équipement. Les femmes ont offert leurs bagues, leurs bracelets, leurs bijoux. Les dons en espèces ou assignats s'élèvent à 46,000 livres; les offrandes en effets militaires sont évalués à 15,000 livres.... » — Sur la proposition du représentant de la Rochelle, Giraud, l'assemblée décréta, dans la même séance,

---

(1) C'est du titre de cette très ancienne famille municipale que notre rue Bazoges a tiré son nom.

que la ville de la Rochelle *avait bien mérité de la patrie* et ordonna que le récit de cet acte de patriotisme serait imprimé et envoyé à tous les départements. *(Moniteur. — Perry.)*

1822. — Arrestation des principaux conjurés de la *conspiration de la Rochelle*, qui formait une des ramifications du vaste complot Bonapartiste, dont le général Berton était le chef. Un certain nombre de sous-officiers du 45e régiment de ligne, arrivé de Paris, depuis un mois à peine, pour tenir garnison à la Rochelle, était à la tête du mouvement. Le 10 avril, les conjurés s'étaient réunis au village de Lafons, à l'auberge du *Lion-d'Or*, pour se concerter sur le plan à suivre et l'un d'eux avait proposé d'égorger le colonel et les deux chefs de bataillons, et de mettre le feu aux casernes. Le 17, dans un dîner qui eut lieu à l'auberge du *Soleil d'Or* (vis-à-vis le Jardin des Plantes), l'heure de l'exécution avait été fixée à la nuit suivante, mais un incident inattendu la fit reculer de trois jours Dans cet intervalle, le sergent-major Goupillon, l'un des affiliés, alla tout dévoiler à son colonel, qui fit arrêter aussitôt les coupables. L'affaire ayant été évoquée par la cour de Paris, quatre des principaux conjurés : Bories, Pomier, Goubin et Raoult furent exécutés, le 21 septembre, sur la place de Grève. *(Requisit. de l'avocat gén. de Marchangy.)*

20 Mars.

1408. — Charles VI, à la demande de Pierre d'Amboise, vicomte de Thouars, comte de Benon et baron de l'île de Ré, déclare les habitants de l'île de Ré francs et quittes à toujours de toutes aides, tailles et subsides, pour fait de guerre, en se fondant sur ce motif que, sans cesse exposés aux descentes des ennemis et notamment des Anglais qui, récemment encore, avaient brûlé leurs maisons, ravagé leurs terres et les avaient cruellement rançonnés, ils ne pouvaient recevoir de secours de personne et ne devaient compter que sur eux-mêmes. *(Laurière, Ordon. des rois de France.)*

1634. — L'article 13 de la déclaration royale, qui suivit le siège de 1628, est ainsi conçue : « Voulant en la mémoire de plusieurs de nos bons serviteurs, décédez pour nostre service, conserver le cimetière bénit au terroir de *Coureilles*, auquel ils ont esté inhumez, et la chapelle en laquelle les religieux *Minismes* de Saint-François de Paule ont célébré continuellement le service divin, administré et mis en terre lesdits gens de guerre (auquel exercice mesme plusieurs d'entr'eux ont aussy finy leurs jours), nous voulons et ordonnons que ledit cimetière soit conservé cy-après en ladite nature, sans qu'il puisse estre à jamais profané, et qu'en ce lieu soit construit un couvent de religieux dudit ordre des Minismes ; et pour cet effet acheté huit arpens de terre au même endroit ; et qu'à la porte principale de l'église dudit couvent soit gravé, sur deux tables de cuivre, aux deux costés de ladite porte, un sommaire récit de l'ouvrage de la digue, construite au travers du port (1) de ladite ville et de nostre armée navale ; ausquels, en nous servant, la pluspart de nos serviteurs inhumez audit cimetière ont finy leurs jours. » Le monastère des pères Minimes ne fut pas apparemment construit de suite, car des lettres patentes de Louis XIII, du *20 mars 1634*, en confirmant le don ci-dessus, autorise ces religieux à couper vingt-quatre arpens de bois dans sa forêt d'Aulnay, *pour faire bâtir leur couvent. (Mervault. — Notes du père Jaillot.)* — La pointe de *Coureilles* prit dèslors le nom de *Pointe-des-Minimes*.

21 Mars.

1089. — Don fait à l'église de Sainte-Radegonde de Poitiers, par Ebles, seigneur de Châtelaillon, d'un terrain situé sur le bord de la mer dans un lieu appelé le Plomb, *Plumbus*, pour y bâtir une église. *(D. Fonteneau.)* — Il est fait mention des pêcheries du *Plomb* dans un titre de 972. Là où on ne voit aujourd'hui qu'une côte presque déserte, et une petite *fosse*, où ne pourrait tenir à flot le plus petit navire, existaient jadis un riche prieuré, autour duquel était groupée une population nombreuse, et un port très fréquenté, communiquant par un canal avec le petit port de Nieul, et dans lequel, en 1565,

---

(1) La plupart des anciens titres appellent *port* l'espace compris entre les pointes des Minimes et de Chef-de-Baie, et *havre* ce que nous nommons aujourd'hui le port.

quoique depuis longtemps déjà il fut envahi par les vases, pouvait entrer encore un navire comme la *Fleur de Bordeaux*, qui ne comptait pas moins de 100 à 120 hommes d'équipage *(Reg. du présid.)* ; port enfin où peu s'en fallut qu'en 1685 on n'établit le port de l'Etat, qui fut définitivement créé à Rochefort. *(V. Arcère.)*

1312. — Reconnaissance par Philippe-le-Bel, du droit qu'avait depuis un temps immémorial le corps de ville de la Rochelle, d'inspecter les aunes, poids et mesures de toutes sortes, (1) d'en établir de nouveaux et de punir ceux qui employaient de faux poids et mesures et vendaient de mauvaises viandes. *(Privilèges de la Rochelle.)*

1793. — La nouvelle apportée, à la Rochelle, dans la nuit du 20 au 21, que les détachements de gardes nationaux et de volontaires envoyés contre les Vendéens, sous le commandement du général Marcé, avaient été taillés en pièces, le 18 mars, près de Saint-Fulgent, avait répandu dans la ville une consternation, qui se changea bientôt en fureur contre les prêtres et contre les royalistes, auxquels on imputait le soulèvement de la Vendée et les malheurs qui en étaient la suite. *(V. 19 mars.)* La malveillance avait propagé le bruit que ces derniers avaient préparé une mine pour faire sauter la Rochelle ; des professeurs assuraient avoir entendu un grand bruit dans les souterrains du collège et, comme si tout devait se réunir pour exalter les plus mauvaises passions de la populace, les boulangers, ce jour là, n'avaient pas fait de pain, faute de bois. Ce fut dans un pareil moment que le procureur du district eut l'imprévoyance de faire conduire sur le port, longtemps avant l'heure du départ, quatre malheureux prêtres, qui devaient être déportés à l'île d'Oleron. Des femmes, à figure sinistre, les avaient suivis en vociférant mille injures et en s'efforçant d'ameuter contr'eux des marins étrangers. Le rassemblement grossissant toujours et devenant de plus en plus menaçant, le Maire Dély averti, était accouru avec une soixantaine d'hommes armés, conduits par le commandant Touron. En vain s'efforça-t-il de rappeler cette foule en délire au respect

(1) Ce droit est mentionné dans une charte de 1282. *(A. Barbot.)*

de la loi, sa voix ne fut pas écoutée, et il n'osa assumer la responsabilité de commander à sa troupe de faire usage de ses armes ; il crut devoir faire avertir les membres du district, dont l'autorité ne fut pas plus respectée que la sienne, et pendant que ceux-ci allaient donner l'ordre de battre la générale, une bande de forcenés se précipita dans le corps de garde de la tour de la Lanterne, où on avait réussi à faire réfugier les quatre ecclésiastiques, et malgré les courageux efforts du maire et du commandant Touron, qui furent renversés et foulés aux pieds, les pauvres prêtres furent impitoyablement égorgés et mis en pièces. Les assassins portèrent alors par les rues leurs têtes et leurs membres déchirés... Le lendemain, ces scènes horribles recommencèrent : deux autres prêtres, que l'on ramenait de l'île de Ré, furent massacrés au moment où ils arrivaient au port, et un troisième n'échappa au même sort qu'à l'aide d'un déguisement et en feignant de partager la fureur de ces bandits. *(V. Dupont, histoire de la Rochelle.)*

22 Mars.

1335. — Philippe de Valois fait don à la commune d'une grande prairie située vis-à-vis le Château, entre la Porte-Neuve et celle de Rambaud. *(A. Barbot).*

1401. — Acte d'hommage de Jean l'Archevesque, sire de Parthenay, qui « avoue tenir du Roy, à cause de son *chastel*, ville et chastellenie de la Rochelle, à foy et hommage lige et au debvoir d'un baiser, pour tout debvoir de morte-main, son chastel, chastellenie et *ville de Chastelaillon.* (*Cart. des PP. Minimes de Surgères*). Les noms étaient restés, mais ni le château de la Rochelle, ni la ville de Châtelaillon n'existaient plus : quelques tours en ruine attestaient seulement la force du premier et l'antique importance de la seconde. (*V. 22 janvier*.)

1614. — La guerre intestine qui, depuis plus d'un an, régnait entre le corps de ville et les bourgeois (*V. 11 janvier 1613 et 8 mars 1626*), loin de s'appaiser, prenait chaque jour un caractère plus grave. « Le *22 Mars*, dit Merlin, les bourgeois se saisirent furieusement de tous les cantons et les barricadèrent, et estoyent armés comme ils l'eussent esté contre l'ennemy, presque tous la cuirasse et leur couple de pistolets, sans compter les rondaches, les piquiers et les mousquetaires et ceux qui avoient hallebardes et pertuisanes. » Cette émeute avait pour cause la signification faite aux bourgeois d'un arrêt du conseil, qui ordonnait que les cadenas par eux apposés à la nouvelle porte de Maubec (1) et à la chaîne du port, (sur le refus fait par le Maire de leur en délivrer les *contre-clefs,*) seraient enlevés. Peu s'en fallut même que le sergent, qui avait signifié l'arrêt, ne payât de sa vie l'accomplissement de cet acte de son ministère. Les bourgeois ne déposèrent les armes qu'après que le corps de ville eut décidé, dans un conseil extraordinaire, qu'il ne se prévaudrait point de l'arrêt et de sa signification. (*Diaire de Merlin*).

1628 (*Siège de*). — Le capitaine Jean David, membre du corps de ville (2), revenant d'Angleterre sur une patache de guerre, chargée de grains et de quelques provisions, franchit la digue sans perdre un seul homme, malgré les deux cents coups de canon et grand nombre de mousquetades tirés sur son petit navire par les royalistes. Il était porteur de plusieurs dépêches des députés Rochelais, qui étaient en Angleterre, et du traité que ceux-ci avaient contracté, au nom de leurs concitoyens, avec le roi de la Grande-Bretagne. Mais son lieutenant, voyant leur navire pressé de très-près par des galiotes ennemies, avait cru devoir jeter à la mer ces papiers, qui furent recueillis le lendemain par l'armée royale. Deux heures après lui, le capitaine Martin, dit *Sacremore*, passa de même dans sa patache ; mais la mer n'étant plus assez haute pour lui permettre d'entrer dans le port, il alla échouer entre les forts de Tasdon et de Coureilles. Il y fut attaqué, la nuit suivante, par un millier d'ennemis, et, bien qu'il n'eût que quatorze hommes d'équipage, il leur opposa une si vive résistance qu'il donna à

---

(1) Elle était située vers l'extrémité de la rue Saint-Louis (qui n'existait pas encore), près du canal Maubec. L'ancienne porte Maubec était à l'extrémité *Est* de la rue de Castres. Les deux montants s'en voient encore.

(2) Arcère le confond à tort avec Jacques David, l'un des députés envoyés en Angleterre.

ceux de la ville le temps de venir le secourir. Il eut cependant cinq ou six hommes tués dans le combat. Dans l'intervalle, il avait pu pénétrer à la Rochelle dans un bateau et remettre au Maire le double des papiers perdus par le capitaine David. (*Reg. du corps de ville. — Guillaudeau. — Mervault. — Mémoires de Richelieu*).

23 Mars.

1628. — Le lendemain de l'arrivée des capitaines David et Sacremore, le Maire, ayant convoqué extraordinairement le corps de ville, lui communique les dépêches reçues d'Angleterre et le *traité passé entre le très-glorieux prince Charles, par la grâce de Dieu, roy de la Grande-Bretagne, et les Maire, eschevins, conseillers, pairs, bourgeois et habitants de la ville de la Rochelle, faisant pour eux leurs députez.* « Le conseil, après avoir rendu grâces à Dieu de la bénédiction qu'il lui plaist estendre sur le labeur des ditz députez, pour le soulagement et conservation de ceste ville, décide qu'il sera délivré au sieur Jehan David, l'ung des pairs de ceste ville, commandant une patache de guerre, la somme de 300 liv. ou une chaîne d'or avec la médaille de la ville de la dite valeur, à son choix et option, pour le rémunérer et en recognoissance des bons et signalez services qu'il a rendus à sa patrie, Dieu luy ayant fait la grâce de passer, le jour d'hier, heureusement vers nous, malgré la rage et furie de nos ennemis, pour nous apporter des bledz et autres provisions et nouvelles de nos députés; qu'il sera donné aussy quelques honnestetés au capitaine Martin dit *Sacremore*, qui passa la nuit, et aux vefves des matelots tués dans sa patache. » (*Reg. des délibérat.*) Mervault nous apprend que l'intrépide capitaine David opta pour la chaîne et la médaille d'honneur, et que sur celle-ci, avec les armes de la ville, fut gravée cette devise : *Patriæ magni sunt dona pericli;* « à celui qui brava les plus grands dangers pour elle, la patrie reconnaissante. »

24 Mars.

1568. — Ainsi que l'avaient prévu les Rochelais (*V. 10 février*), Charles IX avait en effet donné l'ordre à Montluc d'assiéger la Rochelle, mais sans lui procurer les troupes, l'argent, ni l'artillerie nécessaires ; si bien que, dans ses *commentaires*, l'illustre et rude capitaine s'exprime ainsi : « Il sembloit que c'estoit plus tost une moquerie et une farce qu'autrement, et qu'on me vouloit envoyer devant la Rochelle pour me faire prendre et y recevoir un affront. » Toutefois, pour brider la *Huguenote*, il chargea ses lieutenants de s'emparer des places d'alentour. Marennes, Arvert et l'île d'Oleron tombèrent successivement entre leurs mains, pendant que le comte de Lude s'efforçait d'enlever Marans aux protestants. Il ne restait plus aux royalistes qu'à prendre l'île de Ré pour être maîtres de tout le littoral de l'Aunis. Le fils de Montluc fut chargé d'y opérer une descente ; mais pendant sept jours entiers, le capitaine Yvon l'empêcha d'aborder. Feignant alors d'abandonner l'entreprise, il fit le tour de l'île, et, le *jour de la vigile de la Notre-Dame de Mars*, il prit terre du côté d'Ars, sur un banc de rochers regardé comme innaccessible, d'où les catholiques transportèrent ses soldats sur leurs épaules. Il fondit aussitôt sur les protestants qui, attaqués à l'improviste, se retirèrent à Saint-Martin, dont l'église était si bien fortifiée qu'on l'appelait le *grand fort*. Néanmoins les troupes d'élite du capitaine catholique enlevèrent la sainte Citadelle, et, digne fils de son père, il fit passer au fil de l'épée tous ceux qui s'y trouvaient. Le reste des protestants de l'île se jeta épouvanté dans des barques, et vint chercher un refuge à la Rochelle. (*Chron. de Langon. — Comm. de Montluc. — La Popelin. — de Thou.*)

1630. — Célébration de la première messe au grand temple de la place du Château. — Toutes les églises de la Rochelle ayant été détruites, en 1568, par les protestants, et Louis XIII ayant, après le siège, ordonné, par l'article 9 de sa déclaration, que le grand temple serait transformé en cathédrale, pour l'évêché qu'il se proposait d'établir à la Rochelle, les catholiques, en attendant la reconstruction de leurs églises, avaient été obligés de se contenter de la chapelle de Sainte-Marguerite (*V. 19 janvier*). Mais comme celle-ci ne pouvait suffire aux besoins du culte, et que, d'un autre côté, la translation à la Rochelle de l'un des évêchés voisins soulevait de nombreuses difficultés, les pères de l'Oratoire, qui jouissaient des cures des trois paroisses de la ville, avaient obtenu d'être mis en possession du grand temple dès le 24 décembre 1629. *(Maudet.— Jaillot.)*

1730. — « Le *24 mars* tomba la dernière des sept tours qui estoient à Chastelaillon. Les six premières avoient été abattues par la mer, qui a miné la terre par dessous ; mais cette dernière est tombée de caducité. » *(Ms de Colin.)* A. Barbot parle ainsi de cette tour : « A l'un des coins du donjon ou chasteau, estoit la grosse et haulte tour, qui paroit presque tout en son entier, ayant de haut 20 toises et six estages dans les basses fosses d'icelle, et le dessoubs de la voulte servant de corps de garde qui, pour la défense du lieu, estoit faite à cresneaux, avec machecoulis et archières, ainsy qu'estoient les murs qui circuisoient la ville et donjon ; à l'entour desquels murs, estoient toutes les aultres tours et principalement du costé de la mer, etc. »

25 Mars.

1569. — La perte de la bataille de Jarnac, où furent tués plus de 6,000 protestants (au nombre desquels le prince de Condé, qui fut assassiné par Montesquiou), avait jeté la consternation dans le parti des réformés. Comme il importait aux confédérés d'avoir dans le Maire de la Rochelle un auxiliaire intelligent et dévoué, car de la possession de cette place forte dépendait désormais le sort des églises protestantes, le prince de Navarre, sachant que les fonctions de Jean Salbert, sieur de Villiers et de Romagné, étaient près d'expirer, écrivit, *le 25 Mars*, au corps de ville pour l'exhorter, attendu la gravité des conjonctures, à déroger en cette circonstance aux statuts municipaux et à réélire le Maire en exercice. Déférant à ses désirs dans l'intérêt de la cause, le corps de ville comprit Salbert au nombre des trois co-élus, et celui-ci fut continué dans ses fonctions pour l'année municipale 1569-70. *(Chronique de Langon. — A. Barbot)*.

1571. — Mariage, à la Rochelle, de Gaspard de Coligny, amiral de France, avec Jacqueline, comtesse de Montbel et

— 84 —

d'Entremont.— « Du fond de la Savoie, écrit Michelet dans ses *guerres religieuses*, d'un vieux manoir des Alpes, Madame d'Entremont déclare à l'amiral qu'elle veut épouser un saint, un héros, et ce héros c'est lui. Le duc de Savoie s'y oppose : elle s'en moque, laisse ses biens, arrive à la Rochelle. Comment repousser un tel dévoûment ? Madame d'Entremont avait deux châteaux en Savoie, une place forte en Dauphiné, au passage des montagnes. Elle apportait en dot des positions qui pouvaient servir le parti... Tous d'un avis unanime, l'Eglise et les amis, voulurent qu'il se remariât. Coligny était trop honnête homme pour n'épouser que ses fiefs. Il aima fortement celle qui adoptait ses enfants. Il lui en laissa un : elle devint enceinte en Mars 1572....» Tout se réunissait pour donner aux fêtes de ce mariage le plus grand éclat : les protestants venaient d'obtenir la paix la plus favorable et la plus glorieuse qu'ils pussent espérer, et les nombreux princes, seigneurs et grandes dames qui se trouvaient en ce moment à la Rochelle, formaient autour de la reine de Navarre, Jeanne d'Albret, la cour la plus brillante et la plus distinguée : son fils d'abord, l'aimable Henri de Navarre, qui avait tant de succès auprès des belles Rochelaises (1) ; le jeune prince de Condé ; Françoise d'Orléans, la veuve de Louis de Bourbon ; Ludovic, comte de Nassau ; le comte de La Rochefoucault, prince de Marcillac, et Charlotte de Roye, sa femme ; Anne de Salm, la veuve du brave d'Andelot, frère de l'amiral ; Louise de Châtillon, fille de Coligny ; Charles de Téligny, son charmant fiancé ; la célèbre Catherine de Parthenay ; l'héroïque la Noue ; Sully, qui n'était encore que baron de Rosny ; Françoise de Rohan, dame de Nemours ; Soubise ; de Languiller ; le baron de Fontrailles ; de Puyviault ; Compaing, chancelier de Navarre ; Phil. Douarti, gentilhomme ordinaire de la chambre du Roi ; François du Fou, seigneur du Vigean ; Briquemaut, &. Jamais la Rochelle ne fut plus digne de son titre de *Capitale du protestantisme*. (*Colin.— A. Barbot. — Arch. du royaume, &.*)

26 Mars.

1573. (*Siège de*). — Les assiégeants ayant préparé une mine,

(1) V. ma XVIIIe lettre Rochelaise.

y mirent le feu, dans la nuit du *25 au 26 Mars*; mais ils s'y prirent si mal qu'elle engloutit cent cinquante de leurs pionniers. La place était si resserrée et les sentinelles ennemies si près des remparts, qu'assiégés et assiégeants pouvaient converser ensemble. Le corps de ville voyant là un danger de trahison, défendit, par un arrêté *du 26 Mars*, de s'entretenir avec qui que ce fut de l'armée royale *sous peine de mort*. (*A. Barbot.*)

1628 (*Siège de*). — Le Maire, Jean Godeffroy, écrit au cardinal pour réclamer six des matelots du capitaine Sacremore, qui avaient été faits prisonniers (*v. 22 Mars*), en se fondant sur ce que, depuis le commencement du siège, les deux partis avaient toujours renvoyé, sans délai ni rançon, les gens de mer. Mais Richelieu répondit qu'il trouvait étrange une pareille demande, quand, par les lettres du paquet du capitaine David, recueilli près de la Digue, il venait d'apprendre que les capitaines Vidault et Perlier avaient jeté à la mer plus de quatre-vingts royalistes. (*Mervault. — V. 22 Mars.*)

27 Mars.

1541-42. — Des procès-verbaux d'élection, dressés à ces dates par les notaires Macaing et Roy, complètent les renseignements fournis par A. Barbot sur l'organisation municipale, que François Ier, aux instigations du Gouverneur Chabot de Jarnac, avait substituée, en 1535, à l'antique statut communal de la Rochelle. — L'ancien corps de ville se composait d'un *Maire*, choisi par le Roi ou par son principal représentant, sur une liste de trois candidats, élus chaque année par le corps de ville tout entier; de vingt-quatre *échevins* inamovibles (1), chargés plus spécialement d'assister le Maire dans l'administration, et de soixante-quinze *pairs*, nommés aussi

(1) Douze d'entr'eux étaient plus spécialement désignés par le titre d'*échevins* et connaissaient en appel des causes jugées en première instance par le juge de la Mairie. Les douze autres s'appelaient *conseillers*, parce qu'ils conseillaient et assistaient le maire dans ses fonctions administratives de chaque jour. A chacune des installations de maire, on arrêtait, tous les ans, par un roulement régulier, la liste des échevins et celle des conseillers. (*Statuts du corps de ville*).

par élection et à vie, comme les échevins, mais avec cette différence que les échevins étaient élus par les échevins seuls, et que les pairs l'étaient par les cent membres composant le corps de ville. François Ier rendit la mairie perpétuelle et, l'érigeant en office, en gratifia Jarnac lui-même, qui devait s'adjoindre chaque année un sous-maire. Il remplaça l'ancien corps de ville par vingt échevins biennaux, nommés la première fois par Jarnac, et qui devaient se renouveler annuellement par moitié, au moyen de l'élection de dix nouveaux candidats élus par la totalité des bourgeois. A cet effet, quinze jours avant l'expiration de l'année municipale, les *fabriqueurs* ou marguilliers de chacune des cinq paroisses invitaient, au prône, les bourgeois à se réunir, le dimanche suivant, dans leur église paroissiale. Convoqués au son de la cloche, ceux-ci nommaient alors dix *électeurs* par paroisse, et ces derniers, après avoir prêté serment, *sur les sacrées reliques* et devant un notaire qui en dressait acte, de choisir entr'eux deux *des plus suffisans et capables*, désignaient ceux qui devaient exercer les fonctions d'échevins. Les dix élus étaient ensuite présentés au Maire perpétuel, qui était tenu de les accepter et installer, s'il n'existait contre eux aucune cause d'incapacité. — Ce système d'élection à deux degrés, par le suffrage universel, pourrait paraître, même aujourd'hui, très-libéral ; cependant sa substitution à l'ancien régime est regardée par A. Barbot comme la *plus grande plaie* qui put affliger la commune et la plus grave atteinte portée à son repos et à ses libertés. Il souleva une si vive opposition « qu'un seul gibet n'étant pas suffisant pour retenir en crainte ceux qui ne pouvoient aisément digérer cette nouvelle et rude domination, le prévost, à la requête du Procureur du Roy, fit dresser deux nouvelles potences, lesquelles furent rompues et brisées le neufviesme jour par le peuple. » (*A. Barbot.*)

28 Mars.

1740. — Mort de Mlle Anne Forestier, fondatrice et supérieure de *l'hôpital de Saint-Etienne*. — Une cruelle épidémie, qui suivit le rigoureux hiver de 1709, avait tellement encombré les hôpitaux de la ville qu'un grand nombre de malheureux manquaient des soins les plus nécessaires. Une pieuse demoiselle, récemment convertie au catholicisme, recueillit d'abord plusieurs femmes qu'elle soigna et entretint à ses frais. Informé de son charitable dévouement, l'évêque, Mgr de Champflour, lui proposa de se charger de celles que ne pouvait plus recevoir l'hôpital général, en s'engageant à verser entre ses mains le produit des nombreuses quêtes faites à la Rochelle en faveur des malheureux. Mlle Forestier y consentit avec joie, et la plupart des dames de la ville, parmi lesquelles se distinguait la maréchale de Chamilly, femme du gouverneur, s'empressèrent à l'envi de l'assister des choses qui pouvaient lui être le plus utiles. Mlle Forestier n'avait cru d'abord accepter qu'une mission temporaire, devant cesser avec les circonstances qui l'avaient fait naître; mais elle s'en était acquittée avec tant de zèle et un si inépuisable dévouement, que, par cette considération surtout que le nombre de lits, dont pouvait disposer l'établissement des religieuses hospitalières, n'était pas en rapport avec les besoins de la population, on la sollicita de continuer son œuvre. Elle n'hésita pas, dès lors, à vouer sa vie entière au soulagement des pauvres femmes malades. Elle acheta à ses dépens une vaste maison devant la Place, et y fit faire une grande salle pour les malades, puis une chapelle, sous l'invocation de *Saint-Etienne*. Entraînées par son exemple, car la vertu n'est pas moins contagieuse que le vice, plusieurs demoiselles sollicitèrent l'honneur de s'associer à ses pénibles et charitables travaux et d'y consacrer une partie de leur fortune. On les nomma *les Forestières*. Bientôt on leur confia l'éducation de quelques demoiselles orphelines ou malheureuses, et Mgr de Champflour, voulant fonder à la Rochelle des *écoles chrétiennes* pour les enfants des artisans pauvres, n'hésita pas à les charger de la direction de celle des filles. Enfin, au mois de juin 1723, des lettres patentes vinrent consacrer plus solidement le pieux établissement sous ce titre: *Hôpital pour les pauvres femmes et filles malades, l'éducation des jeunes filles de famille, et l'instruction gratuite des pauvres filles de la Rochelle.* L'hôpital Saint-Étienne ayant été enlevé par la révolution à sa destination, sa chapelle fut transformée en salle de spectacle, appelée *théâtre des variétés*, et le reste en café. — Rochelaises, qui allez prendre des glaces sous les frais ombrages du *Café Militaire*, construit sur l'emplacement l'hôpital de St-Etienne, donnez un souvenir à la mémoire d'Anne Forestier!... (*Maudet. — Notes ms. de la Bibliothèque.*

29 Mars.

1573 (*Siège de*). — Quoique la situation de la Rochelle fut de plus en plus critique, surtout depuis le départ de La Noue et de plusieurs gentilshommes notables (*V. 11 mars*); que la ville eut perdu, dans les combats de chaque jour, bon nombre de ses plus vaillants défenseurs; que les intrigues de ses ennemis eussent réussi à ourdir parmi les assiégés plusieurs complots, et que l'ardeur des assiégeants et leurs moyens d'attaque parussent s'accroître en proportion de l'héroïque résistance des Rochelais, l'année de la mairie de Jacques Henry, qui avait déployé dans ces terribles conjonctures une admirable énergie et un dévouement sans borne à la patrie, étant expirée, le corps de ville, ne crut pas devoir déroger au statut communal et procéda, comme à l'ordinaire, *le jour de la Quasimodo*, à l'élection de trois candidats à la mairie. Jean Morisson, seigneur de Coureilles, Jean Bouchet, avocat, et Pierre Mignonneau ayant eu le plus de voix, le lieutenant-général choisit le premier pour chef de la commune. (*A. Barbot*). Bien que Morisson se soit montré non moins digne que son prédécesseur du poste si difficile auquel il fut appelé, et qu'il ait noblement succombé aux fatigues de sa glorieuse tâche, au moment même où la Rochelle allait en recueillir les fruits, l'histoire, trop souvent aussi partiale qu'injuste, a presque oublié son nom, pour ne se souvenir que de celui de Jacques Henry, dont il serait juste de lui faire partager la gloire.

1614. — Après plus d'une année de lutte entre le corps de ville et les bourgeois; après de nombreuses émeutes et de sanglants pamphlets, qui avaient armé les citoyens les uns contre les autres, et porté de graves atteintes au respect et à l'autorité des magistrats municipaux; après d'interminables négociations, dans lesquelles la cour s'était cru plusieurs fois obligée d'intervenir (1), le corps de ville, désespérant de vaincre l'obstina-

(1) L'un des députés du corps de ville disait à la Reine régente, dont ils avaient obtenu audience : « Si les bourgeois de la Rochelle ont

tion de ses adversaires, se résigne à accepter les conditions rédigées en *vingt-huit articles* par les syndics des bourgeois. Cette charte populaire n'avait pas seulement pour but de prévenir les abus dont ceux-ci se plaignaient *(V. 11 janv. 1613)*, elle modifiait encore profondément les bases du gouvernement municipal. Dans l'impossibilité d'en reproduire ici les longues dispositions, nous nous bornerons à mentionner les deux principales, celles qui furent l'objet de la plus vive opposition de la part du corps de ville. L'article 1er instituait cinq *procureurs-syndics* annuels, à l'élection de tous les bourgeois et habitants. Ils devaient assister à toutes les séances du corps de ville, sans voix délibérative, mais avec pouvoir d'y « faire telles propositions, oppositions et appellations qu'ils jugeroient nécessaires pour le maintien des droits, privilèges, franchises et libertés des bourgeois. » Ils pourraient « quand bon leur sembleroit » convoquer et assembler les bourgeois et habitants, et il devait leur être remis une *contre-clef* de chacune des portes de la ville et des archives, où étaient conservés les chartes et privilèges de la commune. Il était en outre établi un conseil des bourgeois, appelé *les quarante-huit* (du nombre de ses membres), dont les huit compagnies de la ville éliraient chacune six; ce qui, avec les procureurs-syndics, devait former un total de 53 personnes. Ce conseil était appelé : à contrôler tous les actes du corps de ville; à approuver ou rejeter les taxes et impositions qu'il pourrait décréter et à en nommer les répartiteurs et les collecteurs; à délibérer sur toutes les questions intéressant la commune; enfin, en cas de mort de l'un des pairs, à élire trois candidats, parmi lesquels le corps de ville choisirait le successeur du pair décédé. C'était une sorte de chambre des communes au petit-pied, en présence d'un *sénat* aristocratique et héréditaire; et comme il n'y avait pas de *couronne* pour amortir les conflits entre ces deux pouvoirs, les luttes devaient être fréquentes et l'action du Maire et du corps de ville continuellement entravée. Cet état de choses dura cependant douze années : on a vu plus haut *(8 mars)* qu'en 1626 le conseil des quarante-huit fut supprimé et que les vingt-huit articles furent abrogés. *(Reg. des délib. — Merlin.)*

pouvoir d'eslire des syndics, ils se dispenseront de l'obéissance du Roy pour se gouverner comme faict la république de Genève. » *(Bruneau).*

— 90 —

1653. — Pose de la première pierre de la nouvelle église de Notre-Dame, reconstruite sur l'emplacement de l'ancienne église de Ste-Marie-de-Cougnes, qui avait été détruite pendant les troubles religieux. *(Arcère.)* — *V. 10 et 19 février.*

30 Mars.

1619. — Sur la demande de M. Chenu, avocat au parlement de Paris, et demeurant à Bourges, le corps de ville décide qu'il lui sera donné communication de toutes les chartes et privilèges dont il pourra avoir besoin pour l'ouvrage qu'il se propose de publier. *(Reg. des délib.)* Deux ans après parut l'ouvrage intitulé : *Recueil des antiquitez et privilèges de la ville de Bourges et de plusieurs autres villes capitales du royaume*, dont la seconde partie porte ce titre : *Privilèges octroyez par les roys et comtes de Poitou aux Maire et eschevins, pairs, bourgeois et habitants de la ville de la Rochelle, avec la matricule des Maires.*

1628 *(Siège de.)* — Les membres du corps de ville, du présidial et du consistoire et un grand nombre de bourgeois et d'habitants, réunis en conseil extraordinaire à l'échevinage, après avoir eu communication du *traité d'union* signé par le duc de Buckingham, grand amiral d'Angleterre, au nom du *sérénissime Roy de la Grande-Bretagne, défenseur de la foy*, d'une part, et les députés de la Rochelle, au nom des *Maire, eschevins, conseillers, pairs, bourgeois et habitants de la Rochelle*, d'autre part; reconnaissant *d'un advis unanime* que les stipulations de ce traité n'ont rien de contraire *à la fidélité et subjection qu'ils doibvent au Roy, leur souverain*, et n'ont été dictées que *par la nécessité de leur commune conservation et délivrance et du maintien de leur religion et des libertés et privilèges de la Rochelle*, approuvent et ratifient ledit traité et conditions *de protection et sauvegarde accordez avec sadite Majesté sérénissime et Messieurs de son conseil*, promettant, par le serment que le sieur Maire a fait et qu'il a fait prester, *les mains levées à chescung desdits eschevins, pairs, bourgeois et habitants, l'inviolablement garder et observer ledit traité, sans permettre qu'il y soit contrevenu directement ou indirectement, demeurant tousiours collez dans la fidélité et subjection qu'ilz doibvent à leur souverain roy et prince naturel.* Ces termes de la ratification du traité, copiés sur l'original même du procès-verbal de l'assemblée générale du *30 mars*, protesteraient assez hautement contre les accusations de félonie des écrivains catholiques (qui ont prétendu que les Rochelais s'étaient vendus aux Anglais pour obtenir leur protection), alors même que les instructions données à leurs députés et le préambule des articles préliminaires arrêtés avec Buckingham, ne témoigneraient point plus puissamment encore en faveur de leur patriotisme. Ce furent au contraire leur attachement à la France et le refus de leurs députés d'accéder à la demande de Buckingham, de recevoir dans le port de la Rochelle les vaisseaux et les troupes du roi d'Angleterre (1), qui leur aliénèrent les bonnes dispositions de son ministre et qui firent peut-être qu'au mépris des plus brillantes et plus solennelles promesses, ils n'eurent que le vain spectacle d'une flotte, qui vint parader devant leur ville aux abois, sans tenter un effort sérieux pour la sauver. *(Reg. du corps de ville.— Mervault.— Michelet,* Henri IV et Richelieu.*)* (2)

31 Mars.

1382. — Le corps de ville, renouvelant un statut de 1301, décide que nul ne pourra être nommé *pair* de la commune, s'il n'est pas né de légitime mariage, de bonnes vie et mœurs, bourgeois de la commune, demeurant en la ville ou dans la banlieue, y étant propriétaire et chef de maison et n'étant entaché d'aucune maladie contagieuse, comme de lèpre, de *morbo caduco* (mal caduc ou épilepsie) ou autres, dévoué aux intérêts de la commune et prêt à en supporter toutes les charges. *(Statuts du corps de ville.)*

(1) Se concertant entr'eux sur cette proposition de Buckingham, qui leur parut pleine de danger pour la sûreté de leur ville, les députés tombèrent d'accord que si leur liberté devait être achetée au prix du *joug pesant de la domination anglaise, mieux valait la perdre et demeurer sous leur vrai et légitime maître. (Lettres des députés.)*

(2) « Admirable traité, s'écrie Michelet, d'un patriotisme obstiné, mais qui dût refroidir entièrement les Anglais, leur faire peu désirer de vaincre, puisque d'avance on exigeait qu'ils ne profitassent point de la victoire. » *(Henri IV et Richelieu.)*

1433. — A peine les seigneurs de Faye et de Bazauges étaient-ils arrivés devant Mornac *(V. 19 mars)* et en avaient-ils commencé le siège du côté de la rivière, pendant que les seigneurs de Pons et de la Roche cernaient la place du côté de la terre, qu'ils apprirent que le Maire de Bordeaux marchait au secours de Mornac. Ils écrivirent alors, *le dernier jour de mars*, au corps de ville pour qu'il leur envoyât d'autres navires et de nouvelles troupes. Aussitôt le Maire se mit en rapport avec des capitaines de bâtiments flamands et espagnols, mouillés dans la rade de Chef-de-Bois, et, les prenant à la solde de la commune, les chargea de transporter à Mornac une certaine quantité de gens de guerre. Le Maire de Bordeaux avait réussi à pénétrer dans la place assiégée ; mais, aidés des renforts qu'ils avaient reçus, les chefs Rochelais firent si bien jouer leurs pierriers et mangonneaux et donnèrent de si rudes assauts à la ville, que les assiégés étaient résolus de se rendre à eux plutôt qu'aux chefs des troupes de terre, quand le seigneur de Pons, informé de leurs dispositions, s'empressa de traiter avec les Anglais ; et bien que ses troupes n'eussent pas donné un seul assaut, il souffla ainsi aux Rochelais l'honneur et le fruit du succès dû à leur courage. — Le singulier moyen dont ceux-ci se servirent pour ravitailler la petite garnison du château qui, manquant complètement de vivres, était sur le point de capituler, mérite d'être rapporté. Ils lancèrent dans leur donjon un *vireton*, (grosse flèche d'arbalète) auquel était attachée une corde légère, à l'aide de laquelle le capitaine du Gast put tirer à lui un câble, qui fut fixé fortement à ses deux extrémités; puis « par un autre cordage, qui se tenoit au premier et qui alloit et venoit, on envoyoit audit capitaine chevreaux, gorets vifs, pain et autres victuailles. Ce que voyant lesdits Anglois, furent tout émerveillez et s'efforcèrent de rompre et couper avecq gisarmes, lançons et grans perches ledit cordage, mais ilz n'y pouvoient tenir. » *(Conain. — A. Barbot. — Ms. 1977.)*

1791. — Après quatre jours de séance, les électeurs du district proclament, dans l'église de Saint-Sauveur, les noms des dix-huit curés élus par eux, en remplacement de ceux qui avaient refusé de prêter serment à la Constitution. Des députations de tous les corps de la ville assistaient à la cérémonie, qui se termina par un *Te Deum (Affiches de la Rochelle)*.

MOIS D'AVRIL.

1ᵉʳ Avril.

1536. — Entrée en charge du baron de Jarnac, nommé Maire perpétuel de la Rochelle, en vertu des lettres patentes de François Iᵉʳ, du mois de juillet précédent, qui avaient abrogé la mairie élective et annuelle et détruit l'ancien corps de ville. (V. 27 mars.) Il choisit pour sous-Maire Jean Foucault, qui, bien qu'il fit précédemment partie du conseil de la commune, poursuivit avec la dernière rigueur tous ceux qui firent éclater leur mécontentement de la perte de leurs antiques institutions et franchises. Aussi quand, douze ans après, le gouvernement municipal fut rétabli sur l'ancien pied et que les membres du corps de ville furent réintégrés dans leurs charges, Foucault en fut exclu, et des revers de fortune l'ayant réduit à une extrême pauvreté, « le peuple, le tenant pour infasme, s'en éjouist et y vist comme le jugement de Dieu. » (A. Barbot.)

1568. — La destruction de la plupart des églises de l'Aunis ou du gouvernement de la Rochelle, ne tarda pas à suivre la démolition de celles de notre ville. (V. 10 février.) « Les 1ᵉʳ et 2 avril, dit Chambault, l'église de la Jarrie fut mise par terre, et quand ce vint à la Toussaint, les huguenots de la Jarrie se mirent à prendre les pierres... Et en ladite année, furent pris les joyaux des églises de ce gouvernement par ceux de la Rochelle, là où ils en pouvoient trouver, lesquels sortoient hors de la ville tout en armes, comme s'ils eussent voulu s'en aller en bataille.... celuy qui déroboit le plus estoit le plus gentil compagnon, et là où il se trouvoit des presbtres, ils les mettoient à mort aussy facilement comme ils tuoient les poulets et les chapons. » *(Chambault. — A. Barbot.)*

2 Avril.

1543. — Pendant que François Ier, qui persécutait en France les protestants, s'alliait avec les Turcs contre Charles-Quint, son puissant rival s'unissait de son côté contre lui avec le schismatique Henri VIII d'Angleterre. Le *deuxième jour d'avril* (1), une flotte espagnole, après avoir fait une vaine tentative contre Bayonne, parut sur la côte de Laleu. Aussitôt cinq à six cents arquebusiers Rochelais sortirent de la ville, sous le commandement d'Yves du Lyon, seigneur de Jousseran et de la salle d'Aytré, pour s'opposer à une descente de l'ennemi. « Et fust *l'artillerie ordinaire dudit bourg de Laleu, qui estoit dans l'église dudit lieu*, menée sur le bord de la coste et rivage de la mer. » Cette démonstration, paraît-il, suffit pour intimider les Espagnols. Mais comme ils pouvaient revenir plus nombreux et assistés de forces anglaises, Antoine de Bourbon, roi de Navarre, lieutenant-général pour le Roi en Guienne et dans le gouvernement de la Rochelle, dépêcha en toute hâte un gentilhomme en cette ville, tant pour exhorter les Rochelais à faire bonne contenance devant les ennemis de la France, « que pour voir la force du peuple qui estoit en icelle. Et montres *(revue)* ayant esté faictes, il s'y trouva huit à neuf cents harquebusiers fort bien armez. » *(A. Barbot.)*

1571. (2) — Ouverture d'un synode national des protestants convoqué à la Rochelle, « pour regarder à ce qui concernoit leur doctrine et discipline ; car les deux dernières guerres avoient introduit de grandes confusions. » *(Mém. d'Estat.)* Quoique de Thou prétende le contraire, il paraît certain que

(1) La date du 29 avril, donnée par Arcère, est fausse.

(2) Cette date est celle donnée par A. Barbot : les mémoires d'état disent que ce synode s'ouvrit dans le mois de mars. Arcère s'est doublement trompé en fixant ce synode à l'année 1570, et en disant qu'il précéda le mariage de l'amiral Coligny.

ce fut le célèbre Théodore de Bèze, que la reine de Navarre et les princes avaient mandé de Genève, qui fut le *modérateur* ou président de ce synode, auquel assistèrent Jeanne d'Albret, son fils Henri, prince de Béarn, le prince de Condé, le comte de Nassau, l'amiral de Coligny, et un grand nombre d'autres grands seigneurs protestants et plusieurs notables bourgeois de la Rochelle. Des trois copies de la confession de foi adoptée par cette grande assemblée, signées par tous les assistants, l'une fut déposée dans la tour de Moureilles, qui servait d'archives générales aux églises réformées de France, la seconde fut envoyée à Genève, et la troisième en Béarn. Le procès-verbal authentique de ce synode a été conservé dans les archives du consistoire de Nismes. *(A. Barbot. — Aymond. — Mém. de l'Hist. de France. — Bullet. de la Soc. de l'Hist. du protest.)*

1795. — La convention condamne à la déportation le sanguinaire Rochelais Billaud-Varennes, ainsi que ses dignes acolytes, Barrère et Collot d'Herbois. Il fut transporté à la Guyanne, où il passa la fin de ses jours à élever des perroquets. *(Petite biograp. des conventionnels.)*

3 Avril.

1667. — Une ordonnance de Louis XIV ayant obligé toutes les villes à avoir « un *hôpital général*, pour loger, enfermer et nourrir les pauvres mendiants valides et invalides, nés dans la ville ou y ayant résidé pendant un an, comme aussi les enfants orphelins ou nés de parents mendiants, » les habitants de la ville, réunis en assemblée générale, donnent plein pouvoir aux membres de la commission administrative (1) de la Rochelle, pour choisir un lieu convenable et emprunter la somme nécessaire à son acquisition. On acheta à cet effet la maison du *Plessis*, près de Rompsay, et des lettres patentes du mois de janvier 1673 consacrèrent le nouvel établissement sous le titre d'*Hôpital général de Saint-Louis*. C'était moins un hô-

---

(1) Depuis la suppression de la mairie et du corps de ville, en 1628, jusqu'en 1694, les affaires de la ville furent administrées par un conseil d'administration, composé de douze syndics, aux réunions desquels assistaient un commissaire de chacune des cinq paroisses. *(Colin.)*

pital, dans l'acception ordinaire de ce mot, qu'un véritable dépôt de mendicité; car les malades devaient, selon leur sexe, être transportés soit à l'hôpital des religieux de la Charité (1), soit à celui des religieuses Hospitalières ; le chirurgien, qui devait être fourni par le corps des chirurgiens de la ville, était chargé de traiter seulement les employés de l'hôpital et les indispositions légères des pauvres. D'un autre côté les lettres patentes interdisaient à toutes personnes valides, ou invalides, la mendicité dans la ville et les faubourgs, dans les rues ou dans les églises, publiquement ou secrètement, à peine de prison pour la première fois et pour la seconde d'*être rasées et châtiées* dans l'hôpital, où était établie une prison (2). Elles allaient même jusque là, de défendre l'aumône, en quelque lieu que ce fut, « nonobstant tout motif de compassion, nécessité pressante ou autre prétexte, à peine de trois livr. d'amende au profit de l'hôpital. » Le *conseil de l'aumône* se composait de huit directeurs ou administrateurs et d'un receveur, nommés pour deux ans et dont deux devaient être toujours pris dans les membres du chapitre de la cathédrale, et deux parmi les magistrats du présidial. Il leur était permis d'établir des manufactures de toutes sortes dans les dépendances de l'hôpital, d'en vendre et débiter les marchandises, sans être sujets à visites ni droits d'aucune sorte, d'aide, de douane ou autre (3), de faire des quêtes, « d'établir des troncs dans églises, carrefours, lieux publics, magasins, boutiques de marchands, hôtelleries, marchés, halles, foires, en tous lieux où on peut être excité à faire la charité, même aux occasions des baptêmes, mariages, convois, enterrement, etc. » Ils avaient le monopole des tentures des funérailles ; ils jouissaient encore « du droit de la *boucherie de carême*, à la charge toutefois de payer le prédicateur de l'avent et du carême. » Enfin il était accordé à l'hôpital de la Rochelle les mêmes privilèges qu'aux

(1) V. 5 mars 1630.

(2) Les administrateurs avaient le droit de punir les simples délits commis par les détenus de l'hôpital ; ce n'était qu'en cas de crimes qu'ils étaient obligés de recourir à la justice ordinaire. *(Lettres pat.)*

(3) « On y a établi depuis peu, dit Brunzen de la Martinière, une *fayencerie*, qui a fort bien réussi. » Ce succès ne fut pas de longue durée, nous apprend Arcère, t. 2, p. 481.

hôpitaux de Paris et de Tours. Son éloignement de la ville étant incommode, l'évêque de la Rochelle, Mgr de Laval, après la destruction du temple des protestants, en 1685, en obtint du Roi l'emplacement pour y transférer l'hôpital général, dont l'église, sous l'invocation de Saint-Louis, fut bâtie à l'endroit même ou se trouvait le *prêche de la ville neuve (V. 1er mars.)* Le Plessis fut alors vendu aux jésuites du séminaire. *(Lettres pat. — Notes de Jaillot.)*

4 Avril.

1464. (1) — Sur la demande du corps de ville, qui, se refusant à entrer dans la *ligue du bien public*, était resté fidèle à la cause royale, Louis XI, par des lettres adressées à l'ancien Maire de la Rochelle, Jean Bureau, devenu grand-maître de l'artillerie et connétable, fait don à la commune de deux *canons-pierriers*, de six *ribaudequins* et d'une certaine quantité de poudre, qui avaient été mis en dépôt à la Rochelle par Charles VII, et confiés à la garde des habitants. (*A. Barbot. — Aug. Gallant.*)

1689. — La Rochelle était entièrement démantelée : de ses anciennes fortifications, jadis réputées imprenables, il ne restait sur pied que le front du côté de la mer. L'ambition de Louis XIV venait de liguer contre la France l'Europe presque entière : l'Empereur, les princes allemands, l'Espagne, l'Angleterre et la Hollande. Une invasion maritime sur les côtes de l'Aunis était menaçante. Pour parer à ce danger, le conseil du Roi, sous l'influence sans doute de l'impitoyable Louvois, n'avait pas trouvé de meilleur remède que de raser la Rochelle et de combler son port. Heureusement que le maréchal de Lorges, à qui le Roi avait confié le commandement des côtes entre la Loire et la Garonne, secondé par Ferry, ingénieur général des provinces entre la Loire et les Pyrénées, protesta contre ce projet sauvage, en s'engageant à mettre la Rochelle en état de défense dans un court délai et sans de grandes dépenses. Autorisé par la cour, il se mit aussitôt à l'œuvre et les

---

(1) Aug. Gallant donne aux lettres de Louis XI la date du 14, qui a été prise par Barbot sur l'original, conservé dans les archives communales. Cette date m'a paru devoir être préférée.

travaux furent commencés *le 4 avril* (1). Six mille hommes des meilleures troupes du Roi furent mis à la disposition de l'habile et actif ingénieur, qui, en quarante jours, parvint à former l'enceinte de la place. Suivre le tracé des anciennes fortifications eût été vouer à la destruction une quantité considérable de maisons, les deux couvents des Cordeliers et des Capucins, des quartiers tout entiers qui, depuis plus d'un demi-siècle que ces fortifications avaient été rasées, s'étaient élevés sur leur emplacement et bien au-delà. Il fut donc résolu d'étendre beaucoup les limites de la place. Mais il fallut néanmoins détruire une grande partie des faubourgs de Tasdon, de Saint-Éloy, de Lafons, de celui des Lapins (situé entre ces deux derniers), de ceux du Colombier (en dehors de l'ancienne Porte-Neuve) et des deux moulins (vers l'extrémité de la rue de la Monnaie), et abattre enfin plusieurs maisons et moulins isolés qui avoisinaient la ville. Comme on n'avait pas le temps d'aller chercher des pierres de taille dans les carrières de Saintonge, on se servit, pour les ouvrages qu'il fallait indispensablement faire en maçonnerie, des matériaux provenant des maisons démolies, et de ceux qu'offraient les murailles en ruine du grand temple, consumé par les flammes deux ans auparavant. (*V. 9 février.*) La seconde et belle porte de Cougnes, devenue désormais inutile, l'une des portes Saint-Nicolas (2), la vieille Porte-Neuve, placée dans la rue Auffrédy, furent abattues. Enfin on rasa l'ancienne monnaie, la chapelle Sainte-Anne et les maisons environnantes, dont l'emplacement et celui du grand temple permirent de donner à la place du Château les belles proportions qui la rendent aujourd'hui si remarquable. (*Masse. — Maudet. — Alman. de 1717. — Ms.* fortifications et bâtiments.)

5 Avril.

1776. — Arrêté municipal qui prescrit de numéroter de

---

(1) Masse, qu'ont suivi Arcère et Dupont, fixe le commencement des travaux au 29 mars : la date du 4 avril est empruntée à un manuscrit du temps conservé à la bibliothèque.

(2) Le grand ouvrage à corne de la porte Saint-Nicolas, fut entrepris à la fin du mois de décembre de la même année. (*Ms.* fortif. et bâtim.)

— 99 —

nouveau les maisons, les numéros placés en 1768, en vertu d'une ordonnance royale, étant effacés ou n'étant plus assez distincts. Le numérotage était continu et non comme aujourd'hui divisé par rue : le numéro 1er était dans la rue St-Claude et une maison de la rue Notre-Dame porte sur les petites affiches du temps le numéro deux mille cent quatorze. Qui le croirait ? nos pères étaient en progrès sur Paris, où il semble qu'une pareille mesure fut si utile et dont cependant les maisons n'étaient pas encore numérotées en 1782. Voilà le curieux motif qu'en donne le malin auteur du *Tableau de Paris :* « On avoit commencé à numéroter les maisons des rues ; on a interrompu, je ne sais pourquoi, cette utile opération... les portes cochères n'ont pas voulu, dit-on, que les inscripteurs les numérotassent. En effet, comment soumettre l'hôtel de M. le conseiller, de M. le fermier général, de M. l'évêque à un vil numéro ; et à quoi serviroit son marbre orgueilleux ? Tous ressemblent à César : aucun ne veut être le second dans Rome. Puis une noble porte cochère se trouveroit inscrite après la boutique d'un roturier, cela imprimerait un air d'égalité qu'il faut bien se garder d'établir. »

1791. — Sans attendre la loi qui devait supprimer bientôt toutes les congrégations religieuses (1), les frères de la Charité, qui, depuis le siège de 1628, possédaient l'hôpital de Saint-Barthélemy (ou d'Auffrédy), et les pères Carmes, abandonnent volontairement leur établissement, dont le premier fut confié, le même jour, aux *Filles de la Sagesse*, avec lesquelles les officiers municipaux avaient fait un traité, et le second fut vendu à M. Meschinet de Richemont. *(Perry.)* L'ancienne église des Carmes sert aujourd'hui d'entrepôt au commerce.

6 Avril.

1286. — Confirmation des privilèges de la Rochelle par Philippe-le-Bel, qui se trouvait alors à Saint-Jean-d'Angély. (*Aug. Gallant.*)

1561. — « A l'advènement de Charles IX (*décembre 1560*),

(1) Cette loi est du 18 août 1792.

ceux de la religion (*réformée*) commencèrent un peu à respirer à la Rochelle, on commença à s'assembler avec moins de crainte (1) et depuis le *6 avril 1561*, les actes du consistoire (qui auparavant étaient écrits en chiffres) sont mieux fournis et couchés avec plus de liberté ; la matricule des pasteurs et des anciens y est décrite tout du long. Les pasteurs estoient Fayet et de l'Isle... (*V. 8 mars.*) Dès la St-Jean, on commença à prescher publiquement la réformation dans la salle Saint-Michel. » (*Ph. Vincent.*) — *V. 9 mars, note.*

1791. — Le comité d'administration de la garde nationale de la Rochelle, informé, par une lettre de M. de Missy, de la mort de Mirabeau, arrête que, « pour manifester ses regrets de la perte de cet illustre patriote et pour reconnoître les services qu'il a rendus à la constitution par ses travaux immortels » la garde nationale portera un deuil de huit jours. Sur l'invitation de l'autorité municipale tous les citoyens firent de même. (*Affiches de la Roch.*)

7 Avril.

1243. — Traité entre Saint-Louis et Henri III d'Angleterre, par lequel ce dernier abandonne au Roi de France la possession de l'Ile-de-Ré. (*H. Martin.*)

1573. — Le siège de la Rochelle durait depuis cinq longs mois, sans que tous les efforts d'une armée nombreuse, commandée par les plus grands capitaines, eussent obtenu aucun avantage sérieux, et sans que l'héroïque et saint enthousiasme des assiégés se fut un moment refroidi. Les soldats manquant de vivres et d'argent, la désertion commençait à se joindre à la mortalité et aux maladies pour affaiblir chaque jour l'armée

---

(1) « Veu que les feux estoient allumés partout, ils ne s'assembloient que la nuit et en des maisons qui avoient plusieurs issues. Le maistre de la maison faisoit le guet en dehors, pour avertir l'assemblée en cas qu'on les découvrit... » (*Ph. Vincent.*) Nul n'était admis dans ces réunions, nous apprend le même ministre, qu'avec les plus grandes précautions et après information sur le degré de confiance qu'il pouvait inspirer, et les femmes mariées, dont le mari n'était pas de la religion réformée, en étaient absolument exclues.

royale, et toute cette jeune et brillante noblesse de France, impatiente des lenteurs du siège, murmurait hautement et menaçait de se retirer. Le duc d'Anjou ne crut pas devoir retarder plus longtemps le moment de l'assaut, qui fut fixé au *7 avril*. Dès la veille, il commença à faire canonner le flanc nord de la place, depuis la tour d'Aix (derrière l'église Notre-Dame), jusqu'au bastion de l'Evangile, déjà fort endommagé par la mine, et contre lequel devait être principalement dirigée l'attaque. Pour combler en partie le fossé qui le séparait de la contre-escarpe, on avait entassé une grande quantité de fascines et plus de deux cents tonneaux pleins de cailloutage ; on avait construit en outre en charpente une galerie couverte, montée sur des roues, assez large pour contenir trois hommes de front et assez longue pour aller de la contre-escarpe au bastion de l'Evangile. De leur côté, les Rochelais, sous la direction du nouveau maire Morisson, n'avaient rien négligé pour déjouer tous les efforts de l'ennemi.

Le sept, dès l'aurore, la canonnade des royalistes recommença avec plus de furie, et à midi, la muraille offrant plusieurs larges brèches, le signal de l'assaut fut donné. A la voix de leurs ministres, les Rochelais entonnèrent alors du haut de leurs remparts le psaume 68 : *Que Dieu se montre seulement !*... et enflammés d'ardeur, hommes, femmes et enfants se mirent en devoir de repousser les *Philistins*. Le choc fut terrible ! des deux côtés on fit des prodiges de valeur ; les femmes Rochelaises en particulier furent admirables. Ce n'était pas assez pour elles de porter des raffraîchissements aux combattants et, aidées des enfants, de lancer du haut des murs sur les assaillants de grosses pierres, des grenades, des pots à feu et de répandre sur leur tête des flots d'huile bouillante ou de goudron enflammé, à l'aide de l'*encensoir* (long mât tournant sur un pivot et au bout duquel était suspendue une grande marmite), beaucoup d'entr'elles prenaient encore les armes des hommes blessés ou épuisés de fatigue et combattaient avec une bravoure toute virile. Après un combat acharné de plus de cinq heures, pendant lesquelles plusieurs positions furent prises et reprises tour à tour, le jour commençant à baisser, *Monsieur* fit sonner la retraite, laissant au pied des murailles en ruine un grand nombre de morts, parmi lesquels du Gast, St-Sulpice et plusieurs autres gentilshommes, et comptant parmi les blessés les plus vaillants capitaines. « La nuit veneue fust veu un signe en l'air en forme de dragon, qui jetoit feu et ce signe tomba à la veue de ceux de la ville et du camp ; il entortilloit sa queüe comme un serpent, longue de plus de deux lances. » *(A. Barbot. — Cauriana. — de Thou. — Mervault. — H. Martin, &.)*

8 Avril.

1748. — Par sa déclaration du mois de novembre 1628, Louis XIII avait « réuny à son domaine *l'hôtel commun de la ville* et tous les autres bâtiments, magasins et lieux à luy appartenant... » Depuis cette époque, l'antique échevinage de la Rochelle était devenu « *la maison du Roy et le logis des gouverneurs en son absence.* » *(Guillaudeau.)* Lorsque la Mairie, érigée en office, fut rétablie, en 1694, et vendue au bureau des finances, le semblant de corps de ville, qui fut créé alors, tint ses séances à l'ancien hôtel de Baillac, dans la rue des Augustins (1), occupé par les trésoriers de France. Les importants changements même apportés par Louis XV, en 1718, à l'administration municipale (*V. 5 février*) n'avaient pas été suivis de la restitution de l'hôtel de ville : ce ne fut que trente ans après, et sous l'administration de M. Joseph Pascaud le jeune, président-trésorier de France, qu'un arrêt du conseil *du 8 avril 1748* rendit à la commune le vieil et remarquable édifice construit jadis de ses deniers. Elle fut cependant obligée de donner

---

(1) C'est la maison que Massiou a pris à tort pour *l'ancien échevinage* et dont les restes offrent un si remarquable spécimen de l'élégante architecture de la Renaissance. Les royales Salamandres, les croissans, les chiffres enlacés qui la décorent l'ont fait appeler, par les uns, *maison de François Ier*, par les autres, *maison d'Henri II*, bien que nos annales ne constatent pas que ni l'un ni l'autre de ces princes y soient descendus. Elle devait sans doute cette dénomination d'hôtel de Baillac à la famille de Baillac, dont l'un des membres fut Maire en 1282, 1287 et 1291, et dont la rue des Augustins portait anciennement le nom. L'antique famille municipale des Chaudriers en fut aussi propriétaire. Sa reconstruction dans le style de la Renaissance doit être attribuée à Hugues Pontard, le père du fougueux Maire de 1567 (*V. 9 janvier*), qui était procureur du Roi à la Rochelle, et possédait, en 1540, cette maison de si noble origine, qui finit, après que les trésoriers du bureau des finances l'eurent abandonnée, par devenir une auberge, ayant pour enseigne *l'Estang.* (Arch. de l'hôp. Saint-Barth. — *Déclarations,* &.)

en échange, pour le logement des gouverneurs, l'hôtel qu'elle avait acheté 60,000 livres de M. du Tremblay, et qui, situé dans la rue Porte-Dauphine, sert maintenant de museum d'histoire naturelle et de jardin des plantes à la ville.

1795. — Arrivée à la Rochelle des terroristes Billaud-Varennes, Collot-d'Herbois et Barrère, qui furent conduits à l'île d'Oleron, en attendant qu'ils pussent être transportés au lieu fixé pour leur détention. (*Dupont*, Hist. de la Rochelle.) — V. *2 avril*.

1587. — Installation dans ses fonctions de Maire de Jehan *Guiton*, seigneur de Lhoumeau, frère de Jacques Guiton, le Maire précédent, et père du fameux Guiton, Maire de 1628. Le Roi de Navarre, qui allait bientôt monter sur le trône sous le nom d'Henri IV, et qui se trouvait alors à la Rochelle, avait manifesté l'intention d'assister au dîner que le nouveau chef de la communne était dans l'usage de donner, le jour où il prenait possession de la charge. La salle de Saint-Michel, lieu ordinaire du festin, n'étant pas assez vaste, « fust dressé, dit Baudouin, un parquet depuis la maison de l'échevinage jusques au quanton de la Caille, où bon nombre de seigneurs et gentilshommes accompagnèrent ledict seigneur Roy, qui fust servy par la jeunesse de ceste ville, *sans faire essay d'aucuns vivres qui luy fussent présentez*. »

9 Avril.

1593. — Tremblement de terre à la Rochelle. (*Arcère*.)

1628 (*Siège de*). — Un jeune homme, nommé Vivier, attaché à la personne du ministre Vincent, l'un des députés en Angleterre, qui l'avait chargé d'une lettre pour les magistrats de la Rochelle, n'ayant pu pénétrer dans la ville qu'après avoir passé huit jours, sous un déguisement, dans l'armée royale, en avait rapporté la nouvelle que, dans la nuit du huit au *neuf avril*, une grande attaque devait être dirigée contre la place ; qu'on commencerait le soir, vers 9 heures, à canonner de tous les quartiers la Rochelle, en lançant force *boulets à feu*, pour allumer des incendies en plusieurs endroits à la fois, et que pendant que les assiégés seraient occupés à les éteindre, on s'efforcerait de s'emparer de la ville. La canonnade commença en effet comme l'avait annoncé Vivier : les forts Louis, de Mireuil, du Saint-Esprit et la batterie Royale ne cessèrent de tirer pendant toute la nuit ; mais les Rochelais avaient si bien pris leurs mesures que le feu ne fut mis nulle part et que les royalistes n'osèrent tenter l'attaque projetée. A dater de ce moment, on continua de lancer de l'armée royale dans la ville, et ordinairement pendant la nuit, des boulets rougis au feu. L'un d'eux, quelques jours après, vint tomber dans un lit de l'hôpital Saint-Barthélemy, et mit le feu à l'une des salles ; un autre « demeura pendant plus d'une heure sur la place du chasteau, aussi rouge qu'un fer chaud qu'on veut mettre à la trempe, et davantage encore, car il sembloit être diaphane et tout le bois qu'on jettoit sur luy, les sarments, la paille et choses semblables, s'allumoient aussitôt... Pour remédier aux inconvénients du feu, on avoit quatre hommes à gages, dans les clochers de Saint-Sauveur et de Saint-Barthélemy, qui veilloient toute la nuit, et à chaque coup crioient : *Prenez garde en tel ou tel endroit*. Il y avoit aussi en chaque compagnie quatre commissaires, députez pour prendre garde au feu, qui couroient toute la nuit. » (*Mervault*.) (1)

10 Avril.

1573 (*Siège de*). — Croyant trouver les assiégés épuisés par la rude journée du 7 (*V. plus haut*), le duc d'Anjou avait recommencé l'assaut le lendemain, mais sans plus de succès. Le *10*, il voulut tenter un assaut général. Il se réserva l'attaque du fameux *boulevard de l'Evangile*, pendant que le comte de Lude dirigeait ses efforts du côté de St-Nicolas, et Bajourdan, contre la tenaille de la porte des Deux-Moulins. Biron, profitant de la basse mer, avait commencé, avant le jour, à agir contre

(1) Blondel, dans son ouvrage intitulé : *l'Art de jeter les bombes*, soutient qu'on n'en a pas fait usage au siège de la Rochelle, et s'inscrit en faux contre l'assertion contraire de Siemienouski, dans son livre du *Grand Art de l'artillerie*. Mais le double témoignage de Bassompierre et de Mervault ne peuvent laisser de doute sur la réalité du fait.

la tour et la muraille de la Chaîne. Les Rochelais firent face à tout avec une merveilleuse activité, et repoussèrent l'ennemi sur tous les points en lui faisant éprouver de grandes pertes ; et ce furent les femmes et les *goujats* qui, franchissant les barrières de la porte des Deux-Moulins, se chargèrent d'achever sa défaite en poursuivant les derniers fuyards avec la pique et des bâtons ferrés. (*La Popelinière. — Cauriana. — Amos Barbot*, &.)

1814. — Ce fût le jour de Pâques, pendant l'office, que le courrier, dont le service était interrompu depuis quelque temps, arriva à la Rochelle, apportant la nouvelle de la déchéance de Bonaparte et du retour des Bourbons. La joie publique éclata en vifs transports, bien qu'il n'y eut encore rien d'officiel (1) et qu'il régnât une grande incertitude sur les destinées de la France. Le curé de Notre-Dame alla même jusqu'à entonner spontanément le *Domine salvum fac regem*. La ville se remplit aussitôt de cocardes blanches. Peu s'en fallut que le soir, au spectacle, le sang ne coulât à la suite d'un conflit qui s'éleva entre ceux qui acclamaient avec enthousiasme la rentrée des Bourbons et le petit nombre de ceux restés fidèles à la cause de l'Empereur, presque tous officiers de la garnison. (*Dupont*, Hist. de la Roch. — *Souvenirs d'un octogénaire.*)

11 Avril.

1615. — Le triomphe qu'avaient obtenu les bourgeois par l'acceptation des *vingt-huit articles*, à laquelle s'était résigné le corps de ville, n'avait pas fait cesser l'agitation ni ramené le calme dans la commune. Cependant les deux partis comprenant combien la prolongation de ces troubles était préjudiciable aux intérêts de tous, le *11 avril* « les Maire, eschevins, conseillers et pairs, bourgeois et habitants et leurs procureurs, désirans prévenir les inconvénients auxquels tous les habitants de ceste ville peuvent tomber par la continuation des divisions, animosités et partialités, et voir entre tous une bonne paix et

---

(1) L'avis officiel du retour des Bourbons n'arriva à la Rochelle que le 12.

concorde, par le moyen de laquelle ladite ville puisse estre conservée pour le service de Dieu et du Roy, sous l'authorité de M. le Maire, ont entr'eux arresté que les noms de *trépeluz* (1) *originaires, francs-bourgeois*, traîtres et autres, de partialité et rancune, seront supprimez ; que la mémoire de toutes offenses passées, tant générales que particulières, ou des mescontentemens donnez de la part de ceux qui ont esté qualifiez telz, sera du tout abolie ; que pour cet effet, les Maire, eschevins, conseillers et pairs et tous autres habitants de la ville, de quelque qualité et condition qu'ils soient, feront des protestations et juremens solennels, entre les mains du Maire, d'oublier le tout et de ne s'en ressouvenir ni inquiéter les uns les autres, pour quelque cause ou prétexte que ce soit ; que tous les susdits jureront en outre de garder et observer invariablement les vingt-huit articles... et l'ordre fait en conséquence pour la nomination de six de chascune compagnie pour l'exécution d'iceux...'; que desdits sermens sera fait registre, sur lequel seront enregistrés les noms, surnoms et qualités de tous ceux qui feront ledit serment, &. » Mais comme les rivalités jalouses ne s'éteignent pas par des décrets, cette bonne harmonie ne fut pas de longue durée. *(Reg. du corps de ville.)* — V. *22 mars*.

1622. — Telle était la puissance de la marine rochelaise, qu'à cette date et pendant que la fameuse assemblée de toutes les églises réformées de France siégeait à la Rochelle, le corps de ville, se fondant sur « la nécessité qu'il y avoit d'armer promptement, pour résister aux efforts des ennemys, mesmement sur mer, » envoya des députés annoncer à l'assemblée « qu'il avoit pris résolution de mettre sus *vingt vaisseaux de guerre* pour envoyer dans la Manche, et empescher le passage aux ennemys. » Il demandait seulement que, pour encourager tant les capitaines que les soldats, il leur fut accordé le dixième des prises. L'assemblée refusa de prendre un tel engagement et promit seulement de fortes gratifications. *(Procès-verbal de l'assemblée.)*

(1) J'estime que cette qualification avait dans la bouche des démocrates Rochelais à peu près le même sens que celui d'*aristocrate* dans le vocabulaire des patriotes de la révolution, plutôt que la signification d'*ignorant* ou de *ganache*, que lui prête M. Callot, dans sa brochure sur Guiton.

1809. — Depuis longtemps l'Angleterre s'était contentée d'envoyer des flottes stationner à l'embouchure de nos fleuves ou aux abords de nos ports, sans prendre une attitude agressive. Nos revers en Espagne lui firent penser que le moment était venu d'écraser notre marine, affaiblie par la négligence et l'incapacité du ministre Decrès. Une escadre de neuf vaisseaux et de deux frégates, commandée par le contre-amiral Lallemand, qui venait de remplacer le vice-amiral Willaumez, était mouillée à l'embouchure de la Charente, sous la protection du canon de l'île d'Aix. Le *11 avril*, lord Cochrane, qui commandait, sous les ordres de l'amiral Gambier, une partie de la flotte anglaise, s'avança jusqu'à l'entrée de la rade des Basques, et lança un grand nombre de brûlots au milieu de notre escadre, pour y mettre le feu. Les premiers, arrêtés par une sorte d'estacade, derrière laquelle l'amiral français s'était mis en défense, éclatèrent avant d'avoir pu approcher de notre flotte; mais les autres, secondés par la marée et par une très forte brise, franchirent la barrière, qui avait été rompue par des machines infernales. En cherchant à éviter les brûlots, sept de nos vaisseaux et deux frégates allèrent s'échouer sur les Palles, à la pointe de l'Aiguille, et dans d'autres directions, sans qu'aucun d'eux cependant eût été atteint par l'incendie. Le destin nous réservait pour le lendemain l'une des journées les plus néfastes de notre marine.... Toute la population rochelaise, du haut du mur de la Chaîne ou répandue sur la côte jusqu'à la pointe des Minimes, assistait avec une douloureuse anxiété à ce terrible et effrayant spectacle. (*V. Massiou et Dupont.*)

12 Avril.

1541. — Les Rochelais étaient anciennement, en vertu de leurs privilèges, exempts de tous droits sur le sel produit par leurs marais. Mais cette immunité, comme tant d'autres dont ils jouissaient, ne pouvait s'accommoder avec les besoins toujours croissants de la royauté, et chaque jour ils étaient obligés d'entrer en lutte avec les officiers du Roi pour défendre leurs antiques prérogatives. Depuis un certain temps déjà, sans être assujettis à la gabelle établie par Philippe-le-Bel, ils avaient été soumis, ainsi que ceux des îles voisines, au droit de *quart du sel*, qui, au grand mécontentement général, avait été, en 1537, porté au *quart et demi*. Mais les murmures se changèrent en révolte ouverte quand, le *12 avril 1541*, fut publié à la Rochelle l'édit de François I*er*, qui étendait aux pays maritimes de l'ouest l'impôt de la Gabelle, si onéreux déjà et rendu plus vexatoire encore par les exigences et la rapacité des agents chargés de sa perception. Toutes les populations du littoral, jusqu'à Bordeaux, refusèrent de payer, chassèrent ou tuèrent les officiers royaux et partout retentit le cri : *Mort aux gabelous !* (*A. Barbot. — H. Martin.*) — V. *1er janvier*.

1581. — Baptême, dans le temple de Saint-Yon, de Raphaël Colin, qui, pendant plus de quarante ans qu'il fut lieutenant particulier, assesseur criminel au présidial (de 1607 à 1647, c'est-à-dire dans l'une des périodes les plus agitées de la Rochelle), joua un rôle très-important dans les troubles de la commune, dans les luttes du corps de ville avec les bourgeois, du présidial avec le corps de ville, pendant le siège et dans les circonstances difficiles qui le suivirent, et qui nous a laissé sur cette époque si intéressante de nos annales de précieuses chroniques, entachées trop souvent de passion et de partialité; mais pleines d'enseignements et de curieux détails sur l'histoire de notre ville. (*Reg. de l'état-civil des protest.*)

1809. — Lord Cochram ayant avisé l'amiral Gambier de la position critique de nos vaisseaux, celui-ci s'approcha de l'île d'Aix, dans la matinée du *12 avril*, avec douze vaisseaux, trois frégates et un grand nombre de moindres navires. Le combat s'engagea bientôt et dura toute la journée. L'*Océan*, le *Régulus*, le *Jemmapes*, le *Patriote* et le *Tourville* étaient parvenus à se remettre à flot en jetant à la mer une grande partie de leurs ancres, de leurs canons et de leurs projectiles; mais tout désemparés et hors d'état de tenir la mer, ils furent pris par l'ennemi à l'exception du *Tourville*, en cherchant à entrer dans la Charente. Les quatre plus forts vaisseaux, l'*Aquilon*, la *Ville-de-Varsovie*, le *Calcutta* et le *Tonnerre*, malgré leurs efforts, ne purent s'arracher des bans de roche où ils étaient échoués, et restèrent exposés, couchés sur le flanc et presque sans moyens de défense, aux brûlots, aux fusées et aux boulets des Anglais. Les deux premiers furent incendiés et tous ceux qui les montaient tombèrent aux mains des vainqueurs ; les deux autres, après avoir soutenu jusqu'au dernier moment une lutte inégale, furent brûlés par leurs propres équipages, qui gagnèrent sur des chaloupes les îles ou le continent. Le lendemain, la canonnade continua contre le *Tourville* et la frégate *l'Indienne*. Ces deux bâtiments combattirent pendant deux jours avec un admirable héroïsme ; mais, dans la soirée du 14, l'équipage de la frégate, épuisé de fatigue et désespérant de pouvoir sauver son navire, y mit le feu et réussit à gagner la côte. Plus heureux, le capitaine du *Tourville* parvint, par une manœuvre aussi audacieuse qu'habile, à l'amener dans la Charente. (*V. de plus grands détails dans Massiou et Dupont.*)

1814. — Le général Rivaud, ayant députe son chef d'état-major vers l'amiral lord Keith qui stationnait en rade, pour lui faire part de la nouvelle officielle de la rentrée des Bourbons et demander la cessation de toute hostilité, les Anglais vinrent visiter notre ville, et leur patriotisme dut s'étonner sans doute de la joie que les Rochelais firent éclater en les recevant, et des honneurs qui leur furent rendus. (*Dupont.*)

13 Avril.

1461. — Anniversaire du jour où le jeune Leclerc, resté muet depuis sept ans à la suite d'un accident, recouvra la parole, après avoir reçu la communion à Saint-Barthélemy.— Chaque année, le lundi de Pâques, l'église célèbre encore, à la cathédrale, la mémoire de cette guérison regardée comme miraculeuse. Arcère a copié sur le *livre de la Paterne* la version qu'il en donne dans son *Histoire de la Rochelle* ; voici celle beaucoup plus détaillée qui se trouve sur un registre de l'ancienne église Saint-Barthélemy : « L'an de grâce
» 1461 (1), le jour et feste de Pasques, miracle grand advint,
» en l'église monseigneur Saint-Barthomme de la Rochelle,

---

(1) Le *livre de la Paterne* donne la date de 1460, adoptée par Arcère et Massiou, mais comme il ajoute que ce fut pendant la mairie de Jean Mérichon et que celui-ci ne fut nommé maire que huit jours après la fête de Pâques de l'année 1460, on doit donc préférer la date de 1461.

» de Bertrand Leclercq, en son vivant pair et bourgeois de la
» Rochelle, fils de feu Joseph Leclerc et de Pérette Chasteau,
» ses père et mère. Lequel Bertrand Leclercq, luy en son
» jeune âge, de 8 ans enfant ou environ, fut malade ; et un
» jour qu'il faisoit fort temps, comme tonnaire et esclairs,
» une femme ou servante, le remuant d'un lit en l'autre,
» entra, par la fenestre de la maison où il estoit, un estour-
» billon de feu ou esclair, en telle façon que la femme quy le
» tenoit cheut à l'envers et, de la grande peur qu'elle eust,
» laissa tomber ledit enfant qu'elle tenoit à terre ; lequel in-
» continent perdist la parole et fust par l'espace de sept ans sans
» parler et tout impotent, tellement qu'il lui convint aller sur
» les *bourdes* (1). Toutesfois comme bon chrétien alloit tous
» les jours à l'église en grande dévotion. Or est-il que le jour
» de Pasques, l'an susdit, luy estant dans ladite église Saint-
» Berthomme avecq ladite Duchasteau, sadite mère, luy mon-
» tra par signes évidens qu'il vouloit bien recevoir le précieux
» corps de nostre Seigneur. Laquelle Duchasteau en parla au
» vicaire, qui pour lors estoit, le priant que son plaisir fust de
» le bailler à recevoir à son fils. Lequel vicaire fust de ce faire
» refusant, disant qu'il n'estoit confessé, et qu'il en pourroit
» estre reprins. Laquelle mère, voyant le refus dudit vicaire,
» se print à pleurer ; et cognoissant ledit Leclercq que ledit
» vicaire ne luy vouloit bailler à recepvoir, se jetta à genoux
» devant luy et luy joignant les mains, luy faisant signe que
» son plaisir fust qu'il luy baillast à recevoir son créateur.
» Lequel vicaire en eust pitié, et à la requeste et prière de
» ladite mère, luy bailla à recevoir le précieux corps de nostre
» Seigneur, et tout incontinent, luy estant devant la table de
» l'hostel, dit : *Adjutorium nostrum in nomine Domini*. Et ce
» voyant, ladite mère dit : vous parlez, mon enfant ?... et
» alors luy respondit son dit fils : ouy, ma mère, la mercy à
» mon Dieu. Et incontinent que ledit miracle fut advenu, tous
» les chapelains, compagnons Dieu servans en ladite église en
» rendirent grâces à Dieu et louanges, chantèrent : *Te Deum*
» *laudamus*, etc. Depuis lequel miracle ainsy faict, et advant
» iceluy, Leclercq a tousjours aimé Dieu et l'église... »

(1) *Béquilles*. Cette expression s'est conservée parmi le peuple.

1750. — M. Louis Richard des Herbiers, trésorier de France, membre de l'Académie des lettres de la Rochelle, fait don à la ville de la plus grande partie de sa riche bibliothèque (1) pour former une bibliothèque publique, qui ne fut ouverte que plusieurs années après. *(Barret et reg. de l'Académie).* Telle est l'origine de la bibliothèque de notre ville.

14 Avril.

1622. — Les premiers succès de Soubise dans le Poitou *(V. 2 mars)* avaient rallié autour de lui de nombreux partisans. Avec une petite armée, forte de plus de 7000 hommes, il se mit à courir le pays jusqu'aux faubourgs de Nantes, jetant partout la terreur *par ses cruautez, pilleries et incendies.* Louis XIII, qui avait eu avis que les Rochelais méditaient en outre de jeter quelques troupes dans la basse Normandie, pour la soulever, résolut de marcher lui-même contre Soubise, avec des forces importantes, que conduiraient de vaillants capitaines. Soubise s'était cantonné dans l'île de Rié. En apprenant que le Roi s'avançait en personne, précédé des maréchaux de Vitry, de Praslin et de Bassompierre, il fut pris tout-à-coup d'une terreur panique et, abandonnant lâchement ses soldats, se sauva à la nage avec sa cavalerie, dans la nuit du *14 au 15 avril*, pour gagner Saint-Gilles. Manquant de chef, ses troupes ne songèrent plus qu'à fuir ou à déposer les armes : 2,500 de ces malheureux furent massacrés par les troupes royales ou par les paysans ; 150 environ se noyèrent et près de 700 furent faits prisonniers et envoyés aux galères. Un grand nombre d'entr'eux étaient Rochelais ; aussi quand cette affreuse nouvelle parvint à la Rochelle, dans la journée du 16, quelques efforts que fissent les magistrats pour dissimuler l'étendue du désastre, la douleur et l'indignation soulevèrent la population contre *l'assemblée (V. 17 février)* et contre les officiers de la commune, qui eurent peine à se soustraire à la fureur de la population. Soubise n'y eut certainement pas échappé s'il fut arrivé à la Rochelle dans ce moment d'effervescence. Poursuivi

---

(1) Il y a cependant exagération dans le chiffre de 9000 volumes indiqué par Dupont il doit être réduit de plus de moitié. *(Delayant).*

par les royalistes jusqu'à quatre lieues de cette ville, il parvint à grande peine, à la faveur de la nuit et de la forêt de Benon, à gagner la Rochelle, le 19 avril, accompagné seulement de 40 ou 50 cavaliers. Le peuple avait eu le temps de se calmer. Soubise comprit cependant, à l'accueil qui lui fut fait, qu'il était plus sage, sinon plus prudent, de s'éloigner, et il s'embarqua pour l'Angleterre. *(Proc.-verb. du curé de Chalans. — Hist. de la rébellion. — Levassor. — La grande et merveilleuse sédition, &.— Le bannissem. de M. de Soubize.— H. Martin, &.)*

1703. — « Un colporteur, nommé Latreille, accusé de vol et d'assassinat, ayant été soumis à la question, quatre coins de l'*extraordinaire* étoient déjà entrés et on donnoit le cinquième, quand tout à coup les coins sortirent d'entre les jambes et *des brodequins* et sautèrent en l'air : ce qui est extraordinaire et *par miracle*, le véritable coupable ayant été découvert ensuite et l'innocence de Latreille établie. » *(Maudet.)*

15 Avril.

1398. — C'était comme cette année le dimanche de la Quasimodo, le jour consacré depuis un temps immémorial à l'élection annuelle du Maire de la Rochelle (1). Dès le lever du soleil, le *gros seing* (cloche) du beffroi, appelé la tour de *Mallevault* (2), avait annoncé cette grande solennité et devait continuer de sonner jusqu'à ce que l'élection fut achevée (3). Les portes de ville étaient fermées, pour éviter toute surprise, et le guetteur veillait sur l'*échauguette* du beffroi. L'église de *Monseigneur saint Berthomme* ne pouvait suffire à contenir la foule qui s'y pressait en ses habits de fête. Dans le chœur étaient rangés les sièges des échevins, conseillers et pairs dans l'ordre de leur dignité et de leur réception au corps de ville. *(V. 27 mars*

(1) L'ordonnance de Saint-Louis, de 1256, qui prescrivait de nommer tous les *mayeurs* (Maires) de France le lendemain de la fête de saint Simon et de saint Jude (28 octob.), ne fut jamais exécutée à la Rochelle.

(2) Elle était située à l'extrémité Ouest de la rue des Bouchers, un peu avant le point où celle-ci rencontre la rue des Cloutiers. La construction du marché couvert en a fait disparaître les derniers vestiges.

(3) Plus tard, ce fut la cloche de l'échevinage qui remplaça celle de la tour de Mallevaut. *(V. 15 mars.)*

1541.) Après la célébration de la grand'messe, par les *chapelains Dieu servans* de saint Berthomme, sire Estor Lombart, le Maire dont les fonctions étaient expirées, M⁰ Robert de Vair, Maire de l'année précédente, et l'aumônier ou gouverneur de l'hôpital Saint-Berthomme (aujourd'hui d'Auffrédy), prirent place autour d'une table, recouverte d'un riche tapis rehaussé de broderies d'or, sur laquelle était ouvert le livre des évangiles magnifiquement relié. Près d'eux et devant une table plus petite, s'assit le *clerc* ou greffier de la ville, chargé de procéder à l'appel de chacun des membres du corps de ville et d'inscrire les votes. Le Maire ouvrit la séance par une *petite harangue* dans laquelle, après avoir rendu compte de son administration et remercié le corps de ville de son loyal concours, il exhorta tous ses collègues à *faire une bonne, vraye et saincte eslection qui fust à la louange de la benoiste trinité, au profict du Roy, de la ville et de la chose publicque et aussy à l'honneur des élizans* et à élire à cet effet *trois bons prud'hommes, saiges, prudents, riches et puissants*, sans se préoccuper d'intérêts particuliers, ni de considérations d'affection ou de parenté. Il prêta ensuite serment, ainsi que les autres membres du bureau, de recueillir les suffrages *en toute loyauté et discrétion*. Après quoi, chacun des membres du corps de ville, à l'appel de son nom, vint jurer à genoux, la main sur l'évangile, que les noms qu'il avait écrits ou fait écrire sur son bulletin étaient, selon sa conscience, ceux qu'il jugeait les plus dignes et *qu'il ne s'y étoit pas porté lui-même* et déposa ensuite son vote dans un *petit sachet* (1), tenu par l'un des scrutateurs. Le vote terminé, le dépouillement donna le plus grand nombre de voix à *honorable homme et saige maistre Jehan Bernon* ou *Bernoin* (2), *seigneur des fiefs Boisseaux*, à Mᵉ Olivier Brivet et à sʳᵉ Claude Maugiron, dont les noms furent proclamés devant le peuple, par le Maire,

---

(1) En 1510, le Maire fit faire une boite d'argent qu'on nommait *scrutine*, pour déposer les bulletins de vote. *(Liv. de la paterne.)* Jusqu'en 1388, le vote avait été oral ; ce ne fut qu'à cette époque qu'on commença de voter par bulletin secret. *(Livre des statuts.)*

(2) Son nom est écrit ainsi dans un titre de 1400. Il fut procureur du Roi en Saintonge et bailli du grand fief d'Aunis. Les Bernon prétendent descendre de lui, dit Arcère, en constatant l'ancienneté de cette famille, dont les descendants existent encore à la Rochelle.

à la porte du chœur. Après avoir brûlé les bulletins et les feuilles de dépouillement des votes, le bureau alla présenter la liste des trois *coélus* au sénéchal, en l'absence du Roi ; et Pierre de Vilennes, seigneur de Malicorne, sans profiter du délai de deux jours qui lui était accordé par l'usage, fit choix immédiatement de Jehan Bernon, pour exercer la mairie pendant l'année municipale 1398-99. On alla chercher alors le nouveau chef de la commune, qui prêta serment entre les mains du sénéchal « de garder la ville au Roi et à son hoir mâle, de maintenir les droits de la sainte église et de rendre justice à tous, au pauvre comme au riche. » Pierre de Vilennes *l'ensaisina* aussitôt de la garde et gouvernement de la ville, en lui remettant le sceau de la commune, qu'il avait reçu des mains de l'ancien Maire. *(Statuts du corps de ville.—Bruneau.)*

16 Avril.

1622. — Soubise voyant le danger de sa situation dans l'île de Ré *(V. 14 avril)* avait, avant d'abandonner ses troupes, demandé aux Rochelais des secours, qu'ils s'étaient empressés de lui expédier ; mais la flotille rochelaise, commandée par l'amiral Guiton, malgré sa diligence, ne put arriver qu'après la défaite sanglante de Rié. Le lendemain de cette journée néfaste, pendant que les navires de Guiton côtoyaient le rivage pour recueillir les derniers débris de l'armée protestante, le duc de la Rochefoucault, l'un des généraux catholiques, voulut par un indigne stratagème essayer d'enlever quelques-uns des bâtiments ou d'écraser du moins leur équipage. Il dirigea donc vers la côte un fort détachement d'hommes armés, que précédait un groupe nombreux de prisonniers, et pour attirer les gens de la flotille, il voulut forcer les prisonniers rochelais à courir du côté des navires, en criant *au secours !* mais l'un d'eux, nommé Job Foran, de l'île de Ré, gravit précipitamment sur le sommet d'une falaise et, de sa voix la plus éclatante, s'écria : *trahison ! trahison !* Certain du sort qui l'attendait pour son héroïque patriotisme, il se précipita ensuite du haut du rocher. Il fut relevé tout meurtri par quelques matelots, qui avaient déjà pris terre, et put aller mourir dans sa patrie, objet de la reconnaissance et de l'admiration de ses concitoyens pour sa noble conduite. *(Arcère, d'après Chabans et Duchatelier-Barlot.)*

1637. — Lettres patentes de Louis XIII, qui rétablissent les Dominicains dans leurs anciens domaines de la Rochelle. L'établissement dans cette ville des *Jacobins, Frères prêcheurs* ou *Dominicains* daterait, d'après une note de Jaillot, de 1226 ou 1228, et la construction de leur couvent de 1235 (1). Ce dernier embrassait presque tout l'espace compris entre les rues des Prêtres, des Cordouans, de Notre-Dame, du Charriot-d'Or et des Frères-Prêcheurs. Il fut ruiné, comme tous les autres, pendant les troubles religieux du XVIe siècle, et coupé par une nouvelle rue, qui prit le nom de *Saint-Dominique,* leur patron. Comme une grande partie de son emplacement avait été aliénée à des particuliers, qui y avaient établi des constructions et qui se prévalaient de la prescription pour les conserver, de nouvelles lettres de Louis XIII relevèrent les religieux de toutes déchéances ou exceptions qui pouvaient leur être opposées, cassèrent et annulèrent tous les actes d'aliénation, et rétablirent les premiers possesseurs dans tous leurs anciens biens et domaines. *(Jaillot, — Reg. du présidial).* Le 18 mai 1791, leur monastère et leur église furent fermés en vertu des décrets de l'assemblée nationale et ce qui en reste sert aujourd'hui de caserne aux vétérans. *(Perry).*

17 Avril.

1538. — Les 15, 16 et *17*, les vignes gelèrent tellement à la Rochelle et partout le royaume « qu'il n'est mémoire de telle *vimaire* (désastre) de gelée », et le peu de vin qu'on récolta avait si mauvais goût que le prix n'en augmenta guères et ne valut qu'environ 25 livres tournois le tonneau. *(Baudouin).*

1621. — La cour n'était pas heureuse dans le choix de ses

---

(1) Arcère s'est trompé en attribuant au frère de Saint-Louis, Alphonse, comte de Poitou, la fondation de cette maison religieuse; car deux des frères prêcheurs du couvent de la Rochelle assistaient à une assemblée de théologiens tenue à Paris en 1238 *(note de Jaillot)*, et Alphonse ne reçut l'investiture du comté de Poitou qu'en 1241.

représentants à la Rochelle : en 1568, nous avons vu le lieutenant général, Jean Pierre, seconder la révolte, qui devait livrer la Rochelle au prince de Condé *(V. 9 janvier)*, et *le 17 avril 1621*, quand l'assemblée générale des églises réformées, réunie dans cette ville, méprisant les ordres réitérés du Roi et dédaignant ses menaces, organisait un soulèvement général des protestants et usurpait les prérogatives de la souveraineté *(V. 17 février)*, le sénéchal du gouvernement de la Rochelle, René de Talansac, seigneur de Loudrières, se rendait au sein de l'assemblée pour protester, comme il l'avait déjà fait par ses lettres, de son dévouement à la cause qu'elle défendait, et mettre à son entière disposition l'autorité que lui conférait sa charge, s'engageant à exécuter avec le plus grand zèle tout ce qui serait ordonné par l'assemblée. *(Proc. verb. de l'assemblée)*. On le retrouve encore plus tard dans le parti des Rochelais, lors du siège de 1627-28. Cette seconde fois cependant, Louis XIII se décida à le révoquer de ses fonctions.

18 Avril.

1573 *(Siège de)*. — Causseins, ce capitaine des gardes du corps, qui, le jour de la Saint-Barthelémy, avait conduit les assassins de l'amiral, et qui était maître de camp dans l'armée du duc d'Anjou, et Scipion Vergano, l'ingénieur italien, qui après avoir, sous les ordres de la reine de Navarre et des princes, perfectionné les fortifications de la Rochelle, avait mis à la disposition des royalistes son expérience et sa connaissance de la place, tombèrent le même jour et presque au même moment, frappés dans la tranchée par les boulets des assiégés, qui manifestèrent une grande joie de ce qu'ils regardaient comme une juste punition de la Providence. *(A. Barbot)*.

1628 *(Siège de)*. — « Dès l'aube du jour, le maire, sur l'avis qu'il avoit eu que les assiégeants avoient rompu et même empoisonné les canaux des fontaines de Lafont (ce dont on avoit reconnu quelque chose à la fontaine du *Puylorit* par son eau trouble et de *couleur de sang*), envoie par la porte de Coigne 25 chevaux et cinq compagnies d'infanterie avec quelques volontaires aux premières maisons de la Fon pour en sçavoir la vérité ; mais ils n'y trouvèrent personne ; seulement en quelques endroits de grands trous assez profonds ; et ils sçeurent d'un homme, qu'ils prirent proche de là, que ces trous avoient été faits pour tâcher de trouver les sources et conduits d'eau douce, qui alloient se rendre dans la ville ; qu'ils les avoient rompus et même empoisonnés, afin d'incommoder et faire mourir ceux qui en boiroient l'eau, et contraindre les autres, se voyant ainsi privez de bonne eau, de se rendre... mais qu'ayant appris le peu d'incommodité que cela donnoit à ceux de la ville, qui avoient *quantité de puits d'assez bonne eau et même une fontaine d'eau douce* dans *leurs fossez, qui étoit suffisante pour leur en fournir*, ils avoient délaissé et abandonné le tout. » (*Mervault*).

1795. — Le conventionnel Blutel arrive à la Rochelle, chargé de faire exécuter le décret de la Convention qui ordonnait le désarmement des terroristes. (*Dupont*).

19 Avril.

1398. — Après la solennité de l'élection du maire, le jour de la Quasimodo (*V. 15 avril*), venait, *le jeudi suivant*, la cérémonie de l'installation du nouveau maire et de l'élection des nombreux officiers de la commune, dont les fonctions étaient aussi annuelles. Tout le corps de ville, convoqué au son de la cloche, se réunissait dans la *grande salle de l'échevinage*, où n'étaient admis que les membres du corps municipal et leurs parents. Le maire dont l'année était expirée prenait place sur un siège élevé nommé *protribunal*, ayant à ses côtés le nouvel élu et les coffrets contenant les sceaux de la commune. Les échevins, conseillers et pairs étaient assis sur des bancs selon leur dignité et ancienneté. L'ancien maire prenait le premier la parole pour rendre grâce à Dieu et au corps de ville de l'avoir aidé et soutenu dans l'exercice de sa charge, et demander pardon à ses collègues s'il avait démérité en quelque chose ; il promettait ensuite, en reconnaissance de l'insigne honneur qu'il avait reçu par son élévation à la première charge de la commune, de se vouer à jamais, *corps et biens*, aux intérêts de la ville, et terminait son discours par un long éloge de son successeur.

Après que lecture avait été donnée des principaux statuts municipaux, il fesait prêter au nouveau maire et à tous les membre du corps de ville, la main sur l'Evangile, un long serment, dont les principaux engagements étaient de *garder la féauté au Roi, et de vivre et mourir dans sa vraie obéissance*, de sauvegarder les droits de la sainte église, de respecter et faire respecter par tous les *établissements*, privilèges, franchises et libertés de la commune.

Il cédait ensuite son siège au nouveau maire qui commençait son discours par « *regrâcier Dieu le père omnipotent de tout son cœur, la benoiste vierge Marie, sa douce mère et tous les saints et saintes du Paradis de la grâce par luy reçue, celuy jour, d'estre venu à telle dignité et honneur comme d'estre maire de la Rochelle* » ; puis, après avoir rendu à son prédécesseur les éloges qu'il en avait reçus, il *remercioit très humblement* le Roi, le gouvernement et tout le collége de l'honneur qu'ils lui avaient fait de l'élever à de si hautes fonctions, en les suppliant de lui accorder leur utile concours et de *suppléer à son ignorance* ; il s'applaudissait d'avoir de si dignes coélus et invitait, en terminant, le corps de ville à ne choisir, pour les divers offices de la commune auxquels ils allaient pourvoir, que de *bonnes gens, dignes et suffisans*. On lui remettait alors les clefs des sceaux, dont il confiait la garde aux deux coélus.

Après quoi, il était procédé, par les cent membres du corps de ville, à l'élection des candidats, parmi lesquels le maire choisissait le *sous-maire* ou juge de la mairie, le *clerc* ou greffier de la ville, le *procureur de la ville*, chargé de veiller à l'exécution des règlements et à la défense des intérêts communaux, les *trésoriers* ou receveurs des *deniers communs*, les *maîtres des œuvres*, auxquels étaient confiées la direction et la surveillance des travaux de la ville et des fortifications, les *capitaines* ou gardes des tours de St-Nicolas et de la Chaîne (1) et le *désarmeur des nefs*, dont les fonctions consistaient à faire mettre à terre, avant l'entrée de tous navires dans le port, les armes et munitions qu'ils avaient à bord. (2).

(1) Ils étaient tenus d'habiter dans les tours mêmes avec leur famille. *(Statuts de la commune)*.

(2) En 1468, il fut décidé par le corps de ville que le capitaine de la

Le maire se transportait ensuite, accompagné d'un nombreux cortège, à chacune des portes de la ville pour prendre ainsi possession de la cité. Cette journée si remplie se terminait par un festin, donné par le chef de la commune aux membres du corps de ville et aux principaux fonctionnaires. *(Statuts de la commune)*.

1573 (*Siège de*). — Enfin la vigie signale la flotte de secours depuis si longtemps attendue d'Angleterre, et les Rochelais, qui commençaient à manquer de vivres, de poudre et de munitions, croient déjà pouvoir saluer avec joie le jour de leur délivrance ; « mais Dieu, dit Amos Barbot, ne vouloit pas délivrer de leurs afflictions ceste ville et ses églises par le seul bras de la chair, ains par ses moyens admirables. » Malgré la bannière à la croix rouge d'Angleterre, cette flotille, que commandait le comte de Montgommery (ayant pour lieutenant Champernon, son gendre, et Jean Sore, l'ancien amiral des Rochelais), ne se composait guères que de dix ou douze navires anglais, dont le plus grand, la *Prime-Rose*, qui servait d'amiral, n'était pas de plus de 3 à 400 tonneaux. Les autres, au nombre d'une quarantaine, étaient français, la plupart de la Rochelle, de 50 à 60 tonneaux environ, et armés seulement de petits canons de fer nommés *verteils*. C'était là tout ce que le mauvais vouloir d'Elisabeth, plus reine que zélée protestante, avait permis à Montgommery de réunir après beaucoup de temps et d'efforts. Les vaisseaux du Roi, qui bloquaient la Rochelle, étaient sans doute plus forts ; l'estacade qui barrait l'avant-port et les forts construits à l'extrémité des deux pointes offraient de sérieux obstacles à vaincre ; mais ces vaisseaux manquaient d'équipage, et les royalistes, surpris par la brusque arrivée de la flotte, n'étaient pas préparés au combat. Si profitant de la marée et du vent favorable, qui en trois fois vingt-quatre heures avait transporté sa flotille des ports de Plymouth et de Portsmouth sur les côtes de la Rochelle, Montgommery eut attaqué brusquement les royalistes, il eut certainement forcé le passage et eut réussi à entrer à la

---

tour du Garot ou de la Lanterne exercerait en même temps les fonctions de *désarmeur*, et résiderait dans cette tour, qui venait d'être construite. *(Ibid.)*.

Rochelle ; mais, mal secondé par les Anglais, il hésita, perdit du temps en délibérations, et permit ainsi aux assiégeants de mettre à réquisition un certain nombre de navires Olonnais, venus à l'Aiguillon pour charger de sel, et de renforcer les équipages d'un grand nombre de gentilshommes. Le lendemain, lorsqu'il se décida à attaquer la flotte royale, la côte était couverte de canons et de soldats ; les Anglais refusèrent d'obéir aux signaux de l'amiral, et la *Prime-Rose*, atteinte presque aussitôt par un boulet dans ses œuvres vives, faillit être coulée bas. Tout ce que put faire Montgommery fut de faire passer aux Rochelais, sur une patache, 16 ou 18 milliers de poudre, et mettant à la voile dans la nuit du 21 au 22, il alla tomber à l'improviste sur Belle-Isle, dont il s'empara. (*Cauriana. — A. Barbot. — Mém. de la Tour d'Auvergne. — Histoire des deux Sièges, etc.*)

20 Avril.

1568. — Quoique la paix eut été conclue dès le 23 mars entre le Roi et le prince de Condé, Saint-Hermine et Pontard, qui comprenaient qu'elle allait mettre un terme à leur tyrannie et à leurs spoliations (*V. 10 février*), en retardèrent la publication jusqu'au *vingt avril*. Le lendemain, le corps de ville écrivait à Charles IX : « Comme si nous estions quelques ennemys, à qui nos voisins dussent faire la guerre, nous sommes encore circuits et environnés de grand nombre de gens de pied et de cheval, entrés de longtemps en ce gouvernement et païs d'Aunix, tant par terre que par mer, sous la conduite des seigneurs de Montluc, du Lude, de Jarnac, de Pons et autres conjurés à la ruyne et destruction de ceste pauvre ville, qu'ils tiennent de si près serrée que nul n'en approche qu'il ne soit pillé, volé et piraté, soit de vos subjects ou estrangers, auxquels est tollu le libre traficq accoustumé en ceste ville, et que nous nous asseurons estre bien loin de vostre intention, qui nous contrainct de supplier très humblement V. M., Sire, qu'il vous plaise de vos benignes grâces nous faire jouir du commung bien de vostre édict dernier de pacification, etc. » Cette paix ne devait être qu'une trêve, et les hostilités recommencèrent six mois après. (*A. Barbot. — Addit. aux mém. de Castelnau.*)

1641. — La cour des Salins prend possession de l'hôtel de Marsan, où elle tint désormais ses séances. (*Colin.*) V. *9 janvier et 1er février*.

21 Avril.

1370. — Election à la mairie de Jehan *Chauderer*, *Chauderier*, *Chauldrier* ou plus communément *Chaudrier* (1). D'une très-ancienne famille municipale, puisque dès 1269, selon Brumeau, l'avocat Mathieu Chauderer aurait été Maire, c'était la quatrième fois que Jehan Chaudrier était appelé à gouverner la commune. Froissard, dont Massiou a accueilli l'assertion sans la contrôler, prétend que ce fut pendant sa mairie, et grâce à l'heureux stratagème auquel il eut recours, que les Rochelais (qui, depuis que leur ville avait été abandonnée aux Anglais par le honteux traité de Brétigny (1360), ne leur avaient obéi que *des lèvres*, restant toujours Français *par le cœur*), s'emparèrent du château où les Anglais tenaient garnison et les expulsèrent à tout jamais de la Rochelle. De nombreux documents établissent que ce grand évènement eut lieu en 1372, et sous l'administration de Pierre Boudré. Mais si Chaudrier n'était plus alors à la tête de la commune, la considération et l'influence dont il jouissait permettent très bien d'admettre qu'il ait pu concevoir et exécuter même la ruse, plus ingénieuse que loyale, à laquelle la Rochelle dût sa délivrance, et lui sa popularité. Toutefois, quoi qu'en ait dit Ronsard, qui se fait honneur de descendre des Chaudriers, ce n'est pas en mémoire du service rendu à sa patrie par Jehan Chaudrier qu'*une rue à son los* (louange) *porte le nom de luy* (2); car la rue *Chaudellerie*, à laquelle fait allusion notre ancien *prince des poètes*, et

---

(1) Son nom se trouve écrit de ces différentes manières dans des actes contemporains.

(2)   Du costé maternel, j'ay tiré mon lignage
  De ceux de la Trimouille et de ceux du Bouchage,
  Et de ceux des Réaux et de ceux des *Chauldriers*,
  Qui furent en tout temps si vertueux guerriers,
  Que leur noble vertu, que Mars rend éternelle,
  Reprind sur les Anglois les murs de la Rochelle,
  Où l'un de mes ayeux fust si preux qu'aujourd'huy
  Une rue à son los porte le nom de luy.   (ÉLÉGIE XXe.)

dont on regrette que l'administration municipale n'ait pas depuis longtemps rétabli le véritable nom, si ridiculement défiguré par le temps, s'appelait déjà *rue Chauderié* en 1256, et *rue aux Chauderers* en 1271. C'est que l'hôtel des Chaudriers, devenu plus tard l'hôtel de Baillac, était situé dans la petite rue du Palais actuelle, au coin de la rue des Augustins, le long de laquelle s'étendait *le verger* ou jardin qui en dépendait. C'est sur son emplacement et non, comme on le croit généralement, sur celui de l'hôtel de Mérichon, qu'a été construite la jolie maison, dite de Henri II ou de François Ier, l'un des plus curieux et plus gracieux spécimens d'architecture que possède notre ville. *(V. 8 avril.)*

22 Avril.

1621. — « Sur les advis donnés à l'assemblée *(générale des églises réformées)* qu'à la nouvelle, présentement apportée en ceste ville, du bruslement du temple de Tours, désenterrement des morts et massacres de plusieurs de la religion habitans ladite ville de Tours, le peuple de ceste ville *(de la Rochelle)* se seroit tellement émeu qu'il commence à s'atroupper, vouloyr *tendre les chaisnes aux rues*, courir aux armes, aux portes et aux cantons ; qu'il y a dangier de grands désordres et inconvénients, mesme qu'ils se veulent attaquer aux catholiques romains, s'il n'y estoit promptement pourveu. L'assemblée, considérant combien il importe au bien du service du Roy et de la tranquillité publique que toutes esmotions soyent promptement appaisées, a député trois de ses membres vers M. le Maire, pour le prier d'y apporter son authorité et ramener et contenir le peuple en telle modération que nulle offense, injure, ni excès ne se commettent contre les personnes, biens et honneurs des habitants de contraire religion, et qu'un chascun puisse vivre en paix et concorde comme auparavant. » *(Proc. verb. de l'assemblée).* — V. 21 mai.

1844. — Visite du prince de Joinville à la Rochelle. Dans les courts moments qu'il y passa, il put voir, aux chaleureuses et sympathiques démonstrations dont il fut l'objet de la part des Rochelais, combien ils savaient apprécier son noble et loyal caractère, le courage dont il avait fait preuve dans les combats, l'affabilité de ses manières, non moins que son intelligence inspirée par le plus pur patriotisme.

23 Avril.

1756. — « Le 23me d'avril, a été baptisé *Jacques Nicolas*, né le même jour du mariage légitime entre maître Nicolas-Simon-Marie *Billaud*, avocat au présidial, et dame Henriette-Suzanne Marchand ; son parrain, Me Jacques Rougier, escuyer, ancien assesseur du présidial, seigneur des Tourettes, etc. cousin de l'enfant ; sa marraine, dame Jeanne Texier, veuve de Me Simon Billaud, avocat au parlement et au présidial de cette ville, ayeule de l'enfant. » L'enfant, dont un registre de Saint-Barthelémy constate ainsi la naissance, s'appellera plus tard *Billaud-Varennes*, et son nom ne sera prononcé qu'avec exécration. Un confrère de son père et le sien, l'avocat Morin, en parle ainsi dans une note : « Tant qu'il demeura à la Rochelle, il ne montra aucun talent, ni aptitude : c'étoit le plus mince des avocats, taciturne, mélancolique, vain, etc. En 1780, il fit une mauvaise comédie, intitulée : *La femme comme il n'y en a point*, qu'il voulut faire jouer. Cet ouvrage était pitoyable et fut sifflé à outrance. Billaud garda sagement l'anonyme ; mais le public étoit dans le secret. Le lendemain de la représentation, qui n'alla pas à la fin, il partit pour Paris. Il y resta longtemps inconnu, même parmi les avocats. Il épousa une ancienne maîtresse d'un agent du clergé et qui n'avoit ni fortune, ni agrément. La révolution le mit à même de se lier avec des hommes qui se sont rendus fameux par leurs crimes, et il devint un des supports de Robespierre. Il prit sans savoir pourquoi, vers 1792, le nom de Billaud-*Varennes*. » Son père, qui fut nommé, en 1791, l'un des juges du tribunal du district, habitait, dans la rue de l'Escale, la maison décorée d'inscriptions et de cariatides, dont on attribue la construction au célèbre médecin rochelais, Th. Venette. Billaud-Varennes publia un grand nombre de brochures politiques ; M. Edouard Thierry dit même qu'il mit *Alzire* en opéra. Après avoir été membre du *comité du salut public*, substitut du procureur de la commune de Paris, commissaire dans plusieurs départements, élu à la Convention par le département de la Seine, chargé par le club des Jacobins de rédiger l'*acte d'accusation contre tous les Rois*, il fut mis en état d'arrestation le 1er avril 1795, déporté et mourut à *Port-au-Prince* en 1819, n'ayant pas voulu profiter du rappel des déportés. *(Note manuscrite et biograp.).* — *V. 2 et 8 avril.*

24 Avril.

1354. — Lettres patentes du roi Jean, par lesquelles, considérant que, selon la coutume de la Rochelle, tout héritage pour lequel le cens dû au Roi n'a pas été payé, pendant trois années consécutives, devient la propriété du prince, et que plusieurs maisons et emplacements de la ville se trouvent dans ce cas et sont restés depuis longtemps inoccupés et vagues, il donne l'ordre de les vendre à son profit. *(Arch. de l'hôp. Saint-Barthelémy).*

1567. — « Le 24 apvril, visgile de la Mairie nouvelle, qui se debvoit faire le lendemain; sur ce que le temple de Saint-Barthelémy, dans lequel, et au chœur d'iceluy, le Maire avoit accoustusmé de s'eslire, avoit esté du tout destruit et desmoly, le corps de ville arresta de faire ladite eslection dans la grande salle de l'eschevinage. » *(A. Barbot).* — *V. 10 février et 15 avril.*

1628 *(Siège de).* — Malgré les intrigues employées par les ennemis de Richelieu pour retenir le Roi à Paris, Louis XIII, cédant aux instances du cardinal, revient après deux mois et demi d'absence au camp de la Rochelle. Richelieu, le duc d'Angoulême, le maréchal de Schomberg et les principaux officiers de l'armée allèrent le recevoir à Surgères. A son arrivée devant la Rochelle, il trouva toute l'armée sous les armes, forte de 25,000 hommes, quand à son départ elle en comptait à peine 18,000. Tous les travaux de circonvallation avaient été achevés et avaient plus de quatre lieues de circonférence, avec de grands *forts royaux* de 1000 en 1000 pas. Tous les forts, redoutes et batteries, tant de terre que des vaisseaux, devaient au premier signal faire une salve générale. Le Roi commanda lui-même le feu du fort de *Bonnegrenne.*

« Il fesoit beau voir, dit avec orgueil Richelieu dans ses mémoires, tous les travaux en feu et avec tant d'ordre que le feu dura une demi-heure. » Il est curieux de lire la description que nous a donnée Gaufreteau du camp royal vers cette époque. « Le siège, dit-il, dans son bizarre ouvrage intitulé *la Digue*, est allé avec un tel branle qu'on a peu dire que c'estoit plustost le *landy Saint-Denis*, la *foire Saint-Germain*, le *Plessis-les-Tours*, *la dévotion de la soirée de Pasques ou les promenoirs des Tuileries* qu'un camp royal devant la Rochelle, tant on y voyoit de personnes de toutes condition et qualité se promener sur ceste digue avec tant d'asseurance ; jusques aux dames et demoiselles qui avoient suivi les principaux officiers de l'estat et de la couronne, leurs époux.. Mais qu'en estoit-il de l'affluence incroyable de toutes sortes de marchands, avec un tel abord que les vivres et les denrées estoient à meilleur marché au camp qu'à Paris. Comme aussy on pouvoit dire que *le camp de la Rochelle estoit le vray Paris*. Là, les *galeries du palais* ; là, que vous plaist-il, Monsieur ou madame ; là, les estoffes de toute rencontre, richesse et manufacture ; là est le *quay du Louvre*, celuy de *Grève* et de *l'Arsenac* ; là, les rues *Saint-Denis*, *Saint-Martin*, *Saint-Honoré* ; là, la *place Maubert*, la *Halle*, la *Banque* et le *Change* ; là, sont les rotisseries et les cabarets honorables : *la Pomme de pin*, *la Boisselière*, *Cormier*, *la Pantoufle*, *le Petit More*, *la Mule bardée*, *l'Escu de France*, *le Singe qui pleure*, *la Digue* et toutes ces autres boutiques de réjouissance, servant pour la commodité, non-seulement des voyageurs et ceux qui alloient pour voir et considérer le miracle de cette digue et l'ordre admirable du siège, ains aussy à rafraischir les soldats dans leurs travaux guerriers... » *(Merv. — Mém. de Rich. — Gaufr. — H. Martin).* Ici l'abondance et la superfluité ; à deux pas, dans la ville, la famine et ses douloureuses étreintes...

25 Avril.

1628. — Tout cet appareil guerrier déployé par Richelieu à la réception de Louis XIII avait en partie pour but de décourager les assiégés, en leur persuadant qu'en présence de pareilles forces ils ne pouvaient conserver aucun espoir, et n'avaient d'autre ressource que de se mettre à la discrétion du Roi. Aussi, dès le lendemain et avant de donner suite à tous les plans que chacun proposait à l'envi pour réduire promptement la place, envoya-t-il deux trompettes, pour demander l'entrée de la ville à un héraut d'armes, chargé de signifier aux assiégés l'arrivée et les volontés du Roi. Il fut répondu aux trompettes d'avoir à déguerpir au plus vite, s'ils ne voulaient pas qu'on tirât sur eux. Le cardinal fit aussitôt adopter par Louis XIII le stratagème inventé par son actif aide-de-camp et intime conseiller, le père Joseph. Ce capucin, *qui des affaires de l'Etat et de la guerre faisoit le principal objet de ses méditations,* avait imaginé d'introduire des troupes dans la place, au moyen d'un grand aqueduc servant à l'écoulement des immondices. Pontis, peu satisfait d'avoir à recevoir des instructions d'un moine, fut chargé de l'exécution. La nuit suivante, il alla sonder l'aqueduc; mais il y trouva « une si horrible profondeur de boue que 40,000 hommes y eussent péri comme deux. » Le père Joseph se *dépita et s'emporta fort* du rapport qu'il fit au Roi de l'impossibilité d'exécuter son plan, qui fut en effet abandonné. (*Mém. de Pontis. — Mém. de Richelieu. — Mervault*).

Dans cette même nuit du 25 au 26, un *boulet à feu* alluma un incendie dans une maison pleine de fourrage, située dans la rue Chaudellerie, et contigue aux anciennes *grandes écoles* (*V. 6 février*), qu'on avait transformées en magasin à poudre et en dépôt d'armes. Heureusement que la muraille était bonne et fort épaisse, dit Mervault, et qu'on mit toute diligence à enlever les poudres et salpêtres, et à éteindre le feu, de sorte que *l'arsenac*, comme on l'appelait, put être préservé (1). (*Journal du siège*).

26 Avril.

1206. — Charte du roi Jean Sans-Terre, qui fixe à un an et un jour seulement la durée de la prescription, à la faveur de laquelle les bourgeois rochelais devenaient propriétaires

(1) On a pu juger en effet de l'épaisseur des murailles, quand on a récemment démoli, pour la reconstruire, la maison qui forme l'angle des rues Chaudellerie et Bazoges. Les bâtiments incendiés devaient dépendre de l'ancien hôtel de Mérichon.

incommutables des meubles et immeubles qu'ils avaient acquis régulièrement et de bonne foi. (*Aug. Gallant.* — *A. Barbot*).

1573. — La disette dont les Rochelais eurent à souffrir pendant le premier siège, ne peut être comparée à l'horrible famine du second; toutefois elle fut l'occasion de plusieurs émeutes contre les accapareurs de grains, et de coupables excès contre le droit de propriété. *C'estoit quasy à attrape qui peut*, dit A. Barbot. Pour faire cesser de pareils abus, le corps de ville, le *26 avril*, rendit une ordonnance, qui prononçait la *peine de mort* contre les coupables. En même temps il nomma des commissaires pour rechercher les denrées qui pouvaient avoir été cachées « et les faire distribuer selon les nécessités d'un chascun ». « Alors, Dieu envoya une manne d'une telle quantité de *sourdons* que, de basse mer, il s'en ramassoit sur le sablon, hors l'avre *(le port)* de la ville, à pleins paniers et en peu de temps, et dont le pauvre peuple vivoit, qui les alloit amasser et en vendoit à suffire par toute la ville. » « Ce qui est chose grandement remarquable, ajoute A. Barbot, et un tesmoignage de la faveur et assistance de Dieu, puisque de mémoire d'homme, devant et après, il ne s'en estoit, en tout jamais, tant vu qu'en ce seul temps de siège. » (*A. Bar.* — *Ms. int.*, hôtel-de-ville).

1672. — Brevet du Roi, qui autorise les membres du présidial de la Rochelle à porter la *robe rouge* aux processions et cérémonies, qui avaient lieu chaque année, le jour anniversaire de la réduction de la Rochelle (*V. 15 janvier*), le jour de la Fête-Dieu, et à l'audience solennelle, qui inaugurait la reprise de ses travaux après les vacances. Deux autres brevets de 1750 et 1751 étendirent cette faveur aux jours de Noël, Pâques, la Pentecôte, l'Assomption et aux *Te Deum* chantés par ordre du Roi. Ce qui démontre que les membres du présidial assistaient alors en corps et en costume aux solennités religieuses des grandes fêtes de l'église.

27 Avril.

1586. — Mort à la Rochelle de René II, vicomte de Rohan, prince de Léon, fils aîné de René Ier et d'Isabelle d'Albret, grande tante d'Henri IV; second mari de Catherine de Parthenay (*V. 13 février*) et père d'Henri de Rohan, l'illustre chef des réformés et du duc de Soubise, dont la ville de la Rochelle avait trois ans auparavant été la marraine. Il fesait depuis assez longtemps sa résidence à la Rochelle, où il habitait avec sa femme et ses six enfants. Il avait plus d'une fois combattu pour la cause rochelaise en zélé protestant et en habile capitaine, aussi fut-il fort regretté. (*Baudoin. — d'Aubigné.— Berger de Xivrey*).

1606. — (1) MM. de la Tabarrière et Duvivier, de Marans, ayant eu querelle dans la rue du Minage, (où ils étaient descendus), avec M. du Couldray, frère du baron de la Forest d'Auton, sénéchal de Saintonge, et MM. de la Prade et de Ferrières, qui l'accompagnaient, mirent l'épée à la main; celle de Duvivier s'étant brisée, il se réfugia dans une étable, de *la Truie qui file* (2); les trois adversaires l'y poursuivirent et quoiqu'il fut désarmé, le transpercèrent de leurs épées. Le capitaine la Jarrie, qui fesait partie de la suite de la Tabarrière, ayant voulu secourir Duvivier, fut tué traîtreusement par un laquais des assaillants. Huit jours après, du Couldray, en vertu d'un jugement du présidial, eut la tête tranchée sur la place du Château, et ses deux acolytes furent condamnés aux galères perpétuelles. (*Merlin. — Colin*).

28 Avril.

1443. — Première élection à la mairie de Jehan Mérichon, fils du maire de 1419 et de 1426 et qui fut lui-même élevé cinq fois à la première dignité municipale (en 1443-57-60-63 et 68). On peut le considérer comme le premier historien de la Rochelle; car pendant sa dernière mairie il fit dresser la liste

(1) Colin place ce crime au mois de mai, sans indiquer de date précise comme Merlin. Il donne à la victime le nom de Puichemin, qui était sans doute le titre nobiliaire de Duvivier, de même que de Ferrières celui de l'acolyte de du Couldray, qu'il appelle Riblemont.

(2) Le carrefour de *la Truie qui file*, nom qu'il devait à l'enseigne d'une maison, était situé au point de jonction des rues Pas-du-Minage, de Saint-Yon et de Gargouillaud. Il en est fait mention, dès l'année 1418, sur un livre terrier de l'hôpital Saint-Barthélémy.

des maires qui l'avaient précédé, en y joignant une notice des choses les plus mémorables qui s'étaient passées sous leur administration. Il fit ensuite déposer ce livre, écrit sur parchemin et enrichi de miniatures, au *trésor* de la ville (1). Chacune de ses mairies fut marquée par quelques grands travaux d'utilité publique et par les plus sages réglements : il fit paver plusieurs de nos rues ; terminer la *grande boucherie*, située près de la tour Mallevaut, et dont la *rue des Bouchers* a tiré son nom ; refaire, sinon établir, un abreuvoir pour les chevaux, qu'on appelait le *Gayouer*, et un vaste lavoir pour les lavandières sur le canal de la Verdière ; reprendre et presque entièrement achever les travaux de la belle *tour de la Lanterne* (2), commencée, en 1445, par son beau-frère, le maire Pierre Bragier, et qui ne fut complètement terminée qu'en 1476, etc. « Et ce qui est remarquable, dit A. Barbot, c'est que pour

(1) Servi par un singulier hasard, j'ai pu retrouver et acquérir le premier feuillet de ce précieux manuscrit, dont le reste paraît avoir été détruit, mais dont heureusement il nous a été conservé plusieurs copies. Au-dessous d'une miniature bien conservée, on lit ce titre écrit en vermillon : *En ce présent livre sont contenuz les noms et seurnoms de tous les maires et recteurs de la communité* (commune) *de ceste ville de la Rochelle, depuis la fondation et institucion d'icelle. Et lesquelx ont esté icy rédigez par escript et extraiz des anciens livres et cartulaires de ladicte ville en mémoire perpétuel, par noble homme et saige, maistre Jehan Mérichon, seigneur de Uré, Lagort et le Bruil-Bretin, conseiller du Roy et baillif d'Aulnis, en sa quinte mairie 1468.* La miniature représente une élection de maire, probablement la sienne, dans l'église Saint-Barthélémy, et peut-être faut-il voir son portrait dans l'échevin, vêtu d'une longue robe grise, garnie de fourrure, qui, à genoux devant les scrutateurs sur la table desquels est ouvert le livre des Evangiles, prête serment avant de déposer son vote.

(2) Elle s'appelait *tour du Phare* ou *de la Lanterne*, parce que sur la tourelle de l'escalier existait « une lanterne de pierre, percée à jour et à six pans et vitrée, pour empescher que le vent n'esteigniît le gros cierge ou massif flambeau que l'on mettoit dedans, la nuit, en mauvais temps, pour servir de phare et lumière aux vaisseaux ». *(Mervault. — A. Barbot. — Ms. des recherches curieuses).* On la nommait encore *tour du Garot,* parce que pour désarmer les navires de leurs canons avant qu'ils entrassent dans le port, on se servait d'une machine ou engin appelé *garrot.* Cette dernière interprétation donnée par Mervault me paraît préférable à celle imaginée par Arcère dans ses notes manuscrites, qui fait dériver ce nom du vieux mot françois, *garreau* signifiant guérite. Nous avons vu pourquoi on la désignait enfin sous le titre de *tour des prêtres. (V. 10 février).*

tous les édifices et réparations ci-dessus, qui furent de très grandes dépenses, Mérichon, porté au bien de la ville, en fit les avances de ses propres deniers ». Il jouissait, il est vrai, d'une très grande fortune : seigneur de Lagord, d'Huré, du Breuil-Bertin et des halles de Poitiers, comme unique héritier de ses père et mère, son mariage avec Marie de Parthenay-Soubise avait dû l'enrichir encore. Aussi se fit-il bâtir, sur un terrain qu'il avait acquis, en 1452, de l'hôpital Saint-Barthelémy, ce bel hôtel d'Huré, dont il est si souvent fait mention dans nos annales, et dans lequel descendirent tour à tour, pendant leur séjour à la Rochelle, le duc de Guienne, en 1467, Louis XI, en 1472, François Ier, en 1518 et 1543, et Charles IX, en 1569 (1) ; il fonda encore à Lafons, en 1461, un couvent de Cordeliers. Mérichon ne fut pas seulement cinq fois maire de la Rochelle, il fut aussi *grand bailli d'Aunis*, député aux Etats généraux, gouverneur de la Rochelle, chambellan de Louis XI, *qui l'appeloit par prérogative sur tous autres françois son bon bourgeois (la Popel.)*, et le chargea de plusieurs missions aussi délicates qu'importantes, président en la chambre des comptes, etc. (*A. Barb. — Arch. de l'hôpital St-Barthelémy*).

1617. — « Nous eusmes icy la nouvelle de la mort de M. Conchini, marquis d'Ancre, mareschal de France, confirmée par courrier sur courrier, qui arrivèrent le *28 du mois d'apvril* (2), l'un à Mme la princesse (de Condé) (3), l'autre à Messieurs de l'Assemblée *(générale des protestans (V. 3 mars 1616)*, l'autre à messieurs du corps de ville, qui ont nommé

(1) *V. 1er janvier. — 1er février. — 21 avril.* Louis XI, qui se défiait de l'esprit d'indépendance des Rochelais, voulut acheter l'hôtel de Mérichon pour avoir un pied chez eux. Il écrivait, le 20 mai 1473, à Jacques de Beaumont, seigneur de Bressuire : « Je vous prie que vous sachiez de Mérichon s'il vouldroit vendre son hostel de la Rochelle ; car je le vouldrois bien avoir pour moy ou aulcun des miens, pour estre plus près d'eulx *(des Rochelais)* et leur voisin et les faire tenir du pied. Je ne veulx point de ses terres ny aultres choses, mais seulement ledict hostel. Et besoignez si secrètement qu'il ne s'en apperçoive point qu'il vienne de moy, ny que je le veuille avoir ». *(Brantôme)*.

(2) Le maréchal d'Ancre avait été assassiné le 24 avril.

(3) Après l'arrestation du prince de Condé, son fils, elle s'était réfugiée à la Rochelle, où « elle entra le 29 octobre 1616 avec grande compagnie », dit Merlin.

deux d'entr'eux pour aller offrir au Roy la continuation de leurs très humbles services, et luy tesmoigner la joye que tous ses serviteurs ont eue de ce que Dieu l'a délivré de l'ennemy de son Estat; les *quarante-huit* en ont aussy nommé deux, et Messieurs de l'assemblée six, deux de chaque ordre. Et quant messieurs du corps de ville nous prièrent, à sçavoir le consistoire, de faire les prières pour rendre grâces à Dieu d'une telle deslivrance, et pour l'Estat et pour les églises *(réformées)*, desquelles il avoit juré la ruyne ». *(Merlin).*

29 Avril.

1469. — Traité par lequel Louis XI cède à son frère, en échange de la Champagne et de la Brie qu'il lui avait d'abord promises, tout le duché de Guyenne avec la Saintonge, l'Aunis et la Rochelle. Cette cession était une violation de l'ordonnance de Charles V, qui avait déclaré la Rochelle inséparablement unie à la couronne de France. Aussi Louis XI, qui savait combien les Rochelais étaient jaloux de ce privilège, leur manda-t-il aussitôt de lui envoyer des députés pour leur communiquer les motifs puissants qui avaient dicté sa détermination et leur faire connaître ses volontés. Le maire, Pierre Bragier, et sept membres du corps de ville furent choisis pour aller « remonstrer au Roy qu'il ne pouvoit aliéner, ne mettre hors de sa couronne, *pour quelconque cause que ce fust*, la ville de la Rochelle (ni son ressort), qui estoit *chambre du Roy...*, et empescher et contredire par tous moïens que ladite ville ne fust baillée à son frère... » Avant leur départ, il fut résolu par le conseil de la commune de refuser l'entrée de la ville aux commissaires, qui viendraient au nom du Roy ou du nouveau duc de Guienne. En conséquence, on doubla les postes des portes, et l'on établit à chacune d'elles deux membres du corps de ville pour s'opposer, même par la force, à l'entrée des commissaires. Le sire de Crussol, sénéchal du Poitou, ne tarda pas à se présenter au nom du Roi; on refusa de le recevoir. Il insista pour être admis comme simple particulier, mais on ne déféra à sa demande, qu'après qu'il eut juré, *en foy de chevalier*, quelque ordre qu'il reçut du Roi, de ne faire aucun acte en vertu de sa commission, déclarant nul d'avance et sans effet tout ce qui serait contraire à cet engagement ; ce dont il fut dressé acte par deux notaires. Peu à près arriva le seigneur de Lescun, commissaire du duc de Guienne, « avec grande compagnie de seigneurs et gens de conseil, jusques à sept ou huit vingts chevaulx. » Il eut beau exhiber lettres signées de la main du Roi, enjoignant aux magistrats de la Rochelle d'avoir à recevoir les *ambassadeurs* du duc, « il ne fut aulcunement obtempéré à icelles », et il fut obligé de se retirer à Marans, jusqu'à ce que le Maire et les députés fussent de retour. (*Livre de la paterne.*) Nous verrons bientôt quelles garanties exigèrent ces fiers Rochelais avant de se soumettre aux volontés royales.

1670. — Commencement des travaux entrepris pour nettoyer le port, qui fut approfondi de cinq pieds. Ce travail dura près de deux ans. (*Ms. de M. Vivier.*) — *V. 2 janvier.*

30 Avril.

1626. — Conformément aux conditions de la paix du mois de février précédent (*V. 8 mars*) « on commença à desmolir le *fort de Tasdon*, sans attendre la venue des commissaires que l'on disoit venir pour l'exécution de la paix. » L'année suivante, les Rochelais en reconstruisirent un nouveau, mais beaucoup plus bas et bien plus grand, en y enfermant le moulin de la Barouère. (*Colin.*)

1628 (*Siège de*). — C'était le grand jour de la Quasimodo (1), celui où expirait l'année municipale de Jean Godeffroy, qui s'était montré à la hauteur de ses difficiles fonctions, et où devaient être choisis les trois coélus à la mairie. Jehan Guiton, qui déjà l'année précédente avait été l'un des coélus, obtint soixante-quinze voix ; André Toupet, l'ancien Maire de 1624, quarante-six, et Jehan Berne, seigneur d'Angoulins, fils du Maire de 1603 et 1614, et qui l'avait été lui-même en 1619, trente-six seulement. Le sénéchal de Loudrières, gravement malade, n'ayant pu dans le délai fixé par les règlements faire connaître celui des trois candidats qu'il choisissait pour chef de la commune, ce fut l'assesseur criminel et premier conseil-

(1) Massiou s'est trompé en disant le jour de Pâques. (*V. 15 avril.*)

ler du présidial, Raphaël Colin (1), qui, le 2 mai, désigna Guiton. Levassor prétend que le brave amiral de 1622 et de 1625 refusa d'abord ce périlleux honneur et qu'il ne céda qu'aux instantes prières des habitants. Cette assertion, qui n'est appuyée d'aucun autre témoignage, est trop contraire au caractère non moins ambitieux qu'énergique de Guiton, pour être acceptée comme véritable. C'eût été peut-être le premier exemple d'un pareil refus ; la Mairie d'ailleurs n'était pas seulement la dignité la plus enviée, c'était encore une charge à laquelle nul ne pouvait se soustraire, quand les votes de ses collègues l'y appelaient. Il est plus facile de croire aux paroles que le même auteur met dans la bouche de Guiton, au moment de son installation : « Vous m'élevez à la première magistrature, aurait-il dit, en tirant un poignard de sa ceinture, j'accepte cet honneur ; mais à condition que, de la pointe de ce glaive, je percerai le cœur de quiconque osera faire entendre des paroles de paix et parler de soumission. Si je m'abaisse à cette lâcheté, que mon sang expie mon crime ; je consens que tout citoyen devienne mon meurtrier : l'amour de la patrie légitimera cet attentat. Cependant ce poignard restera sur la table du conseil, objet de terreur pour un lâche ou pour un perfide. » (2) Ce langage est digne de celui qui, un peu plus tard, répondait à un de ses amis, qui lui montrait une personne de leur connaissance, mourant d'inanition : « Vous étonnez-vous de cela ? il faudra bien que vous et moi en venions là, si nous ne sommes secourus, » et à un autre, qui lui parlait des nombreuses victimes que la famine fesait chaque jour : « pourveu qu'il en demeure un pour fermer la porte, c'est assez ! » de l'homme enfin qui disait : « Qu'il était prêt, si cela était nécessaire, à tirer au sort avec qui l'on voudrait pour sçavoir *lequel mangeroit l'autre.* » (*Reg. du corps de ville. — Mém. de Richelieu. — Mém. de Pontis. — Journal d'Arnauld d'Andilly.*)

(1) Colin devint peu après l'un des adversaires les plus passionnés de Guiton, qu'il maltraite fort dans ses Chroniques. (*V. 12 avril 1581.*)

(2) « Cette table est encore (en 1794) dans la chambre du conseil » lit-on dans une note écrite sur un exemplaire que je possède de l'histoire du père Arcère, sans qu'il y soit fait mention cependant de l'éclat de marbre enlevé par le coup de poignard. C'est celle que l'on a placée depuis dans la grande salle de l'Hôtel-de-Ville.

1776. — A cinq heures et quart du matin, secousse assez forte de tremblement de terre, dans la direction de l'Est à l'Ouest, accompagnée d'un bruit souterrain très-fort semblable à un coup de tonnerre. La mer en fut agitée et se troubla à l'instant. (*Perry*.)

MOIS DE MAI.

1ᵉʳ Mai.

1402. — Jehan de Bethencourt, gentilhomme normand, accompagné du chevalier Gadeffer de la Sable, chambellan de Charles VI, part de la Rochelle avec deux navires qu'il y avait armés, non pas, comme paraissent le croire Arcère et Massiou, pour aller découvrir les Canaries, que Robert de Braquemont avait déjà découvertes dix ans auparavant, mais pour en prendre possession, par suite de la cession qui lui en en avait été faite par ce dernier, en échange de quelques terres en Normandie. On ne doit pas s'étonner que l'intrépide navigateur fut venu à la Rochelle composer ses équipages. A cette époque reculée, antérieure de près d'un siècle à la découverte de l'Amérique, et où l'usage de la boussole était à peu près inconnu, les Rochelais passaient pour les marins les plus habiles et les plus audacieux. « *J'ay des actes*, écrivait Gaufreteau, par lesquels appert qu'en ce temps-là si les marchands de Bordeaux alloient à la Rochelle par mer, ou ceux de Saintonge en Bretagne, ceux de Bretagne, Picardie et Normandie en Angleterre, ils faisoient leur testament et entroient en une plus grande appréhension que si maintenant ils devoient faire les *courantes de Goa* ; au lieu que les Rochelois pour lors fendoient les mers, gourmandoient les orages et en despit de la colère des vents, voyageoient *au-delà du soleil*. » *(A. Barbot. — E. de Préville. — Gauf.* la Digue.)

1573 (*Siège de*) — Pour monstrer aux ennemys que ceste

ville ne s'estonnoit point, le *premier jour de may, qui est accoustumé estre employé en resjouissance et cérémonie de planter un May, comme on appelle*, il s'en plante un, dès la nuit, par les soldats avec toute marque d'allégresse, sçavoir de chamades et tambours, esclats de fifre, trompettes, salves et escopeteries d'arquebuzes. » (*A. Barbot.*) Cette bravade des assiégés faillit leur coûter cher, car peu s'en fallut que les royalistes n'en profitassent pour surprendre la ville.

2 Mai.

1628. — Mort de René de Talanzac, seigneur de Loudrières, la Sablière, la Bretonnière, &., gentilhomme ordinaire du Roi, et qui exerçait depuis plus de vingt ans, à la Rochelle, les fonctions de *gouverneur-sénéchal à la justice*. Comme malgré son titre, il avait dès le commencement du siège embrassé le parti des Rochelais, Louis XIII l'avait, au mois de septembre précédent, révoqué de sa charge pour *crime de lèze-majesté*, et avait nommé à sa place le duc d'Angoulême. Son corps fut ouvert et embaumé, nous apprend Mervault, et ses entrailles furent enterrées au cimetière de Sainte-Anne (1). Et il ajoute : « Tous les capitaines étrangers, dont il étoit général, portèrent de là en avant *le ruban noir en signe de deuil et par façon d'écharpe, ce qui fut une mode introduite par les Anglais*. (*Regist. des délib. du corps de ville.*) — V. *17 et 30 avril*.

1648. — Ce ne fut que vingt ans après la déclaration de Louis XIII, prescrivant la translation à la Rochelle de l'un des évêchés voisins, que, par une bulle d'Innocent X, du **2 mai 1648**, l'évêché de Maillezais, d'abord transféré à Fontenay-le-Comte, fut définitivement établi à la Rochelle, grâce, dit-on, à l'initiative prise dans le conseil de régence de Louis XIV par Saint-Vincent-de-Paul, pour l'adoption de cette mesure. A la circonscription de l'évêché de Maillezais, on ajouta l'Aunis avec l'Ile-de-Ré, détachés de l'évêché de Saintes, qui perdit quatre-vingt-douze paroisses à cette nouvelle organisation.

(1) Ce cimetière était près de la place et a été réuni depuis au jardin de l'hôpital Auffredy. On en distingue encore très-bien la porte dans la petite rue de l'Evêché.

Le nouveau diocèse de la Rochelle se trouva ainsi composé de trois cent trente-et-une paroisses (1) (en y comprenant les cinq de la ville), partagées en quatre *archiprêtres* ; ceux de la Rochelle, de Surgères (y compris Rochefort), de l'Ile-de-Ré et d'Ardin, et en quatre *doyennés* : ceux de Fontenay, Bressuire, St-Laurent et Vihiers. (*Jaillot. — Ms. de la bib. — B. Fillon.*)

1695. — Installation dans l'hôtel de Baillac (2), par l'intendant Bégon, du bureau des finances, établi en vertu de l'édit de Louis XIV, du mois d'avril 1694, qui créait à la Rochelle une nouvelle généralité, comprenant cinq élections : la Rochelle, Saintes, Marennes, Cognac et St-Jean-d'Angély (3), détachées des généralités de Poitiers, de Bordeaux et de Limoges, et formant un total de sept cent trente paroisses avec 360,000 âmes environ de population. Ce bureau des finances se composait primitivement de six *trésoriers de France*, dont le premier était président, d'un *procureur du Roi*, d'un *avocat du Roi*, de deux *greffiers*, d'un *receveur*, de deux *contrôleurs généraux* des domaines et bois, et de quelques fonctionnaires inférieurs. Il connaissait de toutes les affaires relatives aux finances et domaines du Roi, et avait l'inspection de ce qui concernait les ponts-et-chaussées et la grande et petite voirie. Le nombre des *présidents trésoriers généraux de France, grands voyers, Maires perpétuels de la Rochelle*, comme ils s'intitulaient, fut successivement porté à dix. (*Rapp. de M. Bégon. — Maudet. — Ms. intitulé* : Abrégé de l'hist. milit. *— Masse. — Armorial de la Rochelle, &.*)

(1) Ce démembrement privait l'évêque de Saintes d'environ 6,000 liv. de revenu, dont il fut indemnisé par des immeubles dépendant de l'évêché de Maillezais. Les revenus du nouvel évêque de la Rochelle, dit Masse, étaient de plus de 50,000 livres.

(2) En 1732, le bureau des finances fut transféré dans l'hôtel de Cheusses, loué par les trésoriers à dame Madeleine de Rambouillet de la Sablière. C'est l'hôtel qui appartient aujourd'hui à M. Potel, dans la rue Fleuriau. (*Bail.*)

(3) M. E. de Fréville, dans un travail publié par l'annuaire historique de 1840, dit que la généralité de la Rochelle se composait de six élections, et ajoute à celles ci-dessus l'élection de Barbezieux. Cette dernière aurait alors été annexée depuis, car le rapport de l'intendant Bégon, dans lequel j'ai puisé ces renseignements, parle de cinq élections seulement.

1780. — A 3 heures 20 minutes du matin, secousse assez forte de tremblement de terre, paraissant se diriger du sud-ouest au nord, avec bruit souterrain ressemblant à un coup de tonnerre. (*Perry.*)

3 Mai.

1695. — Par le même édit qui créait à la Rochelle un bureau des finances, Louis XIV avait rétabli une *Mairie* et un *corps de ville*, qui n'existaient plus depuis 1628 ; non pas, on le pense bien, la mairie élective et démocratique du temps des Jacques Henry et des Guiton, mais un office de Maire, coté à une somme énorme, et imposé aux trésoriers de France, qui devaient l'exercer tour à tour, et qui, pendant un an, se refusèrent à en payer le prix exorbitant : triste expédient financier inventé par le gouvernement royal, pour subvenir aux dépenses de guerres ruineuses. Encore moins était-il facile de reconnaître l'ancien corps de ville (*V. 27 mars*), qui avait porté si haut la prospérité et la grandeur de la Rochelle, dans les quatre échevins, le procureur du Roi, les douze assesseurs et les douze notables, qui devaient assister le Maire dans l'administration de la commune et de la police de la ville. M. Gabriel Froment, doyen des trésoriers, premier Maire de la nouvelle création, fut installé dans ses fonctions le *3 mai 1695*, par l'intendant Begon, en présence des membres du conseil municipal. Toutes les cloches de la ville sonnèrent aussitôt, à grandes volées ; un *Te Deum* fut chanté en action des grâces, et le maréchal d'Estrée, commandant de la province et accompagné de la noblesse du pays et des officiers de la garnison, fit ensuite reconnaître le nouveau Maire comme colonel des milices bourgeoises, qui étaient rangées en bataille sur la place du Château. Le soir, M. Froment, entouré de tous les membres du corps de ville, et précédé de trompettes, de tambours et de nombreuses torches, se rendit sur la place pour allumer le feu de joie, ce complément obligé des fêtes rochelaises. (*Maudet. — Jaillot.*)

1697. — Ouverture du premier chapitre tenu, à la Rochelle, par les religieux Augustins de la province de Saint-

Guillaume. Ils étaient au nombre d'environ 120. Le dimanche suivant, ils allèrent en procession à la Cathédrale et célébrèrent la canonisation de St-Jean de Sahagun. *(Jaillot. — Maudet.)*

1786. — Pose de la première pierre de l'arsenal dont les travaux furent dirigés par Choderlos de Laclos, l'ami et compagnon d'Orléans-Egalité, et auquel un immoral ouvrage, *les Liaisons dangereuses* (1), ont acquis une triste célébrité. Il épousa le même jour Mlle Duperré, sœur de l'amiral, et voulut consacrer ce double souvenir sur la plaque de cuivre, qui fut déposée dans les fondations de ce monument, et qui a été retrouvée en 1833 (2). Elle porte cette inscription :

L'AN 1786, LE 3 DE MAI,
MESSIRE PIERRE-AMBROISE, CHODERLOS DE LARCLOS,
ÉCUYER, CAPITAINE D'ARTILLERIE AU RÉGIMENT DE TOUL,
A ÉPOUSÉ
DEMOISELLE MARIE-SOULANGE DUPERRÉ,
QUI A POSÉ ELLE-MÊME CETTE PIERRE.
LE MÊME JOUR A VU S'ÉTABLIR
LE FONDEMENT DE CET ARSENAL
ET CELUI DE LEUR BONHEUR.

La ville avait acheté, pour cette construction, une partie des jardins des pères Récollets, et fournit plus tard, pour son achèvement, une contribution de 60,000 fr. Le matériel de la guerre était auparavant déposé dans plusieurs magasins loués à des particuliers et dont le principal, appelé l'*arsenal*, était sur la petite rive, vis-à-vis le bassin à flot. (*Aff. de la Rochelle. — Plans. — Dupont.*)

1811. — Décret qui établit à la Rochelle un *dépôt de mendicité* pour le département de la Charente-Inférieure, dans les

---

(1) On assure que la plupart des personnages de cet ouvrage sont Rochelais, sous des noms supposés : j'aime à croire que c'est une calomnie.

(2) Cette plaque a été replacée à l'endroit qu'elle occupait, dans le mur Est du bâtiment où se trouve la salle d'armes. (*Note communiquée par M. Th. Vivier.*)

bâtiments de l'ancien couvent des Dames-Blanches (1). Ils devaient être mis sans délai en état de recevoir 300 mendiants de l'un et l'autre sexe. Le devis des travaux d'appropriation s'élevait à 98,293 francs. (*Affiches de la Rochelle.*)

4 Mai.

1530. — C'est la date de l'acte que nos annalistes appellent l'*appointement* d'*Avranches*, c'est-à-dire la sentence rendue par Jehan de Langehac, évêque d'Avranches, commissaire nommé par la cour pour juger les longues contestations et apaiser les vives animosités, qui, depuis plusieurs années, divisaient les bourgeois et les magistrats de la commune et avaient jeté le trouble et causé les plus graves désordres dans la ville de la Rochelle. De nombreux abus d'autorité de la part du Maire et du corps de ville, des dépenses exagérées, qui avaient obligé de recourir à l'aliénation d'une partie des biens communaux et, ce qui était plus fâcheux encore, de vendre des charges ou offices municipaux, qui n'eussent dû être donnés qu'à l'élection, avaient été l'objet de justes réclamations de la part des bourgeois; mais ceux-ci ne s'étaient pas bornés à des plaintes : excités par deux tribuns populaires, nommés Corru et Testard, ils avaient, malgré les défenses de l'autorité, formé des assemblées, nommé des syndics et parcouru les rues, les armes à la main, en criant : *exemption ! liberté !* Le Maire, ayant voulu mettre un terme à ces désordres, avait vu son autorité méconnue, sa personne injuriée et même mise en danger.

L'évêque d'Avranches, après une longue enquête, fit droit aux justes griefs des bourgeois, annula les aliénations irrégulièrement faites par le corps de ville, consacra le droit des bourgeois de *pouvoir seuls ouvrir boutique dans la ville et de n'y laisser vendre que le vin provenant de leur crû et par eux seuls.* Mais en même temps il cassa les syndics qu'ils avaient nommés, enjoignit à tous d'obtempérer respectueusement à l'avenir aux ordres et ordonnances du Maire et du corps de ville, et leur fit

(1) Il était situé dans la rue des Trois-Marteaux ; ses dépendances servent aujourd'hui à l'établissement de la maternité et au cours public d'accouchement.

défense de ne plus tenir aucune réunion sans l'autorisation de leurs magistrats. Le calme et la concorde ne pouvaient subitement renaître après d'aussi longs orages. Le baron de Jarnac, gouverneur de la Rochelle, profita de cette agitation des esprits pour persuader à la cour que le seul remède, qui put rendre le repos à la commune, était de casser la mairie élective et le corps de ville, et il se fit, comme nous l'avons vu, nommer *Maire perpétuel* de la Rochelle. (*V. 27 mai et 1er avril.*) — *Am. Barb.* — *Appoint. d'Avranches.*)

1620. — « Fust publié, en l'audience de la cour présidiale, un édict du Roy portant défense de porter *habits de argent, clinquans, passemens de Milan, broderies et aultrement.* » (*Guillaudeau.*)

5 Mai.

1578 (*Siège de*). — « Les assiégés mirent un navire entre les deux tours de la chaîne et force pièces de canon dedans, pour se garder de surprise et empescher que les galères ne vinssent gagner le passage et par ce moyen prendre la ville. » (*Mervault.*) Cette sorte de fort mobile est désignée dans les relations du siège sous le nom de *la Ratonnière*.

1625. — Nous avons vu qu'en 1614 les *syndics des bourgeois* et le *conseil des quarante-huit* avaient été établis pour s'opposer aux abus d'autorité du corps de ville et défendre les intérêts populaires contre l'arbitraire de l'aristocratie municipale (*V. 29 mars*); mais trop souvent les pouvoirs démocratiques deviennent plus tyranniques que ceux mêmes dont ils avaient mission de tempérer la puissance. Voilà à quel point, après dix ans, en étaient arrivés les représentants des bourgeois Rochelais : les deux frères Rohan et Soubise avaient fomenté une nouvelle insurrection huguenote, au moment même où Richelieu, reprenant la politique d'Henri IV, s'était allié aux princes protestants contre la maison d'Autriche, et venait de reconquérir la Valteline, en battant les soldats du Pape. Quels que fussent d'ailleurs les justes griefs des protestants français, le moment était donc mal choisi et l'entreprise au moins très hasardeuse. Le corps de ville, tout en gardant les plus grands ménagements envers Soubise (qui avait préparé à l'île de Ré un armement pour s'emparer du port de Blavet), et en fesant même pour lui sans doute des vœux secrets, craignait d'embrasser ouvertement son parti et hésitait devant la pensée de se jeter dans une nouvelle guerre, dont le succès semblait très-douteux. Le peuple rochelais au contraire, très-favorable à Soubise, voulait qu'on se déclarât immédiatement pour lui et avait déjà plusieurs fois, par des députés, pressé les magistrats de le faire. Le 5 mai, dit l'échevin Guillaudeau, les procureurs des bourgeois et un certain nombre de délégués des quarante-huit étant venus au conseil, assemblé à l'Hôtel-de-Ville, le plus fougueux d'entr'eux, Mocquay, « fit lecture d'un escript portant une résolution de ladite compagnie des quarante-huit, contenant, après un discours présupposant des choses du tout fausses, que tous ceux du corps de ville seroient contrainctz à consentir à faire l'union et jonction avec M. de Soubise et qu'à *faulte de ce faire, iiz seroient déclarez déserteurs du bien publicq ; eulz, leurs familles et adhérents mis et chassez hors ladite ville.* » Le corps de ville somma Mocquay de lui remettre la copie de cette décision, mais il s'y refusa. « Sur quoy, ajoute notre annaliste, il pourra estre remarqué de quelle façon et violence lesdits du corps de ville sont forcés et contraintz aux volontés et résolutions desdits bourgeois et que les advis du corps de ville ne sont libres ni asseurés. » Le parti populaire l'emporta ; la guerre, qui dura près d'un an, ne fut pas favorable aux Rochelais, et nous savons que l'une des conditions qui leur furent imposées, par la paix de 1626, fut la suppression des syndics et du conseil des quarante-huit. (*V. 8 mars.*)

6 Mai.

1791. — Fermeture, en vertu des décrets de l'assemblée nationale, de l'église et du couvent des Augustins (*Perry.*) Le père Lubin prétend que les pères Augustins, de la province d'Aquitaine, s'établirent d'abord, et dès l'année 1205, dans la paroisse de Saint-Nicolas, dans un lieu appelé la *Moulinette* (1).

(1) Dans ma première Lettre rochelaise j'ai dit les motifs qui me portaient à penser que cette date était trop reculée. On y trouvera aussi plus de détails sur l'ancien couvent des Augustins.

Au commencement du XIVe siècle, ils transférèrent leur monastère au centre de la ville, dans la rue appelée jadis de la *Taupinerie*, et qui prit dès lors le nom des *Augustins* ou de Saint-Yon, leur patron. Il s'étendeit de la rue de la *Grande-Pelleterie* (aujourd'hui de *Dupaty*) jusqu'à la rue de *Baillac* (actuellement des *Augustins*). Il subit le sort de tous les établissements religieux de la Rochelle, lors des troubles de 1568. (*V. 10 février.*) Nous avons vu qu'une partie seulement en fut conservée et servit de temple protestant, de bibliothèque et de premier tribunal consulaire. (*V. 19 janvier et 7 février.*) En 1630, les Augustins de la réforme de Bourges rentrèrent en possession de ce qui restait des anciens domaines des Augustins de la Rochelle. La nouvelle église qu'ils construisirent, sous l'invocation de St-Thomas de Villeneuve, ne fut achevée qu'en 1660 : elle appartient aujourd'hui, ainsi que le couvent, aux Dames de Chavagnes.

7 Mai.

1600. — Ordonnance du corps de ville, qui défend à tous hôteliers et cabaretiers de donner à boire, le dimanche et autres jours de fête, pendant le prêche et autres exercices religieux ; et aux chefs de famille, de permettre à leurs enfans ou gens de leur maison de jouer pendant le même temps sur les places ou dans les rues. (*Statuts du corps de ville.*) Ce n'était que le renouvellement de réglements plus anciens ; car sur un registre de la *cour de la Mairie*, des années 1569 et suiv., on trouve de nombreuses condamnations contre des aubergistes ou taverniers, pour avoir donné à boire ou à manger ou laissé jouer pendant le prêche ou entre les deux prêches, ou seulement pour avoir ouvert leur boutique un jour de dimanche.

1776. — Départ de la première voiture d'un service de diligences allant à Paris. On partait de la Rochelle le mardi de chaque semaine, à quatre heures du matin, et l'on arrivait à Paris le samedi suivant. En 1803, la voiture des *Messageries nationales* mettait encore cinq jours pour faire le même trajet ; mais il y avait alors trois départs par semaine. Le prix des places était : dans l'intérieur, de 93 francs 75 cent. et dans le cabriolet, de 75 francs. (*Affiches de la Rochelle.*)

8 Mai.

1360. — Date de la signature du funeste et honteux traité de Brétigny, qui, pour racheter la liberté du roi Jean, rendait et au-delà, à Edouard d'Angleterre, son heureux vainqueur, l'antique et riche héritage d'Aliénor d'Aquitaine, libre même de tout lien de vassalité envers la couronne de France. Après avoir été française pendant près d'un siècle et demi et avoir donné à sa nouvelle patrie non moins de preuves de dévouement qu'à son ancienne duchesse et à ses fils, la Rochelle frémit de douleur à la pensée de redevenir anglaise. « Ceux de la Rochelle ne s'y voulurent accorder, dit Froissard, et s'en excusèrent par trop de fois et furent plus d'un an qu'oncques ne voulurent laisser entrer Anglois dans leur ville, et se pourroit-on esmerveiller des doulces et aimables paroles qu'ils escrivoient au Roy de France, en le suppliant pour Dieu qu'il ne les voulsist mie quitter de leur foy, n'eux esloigner de son domaine et mettre es mains des estrangiers et qu'ils avoient plus chier à estre taillés tous les ans de la moitié de leur chevance que ce qu'ils fussent ès mains des Anglois. Le Roy de France qui voyoit leur bonne voulenté et loyaulté et oyait leurs excusations, avoit grand'pitié d'eulx ; mais il leur mandoit et escrivoit affectueusement qu'il leur convenoit obéir (*qu'il était convenable qu'ils obéissent*) ou aultrement la paix seroit enfreincte et brisée ; laquelle (infraction) seroit en trop grand préjudice au royaulme de France. Si que (si bien que) quand ceulx de la Rochelle virent ce, et qu'excusances de paroles et prières qu'ils fissent ne leur valoient rien, ils obéirent, mais ce fust à trop grand'dureté, et dirent bien les notables gens de la ville : nous aourerons (honorerons) les Anglois des lèvres, mais les cœurs ne s'en mouveront pas. » Nous verrons plus tard que les deux souverains récompensèrent à l'envi leur soumission par les plus grands avantages et les plus beaux privilèges.

1585. — Il est souvent fait mention dans nos annales, sous les noms de *peste* ou de *contagion*, d'affreuses maladies contagieuses, dont la nature et les caractères ne sont pas déterminés, mais qui causaient d'épouvantables ravages et fesaient bien plus que décimer la population. Arcère ne parle pas de la terrible épidémie qui affligea la Rochelle en 1585. Sans donner aucun détail, Baudouin nous apprend que « le *mal contagieux* continuant de plus en plus » le corps de ville fit, à la date du *8 mai*, l'ordonnance dont le texte nous a été conservé dans les statuts de la commune, sous ce titre : *Réglement pour la contagion.* Après avoir prescrit de nombreuses précautions de propreté urbaine, il défend aux bouchers de ne plus *buffer* (souffler) la viande ; il interdit « à toutes personnes malades et à tous ceux qui les traitent d'aller quérir de l'eau aux fontaines ni autrement que premièrement le couvre-feu ne soit sonné, ni par la ville, *sans porter une verge blanche en la main, de deux pieds de long*, pour estre remarquez et ne se mesler, en façon que ce soit, parmy les autres, à peine d'être mis hors la ville et d'amende arbitraire. » Dès que la contagion se manifestait, dans une maison, les portes en devaient être aussitôt fermées et, sur l'avis que les voisins étaient tenus d'en donner au Maire, celui-ci fesait marquer la maison d'une croix blanche. Le domaine de Mireuil (1), qui appartenait à l'hôpital Saint-Barthélémy, était affecté au traitement des pauvres, frappés par le fléau. Les deux hommes désignés pour marquer les maisons et ensevelir les morts étaient en outre chargés de conduire les indigents *au lieu de la santé*, comme l'appelle Merlin. On leur avait affecté pour costume distinctif « un bonnet rouge et une casaque bleue, avec une barre blanche, et une verge blanche en la main de la longueur cy-dessus. » Six autres individus devaient porter les morts aux cimetières et creuser leur fosse, si le fossoyeur ordinaire s'y refusait, &. (*Baudouin. — Statuts du corps de ville.*)

9 Mai.

1600. — Le fameux édit de Nantes avait été un immense bienfait pour les protestants en général ; mais dans les quelques villes où, comme à la Rochelle, ils régnaient en souverains maîtres, n'admettant même pas l'exercice du culte catholique,

(1) Il s'appelait jadis *Montmirail, mons mirabilis ;* situé naguère dans la commune de Saint-Maurice, il fait aujourd'hui partie de celle de Laleu. (*Titres de l'hôp. St-Barth.*)

ils n'avaient accepté l'édit qu'avec d'assez grandes difficultés et chaque jour des contestations nouvelles surgissaient en cette ville entre eux et les catholiques. Le culte extérieur était surtout l'objet de fréquents conflits. Le conseil d'Etat fut obligé d'intervenir et de rendre, à cette date, une ordonnance qui autorisait les processions consacrées par l'église, mais en restreignant leur parcours de l'église Ste-Marguerite, (la seule qui restât debout et servit aux exercices des catholiques), jusques aux ruines de l'église St-Barthelémy ; elle permettait de porter le viatique aux malades, « en telle sorte toutefois qu'il n'arrivât aucun scandale » ; elle accordait aux prêtres la faculté d'aller par la ville avec leurs robes, aux religieux de sortir avec les habits de leur ordre, à tous ecclésiastiques de porter des consolations aux malades catholiques de l'hôpital et de leur administrer les sacrements, à tous les catholiques enfin « de faire, à leurs despens, instituer et instruire leurs enfants par précepteurs et régens catholiques... » Les opprimés d'autrefois étaient devenus les oppresseurs, dès qu'ils s'étaient sentis les plus forts : c'est la tendance irrésistible des partis de tous les temps. Si l'on en croit les déclarations faites deux ans auparavant par le corps de ville aux commissaires royaux, les catholiques ne formaient pas alors la vingtième partie de la population de la Rochelle. (*Ms. de la bibl.*, n°s 2060-289.)

1746. — Naissance de Charles-Marguerite-Jean-Baptiste, fils de messire Charles-Jean-Baptiste *Mercier-Dupaty*, président-trésorier de France au bureau de la Rochelle, et de Louise-Elisabeth Carré (1). (*Reg. de St-Barth.*) Avocat général au parlement de Bordeaux, avant l'âge de vingt-deux ans, puis président à mortier, Dupaty n'est guères connu du plus grand nombre que par ses *Lettres sur l'Italie*, un des livres qui ont

---

(1) La famille Dupaty habitait la maison actuellement possédée par M. J. Jourdan et dont l'entrée principale était dans la rue Chef-de-Ville, avec une sortie dans la rue de l'Escale. Cette maison a été depuis divisée en deux ; la rampe de l'escalier de l'une d'elles porte encore le chiffre M. D. et dans les plafonds sont figurés les emblêmes des arts et les attributs de la justice. Il eut donc été plus naturel de donner le nom de notre célèbre Rochelais soit à la rue de Chef-de-Ville, soit à celle de l'Escale, plutôt qu'à l'ancienne rue des Maîtresses, qui ne rappelle aucun souvenir de la famille Dupaty.

été réimprimés le plus de fois. Ses poésies et ses quelques autres productions littéraires sont à peu près oubliées. Ce que l'on ignore généralement et ce qui le recommande à l'admiration de tous, c'est la droiture et l'élévation de son esprit ; son amour pour le beau et le bien ; la noblesse et la fermeté de son caractère, que ne purent ébranler ni faire fléchir les persécutions, ni les prisons d'Etat ; les immenses services qu'il rendit à la cause de l'humanité et de la justice, en flagellant avec autant de force que d'éloquence les iniquités et la barbarie de nos anciennes lois criminelles, dont il prépara la réforme ; ce dévouement d'un grand cœur, qui lui fit prendre spontanément la défense de trois malheureux, qu'il ne connaissait même pas, condamnés par le parlement au supplice de la roue, après avoir été traînés pendant près de trois ans de juridiction en juridiction, et dont il eût le bonheur de faire enfin proclamer l'innocence par le parlement de Rouen.

Voici quelques fragments d'une lettre écrite à M. Garesché, par le greffier du parlement, encore sous l'impression de son entraînante parole : « .... C'est plus qu'un homme, M. Dupaty, et vous pouvez vous glorifier d'avoir l'*homme unique*. Pour moi, je mourrai sans voir son pareil : les termes me manquent pour le peindre aussi grand qu'il est. J'ai été trente ans greffier au parlement et je n'ai jamais vu un concours aussi prodigieux. Sa plaidoirie a duré sept heures. Il a tiré des larmes d'attendrissement de tous ceux qui l'ont entendu, avocats, procureurs, ses juges mêmes. Il a eu des applaudissements universels. Il étoit hier à la comédie, en entrant et en sortant il en a été de même. Aussitôt l'arrêt prononcé, il a descendu lui-même, avec le greffier, annoncer aux trois infortunés leur absolution. Ils se sont jetés à ses pieds, il les a relevés et les a embrassés cinq ou six fois, les a emmenés avec lui dans son hôtel, et a été avec eux chez tous les juges... Et ce sont trois pauvres gens pour lesquels il a pris tant de peine ! » (1) Il mourut l'année suivante, le 17 septembre 1788. (*V. la notice*

---

(1) Il y consacra plus de deux années de lutte et d'efforts et publia deux gros volumes in-4º de mémoires, dont le premier mérita, par sa courageuse franchise, d'être brûlé par la main du bourreau, sur le réquisitoire de l'avocat général Séguier.

biograp. publiée par M. Delayant, dans le recueil de l'Académie de la Rochelle.)

1791. — Le couvent des pères Capucins fut fermé, et vendu, au mois de juillet suivant, au sieur Touas, ancien receveur des tailles, qui y établit une *manufacture de tabac. (Perry.)* — V. *4 janvier.*

10 Mai.

1552. — Le gouvernement d'Henri II, voulant contrebalancer par des preuves d'orthodoxie l'effet de sa querelle avec le Pape et de son alliance avec les Musulmans et aussi de celle qu'il méditait avec les hérétiques d'Allemagne, avait redoublé ses rigueurs contre les calvinistes de France, et attribué aux *juges présidiaux*, qu'il venait d'instituer, la connaissance du crime d'hérésie, quand il y aurait scandale public et transgression des ordonnances. Le présidial de la Rochelle inaugura son établissement par les plus barbares exécutions pour cause de religion. Le *10 mai 1552*, il rendit contre les nommés Mathias Couraud, dit Gaston des Champs, Pierre Constantin, dit Castut, et Lucas Manseau, un jugement par lequel, déclarant les deux premiers « suffisamment atteints et convaincus d'estre
» séditieux, chismatiques et perturbateurs de la religion chres-
» tienne et du repos publicq, ayant souvent dit et proféré plu-
» sieurs propositions en publicq et icelles disputées contre les
» saincts sacrements de pénitence et confession, contre l'hon-
» neur de la très sacrée et glorieuse vierge Marie, des saincts
» et sainctes, contre l'authorité et dignité de nostre mère
» saincte Eglise et de ses ministres; outre led. Couraud, d'avoir
» dogmatisé et fait lecture, entre le commun populaire, contre
» tout ce que dessus, et persévéré en nostre présence, esd.
» erreurs d'hérésie; et led. Manseau, d'avoir pareillement
» souvent, et oys et en publicq, parlé desdaigneusement et
» irrévérentement de lad. très sacrée et glorieuse vierge Marie,
» saincts et sainctes, contre les constitutions ecclésiastiques et
» solemnisations des festes commandées par nostre d. mère
» saincte Eglise et contre le libéral arbitre... » il les condamna tous trois « à faire amande honorable, en chemise, teste et
» pieds nudz, la corde au col, tenant chascun d'eux un flam-

» beau de cire ardant du poidz d'une livre, et led. Manseau un
» fagot de bois sur le dos ; le tout sur un chaffaud, qui pour
» cet effect sera droissé devant la grande et principale porte
» de Notre-Dame de Cougnes, jusques auquel chaffaud lesd.
» Couraud et Constantin seront trainez despuis les prisons du
» Roy sur une clie *(claie)*, en chemise, et piedz et teste nudz,
» la corde au col ; et led. Manseau les suivra à pied, aussy en
» chemise, la corde au col et un fagot sur le dos. Sur lequel
» chaffaud ils demeureront de genouil pendant et durant une
» grand'messe, qui sera célébrée en lad. églize ; laquelle dicte,
» lesd. Couraud, Constantin et Manseau requerront, à haulte
» voix par leur bouche, pardon à Dieu, à la benoiste et sacrée
» vierge Marie, saincts et sainctes, au Roy et à justice, des
» propositions erronées, hérétiques et blasphesmes par eux
» proférées et maintenues respectivement contre l'honneur de
» Dieu, ses saincts sacrements, les saincts et sainctes et contre
» les constitutions de l'Eglise, confessans par ce moyen avoir
» perturbé le repos publicq des fidèles ; et exortant révérend
» Père en Dieu, M. l'évesque de Xaintes, d'assigner les pro-
» cessions générales du clergé de ceste ville pour assister à
» lad. grand'messe et faire faire une prédication selon l'exigence
» du cas. Et après lad. amande honorable faicte, condamne
» led. Couraud à *avoir la langue coupée*... et ce fait, estre tous
» trois ramenez en la place du chasteau pour led. Couraud
» *estre bruslé tout vif* en un grand feu, qui pour ce sera faict
» en lad. place, et led. Constantin *estre estranglé* et ce fait,
» *bruslé* en un autre feu en lad. place ; et led. Manseau assis-
» ter esd. deux exécutions... sur une autre chaffaud, et lad.
» exécution faicte, estre *fustigé de verges* par l'exécuteur de la
» justice autour des deux feux, *jusques à grande confusion de*
» *sang*, et banny à perpétuité de ceste ville et gouvernement...»
Le président qui avait prononcé cette horrible sentence, Claude
d'Angliers, seigneur de la Sausaie, fut si frappé de l'héroïque
résignation avec laquelle les patients endurèrent ces affreux
raffinements de cruauté, qu'il embrassa lui-même le calvinisme ; et « les cendres des martyrs, dit le ministre Vincent,
fut la semence d'un grand peuple qui, peu d'années après, s'y
rangea à la religion. » (*H. Martin. — Isambert. — Regist. du*
présidial. — Ph. Vincent.)

1622. — Date du fameux réglement de l'Assemblée générale des protestants réunie à la Rochelle, que les catholiques appelèrent *les lois fondamentales de la république des prétendus réformés*. Louis XIII, avant de marcher en personne contre les protestants soulevés, avait lancé une déclaration de lèze majesté contre l'assemblée et ses adhérents. L'assemblée y répondit par un manifeste qui justifiait la guerre et par un réglement qui l'organisait. Les *cercles*, ou grandes divisions provinciales établies depuis 1611, à l'instigation de Rohan, pour les affaires religieuses et politiques du parti, transformés en huit gouvernements militaires, furent confiés au duc de Bouillon, premier maréchal de France, au duc de Soubise, au duc de la Trémouille, au seigneur de la Force, et à son fils aîné, le marquis de la Force, au duc de Rohan, à Châtillon et au duc de Lesdiguières. « Le païs d'Aunix et la Rochelle firent comme un cercle particulier : en considération des anciens privilèges de ses habitans, leur Maire conserva toujours le gouvernement de la ville et du païs d'Aunix, sans reconnaître aucun autre officier. » *(Levassor.)* Le commandement général des armées fut attribué au duc de Bouillon, qui refusa en alléguant son âge et ses infirmités. De nombreux articles réglaient ensuite l'organisation des assemblées générales et provinciales, leurs attributions ainsi que celles des chefs de cercle, le système financier du parti, la discipline des troupes, &. Rohan et Soubise acceptèrent seuls le périlleux honneur qui leur était déféré par l'assemblée, les autres refusèrent ; l'ambitieux Lesdiguières fit plus : il accepta de conduire l'armée du Roi contre ses coréligionnaires. *(Proc.-verb. de l'assemblée. — Levassor. — H. Martin.)* — *V. 22-23 février et 11-12 avril.)*

1791. — Fermeture du couvent des Récollets ; il fut vendu, au mois de juillet suivant, au sieur Chamois, négociant. *(Perry.)* Leur église fut achetée ensuite par les protestants, auxquels elle sert aujourd'hui de temple.

11 Mai.

1622. — Après la victoire remportée sur les troupes de Soubise à Rié *(V. 14 et 16 avril)*, Louis XIII marcha contre

Royan, « qui estoit une porte de derrière pour les rebelles de la Rochelle, par laquelle ils s'alloient pourmenans dans les plaines de Xaintonge et rendoient presque du tout inutile le fort de Blaye, et de là mesme, au moyen de l'isle d'Argenton, qu'ils ont surprise à l'embouchure de la Garonne dans l'Océan, couroient jusques aux portes de Bordeaux, surprirent Soulac et ravageoient le païs de Médoc. » Royan était défendu par le béarnais de Loubie. D'Epernon avait reçu l'ordre d'investir la place avant l'arrivée du Roi. En vain les Rochelais y envoyèrent plusieurs fois des secours, les assiégés, manquant de poudre, se rendirent à Louis XIII, le *11 mai*, le jour même où le corps de ville autorisait une nouvelle levée de 250 hommes pour aller renforcer la garnison. (*Proc.-verb. de l'assemblée.— Brochure du temps.*)

1628. *(Siège de).* — Arrivée de la flotte de secours d'Angleterre, commandée par le comte d'Embigh, beau-frère de Buckingham, et composée d'une vingtaine de vaisseaux de guerre, de six ou huit ramberges, d'une trentaine de barques chargées de vivres et de plusieurs brûlots. Les plus forts de ces navires ne dépassaient pas 1,000 ou 1,200 tonneaux. Ces forces étaient loin de répondre aux espérances qu'avaient fait concevoir les promesses du roi d'Angleterre et la longueur des préparatifs, non plus qu'aux obstacles qu'elles étaient destinées à surmonter. Aussitôt le maire Guiton réunit tout ce qu'il put de matelots, de navires et de brûlots ; il renforça les batteries des forts de Tasdon et du Gabut et de la tenaille des Deux-Moulins, et fit tout ce qui était en son pouvoir pour seconder par tous les moyens les efforts de la flotte alliée. Mais soit que, trompé par les rapports des Rochelais, comme le dit Richelieu, Dembigh eût trouvé la digue beaucoup plus avancée qu'il ne l'avait cru et formant, avec les estacades flottantes, une barrière presque insurmontable, défendue qu'elle était par de nombreux vaisseaux et par les puissantes batteries de Chef-de-Bois et de Coureilles, soit qu'il redoutât réellement, comme il l'allégua, l'arrivée d'une flotte Espagnole venant fortifier l'armée royale, soit enfin qu'il craignit de voir échouer ses plus gros navires dans les eaux peu profondes du canal, toujours est-il qu'il ne tenta aucun effort sérieux et que malgré les supplications des députés Rochelais, Bragneau et Gobert, qui l'accompagnaient, il mit à la voile huit jours après son arrivée, sans qu'il y eût eu aucun combat, sans' même avoir essayé de faire entrer quelques navires de ravitaillement à la Rochelle. En le voyant appareiller, les Rochelais crurent un instant qu'il s'était enfin décidé à attaquer la flotte royale; « en signe de joie, ils arborèrent quantité de drapeaux et tirèrent force canonnades; » mais ces illusions firent place au désespoir, quand ils virent la flotte disparaître par le pertuis d'Antioche. *(Mém. de Richelieu. — Mervault, &.)*

12 Mai.

1565. — Depuis qu'en 1561 les protestants Rochelais avaient pu exercer publiquement leur religion *(V. 6 avril)*, ils avaient dû, selon les alternatives favorables ou contraires de la mobile politique de l'astucieuse Catherine de Médicis, transporter leur chaire de la salle Saint-Michel dans les églises de Saint-Barthelémy et de Saint-Sauveur, puis de ces églises, dont ils avaient partagé l'usage avec les catholiques (1), dans *la prée de Maubec* (2), quand l'édit de janvier 1562 leur avait interdit l'exercice de leur culte dans l'enceinte des villes. Ils n'avaient pas tardé à rentrer dans la salle Saint-Michel et, leur nombre augmentant chaque jour, ils avaient transformé en temple une grande salle de la maison de l'échevin Gargouillaud et obtenu de nouveau de la faveur du gouverneur de Jarnac, qui avait

(1) Par accord fait entre les prestres et les pasteurs, lorsque les uns sortoient les autres y entroient. Ce que de Bèze remarque avoir esté pratiqué, lors en la plus part de la Xaintonge, avec grande paix et sans qu'ils se médissent ni méfissent les uns aux autres. Icy notamment ils furent en si bonne union que le consistoire ayant fait prier au mois d'octobre les prestres de Saint-Saulveur de haster leurs services et de commencer un peu devant le jour, veu que les jours estoient courts, ceux-ci y consentirent à la condition qu'on leur paierait la chandelle et le luminaire. *(Ph. Vincent.)*

(2) Elle était située en dehors des murailles et du grand fossé qui, partant du canal Maubec, au pied de la tour de Moureilles, passaient derrière les rues Saint-Michel et des Merciers, fesaient un coude vers le carrefour des Trois-Fuseaux et allaient rejoindre la tour de l'Echelle-Chauvin, à l'extrémité de la petite rue de ce nom. *(V. le plan de la Rochelle, qui accompagne l'ouvrage de Cauriana.)*

embrassé la religion réformée, la jouissance des églises de Saint-Barthelémy et de Saint-Sauveur. Chassés une seconde fois de l'enceinte des murs, ils retournèrent aux salles de St-Michel et Gargouillaud, où fut célébrée la cène le *dimanche, 12 mai 1565*. Mais ils y revinrent cette fois le cœur ulcéré, plein d'irritation, et les quatre ministres Richer, Magnen, de Nort et de la Vallée, contribuèrent encore à exalter les esprits par la violence de leurs déclamations, faisant le plus affreux tableau des cruels traitements exercés partout contre leurs coreligionnaires, montrant la faveur toujours croissante du nouvel ordre des jésuites, institué pour leur ruine, présentant le voyage du Roi à Bayonne et son entrevue avec sa sœur, la Reine d'Espagne, comme n'ayant d'autre but que de se concerter pour l'extirpation en France de la religion protestante et la consécration des funestes décrets du fameux concile de Trente. Excité par ces prédications, le peuple déjà profondément blessé par l'interdiction de chanter les psaumes en dehors des temples, par l'obligation de contribuer à l'entretien des édifices religieux des catholiques, de chômer les nombreuses fêtes de l'église romaine, de tendre les maisons sur le passage des processions, &., se répandait ouvertement en propos séditieux et en violentes invectives contre le Roi, la Reine et le conseil : tout semblait annoncer une sédition prochaine. Informés de cet état de choses, Charles IX et Catherine de Médicis résolurent de changer leur itinéraire et de passer par la Rochelle, pour tâcher d'étouffer ces germes de soulèvement. *(A. Barbot. — Ph. Vincent. — Baudouin.)* — V. *14 septembre*.

1713. — Mariage, à l'église Saint-Barthelémy, de messire Claude de Beauharnois, chevalier de Beaumont, capitaine des frégates du Roi au département de Rochefort, natif de la terre de la Chaussaie (?) en Orléanois, fils de feu messire François de Beauharnois, chevalier seigneur de Boisache de la Chaussaie, Beaumont et autres lieux, et de demoiselle Marguerite-Françoise Pivart, avec demoiselle Renée Ardouineau, demeurant à la Rochelle, née au château de Loir, fille de feu Pierre Ardouineau, écuyer, seigneur de Laudianière, de la Pivottière et autres lieux, conseiller du Roi, receveur-général des domaines et bois de la généralité de la Rochelle, et de dame

Renée Pays ; en présence de François de Beauharnois, chevalier et baron de Beauville, intendant de justice, police, finances et marine dans les provinces d'Aunis et Saintonge ; de messires Charles et Guillaume de Beauharnois, frères de l'époux ; de messire Pierre Ardouineau, frère de l'épouse, et de Louis Pays de Bourjoly, oncle maternel de l'épouse. *(Reg. de Saint-Barth.)* — V. *8 février*.

13 Mai.

1577. — Nous avons vu qu'au commencement de cette année, les Rochelais, non sans quelque hésitation, avaient embrassé le parti de Condé, dont le caractère altier et absolu s'accommodait assez mal à leur fierté bourgeoise et à leur esprit d'indépendance. *(V. 23 janvier.)* (1) Le duc de Mayenne n'avait pas tardé à envahir la Saintonge, avec les troupes royales, à s'emparer de Charente et bientôt après de Marans, que la lâcheté de la garnison avait obligé la Popelinière à abandonner. Colin dit même que, le 10 mai, il s'était avancé jusqu'à Lagord et après avoir canonné la maison seigneuriale du *Treuil-aux-Filles* (2), s'en était emparé. On avait appris à la Rochelle qu'il se préparait en même temps à Bordeaux un armement important, destiné sans doute à infester ces côtes et peut être à bloquer la ville. En conséquence, dès le 1er mai, une assemblée générale des habitants avait résolu de former

(1) Le Maire Gendrault, passant devant lui la revue des milices rochelaises, lui avait déclaré que lui seul, comme chef de la commune, avait le droit de les commander. « Eh bien, lui avait répondu le prince, je veux être bourgeois de la Rochelle, pour marcher à leur tête. » *(La Popelinière.)* Comme le même magistrat combattait l'élection à la mairie de Gargouillaud, que Condé voulait y faire nommer, celui-ci l'apostropha publiquement en ces termes : « La passion de commander est devenue à la Rochelle une manie générale ; vous voulez donc faire les souverains dans votre ville, marcher à côté des rois et donner la loi aux princes ? Ne vous attendez pas à me voir au milieu de vous travailler en sous ordre.... *que pleust à Dieu, M. le Maire, le parti et moi se peusse passer de ceste ville, je vous eusse fait paroistre, il y a jà longtemps, le peu de plaisir que je prends de séjourner parmi vous.* » *(La Popelinière.)*

(2) Ce domaine, situé à l'extrémité Sud-Ouest du bourg de Lagord, appartient actuellement à M. Bruneteau.

une armée navale et voté les fonds nécessaires. *Le 13 mai*, parut en effet dans le pertuis d'Antioche la flotte royaliste, commandée par Guy de Saint-Gelais, seigneur de Lansac, et composée de douze vaisseaux, quatre pataches et deux galères. Quoique les Rochelais n'eussent encore que six navires prêts, ils coururent aussitôt avec une noble ardeur au-devant de l'ennemi pour faire diversion et empêcher une descente. Le lendemain, une quinzaine de navires rochelais, bien armés et montés par seize cents soldats d'élite et cent gentilshommes, se déployaient dans la rade de Chef-de-Bois. En vain de Lansac fit sommer la garnison du fort St-Martin de se rendre; renforcée par deux compagnies envoyées de la Rochelle, elle répondit à ses sommations par de nombreuses décharges d'artillerie. De Lansac, qui ne s'attendait pas à trouver les Rochelais si bien préparés à le recevoir, jugea prudent de se retirer et gagna la Gironde, poursuivi mollement par Clermont d'Amboise, que Condé avait nommé amiral de la flotte rochelaise, en remplacement du capitaine Houe, élu par les Rochelais. Clermont d'Amboise fut accusé de ne pas avoir su profiter de ses avantages et d'avoir contenu plutôt qu'utilisé la courageuse intrépidité de ceux qu'il commandait. *(Baudouin.— la Popelin. — d'Aubigné. — de Thou. — Bruneau.)*

14 Mai.

1559. — Lettres patentes d'Henri II, confirmatives d'une précédente ordonnance du corps de ville, qui avait établi que nul ne pourrait être pair ni échevin, *par résignation* du titulaire, s'il n'était né et domicilié à la Rochelle. *(Aug. Gallant.)* Ce qui prouve que l'un des graves abus dont les bourgeois demandaient la réformation en 1613 *(V. 11 janv.)* était déjà bien ancien.

1565. — Date de l'acquisition faite par la commune d'une grande portion du couvent des Cordeliers, pour y établir un collége, en remplacement du bâtiment des *grandes écoles*. *(V. 6 février.)* Dès 1561, les moines et religieux « commençant, dit A. Barbot, à estre pris en haine et tournés en dérision avoient, partie par desplaisir, partie par crainte, abandonné leurs couvents. » Charles IX avait, en conséquence, au mois de février 1562, autorisé le corps de ville à *établir un collége en l'ung des cinq couvens de la ville à présent délaissez par les religieux*, et lui avait abandonné, *pour la construction et entretenement d'iceluy, du principal et des régens, les biens des confrairies de lad. ville et pays circonvoisins.* Le couvent des Cordeliers avait paru le plus convenable aux magistrats de la commune ; mais ces religieux, pour entraver leurs projets, s'étaient empressés d'aliéner « la portion la plus propre à bastir led. collége. » Le Roi fut obligé, par de nouvelles lettres patentes, du mois de février 1564, de casser et annuler les contrats passés avec différents particuliers. La commune acquit alors, au prix de 110 livres de rente perpétuelle, la *dépence*, le *grand réfectoire*, la *barberye* (1), plusieurs maisons, vendues à diverses personnes, et une partie du jardin. Dès la même année, le nouveau collége fut en état de recevoir les élèves, et les cours commencèrent vers l'époque de Noël. Quand, peu d'années après, la reine de Navarre, le prince de Condé et l'amiral Coligny vinrent se fixer à la Rochelle, ils prirent cet établissement sous leur protection spéciale, y fondèrent des chaires de haut enseignement et appelèrent dans cette ville les *plus doctes* entre ceux de la religion réformée (2) pour créer *un séminaire de piété et une pépinière pour l'entretien du saint ministère de lad. religion.* Aussi sur le frontispice de la principale porte d'entrée, qui subsiste encore dans la rue du Collége, fit-on sculpter leurs armoiries à côté de celles du Roi, de la ville et du maire Blandin. (*A. Barbot. — Bruneau. — Baudouin, &.*)

(1) On désignait sans doute sous ce nom le lieu où les moines se fesaient faire la barbe et leur tonsure.

(1) « Pour la profession *hébraïque*, François Berault, tiré d'Orléans ; *Gringius* (que de Thou appelle Nicolas de Grouchi), pour la profession grecque, et M. Pierre Lefebure, Auvergnat, pour la langue latine ; les trois aussi rares et doctes personnages en toutes langues qui se pouvoient trouver en France. Led. Gringius estant mort trois ou quatre jours après son arrivée lad. Royne fit venir Pierre *Martinius*, Navarrois, nourri sous Ramus, grand philosophe et des plus versés en la langue grecque: tesmoignage très évident de la piété et vertu de ceste princesse et encore de l'affection qu'elle portoit à la Rochelle, y arrestant *à ses gages* de si grands hommes, pour y former une pépinière à la gloire de Dieu et au maintien et salut de son église. » (*Barbot.*)

15 Mai.

1430. — Traité de commerce entre le souverain de Castille et le duc de Bretagne, qui stipulent entr'autres choses que la Rochelle étant un lieu de rendez-vous des nationaux de l'une et l'autre partie contractante, il y sera établi un juge pour statuer sur leurs différends, tant passés que futurs. *(Dom. Lobineau*, Hist. de Bretagne.)

1775. — Homologation par le parlement des lettres-patentes du Roi, du mois de mars précédent, qui approuvaient les statuts du *collége royal de médecine de la Rochelle*; aux termes desquels les médecins agrégés audit collége avaient le privilége exclusif d'exercer la médecine dans cette ville. *(Ephém. de la généralité.)*

16 Mai.

1399. — Un des hérauts d'armes envoyés par le Roi d'Angleterre, Richard II, dans les principales *bonnes villes* de France, proclame par tous les carrefours de la Rochelle les *joûtes et combats solemnels* qui doivent avoir lieu à Dublin, le 16e jour après la Saint-Michel, à l'occasion de son mariage avec Isabeau de France, fille du Roi. *(A. Barbot.)* Mais pendant que Richard était en Irlande, pour présider aux apprêts de ces fêtes, ses sujets révoltés firent passer la couronne d'Angleterre sur la tête d'Henri de Lancastre.

1698. — La gelée acheva de perdre le peu qui restait dans les vignes, déjà gravement atteintes par les gelées des 3, 9 et 10 du même mois. « Les noyers, les seigles et orges, qui estoient en fleur, gelèrent aussi. Bref, de mémoire d'homme il ne s'étoit vu une si grande perte. » *(Maudet.)*

1735. — Lacondamine, Godin et Bouguer, s'embarquent à la Rochelle pour aller mesurer les degrés du méridien à l'équateur. *(Condorcet.)*

1791. — La municipalité de la Rochelle, pour se conformer aux décrets de l'assemblée nationale, fait fermer le couvent des pères *Cordeliers*. *(Perry.)* On ne connaît pas bien la date de l'établissement dans notre ville des *Frères mineurs*, *Franciscains* ou *Cordeliers*. Le titre le plus ancien dans lequel il en soit parlé est le testament, en date de 1289, par lequel certain chevalier, nommé Nicolas Roter, lègue aux *Frères mineurs* de la Rochelle soixante sols, pour célébrer l'anniversaire de sa mort. Ce fut dans leur église que, en 1363, Edouard, prince d'Aquitaine et de Galles, reçut le serment des membres du corps de ville et des habitants. Une partie de leur ancien couvent, qui embrassait tout l'espace compris entre les rues du Collège, de St-Julien-du-Beurre, des Trois-Canons, de Pauléon et des Cordouans fut, comme nous l'avons vu (*V. 14 mai*), arrenté par eux à la commune pour y établir un collège. Celui-ci ayant été, en 1629, donné par Louis XIII aux Jésuites, les Cordeliers furent obligés, lors de leur rétablissement en 1631, de construire, sur un terrain dépendant des anciennes fortifications, près de la seconde porte de Cougnes (1), un nouveau monastère, qui a donné son nom à la place située devant la porte d'entrée, ainsi qu'à la rue de *St-François*. Détruit en partie aujourd'hui, il sert accidentellement de caserne. (*Arch. de l'hôp. St-Barth.* — *A. Barbot.* — *Bruneau*, &.)

17 Mai.

1615. — *L'Ascension*. — Presque continuellement obligés de défendre leur ville frontière contre l'invasion étrangère et leurs franchises municipales ou leur liberté de conscience contre les Rois, nos pères avaient compris que tout citoyen de la Rochelle devait être soldat ou marin. Non-seulement leurs institutions, mais leurs divertissements mêmes tendaient à développer et à entretenir l'esprit guerrier dans la population. Leurs jeux ha-

(1) Bâtie à côté de la première, en 1613, et d'une élégante construction, la *nouvelle porte de Cougnes*, comme on l'appelait, fut démolie en 1689 pour fournir des matériaux aux fortifications; on en voit encore quelques restes à l'entrée de la rue de la Porte-murée. Le maire Thévenin y avait fait, selon l'usage, sculpter les armoiries royales, celles de la ville et les siennes, qui étaient : d'azur, à un *cheval* d'argent, accompagné de deux merlettes en chef et d'une étoile en pointe, aussi d'argent. Ce qui fit dire un jour, à son fils, garçon de peu d'esprit : « Ces fleurs de lys, c'est le Roi ; ce navire, la Rochelle, et ce cheval, c'est mon père. » (*Hist. de Tallemant des Réaux.*)

bituels étaient le tir de l'arc ou du *papegau* (1), de l'arbalète, de l'arquebuse et plus tard du canon. Les vainqueurs, que l'on appelait *Rois*, ou *Empereurs* quand ils avaient remporté trois fois le prix, jouissaient de plusieurs prérogatives et même de l'affranchissement de certains impôts. Ils étaient les héros de ces grandes fêtes militaires, qui avaient lieu chaque année, le jour de l'*Ascension*, et que, par corruption du nom de cette solennité religieuse, nos annalistes nomment *cension*. Merlin nous a laissé un long récit de celle qui fut célébrée en 1615. On avait dressé, dit-il, sur la place du Château, une vaste forteresse appelée *Ville-Blanche* (surnom de la Rochelle), « *avec plusieurs flancs et plusieurs tourettes jusqu'au nombre de onze.* Le régiment qui devoit attaquer estoit de 1,200 hommes de guerre, bien couverts et bien armés. Il y avoit une compagnie de Walons, portant tous le chapeau et la mandille de guerre, de couleur grise ; plus une compagnie d'Italiens, Napolitains, avec chapeau bleu et la mandille de pareille couleur ; plus une compagnie de Hollandois et telles nations, avec le pourpoint blanc et le haut de chausse noir; plusieurs compagnies de volontaires, autrement appelés Anglois, couverts de plusieurs couleurs ; une compagnie de Suisses, avec barbes diverses et grandes, qui menoient l'artillerie et deux charriots, dans l'un desquels estoient des hautbois et cornemuseurs, et dans l'autre des ustensiles et deux femmes de Suisse, qui suivent le camp, et dessoubs un gros mouton, pour montrer qu'ils estoient gens de provision. Plus il y avoit une compagnie de *carabins*, qui tous portoient la mandille de même couleur feuille morte, chamarrée de passements d'argent, et la retournant (pour contrefaire un autre parti), elle estoit chamarrée de croix rouges ; puis une compagnie de gens d'armes, portant tous la casaque blanche de *taffetas, de satin ou damas ou de toile d'argent;* plus une compagnie d'Espaignols, pour garder et défendre la ville, portant tous la casaque rouge et les croix rouges ; plus une

---

(1) *Papegau* ou *papegay* semble être l'ancien nom sous lequel on désignait un perroquet, que les Espagnols appellent encore *papagayo* et les Italiens *papagallo*. Le but des tireurs de l'arc était en effet un oiseau, peint des plus vives couleurs et placé au sommet d'un grand mât. Dans un ancien plan manuscrit de la Rochelle, ce mât est figuré dans une prairie voisine de la Porte-Neuve.

compagnie de *sauvages masqués*, enfants de bonne maison, ayant enseignes et tambourins battans ; item une compagnie de chevaux ou mulets, ayant une cornette rouge, et masqués. La susdite ville fut attaquée à la manière accoustumée, et, led. jour, fut seulement prise la basse ville.

« Le lendemain, fust continué l'exercice des armes. Il y avoit, sur la pointe de la petite rive, une *ville blanche*, pour laquelle garder et desfendre parust sur le pavé une compagnie de Turcs, habillés et vestus entièrement à la Turque, au milieu de laquelle estoit porté, à cheval, un nommé David, qui avoit devant luy ses deux pages et après ses deux autres pages. Tous portoient le turban, la robe militaire à la Turque, les arcs et les flèches, mousquets, piques ; et estoit lad. compagnie seulement de Saint-Nicolas. Il y avoit en lad. compagnie un moine Turc ; et il n'y avoit en icelle ni tambours, ni trompettes, ains seulement des hautbois et musettes, selon l'ordre des Turcs. Lesd. Turcs avoient trois galères sur l'eau, lesquelles furent attaquées par les galères chrétiennes françoises, hollandoises et autres. Les Turcs furent contraints de les abandonner et se retirer en leur ville, en laquelle pour renfort et secours entra la compagnie des Anglais. La ville fut prise d'assaut.....

» Ces mesmes jour, au soir, fust conduite une machine en forme de beste monstrueuse, qui avoit une grande gueule ouverte et en icelle un flambeau allumé et de grandes dents des deux costés, des grandes oreilles d'asne ou de bœuf, des aisles d'un dragon, le corps et le derrière vaste et gros et une queue retroussée. Au-dedans du corps de la machine estoient quelques-uns assis, qui tiroient des fusées, et estoit traisnée par deux chevaux, sur des roues ; grand nombre de jeunes gens conduisoient ce monstre, avec des flambeaux, avec des hautbois, musettes et cornemuses... (1)» « Un nombre incroiable de personnes du dehors, dont il y en avoit de fort éloignées, ajoute Baudouin, vinrent voir ceste feste, qui fut favorisée par un fort beau temps et cousta plus de 50,000 escus aux particuliers. »

(1) Ce monstre, aux formes fantastiques, rappelle la *grand'gueule* de Poitiers, la *gargouille* de Rouen, la *tarasque* de Tarascon, &. Chaque pays avait jadis son dragon particulier, dont, racontait la légende, il avait été délivré par quelque saint.

1660 (*Jour de la Pentecôte*). — Consécration de l'église des religieux Augustins, sous l'invocation de Saint-Thomas-de-Villeneuve, ancien archevêque de Valence, qui venait d'être canonisé. Il y eut à cette occasion des fêtes magnifiques, qui durèrent plusieurs jours et attirèrent dans nos murs une foule immense de religieux, de fidèles et de curieux. Non-seulement les moines, les ecclésiastiques, mais encore tous les corps civils et militaires, les corporations des métiers, &., y prirent part. Le récit qui a été publié, par le prieur des Augustins, de toutes les cérémonies, processions et feux d'artifice de cette grande solennité remplit toute une brochure (1). La première pierre de cette église avait été posée le 21 décembre 1654. Nous avons vu comment les Augustins furent chassés de leur couvent par la tourmente révolutionnaire. (*V. 6 mai.*) En 1804, les anciennes Ursulines de la Rochelle, vinrent s'établir dans leur monastère, où elles ont été remplacées, en 1835, par les religieuses de Chavagne.

18 Mai.

1570. — Vente à G.^{me} Gendrault, échevin, de l'emplacement sur lequel était construite l'église de Saint-Sauveur, détruite deux ans auparavant par les ordres de St-Hermine. (2) (*Acte du notaire Saleau.*) Le clocher et le portail qui s'écroula bientôt après (*V. 1er février*) et dont quelques vestiges attestent encore la richesse de sculpture, voilà tout ce qui restait de cette belle église reconstruite à la fin du XVe siècle, ornée d'une quantité de chapelles magnifiques, objet de la vénération des pélerins et des fidèles, et qui était desservie par non moins de vingt-deux prêtres. (*V. 28 mai.*)

1642. — « Arriva le soir par mer le *maréchal Horn*, suédois, qui retournoit de voir le Roy vers Narbonne, le remer-

---

(1) Elle a été reproduite par le journal l'*Echo Rochelais*, dans ses numéros de la fin de l'année 1857.

(2) Les matériaux servirent à construire le bastion du Gabut (*Colin*). Quand, en 1689, on répara ce bastion et haussa ses murailles, on trouva, nous apprend Maudet, des pierres qui provenaient évidemment d'une église.

cier de sa libération et échange que S. M. avoit fait pour luy de Jean de Vert, impérial.... On eut ordre de le saluer le plus honorablement qu'il seroit possible. » (*Colin.*)

19 Mai.

1568. — Après la paix de Longjumeau (*V. 20 avril*), les Rochelais consentirent à recevoir le baron de Jarnac, leur gouverneur, qui arriva *le 19 mai*. Mais il ne les trouva pas pour cela mieux disposés à se soumettre aux ordres ou aux exigences de la cour. Son premier soin avait été d'éloigner de la ville Saint-Hermine et Pontard ; quand il s'agit d'élire un nouveau Maire en remplacement de ce dernier, Jarnac, voyant que ceux qui avaient le plus de chances d'obtenir les suffrages étaient précisément les hommes les plus hostiles au pouvoir, fit défense au corps de ville de s'assembler pour procéder à l'élection, avant qu'il eût reçu des instructions de la cour : le corps de ville passa outre, et le Roi, pour éviter peut-être un soulèvement, crut prudent, malgré l'opposition du gouverneur, de confirmer l'élection de Jean Salbert. Charles IX avait demandé que Yves du Lyon, seigneur du Grand-Fief, dont il connaissait le dévouement, fut continué dans ses fonctions de capitaine de la tour de la Chaîne ; mais il lui fut répondu que les statuts de la commune exigeaient que tous les capitaines des tours fussent changés chaque année, et un autre fut mis à la place du protégé royal. Charles voulut, sous forme d'emprunt, imposer une forte taxe sur la ville : on lui dépêcha aussitôt des députés pour lui exposer que la Rochelle était en vertu de ses priviléges exempte de tailles et que l'état de ses finances ne lui permettait pas de faire des avances. Enfin, le Roi, la Reine-mère et *Monsieur* se réunirent pour enjoindre aux magistrats Rochelais de recevoir les compagnies de gens d'armes de Jarnac et d'avoir à cesser tous travaux aux fortifications de la Rochelle, sous peine de voir casser tous les priviléges de la ville et anéantir son commerce s'ils n'obéissaient pas à ces ordres : ils répondirent que la Rochelle était mieux gardée par ses habitants, sujets fidèles de Sa Majesté, que par des soldats étrangers et mercenaires, et ils continuèrent de fortifier leurs remparts et de fondre des canons avec les cloches enlevées aux paroisses. Jarnac voyant la cour céder sur tous les points, humilié de n'avoir qu'un vain titre sans autorité, prit le parti de se retirer. (*Soulier.* — *La Popelinière.* — *Chron. de Langon.* — *A. Barbot.* — *Mém. de Castelnau.*)

1700. — « Jour de saint Yves, on a commencé à dire la messe aux Augustins, à laquelle assistèrent les *procureurs, les avocats et greffiers*, en conséquence de l'acte passé avec les pères Augustins, qui doivent, au décès des confrères et de leurs femmes, faire service pour le repos de leur âme. Les procureurs et les avocats à leur réception doivent se faire inscrire en la confrérie et payer dix livres aux Augustins. (*Maudet.*)(1) »

1802. — Arrêté du premier consul qui autorise la commune de la Rochelle à établir une *école secondaire* dans le bâtiment de son ancien collége. L'ouverture eut lieu le 22 octobre suivant.

1810. — Décret, daté de Bruges, qui transfère à la Rochelle le siége de la préfecture de la Charente-Inférieure, réalisant ainsi les espérances que Napoléon avait données aux Rochelais, deux ans auparavant, à son passage dans leur ville. (*V. 30 juin.*)

20 Mai.

1563. — Dès qu'à la faveur des édits le culte réformé put être exercé publiquement à la Rochelle et un consistoire régulièrement établi, celui-ci s'arrogea un pouvoir, une sorte de juridiction disciplinaire, qui ne bornait pas à des censures et réprimandes au prêche, à la privation de la Cène, à des amendes honorables, mais qui allait jusqu'à condamner les coupables à des amendes considérables et même à l'exil; source d'assez fréquents conflits avec le présidial. Ph. Vincent cite à ce sujet certaine mascarade bizarre, qui excita les rigueurs de ce tribunal des mœurs. « Le *20 mai 1563*, dit-il, quelques-uns firent une insolence publique, solemnisant une manière de feste de Bacchus, au moyen de ce qu'ils portèrent par les rues une table couverte de pain et de viandes, sur laquelle l'un d'eux estoit monté, qui beuvoit aux passants; le tout accompagné de grands cris. Ils furent cités au consistoire,

(1) V. ma 1re *Lettre Rochelaise.*

vingt-deux en nombre, où une partie d'eux aïant comparu se soumit à la discipline ; mais les autres furent réfractaires et recusèrent toute ceste compagnie en corps ; ce qui donna lieu d'appeler divers pasteurs voisins... » et il ajoute : « j'en trouve qui furent repris au sujet de l'excès du vin, d'autres pour blasphêmes, d'autres pour paillardise (1), un à cause de mauvais traitements à sa femme. Quelqu'un des notables marchands ayant fait transporter des bleds, cet an là, qui fust temps de cherté, il fut condamné à faire connoissance publique et obligé de donner aux pauvres le gain qu'il pouvoit avoir fait. » Merlin cite un des anciens du consistoire qui fut déposé de sa charge et forcé de *faire recognoissance publique* pour avoir, à Laleu, *fait un tour de danse avec les autres qui dansoient.*

1628. — Pour intéresser le ciel à la prise de la Rochelle, on commença ce jour-là, nous apprend l'*Année Dominicaine*, et sur la demande de Louis XIII, à réciter, à haute voix et en chœur, dans l'église des Frères Prêcheurs de Paris, le rosaire de la Vierge, pour la conservation des jours de Sa Majesté et le succès de ses armes. Les deux Reines, le duc d'Orléans et toute la cour assistèrent, au milieu d'un grand concours de peuple, à cette cérémonie religieuse, qui se renouvela tous les samedis jusqu'à la fin du siège et à laquelle des processions et des prédications donnaient une grande solennité.

21 Mai.

1621. — Depuis l'édit de Nantes, qui avait rétabli le culte catholique à la Rochelle (*V. 9 mai*), l'église de Ste-Marguerite, dépendant de l'ancien couvent des *Dames blanches* (de l'ordre de Prémontré), la seule qui eût échappé à la destruction, avait été abandonnée aux catholiques, et les bâtiments du monastère servaient à l'habitation des derniers *moines de Saint-Jean-Dehors* (2), qui s'étaient récemment unis à la nouvelle

---

(1) Il aurait pu citer Henri IV lui-même qui, n'étant encore que prince de Béarn, fut obligé plusieurs fois de faire confession publique qu'il n'avait pas toujours exécuté le IXe commandement de Dieu. (*V. ma XVIIIe Lettre Rochelaise.*)

(2) Leur monastère était situé près de la porte de Cougnes. (*V. ma Ve Lettre Rochelaise.*)

congrégation de l'Oratoire, fondée par Pierre de Bérulle. Pendant que l'assemblée générale des protestants siégeait en souveraine à la Rochelle *(V. 17 février)*, les ministres et un certain nombre de députés et de *francs bourgeois* résolurent d'expulser de la ville ces religieux. Ils parlaient même de les brûler dans leur église ou de les précipiter du haut des murailles. Le Maire réussit à les ramener à des sentiments plus humains en leur fesant comprendre que ce serait exposer leur co-religionnaires aux mêmes traitements, là où ils étaient les plus faibles, et promit de se charger de faire sortir les Oratoriens de la Rochelle. Mais pendant qu'il se concertait avec le supérieur sur les moyens de les soustraire à l'exaltation populaire, un nombreux attroupement s'était formé devant la maison de Ste-Marguerite, en proférant de menaçantes clameurs. En vain, le Maire s'efforce de faire retirer cette populace furieuse, son autorité est méconnue. Il s'avise alors d'intimer l'ordre aux religieux de ne pas sortir jusqu'au lendemain, sous peine de la vie. Rassurée par cette feinte défense, la foule se dissipe. Le Maire s'empresse alors de profiter de l'heure à laquelle chacun était à dîner, accourt avec une quarantaine d'hommes armés, fait sortir en toute hâte les malheureux prêtres par la porte neuve, qu'il fait fermer derrière eux, et les conduit jusqu'à Port-Neuf (1), où il les fait embarquer pour Brouage, sur un bâtiment qu'il avait fait préparer à cet effet. *(Le bannissement des prestres de l'Oratoire. — Colin.)* (2)

(1) *Port-Neuf* était un petit port, aujourd'hui détruit, situé au-delà de la digue de Richelieu et que Louis XIII utilisa, pendant le siège, pour abriter et charger ses bâtiments de transport.

(2) « Les prestres de l'Oratoire n'ont jamais osé faire leur charge librement à la Rochelle ; quand ils vouloient aller administrer ou consoler quelque pauvre malade, ils portoient la sainte hostie dans leur pochette ou dans leur sein et mesme naguères un de ces prestres fut arresté, en allant voir un, par un gros portefaix, qui en pleine rue luy jette son sac sur les épaules, luy disant : « Tiens, gros asne, porte mon sac. » Et ça toujours esté un crime capital parmy eux d'estre prestre ; mesme ils ont solennellement juré que jamais Jésuite ne seroit reçeu en leur ville. Les Capucins, Récollets, Minismes et autres religieux sont interdits d'y entrer s'ils ne changent d'habits ou ne se déguisent. *Leurs chiens portent presque tous le nom de quelque dignité ecclésiastique, les uns appelant les leurs Saint-Pierre, les autres Cardinal, les autres Petit-Evesque, d'autres Gros-Prestres, Petit-Curé, &.* » (*Le bannissem. des prestres de l'Oratoire.*)

Le même jour (1) Louis XIII, étant à Niort, déclarait par des lettres patentes « criminels de lèze-majesté tous les habitants et autres personnes de quelque qualité qu'ils soient, demeurant retirez ou réfugiez dans la Rochelle, et qui recognoitront en quelque façon que ce soit l'assemblée (réunie à la Rochelle); la déclarant privée et déchue de tous octroys, priviléges, franchises et autres grâces qui pourroient avoir été concédées par ses prédécesseurs. » (*Aug. Gallant.*)

22 Mai.

1613. — Jour de la fête de *sainte Quitère* ou *Aquitaire* (2), *qui emporte tout dans sa devantère*, selon un dicton populaire, parce que le 22 mai est très redouté des vignerons à cause de la gelée. Cette sainte, qui ne figure pas, je crois, dans les martyrologes, jouissait, paraît-il, d'une grande vénération dans l'Aunis, où plusieurs églises lui étaient consacrées. La chapelle que lui avaient dédiée, à la Jon près de Lhoumeau, les religieux de Moureilles, avait surtout le privilége d'attirer, le jour de sa fête, une foule considérable de pélerins des deux sexes, qui venaient des lieux les plus éloignés lui demander de les guérir *du mal de teste et estourdissement de cerveau*. D'une enquête faite en 1613, par le grand-vicaire Gastaud, il résulte que, pour obtenir leur guérison, hommes et femmes se coupaient les cheveux et les cachaient dans les trous des murs de la chapelle; que ni la sainteté du lieu ni les exhortations du prêtre ne pouvaient les empêcher de déposer sur l'autel leurs chapeaux ou leurs bonnets; que des femmes y laissaient leur *couvre-chef tout coiffé*, d'autres leurs *ceintures*, *linceuls* (draps), *chemises et autres choses;* que plusieurs portaient des *couronnes de chandelles sur la teste* ou *en entournoient leur corps*. Le prieur de Lagord avouait qu'il y avait ces jours-là *grande confusion*, qu'augmentaient encore les

---

(1) Cette date est celle donnée par Gallant; Arcère indique celle du 27, et le procès-verbal de l'assemblée celle du 17.

(2) Alias *sainte Quiterie, Quitaire, Equitaire* et même *Acquitaine*. M. Redet s'est trompé en la confondant avec *saint Alitiaire*, nom sous lequel on invoque saint Marc en Saintonge, le 23 mai, pour être préservé de la gelée. (*Bullet. de la Soc. des Antiq. de l'Ouest, 1846.*)

prestres qui viennent de plusieurs endroits, pour dire les Evangiles sur les personnes venues en pèlerinage, et font à qui en dira le plus. Le grand-vicaire eut la sagesse de vouloir mettre un terme à ces superstitieuses pratiques, et ordonna qu'à chaque jour de fête de sainte Aquitaire, un prédicateur serait envoyé à la Jon pour *exhorter le menu peuple à s'abstenir de ces choses grandement desplaisantes à Dieu...* mais qui étaient fort du goût du fermier, qui ne payait pas moins de 200 livres le droit d'exploiter la crédulité populaire. (*Proc.-verb. du grand-vicaire.*)

1631. — « Fut publié en l'audience présidiale le don fait par le Roy de *la maison de ville* à M. le cardinal de Richelieu *et autres gouverneurs* de la Rochelle. » (*Guillaudeau. — Colin.*) Richelieu avait été nommé, au mois de décembre précédent, gouverneur de la Rochelle, de l'Aunis et d'une portion de la Saintonge, en remplacement de Thoiras, et il conserva ce titre jusqu'à sa mort. Depuis la fin du siège cependant, il n'apparaît pas qu'il soit venu dans notre ville : il délégua ses pouvoirs à son oncle maternel, Amador de la Porte, grand prieur de France. (*Titres divers.*)

1640. — L'armée navale du Roi, composée de 16 grands navires, arrive sur nos côtes. « Ses officiers, rapporte Colin, firent une infinité d'insolences en ceste ville. Le directeur principal de cette flotte estoit le commandeur Desgouttes, qui disoit que, *quand ils avoient arboré le pavillon blanc, toute justice et autorité devoit cesser autour de leur armée*. Ils s'assemblèrent bien deux ou trois cents autour du logis de l'assesseur criminel Colin, pour enlever de force un prisonnier, comme ils le firent. De quoi les officiers du présidial ayant informé et décrété le chevalier de Chastelliers, led. commandeur Desgouttes alla, de grand matin, suivi de plus de trois cents hommes devant le palais, avec espées, pistolets et bastons, pour empescher que le premier des trois briefs jours ne fust proclamé, et *menaçoit de faire descendre l'armée et l'artillerie des vaisseaux à terre pour foudroyer la ville, la piller et brusler;* estant lesd. sieurs supportés par M. le grand prieur de France de la Porte, grand oncle du marquis de Brezé... » (qui devait commander la flotte). Le présidial porta plainte au conseil du Roi et au cardinal de Richelieu. On ne lui donna pas satisfaction de suite, dans la crainte de désorganiser la flotte ; mais l'année suivante, le grand Prieur fut blâmé et on lui déclara « que les gens de guerre étoient à terre justiciables de la justice ordinaire et que s'ils ne vouloient estre soumis à cette juridiction, ils eussent à rester sur leurs vaisseaux. » (*Colin*.)

1643. — « Les huguenots s'estant assemblés extraordinairement en leur presche de la Ville-Neuve, eurent une telle terreur panique qu'ils s'enfuirent tous. On dit qu'il apparût quelque spectre ; autres parlent diversement : on n'a pu bonnement sçavoir ce que c'est. » (*Feuilles détachées du journal du père Jousseaume*.)

23 Mai.

1472. — Le don du duché de Guienne, que Louis XI avait fait à son frère Charles, en y comprenant la Rochelle (*V. 29 avril*), n'avait pas empêché celui-ci de s'allier contre lui au roi d'Angleterre et aux ducs de Bourgogne et de Bretagne. Pour conjurer le péril qui le menaçait, Louis eut recours au double moyen de le faire empoisonner et de reprendre, à main armée, les possessions qu'il lui avait abandonnées. Il envahit d'abord la Saintonge, et de Surgères, il manda aux Rochelais de lui envoyer des députés pour leur communiquer ses ordres. Après leur avoir exposé que son frère avait manqué à ses engagements et trahi ses serments, il leur manifesta sa volonté de reprendre la Rochelle et d'y être reçu le jour même. Le Maire lui objecta que les Rochelais avaient résisté autant qu'ils l'avaient pu aux ordres qu'il leur avait itérativement donnés lui-même de reconnaître pour seigneur le duc de Guienne ; qu'ayant été contraints de jurer fidélité à ce prince, ils ne pouvaient dès lors, sans son assentiment, manquer à leurs serments. Irrité de ce refus, le Roi lui déclara que si les Rochelais ne lui ouvraient les portes de leur ville, il *les réputeroit traîtres, rebelles, desloyaux et désobéissans envers Dieu, le Roy et la couronne de France ; que son intention estoit de faire aller son armée devant la Rochelle et icelle détruire et tout le païs, en telle manière que ce soit exemple aux autres*. Il consentit cependant à attendre jusqu'au lendemain, leur donna rendez-vous à Bourgneuf, pour qu'ils eussent à lui rendre foi et hommage, et leur remit les lettres les plus menaçantes pour le corps de ville. Le *23 mai*, il se rendit au lieu indiqué, en compagnie du duc de Bourbon, des comtes de Guise, de Perche et de Dunois, des vicomtes de Narbonne et de Rohan, et de plusieurs seigneurs. Les nouveaux envoyés Rochelais insistèrent encore pour qu'il voulut bien surseoir à son entrée jusqu'à ce qu'on eut député vers le duc de Guienne. Mais Louis fit éclater son ressentiment, en accablant de reproches l'ancien Maire, Jehan Langlois, seigneur d'Angliers, qui portait la parole et dont il connaissait le dévouement à son frère; puis s'adoucissant peu à peu et reconnaissant ce qu'il y avait d'honorable dans le sentiment qui faisait agir les Rochelais, non-seulement il consentit à révoquer solennellement le don qu'il avait fait à son frère de la ville de la Rochelle, et à jurer de ne la plus détacher à l'avenir de la couronne, sous quelque prétexte que ce fût, mais dans la charte qu'il leur octroya, il alla jusqu'à déclarer que, s'il manquait à ses engagements, ils étaient autorisés à ne pas obtempérer à ses ordres, à y résister par la force, *et à se donner même à tel autre seigneur qu'il leur plairoit;* ajoutant que *si leur ville étoit assiégée, il promettoit de la secourir en personne et de tout son pouvoir et jusques à la mort inclusivement*. (Liv. de la paterne. — *A. Barbot*. — Invent. des privil. — *Delaurière*, &.)

1573 *(Siège de)*. — Arrivée au camp des six mille Suisses qu'attendait depuis longtemps le duc d'Anjou. « Comme si jamais on avoit vu Suisses, dit Brantôme, par la plus sotte curiosité qui fut jamais », les soldats royalistes allèrent fort loin à leur rencontre. Les assiégés, profitant de cette imprudence, se précipitent dans les tranchées, au nombre de quatre à cinq cents cavaliers et fantassins, passent au fil de l'épée plus de quatre cents *philistins*, enclouent quatre gros canons, coupent les roues des autres et enlèvent neuf drapeaux, une cornette et grande quantité d'armes, *cuirasses*, *morions*, *rondaches*, *espieux*, *hallebardes*, *espées et arquebus*. Ils seraient rentrés dans la place sans aucune perte si, s'étant attardés au butin dans les tentes, ils n'avaient laissé le temps d'arriver aux Suisses, qui leur tuèrent vingt-cinq à trente hommes et leur commandant Maronnière. Le lendemain, les Rochelais arborèrent sur le demi-bastion de la Vieille-Fontaine les drapeaux pris à l'ennemi, pendant que le duc d'Anjou fesait décimer par le grand prévôt, les compagnies qui s'étaient laissé surprendre et en cassait les officiers. *(Cauriana. — La Popelin. — Brantôme. — A. Barbot. — Bruneau.)*

1792. — Installation, dans la grande salle de la Bourse, du premier tribunal de commerce, établi en exécution de l'édit des 31 décembre-7 janvier 1791. Il se composait de MM. Collet, Chamois, Raymond, Nairac, Callot et Viault. *(Perry.)*

24 Mai.

1469-72. — Par une coïncidence étrange, Louis XI fit son entrée à la Rochelle le jour même où, trois ans auparavant, le sire de Crussol, sénéchal de Poitou, avait en son nom remis cette ville aux mains d'Odet d'Aydie, seigneur de Lescun, représentant le duc de Guienne.

Les Rochelais avaient longtemps résisté à cette cession (*V. 29 avril*) ; il avait fallu, pour les déterminer à reconnaître le duc de Guienne pour seigneur, que Louis XI leur fît les plus pressantes instances, invoquât les plus graves raisons d'Etat et leur délivrât des *lettres de non préjudice*, attestant qu'ils ne se soumettaient à ses ordres réitérés que forcés et contraints ; qu'il déclarât qu'il réservait son droit de souveraineté sur la Rochelle, et qu'il leur garantît qu'il ne serait porté aucune atteinte à leurs priviléges et franchises. Alors seulement, et après les sommations des commissaires de leur ouvrir les portes, *sous peine de confiscation de biens et de corps*, le Maire, Guillaume de Combes, avait, le *24 mai 1469*, consenti à prêter au nom de la commune, entre les mains de Lescun, le serment de fidélité au *très haut, très puissant et très excellent prince et très redouté seigneur, le duc de Guienne.*

Nous venons de voir comment, fidèles à ce serment, les Rochelais avaient refusé de remettre leur ville au Roi. Obligés de céder aux menaces royales, qui étaient appuyées d'une nombreuse armée, ils voulurent encore constater la contrainte dont ils étaient l'objet, en n'allant point au-devant de Louis XI, en ne fesant aucun préparatif de réjouissance publique et en ne lui offrant aucun cadeau, toutes choses consacrées par l'usage pour la réception des princes. Le Maire, Gaubert Cadiot (1), accompagné du corps de ville, des officiers de la commune et de plusieurs notables, alla seulement l'attendre à la porte de Cougnes. Quand Louis arriva, dans la soirée, le Maire lui dit que depuis les temps les plus reculés, les Rois ses prédécesseurs avaient toujours, avant d'entrer à la Rochelle, prêté serment de respecter et maintenir à jamais ses *priviléges*, *franchises*, *libertés*, *domaines*, *statuts*, *coutumes*, *prérogatives*, *prééminences*, *droits de noblesse et de juridiction*. Le Roi descendit alors de cheval« *se mist à genoulx, et luy estant à genoulx, mist la main sur la sainte paterne* (2) *que tenoit M. le Maire et, sans soy lever et la teste toute nue*, prononça le serment, dont le greffier de la ville lui lut la formule et dans lequel étaient comprises les promesses qu'il avait faites à Bourgneuf. Après avoir reçu à son tour le serment de fidélité du Maire, au nom du corps de ville, il remonta à cheval. Le Maire fit aussitôt couper le cordon de soie verte que, selon l'usage antique, on avait tendu de l'un à l'autre montant de la porte de ville, et le cortège se dirigea vers l'église Notre-Dame de Cougnes, où le Roi et le Maire renouvelèrent leur serment devant l'autel. Pendant que Louis était en prière, Jehan Langlois, qui redoutait les effets du ressentiment qu'il lui avait déjà manifesté à cause de son opposition à ses volontés dans le corps de ville, se jeta à ses pieds en le priant, au nom de la mère de Dieu, de lui pardonner. Après un geste de colère, le Roi s'adoucissant lui dit que, puisqu'il *l'avoit supplié de la part de sa bonne dame et maîtresse, il luy remettoit l'offense et la peine de ce qu'il avoit fait contre luy*. Il se rendit ensuite à cheval, en traversant la *grand'rue*, à l'hôtel de Mérichon, que le duc de Guienne

(1) Arcère se trompe en lui donnant le prénom de Robert. Louis XI le nomma maître de son artillerie ; mais il ne jouit pas longtemps de cette charge, car il mourut avant la fin de sa Mairie, dans laquelle il fut remplacé par Foulques Roulin, l'un des coélus. *(Gallant. — Livre de la paterne.)*

(2) C'était le livre des Evangiles sur lequel était posé un crucifix.

avait nommé son sénéchal et que le Roi confirma dans sa charge, à la grande satisfaction de ses concitoyens. *(Liv. de la paterne. — Gallant. — A. Barbot. — Ms. n° 1977.)*

1465. — Les élections à la Mairie étant trop souvent entravées ou influencées par la cour ou de puissants personnages, Louis XI accorde au corps de ville des lettres-patentes fesant défense à qui que ce soit de porter atteinte à la liberté des suffrages, et autorisant le corps de ville à n'avoir aucun égard aux *rescriptions, prières ou requestes* que le Roi ou tous autres pourraient faire sur ce point. *(Privil. de la Rochelle.)*

1616. — Synode provincial des églises réformées d'Aunis, Saintonge et Angoumois, tenu à la Rochelle. *(Merlin.)*

1628 *(Siège de)*. — La famine commençant à se faire sérieusement sentir dans la ville, les assiégés « pour se descharger, dit le cardinal dans ses mémoires, le *24 may*, mirent hors les femmes et les bouches inutiles ; mais le Roy commanda qu'on les rechassât de force. »

25 Mai.

1472. — Le lendemain de son entrée à la Rochelle, Louis XI, en visitant ce que la ville offrait de remarquable, monta dans la tour de la Chaîne. Là, embrassant du regard cette ceinture d'épaisses et hautes murailles, bordées de larges fossés et flanquées de tant et de si fortes tours que Pontanus, dans son *Itinéraire de la Gaule Narbonaise*, compare la Rochelle à Cybèle ; contemplant ces nombreuses et riches églises, dont il avait peine à compter les clochers, le port encombré de navires de toutes les nations, cette belle rade surtout où l'on voyait *comme une forêt de mâts*, il ne put contenir son admiration et, avec le diamant de l'anneau qu'il avait au doigt, il grava ces mots : *Oh ! la grande folie !...* sur l'une des verrières d'une fenêtre de la galerie, *qui joignait les deux tours de la Chaîne* (1). Et comme les seigneurs qui l'accompagnaient ne

(1) Massiou s'est trompé en fesant monter Louis XI dans la tour de Saint-Nicolas. Je ne suppose pas qu'il ait pu prendre au sérieux l'aplomb

comprenaient pas ce qu'il avait voulu dire, il en acheva ainsi le sens : « d'avoir cédé une ville de cette importance.... Je la tiens désormais, ajouta-t-il, et ne la lâcherai plus, et si j'ai un conseil à donner à ceux qui viendront après moi, c'est de ne la jamais laisser échapper de leurs mains. » Le jour même, Louis, qui se fesait informer très exactement des progrès de la maladie de son frère, reçut la nouvelle qu'il était trépassé la veille à Bordeaux (1).

Le Roi passa trois jours à la Rochelle et *en considération de la grande loyaulté et fidélité que les Maires, eschevins et pairs ont tousjours porté à la couronne de France*, il laissa avant de partir ce témoignage de gratitude à ses habitants de leur permettre de trafiquer librement, même en temps de guerre, avec toutes nations, fussent-elles ennemies et d'autoriser tous étrangers, même de nation en guerre avec la France, à venir en toute sûreté à la Rochelle ou dans la banlieue, soit par terre soit par mer, vendre ou charger marchandises et denrées quelconques, en prenant seulement un sauf conduit du Roi ou de son amiral. Privilège immense pour une ville dont le commerce fesait toute la richesse et dans un temps où les guerres étaient si fréquentes. (*A. Barbot. — Invent. des privil.*)

26 Mai.

1174. — Une vieille coutume, dont malheureusement il reste encore des traces chez certaines populations maritimes, autorisait, en cas de naufrage, le premier occupant ou plutôt le seigneur du lieu à s'emparer par droit d'*aubaine* des débris du navire et de tout ce qui pouvait en être sauvé. Henri II,

avec lequel le gardien de cette tour signale aux curieux la fenêtre même où se trouvait le Roi, en s'excusant de ne pouvoir montrer la vitre *illustrée* de son écriture. Une partie de la galerie, dont parle A. Barbot, existe encore : elle unissait la grosse tour de la Chaîne à la petite tour du même nom, qui était plus rapprochée de l'entrée du port et dans laquelle se trouvait l'appareil à l'aide duquel on levait, chaque soir, la chaîne qui fermait le port.

(1) Le même historien commet une nouvelle erreur en fesant mourir le duc de Guienne le 28 mai : dans ce cas, son frère n'eût pu apprendre sa mort à la Rochelle, comme l'atteste A. Barbot. M. Henri Martin, d'accord avec notre chroniqueur, dit qu'il décéda le 24.

d'Angleterre, par une charte à cette date, abolit sur toutes les côtes de l'Aunis et du Poitou cet usage barbare, et ordonna que toutes les fois qu'un homme échappé au naufrage gagnerait la terre, tout le chargement demeurerait la propriété de ceux qui justifieraient y avoir droit, et que, dans le cas où tout l'équipage aurait péri, le seigneur du lieu serait tenu de confier la cargaison à quatre *prudhommes*, chargés de sa garde pendant trois mois et de la remettre à ceux qui, dans ce délai, justifieraient de leurs droits. Ce temps expiré sans réclamation, les objets sauvés devaient appartenir au Roi. *(Rymer.)*

1777. — Ch. Philippe, comte d'Artois, frère de Louis XVI, et qui monta plus tard sur le trône, sous le nom de Charles X, allant de Brest à Bordeaux, passe à la Rochelle, où lui fut faite la plus brillante réception. Quatre-vingt jeunes gens, la plupart négociants, en uniforme *aux couleurs de la maison du prince*, allèrent au-devant de lui jusqu'à Nuaillé, et lui servirent d'escorte jusqu'à *l'hôtel du gouvernement*, qui lui avait été préparé pour logement. Les grenadiers et les dragons de la milice bourgeoise, à l'extérieur de la ville, et à l'intérieur la garnison, commandée par le maréchal de camp de Lastic, formaient la haie sur son passage. Entre les deux portes Dauphine, le Maire, M. Goguet, entouré des membres du corps de ville, *en robe*, lui avait présenté les hommages de la cité. Après les réceptions d'usage, le prince se rendit au théâtre, où furent jouées deux pièces de circonstance : la *Coquette fixée* et le *Cri du cœur* ou *le bon Rochelais*, composées par le directeur de la troupe, M. Dorfeuil. A dix heures et demie, il arriva à la Bourse, dont la cour avait été disposée en salle de bal, magnifiquement décorée de riches tentures, de guirlandes et de médaillons allégoriques. On avait élevé pour le prince une tribune (1) en face du péristyle, sur lequel était l'orchestre. Dans la gorge du plafond, de 26 pieds de hauteur, avaient été ménagées des loges grillées, qui permettaient de jouir, des appartements supérieurs, du coup-d'œil de la salle, étincelante de mille lumières

(1) Les principaux personnages de sa suite étaient : le prince de Nassau, le prince d'Henin, les chevaliers de Crussol, de Coigny et d'Escars, les comtes de Bourbon-Busset et d'Estherazy, le baron de Buzenval et le marquis de Saint-Hermine. *(Perry.)*

reflétées par de nombreuses glaces. Le prince fut si satisfait de cette fête splendide, qu'en se retirant à trois heures, après avoir dansé six contredanses, il demanda qu'elle recommençât le lendemain, en étendant le nombre des billets et en permettant l'entrée aux masques. Le lendemain, on admit deux mille personnes, parmi lesquelles *beaucoup de grisettes*. Le prince mit tant d'ardeur à la danse que deux fois il fut obligé de changer de linge. Les jeunes gens de la ville, en uniforme, continuèrent de lui servir de garde. Malgré cette foule immense, les rafraîchissements furent assez abondants, pour que tout le monde en put avoir suffisamment. Comme un ordre de la cour avait interdit au corps de ville de faire aucune dépense à cette occasion, les frais furent payés par les négociants et par la chambre de commerce, à laquelle le prince adressa les plus flatteurs remerciements, en ajoutant *qu'il conserverait toujours le meilleur souvenir des Rochelais*. Il partit, le 28, pour Rochefort et ne voulut pas que les quatre-vingts jeunes gens, qui lui fesaient escorte, allassent plus loin que le platin d'Angoulins. Le 30, il repassa par la Rochelle, à son retour de Rochefort, et reçut les mêmes ovations que pendant son séjour. La chambre de commerce eut l'attention de laisser pendant deux jours les salles de bal éclairées, et de mettre des musiciens au service de la foule, qu'étaient venus grossir les habitants des campagnes, et poussa la prodigalité jusqu'à lui faire distribuer des rafraîchissements en abondance. (*Perry. — Feuille d'annonces.*)

27 Mai.

1569. — Mort, à Saintes, de François de Coligny, seigneur d'Andelot, colonel de l'infanterie française, frère de l'amiral et l'un des plus beaux caractères du parti réformé, dont il fut longtemps la tête la plus intelligente et le bras le plus héroïque. Peu de jours après, son corps, après avoir été embaumé, fut transporté à la Rochelle, au milieu de l'affliction générale. La reine de Navarre voulut suivre le convoi, et accompagna les restes de celui dont elle comprenait la perte immense, jusqu'à la tour de la Chaîne, où ils restèrent jusqu'en 1579, époque à laquelle son fils aîné, le comte de Laval, les fit transporter à la Roche-Bernard (1). *(A. Barbot. — La Popelinière.)* — *V. 16 février.*

1571. — Célébration à la Rochelle du mariage de Charles de Téligny,(« ce jeune homme tant aimé, dit Michelet, que pas un catholique ne put le tuer à la Saint-Barthelémy, et qui ne périt que par hasard, ») avec Louise de Châtillon, fille de l'amiral Coligny, et qui épousa plus tard Guillaume de Nassau, prince d'Orange, le glorieux fondateur de la liberté des Pays-Bas. *(Minutes du notaire Saleau.)* — *V. 25 mars.*

28 Mai.

1705. « Dans la nuit du *28* au 29 mai, on s'aperçut, entre minuit et une heure, que le feu étoit dans l'église St-Sauveur. Le tocsin fut battu, les troupes assemblées ; mais quoi qu'on ait pu faire, on n'a pu empêcher l'embrâsement entier de la dite église. Le tabernacle, le très-auguste sacrement et les autels ont été consummés. On ne sçait pas comment le feu a été mis. » *(Maudet.)* Cette malheureuse église semblait vouée à la destruction : elle avait été brûlée une première fois au XVe siècle, *par un vimaire de feu qui jà pieça a couru en la ville de la Rochelle,* porte un titre de 1419. On ne commença à la reconstruire qu'en 1492 (1). Cette seconde église était *fort belle et entièrement couverte de plomb,* dit A. Barbot ; mais en 1568, Saint-Hermine, poussé non moins par le fanatisme religieux que par le besoin de se procurer des matériaux pour les fortifications, la fit détruire entièrement *(Voir 10 févr. et 18 mai),*

---

(1) Ménard, dans son *Histoire des évêques de Nismes,* prétend que ce fut dans cette dernière ville et non à la Rochelle que furent portées les cendres de d'Andelot. Il raconte même une indigne profanation commise sur son tombeau par les religieuses de Notre-Dame-du-refuge de Nîmes ; mais cette opinion ne me paraît pas soutenable non seulement en présence des détails fournis par des témoignages contemporains, mais alors surtout que sa femme, ses deux enfants et toute la famille de son frère étaient réfugiés à la Rochelle, bien plus voisine que Nîmes d'ailleurs du lieu de sa mort.

(2) Son clocher date de cette époque ; on en peut voir la description détaillée dans Massiou, *Hist. de la Saintonge et de l'Aunis,* t. I, p. 167. Les quelques débris qui existent encore de l'ancien portail attestent de quelle richesse devait être la sculpture de cette belle église.

ne conservant que le clocher pour servir de lieu d'observation et d'ouvrage de défense. En septembre 1650, le commandan. de la Rochelle, du Dognon, qui avait embrassé le parti de Condé, fit rompre les voûtes et les planchers du clocher, pour empêcher qu'on y plaçât du canon de façon à battre les tours de Saint-Nicolas et de la Chaîne, dans lesquelles il s'était fortifié. En 1633, les paroissiens, manquant de ressources pour rebâtir leur église, avaient obtenu de l'évêque de Saintes l'autorisation de faire célébrer le service divin « en une chapelle qu'ils avoient fait accommoder sous le clocher, » en prenant l'engagement d'employer exactement les deniers de leur fabrique à la reconstruction d'une nouvelle église. Les travaux n'en purent être commencés qu'en 1650; ils durèrent neuf ans : moins d'un demi siècle après, elle devenait la proie des flammes. Celle qui existe aujourd'hui ne date que de 1718. (*Masse. — Jaillot.*) — V. *18 mai.*

29 Mai.

1614. — *Un mariage sous peine de mort.* — Un sieur Villiers avait séduit une jeune fille, en lui promettant mariage ; mais quand elle lui avoua qu'elle ne pouvait plus cacher sa faute, il refusa de remplir ses engagements. Le père ayant poursuivi le séducteur devant le présidial, Villiers fut condamné à épouser la fille, si non... à être pendu. Il fit appel : le parlement de Paris confirma la sentence. Ramené à la Rochelle, Villiers réussit à s'évader ; il est bientôt repris et sommé d'avoir à exécuter le jugement dans le délai de huit jours. Il refuse, demande du temps : on est inexorable. Enfin la veille de l'expiration du délai, il se décide à opter pour le mariage, et reçoit la bénédiction nuptiale le *29 mai*, au temple de Saint-Yon. (*Merlin.*)

1702. — Incendie du vaisseau le *Brillant*, de 80 canons, au-dessous de Soubise. Plus de deux cents personnes périrent noyées ou brûlées. C'était Abraham Duquesne-Guiton, petit-fils du Maire de 1628 (dont la fille avait épousé Jacob Duquesne, frère du grand amiral), qui devait prendre le commandement de ce vaisseau (1). (*Maudet.*)

(1) Il s'était couvert de gloire, à la fin du siècle précédent, dans un

1792. — Arrêté des officiers municipaux qui prononce l'expulsion de la Rochelle des prêtres non assermentés, et défend l'exercice du culte catholique ailleurs que dans les églises paroissiales. Cette décision avait été prise à la suite des plus déplorables désordres, qui s'étaient passés la veille dans l'ancienne église des Augustins. Le couvent de ces religieux avait été acheté, l'année précédente, par l'huissier Trimouille, au nom d'une association catholique, qui, profitant de l'arrêté du directoire du département autorisant la liberté des cultes *(27 octobre 1791)*, ne se contentait pas d'y faire célébrer (par deux prêtres non assermentés, MM. Jaucour et Merlin,) les exercices de la *religion catholique apostolique et romaine*, mais frondait encore le faible troupeau, qui suivait les prêtres *constitutionnels*. L'arrivée à la Rochelle d'un bataillon républicain, dirigé sur la Vendée, fut l'occasion qui fit éclater l'esprit d'hostilité qui animait les deux partis. Le lendemain de la Pentecôte, pendant l'office du soir, une soixantaine de perturbateurs font invasion dans l'église, y tiennent à haute voix les plus inconvenants propos, et se jetant bientôt à travers les rangs des fidèles, font sauter les coiffes des femmes, arrachent les jupes des autres, donnent le fouet à quelques-unes, brisent les vitraux et le mobilier de l'église, se répandent ensuite dans le couvent, où habitait le sieur Trimouille, mettent sa maison au pillage et le frappent lui-même de trois coups de sabre à la tête. La courageuse attitude de l'ingénieur militaire, M. de Talesis, qui assistait à l'office et qui l'épée à la main alla se placer devant l'autel, réussit cependant à préserver le tabernacle. (*Affiches de la Rochelle. — Mémoires imprimés. — Dupont.*)

30 Mai.

1621. — Aussitôt après l'expulsion des prêtres de l'Oratoire de leur couvent de Sainte-Marguerite (*V. 21 mai*), les protestants s'emparèrent de leur chapelle pour en faire un nouveau

---

combat devant Madras, où avec une flotte de six vaisseaux, il avait remporté un brillant avantage contre quatorze vaisseaux anglais et hollandais. (*Mercure galant du mois d'août 1694.*)

temple (1), et le ministre de la Chapellière y fit le premier prêche le dimanche *30 mai. (Regist. des bapt. protest.)*

1628 *(Siège de).* — Les députés Rochelais, Bragneau et Gobert n'ayant pas réussi, *quelques remontrances, prièces et supplications qu'ils luy eussent pû faire*, à déterminer l'amiral anglais à tenter le moindre effort pour sauver la Rochelle *(V. 11 mai)*, étaient partis pour l'Angleterre, afin d'exposer au Roi la lâche conduite de d'Embigh. Au récit qu'ils lui firent de l'afreuse situation de la Rochelle, Charles Ier, aussi ému qu'indigné, entraîna Gobert près d'une fenêtre et *s'appuyant sur son épaule et pleurant à chaudes larmes*, lui demanda *quel sujet avoient donc eu ses gens de se retirer et d'abandonner ceste pauvre ville.* Il fit aussitôt assembler son conseil, voulut que les députés y fissent eux-mêmes le récit de ce qui s'était passé, et il fut résolu qu'on dépêcherait un gentilhomme à d'Embigh, pour lui intimer l'ordre de retourner dans la rade de la Rochelle et d'y attendre les renforts qu'on allait s'empresser de lui expédier. Le *30 mai*, le roi d'Angleterre écrivait aux Rochelais la lettre suivante : « Messieurs ne vous déconfortez pas, encores que ma flotte soyt retournée ; tenez bon jusques au dernier jour, car je suis résolu que toute ma flotte périra plustost que vous ne soyez secourus. A cet effet je l'ay contremandée et ay envoyé navires pour luy faire changer son desseing qu'elle auroit pris de revenir. Je vous envoie promptement quantité de vaisseaux pour la renforcer. Avec l'ayde de Dieu, j'espère que le succès sera heureux pour votre deslivrance. Cependant donc prenez bon courage et vous confiez en la foy de vostre bon amy, *Charles.* » *(Mervault.)* — Vaines promesses, que devaient suivre les plus cruelles déceptions !...

31 Mai.

1562. — Déjà depuis deux mois avait commencé, au nom

---

(1) Les protestants avaient alors trois autres temples : *le grand Temple*, terminé depuis 1603, sur la place du château ; *la salle St-Yon*, dans l'ancien couvent des Augustins, et *la salle Gargouillaud*, dans la rue de ce nom. Ils ne se servaient plus de la salle Saint-Michel, où siégeait le conseil *des quarante-huit*. On s'étonnera moins de ce qu'ils

de la religion d'un Dieu de paix, la plus horrible guerre civile des temps modernes. Condé, *le chef et conducteur* des protestants, et le maréchal de Saint-André, l'un des *triumvirs* catholiques, avaient chacun de leur côté cherché à gagner les Rochelais à leur parti ; mais la réforme avait fait trop de progrès à la Rochelle, pour que la voix du fanatique catholique pût y être écoutée et les protestants Rochelais, trop nombreux pour avoir à redouter les sanglants excès dont leurs co-religionnaires avaient été victimes dans plusieurs villes, n'avaient pas eu assez de confiance dans le succès de la prise d'armes de Condé et de Coligny, pour se ranger ouvertement sous leur drapeau. Ils s'étaient bornés à leur envoyer des subsides, en se maintenant dans une sorte de neutralité apparente. Ils n'échappèrent pas cependant à cette fureur iconoclaste qui, se répandant presque en même temps dans toutes les cités où dominait le protestantisme, voua à la destruction et à la profanation les plus riches ornements des églises, les plus beaux chefs-d'œuvre de sculpture et de peinture, les tombeaux les plus respectables et les plus vénérés (1). Le *31 mai* (2) avait été le jour fixé pour une communion générale, qui devait avoir lieu, avec la plus grande pompe, sous une vaste tente dressée sur la *grande place du Foin* (3). Un grand nombre d'hommes armés avaient été chargés de garder les avenues de la place, pendant qu'une troupe de cavaliers parcouraient les rues, pour empêcher que les catholiques n'essayassent de troubler

eussent besoin d'un quatrième temple, quand on saura que d'une enquête faite en 1618 il résulte que les protestants formaient les dix-neuf vingtièmes de la population et que leur nombre allait toujours croissant.

(1) Cette sorte de frénésie avait commencé, au mois d'avril précédent, à Orléans et avait bientôt gagné Rouen, Lyon, Caen, Bourges, Tours, Poitiers, &. Elle était telle que, Condé ayant mis en joue un homme qui travaillait à jeter bas *une image bien haut montée*, en le menaçant de faire feu s'il ne s'arrêtait : « Monsieur, lui cria cet homme, ayez patience que j'abatte cette idole, vous me tuerez après. » *(H. Martin.)*

(2) Cette date est celle donnée par nos annalistes ; la chronique de Langon attribue à ces déplorables scènes de dévastation celle du 7 juin.

(3) Arcère confond à tort la place du Foin avec celle de la *Bourserie* ; celle-ci, agrandie depuis, est devenue la place Barentin, tandis que la première qu'on appelait aussi de la *Citadelle*, se trouvait à l'extrémité de la rue Verdière, vers la rue Saint-Jean. *(A. Barbot.)*

cette solemnité religieuse. Sept ou huit mille personnes participèrent à la cène, et parmi elles le gouverneur Jarnac lui-même (1). Après les hommes de pied, « la cavalerie, prenant la peine seulement de mettre pied à terre, s'approcha de la salle des nouveaux pasteurs et l'espée au costé, les esperons aux talons, la cuirasse sur le dos, reçurent le pain de la cène avec des applaudissements extraordinaires comme à d'autres Josuez... Ces soldats de la nouvelle église assemblèrent, après leur cène, tous les forbannis d'ailleurs, qui estoient réfugiez en la ville, tous les esprits perdus, libertins et mutins, pour en faire la troupe fidelle des destructeurs et voleurs des églises. Entre eux ils élizent un de leurs prophètes, appelé la Vallée, inconnu que par ses malices et mutineries diaboliques. Ce meschant aussitôt qu'il est capitaine mène ses gens droit aux églises et attaque premièrement Jésus-Christ dans ses tabernacles ; ils les renversent par terre et foulent son corps sous les pieds, brisent ses images, bruslent ses meubles, pillent ses maisons.... » « Et coupèrent aussy un sépulchre, fait en mémoire de la sépulture de J.-C., duquel un marchand Espaignol voulust bailler 4,000 escus et ne luy fust oncques baillé, mais mis en pièces. » N'était-ce pas plutôt la magnifique plaque de cuivre ciselé, qui couvrait le tombeau des fondateurs de la riche chapelle des sires de la Gravelle, dans l'église des religieux Dominicains ? *(L'entrée de la R. P. R. à la Roch. — Am. Barbot. — Ph. Vincent. — Bruneau. — Chron. de Langon. — La Popelinière. — Arcère.)*

(1) Non seulement Jarnac, le président du présidial, d'Angliers, le maire, J. Pineau, mais encore *beaucoup de ceux du corps de ville et la plus grande et saine partie des habitants*, dit A. Barbot, *faisoient profession de la religion réformée.*

MOIS DE JUIN.

1ᵉʳ Juin.

1350. — La plus grande partie du commerce par terre de la Rochelle se faisait alors par Marans, dont Régnault de Pressigny était seigneur. Les Rochelais s'étant plaints des droits exorbitants que ses officiers exigeaient pour le passage des marchandises, Régnault de Pressigny leur accorda, à cette date, des lettres d'exemption de tous droits sur leurs denrées et marchandises, à l'exception toutefois de huit deniers *par fardeau d'écarlate*. (*A. Barbot. — Invent. des privil.*)

1551. (1) — Installation du présidial par Mᵉ Almanoy-Bouchard, maître des requêtes ordinaire de l'hôtel du Roi. (*Bruneau.*) Le présidial avait été créé par l'édit du mois de mars de la même année, au grand mécontentement du corps de ville, dont il devait restreindre les attributions judiciaires et avec lequel il fut sans cesse en lutte. Il se composa d'abord de sept conseillers, d'un lieutenant-général et d'un lieutenant particulier. Six ans après, le lieutenant-général, Claude d'Angliers, fut nommé président ; et comme ces charges judiciaires se vendaient, on porta successivement à trente le nombre des magistrats, bien moins dans l'intérêt du service que pour se procurer

---

(1) Bruneau donne la date de 1552, qui est nécessairement erronnée ; l'enregistrement de l'édit étant du 6 avril 1551, on ne s'expliquerait pas pourquoi on eut attendu plus d'un an pour l'installation des magistrats ; mais nous avons vu d'ailleurs que la terrible sentence, rendue par le présidial contre Couraud et ses deux co-accusés, était du 10 mai 1552 : l'installation avait dû nécessairement la précéder.

de l'argent. Le présidial tint d'abord ses séances dans l'*auditoire royal*, situé sur l'emplacement même où est construit le palais de justice actuel. Son premier sceau se composait de l'écu de France, à six fleurs de lis, entre deux tours battues des flots, représentant sans doute celles de l'entrée du port. On lisait au-dessous de l'écusson la date de 1553, et cette légende à l'entour : *Sigillum sedis presidialis Rupellensis* (sceau du siège présidial de la Rochelle). Sa circonscription comprenait, outre la ville de la Rochelle, quatre-vingt-sept paroisses composant le gouvernement d'Aunis ; en 1705, on en détacha plusieurs, pour former le siège royal de la nouvelle ville de Rochefort. (1) (*V. 26 avril et 6 mai.*)

1586. — Arrivée du roi de Navarre (Henri IV) à la Rochelle, *où il se délibéra de faire son principal séjour*, dit Sully, dans ses mémoires. Si dans sa vie guerroyante et vagabonde, il ne séjournait bien longtemps nulle part, il est certain qu'entre ce moment et celui où il fut appelé à la couronne de France, la Rochelle devint son véritable domicile. Il habitait, paraît-il, une vaste maison, sur l'emplacement de laquelle a été bâti depuis l'ancien évêché, devenu la bibliothèque de la ville, et que l'on appelait alors le *palais royal* ou le *grand logis*.

1773. — Le *palais épiscopal étant dans un état de vétusté et peu commode*, Mgr Emmanuel de Crussol avait été autorisé, par arrêt du conseil du Roi, à le faire reconstruire. Il avait dû en conséquence, faire transporter les archives de l'évêché dans la bibliothèque du séminaire, situé sur l'emplacement de l'ancien hôtel de Marsan, dans la rue Dompierre (actuellement de Fleuriau). Dans la nuit du 1er au 2 juin, le feu fut mis volontairement dans la partie du séminaire où avait été placé ce précieux dépôt, dont on ne put rien sauver. Les chartes de donation de l'ancien comte de Poitou, Guillaume, aux abbés de Maillezais, les titres originaux de l'érection de l'abbaye de Maillezais en Évêché, ceux concernant la translation de cet Évêché à la Rochelle, une quantité d'actes d'inféodation, d'aveux, de dénombrements, de baillettes, &., furent entièrement

(1) On trouvera de plus grands détails sur le présidial dans ma XXe *Lettre Rochelaise*.

consumés par les flammes. L'incendiaire, domestique congédié du séminaire, fut lui-même condamné au supplice du feu. *(Reg. du présidial.)*

2 Juin.

1469. — Lettres-patentes de Louis XI, confirmant aux nobles et *francs archers* de la Rochelle, le privilége de ne pouvoir être appelés à servir ailleurs que dans leur ville, bien que possédant fiefs et arrière-fiefs en Aunis, Saintonge et Poitou. *(Bruneau.)* Dès l'année 1211, Jean d'Angleterre avait exempté les Rochelais de tout service militaire en dehors de la Rochelle, afin que leur ville fut toujours suffisamment gardée et pourvue de défenseurs. *(Collection des priviléges.)*

1638. — Une question sur laquelle les protestants et les catholiques de la Rochelle étaient fréquemment en discussion était celle de la tenture des maisons le jour des grandes processions de l'église, obligation à laquelle les premiers refusaient de se soumettre. (1) A quoi qu'ils eussent obtenu de Louis XIII d'en être dispensés, ils avaient consenti, pour les processions de la Fête-Dieu et de l'octave de 1638, à ce que l'intendant pourvût, à leurs frais, à la tenture de leurs maisons. Celui-ci en chargea les juges de police, qui traitèrent au prix exorbitant de douze mille livres. Les protestants se récrièrent sur l'élévation de ce chiffre. Les *dixainiers*, mandés par l'intendant, déclarèrent que dans le peu de temps qui leur restait, il était impossible qu'ils pussent se procurer les douze ou quinze mille draps nécessaires. Alors M. de Villemontés rendit, à la date du *2 juin*, une ordonnance par laquelle, *sans tirer à conséquence pour l'avenir*, les protestants, demeurant sur la ligne que devait parcourir la procession, seraient tenus de fournir des *linceulx blancs* en quantité suffisante pour ladite tenture. (*Ms. pièces fugitives.)*

3 Juin.

1246. — Alphonse, comte de Poitou, auquel Saint-Louis,

(1) Le ministre Admyrault soutenait qu'on ne pouvait le faire sans prévariquer, mais le ministre Ph. Vincent disait que, sans approuver le but, on devait déférer aux ordres de l'autorité.

son frère, avait donné la Rochelle en apanage, renonce au *sixte* du vin qu'il avait droit de percevoir sur toutes les vignes du *grand fief d'Aunis*, moyennant une redevance fixe de douze sols deux deniers tournois par quartier. (1) *(Dom. et droits du Roy, de Barreau.)*

1581. — A cette date le roi de Navarre (Henri IV) écrivait au corps de ville : « Messieurs, j'ay entendu que, au mesprys de l'édict de pacification faict par le Roy, mon seigneur, un nommé Popellynière, qui demeure pour le présent en vostre ville, a faict un livre contre la religion réformée et aussy contre ceulx de nostre maison ; lequel il a faict imprimer en vostre ville par vostre imprimeur qui est... D'aultant que je scay que estiez désireulx du bien et repos de cest estat et zélateurs de la religion contre laquelle ledict livre est faict, et aussy aïant à cœur l'honneur de nostre maison, pour y avoir trouvé faveur et adsistance quand vos affaires l'ont requis, je vous ai bien voullu escripre les présentes.... pour vous prier, Messieurs, voulloir faire *telle et si exemplaire justice d'ung Popellynière et de vostre imprimeur, qu'elle donne occasion de retenyr les aultres en leur debvoir ;* que si telles choses estoient souffertes, cela feroyt que ung chascung se enhardiroit à faire le semblable, pour l'espérance qu'ilz auroient de demeurer impunis.... De Nérac, ce 3ᵉ jour de juin 1581, votre affectionné amy, Henry. » Cet écrivain, dont le prince parle avec tant de dédain, était cependant le vaillant capitaine, qui avait plus d'une fois combattu à ses côtés, et qui portait noblement sa double devise : *Dieu est mon rempart — pacis et belli artibus ;* l'imprimeur dont il avait oublié le nom, était Abraham Haultin, de la célèbre famille d'imprimeurs Rochelais, dont les belles impressions pouvaient rivaliser avec celles des Etiennes. Enfin ce livre qu'on prendrait pour un violent pamphlet, d'après les termes dans lesquels en parle Henri, qui sans doute ne l'avait pas lu, est l'*Histoire de France, enrichie des plus notables occurences depuis 1550 jusqu'en 1577,* dont l'Estoile lui-même, l'historiographe d'Henri IV, parle ainsi dans son journal : « Si les der-

---

(1) Le *quartier* était alors de cinquante-deux carreaux et le *carreau* de quatre-vingt-huit pieds carrés.

niers livres de son histoire eussent répondu aux premiers, on l'eust pu justement appeler le premier et le dernier historiographe de nostre temps, et qui avec plus de hardiesse, liberté et vérité (dont il cuida courir fortune de sa vie, à la Rochelle, en ayant reçeu pour paiement un coup d'espée au travers du corps), *sans flatterie et sans dissimulation* a traicté ce notable subjetc. » L'ouvrage de la Popelinière, soumis à la censure du consistoire, y subit de nombreuses mutilations (1) et l'auteur fut déclaré indigne d'être admis à la cène. *(Fillon,* Etudes numismatiques.) — *V. 20 février et 13 mai.*

4 Juin.

1713. — Grandes réjouissances à l'occasion de la paix d'Utrecht, qui fut publiée à tous les cantons de la ville, par le maire Jean Trahan, l'un des trésoriers de France ; il était à cheval, ainsi que les tambours et trompettes qui le précédaient. L'hôtel du bureau des finances, qui servait d'hôtel de ville *(V. 8 avril),* avait été magnifiquement décoré ; dans la cour, dont les arbres, le soir, resplendirent de mille feux, coulait une fontaine de vin, ce complément obligé des fêtes de ce temps. *(Ms. de la biblioth.)*

5 Juin.

1574. — Nous avons vu qu'à la voix de La Noue, les Rochelais s'étaient soulevés en faveur du duc d'Alençon (*V. 26 janvier*) ; que, malgré la faiblesse ou la trahison des chefs du parti, ils s'étaient emparés de plusieurs places importantes ; qu'ils avaient formé une confédération avec les provinces de Poitou, Saintonge et Angoumois, et que gentilshommes, capitaines et bourgeois avaient pris l'engagement solennel de ne jamais abandonner la cause commune. (*V. 24 févr. et 11 mars.*) Les Rochelais, sous l'active impulsion de La Noue, avaient en

---

(1) La bibliothèque de la Rochelle possède le premier volume de l'exemplaire expurgé par le consistoire, et les passages condamnés, dont aucun ne se rapporte d'ailleurs à la maison de Bourbon, ne semblaient guères de nature à exciter la susceptibilité religieuse ou de famille du roi de Navarre.

cinq semaines armé soixante-dix bâtiments de différente grandeur pour courir sur tous navires Espagnols, Portugais, Basques, Bretons, Normands et d'autres populations catholiques. Dominant la mer depuis le Pas-de-Calais jusqu'au détroit de Gibraltar, cette nombreuse flotille devint bientôt la terreur de toutes les villes de commerce maritime. Ses expéditions furent si heureuses et ses captures si nombreuses, que le cinquième du butin, attribué par moitié à la ville et à la caisse de la confédération, suffit pour subvenir aux grandes dépenses de toutes deux. (1) Néanmoins les amis de la paix, les principaux négociants surtout s'affligeaient de cette guerre de corsaires qui, disaient-ils, rendait le nom des Rochelais et celui des réformés odieux; ils profitèrent de la mort de Charles IX (30 mai) pour demander qu'on cessât les hostilités, puisque l'avènement d'un nouveau prince devait rassurer contre les justes alarmes qu'avait pu inspirer le gouvernement de l'auteur de la Saint-Barthelémy. Mais dans une grande assemblée, qui fut tenue le 5 juin à l'échevinage, et à laquelle, outre le corps de ville, assistaient un grand nombre de seigneurs, de bourgeois et de protestants des provinces confédérées, on leur répondit que la politique de la cour ne changerait pas tant que dominerait dans les conseils la reine-mère, l'implacable ennemie des Rochelais et des Églises réformées, et que toutes considérations devaient se taire devant la nécessité et le devoir de défendre les priviléges de la Rochelle et la liberté de conscience. Le parti de la guerre l'emporta à une immense majorité; on se lia par de nouveaux serments : tout ce que les partisans de la paix purent obtenir fut qu'on ne traiterait pas en ennemis les catholiques qui, n'ayant participé à aucune hostilité contre les protestants, viendraient à la Rochelle pour y trafiquer. (*Barbot.* — *Vie de La Noue.*)

(1) Les *congés* ou lettres de marque, qui étaient délivrés aux armateurs, étaient signés par La Noue, *par autorisation du conseil extraordinaire* et par le Maire de la Rochelle, et scellés du sceau de la commune. Les commissions générales relatives aux milices, finances, justice et police, portaient en tête : *Nous, seigneurs, gentilshommes et autres de la religion réformée des pays de Poitou, Xaintonge, Angoulmois, ville et gouvernement de la Rochelle*, et elles étaient signées de René de Rohan, de La Noue, de François de Pons et du Maire de la Rochelle, et scellées du sceau de chacun d'eux. *(A. Barbot.)*

6 Juin.

1588. — Pour éviter des abus non moins contraires au secret des votes qu'à la dignité des élections municipales, il était interdit de faire aucun signe sur les bulletins (*Statut de 1407*) ou d'y écrire autre chose que les nom et prénoms des candidats (*Statut de 1582*). Malgré cette dernière prohibition, il fut trouvé dans la *scrutine*, à l'élection du Maire de 1588, un bulletin portant ces mots : *M. Odet de Nort, pape de la Rochelle, et ruineux d'icelle par son ambition*. (1) Le coupable était Jean Salbert, l'ancien Maire de 1568 et de 1569, l'un des personnages les plus importants de la commune. (*V. 25 mars*.) Honteux de sa faute, en voyant l'émotion qu'elle avait causée dans le corps de ville, il se dénonça lui-même et fit amende honorable, d'abord devant ses collègues, et le dimanche suivant, *6 juin*, publiquement en la salle Saint-Yon, à l'issue du prêche. (*Baudouin*.)

7 Juin.

1627. — Les gens du Roy voulurent faire publier la déclaration de Louis XIII, portant défense de trafiquer en Angleterre ni avec les Anglais ; ceux de la maison de ville s'y opposèrent, disant que cela « estoit contraire à leurs priviléges, et fust résolu par ceux du présidial qu'ils en escriproient au Roy pour avoir sur ce sa volonté » (*Colin*). Les rivalités jalouses de Richelieu et de Buckingham avaient brouillé la France avec l'Angleterre. L'un avait passé avec l'Espagne un traité par lequel il s'obligeait à s'associer à tout ce que tenterait cette puissance contre la Grande-Bretagne, fut-ce même une descente

---

(1) Merlin cite le quatrain suivant, écrit sur un bulletin de l'élection de 1603, sans dire à quels personnages il fait allusion :

> *D'un Oreste, triste et pasle*
> *D'un altéré Tantale*
> *Et d'un Tarquin la gloire*
> *Je chante la mémoire.*

L'année suivante, un autre bulletin portait : *Jⁿ Salbert, l'avaritieux ; Jⁿ Sarragan, l'ignorant ; Paul Yvon, l'ambitieux*. Le premier, fils du Maire de 1568 fut élu ; le second le fut trois ans après ; le fantasque seigneur de Laleu ne le devint qu'en 1616. (*V. 7 Janvier*.)

en Angleterre ; l'autre, qui n'avait cessé d'entretenir des relations avec les huguenots de France, après s'être assuré du concours des deux frères Rohan et Soubise, leurs chefs, avait pris l'initiative de la rupture et avait fait saisir toutes les marchandises et navires français qui se trouvaient en Angleterre, en interdisant désormais tout commerce avec la France. La déclaration de Louis XIII, dont le corps de ville ne voulait pas permettre la publication, était la réponse de Richelieu au ministre Anglais. Les magistrats Rochelais formaient leur opposition sur leurs priviléges qui leur permettaient de trafiquer en temps de guerre, même avec les ennemis (*V. 25 mai*). Rien ne prouve qu'ils fussent dès-lors, comme on les en a accusés, d'intelligence avec Rohan et Soubise, ni disposés à seconder les efforts que les Anglais pourraient tenter sur ces côtes ; mais il était facile de prévoir que ce nouveau grief, venant s'ajouter à tous ceux qu'ils avaient déjà contre la cour : à son refus de raser le *Fort Louis*, malgré ses engagements ; à la perception de droits d'importation et d'exportation, dont les exemptaient leurs franchises ; à la persuasion où ils étaient que dès qu'il se sentirait assez fort, Richelieu était décidé à s'emparer de leur ville, *cette citadelle de la rebellion et de l'hérésie*, &. : tant de causes de mécontentement devaient entraîner les Rochelais à profiter des circonstances pour renouveler avec plus de force leurs réclamations et, s'il n'y était fait droit, accepter l'appui de l'Angleterre pour la défense de leur foi religieuse et de leurs priviléges. Le moment était venu où le *fort prendrait la ville ou la ville le fort*.

8 Juin.

1711. — Duguay-Trouin démarre de la rade de Chef-de-Baie pour l'expédition de Rio-Janeiro. Son escadre se composait de six vaisseaux de ligne, de cinq frégates et de deux *traversiers Rochelais*, équipés en galiotes et portant chacun deux mortiers. (*Arcère.*)

1794. — Célébration à la Rochelle, de la *Fête de l'Être suprême*. « Une *horloge décimale*, placée à la commune, sonna pour la première fois, ce jour-là, la première heure de ce beau jour. » Ainsi commence le récit emphatique d'un fervent disciple du culte *Robespierrien*. Le cortège sortit de l'Hôtel-de-Ville, précédé de tambours, de groupes de *sociétaires* et de citoyens portant le ruban tricolore en sautoir. Les gardes nationaux accompagnaient le char, sur lequel trois belles citoyennes représentaient la *Liberté*, l'*Egalité* et la *Victoire*. Un groupe de villageois et de villageoises, tenant à la main des instruments aratoires, entouraient une jeune femme personnifiant la *Terre*, devant laquelle était une charrue *chargée des dons de la nature*. Derrière elle, s'avançait le char des *Vertus*, escorté des *quatre âges* : la *Bienfaisance* couvrait de son manteau un vieillard et un enfant ; la *Fidélité* caressait un chien placé sur ses genoux ; la *Tempérance* portait à la main le frein symbolique ; la *Modestie* se dérobait aux regards sous un long voile, et la *Justice* tenait d'une main la balance et de l'autre le glaive. *Du haut du char, la Raison semblait présider à la fête*. Au-dessus d'elle un enfant, symbole de la *Vérité*, déployait une banderolle avec cette inscription : *A l'Etre suprême ; son culte est la vertu, l'univers est son temple*. Des deux côtés du char marchaient sur deux files les autorités civiles et militaires. Venaient ensuite de nombreuses mères de familles (*dont plusieurs annonçaient une heureuse fécondité*), conduisant leurs jeunes enfants *sur la trace des vertus*. Une foule de citoyens et de citoyennes, *indistinctement mêlés*, fermaient la marche. *L'air retentissait de chants religieux, qui respiraient une piété sublime. Rien de plus imposant que ce nombreux cortège*, qui après avoir parcouru une partie de la ville, arriva sur la place du *10 août*, au bruit des salves d'artillerie. Les *vertus* se placèrent alors sur une estrade, décorée des attributs des arts et métiers, de manière à dominer tous les spectateurs. Après un discours, dans lequel l'orateur s'efforça de faire comprendre à la foule le but de ces fêtes, *instituées pour rappeler l'homme à la pensée de la Divinité et à la dignité de son être*, le cortège se rendit dans le *temple de la Raison*, qui retentit de nouveaux chants d'allégresse. Dans l'après midi, d'autres discours furent prononcés au lieu des séances de la *Société populaire*, où on exécuta *un hymne à la Divinité, mis en musique par le citoyen Crouzet*. Le soir, des pièces patriotiques furent représentées au théâtre et *un bal civique, où assista la Modestie, termina gaîment cette heureuse journée. (Affic. de la Rochelle.)*

9 Juin.

1572. — Mort à Paris de Jeanne d'Albret, empoisonnée, dit Amos Barbot, comme la plupart des historiens protestants, en *sentant des gants de fleurs, préparés par un nommé René, florentin, parfumeur ordinaire de la Reine-mère*. Après un séjour de près de quatre années à la Rochelle, entraînée par les assurances de Coligny, qu'avaient gagné les prévenances empressées et les belles promesses de la cour, la Reine de Navarre, malgré les trop justes appréhensions des Rochelais, avait quitté leur ville, à la fin du mois de mars précédent, pour aller assister aux préliminaires du mariage de son fils avec la princesse Marguerite, sœur du Roi. Elle avait été devancée par Henri, par le prince de Condé et le comte de La Rochefoucaud, qui avaient voulu se *mettre en équipage convenable pour la cour et ledit mariage*. Elle partit accompagnée de Ludovic de Nassau et *de grand nombre de noblesse*, après avoir adressé aux Rochelais tous ses remerciements de leur concours généreux et dévoué, et leur avoir exprimé sa reconnaissance du service qu'ils avaient rendu au parti en offrant leur ville pour asile aux chefs protestants pendant les troubles précédents. Le mariage d'Henri de Bourbon fut célébré le 18 août suivant; six jours après sonnait le glas funèbre de la Saint-Barthelémy!... (*A. Barbot. — Bruneau.*)

1614. — « Le lundy, 9e de juin, fust faicte la dédicace du palais neuf par belles harangues que firent M. de la Goute, advocat du Roy, et M. le président (*Jn Pascaud*), avec plusieurs vœux envers la majesté divine pour obtenir ses faveurs, avec louanges et remerciements faits à leurs Majestés, exhortations sérieuses aux bourgeois à vivre en paix. »(*Merlin*)—*V. 29 mars.* C'était le palais de justice qu'Henri IV avait fait construire à ses frais, en souvenir de l'affection et du dévouement que lui avaient toujours montrés les Rochelais. La façade, comme presque toutes celles des monuments de ce temps, était bâtie mi-partie briques et pierres de taille; elle était percée de six vastes fenêtres et soutenue par huit piliers octogones, formant arcades, dont les pilastres, d'ordre ionique, correspondaient, au premier étage, à d'autres pilastres d'ordre corinthien. Sur le fronton, deux statues assises, représentant la Justice et la Force, soutenaient l'écusson de France. Au milieu d'un immense cartouche, qui occupait le centre de la façade, étaient encore sculptées les armes de France et de Navarre, séparées par un glaive renversé, autour duquel s'enroulait un serpent, et surmonté d'une couronne royale. Deux cariatides symboliques, dont le corps se terminait en gaîne, en formaient les côtés, et au-dessous se lisait cette inscription : *Du règne de Henry-le-Grand IVe du nom, Roy de France et de Navarre, cet édifice a esté basty par sa munificence, MDCIV.* A chacun des piliers, dont les côtés étaient taillés à facettes de diamant, était scellée une chaîne de fer, terminée par un carcan pour l'exposition des condamnés. Enfin, au-dessus d'une large corniche à modillons, régnait un grand toît d'ardoise, surmonté d'énormes fleurs de lis dorées, et à l'angle sud s'élevait un petit campanille, renfermant une horloge. *(Masse.)* (1)

De ce vieux monument élevé sur l'emplacement de l'antique *auditoire du Roi*, il ne reste plus que quatre portes intérieures, dont les sculptures ont probablement contribué à faire croire à *l'historien de la Saintonge et de l'Aunis* que la façade du palais actuel, qui ne date que de la fin du siècle dernier, était celle de l'ancien palais construit sous Henri IV.

10 Juin.

1604. — « Sur les dix à onze heures du matin, est tombée sur la ville de la Rochelle et quelque peu autour d'icelle une telle abondance de gresle et si grosse que de mémoire d'homme ne s'en estoit veu de telle : il y en fust veu *grosse comme ung bal de paulme et comme le poing.* » *(Guillaudeau.)*

1653. — Le cardinal Mazarin est nommé lieutenant-général au gouvernement d'Aunis, île de Ré, ville et gouvernement de la Rochelle. *(Arcère.)*

---

(1) Voir pour la distribution intérieure du palais et les différentes juridictions qui y siégeaient ma *XXe Lettre Rochelaise*.

1695. — Naissance de *René-Josué Valin*, fils de Mᵉ Josué Valin, avocat au présidial (1), et de Geneviève Ligonnière. (*Reg. de la paroisse de St-Barth.*) Après avoir fait ses études de droit à Poitiers, notre illustre compatriote avait prêté serment d'avocat devant le présidial de la Rochelle, le 11 juillet 1715 ; mais « soit défiance de lui-même, soit difficulté de porter la parole en public, dit M. Bernon de Salins, dans l'éloge qu'il prononça à l'Académie de la Rochelle, après la mort de Valin (23 août 1765), il recula toujours devant la plaidoirie et se borna aux travaux de cabinet. » Il acheta la place de procureur du Roi à l'amirauté de cette ville et se voua dès lors à l'étude approfondie des lois maritimes. Tout le monde sait que son *Commentaire sur l'Ordonnance de la marine* ne tarda pas à acquérir une réputation européenne et que ses décisions furent trouvées si judicieuses et si sages qu'elles acquirent presque l'autorité des lois non-seulement en France, mais chez la plupart des nations maritimes. Il avait précédemment publié un *nouveau Commentaire sur la coutume de la Rochelle et du pays d'Aulnis*, en trois volumes in-quarto. Il remplit aussi les fonctions de *procureur du Roi de la ville,* jusqu'au moment où cette place fut supprimée.

Valin est né dans la maison qui forme l'angle Nord-Est des rues Monconseil et de l'Évêché, et qu'il habita pendant sa vie. On raconte qu'à l'époque à laquelle on construisit l'hôtel de l'Intendance (naguères de la gendarmerie), on sacrifia la régularité de l'édifice pour respecter la demeure du savant vieillard, affligé de douloureuses infirmités. C'est là évidemment une fable, car cet hôtel a été construit pendant la jeunesse de Valin, et agrandi en 1737, alors qu'il n'avait encore que 42

---

(1) Cette mention de l'acte de baptême, signé par le père de Valin, contredit l'assertion de M. Bernon, qui prétend qu'il était fils de *René Waslin*, président au siège royal de Rochefort. Il ajoute que le père de celui-ci était un négociant de Hollande, qui, chassé de sa patrie par les troubles religieux, s'était réfugié en France et fixé tout d'abord à l'île de Ré. Sans contester l'exactitude de ces derniers renseignements, je dois dire que, dès 1481, on trouve sur des titres de l'hôpital Saint-Barthélémy, un Régnault Valin, sergent de la cour du scel, et sur un grand nombre d'autres pièces : Régnault Vaslin, notaire (1503) ; Arnault Vallin, bourgeois (1572) ; François Vallin (1573) ; André Vallin (1610), &.

ans. Les armoiries de Valin étaient de *sable à un sautoir d'or*. (*Armor. de la bibl. imp.*) (1)

1702. — Après l'embrâsement du *grand Temple*, qui servait de cathédrale (*V. 9 février 1687*), le chapitre s'était retiré dans l'église de Saint-Barthelémy, que les paroissiens avaient fait reconstruire. Le *10 juin 1702*, l'évêque Frezeau de la Frezilière fit enlever le tabernacle du grand autel de Saint-Barthelémy et le fit transporter à la chapelle de Notre-Dame, disant avoir ordre du Roi de prendre l'église de Saint-Barthelémy pour cathédrale et que désormais elle s'appellerait *Saint-Louis*. Les marguilliers et les paroissiens, aux frais desquels elle avait été relevée de ses ruines, protestèrent énergiquement contre cette usurpation, et les menaces de l'Évêque eurent peine à appaiser les tumultueuses démonstrations qui éclatèrent à cette occasion. On fut obligé de faire droit à leurs justes réclamations, et au mois d'août suivant, il fut décidé que l'église Saint-Barthelémy resterait paroissiale ; que les chanoines cependant continueraient à y faire leurs offices comme par le temps passé et que si l'Évêque mourait avant la construction d'une nouvelle cathédrale, il pourrait être enterré dans le chœur de l'église. Il y fut en effet inhumé au mois de novembre suivant. (*Maudet.*)

11 Juin.

1586. — Depuis le triste traité de Nemours (7 juillet 1585), qui avait consacré le triomphe de la *ligue*, anéanti la liberté de conscience, qui semblait définitivement acquise aux protestants et renouvelé contre ceux-ci les persécutions des plus mauvais jours, les deux principaux chefs des réformés, le Roi de Navarre et le prince de Condé, tous deux excommuniés par Sixte-Quint, s'étaient établis à la Rochelle comme dans la principale place d'armes du parti. (*V. 1er juin.*) Le prince de Condé qui, après son échec devant Angers, s'était réfugié en Angleterre, avait été ramené dans cette ville, au mois de jan-

---

(1) On trouvera de plus amples détails sur la vie et les ouvrages de Valin dans son éloge par M. Bernon de Salins, dans la notice publiée en 1836, par M. A. Beaussant, et dans l'*éloge de Valin*, que M. Gillet-Lepelletier a fait imprimer à Poitiers en 1843.

vier précédent, par les vaisseaux de la reine Élisabeth, qui s'était déclarée ouvertement en faveur des réformés français. Le *11 juin 1586*, il présenta au baptême, comme parrain, le fils du maire Jacques Guiton, oncle du célèbre Jean Guiton. (*Reg. de bapt. des protest. — Hist. des derniers troubles.*)

1628 (*Siège de*). — Avant même la réduction de la ville, Louis XIII « estant au camp devant la Rochelle et désirant gratifier et favorablement traicter les religieux Capucins de la mission de Poitou, en considération des services que, depuis plusieurs années, ils ont rendu en ladite province et spécialement dans la Rochelle et les environs, s'employant par leurs prédications fréquentes à remettre les dévoyés en la communion de l'église et en l'obéissance de S. M., » leur fait don de la maison léguée par Jean de Marsan au corps de ville, pour qu'ils y fassent construire un monastère de leur ordre. (*V. 1ᵉʳ février.*) Dès le lendemain de la soumission de la Rochelle, le père Joseph, dont la haute influence avait sans doute valu à son ordre cette libéralité royale, y célébra la messe, à laquelle le roi assista. Mais cette maison ne lui ayant pas sans doute paru assez vaste pour y établir une communauté, le célèbre capucin obtint de Louis XIII la permission « de choisir telle autre place qu'il jugeroit plus commode, » et du duc de Saint-Simon l'abandon de six arpens de terre, avec la faculté de se servir, pour l'édification du couvent, des matériaux des *bastions, murailles et tours qui étaient entre la porte neuve et la grosse tour du costé de la grande place du cashteau*. En 1689, on prit pour la construction des nouvelles fortifications une partie de leurs jardins et du joli bois qu'ils avaient planté. Le nouveau séminaire occupe actuellement l'emplacement de leur ancien monastère. (*Ms. de la bibl. — Masse.*) — *V. 4 janv. et 9 mai.*

12 Juin.

1472. — Par suite de la cession que Louis XI avait faite de la Rochelle au duc de Guienne (*V. 29 avril*), cette ville se trouvait comprise dans le ressort du parlement de Bordeaux. Après en avoir repris possession, le Roi, par lettres-patentes à cette date, ordonne que « toutes les causes de la ville et gouvernement de la Rochelle, en cas d'appel et de dernier ressort, ressortiront du parlement de Paris et ne pourront être portées ailleurs. » (*Invent. des privil.*)

Par autres lettres-patentes, à la même date, il confirme aux Rochelais les anciens privilèges en vertu desquels ils étaient exempts de tous impôts sur le sel fait dans leurs marais, droits de gabelle ou autres, et avaient pouvoir de contraindre les nobles du gouvernement et autres gens d'armes à venir défendre leur ville en cas de guerre. (*A. Barbot.*)

1531. — Ordonnance du lieutenant général, André Sarrot, qui, après enquête de *commodo* et *incommodo*, autorise les *fabriqueurs* et paroissiens de Saint-Sauveur à agrandir leur église du côté du cimetière de la paroisse, en jetant sur la rue de la Ferté un arceau de quatorze pieds de largeur et de dix pieds de hauteur. Par une délibération du 5 avril précédent, le corps de ville leur avait donné, à cet effet, permission de transporter un peu plus loin l'escalier de pierre placé au coin du cimetière et qui servait à monter sur la muraille de la ville, et même de se servir de cette muraille pour leur église. (*Ms. int. invent. des titres de la fab. de St-Sauv.*) Ce projet d'agrandissement, qui reçut un commencement d'exécution, comme l'attestent plusieurs autres titres de la même époque (1), fut sans doute abandonné, car il n'en est plus fait mention dans les titres postérieurs.

1814. — Le maire, Paul Garreau, accompagné de ses adjoints, de tout le corps municipal et des officiers de la garnison et de la garde nationale, escorté d'une partie des troupes et précédé par quatre pièces d'artillerie, fait la publication, à tous les cantons de la ville, du traité de paix conclu entre Sa Majesté très-chrétienne et les puissances alliées, aux cris de *Vive le Roi ! Vive les Bourbons !* Le soir toute la ville fut illuminée. (*Affi. de la Rochelle.*)

---

(1) Le propriétaire de la *maison de Navarre*, qui touchait le cimetière, ayant intenté aux fabriciens une action pour dégâts faits à sa maison *par les fouilles, desmolition,* &., ceux-ci se déterminèrent à la lui acheter, le 1er septembre 1531, au prix de 5,000 livr. Cette maison et le cimetière, qui est devenu un chantier de bois, existent encore.

1826. — Dans les premiers mois de l'année 1826, quelques notables citoyens avaient eu l'heureuse pensée, non par esprit de spéculation, mais uniquement dans un but d'agrément et d'utilité générale, de doter la Rochelle d'un établissement de bains de mer. La souscription qui fut ouverte, atteignit promptement la somme de 60,000 francs., chiffre fixé pour les dépenses à faire, et le *12 juin* l'acte de société fut passé par le notaire Hérard. Le plan présenté par l'architecte Gon ayant été adopté, on choisit pour la construction du nouvel établissement l'emplacement de la corderie du sieur Vergé, située à l'Ouest de la jolie promenade du Mail. Le 10 juin de l'année suivante, les *Bains Marie-Thérèse* ouvraient au public ses tentes de baigneurs et ses beaux salons de danse. Madame la Dauphine en avait accepté le patronage et ne tarda pas à envoyer son portrait en pied, peint par Robert Lefebvre, et qui, placé dans le salon principal, fut inauguré solennellement le 29 juin 1828, en présence de toutes les autorités ecclésiastiques, civiles et militaires et des notabilités de la ville et des environs. Depuis cette époque, des agrandissements importants et de nombreuses améliorations ont fait des Bains de la Rochelle un des plus jolis et plus agréables établissements de ce genre. (1)

13 Juin.

1373. — Il y avait déjà plus de soixante ans, qu'entre l'évêque de Saintes et les curés des paroisses de l'Aunis d'une part, les Maire et bourgeois de la Rochelle et les habitants de ces

---

(1) L'idée de former à la Rochelle un établissement de bains de mer avait été conçue, dès l'année 1776, par un sieur Beneteau, *régisseur de l'écluse de la porte des Deux-Moulins*. Il voulait établir un ponton flottant de trente-six pieds de long sur quinze de large, auquel on descendrait, par un escalier, de sa maison située entre l'écluse et l'*éperon* qu'on venait de construire. Dans douze cellules, séparées par de simples cloisons de toile, devaient être placées des baignoires de bois avec deux robinets, l'un pour donner et l'autre pour faire couler l'eau. Pour éviter la promiscuité des sexes, le matin était consacré aux hommes et l'après-dîner aux dames. Le prix des bains était fixé à une livre, linge, *feu et bouillon*, après le bain, compris. Le devis des dépenses ayant excédé ses ressources, Beneteau céda son entreprise à deux industriels qui, arrêtés par *des obstacles invincibles*, furent obligés de renoncer définitivement à l'établissement projeté. (*Feuille d'annonces de la Rochelle de 1776.*)

paroisses d'autre part, s'agitait cette grande et importante question des dîmes, qui devait durer un siècle. Ces derniers prétendaient être exempts de payer aucune dîme, en vertu d'un privilège octroyé par Charles-Martel à leurs pères, en récompense de la courageuse assistance qu'ils lui avaient prêtée, pour *expeller et bouter hors les Sarrazins et mécréans, qui avaient envahi la Saintonge et autres pays de France.* Les ecclésiastiques se prévalaient d'une sentence qu'ils avaient obtenue de la cour de Rome, en 1310, par laquelle les habitants de l'Aunis avaient été condamnés à leur payer le dixième de tous les fruits de leurs terres et du sel de leurs marais. Ceux-ci répliquaient qu'ils avaient formé opposition à cette décision rendue par défaut, par suite du meurtre de leur procureur, *occis en chemin par leurs ennemis,* disaient-ils, au moment où il se rendait à Rome. Mais les curés n'en continuaient pas moins de poursuivre l'exécution de la sentence rendue à leur profit, sans reculer devant l'emploi de la force ou la voie de l'excommunication. Les habitants ayant adressé de vives plaintes au roi, Charles V manda au gouverneur de la Rochelle, le *13 juin 1373,* d'enjoindre à l'évêque de Saintes et *aux autres gens d'église d'avoir à cesser toutes leurs exactions et entreprises;* et le Pape, auquel ils avaient envoyé des députés à Avignon, suspendit de son côté l'exécution des sentences d'excommunication, et manda à l'abbé de la Grâce-Dieu d'absoudre ceux contre lesquels elles avaient été lancées. Les gens d'église n'en tinrent aucun compte : Charles V fut obligé, l'année suivante, de déclarer *ennemis du repos public, rebelles et désobéissants au roy,* ceux qui contreviendraient à ses commandements, *en autorisant à courir sus.* (*Invent. des privil. — Man. de la bibliothèque 1107. — A. Barbot.*) Nous verrons plus tard comment se termina ce grand procès.

1568. — Retour à la Rochelle de Dominique de Gourgues, gentilhomme protestant de Gascogne, parti l'année précédente avec trois navires, qu'il avait équipés à ses frais, pour aller venger, à la Floride, l'indigne perfidie et les horribles cruautés dont avaient usé les Espagnols envers la petite colonie que, sous l'impulsion de Coligny, Jean Ribaud et Laudonnière avaient fondée sur ces côtes. Favorisé par les sauvages, qui aimaient les Français et détestaient les Espagnols, de Gourgues avait opéré son débarquement pendant la nuit, surpris les forteresses bâties par Melendez et passé au fil de l'épée tous ceux qu'il y avait trouvés. Puis, comme réponse à l'inscription que ce général avait fait placer au-dessus du gibet du malheureux Ribaud et de ses compagnons : *Pendus, non comme Français, mais comme hérétiques*, il avait fait accrocher les vaincus à des arbres, avec cette autre inscription : *Pendus, non comme Espagnols, mais comme assassins*. Enfin, après avoir ruiné les forts, qu'il ne pouvait garder, il était revenu à la Rochelle, où il fut reçu avec tous les honneurs dûs à son patriotisme et à son courage. (*De Thou. — Arch. curieuses ap. H. Martin.*)

14 Juin.

1573 (*Siège de*). — Le duc d'Anjou avait été élu roi de Pologne, le 9 du mois précédent, et cette nouvelle avait augmenté encore son désir de terminer le siège de la Rochelle, non moins funeste à ses troupes qu'à sa réputation de grand capitaine. La disette, en effet, était aussi grande au camp royal que dans la ville, et les maladies y sévissaient bien davantage (1) : la fièvre, le *flux de ventre et de sang*, les dyssenteries y fesaient d'affreux ravages ; « les blessez et estropiez y estoient si mal traitez et pansez, qu'estant délaissez et abandonnez en la pourriture de leurs playes, ils n'estoient pas seulement infectez, mais rongez par les vers qui s'y mettoient » ; et d'un autre côté, le mécontentement de la noblesse fesait que, chaque jour, quelques-uns des grands abandonnaient le camp sous prétexte d'indisposition ou de maladie. Mais malgré les belles promesses du nouveau Roi, et bien qu'il leur eût fait dire que, s'ils lui envoyaient six de leurs principaux citoyens pour lui demander humblement pardon, *il leur accorderait plus qu'ils n'avoient demandé*, les Rochelais, ne voyant dans ces ouvertures qu'un signe de faiblesse et de découragement, peu confiants d'ailleurs dans la parole du prince, persistaient à ne rien rabattre de leurs prétentions et à exiger, au lieu de

(1) Des feux étaient allumés, jour et nuit, dans les rues de la ville et sur les place, pour purifier l'air et maintenir la santé publique. (*Cauriana.*)

paroles, de sûres garanties. Peu s'en fallut que, ce jour là, le siège ne se terminât par un tragique évènement, qui eut pu avoir pour les destinées de la France d'incalculables conséquences. Le roi de Pologne se trouvant près du fossé de la contrescarpe, avec le duc d'Alençon, le roi de Navarre et quelques seigneurs, un des assiégés, placé sur la muraille, reconnaissant, aux marques de déférence dont ils étaient l'objet, que ce devait être de grands personnages, mit en joue le roi de Pologne. De Vins, son écuyer, en apercevant le feu de l'amorce, se jeta aussitôt au devant du Roi et reçut le coup dans la hanche. (1) Le prince en fut quitte pour voir sa fraise déchirée par une des balles dont l'arquebuse était chargée. (*A. Barbot. — de Thou. — Mém. de l'Estat-d'Aubigné.*)

15 Juin.

1619. — Voici ce qu'un ministre aussi éclairé que Merlin rapporte, à cette date, avec un air de crédule persuasion : « Le Maire a receu advis qu'on vouloit surprendre ceste ville par magie et sortilège, en ensorcelant l'air et faisant tomber en mesmes maladies tous les habitants.... » Jusqu'où pouvait donc aller à cette époque la crédulité des gens moins instruits ?

1791. — Arrêté du directoire du district de la Rochelle, qui supprime deux des paroisses de la ville, et détermine la circonscription des trois paroisses conservées. (*Aff. de la Roch.*) — V. 15 janvier.

1812. — Décret qui approuve la soumission faite, au mois d'août 1810, par les sieurs Racaud frères, pour la construction d'une *tuerie publique* (2), aux charges et conditions qui y sont exprimées, sauf en ce qui concerne la rente à payer à la ville, portée à 1300 francs, conformément à la nouvelle soumission du mois de Janvier précédent. (*Affic. de la Roch.*)

---

(1) « Le coup fut si grand, dit A. Barbot, qu'on estime qu'il n'en a esté guesry que par enchantement. »

(2) Il s'agit de l'Abattoir, qui a été bâti sur le rempart, près du canal de Maubec.

16 Juin.

1545. — Arrivée à Chef-de-Bois de dix-huit galères venant du Levant, destinées à une descente en Angleterre et ayant pour amiral le baron de La Garde. Le même jour, l'amiral, accompagné de ses officiers, vint à la Rochelle où le lieutenant général du Lude leur fit une brillante réception. « Le lendemain le soubz-Maire commanda au *Roy de l'arquebuze* (V. *17 mai*) d'assembler le plus grand nombre des arquebuziers de la ville qu'il pourroit; ce qu'il fit, en moings de deux heures, en nombre de *neuf cents braves hommes arquebuziers*, qui marchèrent en ordre et passèrent devant le logis de mond. seigneur du Lude, tirant chascun leur coup pour saluer lesd. capitaines, dont ils furent fort joyeux. M. du Lude, le soubz-Maire et grand nombre de messieurs *(du corps de ville)* allèrent visiter lesd. galères, lesquelles s'approchèrent fort près de la ville; et fusrent disner dans l'admirale, en laquelle leur avoyt esté préparé un festin fort somptueux; et estoient toutes les galères bien parées, fort richement couvertes et garnyes de plusieurs riches enseignes, chascune des couleurs de leur capitaine. Elles demeurèrent près de la ville plus de huit jours, durant lesquels elles se munirent d'eau, de vin et autres rafraîchissements. » Quelques jours auparavant, était arrivée au même lieu de Chef-de-Bois une grande galère de Marseille avec la même destination, sous le commandement de Pedre de Strozzi, qui avait reçu les mêmes honneurs. « Elle estoit fort richement parée, d'escarlate rouge, à grandes bandes de damas noyr, avec quantité de belles enseignes, esquelles y avoit pour devise un croissant. » (*Baudouin.*)

1600. — « A trois heures après midy, il y a eu un tremblement de terre. » (*Merlin.*)

1706. — Ouverture, à la Rochelle, d'un synode de tous les curés du diocèse. « Il y a été entr'autres choses arrêté que les prêtres ne pourroient avoir dans leur maison que leur mère, sœur ou nièce et point de servantes au-dessous de 50 ans, suivant les anciens canons et décrets, ce qui a fort déplu à beaucoup de curés. » (*Maudet.*)

17 Juin.

1373. — Lettres patentes de Charles V, ordonnant que les matériaux provenant du château de la Rochelle, *lequel auroit esté desmolly de nouveau, fussent emploiés à l'édiffication et aléance du nouvel mur, qui a esté commencé en ladite ville.* (*Invent. des privil.*). — (*V. 22 janvier*) Ce mur, destiné à clore la *petite rive* du côté de la mer, est celui qu'on a appelé depuis la *muraille du Gabut*. Comme les charrettes qui transportèrent les pierres durent traverser le canal de Maubec sur le pont de Saint-Sauveur ou de *Mouclerc*, on en fit ce dicton populaire : *Par dessus le pont Mouclerc a passé le château Vauclerc.*

1573 (*Siège de*). — Les ambassadeurs de la Pologne étant venus au camp de la Rochelle saluer leur nouveau Souverain, et lui présenter les hommages de ses sujets, y avaient été reçus aux acclamations de l'armée royale et au bruit de toute l'artillerie. « *Le 17, Monsieur* monta sur mer à Chef-de-Baye, et là fut couronné Roy de Pologne en grande magnificence. » (*Hist. des deux derniers sièges*). (1) « Les Poulonnais, dit Brantôme, pressèrent si près tant leur nouveau Roi esleu de s'en aller en Poulongne, que la Royne, esperdue de joye de son fils Roy, lui manda de faire une capitulation à la Rochelle quoi qu'il fust. » Ce fut une consolation pour son amour-propre de paraître accorder par des considérations diplomatiques ce qu'il eut été bientôt obligé de subir par impuissance. (*V. 24 juin*)

1666. — Réglement adopté par le corps de ville pour la vente du poisson à la Rochelle. Aux termes de ce réglement, tous poissonniers apportant du poisson en cette ville, par terre ou par mer, étaient tenus de le porter *droit à la cohue* (marché au poisson, situé à l'extrémité de la rue du port, près de la grande rive), pour le vendre et débiter au peuple, depuis cinq heures du matin jusqu'à dix heures, *sans qu'il leur soit loisible de le vendre aux estrangers ou forrains en gros ou en détail*, à

---

(1) Un passage de Bruneau porterait à penser que cette cérémonie eut lieu quelques jours plus tard ; car il écrit, sous la date du 22 juin : « Furent faits feux de joye dans la Rochelle, sur les brèches, pour le couronnement de M. d'Anjou, Roy de Poulongne. »

quelque prix que ce soit, sur peine de 60 sols un denier d'amende. Pour le poisson qui arrivait après 10 heures, il devait être mis en vente de la même manière, pendant deux heures. Ce n'était qu'après ce délai que les marchands de poisson et revendeurs étaient autorisés à entrer dans le marché et à acheter des poissonniers le poisson en gros. Il leur était interdit, sous peine d'amende et même de prison, d'aller au-devant des pêcheurs ou d'entrer dans leurs navires, et dans un but de monopole, de surenchérir le poisson de façon que le peuple ne put en acheter à cause de son haut prix. Quand le poisson n'avait pu être vendu le jour de son arrivée, il devait être mis en vente en un seul lot, sur un banc particulier, *après avoir eu la queue coupée;* enfin il était défendu de vendre aucun poisson par les rues, et ailleurs qu'à la poissonnerie. (*Statuts du corps de ville.*)

1628 (*Siège de*). — Malgré tous les expédients auxquels avait eu recours le surintendant d'Effiat, les finances de la France ne pouvant plus suffire aux énormes dépenses nécessitées par l'interminable siège de la Rochelle, Richelieu avait convoqué, à Fontenay-le-Comte, une assemblée générale du clergé, pour aviser *aux moïens de secourir le Roy pour le siège et pour la prise de la Rochelle.* Il avait fait exposer, au nom du Roi, à l'assemblée par le seigneur de Châteauneuf : que les nombreuses armées qu'il avait été obligé d'entretenir, depuis quatre ou cinq ans, *pour réduire ses subjectz de la prétendue religion réformée*, les guerres d'Italie et surtout le siège de la Rochelle, avaient épuisé les finances de l'Etat ; que la prise de cette ville, *qui estoit l'origine et la cause de toutes les guerres et de tous les désordres, qui estoient arrivez dans le royaume depuis cinquante ans, estoit de si grande conséquence pour le bien de la religion, pour la commodité des ecclésiastiques et pour le repos de son Estat, qu'il estoit plus que raisonnable que l'église y contribuast; que c'estoit même une ancienne tradition dans le royaume et dans les ecclésiastiques que pour la prise de la Rochelle on debvoit vendre les biens et les calices de l'Eglise*, et le commissaire royal avait demandé à l'assemblée de voter une somme de quatre millions de livres. Les représentants du clergé avaient objecté que déjà, en 1622, ils avaient fourni au Roi 3,600,000 livres *pour assiéger la Rochelle*, et, en 1626, la somme de 1,500,000 livres *pour le même subjet*, que les bénéficiers *estoient réduitz en un très misérable estat* par suite des charges de toutes sortes dont ils étaient accablés; toutefois, *pour tesmoigner le désir qu'ils auroient de l'augmentation de la religion et de la ruyne de l'hérésie, et en considération de la prise de la ville de la Rochelle, sans laquelle ils n'eussent jamais rien donné*, ils finirent, le *17 juin*, par accorder au Roi, *pour être employée à la continuation du siège et non ailleurs*, la somme de 3,000,000 de livres. *(Extrait de l'origine du proc.-verb. com. par M. Fillon, de Fontenay.)*

18 Juin.

1730. — Plusieurs amis des lettres, réunis chez M. Fontaine, lieutenant particulier au Présidial, prennent la décision de fonder une Académie à la Rochelle. (*Barret*).

1777. — Arrivée dans cette ville de l'Empereur d'Autriche, Joseph II de Lorraine, frère de la reine de France. Il voyageait sous le nom de comte de Falkeinsten et descendit à l'hôtel du *duc de Bourgogne*, dans la rue du Minage. Il se rendit aussitôt à pied, par les remparts, à la porte des Deux-Moulins, dans l'intention d'aller visiter la Digue; mais comme elle était couverte par la mer, il se dirigea du côté de la *Porte des Dames*, où il examina les travaux qui s'exécutaient à *la Jetée* et au *Chantier de construction*, dont l'ingénieur en chef lui présenta les plans. A l'Hôtel-de-Ville, les membres de l'Académie firent en sa présence des expériences sur la torpille électrique, auxquelles il parut prendre un grand intérêt. Le Maire, M. Goguet, lui présenta ensuite un exemplaire de l'*Histoire de la Rochelle*, du père Arcère. Il partit, le même jour, pour Rochefort, sans qu'on lui eut rendu aucun honneur militaire et qu'on lui eut donné d'autre titre que celui de comte, ainsi qu'on avait fait à Paris. (*Perry*).

19 Juin.

1362. — Edouard d'Angleterre cède à son fils, le prince de Galles, ses possessions de Guyenne et de Gascogne avec la ville et le gouvernement de la Rochelle, où ce prince arriva quelques mois après. (*Invent. des priv.*) — *V. 8 Mai.*

1588. — Henri, roi de Navarre, présente comme parrain au baptême le fils de René Blandin, seigneur de Lozières, d'une ancienne et puissante famille municipale. La marraine était Loyse du Fou, dame de Vérac. (*Reg. des protest.* — *V. 21 Mars et 14 Mai*).

1631. — Lettres patentes de Louis XIII, qui rétablissent les pères Cordeliers à la Rochelle. Expulsés par les Jésuites de leur ancien couvent, ils obtinrent de la libéralité du duc de Saint-Simon l'emplacement sur lequel s'élevait naguère le bastion appelé de la Vallée, parce qu'il avait été construit sous l'administration de François Prévost, seigneur de la Vallée, et ils y bâtirent un nouveau monastère, qui embrassait tout l'emplacement compris entre les rues de Saint-François et de la Porte-Murée, la place des Cordeliers et les Remparts. Il s'étendait même primitivement plus loin, car Masse nous apprend qu'en 1689, on prit, pour les nouvelles fortifications, une partie de leurs vastes jardins. Il ajoute que leur couvent était l'un des plus jolis de la ville.

20 Juin.

1573 (*Siège de*). — Malgré les pourparlers de paix, sans cesse rompus et repris, il ne se passait guères de jour sans quelque acte d'hostilité entre les assiégés et les troupes royales. Ce jour-là eût lieu une scène tragi-comique, à l'occasion de ces pêches si abondantes de sourdons, dont il a été précédemment parlé. (*V. 26 avril.*) (1) Pendant que les pauvres Rochelaises s'aventuraient sur le rivage pour chercher quelque nourriture, il arrivait souvent que les soldats du camp fondaient sur elles et qu'elles devenaient victimes de leur brutale insolence. Un certain nombre d'assiégés résolurent de venger ces outrages ; ils prirent des habits de femme, *avec espées et pistolets cachés*

---

(1) Arcère et Massiou semblent croire que ce fait eut lieu dans le mois d'avril ; mais A. Barbot dit qu'il se passa après les conférences pour la paix du mois de juin, et l'histoire des deux sièges lui assigne la date précise du 20 juin.

sous leur cotte, se mêlèrent aux pêcheuses et quand les *Philistins* arrivèrent sans défiance, ils se jetèrent sur eux et en tuèrent un bon nombre ; les autres prirent la fuite, *aussitost refroidis en amour qu'ils s'y estoient échauffés à la découverte de ces femmes.* (A. Barbot. — d'Aubigné. — la Popelinière. — Histoire des deux sièges.)

1678. — Célébration de la première messe dans l'église de Saint-Barthelémy rebâtie. (*Livre historial de l'Oratoire.*) Après la destruction des églises de la Rochelle, en 1568 (*V. 10 févr.*), il ne restait plus de l'antique basilique de St-Barthelémy que le clocher et quelques pans de murailles en ruine. L'édit de Nantes ayant remis les paroissiens en possession de ces tristes débris, ils avaient, à l'aide de souscriptions, commencé de bâtir une nouvelle église sur les fondements de l'ancienne ; mais la population protestante et l'administration municipale elle-même leur avaient créé tant d'obstacles, que les travaux étaient loin d'être terminés, quand éclatèrent de nouveau les guerres religieuses. Après le siège de la Rochelle, Louis XIII leur abandonna la jouissance du *grand temple* jusqu'à ce qu'ils eussent pu reconstruire une église. Ils y étaient encore en 1666, époque à laquelle le chapitre de Maillezais vint s'y établir, en vertu de la déclaration de Louis XIII, qui avait érigé le grand temple en cathédrale. Des difficultés étant survenues alors entre les paroissiens et les chanoines, les premiers se retirèrent dans la chapelle de Sainte-Anne, près de la place du Château ; mais s'y trouvant trop à l'étroit, ils acceptèrent l'offre des frères de l'Oratoire de faire le service de la paroisse à Sainte-Marguerite (1668). Très peu de temps après, ils se transportèrent dans l'église des Augustins, pour revenir encore, au mois de juin 1673, à Sainte-Marguerite, où ils restèrent jusqu'à la reconstruction de leur église. La première pierre en avait été posée au mois d'août 1668. Son chevet, au lieu d'être orienté à l'Est comme celui de l'église primitive, était placé vers le Nord et son entrée principale dans la rue Auffrédy, près de la petite rue du Palais ; une seconde porte ouvrait dans la rue Chaudellerie, un peu avant la rue Bazoges. Elle avait environ vingt toises de longueur (1) (sans compter les sacristies qui étaient

(1) Elle fut augmentée plus tard de quatre toises et demie.

— 208 —

derrière l'autel), et douze toises de largeur. La charpente était supportée par huit piliers, formant deux allées latérales. A droite du grand autel était une chapelle consacrée à Ste-Anne, l'ancienne patronne de la Rochelle, et à gauche, une seconde chapelle dédiée à la Vierge. (1) Entre l'église et la petite rue de l'Evêché, existait un petit cimetière, au bout duquel, du côté de la place, se trouvait le jardin de la cure, dont les bâtiments étaient adossés au chevet de l'église. *(Livre hist. de l'Oratoire. — Plan de Masse. — Plaque de cuivre trouvée dans les fondements.)*

1790. — Les électeurs du département de la Charente-Inférieure, réunis à Saintes, décident que l'assemblée chargée d'administrer le département, restera en permanence à Saintes, au lieu d'alterner dans les trois villes de Saintes, de la Rochelle et de Saint-Jean-d'Angély, conformément au décret de l'assemblée nationale du 4 mars précédent. Cette décision, dont les députés des deux dernières villes attaquèrent en vain la légalité, fut consacrée par un autre décret du 17 septembre suivant. *(Journ. de Saintes et d'Angoumois. — Moniteur.)*

21 Juin.

1600. — On lit dans le *Diaire* du ministre Merlin, sous cette date : « J'ay posé une pierre fondamentale des fondements du *Temple* sous la muraille de la petite porte. » On pourrait s'étonner que les protestants Rochelais, si nombreux, si riches et si puissants depuis longtemps, n'eussent pas encore construit un Temple, et se fussent jusque-là contentés pour leurs exercices religieux d'une salle de festin, comme *St-Michel*, d'une des pièces de la maison d'un particulier, comme la *salle Gargouillaud*, d'un ancien réfectoire de moines, comme *Saint-Yon*, enfin d'une modeste chapelle de nonnes, comme Ste-*Marguerite*. Mais le projet de construction du *grand Temple* remontait à

(1) Le banc des trésoriers de France était placé entre le grand autel et la chapelle Sainte-Anne ; celui du gouverneur, derrière le banc des chanoines, qui fesait face à l'autel ; à droite du banc du gouverneur, était celui du lieutenant du Roi et de l'état-major ; à droite du banc des chanoines, celui des membres du présidial et à gauche, celui *des bourgeois*. *(Plan de Masse.)*

l'arrivée à la Rochelle (en 1569), de la cour de Navarre et des chefs protestants ; car sur les comptes du trésorier de la ville, on voit que dès cette époque la commune cédait à l'Eglise réformée, moyennant dix sols de rente, *une place pour bastir un temple, sise en la place du chasteau.* Les guerres qui suivirent absorbèrent sans doute toutes les ressources du parti, et ne permirent de commencer les travaux qu'en 1577. Ce fut le prince de Condé, qui posa la première pierre de l'édifice, dont les dessins avaient été faits par le célèbre Philibert de Lorme. De nouveaux troubles religieux interrompirent les travaux avant même que les fondements fussent sortis de terre. Ils ne purent être repris qu'après que l'édit de Nantes eut rendu la sécurité aux protestants et assuré leur liberté de conscience. Le Maire, Pierre Guillemin, fit *ammasser les bonnes volontés*, qui s'élevèrent à près de six mille écus (1), et les *vieux fondements du temple ayant esté recherchés*, il mit les ouvriers à l'œuvre. Dès la première année, *les murs furent élevés jusques aux corniches du haut* et trois ans après, le 7 septembre 1603, Luc Dumon, le plus ancien ministre, y fit le premier prêche devant plus de 3,500 personnes.

Le *grand Temple*, situé à l'angle Sud-Est de la place du château, entre les rues Dompierre (*Fleuriau*) et Gargouillaud, formait un octogone allongé, ayant près de vingt toises de longueur et quinze de largeur, avec une toiture d'une élévation plus grande que le corps de l'édifice lui-même et entièrement recouverte de plomb. Deux grandes portes, élevées de deux marches, ouvraient, l'une sur la rue de Chaudellerie et l'autre sur la place ; elles étaient encadrées entre deux très hautes colonnes d'ordre corinthien, supportant un entablement, dont la frise sculptée se continuait autour de l'édifice, ainsi qu'une large corniche à modillons, et qui était couronné par un large fronton semi circulaire, surmonté de l'écusson de France. Au-dessous de l'entablement étaient sculptées les armoiries de la Rochelle et celles du maire Guillemin (2), et plus

---

(1) Cette somme fut complétée plus tard par le produit d'une souscription faite pour l'église de Genève et qu'Henri IV défendit d'envoyer, en ordonnant de remettre l'argent aux souscripteurs. *(Merlin.)*

(2) Il portait : d'azur, à trois grenades d'or avec un cœur de gueules. *(Arm. de la Roch.)*

bas une inscription, dont les termes ne nous ont pas été conservés. Chacun des huit pans de l'édifice se terminait par un double pilastre d'ordre corinthien. Au milieu du côté Sud, et plaqué contre la muraille, s'élevait un clocher, aussi de forme octogonale, se terminant en dôme et surmonté d'un petit campanille à jour, où devait se trouver une cloche. On admirait surtout l'immense charpente, qui *n'estoit supportée d'aucuns piliers, mais soutenue par deux clefs de bois d'une riche invention et artifice;* elle était recouverte par un immense *tillis*, qui s'élevait, en forme de dôme, à dix toises de hauteur. L'intérieur du temple était garni de bancs, placés en emphithéâtre. Enfin ce monument, dit Mervault, « tant pour sa grandeur et architecture que pour son admirable charpente, est estimé de tous ceux qui le voient pour un des plus beaux chefs-d'œuvre qui se puissent voir. » Ce qui est à peine croyable et cependant affirmé par Merlin, c'est que, *la clef à la main*, il ne coûta que 40,000 livres. (*Compt. du trés. de la ville. — Colin. — Merlin. — Mervault. — Masse. — Jaillot. — Ms de la bibliot. impér.*)

1628 (*Siège de*). — Dans la nuit du 20 au *21*, un soldat nommé la Paillette, arriva d'Angleterre, porteur d'une lettre du Roi de la Grande-Bretagne, adressée au corps de ville et ainsi conçue : « J'ay esté fasché d'apprendre que ma flotte estoit sur le point de retourner, sans avoir satisfait à mes commandements, qui estoient de vous faire entrer les provisions, à quelque prix que ce fust; à laquelle j'ai fait nouveau commandement de retourner dans vos rades... Assurez-vous que je ne vous abandonneray jamais et que j'employeray toutes les forces de mon royaulme pour vostre deslivrance, jusques à ce que Dieu m'aye fait la grâce de vous faire donner une paix asseurée. Vostre bon amy Charles. » *(Mervault.)* Vaines promesses, qui soutenaient le courage des malheureux assiégés, mais pour prolonger leur agonie !

22 Juin.

1372. — L'habile politique de Charles V èt les succès du vaillant connétable Duguesclin menaçant de plus en plus les possessions anglaises d'Aquitaine, Edouard III s'était décidé à expédier une flotte, sous le commandement du comte de Pembroke, qui devait débarquer à la Rochelle. Le Roi de France, exactement informé du projet des Anglais, s'était empressé de réclamer l'appui de son allié le Roi de Castille, qui avait envoyé vers les côtes d'Aunis quarante *grosses nefs* et treize *barges, bien pourveues de bretesche* et commandées par les amiraux Bocca-Nigra, Cabeza de Vaca et Ruy Diaz de Roja, auxquelles vinrent se joindre une douzaine de navires Français. La flotte Franco-Espagnole, arrivée la première, se rangea de l'un et l'autre côté des deux pointes qui terminent le golfe, et aussitôt que l'amiral anglais parut dans la rade de Chef-de-Bois, *le jour de devant la vigile de St-Jehan-Baptiste*, la flotte alliée fondit avec impétuosité sur ses vaisseaux. Surpris par cette attaque, les Anglais ne tardèrent pas cependant à se préparer au combat et, pleins d'ardeur, se battirent avec un admirable courage. Bien qu'ils n'eussent que trente *nefs*, de beaucoup moins hauts bords que les vaisseaux Espagnols, et que ceux-ci fussent pourvus de canons et de terribles engins, *oncques gens ne se tiendrent plus vaillament*, et la nuit seule put mettre fin au combat. Les Rochelais, qui détestaient les Anglais, se contentèrent d'assister à la bataille du haut de leurs murailles; en vain le gouverneur anglais, Jean Harpedanne, fit tous ses efforts pour les déterminer à monter sur leurs navires, afin d'aller au secours de la flotte anglaise, ils s'en défendirent en disant : « qu'ils avoient leur ville à garder, qu'ils n'estoyent mie gens de mer, ne combattre se savoyent aus Espaignols. »

Le lendemain, l'action recommença plus sanglante et terrible. Les Espagnols employèrent avec succès les brûlots, moyen de destruction encore peu connu, et, profitant du désordre causé par l'incendie, cramponnèrent les vaisseaux anglais, à l'aide de grands crochets de fer, et les attachèrent aux leurs avec de fortes chaînes. Dans le combat corps à corps, qui s'engagea alors, l'avantage du nombre devait l'emporter. Le comte de Pembroke, dont le vaisseau avait été assailli par *quatre grosses nefs Espaignoles*, voyant plusieurs de ses navires consummés par les flammes, le sien faisant eau de toutes parts, ses meilleurs chevaliers tués ou blessés, rendit son épée à Cabeza de Vaca, en lui demandant de faire cesser le carnage. « La nef anglesche, où la finance, qui devoient payer les souldoyers en Guienne estoit, fust périe et tout l'avoir qui dedans estoit. » (*Froissard.*)

Les Rochelais se réjouirent d'autant plus de ce désastreux échec des Anglais, qu'ils apprirent qu'on avait trouvé dans leurs vaisseaux non-seulement des lettres-patentes royales, qui remplaçaient par des officiers Anglais les Rochelais revêtus de fonctions de judicature, mais encore des chaînes pour ceux qui s'étaient montrés les plus hostiles à la domination étrangère. On ajoutait même que le projet d'Edouard était de les chasser de leur ville et d'y établir une colonie anglaise. « Les Espagnols enchaisnèrent leurs prisonniers des mesmes chaisnes que ceux-ci avoient destinées pour les Rochelois. » (*Froissard. — Polyd. Vergil. — Anc. mém. sur Duguesclin. — A. Barbot. — H. Martin,* &.)

1735. — L'ouverture publique de l'Académie eut lieu avec beaucoup de solemnité, le *22 juin*, dans l'église des pères Jésuites, en présence du gouverneur de la province, M. le comte de Matignon, et de l'Évêque. (*Journal contenant ce qui s'est passé depuis l'établissement du commerce littéraire de la Roch.*) — *V. 25 juillet.*

23 Juin.

1702. — C'est un vieil usage dans beaucoup de contrées d'allumer des feux de joie la veille de la fête de saint Jean-Baptiste. Il n'en est pas parlé dans nos vieux chroniqueurs et il s'accordait mal avec les principes de la Réforme, qui dominèrent si longtemps à la Rochelle. Ce n'est vraisemblablement que depuis le siège de 1628 qu'il s'y établit, et il en est fait plusieurs fois mention dans le journal de Maudet. On y lit, en effet, sous la date de 1702 : « M. Froment, maire, a mis le feu, accompagné de ceux de l'hôtel de ville, *au feu de la Saint-Jean*, sur la place du chasteau. » Il constate ensuite qu'il n'y en eut pas l'année suivante, « sur ce qu'on disoit qu'il y avoit à craindre les nouveaux convertis. »

1780. — « Arrivèrent à la Rochelle, Louis-Joseph de Bourbon, prince de Condé, et Louis-Henry-Joseph de Bourbon-

Condé, son fils. Ils furent reçus à la porte Dauphine par l'état major de la place, ayant à sa tête le marquis Voyer-d'Argenson, lieutenant-général, commandant dans la province. Après être descendus de voiture, ils vinrent à pied à l'Intendance, à travers la haie formée par le régiment d'Aulbonne-Suisse et cent cinquante hommes du corps d'artillerie. Le premier bataillon du régiment de Languedoc étoit sous les armes avec le drapeau blanc, pour la garde d'honneur, devant l'hôtel de l'Intendance. L'évêque et son clergé, les officiers du présidial et municipaux et la chambre de commerce, attendoient les princes dans l'hôtel. Après avoir reçu leurs hommages, ils se rendirent à pied au port, jusques *à la construction*, et delà à la comédie, où ils ne restèrent qu'une demi-heure. En rentrant à l'Intendance, ils trouvèrent le corps de ville, ayant à sa tête M. Rougier, maire, et furent tous ensemble sur la Place-d'Armes, où était dressé le *bûcher pour le feu de la St-Jean*. Le prince y mit le feu, aux acclamations de tout le peuple et revint à l'Intendance, où M. d'Argenson, en l'absence de l'intendant (*Honoré-Lucas, seigneur Demuyn*), avoit fait préparer le souper. Le public fut admis dans la salle. Vers minuit, les princes se rendirent au grand bal public de la salle de spectacle, où le prince de Condé ne resta qu'un instant ; mais le duc de Bourbon, son fils, y dansa trois contredanses. Ils partirent le lendemain pour Fourras.... » (*Perry*.)

1811. — Dernière des fêtes célébrées à la Rochelle, à l'occasion de la naissance du Roi de Rome. Elles avaient commencé, dès le 7 du mois, sur la *place Napoléon*, par une *loterie de comestibles*, de deux cents lots, à laquelle avaient été admis tous ceux qui s'étaient présentés, et elles avaient continué presque sans interruption pendant plus de quinze jours. Le 8, il y avait eu, sur la même place, distribution de vin et un *buffet d'abondance* ; le 9, après le *Te Deum*, de grandes évolutions militaires, suivies de la célébration de cinq mariages dotés par la ville, avec banquet de noce à l'Hôtel-de-Ville pour les mariés et leurs parents, et à la suite trois bals, l'un à l'Hôtel-de-Ville, en l'honneur des nouveaux époux, l'autre à la Bourse, et enfin bal public sur la place ; le 10, distribution de vin à la garnison ; le 11, grand bal donné par le général, baron Rivaud de la Raffinière ; le 12, somptueux dîner chez le préfet, qui avait réuni toutes les autorités judiciaires, civiles et militaires ; le 13, grand bal à l'hôtel de la Mairie, où *quatre cent cinquante dames, placées sur trois rangs de gradins, offraient un magnifique coup d'œil* (1); le 16, deux mâts de cocagne, *abondamment garnis*, nouvelle distribution de vin, danses publiques, feu de joie et bal public à la Bourse ; le 20, bal d'enfants à l'Hôtel-de-Ville, où *six à sept cents enfants, de six à douze ans, de la plus belle espérance*, avaient dansé depuis six heures jusqu'à une heure après minuit, soupé sur de petites tables, dont les plus sages fesaient les honneurs, et laissé ensuite la place aux grandes personnes, qui avaient prolongé le bal jusqu'à six heures du matin. Enfin, le 23, cette longue série de plaisirs se termina par des courses nautiques, de la digue à l'avant-port ; par des courses à pied, dans le Mail, et par un feu d'artifice, tiré le soir sur la place. « Jamais, dit en finissant l'historiographe oculaire de ces fêtes, l'allégresse publique n'avait éclaté avec plus de transports. » (*Aff. de la Roch.*)

24 Juin.

1573 (*Siège de*). — Trop de raisons militaient des deux côtés en faveur de la paix pour qu'assiégeants et assiégés ne finissent pas par se mettre d'accord, en se fesant de mutuelles concessions. D'une part, l'armée royale, nous l'avons vu (*V. 14 juin*), était décimée par les maladies, la noblesse mécontente et le trésor royal épuisé (2); le roi de Pologne était aussi impatient de régner, que Charles IX, qui le jalousait, de le voir hors du royaume ; enfin les ambassadeurs Polonais pressaient leur nouveau souverain d'accomplir les engagements pris en son nom de lever le siège de la Rochelle et de faire de larges

(1) Non seulement il y avait eu abondance de raffraîchissements, mais encore, à minuit, *un buffet très-bien servi* avait été offert aux nombreux invités. (*Affiches de la Rochelle.*)

(2) « Des fièvres mortelles et d'autres maladies avaient réduit notre armée à un tel état que, *sur dix combattants, à peine pouvait-on en trouver un, qui ne fut accablé de blessures ou de hideux exanthêmes;* la noblesse elle-même, la force de l'expédition, était dans le plus misérable état. Ajoutez à cela l'épuisement du trésor royal, la fidélité douteuse de bien des gens, &. (*Cauriana.*)

concessions aux réformés Français. D'autre part, les Rochelais, toujours en armes depuis près d'un an et depuis plus de six mois assiégés par une puissante armée, voyaient leurs ressources presque épuisées et leurs murailles en ruine ; ils n'avaient plus l'espoir d'être secourus par la reine d'Angleterre et devaient croire avoir assez fait pour la cause commune en obtenant, à force de courage et d'énergie, la liberté de conscience pour tous les protestants, le plein exercice du culte réformé et l'exemption de garnison pour les trois villes confédérées de la Rochelle, Nimes et Montauban, et enfin, comme satisfaction de leur patriotique orgueil, que le duc d'Anjou n'entrât pas dans la cité qu'il n'avait pu prendre. Devaient-ils prolonger cette douloureuse lutte pour obtenir que la pauvre ville de Sancerre fut comprise dans le traité, et pour se soustraire à l'obligation de fournir au Roi quatre otages de leur fidélité, double point sur lequel les commissaires royaux refusaient de céder? Enfin, après de longues conférences, le *24 juin*, les commissaires Rochelais, réunis aux députés de Nimes et de Montauban, arrêtèrent, avec les commissaires du duc d'Anjou, les articles du traité de paix, sous une tente qui avait été dressée à cet effet près de la porte de Cougnes. Le même jour, une assemblée générale des citoyens et des réfugiés, convoqués par le Maire, en ratifia les conditions, en se confiant à la générosité du Roi pour leur accorder davantage, quand il aurait acquis la preuve de leur sincère fidélité. Le roi de Pologne, afin d'échapper à l'humiliation de ne pouvoir entrer dans la ville, avait quitté le camp pour aller soit à l'île d'Oleron, selon A. Barbot, soit à Marans, d'après Cauriana : il ne put signer le traité que le 26, et l'expédia aussitôt au roi par son chambellan de Belleville. (1) (*A. Barbot. — Cauriana.— de Thou.— Mém. de la Tour-d'Auvergne.*)

1711. — Le chevalier de Saint-Georges, fils de Jacques II, roi d'Angleterre, arrive à la Rochelle, où il passa deux jours chez le maréchal de Chamilly, commandant en chef des pro-

---

(1) Les protestants lui avait donné le nom de *Guille-Bédouin*, qui, dans le jargon du Poitou, dit Arcère, signifie déserteur, parce qu'après avoir suivi le parti de Condé, il avait embrassé celui du Roi.

vinces de Poitou, Aunis et Saintonge, qui habitait l'hôtel de ville. (*Arcère*.)

1848. — Départ de la colonne des volontaires Rochelais, sous le commandement du baron de Nagle, colonel de la garde nationale, pour aller au secours de Paris, que menaçaient les émeutiers de juin.

25 Juin.

1622. — Après avoir défait les troupes de Soubise, à Rié, et enlevé la ville de Royan aux protestants (*V. 14 avril et 11 mai*). Louis XIII était entré en Guienne et avait chargé le jeune comte de Soissons de faire le blocus de la Rochelle par terre, pendant que le duc de Guise assemblerait une flotte pour la bloquer aussi du côté de la mer. Le comte de Soissons arriva à la Jarrie, avec ses troupes, le 24 juin et le *lendemain* il s'avança jusqu'à la Moulinette, où eut lieu un premier engagement avec les Rochelais. Quelques jours après, il distribua ses quartiers à Saint-Maurice, à l'Epine, à Laleu, au Plomb et fit commencer bientôt sur la *motte St-Michel*, ce fameux *fort Louis* qui, pendant quinze ans, devait être l'objet des incessantes réclamations des Rochelais et l'une des principales causes des guerres qui suivirent. Les travaux en étaient dirigés par Pompeio-Targon, célèbre ingénieur italien, que le Pape avait adressé au Roi. Une brochure du temps parle de ce fort en ces termes : « On tient ceste machine pour la mieux travaillée et fortifiée (et avec autant de hardiesse à la porte d'une *ville des plus importantes de l'Europe*) qui se soit jamais veüe. Il bat la ville à plomb et commande au canal par où passent les navires, et ne peuvent sortir les vaisseaux Rochelais sans estre foudroyés des canonnades qu'on tire journellement dudit fort. » Des lignes de communication s'étendaient du fort Louis jusqu'à la mer. Pompeio imagina en même temps de fermer le canal par une estacade et par une immense chaîne de fer. (1)

---

(1) « Le 4 août, la chaisne de fer arriva et fust portée par trente-cinq charrettes et encore n'est-elle pas toute entière. » *(Histoire de la rebellion de France.)*

« Mais il n'en put jamais venir à bout, dit Mervault, plus on lui donnoit de temps, de matière et d'argent, plus il en demandoit, c'estoit, comme l'on dit, *la mer à boire*. Il n'avoit point encore commencé de poser la première pièce de sa machine dans le canal, quand vint la nouvelle de la paix. » (*Hist. de la rebellion.* - *Colin.* — *Mervault.* — *Les invent. et mach. admir. de Pomp.-Targon.*)

26 Juin.

1473. — Pierre Doriole, fils de Jean Doriole, Maire des années 1409-15-21-30, et qui avait été lui-même deux fois appelé à la première magistrature municipale (en 1451 et 1456), est nommé chancelier de France par Louis XI. Ses lettres de provision sont ainsi conçues : « Loys etc. savoir faisons que pour consideracion des grans, louables, continuelz et recommandables services que nostre ami et féal conseiller, Me Pierre Doriole, général de noz finances, a par cy devant faiz à feu nostre très chier seigneur et père, que Dieu absoille, au service duquel il a par longtemps et jusques à son trespas esté continuelement en son conseil et en plusieurs grands et poisantes charges, tant de faict de justice que de finances et autres, touchanz les plus grans et espéciaulx affaires ; ayant aussy à mémoire les grans et solennels services qu'il nous a faiz despuis nostre advenement à la couronne en maintes manières, tant en plusieurs voyages et ambaçades que autres charges reparties de nos plus grandes et poisantes matières où l'avons employé ; en quoy il s'est très loyaument et vertueusement gouverné et conduit en nostre service, faict et continue de faire, chascun jour, en grant cure et diligence.... deument acertenez par longue expérience de ses vertuz, loyaulté, grant sens, littérature, souffisance, prudomie et bonne diligence, à iceluy Pierre maistre Doriole.... avons donné et octroyé de grâce especiale, par ces présentes, l'office de nostre chancelier, que naguères souloit tenir et exercer feu Jouvenal des Ursins, &. »

1650. — Monseigneur Jacques Raoul, premier évêque de la Rochelle, consacre, sous l'invocation de Sainte-Geneviève, l'église des pères Capucins, qui avait été bénie dès le 17 mars 1638. (*Arcère.*)

1787. — Jugement du présidial, qui condamne quatre individus, pour avoir volé avec effraction quatre quarts de café dans un magasin de cette ville, *à être pendus et étranglés jusqu'à ce que mort s'en suive*, à une potence dressée sur la place royale, où leur corps devront rester exposés pendant vingt-quatre heures, pour être ensuite transportés aux *fourches patibulaires* et y rester *jusqu'à entière consommation*. (*Aff. de la Roch.*) (1)

27 Juin.

1590. — Lettres patentes de Henri IV, datées du camp d'Aubervilliers, par lesquelles « il accorde et permet aux Maire et eschevins de la Rochelle d'enclore dedans la ville *la prée de Maubec* et une place contigue. » (*Invent. des privilèges.*) C'était le cinquième agrandissement depuis l'enceinte primitive de la Rochelle, commencée sous le comte de Poitou, Guillaume X, dans la première moitié du XIIe siècle. Le premier avait annexé à la ville le faubourg de Cougnes ; le second, le faubourg du Pérot ou de Saint-Jean ; le troisième, le faubourg de Saint-Nicolas ; le quatrième, le vaste terrain compris entre le mur, qui fermait ce dernier faubourg du côté de la petite rive et le port d'une part, et de l'autre, entre le pont Saint-Sauveur et la muraille nommée depuis du Gabut. Voici quelle était à l'époque des lettres patentes de Henri IV, l'enceinte extérieure de la ville de la Rochelle : elle commençait à la tour de la Chaîne, allait rejoindre la tour de la Lanterne, où formant un angle, elle se dirigeait, à travers l'emplacement de la rue des Fagots et de l'hôtel de la Préfecture, jusqu'à la

---

(1) Le châtiment infligé aux voleurs était loin d'être uniforme : très anciennement on leur coupait l'oreille, la première fois, ce qu'on appelait *essoriller*, et on ne le pendait qu'en cas de récidive ; la peine la plus habituelle était le *fouet*, avec la marque d'une fleur de lis, appliquée sur l'épaule avec un fer rouge ; dans les cas graves, on les rouait vifs ; pour les vols peu importants, on se contentait du bannissement ou de l'amende ; l'emprisonnement n'était jadis que préventif et on ne l'appliquait presque jamais comme peine. (*V. 16 et 26 juillet.*)

tour du Padé, placée vers l'angle Nord-Est du jardin de la maison de M. Viault, après avoir laissé passage à la porte des Deux-Moulins, située alors à l'extrémité de la rue Saint-Jean. De cette dernière tour, elle obliquait à l'Est jusqu'à *l'arceau* jeté sur le canal de la Verdière et qui se trouvait au bout du jardin de Mme Hocbocq. Reprenant alors la direction du Nord, elle suivait à peu près la ligne extérieure des maisons du côté Sud de la rue Réaumur, s'ouvrait à l'extrémité de la rue Auffrédy pour *la Porte-Neuve*, rencontrait, sur la place, les dernières tours du château et s'arrêtait à *la tour de Sermaise* ou *de la Crique*, près du *boulevart de l'Evangile*. La partie de la muraille qui formait le front Nord de la place, le plus exposé parce qu'il n'était pas protégé, comme les trois autres côtés, par la mer ou par des marais, passait derrière la rue des Trois Cailloux, à travers l'emplacement des maisons situées devant le Jardin des Plantes, suivait à peu près la ligne de la rue actuelle de Bethléem et se rendait à la tour d'Aix, construite au Nord de l'église Notre-Dame. Descendant de là vers le Sud, en laissant au bout de la rue des Prêtres la vieille porte de Cougnes et en longeant le derrière de la rue Notre-Dame, elle formait un coude peu après la rue des Bouchers, rejoignait l'extrémité de la petite rue de l'Echelle-Chauvin, continuait jusqu'au carrefour des Trois Fuseaux et, reprenant la direction du Sud, passait au bout de la petite rue de la Rochelle, obliquait légèrement derrière la rue de Saint-Michel, et atteignait la tour de Moureilles, près du canal Maubec, où elle formait un angle pour arriver à la vieille porte de Maubec. Reprenant, de l'autre côté du canal, au coin de la rue Sardinerie, elle tournait derrière cette rue, traversait un terrain très marécageux, gagnait le derrière de l'église Saint-Nicolas et bientôt la porte du même nom; et là, se dirigeant vers l'Ouest, elle allait enfin aboutir à la grosse tour de Saint-Nicolas. (*V. le plan qui accompagne l'ouvrage de Cauriana.*)

Le système d'épaisses et hautes murailles, flanquées de nombreuses tours, qui avait longtemps suffi pour faire regarder la Rochelle comme une place presque inexpugnable, était devenu insuffisant depuis les grands progrès qu'avait faits l'artillerie. L'usage de plus en plus répandu du canon avait donné naissance au système des bastions. Dès le règne de

François Ier, les Rochelais avaient élevé le *bastion de Sermaise*, qui, perfectionné depuis, était devenu le fameux *boulevart de l'Evangile*; plus tard et au commencement des guerres de religion, ils avaient, sous la direction de Scipion Vergano, construit le *bastion du Gabut*, le *demi bastion de la vieille Fontaine* et couvert les quatre portes principales d'ouvrages bastionnés. Mais quelque glorieux qu'eut été pour eux le siège de 1572-73, il leur avait révélé cependant l'insuffisance de leurs fortifications. C'était donc moins pour agrandir leur ville que pour élever au-delà de leurs murailles une ceinture de *bastions*, qu'ils avaient sollicité et obtenu les lettres patentes de Henri IV. En 1596, fut commencé, sous l'administration du Maire Pierre Chasteigner, le premier des six *grands bastions royaux*, entièrement revêtus de pierre, qui ne furent terminés qu'en 1612. Toute *la prée Maubec* et une partie du vieux cimetière de Cougnes furent comprises dans la nouvelle enceinte, qui s'élargit de ce côté d'environ 200 toises, (1) depuis la petite rue de la Rochelle jusqu'au bastion de Maubec ou du *petit Genève*, situé sur l'emplacement actuel de l'hôpital général. Au Nord de la place, les bastions des *grands et des petits Lapins*, et à l'Est le bastion de Saint-Nicolas ne s'étendirent pas à plus de 80 toises au-delà de la muraille; du côté Ouest, on se contenta de redans gazonnés. La Rochelle se trouva dès lors si bien fortifiée que, désespérant de l'emporter d'assaut, Richelieu sentit que la famine seule pouvait l'en rendre maître. (*Anciens plans. — Colin. — Abrégé de l'hist. milit. — Massé, etc.*).

1784. — Bénédiction solennelle de la nouvelle Cathédrale par Monseigneur François-Joseph-Emmanuel de Crussol d'Uzès, septième évêque de la Rochelle. Le grand temple, qui servait de Cathédrale, avait à peine été consumé par les flammes (*V. 9 février*) qu'on avait songé à en reconstruire une autre sur son emplacement; en 1690, on avait même planté des piquets à cet effet, mais le projet avait été rejeté, ainsi que celui d'élever le nouvel édifice à l'endroit où fut bientôt après construit l'hôpital général. Ce fut seulement en 1742 que,

(1) Ce terrain ne se couvrit que lentement de maisons et fut appelé *la ville neuve*.

sur les plans de Gabriel, premier architecte du Roi, on comcommença la Cathédrale actuelle qui, après plus d'un siècle, est encore inachevée. Les travaux, poussés d'abord avec activité, restèrent longtemps interrompus, faute de fonds ; ils furent repris au mois de septembre 1773 ; la couverture put être placée en 1777 ; mais au moment de la bénédiction, le chœur ni le grand autel n'étaient encore terminés, car on fut obligé de murer la porte principale, pour y adosser un autel provisoire. Bien que la Cathédrale eut ainsi été livrée au culte, les offices religieux de la paroisse Saint-Barthelémy n'en continuèrent pas moins dans l'église paroissiale, qui ne fut détruite que pendant l'orage révolutionnaire, après avoir été vendue à des particuliers. La Cathédrale servit au culte *de la Raison*, qu'on y célébrait chaque jour de *décade*. En 1801, sur le vœu exprimé par le Conseil d'arrondissement, elle fut remise aux mains de la commune, *pour y tenir ses foires*. (Perry. — *Affiches de la Roch.* — *Journal de Seignette.* — Dupont.)

28 Juin.

1242. — Charte d'Henri III d'Angleterre, qui accorde à *ses prudhommes* de l'île de Ré, tant qu'ils resteront ses sujets, l'autorisation de se former en commune, avec un Maire et des *jurés*. (Rymer.)

1576. — Depuis que le Roi de Navarre avait quitté la Rochelle, en 1572, pour aller épouser la sœur de Charles IX, bien des causes avaient refroidi l'affection des Rochelais à son égard et diminué leur confiance : son abjuration au protestantisme, au moment de la Saint-Barthelémy ; sa présence au camp du duc d'Anjou, pendant le siège de la Rochelle ; son long séjour à la cour, au milieu des plus honteuses voluptés, quand le duc d'Alençon et Condé combattaient pour le parti dont il était naguères le chef ; enfin, depuis que d'Aubigné l'avait arraché aux séductions royales, son entourage où on en comptait plus d'un *qui avoit joué du couteau à la Saint-Barthelémy*, dit d'Aubigné, étaient bien de nature à inspirer quelque défiance à *ses bons amis* d'autrefois. Après avoir pendant trois mois flotté entre la messe et le prêche, il venait, il est vrai, d'abjurer le catholicisme à Niort ; le récent édit de Châtenay avait sans doute comblé les espérances des réformés ; mais les catholiques en avaient frémi d'indignation, et la *sainte ligue* commençait à se former ; on ne doit donc pas s'étonner qu'en recevant le gentilhomme, dépêché de Niort par Henri de Navarre, pour leur exprimer son désir de venir dans leur ville, les Rochelais l'eussent prié de renoncer à son projet jusqu'à des temps meilleurs. Henri insista, déclara que son affection et son dévouement pour eux n'étaient pas changés, qu'ils n'avaient pas de meilleur défenseur que lui de leurs intérêts et de leurs privilèges, et qu'il n'attendait que l'occasion de le leur manifester. Les Rochelais cédèrent à ses instances, mais à trois conditions : d'abord qu'il ne viendrait point en qualité de gouverneur et n'en établirait aucun à la Rochelle ; ensuite que les clés de la ville ne lui seraient point présentées ; enfin qu'il n'entrerait qu'avec sa maison, en la réduisant autant que possible. Le prince souscrivit à tout, assura qu'il voulait seulement les visiter *privement comme amis*, envoya la liste de ceux qui devaient l'accompagner et, le *28 juin*, fit son entrée à la Rochelle avec sa sœur Catherine, au bruit du canon et des salves de mousqueteries des milices bourgeoises réunies sur la place. Pendant le séjour qu'ils firent à la Rochelle, la princesse Catherine *fit sa reconnaissance de ce qu'elle avoit esté à la messe à Paris*, et tous deux s'embarquèrent, le 4 juillet, pour Brouage. (*Bruneau. — Colin. — Legrain. — d'Aubigné.*)

1582. — Ouverture à la Rochelle du onzième synode national des Églises réformées, dont le ministre Odet de Nort fut nommé *modérateur* ou président. L'assemblée décida que les pécheurs, notoirement reconnus tels, feraient la confession publique de leurs fautes ; proscrivit l'usure *excessive et scandaleuse*, ainsi que les habillements indécens et les parures trop fastueuses ; assujettit aux censures les fidèles qui, dans les temples, *ne daignent pas chanter les psaumes, ni apporter le livre de prières et de psalmodie* ; confirma les procédures et les condamnations du consistoire contre la Popelinière et son *Histoire de France* (*V. 3 juin*), et condamna aussi un livre latin sur la Genèse, qu'un piémontais, nommé Jacques Brocard, avait fait imprimer à la Rochelle. (*Synodes nationaux.*)

1622. — Le corps de ville, pour mettre obstacle aux approches du comte de Soissons (V. 25 juin), décide que les maisons de la Fons seront démolies et les *hauts bois* de Rompsay abattus. *(Reg. des délibér.)*

1631. — Arrêt du parlement qui, sur les poursuites du clergé de l'Aunis et contrairement au réglement fait en 1381 (V. 13 juin), qui réduisait au centième des fruits la dîme réclamée par les curés, fixe au quarantième le droit à payer à ceux-ci par les habitants. *(Colin.)*

1796. — *Fête de l'agriculture*, dont un arrêté du directoire, du 20 prairial an IV, avait fixé d'avance, pour toute la France, les principales dispositions du programme. Toutes les autorités et les gardes nationales du canton avaient été convoquées à cette solennité. A la tête d'un nombreux cortège marchaient, précédés de leurs femmes et de leurs enfants, vingt-quatre laboureurs, choisis parmi les plus anciens et les plus recommandables, ayant leur chapeau orné de feuillage et de rubans tricolores et tenant d'une main un ustensile de labourage et de l'autre une gerbe d'épis et de fleurs ; derrière eux des bœufs, couverts de fleurs et de branches d'arbres, traînaient une charrue et une herse. Ensuite s'avançait, traîné par quatre beaux bœufs, un grand char, *qui portoit tout ce que la nature a formé pour le bonheur de l'homme, l'abondance présentée par les grâces. Trois jeunes filles, ornées de parures simples et modestes, étoient placées au milieu des trésors de la nature. Sur le devant du char, deux sœurs, auxquelles le peuple François vient de consacrer ses hommages, la Liberté et l'Egalité; au-dessus d'elles, Cérès, le front ceint d'une couronne d'épis et appuyée sur une corne d'abondance.* Une musique guerrière alternait avec la voix des chœurs, qui chantaient des hymnes, « célébrant le bonheur champêtre, les richesses que la nature prodigue à l'homme laborieux, la douce joie que procure le travail, la pureté et la simplicité des mœurs. » Le cortège sortit bientôt de la ville, et se dirigeant vers la campagne, s'arrêta au milieu des champs. Le président du district *célébra dans un discours les bienfaits de la Providence et proclama la solide gloire dans la personne d'un cultivateur, qui avoit été désigné d'avance par sa bonne conduite, son activité et son intelligence.* Après lui avoir posé une couronne sur la tête, il l'embrassa et tous les chefs de la commune en firent de même. Puis laboureurs et citoyens armés se confondirent et échangèrent leurs armes et leurs instruments de labourage. Alors le président, *à l'instar des Empereurs de la Chine*, prit la charrue et traça un sillon, au son des fanfares et au chant des hymnes. On se rendit ensuite sur la Place-d'Armes, où était élevé un autel de la Patrie, sur lequel le président et le laboureur couronné déposèrent les instruments d'agriculture, en les couvrant de fleurs, d'épis et de diverses productions de la terre. Des danses joyeuses terminèrent la fête. *(Aff. de la Roch.)*

29 Juin.

1598. — « Grande dispute entre Messieurs de la Maison de ville et Messieurs du Présidial, à l'occasion du feu de joye que le Roy avoit commandé qu'on fist par toutes les villes du royaulme, à cause de la paix qu'il avoit conclue avec le Roy d'Espagne. Ces derniers en ayant fait un et y voulant mettre le feu, ils en furent empeschés par les premiers, qui le jour ensuivant en firent un magnifique. Ce fust un portefaix qui, au moment où Messieurs du Présidial mettoient le feu, retira le bois et toute la populace en fist autant. » Le portefait fut arrêté et emprisonné dans un cachot, dont la clé fut confiée au procureur du Roi ; mais le corps de ville, craignant qu'il en résultât quelque jugement fâcheux, non-seulement pour le prisonnier, mais pour le corps de ville lui-même, députa vers le procureur du Roi quelques-uns de ses membres qui, *partie par amitié*, *partie par menaces*, obtinrent la remise de la clé du cachot. Ils en profitèrent pour aller, pendant la nuit, rendre la liberté au détenu, qui le lendemain eût été condamné pour le moins au fouet. Le présidial parut bien d'abord vouloir donner suite à l'affaire, mais en définitive elle tomba d'elle-même. *(Merlin.)*

1681. — Pose de la première pierre de la citadelle de Saint-Martin (île de Ré), par l'intendant Arnoul. Celle que le Thoiras avait si vaillamment défendue, en 1627, contre les

Anglais, commandés par Buckingham, et qui était, d'après les mémoires de Richelieu, *la plus belle fortification qui fût en France, et beaucoup plus forte que la Rochelle*, avait été rasée comme les fortifications de la Rochelle et des villes environnantes. Cette seconde citadelle fut élevée sur l'emplacement de l'ancienne. Masse raconte qu'on enchâssa dans la première pierre un verre plein de vin, « symbole de cette liqueur qu'on recueille dans une île *si renommée par ses vignobles*, » ajoute Arcère.

30 Juin.

1588. — Voici la merveilleuse histoire racontée, sous cette date, par un écrit du temps : Les capitaines de deux navires Rochelais avaient capturé deux bâtiments espagnols, sur l'un desquels se trouvaient le seigneur Antonio de Mandrague et le marquis dom Diego de Santillane, pieux docteurs qui revenaient des Indes, où ils avaient été envoyés par le Pape pour la conversion des infidèles. Les prisonniers furent conduits devant le Maire. Au moment où ce magistrat voulut les interroger, le ciel se couvrit tout-à-coup des plus épais nuages et au milieu d'une pluie torrentielle, accompagnée des plus bruyants éclats de tonnerre, il tomba des nues, dans la salle où était le Maire, une grosse pierre toute sanglante, presque ovale et ne pesant pas moins de quinze livres, sur laquelle étaient gravées une croix et, de chaque côté, une main tenant une épée, avec ces mots : *pour la foy*. La foudre emporta en même temps les deux bras de celui qui avait conduit les prisonniers et une partie de l'un des navires, qui avaient fait la capture. (*Le discours merveilleux, &.*)

— Le même jour, le Roi de Navarre rentrait triomphant à la Rochelle. Il venait, en quatre jours, de reprendre aux catholiques les *isle de Charron et de Marans, leurs forts et châteaux et dix enseignes et une cornette*. Devant lui marchait Descluseaux (auquel était confié le commandement de Marans, qu'il n'avait pas su défendre), portant les drapeaux pris à l'ennemi et dont Henri fit présent à la ville. (*Compte des dép. du Roy de Nav. — Mém. de Duplessis-Mornay. — Ms. des recherches curieuses.*)

1810. — L'époque de la translation du siège de la préfecture à la Rochelle, ayant été fixée au 1ᵉʳ juillet (*V. 19 mai*), M. le baron Richard, préfet du département, arriva *la veille* dans notre ville, où lui fut faite la plus sympathique réception. Il descendit au palais épiscopal, en attendant sans doute que l'hôtel de l'Intendance, qui lui était destiné, fut prêt à le recevoir. (*Affich. de la Roch.*) (1)

(1) Ce n'est qu'en 1816 que le bel hôtel construit par M. Poupet est devenu l'hôtel de la Préfecture.

MOIS DE JUILLET.

1ᵉʳ Juillet.

1395. — Traité de commerce passé entre les *Maire, eschevins, pairs, bourgeois, manans et habitans* de la Rochelle, et les *bourgmestre, eschevins, conseillers et bourgeois* de la ville de Damme (en Flandre), relativement aux *courtiers, tailles, rentes, eschanges, ouillages et délits et forfaitures de jaugeage des vins*, &. (*Invent. des privil.— A. Barbot.*) Depuis les temps les plus reculés, la Rochelle fesait avec la Flandre et les Pays-Bas un commerce fort important, particulièrement en vins. On trouve dans le même recueil un privilège, daté du mois de juin 1262, par lequel Marguerite, comtesse de Flandre et de Hainault, prend sous sa sauvegarde les marchands de la Rochelle et leurs facteurs, leur permet de trafiquer en toute liberté dans les pays de son obéissance, et leur concède de très grands avantages pour l'importation de leurs vins, et aussi plusieurs confirmations des mêmes privilèges par ses successeurs et par les ducs de Bourgogne. « On avait construit à Damme, dit Pardessus, de vastes entrepôts pour les vins de France, dont les Flamands s'approvisionnaient à la Rochelle... Ce commerce était devenu si considérable que, pendant une guerre entre les Flamands et les Anglais, ceux-ci arrêtèrent en mer des navires flamands, qui portaient *neuf mille muids de vin de la Rochelle.* » De très anciennes lois maritimes de Damme, de Westcopelle et de Wisby, mentionnent spécialement la ville de la Rochelle. (*Collect. des lois maritimes.*)

1673 (*Siège de*). — Dès que le Roi de Pologne eut signé le

traité de paix (*V. 24 juin*), on célébra cet heureux évènement par *grandes acclamations de réjouissance et feu de joie.* Les portes de la ville s'ouvrirent aux royalistes et de part et d'autre on se fit *autant de tesmoignages de bienveillance qu'on s'estoit montré de haine et de désir d'entreprendre les uns sur les autres pendant qu'on avoit les armes en mains.* Les ambassadeurs de Pologne ayant témoigné, par un trompette du Roi, le désir de voir une ville, qui avait fait pendant si longtemps l'étonnement et l'entretien de l'Europe entière, le sergent-major Gargouillaud fut, par arrêté du conseil extraordinaire du *1er juillet*, chargé de les recevoir à la porte de Cougnes. On les accueillit avec les plus grands honneurs et la foule s'émerveilla de leur accoutrement bizarre. « Ils avaient la tête rasée par derrière, à la façon des Tartares, portaient des arcs et de larges carquois et accoutraient eux et leurs chevaux de grands panaches et d'aîles d'aigles largement déployées » (1) (*Barbot. — de Thou.*)

2 Juillet.

1573. — « Le *2e jour* dudit mois, Jeh. Morisson, seigneur de Moureilles, eschevin, Maire et capitaine de la ville, décéda au grand regret et desplaisir de tous ses concitoyens, parce qu'il estoit homme d'esprit, qu'il s'estoit toujours porté à la conservation de la liberté et des privilèges de ceste ville, pour la défense et maintien de laquelle, pendant le siège, il avoit tellement peiné et travaillé qu'il en avoit acquis la maladie qui le porta dans le tombeau. Lequel ayant esté enterré, le troisième jour de juillet, selon l'honneur deu à sa charge, façon et cérémonie accoustumées, Jacq. Henry, escuyer, seigneur de de Monssidun, Maire précédent, faisant les fonctions de la Mairie, accompagné de ceux du corps (de ville), présentent, à l'instant des obsèques, à M. le lieutenant-général Pierres, le sieur Mignonneau, restant des coélus à Maire (2) pour le parachèvement de ladite année. » (*A. Barbot.*) — *V. 29 mars.*

(1) Le Roi de Navarre était entré à la Rochelle des premiers ; car on a une lettre de lui, datée de cette ville, le 26 juin. (*Rec. des lettres missives de Henri IV.*)

(2) Le deuxième coélu, Bouchet, avait été tué par l'explosion d'une

1585. — « Le mardy, *secong jour de juillet*, a esté baptizé (au temple Saint-Yon), *Jehan*, fils de noble homme Jehan *Guiton*, eschevin de ceste ville, et de damoyselle Elisabeth Bodin ; pesrain noble homme Jeh. Bodin, eschevin de ceste ville ; méraine Damoyzelle Françoyse Henry (grand-père maternel et grand'mère maternelle de l'enfant.) (*Reg. des protest.*) Cet acte de baptême du célèbre Maire de 1628, réduit à néant l'échafaudage généalogique de l'auteur de l'*Histoire de la Saintonge et de l'Aunis*, qui prétend que Guiton était né en Normandie. Il était fils du Maire de 1587 et petit-fils de Jacques Guiton, Maire de 1575. Son consciencieux biographe, M. Callot, a négligé de reproduire une particularité, qui lui a paru peut-être peu vraissemblable, et qui est racontée par Gaufreteau : « Estant encore enfant, dit-il, il y eust une vieille mendiante de la ville, laquelle ayant demandé l'aumosne à sa mère, qui le tenoit entre ses bras, et l'ayant receu favorable luy dit : *Vostre fils, commère, sera un jour Maire de la Rochelle*. A quoy on rapporte que la mère de Guiton répliqua, sans y songer plus avant : *Comment ichieu vrayment, ma commère Andréa, ce sera donc quand o n'y oura plus de Rochelle.* » (*La Digue*, p. 70.) — V. *15 mars et 30 avril*.

1604. — Sully, qui n'était encore que marquis de Rosny (1), ayant été nommé *lieutenant-général pour le Roy en ses pays de Poitou, Chastelleraudois et Loudunois*, vient à la Rochelle, accompagné de sa femme et de son fils (2), de MM. de Biron, de Parabelle, Constant, Beaumarchais et d'une suite de douze cents chevaux. Voici en quels termes il rend compte lui-même à Henri IV de la réception qui lui fut faite. « Ceux de la Rochelle, *quoi qu'ils prétendent ne devoir avoir d'autre gouverneur que le Roy et le Maire....* et quoi encore qu'ils soient réputés *rogues et haultains et d'avoir des esprits merveilleusement dé-*

---

mine pendant le siège. Le nouveau maire Mignonneau mourut lui-même, le 15 du mois suivant, et ce fut Jacques Henry qui, comme premier échevin, acheva la Mairie. (*Baudouin. — Reg. du corps de ville.*)

(1) Il ne fut fait duc et pair qu'au mois de février 1606.

(2) Ils descendirent chez M. Paul Legoux, trésorier général de la maison de Navarre, qui occupait la maison où avait longtemps demeuré Henri IV, dans la rue Gargouillaud. (*V. 1er juin.*)

fians, si n'ont-ils pas laissé d'en user tout ainsy que s'ils m'eussent recognu pour leur gouverneur et de procéder en mon endroit comme toutes les autres villes, ayant laissé entrer dans la leur tous ceux qui m'accompagnoient, sans distinction de religion ny esgard de nombre, (car je n'avois pas moins de douze cents chevaux) et les ont voulu loger pour la plus part ès maisons bourgeoises, voire ont dit tout hault qu'ils faisoient tel estat de ma piété et loyaulté, que quand j'aurois eu trois fois aultant de monde, la résolution avoit esté prise, en conseil de ville, de les laisser entrer; voire protesté tout hault, en plein festin, buvant à la santé de Votre Majesté, de se confier tellement en sa prudence, foy et parole que sur icelle ils ouvriroient leurs portes à V. M., quand bien elle seroit accompagnée de trente mille hommes, et que si elles ne se trouvoient assez grandes, ils abbatroient trois cents toises de murailles... En ce festin public, qui me fut faict *(dans la salle Saint-Michel)*, il y avoit dix-sept tables, dont la moindre avoit seize serviettes, et le lendemain, ils nous firent une très-belle collation de confitures *(dans une salle de la tour de la Chaîne)*; et le jour suivant, entre Coreilles et Chef-de-Boys, un combat naval de *vingt vaisseaux*, aux habits, armes, panonceaux et livrées de France, et *vingt autres* aux habits, armes, panonceaux et livrées d'Espagne, auquel rien ne fust oublié de ce qui se pratique en une vraye guerre; laquelle se termina par la victoire des François sur les Espaignols, qui furent tous amenez prisonniers et liez au pied d'un tableau de S. M., puis à moi présentés comme ayant l'honneur d'être son lieutenant-général, au nom de laquelle je les remis en liberté avec plusieurs paroles à sa louange... » (*OEconomies royales.*) (6) Après avoir fait la cène, le 4, avec sa femme et toute sa suite, Sully partit pour Brouage. Mme de Rosny et son fils ne partirent que trois jours après pour Charron. (*Merlin. — Guillaudeau.*)

1763. — Publication solennelle de la paix signée à Paris, le 10 février précédent, entre la France, l'Angleterre et l'Es-

---

(6) « Les excellens citoyens et *les meilleurs de la France*, écrit à ce propos M. Michelet, qu'on disait amis de l'Espagne, ne pensaient qu'à lui faire la guerre. Ils régalèrent Sully d'un combat naval, &. *(Henri IV et Richelieu.)*

pagne. Paix si désastreuse pour la première, qu'elle ne méritait guère le brillant appareil et les signes de réjouissance qui accompagnèrent cette publication et durèrent plusieurs jours. (*Perry.* —.*Programme de la cérémonie.*) (1)

1775. — Fête à l'occasion du sacre de Louis XVI. (*Perry.*)

3 Juillet.

1721. — Départ des dix-neuf malheureux protestants devenus célèbres sous le nom de *Prisonniers de la Rochelle.* Arrêtés dans les environs de Nîmes, pour avoir assisté à une assemblée religieuse, ils étaient arrivés dans cette ville, le 1er août de l'année précédente, après avoir traversé la France, enchaînés par le cou, et avoir enduré les plus mauvais traitements et les privations de toute nature. Condamnés à être déportés au Mississipi, ils avaient obtenu, grâces aux démarches actives faites en leur faveur et après d'interminables délais, d'être embarqués pour l'Angleterre, et M. Dartis, chapelain de l'ambassade anglaise, était venu à la Rochelle pour les accompagner jusqu'au navire qui devait les conduire sur la terre d'exil. Pendant tout leur séjour dans notre ville, ils furent l'objet des plus généreuses sympathies, surtout de la part des dames Rochelaises, qui leur prodiguèrent vêtements, nourriture, argent et les soins les plus dévoués. Malgré toutes les défenses et les précautions qu'on avait prises, on ne put empêcher plus de quatre mille personnes d'assister à leur dé-

(1) Voici quel était l'ordre du cortège : la 1re compagnie de dragons; la 1re compagnie de grenadiers; les officiers du 1er bataillon, formant le bataillon carré ; les tambours et fifres ; les six archers de la ville, avec leur casaque et pertuisane ; le roi d'armes, ayant à ses côtés deux hérauts d'armes ; *les violons et hautbois* ; le secrétaire de la ville, en *robe et bonnet carré* et à cheval ; les officiers du corps de ville, aussi en *robes et bonnets carrés* et à cheval, escortés des sergens des deux bataillons sur deux files ; les officiers du 2e bataillon ; enfin les 2mes compagnies de dragons et de grenadiers. — Le lendemain, illuminations splendides aux hôtels du gouvernement et de l'Intendance et à l'Hôtel-de-Ville. — Feu de joie sur la Place-d'Armes ; de chaque côté des gradins, sur lesquels jouait la musique, deux fontaines de vin ne cessèrent de couler pendant toute la soirée. Le 4, grande fête à l'Intendance, avec comédie, bal et souper, &. (*Perry.* — *Programme de la fête.*)

part du haut des remparts et de leur adresser les plus touchants adieux. (1) *(Hist. des horribles cruautez qu'on a exercées envers quelques protestants.)* Ce qui prouve que, malgré les *missions*, les dragons de Louvois, l'exil de nombreuses familles Rochelaises et les cruelles persécutions exercées contre les réformés, le protestantisme comptait encore bon nombre de prosélytes secrets dans notre ville. (*V. 2 mars.*)

1775. — Le duc de Chartres, Louis-Philippe-Joseph d'Orléans, venant de Paris, arrive à la Rochelle. Il descendit à l'hôtel du baron de Montmorency, commandant en chef de la province. Après avoir reçu les autorités, il alla visiter le port et la digue et partit dans la soirée pour Rochefort, salué à son départ comme à son arrivée par toute l'artillerie de la place. (*Perry.*)

1814. — Bénédiction, à la cathédrale, des drapeaux blancs donnés par la ville à la garde nationale, en présence de toutes les autorités civiles et militaires. Cette cérémonie fut suivie d'un grand dîner à la Bourse, auquel assistèrent tous les officiers de la garde nationale, dont M. de Missy était colonel, et ceux de la garnison, le lieutenant général Rivaud, le préfet Richard et le maire Garreau. Après le banquet, où des toasts particuliers furent portés à chacun des princes, les convives se rendirent au spectacle. Sur leur demande, on y chanta le

---

(1) La complainte, en cinquante-huit couplets, dans laquelle l'un de ces malheureux nous a laissé le récit de leurs souffrances et l'expression de leur reconnaissance envers la charité rochelaise, se termine ainsi :

Adieu, braves Rochelois,
   Les Anglois
Nous veulent donner asyle ;
La bénédiction de Dieu
   Soit, en tout lieu,
Sur vous et vos familles !

Onze mois se sont écoulés
   A leurs frais,
Sans que jamais
Rien nous manque :
Toujours bien entretenus
   Et vêtus
D'une manière obligeante.

S'il falloit faire un récit
   De l'oubli,
Qui se fait par ma mémoire,
Quand je passerois un mois,
   Deux et trois,
Ce seroit sans finir leur gloire.

(*Bullet. de la Soc. de l'Hist. des protest. franç. — 1855.*)

Retour des lys et *Vive Henri IV*, qui furent applaudis avec transport. (*Aff. de la Roch.*)

4 Juillet.

1557. — Les Rochelais avaient, depuis les temps les plus reculés, joui du droit de port d'armes ; mais la rigueur des édits et des ordonnances leur ayant fait craindre de voir méconnaître leurs antiques privilèges, ils en sollitèrent la confirmation du roi Henri II, en lui exposant que la Rochelle étant une ville frontière, *subjecte aux descentes et incursions des ennemys*, et dont les habitants et ceux de la banlieue avaient seuls la garde, ils étaient tenus *d'avoir continuellement les armes au poing, pour la seureté et deffense de la ville et du pays*, et obligés plus que tous autres de s'exercer continuellement au tir de l'arquebuse. Déférant à leur demande, le Roi, par lettres patentes du *4 juillet* (1), *octroya aux Maire, eschevins, pairs, bourgeois, manans et habitants de ladit. ville et banliefve le droit de tenir en leurs maisons arquebuzes et aultres bastons de feu*, (2) *les porter et en tirer dedans ladite ville et banliefve, tant par jeu, esbat, passetemps et exercices, qu'au gibier et volatille, au-dedans d'icelle banliefve et costes de la mer...* Comme on le voit, ce n'était pas seulement le droit de porter des armes, mais encore le droit de chasse, dont les nobles et seigneurs étaient alors si jaloux, qui étaient reconnus aux bourgeois Rochelais et à tous les habitants de la banlieue. (*Delaurière.*)

1571. — Quelques semaines avant de quitter la Rochelle, pour aller se livrer à ses assassins, l'amiral Coligny, toujours préoccupé de la gloire et de la grandeur de la France, et de la pensée de disputer l'Amérique à ses conquérants (*V 13 juin*),

---

(1) Delaurière donne à ces lettres patentes la date du 14, mais l'inventaire des privilèges celle du 4.

(2) On appelait *bastons de feu* ou simplement *bastons* les armes montées sur un fût de bois, tels que mousquets, arquebuses ou fusils. Arcère et Massiou ont donc commis un contre-sens, lorsqu'en parlant du désarmement des Rochelais ordonné par François Ier, en 1542, ils ont dit que les habitants furent obligés de porter dans la tour de la Chaîne toutes leurs *armes, et jusqu'aux bâtons*.

expédie du port de cette ville une petite escadre, chargée d'aller reconnaître les Antilles et de préparer des moyens d'attaque contre ce vaste archipel. (*H. Martin.*)

5 Juillet.

1628 *(Siège de).* — « Dans la nuit du *4 au 5 juillet*, dit Mervault, ceux du camp achevèrent de couper les bleds des Rochelois entre les lignes (*de circonvallation*) et la ville. » Quelle douleur en durent éprouver les malheureux assiégés, qui, depuis la fin du mois dernier, étaient réduits à se nourrir non-seulement de chair de cheval (1) ou d'âne, mais même de chiens, de chats et *autres animaux immondes;* encore le prix n'en était-il pas accessible à tous, et le menu peuple n'avait d'autre ressource que les coquillages, les *plezes* et anguilles des marais, et principalement « *toutes sortes d'herbes, comme le pourpier sauvage, christe-marine et salicot, qu'ils faisoient bouillir en deux ou trois eaux, pour en ôter l'amertume et mauvais goût, enfin de se ruer sur les cuirs et peaux de toutes sortes, qu'ils faisoient tremper et bouillir, et découpez en guise de blanc de bœuf, ils les fricassoient avec un peu de suif et d'eau dans la poesle, et d'autres en faisoient des gelées avec du sucre; bref, dès ce temps, la famine commença d'être grande et horrible...* (*Mervault.*) Et cependant ils résistèrent encore pendant quatre mois entiers: que sera-ce donc dans le quatrième mois! (2)

6 Juillet.

1469. — Le duc de Guienne, après avoir confirmé aux Rochelais, dans une longue charte du mois précédent, tous les

(1) « Le cheval qu'on appeloit *bœuf à la mode* étoit excellent, salé de trois à quatre jours et mis au pot en guise de bœuf. » On avait cependant gardé quelques vaches pour fournir du lait aux enfants (*Mervault.*)

(2) « Dieu fit ce miracle manifeste entre tous les autres que le menu peuple, *qui ne mangeoit pas de pain, il y avoit un mois*, ne murmuroit ni ne faisoit contenance de se soulever contre les plus gros et ceux qui gouvernoient, même il ne pouvoit souffrir qu'on parlât ny de reddition, ny de capitulation, ny de discours approchans. » (*Mervault*).

privilèges dont les avaient gratifié les rois de France et d'Angleterre, désirant sans doute achever de se concilier leur affection, voulut les visiter en personne et arriva à la Rochelle le *6 juillet.* Le Maire, accompagné du corps de ville, dont un grand nombre de membres étaient à cheval, et précédé des archers de la ville, alla au-devant lui jusqu'à la Moulinette, ainsi que tous les religieux de la ville et les abbés de Saint-Michel en l'Herm, de l'île de Ré, de la Grâce-Dieu, de Saint-Léonard et de Charron, tous revêtus de leurs chapes, marchant processionnellement, et accompagnés de nombreux enfants de chœur, qui portaient chacun un panonceau aux armes du Duc.

Celui-ci, monté sur un cheval bayard, était vêtu d'une *robe courte, en damas blanc, fourrée de martre.* Le Maire, après *lui lui avoir fait la révérence,* lui présenta les clés de la ville, que portait un cheval conduit par deux sergents de la mairie ; et le cortège se dirigea vers la porte de Saint-Nicolas, où était tendu le cordon de soie traditionnel. Avant de franchir la frêle barrière, le prince jura, selon l'usage, entre les mains du Maire, de respecter et maintenir tous les *privilèges, franchises et libertés* de la commune, et reçut à son tour le serment du Maire, au nom de tous les habitants. Le cordon ayant alors été coupé, six des plus anciens échevins reçurent le duc de Guienne sous un dais magnifique, soutenu par six lances. A peine avaient-ils fait quelques pas, qu'à la seconde porte de Saint-Nicolas, *une belle pucelle, bien parée et ornée, descendit d'amont en une tour, et laquelle présenta à mond. sieur ung cœur : par laquelle pucelle estoit signifiée la Rochelle, qui présentoit son cœur à mond. sieur. Et sur le pont Saint-Saulveur, contre les anciens murs, y avoit troiz chafaux, bien et honnestement faictz, esquelz avoit de cent à six vingtz enfans, tous vestuz à blancq, chantans Nau. Et au carrefour des changes* (de la Caille), *avoit une belle et somptueuse fontayne, gardée par quatre grans hommes sauvages, et à l'encontre de laquelle avoit quantité de pucelles vestues à blancq. Et autres beaux et notables personnages furent faictz par lad. ville pour lad. venue. (Livre de la Paterne.)* Le cortège se rendit d'abord à l'église Saint-Barthelémy, où fut chanté un *Te Deum,* et conduisit ensuite le *duc de Guienne, comte de Xainctonge et seigneur de la Rochelle,* à l'hôtel de Mérichon, chez lequel il logea pendant son séjour. (*Registre du gouver. — Ms. n° 1977. — A. Barb. — Bruneau.*)

7 Juillet.

1469. — Le lendemain de l'arrivée du duc de Guienne, « après disner, Monsieur le Maire et Messieurs les eschevins, conseillers et pairs, s'en allèrent pardevers mond. sieur, et par M⁰ Jehan Delacroix, licencié en loix, luy fisrent faire une belle et notable proposition ou harangue, en exaulcens l'honneur et nom de mond. sieur *(le duc)* et de la ville, et le priant et suppliant que son bon plaisir fust les avoir et tenir tousjours en sa bonne recommandation, en les entretenant en leurs privilèges et aultres choses que longues seroient à réciter, et dont mond. sieur fust fort content et, pour son joyeux advènement, luy fust donné *cent cinquante marcs d'argent en vaisselle.* (*Livre de la Paterne.*)

1628 (Siège de). — « *Bien que tous les jours grand nombre des assiégés mourût de faim* » (V. 5 juillet), l'énergie du Maire Guiton et du corps de ville n'en était pas ébranlée. Ce jour là, le tambour-major du régiment des gardes vint à la porte neuve de Maubec et annonça qu'il avait une lettre du cardinal de Richelieu, et ordre de ne la remettre qu'au Maire lui-même ; il refusa en effet de la confier à deux commissaires, qui lui furent envoyés. Guiton se rendit alors à la porte de Cougnes, avec dix ou douze membres du conseil, et lut avec eux la lettre. Le cardinal y disait que le Roi consentait à assurer la vie sauve aux Rochelais, à condition qu'ils se soumissent dans le délai de trois jours ; mais qu'autrement il ne fallait plus espérer de grâce pour eux. Plus blessé qu'intimidé par cette espèce de sommation, Guiton, après en avoir conféré avec ceux qui l'accompagnaient, congédia le tambour en lui disant : « *Mon amy, vous direz à M. le Cardinal que tout ce que je luy puis répondre, c'est que je luy suis son très humble serviteur.* » (*Mervault.*)

1814. — Arrivée du duc d'Angoulême à la Rochelle. Suppléant à la détresse des finances communales, les citoyens se cotisèrent pour lui manifester dignement toutes leurs sympathies. Un grand nombre de jeunes gens de la ville formèrent une garde d'honneur à cheval, et allèrent au devant du prince ; on éleva un arc de triomphe vis-à-vis le champ de Mars, et toutes les maisons furent décorées de feuillage et de drapeaux blancs. Après un grand dîner, auquel assistèrent les principaux fonctionnaires, il y eut le soir illumination générale, feu de joie sur la place, un très beau bal à l'Hôtel-de-Ville, et un second bal public à la Bourse. Avant de partir, le lendemain matin, le prince, comme preuve de sa satisfaction, donna à tous les officiers, sous-officiers et soldats habillés de la garde nationale l'autorisation de porter la *décoration du lis*, qu'il avait déjà distribuée lui-même à tous les fonctionnaires. Peut-être l'accueil enthousiaste qu'il avait reçu des Rochelais fut-il pour quelque chose dans l'appui qu'il leur prêta, peu de temps après, pour repousser la prétention des Saintais de recouvrer le siège de la Préfecture. *(Affi. de la Roch. — Dupont.)*

8 Juillet.

1199. — Charte par laquelle Jean-Sans-Terre, qui venait de succéder à son frère Richard-Cœur-de-Lion sur le trône d'Angleterre, *confirme*, à l'exemple de sa mère Aliénor d'Aquitaine, *à ses amés et féaux bourgeois de la Rochelle le droit d'avoir une commune, avec toutes les libertés et libres coutumes qui en dépendent, et leur confirme en outre les franchises et libres coutumes, dont ils ont joui sous le règne de son père Henri II et de ses autres prédécesseurs.* (*Privilèg. de la Roch. — Gallant. — Chenu, etc.*) Nos historiens, sans parler de cette charte, ont attribué à Aliénor le mérite d'avoir institué la commune Rochelaise ; mais la charte de cette princesse, qui ne porte d'autre date que celle de l'année 1199, n'est, d'après ses termes et ceux de la charte de son fils, qu'une charte de confirmation et non d'institution, et la Rochelle jouissait du droit de commune non-seulement sous Henri II d'Angleterre, mais dès le temps de *ses prédécesseurs*, Louis VII et le duc de Poitou, Guillaume X, véritable fondateur de la commune Rochelaise. (*V. 19 février*).

1563. — Lettres patentes par lesquelles Charles IX, prenant en considération l'incommodité et le danger qu'il y avait pour les protestants de l'île de Ré à transporter leurs enfants à la Rochelle pour y être baptisés, ordonne que les habitants de Saint-Martin soient pourvus d'un local convenable pour y faire les exercices de leur religion. En conséquence, une ordonnance du lieutenant-général de la Rochelle, datée du 20 septembre suivant, désigna la maison de Henry de la Davière, pour être affectée à cet objet. (*Factum judic. de 1671*).

1628. (Siège de) — Certain fanatique vient trouver le Maire Guiton et lui confie qu'il sait un moyen infaillible de tuer le cardinal de Richelieu, s'il veut lui en donner l'autorisation. Guiton se borna à lui répondre que *c'estoit un cas de conscience et de ceux qui ne se peuvent conseiller*. Le ministre Salbert, auquel il le renvoya, n'hésita pas à déclarer que ce serait un crime odieux et que ce n'était pas par de pareils moyens que Dieu sauverait la Rochelle, s'il voulait sa délivrance. (*Mervault.*)

9 Juillet.

1206. — Jean-Sans-Terre, plongé dans l'orgie et les plus méprisables excès, s'était à peine ému de l'arrêt de la haute Cour, devant laquelle l'avait fait citer Philippe-Auguste, et qui, en le condamnant à mort par contumace, pour crime d'assassinat sur la personne de son neveu Arthur de Bretagne, avait en même temps prononcé la confiscation de tous ses fiefs. Les rapides conquêtes de son heureux rival, qui lui avait arraché une à une presque toutes ses belles possessions continentales : le Maine, l'Anjou, la Touraine, la Normandie, l'Angoumois, le Poitou, presque toute la Saintonge, n'avaient pas suffi pour le tirer de son honteux engourdissement. La Rochelle seule était restée fidèle au fils d'Aliénor, et pendant une année entière avait courageusement résisté aux forces françaises. Cependant une réaction favorable à sa cause s'étant manifestée dans la province de Poitou, Jean se réveilla enfin de sa longue torpeur, et, *le 9 juillet 1206*, à la tête d'une puissante armée et de nombreux vaisseaux richement chargés, il vint débarquer à la Rochelle, aux acclamations des habitants, qui se vouèrent solennellement à la défense de son parti. Le Poitou se révolta aussitôt contre Philippe Auguste, aux chants de guerre de ses troubadours. Jean alla bientôt bloquer Poitiers, reprit Angers et entra en Bretagne, où il prit plusieurs places. Mais la chevalerie française étant alors accourue en masse, le roi d'Angleterre, pris d'une terreur soudaine, n'osa risquer la bataille, et reculant toujours, revint à la Rochelle, où il se rembarqua pour la Grande-Bretagne. (*Math. Pâris. — Rad. Coygesh. chron. — Guil. le Breton. — Rigord. — H. Martin, etc.*)

1598. — « Entre 7 et 8 heures du soir, éclata la tempeste la plus grande et épouvantable, dont jamais on eust ouy parler, qui dura toute la nuict, avec vent, esclairs, tonnerre et pluyes. » Les effets en furent terribles : les blés qui étaient en terre furent emportés, les arbres brisés ou déracinés, etc. (*Merlin.*)

10 Juillet.

1573 (*Siège de*). (1) — Belleville ayant rapporté les articles de la capitulation signés par le Roi, « fust publiée la paix, tant à *Nieul, où le Roy de Poulongne estoit* que dans la Rochelle, par le grand hérault d'armes du Roy, ayant la casaque semée de fleurs de lys d'or, avec quatre trompettes, qui l'accompagnoient » (*Bruneau.*) — V. 24 juin.

1628 (*Siège de*). — Quelque admirable que fût la contenance des assiégés au milieu de tous les maux qu'entraînait un si long siège, il était impossible qu'il ne se trouvât pas quelques traîtres, prêts à vendre leur patrie pour du pain ou un peu d'or. « *Le 10 juillet*, dit Guillaudeau, fust pendu, à la place du Chasteau, Jeh. de Mons, dit la Roze, accusé et convaincu de crime de trahison et d'avoir traité avec MM. de Luxembourg et le cardinal de Richelieu, pour livrer la ville entre les mains des ennemys, et encores d'avoir ésté envoyé par led. seigneur de Luxembourg par devers M. de Rohan et de toutes les villes qui tenoient pour la religion, et d'avoir pour telles

---

(1) A. Barbot donne à cette publication la date du 11, Arcère celle du 12 : j'ai suivi celle fournie par Bruneau.

actions receu argent. » (1) Soumis à la *gehenne ordinaire et extraordinaire*, il avait supporté avec une grande fermeté qu'on *lui laçât les brodequins*, et même qu'on enfonçât les premiers coins; mais la douleur lui avait arraché les plus complets aveux, et il avait reconnu qu'on lui avait promis des *montagnes d'or*, s'il réussissait dans son complot. Il montra ensuite le plus grand repentir de sa faute, et engagea les assiégés à ne se fier jamais aux paroles de leurs ennemis, qu'il nommait les *incirconcis*. Monté sur l'échelle, il pria Dieu de très *grand zèle et affection, d'une parole assurée et d'une merveilleuse invention*, et édifia tous les assistants. Deux jours après, sa tête fut exposée au bout d'une pique, sur la pièce détachée de la porte de Cougnes. (*Mervault.*)

11 Juillet.

1548. — Depuis qu'en 1535, François Ier avait supprimé la Mairie annale et l'ancien corps de ville de la Rochelle, pour y substituer un Maire perpétuel et vingt échevins biennaux (*V. 27 mars*), les Rochelais n'avaient cessé de réclamer contre cette violation de leur statut communal, et de demander le rétablissement de leur antique constitution municipale. Mais leur gouverneur Jarnac, qui s'était fait attribuer en même temps le titre de maire perpétuel, avait réussi à déjouer tous leurs efforts. Aussitôt que François Ier fut mort (1547), ils renouvelèrent leurs instances auprès de son successeur; ils lui exposèrent que les funestes changements dont ils se plaignaient avaient éloigné de la Rochelle la plupart des notables personnages et habitants riches, qui composaient naguères le grand conseil de la commune et qui s'étaient retirés dans leurs terres; que la commune n'était plus administrée que par des échevins, *en grande partie artisans et gens méchaniques ou de basse condition*, n'ayant ni l'expérience, ni l'intelligence nécessaires, et qui se dispensaient de se rendre aux séances du conseil pour ne pas se déranger de leurs occupations, ou avouaient franchement, quand on leur demandait leur avis, qu'ils *n'en-*

---

(1) Le 21 du même mois, fut pendu un nommé Dubourg, condamné pour trahison sur la déposition de son fils, enfant de onze ans. (*Mervault.*)

tendoient telles affaires et n'y avoient jamais esté nourris ; qu'un tel état de chose était tellement préjudiciable à la ville, que s'il n'y était promptement pourvu, il entraînerait *la totale ruyne et destruction de la Rochelle. (Titres de la Rochelle.)* Touché par ces raisons et malgré l'opposition de Jarnac, Henri II, par des lettres patentes du *11 juillet 1548*, rétablit la Mairie et le corps de ville dans son ancienne forme, à la charge toutefois de continuer à Jarnac, pendant sa vie, les *gages* qu'il touchait annuellement comme Maire perpétuel, et que les Maires, qui seraient élus à l'avenir, se conformeraient à la *louable et ancienne coustume de donner à la ville, à la fin du temps de leur mairie, une pièce d'artillerie de telle valeur qu'il leur plairoit, ès quelle, pour leur mémoire et libéralité, ils pourroient, si bon leur semble, faire apposer leurs armoiries. (Lettres patentes.)* — *V. 3 mars.* — En conséquence, les membres de l'ancien corps de ville furent rétablis dans *leurs titres et dignités;* il fut pourvu au remplacement de ceux qui étaient décédés, et Claude Guy, écuyer, seigneur de Chessou, fut élu Maire. (*A. Barbot.*) Pour célébrer cette heureuse restauration des antiques institutions, le jour de l'Ascension, eut lieu dans la rue de l'Hôtel-de-Ville, que l'on avait fait couvrir et parqueter, un somptueux festin, *auquel il y avoit vingt cinq tables, bien garnies de bons vivres, et bon nombre d'habitants. (Bruneau.)*

12 Juillet.

1790. — Décret de l'assemblée nationale, qui supprime l'Évêché de la Rochelle et fixe à Saintes le siège épiscopal du nouveau département de la Charente-Inférieure. (*V. 27 février et 2 mai.*)

1793. — La disette commençant à se faire sérieusement sentir, le conseil de la commune, considérant que les approvisionnements de froment ne sont pas suffisants pour attendre la récolte, ordonne que les boulangers feront leur pain avec un tiers de baillarge et leur fait défense de faire plus d'une qualité de pain, sans aucune exception. (*Affi. de la Rochelle.*) (1)

(1) La disette ayant augmenté encore pendant les années suivantes, le 20 janvier 1795, le *Conseil général* de la commune prit un arrêté

13 Juillet.

1573 (*Siège de*). — L'édit de pacification ayant été enregistré au présidial, sept commissaires de la ville, deux échevins, deux pairs et trois bourgeois, se rendirent auprès du Roi de Pologne, pour lui prêter serment de fidélité, au nom des habitants, et lui présenter la liste des cinquante citoyens, parmi lesquels le Roi devait choisir quatre ôtages, dont deux protestants et deux catholiques (1). Par pure forme, ils lui offrirent les clés de la ville, en l'invitant à y entrer, mais il avait été secrètement arrêté d'avance que le prince refuserait ; ensuite « ils lui fisrent leurs compliments, lui rendant humblement grâce du bien que, par sa faveur, il avoit pleû à Dieu leur donner par l'octroy de la paix, le suppliant de prendre sous sa protection et sauvegarde tous ceux de la religion réformée, avec la même affection et le saint zèle qui l'avoient porté à mettre fin à cette malheureuse guerre, le priant d'accepter un présent peu digne de sa grandeur, et que leur position pouvoit seule excuser, et l'asseurant enfin que cette ville demeureroit à jamais soubs l'obéissance du Roy. » (2) Ce présent, fait au roi de Pologne, consistait en *quelques guenons et perroquets trouvés en cette ville*... Et pour que rien ne manquât à ce que semblait avoir d'ironique un semblable cadeau, quand le prince voulût prendre l'une des guenons des mains de celui qui la tenait, *elle le mordit assez fort et rudement, mais toutesfois ne s'en esmust pas comme on le craignoit. Qui est*, ajoute A. Barbot, *tout le présent qui lui fust offert, contre ce que quelques-uns ont voulu*

par lequel il réduisit à une demi livre de pain par jour les citoyens de la classe aisée, et à trois quarts de livre, *ceux qui travaillaient de force*. Au mois de juin suivant, le tonneau de blé était coté, à Marans, à 6,500 liv. en assignats, ce qui équivalait à plus de 1,600 liv. en argent. (*Affi. de la Roch.*).

(1) Le Roi choisit Pierre Salbert, seigneur de l'Herbaudière, échevin, Pierre Guiton, contrôleur de la traite, pair, et deux bourgeois. Ces ôtages devaient être changés de trois mois en trois mois, pendant deux ans.

(2) Cauriana met dans la bouche des députés un discours dont les termes, par leur humilité et leur servilité même, contrastent trop avec la fière attitude des Rochelais jusqu'aux derniers moments du siège, pour que l'on puisse admettre qu'il ait été prononcé ; le langage que leur prête A. Barbot m'a paru beaucoup plus raisonnable.

escripre que par argent ceste ville s'estoit redimée dudit siège. (1) Impatient de s'éloigner de ces lieux où s'était englouti tant d'argent, où avaient péri tant de victimes et des plus illustres (2), où il avait enfin compromis gravement sa réputation et sa gloire, le duc d'Anjou s'embarqua, le jour même, pour Nantes avec les princes et l'élite des généraux et grands seigneurs. « Cette prodigieuse résistance de la Rochelle, dit M. Michelet, avec celle de la petite ville de Sancerre, est un des plus grands faits de notre histoire. Un peuple se battit comme un seul homme... » *(La ligue et Henri IV.)*

14 Juillet.

1681. — Arrêt du conseil du Roi, qui établit un collége de médecine à la Rochelle, et approuve les statuts délibérés et adoptés par les médecins de cette ville et dont l'article premier excluait de la profession de médecin tous ceux qui n'étaient pas *catholiques*. (*Statuts du corps de ville. — His. de l'édit de Nantes.*) (3)

1684. — Dernier prêche fait dans le temple de la Ville-neuve, par le ministre de Laizement. Le lendemain, il fut arrêté avec ses deux collègues, Le Blanc et de Tantebaratz (4), sous le pré-

---

(1) « M. d'Anjou s'en leva avec telle honte de ne l'avoir prise, écrit Gaspard de Saulx dans ses mémoires, qu'encores estoit-il plus honorable pour luy de dire que les Rochelois l'avoient gagné par argent. »

(2) De Thou et d'Aubigné prétendent qu'il y mourût 40,000 hommes; Bruneau dit qu'il fut tué 12,000 soldats, 18,000 pionniers, 264 capitaines et 344 gentilshommes; Mervault en porte le nombre à plus de 30,000; A. Barbot n'estime qu'à 18 ou 20,000 ceux qui périrent par le feu et les maladies; M. Michelet adopte le chiffre de 22,000. Les assiégés ne perdirent que 12 ou 1,300 personnes de l'un ou l'autre sexe, dont 500 habitants environ, et 7 à 800 *tant réfugiés que serviteurs*. (*A. Barbot. — Bruneau.*)

(3) Dès le mois de février 1669, un autre arrêt du conseil avait exclu les réformés de la maîtrise des arts et métiers. Déjà, en 1661, l'intendant Colbert du Terron avait ordonné aux capitaines, lieutenants et enseignes de la milice bourgeoise, fesant profession de la religion réformée, de remettre leurs commissions entre les mains du lieutenant du Roi. *(Tessereau.)* — V. 7 août.

(4) Le quatrième ministre Guibert réussit à se soustraire aux recherches.

texte qu'ils avaient admis dans le temple une *relapse* et la fille d'un nouveau converti. Le 16, le temple fut fermé et bientôt après démoli. (*Ms. du temps.*) — V. *1er mars 1685*.

1756. — Jugement, rendu sous la présidence de l'intendant Baillon, qui condamne, 1° le ministre Gibert, pour avoir: depuis plusieurs années, rempli les fonctions de ministre, prêché, baptisé, fait la cène, etc., à être *pendu* sur la place royale, après avoir fait amende honorable, la corde au col, devant la principale porte de l'église Saint-Barthelémy; ordonne que ses livres, papiers et sermons seront brûlés par la main du bourreau, et que son corps, après avoir été exposé pendant vingt-quatre heures, sera porté aux fourches patibulaires pour y rester jusqu'à parfaite consommation; 2° Etienne, son frère, pour avoir été son lecteur ordinaire dans diverses assemblées, et avoir tenu ses registres, à l'amende honorable et à être marqué, au pied de la potence, avec un fer chaud, aux lettres G. A. L., sur l'épaule droite, puis conduit à la chaîne pour servir sur les galères du Roi à perpétuité; 3° et un nommé Gentelot, aux mêmes peines, pour avoir accompagné Gibert à un baptême et avoir présenté un pistolet à la maréchaussée, qui voulait arrêter ledit Gilbert.... Heureusement pour les condamnés et pour l'humanité qu'ils ne purent être saisis. (*Bull. de la société de l'hist. des protest. 1854.*)

1790. — Les compagnies de volontaires et le régiment de la Sarre prêtent le serment fédératif sur l'autel de la liberté, élevé sur la place d'armes et dont *le buste de notre bon Roi*, dit un contemporain, *suffisoit pour faire l'ornement*. Mgr de Coucy, dont l'évêché venait d'être supprimé, bénit le drapeau de la Fédération, qui lui fut présenté par le maire Goguet. Après un discours de ce magistrat, l'Evêque prit la parole pour rappeler au peuple que s'il avait des droits à réclamer, il avait aussi des devoirs à remplir et que le plus impérieux, après celui d'aimer la patrie, était celui de respecter le Roi. Après le *Te Deum*, le drapeau fut porté en grande pompe à l'Hôtel-de-Ville. La journée se termina par un feu de joie et une illumination générale. Les volontaires élurent ensuite un député à la Fédération et leur choix tomba sur M. Joanne de Saint-Martin fils. (*Perry.— Affich. de la Roch. — Dupont.*)

15 Juillet.

1224. — Commencement du siège de la Rochelle, par Louis VIII, successeur de Philippe-Auguste, dont il paraissait résolu de poursuivre les conquêtes contre les Anglais, inspiré sans doute par l'héroïque reine Blanche, sa femme, et par sa rancune contre ceux qui, après lui avoir mis sur la tête la couronne d'Angleterre, l'en avaient dépouillé quinze mois après. S'il fallait en croire Nicolas de Braïa, qui a chanté en vers latins les *gestes* de Louis VIII, ce serait les Rochelais qui auraient été la cause de la rupture de la paix entre l'Angleterre et la France. « Agités par l'aiguillon de la fureur, les chefs de la ville auraient, selon lui, porté le pillage et l'incendie chez leurs voisins, sujets du Roi de France, pénétrant de vive force dans les châteaux, chargeant de fer leurs ennemis ou les plongeant dans les cachots, fesant subir aux uns les plus affreuses mutilations, ou fesant mourir les autres de faim, &. » Les panégyristes ont toujours de faciles prétextes à la disposition des conquérants. Ce qui est certain, c'est que Louis VIII envahit d'abord les terres du vicomte de Thouars, enleva ensuite le *chastel* de Niort, et après avoir pris St-Jean-d'Angély, *se tourna* vers la Rochelle, dans laquelle s'était retiré Savary de Mauléon, avec deux ou trois cents chevaliers et d'*innombrables serviteurs*, et assiégea cette ville avec une nombreuse armée et de puissantes machines de guerre. (1) La Rochelle avait déjà une grande importance, car Nic. de Braïa en parle ainsi : « Sur la pente des rivages de l'Océan, est une *ville noble et célèbre dans le monde entier*, la Rochelle, puissante par ses antiques richesses et fière de sa population.... » Il signale ensuite ses fortes murailles, ses tours élevées, ses portes défendues par d'épaisses barrières. Les Rochelais avaient fait de grands préparatifs de défense (2); les principales communes de l'A-

(1) Louis avait établi ses quartiers à Dompierre. On a de lui une charte, datée du 15 juillet, *in castris apud Dompere, propè Rupellam.* (*Cartul. de l'abbaye de St-Jean-d'Ang.*)

(2) « Ce peuple prévoyant rassemble des denrées, remplit ses greniers, amasse toutes ses provisions... des fossés sont creusés, les places sont entourées de palissades, les murailles de retranchements ; de robustes barrières sont placées devant les portes, et derrière les remparts s'élèvent des amas de pierre pour repousser les assauts des ennemis... » (*Nic. de Braïa.*)

quitaine et de la Gascogne anglaise, leur avaient envoyé des renforts; mais pour payer tous ces hommes d'armes, ils comptaient sur l'argent que leur devait envoyer le roi d'Angleterre. Un navire anglais arriva bien, ayant à bord de lourdes *huches*, que l'on *cuidoit pleines de deniers*: mais quand on les ouvrit, elles ne contenaient que du son et des pierres. Cette amère dérision d'un monarque, qui avait tant d'intérêt à ménager les Rochelais, les seuls de ses sujets qui dans ces contrées lui fussent restés fidèles, servit puissamment la cause des partisans du Roi de France. Les *pierriers et mangonneaux* de l'armée royale, qui chaque jour fesaient crouler sous leurs coups redoublés quelque pan de murailles, les promesses du roi Louis de respecter et confirmer les privilèges et franchises de la Rochelle, et peut-être aussi cette argument, dont Philippe de Macédoine vantait tant la puissance (1), devaient bientôt faire le reste. (*Nic. de Braïa.* — *Gesta Ludov. Franc. reg.* — *Guil. Guyard.* — *Chron. de St-Denis.* — *Math. Pâris.* — *Le père Daniel,* &.)

1696. — « Arrivée, devant l'île de Ré, des flottes d'Angleterre et de Hollande, qui bombardèrent, pendant trois jours, la ville de Saint-Martin, avec beaucoup de dommages. Il n'y avoit dans l'isle ni poudre ni munitions, et elle auroit été affamée si les ennemis fussent restés davantage. Il n'y avoit non plus rien de préparé à la Rochelle, où ils auroient tout désolé, si d'abord ils s'y étoient présentés, tant il y avoit de terreur. » (*Maudet.*) (2)

1719. — Arrêt du conseil du Roi, qui établit à la Rochelle une chambre de commerce, composée d'un directeur et de quatre syndics, nommés par le Roi et se renouvelant par moitié chaque année. (7) Elle fut supprimée par le décret du 27

(1) Rex Francorum, Ludovicus obtulit civibus *non modicam pecuniam* ut villam suam ei reddentes, fidelitatem sibi facerent... *(Math Pâris.)*

(2) Dans son *Histoire de Louis XIV*, Larrey dit que le bombardement, qu'il fixe au 16 juillet, ne dura qu'une nuit et un jour, et il ajoute que la citadelle répondit par un feu très nourri et qu'un des bâtiments ennemis, qui portait des poudres, sauta avec un fracas épouvantable, en jonchant la mer de cadavres et de débris.

(7) La même année furent nommés : président, M. David Oualle, et

septembre 1792. Sur la demande formée par le conseil d'arrondissement, un arrêté du gouvernement, du 22 pluviose an XI (1803), comprit la Rochelle au nombre des vingt-deux villes dans lesquelles avaient été établies des chambres de commerce. D'après la population de la Rochelle, la chambre devait être composée de neuf membres. (1) (*Arcère. — Aff. de la Roch. — Bull. des lois.*)

1815. — Napoléon, renonçant à son projet de passer en Amérique, après avoir séjourné quelques jours à l'île d'Aix, se décide à se rendre à bord du *Bellerophon*, mouillé dans la rade des Basques, en déclarant au capitaine Maitland, commandant de ce vaisseau, qu'il venait se mettre sous la protection de son souverain et des lois d'Angleterre. (*V. les longs détails donnés par Massiou, t. VI, p. 500.*)

16 Juillet.

1493. — Arrêt du parlement de Paris, qui confirme la sentence prononcée par les *Maire, eschevins, conseillers et pairs* de la Rochelle, contre un nommé Beliart, accusé de *plusieurs larcins* et qui avait été condamné *à estre battu nud de verges par les carrefours de la ville et devant les lieux ès quels il avoit commis lesd. larcins ; à avoir l'une de ses oreilles coupée et ce faict, estre banny à tousjours de la ville et gouvernement de la Rochelle, sur peine de la hart, au cas qu'il y seroit trouvé après lad. exécution.* (*Ms. de la bibl. n°s 1977-59.*) — *V. 26 juin.*

1625. — Nous avons vu que, sous la pression du parti populaire, les magistrats de la Rochelle avaient été contraints de prendre parti pour l'insurrection huguenote, fomentée par Rohan et Soubise. (*V. 5 mai.*) Après une expédition heureuse contre Blavet, Soubise s'était emparé des îles de Ré et d'Oleron et avait rallié à ses armes victorieuses un grand nombre

---

syndics, MM. J. Butler, Torterue-Bonnaud, Paul Depont et Chambaud de Fleury.

(1) Le 24 ventôse de la même année, une assemblée de soixante négociants élut : MM. Debaussay, Garnier, Callot, Rasteau, Poupet, Pellier, P. Garreau, Filleau et Admirault. (*Aff. de la Roch.*)

de partisans, qui d'abord avaient blâmé la témérité de son entreprise. Enhardi par le succès, il était entré dans la Gironde, avec soixante-quatorze navires, pillant et rançonnant le pays jusqu'aux portes de Bordeaux. Mais battu par Thoiras, il était revenu sur les côtes d'Aunis, où n'avait pas tardé à le poursuivre une flotte franco-batave, composée de vingt navires de guerre hollandais, commandés par l'amiral Houstecn, et une dizaine de vaisseaux français, sous le commandement du vice-amiral Manty. Profitant de la conformité de croyance des Hollandais, et des pourparlers de paix, qui avaient lieu entre les députés généraux protestants et la cour, Soubise avait facilement déterminé Houtsteen à suspendre les hostilités et à échanger des ôtages; mais apprenant qu'il s'armait aux Sables-d'Olonne une vingtaine d'autres navires qui devaient se réunir à l'armée royale, sans respect pour sa parole, le *16 juillet*, il fondit à l'improviste, avec trente-neuf voiles, sur la flotte alliée, mit le feu à l'aide de brulôts, à l'un des plus gros navires ennemis qui brûla entièrement, et prit ou coula quatre autres bâtiments. L'amiral Houtsteen ne s'échappa qu'avec peine, après avoir perdu quinze cents des siens, dit avec quelque exagération sans doute le duc de Rohan, qui, dans ses mémoires, donne à cette victoire de mauvais aloi de son frère plus d'importance qu'elle ne mérite. (*Guillaudeau. — Richelieu. — H. Martin, &.*)

17 Juillet.

1550. — Dans la rue de notre ville, qui en a conservé le nom, existait anciennement l'*Evescault*, qu'on appelait aussi *maisons épiscopales*, où descendait l'Evêque de Saintes, quand il venait à la Rochelle, et siégeait le tribunal ecclésiastique de la Rochelle, nommé l'*officialité*. Ce tribunal, dont la compétence, restreinte d'abord aux *clercs*, s'était singulièrement étendue (1), était présidé par l'*official*, grand-vicaire de l'Evêque, et qui avait porté jadis le titre d'*archidiacre d'Aunis*. Les fonctions du ministère public y étaient exercées par un autre ecclésiastique, appelé *procureur* ou *promoteur* de l'Offi-

(1) V. ma *VII Lettre Rochelaise*.

cialité. Le *17 juillet 1550*, celui-ci exposait devant l'official que, contrairement aux canons ecclésiastiques, les curés de l'archiprêtré de la Rochelle se permettaient de fiancer et marier des personnes étrangères à la ville et qu'ils ne connaissaient pas, et qu'il résultait de *ces mariages clandestins que bien souvent se trouvoient plusieurs hommes ayans deux femmes et plusieurs femmes ayans deux maritz, au scandale et détriment des saintz sacremens de l'Eglise et de la religion*. Il requérait en conséquence qu'il fut rendu une ordonnance pour mettre un terme à de pareils abus. Fesant droit à sa requête, l'official fit défense à tous ecclésiastiques « *de ne procéder ès fiançailles, épousailles et autres actions nuptiales d'aucuns personnages, que paravant ils ne sachent dont ils sont, et s'ils sont leurs paroissiens, appelés premièrement les père et mère et autres parens et amis des fiancés et mariés.* » Le lendemain, la cour de l'officialité, composé de l'official, de quatre prêtres et de deux *procureurs ès cour d'église*, eut précisément à juger une affaire de bigamie. Sa sentence fut peu sévère : la femme bigame fut condamnée à faire amende honorable, à rester pendant quatre heures attachée à un poteau, dressé devant la porte *des maisons épiscopales*, avec un écriteau sur la poitrine portant ces mots : *la femme à deux maris*; et en outre à tenir prison close, *en pénitence à pain et eau de tristesse et douleur, par l'espace de six mois*, et à une amende de cinquante livres, applicable *ès œuvres piteuses*. Son complice en fut quitte pour l'amende honorable, l'exposition avec un écriteau, attaché au bras, sur lequel était écrit : *pour avoir sciemment espousé la femme d'autrui*, et une légère amende. (*Reg. de la cour ecclésiastiq.*)

1554. — Malgré le rétablissement du corps de ville et de la mairie annuelle (*V. 11 juillet*), le pouvoir municipal était loin d'avoir recouvré son ancienne autorité. La création du présidial avait notablement restreint l'étendue de la juridiction du corps de ville, et bien qu'il eut hérité des attributions judiciaires du sénéchal ou gouverneur, celui-ci n'en avait pas moins été maintenu avec des fonctions militaires, qui étaient contraires au privilèges de la Rochelle. Le baron d'Estissac, qui s'intitulait *lieutenant pour le Roy en la ville et gouverne-*

ment de la Rochelle, pays d'Aunis et Saintonge, fort peu partisan des libertés et franchises communales, avait, au mois de mai précédent, montré le cas qu'il fesait des *nobles de cloche*, en outrageant de la manière la plus grave l'échevin André Morisson, *qui se portoit tousjours à la liberté des habitants*, et en tirant même l'épée sur lui, prêt à le tuer si un autre échevin ne l'en eut empêché. Morisson avait pu s'enfuir, mais un laquais du baron l'avait atteint et lui avait donné trois ou quatre coups de dague. Le *17 juillet*, eut lieu une scène plus déplorable encore : un commandant de troupe, nommé de la Brodière, et quelques gentilshommes poitevins, se promenant, le soir, sur la place du château, attaquent sans sujet les frères Chasteigners, *jeunes enfants de ville et des anciennes maisons du corps* (de ville) *et des Maires*, et leur font jeter des pierres par leurs laquais. Les Chasteigners ayant exprimé avec vivacité leur mécontentement, les gentilshommes fondent sur eux avec leurs épées, bien que les premiers n'en eussent point, *coupent les jarrets au plus jeune*, l'achèvent ensuite, et blessent si grièvement le second qu'il mourut le soir même. Robert Guy, seigneur de la Bataille, d'une ancienne famille municipale, ayant voulu, quoique sans armes, défendre ses amis, la Brodière lui passe son épée au travers du corps et le tue. Le baron d'Estissac s'étant refusé à poursuivre ce triple assassinat, les bourgeois, deux ou trois jours après, se saisirent de la Brodière et de quelques-uns de ses compagnons, qui furent enfermés dans la tour de la Chaîne. On feignit alors de vouloir faire leur procès ; le Roi envoya même, à cet effet, l'évêque de Sisteron, et après lui, le lieutenant-général du Poitou ; mais en définitive, après quelques procédures, le crime resta impuni : *ce qui offensa fort les habitans, qui de là en après prirent en haine le baron d'Estissac*. (A. Barbot.)

18 Juillet.

1628 *(Siège de)*. — Le duc de la Trémouille, le plus grand seigneur protestant du Poitou, fait abjuration entre les mains du cardinal de Richelieu, qui le récompensa de sa conversion par le commandement des chevaux légers. (*Mervault.* — *H. Martin, etc.*).

1700. — Décès de Marie de Cardozo de Mont-Carmel, dite de la Conception, supérieure du tiers-ordre de Saint-Augustin de la Rochelle, morte en cette ville en odeur de sainteté. Elle était née, en 1651, à Lisbonne, où elle avait épousé Pierre Meusnier, fils de l'un des plus riches négociants Rochelais, qui y était allé apprendre le commerce et la langue du pays. En 1675, elle suivit son époux à la Rochelle ; mais celui-ci, déshérité par ses parents, mécontens de ce qu'il s'était marié sans leur consentement, mourut bientôt, la laissant dans la misère, avec un enfant en bas âge. Elle puisa dans sa profonde piété une admirable résignation pour supporter toutes les privations et les maladies dont elle fut accablée.

Dès l'âge de sept ans, raconte son biographe, qui avait été son confesseur, elle avait eu une vision : « le Christ lui étoit apparu, attaché à la croix, le Saint-Esprit reposant sur sa tête, entre les bras du Père Éternel, qui l'embrassoit. En 1690, le jour de l'Assomption, elle étoit dans l'église Notre-Dame, plongée dans une méditation extatique ; elle se sentit tout à coup percer le côté comme d'un coup de lance, avec tant de douleur qu'elle tomba évanouie. La même année, le jour de la Toussaint, dans l'église des Augustins, où elle fesoit oraison, le fils de Dieu lui apparut avec une flèche à la main, dont il lui perça le même côté... » Semblable chose lui arriva le jour de la fête de St-Mathieu, et depuis ce moment elle ne put se coucher sur ce côté, ni souffrir que rien y touchât. La douleur qui lui en resta ne finit qu'avec la vie, et chose très remarquable, cette douleur devenait plus vive quand elle se livrait aux actes d'une plus grande piété. Elle était entrée dans le tiers-ordre des Augustins, après avoir prononcé les trois vœux de pauvreté, de chasteté et d'obéissance ; mais comme « plusieurs personnes, et parmi elles des religieux, traitoient ses extases et ravissements de foiblesses d'esprit ou d'illusions, elle s'en seroit retirée si Saint-Augustin, qui lui apparut, ne l'eut exhortée à persévérer. Tous les jours, à la messe et pendant l'élévation, elle étoit ravie et en extase, pendant trois heures que duroit ordinairement son oraison, sans mouvement, sans sentiment, et sans qu'on l'en pût faire revenir en la poussant et en la remuant... elle sentoit en elle-même un feu qui brûloit et qui, cherchant à sortir ou à s'étendre, lui causoit une douleur, comme si on lui eût ouvert ou élargi la poitrine avec violence... Dieu lui parloit à cœur ouvert et il ne cachoit rien de ce qu'elle vouloit savoir. Le passé et l'avenir ne pouvoient se dérober à sa lumière ; elle voyoit ce qui se passoit au loin comme ce qui se passoit auprès ; elle avoit le don du discernement des esprits et démêloit les plus secrètes pensées des cœurs ; les choses les plus obscures de l'autre monde ne lui étoient pas inconnues... » Son biographe cite ensuite de nombreux exemples à l'appui de ses assertions. Ses vertus et son inépuisable charité avaient fini par gagner la confiance et l'admiration du petit nombre de ceux qui lui avaient d'abord été contraires et elle était devenue un objet de vénération pour tous, quand elle rendit son âme à Dieu. « Vingt-quatre heures après son décès, son visage parut aussi vermeil qu'il l'étoit dans le temps de sa meilleure santé ; ses mains, ses bras et tous ses membres avoient conservé toute leur souplesse... » Elle fut enterrée dans l'église des Augustins. Plusieurs personnes, en l'invoquant dans leurs prières, ajoute son biographe, ou en allant prier sur son tombeau, furent guéries des maladies les plus graves, et l'une d'elle entendit sortir de sa tombe une *harmonie supérieure à celle de la terre.* (Vie de Marie de Cardozo, *Mesnier à la Roch., 1707*).

19 Juillet.

1560. — Il y a juste trois siècles, à pareil jour, que le corps de ville passait, avec maître Rodolphe de Guillemelle, un traité, par lequel il conférait à celui-ci, pour trois ans, *l'estat de principal régent et de super-intendant des escholles publicques de ceste ville, pour instruire et enseigner en bonnes mœurs et littérature les enfans de jeunesse de ceste ville et tous autres qui pourroient venir de dehors ;* en s'engageant à lui payer une allocation annuelle de 300 liv., pour l'entretien de trois régens. (1) M⁰ de Guillemelle, de son côté, prenait l'engagement de se procurer trois régens, *gens doctes et de bonnes mœurs et conversation, capables et suffisans, expérimentés en la rhétorique,*

(1) « Lesquels régens led. de Guillemelle est tenu payer, stipendier et nourrir à ses despens, sans que les Maires, eschevins, conseillers et pers soient tenuz aulcune chose leur bailler et payer. »

dialectique et filosofie, versés dans les langues grecque et latine, dans la poësie et l'art oratoire. Avant d'entrer en fonctions, ces régens devaient être *expérimentez et examinez publiquement à l'eschevinage, en présence de M. le Maire et aultres des eschevins, conseillers et pers, qui vouldroyent y assister*. Si après avoir été reçus, ils étaient *trouvez mal vivans, vicieulx et scandaleux, ou ne fesans leur debvoir selon leur charge*, le corps de ville pouvait les renvoyer, et le principal s'engageait à les remplacer. M⁰ de Guillemelle promettait de *bien et deuhement enseigner et faire enseigner et instruire tant pentionnaires que martinetz* (1) *en bonnes mœurs, lettres et science, selon la capacité des enfans, et en mesme forme et manière que l'on a accoustumé faire ès colléges fameux, comme ès colléges de Paris*. Les martinez devaient payer de pension *six sols tournois par quartiers*, dont la commune était responsable. Les magistrats municipaux s'engageaient enfin à *empescher que nuls pédagogues ne prebtres, ne tinssent escolles publiques*. (*Traité original, conservé à la biblioth. sous le n° 2126*). — *V. 6 fév. et 14 mai.*

1820. — L'académie de la Rochelle ayant été chargée de la rédaction des deux inscriptions qu'on se proposait de placer au frontispice de l'hôpital militaire d'Auffrédy, en arrête ainsi les termes, sur la proposition de M. Emy, colonel du génie, l'un de ses membres: « *L'an 1203, Alexandre Auffrédy, négociant Rochelois, fonda cet hôpital pour les pauvres, et s'y dévoua au service des malades.* » — *L'an 1811, cet hôpital fut érigé en hôpital militaire; il a été successivement agrandi.* » (*Rég. de l'Académie*).

20 Juillet.

1604. — La peste avait été apportée en cette ville, au mois d'août précédent, par un individu de Niort, où elle régnait alors.

---

(1) M. Cheruel, dans son *dictionnaire historique*, dit qu'on donnait ce nom, dans l'ancienne Université, aux écoliers qui allaient de collége en collége, et que du Boulay appelle *vagi scholares* (écoliers errants). Il n'est pas pris ici dans cette acception, et signifie évidemment des *externes*. La fixation du prix de pension des *pensionnaires* était sans doute abandonnée au principal.

Après des alternatives de diminution et de recrudescence, le fléau, depuis une dizaine de jours, *redoublant de fureur*, on avait augmenté le nombre des commissaires chargés de pourvoir à toutes les mesures nécessaires, et nommé deux échevins, deux pairs et trois bourgeois. Mais comme la désertion était générale, le corps de ville décide que ceux *qui resteroient plus de deux nuits aux champs, à raison de la contagion, perdroient leur estat, tant les eschevins et pairs que bourgeois.* Mireuil fut encore choisi pour le dépôt des malheureux pestiférés. On fit construire, pour les y transporter, *un charriot de bois et une chaise, dont les porteurs avoient des habits bleus, chamarrés de blanc.* On avait d'abord tapissé de blanc les portes des malades de la ville, on se contenta ensuite de les marquer d'une croix blanche. Il mourut jusqu'à 200 personnes par mois au seul lieu de Mireuil. On remarqua que la peste frappait principalement *ceux qui se tenoient salement en leur maison, qui se nourrissoient de mauvaises viandes, et ceux qui faisoient excès avec les femmes, au vin et aux tripots*, et aussi *qu'on peschoit une quantité incroyable de maigres: ce qui estoyt une signification de peste, disoyent les personnes âgées.* Le terrible fléau ne diminua qu'au mois de novembre ou de décembre, et se prolongea jusqu'au mois d'août 1605. Il n'avait pas tardé à envahir les campagnes, et les bourgs de Laleu, Marsilly, Esnandes, Longèves, Cyré, Aytré, Tasdon, Saint-Rogatien et Bourgneuf furent principalement maltraités. (*Conain. — Merlin. — Baudouin.*) — *V. 8 mai.*

1627. — Buckingham avait promis au duc de Rohan et aux réformés un corps d'armée de 30,000 hommes, montés sur trois flottes, dont l'une descendrait à l'Ile-de-Ré, l'autre en Guienne et la troisième en Normandie, pour faire diversion quand le Roi serait occupé en Guienne; (1) mais il n'avait pu se procurer de ressources que pour en équiper une seule, forte de 100 à 120 navires de guerre et portant 10,000 hommes environ de troupes de débarquement, dont 7,000 Anglais et 3,000 réfugiés Français, *avec grand équipage de canons, bombes, grenades, pots à feu, artifices, munitions de guerre et de toutes*

(1) V. 7 juin 1627.

sortes d'outils pour faire des sièges ou des forts. Elle arriva en vue de la Rochelle le *20 juillet*. On la prit d'abord pour des navires de Dunkerque, qui attendaient au passage une flotte hollandaise ; mais on ne tarda pas à reconnaître une flotte anglaise, surtout lorsqu'en passant devant la citadelle de St-Martin et le fort de la Prée, on la vit tirer force coups de canons. Elle alla jeter l'ancre à la Palisse et devant la pointe de Sablanceau. Les Rochelais avaient si peu appelé les Anglais, qu'à leur approche ils fermèrent leurs portes, levèrent la chaîne de l'entrée du port, et refusèrent de recevoir les envoyés que s'empressa de leur dépêcher Buckingham. Le Maire Geoffroy leur fit répondre *qu'il n'y avoit rien à faire pour eux, et qu'ils se pouvoient retirer ; que les Rochelois étoient en l'obéissance du Roy, de la bonté duquel, plus tost que de la force, ils attendoient l'effet de ce qui leur avoit été promis par le dernier traité de paix, et que s'il y avoit quelqu'un qui entreprist sur son royaume, ils se déclareroient ses ennemis jurez, ne pouvant faire autrement sans se rendre coupable.* (1) Telle pouvait être l'opinion de la plupart des magistrats municipaux et peut être de quelques riches habitants ; mais le peuple pensait tout autrement, et si Buckingham, moins préoccupé des intérêts anglais, au lieu de vouloir s'emparer de l'Ile-de-Ré, pour en faire sans doute un autre Calais et un lucratif repaire de corsaires, fut descendu sur le continent et eût marché (comme le lui conseillait les huguenots qui l'accompagnaient), droit sur le fort Louis, que Thoiras avait dégarni pour fortifier Saint-Martin, il s'en fut très probablement emparé ; les Rochelais se fussent assurément prononcés pour lui, et tout porte à croire que l'issue de la lutte en eût été complètement changée. La Rochelle y eût certainement gagné, mais la France beaucoup perdu. Dans l'intérêt donc de la grande patrie, nous devons nous féliciter de la faute de Buckingham, tout en déplorant les affreux malheurs qu'elle entraîna pour nos pères. (*Préc. de la régence de Marie de Médicis, par un offic. protest. qui était à la Roch. pend. le siège.* — *Mervault.* — *H. Martin.* — *Michelet, &.*)

(1) « Ce scrupule de nos huguenots fut ce qui sauva Richelieu, et ce qui sauva la France. Si Buckingham eût mis seulement cent hommes à la Rochelle, l'effet moral était produit et Richelieu sautait… » (**Michelet**, Henri IV et Richelieu.)

21 Juillet.

1788. — Arrêté des officiers municipaux prescrivant l'établissement, pendant la haute mer, d'une chaloupe d'observation, placée entre l'éperon de pierre de la porte des Deux-Moulins et *l'éperon de bois de la Croix* (1), lieu le plus fréquenté des baigneurs, pour porter secours à ceux qui seraient en danger. Il devait y avoir à bord une *boîte fumigatoire*, des vêtements de laine, des cordes et autres objets nécessaires en cas d'accidents. (*Affic. de la Roch.*)

1793. — Les assemblées primaires du canton de la Rochelle acceptent à l'unanimité la constitution Française. (*Affic. de la Rochelle*).

22 Juillet.

1627. — Descente des Anglais à la pointe de Sablanceau. Comme cette descente offrait quelque difficulté, la *côte étant fort roide* et la mer, déjà profonde à cet endroit, rendue plus haute par la grande marée de la Madeleine, elle ne se fit pas sans beaucoup de désordre et de confusion. Thoiras eut pu en tirer grand avantage si, dans l'incertitude du lieu où débarqueraient les Anglais, il n'eût disséminé ses forces sur plusieurs points, et s'il ne se fût imaginé que ce désordre était simulé. Il eut le tort d'attendre qu'il y eut un trop grand nombre d'hommes à terre avant d'attaquer, et quand il lança contre eux sa cavalerie, fort peu nombreuse, elle pénétra bien dans les rangs ennemis, mais les bataillons anglais se refermèrent derrière elle, l'enfermant dans un cercle de fer où elle périt presque toute entière. Le terrible feu des vaisseaux, qui n'avaient pas moins de 2,000 pièces de canon, si l'on en croit l'auteur de l'*Histoire de la Rebellion*, fit d'affreux ravages parmi les troupes de Thoiras, et, après un combat acharné, dans lequel Anglais et Français rivalisèrent de valeur, le Gouverneur de l'île de Ré fut obligé de se replier sur Saint-Martin. Cependant Buckingham, étonné de la rude attaque des Français, n'osa pas les

---

(1) Il y avait alors une croix vis-à-vis le chemin de la Genette, au point où commencent les allées du Mail et en face, sur le rivage, un éperon de bois. *(Plans du temps)*.

poursuivre, et passa quatre ou cinq jours à se retrancher au bord de la mer, dans la crainte d'une nouvelle agression : s'il eût immédiatement marché sur la citadelle de Saint-Martin, il l'eût trouvée dégarnie de gens de guerre et de vivres, et l'eût sans doute facilement emportée. Son habile adversaire profita de ce retard pour y réunir toutes ses forces, fortifier les endroits les plus faibles et y entasser toutes les provisions qu'il put se procurer. (*Mervault. — Histoire de la Rebell. — Précis de la régence de Marie de Médicis*).

1700. — Arrivée à la Rochelle de M. le Pelletier de Souzy, intendant des fortifications de France, qui venait visiter les immenses travaux accomplis, depuis dix ans, par M. Ferry, pour fortifier la Rochelle (*V. 4 avril*). Cet habile ingénieur avait formé le projet de faire de cette ville une des meilleures places du royaume. Pour la mettre promptement en état de défense, il avait élevé des redans en terre, depuis le bastion des Capucins jusqu'à la porte des Deux-Moulins ; mais ces ouvrages n'étaient que provisoires et devaient être rasés après l'achèvement de l'immense citadelle qu'il se proposait d'établir sur l'emplacement de l'ancien *Fort-Louis*. Elle devait embrasser tout l'espace compris entre la Genette et les champs qui sont au-delà des maisons du Fort Louis, d'une part, et, de l'autre, s'étendre depuis les maisons de la Digue jusqu'au-delà du domaine de Port-Neuf, vers Saint-Maurice. Quatre bastions et leurs courtines auraient relié la citadelle au bastion des Capucins, et la Porte-Neuve devait être transportée dans la courtine du second. La porte des Deux-Moulins se fût trouvée à l'extrémité nord de la digue de Richelieu, et un long mur de défense, suivant la falaise de la côte, serait venu rejoindre la muraille de la tour de la Lanterne. Enfin, les vastes terrains compris entre les deux flancs de la place, depuis la Trompette jusqu'à la côte, eussent formé un immense quartier, sillonné par de nombreuses rues et qui eut presque doublé l'étendue de la Rochelle. M. de Souzy donna son plein assentiment à ce plan gigantesque, dont l'exécution eut donné à notre ville une importance dont il est difficile d'apprécier les conséquences. Malheureusement, épuisé par la fatigue, M. Ferry succomba bientôt, et Vauban, par rivalité ou jalousie, dit-on, renversa tous les projets de son ancien collègue. (*Plans de Ferry.* - *Masse*).

1772. — Expériences sur l'électricité de la torpille, faites à la Rochelle, sur les indications de Réaumur, par Walsh, célèbre physicien anglais et quelques académiciens de cette ville. (*Barret.*)

1789. — A la nouvelle reçue la veille, que Louis XVI avait accepté des mains de Bailly, maire de Paris, la cocarde tricolore, comme un gage d'alliance entre le trône et la nation, toutes les classes de la population rochelaise avaient arboré les nouvelles couleurs nationales. Ce jour-là, des cocardes furent portées par l'élite de la jeunesse, avec tambours et musique en tête, aux principaux chefs militaires et à Madame Alquier, femme du député du tiers-état (1). On alla même jusqu'à en décorer la statue de Henri IV (2), qui surmontait l'espèce d'impériale du principal escalier de l'Hôtel-de-Ville. (*Aff. de la Rochelle*).

23 Juillet.

1627. — En apprenant l'accueil fait aux envoyés de Buckingham par les magistrats Rochelais (*v. 21 Juillet*), Soubise, qui était sur la flotte anglaise, s'était rendu lui-même le lendemain à la Rochelle, accompagné de Guillaume Becker, secrétaire du

(1) Charles-Jean-Marie ALQUIER, avocat du Roi au Présidial et procureur du Roi au bureau des Finances, avait été nommé Maire de la Rochelle au mois de mai 1788, et, l'année suivante, l'un des deux députés du tiers-état de la province d'Aunis aux Etats généraux *(Perry)*.

(2) Elle y avait été placée en 1612, deux ans après la mort de Henri IV. Il en est parlé dans le roman allégorique des *Amours du Fort-Louis et de la Belle Rochelle* ; « nous ne nous sommes pas contentez, dit Lépine, d'avoir son image gravée dans nos cœurs, qui n'eust eu de tesmoin que nostre conscience, nous l'avons fait relever en bosse, au milieu de nostre maison commune. « Et plus loin, Fleur-d'Amour montre à Bon-Espoir *l'effigie du deffunct roy, qui est en hault de l'escalier, relevé en bosse*. Cette statue était peinte et d'une très grande ressemblance, disent d'anciens mémoires. Henri était représenté en costume de guerre, revêtu d'une cuirasse, la tête nue, la main gauche sur la garde de son épée et la droite appuyée sur un bâton de commandement. *(Masse.)*

roi de la Grande-Bretagne. On lui en avait refusé l'entrée et le Maire l'avait invité à se retirer, *s'il avoit à cœur le bien et la conservation de la Rochelle*; mais la vieille duchesse de Rohan, qui depuis quelque temps s'était réfugiée dans cette ville avec sa fille, étant survenue, avait pris son fils par la main et l'avait entraîné avec elle jusqu'à l'hôtel de Marsan, qu'elle habitait, au milieu des acclamations du peuple. Des commissaires avaient été aussitôt nommés par le corps de ville, par le conseil des bourgeois et par le Consistoire (1), pour aviser sur le parti à prendre dans de pareilles conjonctures. Dans une réunion qui avait eu lieu, le jour même, chez le Maire (2), Becker avait longuement développé les raisons qui avaient déterminé son maître à prendre les armes, mettant en première ligne son désir de protéger les églises protestantes de France contre la *faction Jésuitique et Espagnole* et de sauver la Rochelle de la ruine dont elle était menacée par elle. « *Vous tenez entre vos mains*, avait-il dit en finissant, *votre bien et votre mal : c'est à vous de choisir*. Mais si vous refusez la précieuse occasion qui vous est offerte, en vain la rechercherez-vous plus tard : mon maître croira s'être suffisamment et *pleinement acquitté de tout engagement d'honneur et de conscience*. » Bien que Soubise insistât pour avoir une réponse catégorique et immédiate, l'affaire avait paru assez importante pour remettre la décision au lendemain. *Le 23 Juillet*, tous les commissaires s'étant réunis de nouveau à l'hôtel de la Mairie, *après l'invocation du nom de Dieu, il fut résolu d'une commune voix* : qu'on adresserait au Roi de la Grande-Bretagne, en la personne du duc de Buckingham, les plus affectueux remerciements pour le soin qu'il avait daigné prendre de la Rochelle; qu'on le supplierait de travailler à sa délivrance et de poursuivre le but que s'étaient proposé *sa piété et sa magnanimité*, en l'assurant des vœux ardents que fesaient les Rochelais pour le succès de ses efforts; mais qu'on lui ferait en même temps observer que la cause de la Rochelle étant commune à toutes les églises réformées du royaume, ils devaient s'entendre avec elles avant de se prononcer, et qu'il

(1) « Quant au Présidial, dit Mervault, il refusa d'assister à ce conseil. »

(2) Arcère s'est trompé en disant qu'elle eut lieu à l'échevinage.)*Reg. du corps de ville*).

leur importait d'autant plus de *ménager encore les apparences*, que la récolte était proche et qu'ils avaient grand intérêt à ramasser leurs blés. Le corps de ville, aussitôt assemblé, approuva cette détermination et deux députés furent chargés d'aller la communiquer au duc de Buckingham, qui ne put dissimuler le mécontentement qu'il en éprouvait. (*Reg. du corps de ville. — Colin. — Mervault, etc.*)

24 Juillet.

1684. — Départ de la Rochelle de M. de la Salle, chargé d'aller reconnaître l'embouchure et le cours du Mississipi. L'armement de sa flotte s'était fait en cette ville. (*Arcère*).

1782. — La bibliothèque et le cabinet d'histoire naturelle de M. Clément de la Faille, naturaliste distingué de la Rochelle, sont remis à l'Académie de cette ville, conformément à son testament du 28 novembre 1770. (*Barret*). C'est cette dernière collection, beaucoup augmentée depuis, qui a formé le commencement du muséum d'histoire naturelle du jardin des Plantes. (1)

25 Juillet.

1593. — Le jour même de son abjuration, Henri IV écrivait au corps de ville de la Rochelle : « Chers et bien amez, ayant faict résolution, sur la conférence que nous avons eue avec les prélats et ceulx qui ont plus de congnoissance des sainctes lettres, que nous avons faict assembler par deçà, de faire doresnavant profession de la religion catholique, apostolique et romaine (et y commencerons dès ce jourd'huy), nous vous en avons bien voulu icy donner advis et vous asseurer que ce que nous en avons faict a esté pour bonne considération, principalement pour y avoir veu et cogneu d'y pouvoir faire nostre salut et y vivre selon la loy et commandement de Dieu. Mais, c'est tousjours avec ferme résolution d'entretenir les édicts de pacification qui ont esté cy-devant faicts, sans souffrir qu'au faict

---

(1) En 1770, il avait fait don à l'Académie de 210 médailles et en 1774, de 353 autres, dont 327 en argent. *(Reg. de l'Acad.)*

de vostre religion vos consciences soyent forcées ; dont nous vous prions en demeurer très asseurez et ne nous donner pas ce desplaisir qu'il en paroisse aulcun indice de défiance ; ce qui nous seroit aussy moleste que nous sentons qu'il n'y a rien tant esloigné de nostre intention, laquelle, ainsy quelle ne changera point en ce qui sera de l'observation desd. édicts, changera aussy *peu en l'affection, que nous vous avons tousjours portée, ayans toute occasion, pour les bons services et l'assistance que nous en avons tousjours eue, de vous aimer et gratifier et préserver de toute oppression et injure :* ce que nous ferons tousjours de notre pouvoir, etc... » *(Sermon de la simulée conversion. — Recueil des lettres ms. de Henri IV).* (1).

1732. — Enregistrement des lettres patentes du mois d'avril précédent, qui instituaient l'*Académie royale de la Rochelle,* en conférant à ses membres *les mêmes honneurs, privilèges, franchises et libertés dont jouissent ceux de l'Académie française*, à l'exception du droit de *committimus.* Le nombre des académiciens était fixé à trente, *outre les personnes qui, pour raison de leur dignité, pourront y avoir entrée et place honorable.* En nommant les premiers titulaires, le Roi réservait pour l'avenir à l'Académie le droit de se recruter elle-même. Les lettres patentes ne furent enregistrées au présidial que le 1er juillet 1734, et le 29 décembre suivant, l'Académie tint sa première séance à l'hôtel-de-ville, où elle continua de siéger jusqu'au 31 août 1791, date de sa dernière réunion. (2) *(Lett. pat. — Rég. de l'acad. — Barret).* — *V. 18 et 22 juin.*

(1) La veille, il écrivait à Gabrielle d'Estrée : « ... Ce sera demain, dimanche, *que je ferai le saut périlleux* A l'heure que je vous écris, j'ay cent importuns sur les épaules, qui me font haïr Saint-Denis, comme vous faites Mantes. Bonjour, mon cœur, venez *demain*, de bonne heure, car il me semble desjà qu'il y a un an que je ne vous ai vue... »

(2) Au nombre de ses premiers membres, on trouve MM. Valin, Martin de Chassiron, ancien trésorier de France, Boutiron, avocat, etc. Le 25 mars 1746, Voltaire fut nommé membre associé de l'Académie de la Rochelle ; nomination qu'il avait pour ainsi dire provoquée en lui adressant, avec force compliments, son poëme de Fontenoy. Peu de temps auparavant, il écrivait à M. Bourgeois : « Je serois très flatté que votre Académie me mit au nombre de ses associés. Ce n'est pas l'usage de l'Académie française, mais étant originaire du Poitou, je

26 Juillet.

1700. — Pierre Barraud ayant été pendu pour vol, sur la place du Château, la corde quoique neuve, assurait le bourreau, se rompit et il tomba à terre. On le croyait mort, mais il reprit ses sens et se réfugia dans le couvent des Capucins. « Toute la ville crut au miracle, dit Maudet, blâmant la justice d'avoir fait l'exécution un jour de Sainte-Anne, à l'endroit même où était l'église de la patronne de la Rochelle. » L'assesseur criminel réclama le supplicié, mais les Capucins refusèrent de le rendre, en se fondant sur le *droit d'asile* de leur monastère. On en écrivit en cour, et le ministre d'Etat, en envoyant des lettres d'abolition du Roi, répondit : que Barraud ayant été pendu une fois avait satisfait à la justice, et qu'il ne devait pas l'être deux. *(Journ. de Maudet)*.

1703. — Entrée solennelle dans sa ville épiscopale de Mgr Etienne de Champflour, ancien vicaire-général de l'évêque de Clermont, nommé, le 31 décembre 1702, évêque de la Rochelle. Il contribua à la fondation de l'hôpital Saint-Etienne *(V. 28 mars)*, encouragea les missions du célèbre père Montfort dans cette ville, créa la *maison du refuge*, gouvernée par les religieuses N. D. de Charité, dites *Dames blanches*, fonda *les écoles chrétiennes* pour les enfants pauvres, etc. Il mourut à près de 80 ans, le 26 novembre 1724, et fut inhumé dans la chapelle de l'hôpital général de Saint-Louis. Peu de temps avant sa mort, le Pape, en récompense du zèle qu'il avait montré contre les adversaires du saint siège, lui avait fait don pour la cathédrale des reliques de Saint-Séveran et de Sainte-Jucondine. *(Maudet. — d'Arger, oraison funèbre)*.

puis accepter cet honneur sans blesser les réglements de la compagnie... » et après sa nomination : « ... Me voilà tout Poitevin par le titre d'académicien de la Rochelle, dont je suis honoré... j'ay dû vous dire combien je suis touché de cette adoption... L'attachement véritable que j'aurai toute ma vie pour une Académie, qui fait *l'honneur de mon ancienne patrie*, réparera la *fautte* (sic) que je crains d'avoir *faitte*... je vous *suplie* encore une fois d'assurer l'Académie de ma respectueuse reconnaissance, etc. » C'est un éclatant démenti à l'épigramme usée qu'on lui prête contre l'Académie Rochelaise, qui *fesait plus parler d'elle* alors qu'aujourd'hui.

27 Juillet.

1592. — « Le Sinode *(des églises réformées)* s'est tint en ceste ville et y avoyt assemblé le nombre de 60 ministres, et des églizes de toutes parts pour aviser aux affaires desd. églizes. » *(Bergier).* Le premier article adopté par ce synode proscrivit les *vertugadins*, en punissant les femmes qui en porteraient de la privation des sacrements. Renchérissant sur ce rigorisme, le synode qui se tint à Saint-Jean d'Angély l'année suivante étendit cette proscription aux *collets faits à confusion, aux pécadilles et eslèvement de cheveux, et tous autres habits indécents. (Synodes nat.).*

1628 *(Siège de).* — « Madame de Rohan fit tuer deux de ses chevaux de carosse, tant pour elle-même que pour ceux de sa maison. Outre la nécessité dont elle sentoit sa part, c'étoit un exemple aux autres de souffrir toute extrémité plustost que de se rendre. La famine commençoit à paraître fort grande : par les rues on voyait des femmes et des pauvres enfans languissans et mourrans de faim ; on n'oyoit que voix d'aumônes, dont les cris étoient fort affoiblis, les visages terreux et allangouris... Le cheval étoit déjà fort diminué et enchéry ; les Anglois avoient mangé tous les chiens, les soldats françois et la jeunesse tous les chats et les rats ; la gelée de colle-forte, les peaux apprêtées en blanc de bœuf étoient fort chères ; le pain d'épice ne se faisoit plus qu'avec de la farine d'iris. Il restoit seulement assez abondamment des racines d'éringe, dont les marais et les forts de la ville-neuve étoient tous plantez : les pauvres en mangeoint de crues et de fricassées ; elles avoient le goût de châtaignes, mais elles laissoient une acritude au gosier, qui y demeuroit fort longtemps. » *(Mervault).* — V. 5 *juillet.*

1791. — « Dans la nuit du 27 au 28, vers une heure moins un quart, on a ressenti dans cette ville et les environs, une secousse assez forte de tremblement de terre, accompagnée de bruit, et dans la direction de l'Est à l'Ouest. » *(Affi. de la Roch.).*

1797. — En exécution de la loi du 5 messidor an V, les membres de l'administration départementale, assistés de 14 notables négociants ou propriétaires, délégués par chacune des villes du département, forment un tableau de la valeur successive du papier monnaie, dans le département de la Charente-Inférieure, depuis le 1er janvier 1791 jusqu'au 10 thermidor an IV. Il en résulte qu'à cette dernière date, un louis de 24 livres valait 5,700 livres en assignats. (*Titre origin.*).

28 Juillet.

1554. — Adoption par le corps de ville d'un nouveau réglement, réformant celui de 1507 sur l'exercice du métier de *potier d'étain* à la Rochelle. Outre les dispositions communes aux autres corporations, telles que la nécessité, avant d'être reçu maître, de faire preuve de capacité par un *chef-d'œuvre*; l'obligation pour tous les maîtres de prêter serment entre les mains de chaque nouveau Maire, dans la huitaine de son installation ; l'élection annuelle de deux *maîtres-regardes*, chargés de s'assurer de la bonne qualité et confection des ouvrages mis en vente et de rechercher et dénoncer au procureur de la ville les abus et les fraudes, pour qu'il en poursuive la répression ; l'avantage fait à la veuve de pouvoir continuer l'exercice de la profession de son mari défunt, en s'adjoignant un *compagnon* du métier, jugé *suffisant* par les maîtres-regardes, le réglement exigeait encore des potiers d'étain qu'ils marquâssent de leurs noms ou des premières lettres de leurs noms tous les ouvrages confectionnés par eux, et remissent au Maire l'empreinte de leur marque sur une plaque de cuivre qui était conservée à l'échevinage. Ils étaient tenus de n'employer que l'étain préalablement essayé par les maîtres-regardes, qui devaient, après vérification, marquer les *saumons* d'une fleur de lys. Enfin, par une dérogations aux règles ordinaires, le titre de *bourgeois* n'était pas exigé pour exercer le métier de potier d'étain, il suffisait d'être *juré* : ce qui prouve que ces deux expressions n'avaient pas la même valeur, comme on le croit généralement. (*Statuts et réglements.*)

1576. — Adoption par le corps de ville d'un règlement relatif au paveur de la ville. « Led. paveur, y est-il dit, pour se pouvoir entretenir avec quelques ouvriers, pourra rechercher par toute la ville les endroits où il est besoin de paver, soit à neuf ou à vieux, et ayant appelé les *procureurs de police* ou deux de la maison de ville pour en faire rapport à M. le Maire, qui, selon la nécessité, luy permettra d'y travailler et *contraindre les propriétaires ou détenteurs des maisons de payer, au prix ci-dessous, par saisie et exécution de biens*. Led. paveur sera tenu d'entretenir led. pavé ainsy faict par luy jusques à deux années en suivantes, afin qu'il regarde à le faire de telle façon qu'il n'y faille retoucher si souvent. Il sera permis aud. paveur de prendre du pavé et sable partout où il en trouvera, *même contraindre les navires, qui en auront en leur lest, de le descendre sur la calle.* » Il lui était attribué 10 sols par brasse carrée, toutes les fournitures étant à la charge des propriétaires; si le paveur fournissait les matériaux, il avait droit : pour le pavé neuf, à 18 sols par brasse, dans les paroisses St-Nicolas et du Perrot; à 24 sols, dans celles de Saint-Sauveur et de Saint-Barthélémy, et à 30 sols, dans celle de Cougnes, la plus éloignée du port. *(Baudouin)*. Ce règlement et plusieurs titres plus anciens prouvent que le pavage des rues et l'entretien du pavé étaient à la charge des propriétaires des maisons (1), et cependant, dès l'année 1373, Charles V avait octroyé à la commune le droit de percevoir aux portes de la ville, *pour réparation des pavés*, 4 deniers tournois par chaque charrette entrant à la Rochelle, un denier par cheval à bât, et une *maille* par âne ; c'est ce qu'on appelait *droit de barrage* (2). Aussi, en 1530, les bourgeois se plaignaient-ils, devant l'évêque d'Avranches, de ce que, malgré cette perception, on les obligeât à entretenir le pavé. Un très ancien règlement défendait, dans l'intérêt de la conservation du pavé, de faire trotter les chevaux dans les rues sous peine d'amende. *(Invent. des privil.)*.

1605. — Tremblement de terre, un peu avant neuf heures du matin. *(Merlin)*.

1621. — Établissement, par l'assemblée protestante siégeant

(1) En 1468, le Maire Mérichon fit paver à ses frais la rue Baillory (aujourd'hui des Augustins), qui passait derrière son hôtel.

(2) Charles VII, leur confirma ce privilège par lettres patentes du 12 août 1443. *(Invent. de privil.)*.

à la Rochelle, d'une juridiction souveraine, pour prononcer sur les appels formés contre les jugements des juges ordinaires, tant en matière civile que criminelle. *(Gallant). V. 17 février.*

1622. — « On fit sortir quelques 30 petits navires, pour escarmoucher le long de la coste contre ceux qui travailloient au *fort de la Motte*, et en même temps on fit sortir 800 hommes de pied et quelques 80 chevaux pour recognoistre le travail de la Motte ; mais on leur fit, de la ville, signal afin qu'ils retournâssent et ne s'engageâssent d'avantage. Dequoy ils furent bien faschés, parce qu'ils pouvoient facilement prendre ledit fort. » *(Colin).* — *V. 25 juin.*

29 Juillet.

1621. — La commission que Louis XIII, après la prise de Saint-Jean d'Angély, avait donnée au duc d'Epernon de marcher contre *la nouvelle République de la Rochelle* (1). (*V. 22 février*) était la plus agréable qu'il pût recevoir ; car il haïssait mortellement les Rochelais, qui avaient maintes fois blessé sa vanité et qui, en se fondant sur leurs privilèges, s'étaient toujours refusés à le recevoir comme gouverneur. Il ne doutait pas, dans sa présomption, de pouvoir bientôt *apprendre à parler* à ces orgueilleux bourgeois, qui avaient osé le traiter de *loup gris* (2) et de se rendre maître de leur ville, en fermant l'entrée du port. Après avoir rassemblé son armée à Surgères, il s'empara de Frontenay-l'Abattu (*Rohan-Rohan*), du château de Nuaillé, de Marans, de l'île de Ré, de Croix-Chapeau, laissant des garnisons dans chacune de ces petites places, et arriva le *29 juillet* à la Jarrie, où il établit son quartier général. Le jour même, il y eut d'assez rudes chocs à

(1) Lorsque la Trémouille fit sa soumission, après le siège de Saint-Jean d'Angély, le Roi lui dit : « Vous serez témoin que si j'ai les armes à la main, ce n'est que pour réduire *la nouvelle République de la Rochelle.* » *(Levassor).*

(2) « Ils détraictent de moi, disait-il en 1616, et m'appellent *loup gris*. Le Maire m'a écrit que je le molestois en son gouvernement ; *je lui apprendrai à parler* et je luy ferai connoître qu'il n'y a d'autre gouverneur que moi... » *(Merlin).*

Aytré et à Périgny, dont les églises fortifiées étaient gardées par des détachements Rochelais. Le lendemain, le vicomte de Favas étant sorti de la Rochelle, avec quelques pièces de canon, pour reprendre la Gremmenaudière, dont s'étaient emparées les troupes royales, fut repoussé par le comte d'Oriac et obligé de battre en retraite après avoir perdu une quarantaine de soldats. Le jour suivant, le marquis de Lavalette, fils de d'Epernon, réussit, malgré une vive résistance, à s'emparer du fort de Tasdon. « Ces défaites, dit un écrit du temps, mirent en rumeur la communauté des habitants contre les chefs, disans qu'ils les mettoient à la boucherie pendant qu'ils se conservoient en la ville, dont est survenu de très grands tumultes et divisions. » (*Divisions survenues entre les seigneurs de Soubize, etc. — La défaite de 200 hab. sortis de la Roch. — Levassor. — La prise des advenues, etc. — Merc. franç. — Le bruslement des moulins des Roch., etc.*).

1628 (*Siège*). — « Jour de gros d'eau, le vent s'étant rendu très fort et véhément, se mit à souffler de tourmente, de sorte qu'il rompit en une marée la pluspart des ponts faits à l'estacade, démonta plusieurs des machines et *raza près de la moitié de la Digue de pierre*, notamment du côté du Fort-Louis ; tellement que les barques passoient par dessus... ce qui réjouit grandement la ville et la fit bien espérer, et que de là en avant de pareilles tourmentes et mauvais temps en déferoient plus en une marée qu'on n'en pourroit refaire en plusieurs mois. » (*Mervault*) Ils comptaient sans la ténacité et l'infatigable vigilance de Richelieu, qui eut bientôt tout réparé.

30 Juillet.

1627 (*Siège de*). — Pendant que les Rochelais flottaient incertains entre la rébellion et la fidélité au Roi, fermant d'abord leurs portes aux députés de Buckingham et leur donnant ensuite audience ; laissant grand nombre de gens du peuple, *alléchés par le gain et la beauté des Jacobus* (1), porter chaque jour à l'armée anglaise *toutes sortes de provisions et rafraichissemens*, et nommant d'un autre côté des députés pour aller à

(1) Monnaie d'or anglaise d'une valeur de 12 à 13 livres.

Marans saluer le duc d'Angoulême, commandant des troupes royales, et l'assurer *qu'ils demeureroient toute leur vie ès termes de fidèles sujets envers le Roy de France*, le sénéchal de Loudrières, le principal représentant de l'autorité royale à la Rochelle, donnait le premier l'exemple de la révolte ouverte et, le *30 juillet*, passait à l'île de Ré, avec 6 ou 700 hommes pour se ranger sous la bannière du Roi de la Grande-Bretagne. (*Mervault*). Le ministre Benoist et l'auteur *du précis de la régence de Marie de Médicis* n'hésitent pas à accuser les magistrats rochelais, et particulièrement le Maire, de s'être laissé gagner par la Cour ; mais pourquoi ne pas croire à la sincérité des motifs donnés dans le corps de ville : qu'il était de l'intérêt de la Rochelle de profiter des circonstances pour obtenir de la Cour tout ce qui leur avait été refusé jusque là ; puis de s'efforcer d'amener un rapprochement entre les deux couronnes, de façon à échapper aux malheurs de la guerre et au danger, non moins grand, de voir les Anglais s'établir à l'île de Ré, régner en maîtres sur leurs rades, et s'emparer peut-être de leur ville? Ces raisons ne sont-elles pas assez puissantes pour disculper les magistrats rochelais d'une prétendue corruption, que dément leur conduite ultérieure, alors qu'ils eurent compris combien étaient vaines les espérances qu'ils avaient fondées sur les dispositions de la Cour.

1638. — L'amiral-archevêque de Bordeaux, Henri de Sourdis qui, déjà au siège de la Rochelle, avait fait ses preuves de capacité militaire à côté de Richelieu, après quelque temps de séjour à l'île de Ré pour rallier sa flotte, part pour Fontarabie, avec 24 navires de guerre, laissant derrière lui le beau vaisseau *la Couronne*, de 2,000 tonneaux, le plus grand navire qu'eut encore possédé la France, et une douzaine de bâtiments hollandais, qui devaient le rejoindre bientôt. Déjà il avait expédié en avant douze autres bâtiments, dont l'un était commandé par l'ancien amiral rochelais, Jean Guiton. Le nom de l'héroïque Maire de 1628 semble perdre de son prestige à être trouvé ainsi, dix ans après, au service du vainqueur de la Rochelle, et l'un des obscurs lieutenants d'un archevêque : on préférait croire à la légende populaire, qui le fait disparaître mystérieusement après le siège, n'ayant pu survivre à la ruine de sa patrie... Moins d'un mois après (le 22 août), le vaillant prêtre-guerrier incendiait ou coulait bas toute l'escadre espagnole, à la hauteur de Guitaria. *(Colin. — Le prés. Hainault. — H. Martin.)*

31 Juillet.

1627 *(Siège de)*. — Conformément à ce qui avait été convenu avec Buckingham (*V. 23 juillet*), le corps de ville expédie des députés vers le duc de Rohan et les villes de Guienne et de Languedoc, pour les informer de l'arrivée de la flotte anglaise, de sa descente à l'île de Ré et des propositions qui lui avaient été faites au nom du Roi de la Grande-Bretagne, en les priant *de lui faire sçavoir promptement leur avis et résolution sur toutes ces choses, afin de les suivre. (Mervault.)*

1749. — Mort à la Rochelle du père Jaillot (1), le laborieux Oratorien, qui, pendant plus de douze années, avec une ardeur et une activité infatigables, réunit, transcrivit et prépara presque tous les matériaux qui servirent au père Arcère à composer son *Histoire de la Rochelle*. Il mourut quatre ans après avoir associé son confrère à ses travaux, et trop tôt pour avoir pu mener son œuvre à fin et partager la célébrité que son collaborateur a seul recueillie. Mais son nom sera toujours cher à ceux qui, en étudiant l'histoire de notre ville, seront témoins de tout ce qui lui a fallu de peine, de veilles et de soins pour rassembler tant de précieux matériaux. (*V. la notice biogr. de M. Delayant, publiée par l'Acad. de la Roch.*)

(1) Il était né à Paris, le 18 février 1690, d'Alexis-Hubert Jaillot, célèbre, ainsi que la plupart des siens, par ses talents comme graveur-géographe. *(Delayant.)* Il vint à la Rochelle en 1715 et fut nommé curé de Saint-Sauveur. Il habitait ordinairement une chambre placée sur la voûte de l'ancienne porte Maubec, derrière l'église Saint-Sauveur, à l'extrémité de la rue de la Ferté. *(Masse.)*

MOIS D'AOUT.

1ᵉʳ Août.

1137. — Le fils aîné de Louis-le-Gros venait à peine d'épouser Aliénor, la fille et unique héritière du dernier duc d'Aquitaine, quand la mort de son père le fit monter sur le trône de France, sous le nom de Louis VII. L'Aquitaine, dont fesait partie la Rochelle et qui depuis plusieurs siècles formait un état presque entièrement indépendant, se trouva dès lors réunie à la France. L'impolitique divorce, qui permit à Aliénor de se remarier avec Henri Plantagenets, devait l'en détacher de nouveau, et créer un éternel sujet de luttes et de guerres entre la France et l'Angleterre. (*V. 28 mars*).

1746. — Sentence de l'intendant Barentin (1), qui déclare Elie Vivien « dûment atteint et convaincu d'avoir assisté à plusieurs assemblées de religionnaires, d'y avoir prêché et tenu des discours séditieux, comme aussi d'avoir composé plusieurs écrits contenant des blasphèmes contre la religion catholique, apostolique et romaine, et tendant à exciter le peuple à la révolte; pour réparation de quoi, le condamne à faire amende honorable, nue tête et en chemise, la corde au col, et tenant en ses mains une torche ardente du poids de deux livres, devant la porte principale de la cathédrale, où il sera conduit par l'exécuteur de la haute justice et là, à genoux, déclarera, à haute et intelligible voix, que méchamment et

---

(1) C'est lui qui, quelques années auparavant, avait fait faire, près du port, la place qui porte son nom. Ses armes avaient été sculptées sur la tourelle de l'escalier de la Grosse-Horloge. *(Arcère)*.

comme *mal avisé*, il a assisté à différentes assemblées de religionnaires ; dont il se repent et demande pardon à Dieu, au roi et à justice ; et de là, conduit à la place royale, où tous lesd. écrits seront en sa présence jetés et brûlés dans un bûcher allumé à cet effet par led. exécuteur, et ensuite sera led. Vivien *pendu et étranglé*, jusqu'à ce que mort s'en suive, à une potence dressée sur lad. place, où son corps demeurera pendant 24 heures, et sera après porté aux fourches patibulaires, pour y rester jusqu'à entière consommation. »

La même sentence condamne, en outre, le nommé Louis André, « atteint et convaincu d'avoir assisté à une assemblée de religionnaires et d'y avoir *fait le métier de bedeau, en faisant ranger le peuple*, à assister à l'amende honorable et à l'exécution dudit Vivien, et à être ensuite flétri et marqué par l'exécuteur *d'un fer chaud, en forme des lettres* GAL., *sur l'épaule dextre, et conduit à la Chaîne pour y être attaché* et servir Sa Majesté comme forçat sur les galères à *perpétuité*. » Enfin, le jugement prononce la confiscation de tous les biens des deux condamnés. (*Rég. du présidial.*)

1756. — Grandes réjouissances à l'occasion de la prise de Port-Mahon sur les Anglais par la Galissonnière et le maréchal de Richelieu. — Dîner magnifique de plus de 200 couverts, donné par le marquis de Clermont-Gallerande, commandant en chef dans les provinces de Poitou, Aunis et Saintonge. — Fête militaire, donnée sur la place du Château par les officiers des régiments de la Sarre, Bresse et Royal-Dragon ; sous-officiers et soldats prirent place ensuite à des tables dressées sous les allées de la place. Les négociants de la ville avaient en même temps fait élever, à l'extrémité de la rue Porte-Neuve (*Réaumur*), un vaste théâtre, d'où coulaient des fontaines de vin, et où l'on distribuait au peuple du pain et de la viande. — Le soir illumination générale et feu de joie. — Le 11 du même mois, les négociants célébrèrent le succès de nos armes par une fête plus brillante encore. (*Notes mss. d'Arcère*). — *V. 11 août.*

2 Août.

1627 (*Siège*). — Les Rochelais, en envoyant au duc d'Angoulême des députés chargés de *tesmoigner à Sa Majesté, en* la personne dudit seigneur duc, le devoir et le respect qu'ils luy portoient comme ses vrais et naturels subjets (*Rég. des délibérations*) étaient-ils bien sincères? (*V. 30 juillet*). Benoît, dans son *Histoire de l'édit de Nantes*, semble le croire et va jusqu'à dire qu'ils avaient même offert de combattre les Anglais, si l'on consentait seulement à remettre le Fort-Louis aux mains de la Force, de Châtillon ou de la Trimouille; il ajoute qu'ils ne s'allièrent aux Anglais qu'après avoir acquis la preuve, par des lettres interceptées, des plus hostiles dispositions de la Cour à leur égard. Ce qui parait plus vrai, c'est que les Rochelais n'avaient pas encore de parti bien arrêté. Avant de s'engager dans une lutte contre la puissance de Richelieu, ils avaient besoin d'être assurés du concours du duc de Rohan et des villes protestantes auxquelles ils avaient écrit, et attendaient peut-être aussi que les troupes de Buckingham eussent obtenu des succès plus décisifs. D'un autre côté, ils n'étaient pas bien convaincus du désintéressement affiché par celui-ci, et n'étaient pas sans appréhension sur ses projets ultérieurs. Dans cette perplexe situation d'esprit, on peut croire qu'ils n'eussent pas été fâchés de profiter de la présence des forces anglaises, et de la crainte que devait avoir Richelieu qu'ils n'ouvrissent leurs portes à Buckingham, pour obtenir de la Cour les concessions auxquelles elle s'était jusque là refusée, et surtout la démolition de ce terrible Fort-Louis, qui les offusquait tant. Mais Richelieu avait depuis trop longtemps pris la résolution d'abattre d'un même coup, dans les murs de la Rochelle, et le parti protestant et les derniers restes de l'indépendance communale, pour prendre des engagements qui eussent indéfiniment ajourné l'exécution de ses projets : il ne voulait que gagner du temps pour réunir ses forces et retarder autant que possible l'union des Rochelais aux armes de Buckingham. Ainsi s'explique l'attitude du duc d'Angoulême vis à vis de leurs députés qui, *le 2 août*, rendirent compte, devant le corps de ville, de leur mission à Marans. Ils déclarèrent que : « le duc les avoit reçeus avec beaucoup de courtoisie et de faveur, et renvoyez avec de belles promesses, à condition néantmoins qu'on n'entrât point dans les interests des Anglois, anciens ennemis de la couronne; que le duc avoit ajouté que ce n'étoit pas le temps de demander la démolition du Fort-Louis ; mais que si l'on députoit vers le Roy, la ville assurément trouveroit de quoy être contente, en se mettant en son devoir. » Ce n'était point par d'aussi vagues espérances qu'on pouvait se flatter de déterminer les Rochelais à repousser les offres séduisantes des Anglais. (*Mervault*).

1853. — Clôture du concile ecclésiastique tenu à la Rochelle, sous la présidence de l'Archevêque de Bordeaux, le cardinal Donet.

3 Août.

1224. — Le siège de la Rochelle par Louis VIII durait déjà depuis dix-huit jours, raconte la chronique de Saint-Denis (*V. 15 juillet*); le clergé, les religieux et le peuple de Paris s'en émurent et allèrent solennellement en procession, nus pieds et en chemise, de l'église Notre-Dame à l'abbaye de Saint-Antoine, pour prier Dieu d'envoyer la victoire au Roi de France (1). Le *seigneur des vengeances ne tarda pas à exaucer leurs soupirs et leurs larmes*, car dès le lendemain (*3 août*) les Rochelais députaient à Louis-le-Lion dix vieillards, pour lui offrir leur soumission, *sauves les franchises de la ville*, et sous la condition que les personnes et les biens seraient respectés. Le Roi promit de confirmer les *donations, libertés et coutumes* dont ils avaient joui jusque là ; de ne jamais détacher leur ville de la couronne de France, ni détruire ses murailles ; de leur accorder dans ses domaines les mêmes franchises que celles que leur avaient octroyées les souverains d'Angleterre dans leurs possessions ; de prendre sous sa sauvegarde quiconque trafiquerait avec la Rochelle, en accordant même vingt jours de répit à ceux qui seraient d'une nation en guerre avec la France : tous engagements dont le connétable Mathieu de Montmorency jura l'observation *sur l'âme du Roi*. Après avoir reçu des ôtages en garantie de la paix et de la fidélité de ses nouveaux sujets, Louis fit son entrée solennelle à la Ro-

---

(1) « Et fusrent à ceste procession trois roynes, madame Ysemburge ; jadis feme le roys Phelippe ; madame Blanche, feme le roys Loys, madame Bérengere, feme le roys de Jérusalem... » (*Chron. de Saint-Denis*). *que nul des trois n'ot chemise*, ajoute G. Guyard, dans son poème, *la branche aux royaux lignagers*.

chelle, entouré d'une foule de grands seigneurs, parmi lesquels, outre le connétable, on remarquait les comtes de Champagne, de Boulogne, de Saint-Pol, de Blois, de Bourbon, etc. Il permit aux Anglais de se retirer; et avant de quitter la ville, il y établit des officiers royaux et mit une garnison dans le Château. La chûte de la Rochelle entraîna la soumission immédiate des communes et des seigneurs de la Saintonge, de l'Angoumois, du Limousin, du Périgord et de la moitié du Bordelais. (*Chron. de Saint-Denis. — Nic. de Braïa. — Mathieu Pâris. — Vie de Louis VIII. — H. Martin, etc.*).

1613. — « A esté *bruslé* un jeune homme de Saint-Aignan, pour avoir volé, en la baronnie de Chastelaillon, un jeune enfant, de 13 à 14 ans, de 75 livres, et de s'être mis en effort de le tuer avec un couteau. » (*Merlin*).

4 Août.

1599. — Après de longues et orageuses conférences avec les deux commissaires royaux, de Parabère et Langlois, envoyés à la Rochelle pour y faire publier l'édit de Nantes et rétablir l'exercice de la religion catholique depuis longtemps interrompu, les magistrats municipaux consentent enfin à la publication de l'édit, mais à la condition qu'il leur sera donné acte par les commissaires de leurs remontrances et protestations. (*Merlin.*) — V. *9 mai.*

1628 (*Siège de*). — Arrestation, en vertu d'une décision du *conseil extraordinaire*, de l'assesseur criminel, Raphaël Colin, qui fut enfermé dans la prison de l'échevinage, où il demeura jusqu'à la fin du siège. Déjà, à l'occasion d'un conflit de juridiction entre le présidial et le conseil de guerre, il avait été arrêté une première fois, mais presque aussitôt relâché. Dans son indignation d'un pareil outrage, trois ou quatre de ses collègues et lui avaient rendu secrètement une sentence, dont l'exécution était renvoyée à des temps plus propices, et qui condamnait le Maire Guiton et l'ancien Maire, Isaac Blandin, à faire amende honorable, la hart au col, tête et pieds nus, en pleine audience, et en outre à trois ans de bannissement et à 20,000 liv. d'amende. Probablement cette circonstance, révélée à

Guiton, fut le motif plus véritable de son arrestation que les prétendues cabales dont on l'accusa avec des capitaines anglais et des soldats de cette ville. On comprend, après cela, que Colin se soit montré si sévère dans son journal et parfois si injuste envers celui que, peu de mois auparavant, il avait pourtant choisi pour Maire parmi les trois coélus. (*Mervault.* — *Guillaudeau.*) — *V. 12 et 30 avril.*

5 Août.

1203. — Charte du roi Jean-Sans-Terre, confirmant l'exemption de *taille* octroyée par les Rois ses prédécesseurs aux bourgeois et habitans de la Rochelle, moyennant le paiement, entre les mains du receveur royal, *de 10 sols par faîte de maison.* (*Invent. des privilèges.*)

1622 (*Siège de*). — « On renvoya tous les malades du camp (*du comte de Soissons*); il y en eut jusqu'à 62 charrettes. Aussi fut-on obligé de recourir aux recrues pour refaire l'armée. » (*Hist. mémor. de tout ce qui s'est fait*, etc.) — *V. 14 juillet.*

1761. — Le feu prit avec tant de violence au couvent des religieuses de Sainte-Claire, que les trois quarts de leur maison furent consumés en moins d'une heure. (1)(*Notes ms. d'Arcère.*)

6 Août.

1599. — Aussitôt après la publication de l'édit de Nantes, à la Rochelle, les commissaires royaux mirent les catholiques en possession de la chapelle Sainte-Marguerite, que les protestants avaient transformée en temple, ainsi que de l'emplacement et des ruines de l'ancienne église de Saint-Barthélémy. Le *6 août* (2), Mgr Nicolas Cornu de la Courbe, évêque de Saintes, après avoir *reconcilié* la chapelle, y célébra solennellement la messe, en présence *d'une grande quantité de monde*

(1) Leur couvent, qui a donné son nom à la rue de *Sainte-Claire*, sert actuellement de caserne aux compagnies hors-rang.

(2) Arcère s'est trompé doublement en donnant à cette solennité la date du 8 août et celle de 1598. Le procès-verbal des commissaires et le *diaire* de Merlin s'accordent pour la fixer au 6 août 1599.

pieux et dévôt, rendant grâces à Dieu, d'une joie incroyable, de se voir à un jour si heureux d'une solemnité si longtemps attendue, et qui n'estoit presque plus espérée. Pour la solemnité de l'Assomption de Notre-Dame, il y eut une démonstration plus grande encore de la joye commune de tous... Il y avoit plus de 5000 personnes, tous bons catholiques. (Le rétablissement et célébration de la sainte messe à la Roch. — Pr. verb. des commissaires.) L'évêque établit en même temps *un petit chapitre de cinq prestres, pour estre curés des églises paroissiales qui existoient autrefois à la Rochelle, et qui estoient toutes renversées jusques aux fondements, afin que lesd. prestres-curés vacquassent conjointement au service de Dieu, à l'administration des sacrements et autres fonctions curiales dans la chapelle Sainte-Marguerite, sous la direction et autorité d'un recteur* (Jacq. Gastaud.) *A laquelle société ou chapitre furent assignés les droits, revenus et esmolumens des paroisses, qui avoient échappé à l'usurpation des hérétiques.* (Procur.^{on} de l'évêque.) (1)

1808. — Arrivée à la Rochelle de Napoléon et de l'Impératrice Joséphine, qui descendirent à l'hôtel de M. Poupet, devenu depuis l'hôtel de la Préfecture. Un nombreux cortège était allé les attendre à une assez grande distance de la ville. Après les avoir complimentés, le Maire Paul Garreau présenta à l'Empereur les clés de la ville, et trente demoiselles offrirent à l'Impératrice une corbeille de fleurs et de nombreux bouquets. La réception des autorités terminée, l'Empereur monta à cheval, visita le port, le chantier de construction, le bassin à flot, la jetée, l'arsenal, et se rendit sur la place, où il passa la revue des quatre compagnies d'élite de la garde nationale et les troupes de la garnison. Rentré à l'hôtel, il s'entretint assez longuement, avec les principales autorités, de l'état et des besoins de la ville, manifesta tout l'intérêt qu'il y prenait, son désir de la dédommager de toutes les pertes qu'elle avait éprouvées, et sans s'exprimer catégoriquement sur la translation à la Rochelle du siège de la préfecture, promit quelle ob-

---

(1) Tous les religieux des divers couvents furent réintégrés de même dans leurs établissements, biens et revenus, « *et leur fut donné libre accès (dans la ville) en leurs habits monachaulx.* » (Pr. verb. des commissaires.)

tiendrait les avantages auxquels elle avait droit. Arrivés à deux heures et demie, les augustes visiteurs remontèrent en voiture quatre heures après, pour se rendre à Niort. Avant de quitter la Rochelle, l'Empereur signa un décret par lequel il fesait abandon au département *du bâtiment national, dit l'ancien Evêché* (1) pour être vendu, et les fonds en provenant être employés à l'acquisition et aux réparations de l'hôtel de M. de Pont, occupé par l'Evêque (2), et aussi *du bâtiment national dit de l'Intendance*, pour être affecté au logement du sous-préfet. Il donna en outre à la ville, *le bâtiment national, dit l'hôtel du gouvernement* et le jardin en dépendant (3), pour y transférer la bibliothèque publique et le muséum d'histoire naturelle.
« L'enthousiasme que la présence de leurs Majestés avait fait naître dans tous les cœurs se prolongea longtemps après leur départ, et le soir toute la ville fut illuminée. » *(Affi. de la Roch.)*

7 Août.

1382. (4)— *Clémentine* ou bulle du Pape Clément VII, approuvant et confirmant le réglement fait par Charles V, dans la grande question des dîmes, qui divisait depuis si longtemps le clergé et les habitants de la Rochelle et de la banlieue. (*V. 13 juin.*) Le Pape, auquel le roi avait soumis l'affaire, en avait abandonné la décision à Charles V, qui avait appelé toutes parties devant lui; mais elles n'avaient pu s'entendre et avaient déclaré seulement s'en rapporter à ce qu'il lui plairait de décider. Le roi avait alors (1377) envoyé comme commissaires à la Rochelle, Grégoire Langlois, chantre du Mans et maître des requêtes de l'hôtel du Roi, depuis archevêque de Sens, et Louis Passot, président des requêtes du palais à Paris. Après plusieurs jours de séance au couvent des Jacobins, ils décidèrent que l'évêque diocésain n'aurait droit qu'au centième du

---

(1) Acheté depuis par la ville, il sert aujourd'hui de bibliothèque publique.
(2) L'hôtel de M. de Pont est devenu l'Evêché actuel.
(3) On en avait fait un jardin botanique pour le collége. *(V. 9 mars.)*
(4) La date du 11 août attribuée par Arcère à cette bulle parait fausse. L'inventaire des privilèges et Barreau, dans le manuscrit intitulé *Droits et Domaines du Roy*, sont d'accord pour lui donner celle du 7 août.

blé, du vin et du sel récoltés dans l'Aunis, et recevrait en outre une somme de 12,000 francs d'or, une fois payée, (1) dont la moitié serait fournie par les parties en cause, 2,000 par le Roi, sur la recette du grand fief d'Aunis, et les quatre autres mille francs par les paroisses, qui n'avaient pas été parties au procès, mais qui voudraient accéder au concordat. Enfin 600 livres de rentes, dont se chargerait le Roi, étaient réparties entre tous les curés, dont le plus favorisé, celui de Notre-Dame-de-Cougnes, devait recevoir 16 livres, et le moins bien traité, celui de Vérines, 3 livres seulement. C'est cet arrangement accepté par Charles V (1380) que ratifiait la bulle du Pape. Malgré cette double sanction, les troubles ne furent entièrement pacifiés qu'en 1405. (*Ms. 2107-145. — Arcère*)

1462. — Louis XI, sur les remontrances qui lui avaient été adressées par le corps de ville, révoque les lettres de provision de Maire, *qu'il avait conférées à un sien serviteur, nommé Pierre de Taillac* (2), *au préjudice des droits et privilèges des dits de la Rochelle*, et ordonne qu'il soit procédé à l'élection du chef de la commune dans la forme accoutumée. (*Inv. des priv.*)

1587. — « Le roy de Navarre, dont le tempérament estoit porté à l'amour, ne laissoit pas, au milieu de ses grandes affaires, de fréquenter les dames et d'avoir mesme avec elles autant d'aventures qu'il pouvoit... Ce prince avoit dans la mesme ville (*la Rochelle*), une intrigue avec Mlle de Boyslambert (3), laquelle, estant grosse du roy, accoucha d'un fils le

---

(1) Ce qui est assez singulier, c'est que ce fut le Pape qui toucha les 12,000 francs d'or adjugés à l'évêque de Saintes, *pour tous fruits, arrérages, dommages-intérêts, courtages, missions et dépens*. Arcère dit qu'il *y a apparence que l'évêque abandonna cette somme au nouveau Pape, lequel avait besoin d'argent pour se soutenir contre Urbain, son compétiteur*. Mais il est difficile de ne pas se rappeler, à cette occasion, la fable de *l'Huître et les Plaideurs*.

(2) Aug. Gallant l'appelle Guil. de Canat. *(Discours au Roy, &.)*

(3) Ce n'était pas la première intrigue amoureuse que le roi *vert-galant* eut eue dans notre ville : « Estant dans sa première jeunesse à la Rochelle, dit Bassompierre dans ses mémoires, Henry desbaucha une bourgeoise nommée dame Martine, de laquelle il eut un fils, qui mourut. Les ministres et le consistoire lui en firent de publiques réprimandes au presche... » Dame Martine était la femme du savant professeur

7 *août 1587*. Cet enfant mourust quelque temps après. » (1) (*Ms. des recherches curieuses. — Colin.*) Bergier, dans son *diaire*, nous apprend que la belle Rochelaise s'appelait Esther et était fille d'un avocat, probablement de Jacques Imbert, seigneur de Boyslambert, l'un des avocats choisis, en 1576, par les bourgeois pour juger l'accusation de conspiration portée par le prince de Condé contre le Maire, et quelques membres du corps de ville. « En 1592, Esther, voulant aller trouver le Roy en Bourgoigne, mourust en chemin (14 juillet), soupçonnée d'avoir été empoisonnée par Gabrielle d'Estrée, qui commençoit à partager avec elle les bonnes grâces de Sa Majesté. » (*Ms. des rech. cur.*) — *V. Michelet. — La Ligue et Henri IV, p. 410.*

1616. — « Noble homme, Henry-Marc de Gouffier, marquis de Bonnivet, seigneur de Crèvecœur, fut reçu en l'église de Dieu par M. Le Blanc (*Ministre de la Rochelle.*) » — *Reg. de l'état-civil des protest.*

1677. — A la requête des maîtres apothicaires de la Rochelle, le Roi sanctionne dix nouveaux articles ajoutés à leur ancien statut, et par l'un desquels il était fait défense expresse à tous autres qu'à des catholiques d'ouvrir boutique d'apothicaire dans cette ville. (*Reg. du présidial.*) — *V. 14 juillet.*

1842. — Ouverture de la première exposition de tableaux

Martinès ou *Martinius*, que Jeanne d'Albret avait fait venir de Béarn. (*V. 14 mai*, note) Plus tard, vers 1586, il adressa ses hommages à la fille d'un échevin, dont le manuscrit des *recherches curieuses* rapporte à cette occasion un trait d'une naïveté charmante. (*V. ma XVIIIe lettre rochel.*)

(1) Je crois que c'est à la mort de cet enfant que se rapporte ce passage d'une lettre qu'écrivait Henri, le 30 novembre 1588, à sa belle maîtresse, Corisande d'Andouins : « ... Je suis fort affligé de la perte de mon petit, qui mourut hier. A vostre advis, ce que ce seroit d'un légitime ? il commençoit à parler... » M. Berger de Xivrey, en fesant justement ressortir l'invraisemblance de la supposition de Voltaire que l'enfant, dont Henri pleure ainsi la mort, pouvait être un fils de Corisande elle-même, avoue qu'il n'a pu se procurer de documens certains sur cet enfant naturel du roi de Navarre. A la date de la lettre du prince, l'enfant de la pauvre Esther aurait eu 15 mois et quelques jours, et devait en effet *commencer à parler*.

et d'objets d'art, organisée par la nouvelle *Société des amis des arts de la Rochelle*.

8 Août.

1394. — Charles VI informé de l'état de chômage où se trouvait depuis quelque temps la *monnaie* de la Rochelle, tant par l'absence d'un maître particulier que par la faute des changeurs et marchands de la ville, qui portaient ailleurs le *billon*, qu'ils étaient tenus de verser à la monnaie de la Rochelle, mande à son *général des monnaies* de se rendre en cette ville pour remédier à cet état de choses et punir ceux qui l'avaient occasionné. (*Laurière*, Ord. des Rois de France.) Quelques auteurs ont écrit et beaucoup de personnes croient que l'établissement de la monnaie de la Rochelle fut l'un des bienfaits dont Charles V gratifia les Rochelais quand, après avoir chassé les Anglais de leur ville, ils la remirent entre ses mains. C'est une erreur; le roi de France ne fit qu'accorder à la monnaie de la Rochelle les privilèges dont jouissait celle de Paris. L'abandon même qu'il fit à la commune de la moitié des bénéfices sur les espèces qui seraient frappées, en l'autorisant à y préposer à cet effet un contre-garde, n'était que la confirmation du privilège qu'Edouard III d'Angleterre leur avait octroyé en 1360 (1). La monnaie de la Rochelle date du XIIe siècle; car dans l'acte de 1199, par lequel Aliénor d'Aquitaine cédait à Raoul de Mauléon le château de Benon et autres domaines en échange de ses droits sur la Rochelle, elle lui accordait le droit de percevoir annuellement, sur la prévôté, cinquante sols *de la monnaie de ladite ville*. Le *marc* de la Rochelle, dit d'Angleterre, qui pesait 13 sols 4 deniers esterlins, était même vers cette époque une sorte de type régulateur de la valeur des autres monnaies. (*Reg. de la Cour des comptes* ap. Ducange.) — Au XIVe siècle, l'hôtel de la monnaie était établi dans une maison (2), appartenant aux religieux de

(1) « .... *Volumus quod Major, scabini ac burgenses Rupellæ capiant, per se vel per deputatos eorum, medietatem monetagii ac monetæ Rupellæ aureæ, argenteæ et nigreæ, in predictâ villâ futuris temporibus fabricandæ...* » (*Rymer.*)

(2) « *Et in prætoratu de Rupella dedimus et similiter L solidos de moneta ejusdem villæ sibi et heredibus suis annuatim percipiendos...* »

St-Jean-Dehors, située *près de Ste-Catherine,* et sur l'emplacement de laquelle se trouve actuellement la salle d'Asile. Il fut transporté ensuite sur la place du Château, près de la chapelle Sainte-Anne. On le démolit en 1689, pour agrandir cette place, et on acquit pour le remplacer la maison de Pierre Thaumeur, dans la *rue royale des Carmes* (aujourd'hui *rue de la Monnaie*), qui, reconstruite et considérablement augmentée, est restée l'hôtel de la monnaie jusqu'au moment où la monnaie de la Rochelle a été supprimée.

1638. — Consécration de l'église des Jésuites, sous l'invocation de la Vierge, par l'évêque de Saintes, Jacques Raoul. (*Gazette du temps.* — *Arcère.*) C'est celle qui sert aujourd'hui de chapelle au Collége. — *V. 14 février.*

1801. — Jour de la clôture des élections, dans toutes les communes de l'arrondissement, des officiers de la *garde nationale sédentaire.* La Rochelle avait deux bataillons ; les autres communes étaient divisées en dix circonscriptions, formant chacune un bataillon. (*Affi. de la Roch.*)

9 Août.

1356. — Le prince de Galles, qui devait faire bientôt prisonnier le Roi de France à la funeste bataille de Maupertuis, était débarqué, l'année précédente, à Bordeaux, avec le fameux Jean Chandos et beaucoup d'autres chevaliers de renom. Après avoir ravagé le Languedoc, il avait formé le téméraire projet de gagner la Normandie par la Touraine et le Maine. Pendant qu'il pillait, brûlait et saccageait tout ce qui se trouvait sur son passage, un corps d'anglo-gascons avait pénétré dans l'Aunis et surpris, le 6 août, le bourg de Salles, *place très forte de murs et de fossés et qui paroît encore,* dit Amos Barbot, *avoir esté bien flanquée pour les armes du temps.* A cette nouvelle, le Maire s'était empressé d'y envoyer les milices de la ville et des paroisses voisines pour les en chasser ; mais la nuit, qui était survenue, avait permis aux ennemis de se cantonner dans l'église, qui était fortifiée, et il *fallut les y assiéger à force ouverte.* Après avoir fait avertir le sénéchal de Saintonge, le Maire *fit charger sur des charrettes trois engins appelés béliers, pour sapper lád. église, qui furent placés et dressés par les habitans envoyés de ceste ville. Auquel lieu de Salles, led. sénéchal estant arrivé le mardy* (9 août), *avec sa compagnie de gens d'armes, fust par ses troupes, les habitans de ceste ville et du plat pays, lad. église investie et battue desd. machines et engins jusqu'au jeudy; à laquelle* (église) *bresche ayant esté faite, comme on y vouloit donner assault, les Anglois se rendirent et laissèrent la place.* (A. Barbot.)

1614. — Encore un épisode de ces luttes si fréquentes entre les membres du corps de ville et les bourgeois. (*V. 11 janv. — 29 mars. — 11 avril.*) Un grand nombre des premiers avaient fait signer une protestation contre le projet qu'ils prêtaient aux bourgeois de vouloir expulser les ministres de la ville et, sous ce prétexte, *dans la soirée du 9 août*, ils s'étaient armés et avaient saisi le canton de la Caille, où ils avaient placé des chaînes; mais le peuple fut aussitôt en armes et les mit bientôt en fuite. Le lendemain, 300 hommes armés se présentèrent devant la maison du Maire, demandant *prompte et exemplaire justice* de ceux qui s'étaient emparés à force ouverte du canton de la Caille. Ce magistrat se vit obligé de les suivre au domicile de ceux qui lui étaient signalés et plus de 40 personnes, *dont plusieurs des plus notables de la ville*, furent arrêtées et emprisonnées. Les bourgeois ne quittèrent les armes qu'après que le Maire, Louis Berne, seigneur du Pont-la-Pierre, eut pris l'engagement de désavouer cette occupation militaire d'un canton et de faire poursuivre ceux qui étaient arrêtés, aux frais de la commune et par le procureur de la ville conjointement avec les syndics des bourgeois (*Colin.*)

10 Août.

1441. — Les troubles que le Dauphin avait suscités dans le royaume ayant fait comprendre aux Rochelais la nécessité de mettre leur ville à l'abri de toute surprise, en réparant et augmentant les fortifications de la Rochelle, et les ressources financières de la ville ne pouvant suffire à une pareille dépense, Charles VII, à leur demande, les autorise à percevoir, au profit de la commune, l'impôt des 12 deniers par livre, mis sur le vin vendu en gros et sur toutes autres marchandises, et leur abandonne la moitié des aides levées dans la ville. (*A. Barbot. — Invent. des privil.*)

1518. — Horrible tempête, qui submerge une partie de l'île de Ré (*A. Barbot.*)

1702. — « L'horloge du clocher de St-Barthelémy, qui avoit était refait aux frais de la ville et avoit coûté 1,600 liv., commença à frapper. » (*Maudet.*)

11 Août.

1584. — MM. Barnabé-Brisson et Hierôme d'Angeroux, le premier président, et le second, conseiller au parlement de Paris, arrivent à la Rochelle, comme commissaires envoyés par la cour pour procéder à la réformation du *coustumier général du païs, ville et gouvernement de la Rochelle,* publié en 1514. Mais par suite de questions de préséance, qui surgirent entre le corps de ville et le présidial, ils ne purent vaquer à leur commission et furent obligés de se retirer sans avoir fait autre chose, dit Amos Barbot, que de supprimer la place de président du présidial. La commune n'en fut pas moins obligée de leur payer 2,500 écus pour les défrayer de leur voyage. (*Baudouin. — A. Barb. — Colin.*) — *V. 27 août.*

1619. — Léger tremblement de terre à la Rochelle. (*Merl.*)

1756. — Le commerce Rochelais voulut aussi célébrer, par une fête magnifique, la prise de Port-Mahon (*V. 1er août.*) On transforma la cour de l'Hôtel-de-Ville en une salle richement décorée, où fut dressée une table en fer à cheval de 120 couverts; deux autres tables, l'une de 80, l'autre de 40 couverts furent placées dans deux des salles de l'Hôtel. On admira surtout le dessert, qui représentait les escadres de France et d'Angleterre, le fort Saint-Philippe avec ses dehors, les travaux et les batteries des assaillans, etc. Le souper terminé, le bal commença; quatre cents dames y assistaient, *rivalisant de parures et de beauté*, raconte le grave père Arcère, qui nous a fourni ces détails, et la danse se prolongea jusqu'à huit heures du matin. D'abondantes aumônes firent participer les pauvres à la joie générale. (*Ms. de la bib. n°* *8,435-637.*)

1789. — Dîner de 400 couverts, offert par les *grenadiers-bourgeois* de la Rochelle aux grenadiers et chasseurs du régiment de la Sarre, dans une des allées de la Place-d'Armes. De nombreuses bannières, flottant de distance en distance, portaient les inscriptions de : *vive le Roy ! vive la Nation ! vive Necker ! vive Maillé !* (1) *vive Alquier ! etc.* La chambre de commerce arrosa le dessert de 50 bouteilles de vins de Malaga. Le 25 du même mois, le commerce, représenté par cinquante négociants (à la tête desquels était M. Perry, directeur de la chambre, et dont les notes nous ont fourni de précieux renseignemens), donna un dîner de 1,200 couverts aux *bas officiers*, grenadiers, soldats et musiciens du même régiment, qui le matin avaient prêté serment de fidélité au Roi et à la Nation, et auxquels on avait joint les grenadiers-bourgeois. On avait eu le soin de couvrir les allées de la place avec des voiles de navires. On y but au Roi, à la Nation et à ses représentans, à l'Assemblée Nationale, à l'armée, à M. Necker, au commandant de la province, au régiment de la Sarre, à la municipalité, à la milice bourgeoise et aux volontaires nationaux, enfin au commerce de la Rochelle. (*Perry.* — *Aff. de la Roch.*)

12 Août.

1224. — Ce fut le *12 août* 1224 que les bourgeois et habitants la Rochelle, ayant atteint l'âge de majorité, prêtèrent individuellement serment à Louis VIII, leur nouveau souverain, au nombre de 1,749. Leurs noms nous ont été conservés sur le rôle original qui existe aux archives de l'empire, ainsi que la charte qui constate cette prestation de serment et à laquelle pend encore le sceau de la commune (2). Chose digne

(1) Le duc de Maillé, lieutenant-général, commandait en second les provinces d'Aunis, Saintonge et Poitou, dont le duc de Laval-Montmorency était gouverneur.

(2) Il est de forme ronde et a de diamètre environ 75 millimètres ; il représente d'un côté un homme à cheval, le Maire sans doute, la tête nue, brandissant de la main droite un glaive, ou plutôt un bâton noueux, et tenant la bride de l'autre, avec cette légende : *Sigillum Majoris de*

de remarque, ces 1,749 citoyens, classés par seigneurie, se divisaient ainsi : les neuf dixièmes, 1,572 étaient hommes du Roi ; 144 avaient pour seigneurs propres les Templiers, auxquels la rue du Temple doit son nom ; 14 seulement, les Hospitaliers, qui possédaient le quartier Saint-Jean-du-Perrot, et 17 enfin, les religieuses de Sainte-Catherine, dont une de nos rues portait naguères le nom, maladroitement remplacé par celui d'Arcère. (1) — *V. 15 juillet et 3 août.*

1756. Naissance à la Rochelle de François, marquis de Beauharnois, surnommé *le féal Bauharnois sans amendement*, à la suite d'un mémorable débat à l'Assemblée nationale, où il avait été député par la ville de Paris. Il était fils de François de Beauharnois, baron de Beauville *(V. 8 février)*, et de Marie-Anne-Henriette Pivart de Chastulé. Il fut présenté le lendemain au baptême, dans l'église Saint-Barthelémy, par son oncle Claude de Beauharnois, capitaine de vaisseau au port de Rochefort, et par son aïeule, Jeanne Hardouineau, épouse de François Pivart, seigneur de Chastulé. Il fut successivement lieutenant-général, ambassadeur et pair de France. C'est le père de Mme Lavalette, célèbre par son amour conjugal. (*Reg. de St-Barth. — Biographies.*)

13 Août.

1694. — Le séminaire, qui depuis son établissement (1664) avait été confié à des prêtres séculiers, avec un chanoine de la cathédrale pour supérieur, est remis, par Mgr de la Frezelière, aux mains des jésuites de la Rochelle. (*Arcère.*) — *V. 1er juin.*

1791. — La *Société des amis de la Constitution*, qui venait de se former à la Rochelle, adresse à la municipalité une déclaration ainsi conçue : « .... Les vues que les membres de cette société se proposent sont de se pénétrer de l'étendue et des bornes des droits de l'homme social, des principes de

---

Rochella ; et de l'autre côté un navire, emblème de la Rochelle, voguant à pleine voile sur une mer agitée, et dont l'unique mât est surmonté d'une croix avec cette légende : *Sigillum communie de Rochella.*

(1) V. ma *XVe Lettre Rochelaise.*

notre législation, de s'instruire de la lettre et de l'esprit de la nouvelle constitution et généralement de tout ce qui se rapporte à la Révolution, dans l'intention de contribuer à en assurer le succès. Ces citoyens déclarent de plus que le lieu de leurs assemblées sera aux Carmes; qu'ils se réuniront tous les jours, notamment les lundi, mercredi et vendredi à midi. » La société rochelaise s'empressa de s'affilier à la Société des amis de la Constitution de Paris et reçut de Pétion une lettre, en date du 5 septembre, qui la félicitait de son patriotisme. (*Affic. de la Rochelle.*)

14 Août.

1463. — Louis XI ayant raccommodé le roi d'Aragon avec le roi de Castille et ayant reçu de lui le Roussillon et la Cerdagne en garantie de la somme de 300,000 écus d'or, ou *50,000 doubles à la baule*, qu'il s'était engagé à payer pour lui au souverain de Castille, les Maire, échevins et pairs de la Rochelle et les Maire et jurats de Bordeaux sont établis cautions du Roi de France. (*A. Barbot. — Invent. des privil.*) (1)

1610. — Mariage de Jean Guiton avec Marguerite Prévost, fille du Maire qui sortait de fonctions. Dix ans après (2 juillet 1620), il épousa en secondes noces Judith David, fille du Maire de 1584 et propriétaire du domaine de *Repose-Pucelle*, dont Guiton prit le titre. De sa première femme, Guiton eut cinq filles et n'eut pas d'enfant de la seconde; ce qui contredit les prétentions de ceux qui soutiennent descendre directement de l'héroïque Maire de 1628. (*Reg. de l'état-civil des protest. — Callot.*)

1651. — Réunion des trois ordres de la sénéchaussée, convoqués par le comte du Daugnion, *au palais et auditoire royal*, pour procéder à l'élection des députés aux Etats généraux convoqués à Tours, pour le 8 septembre suivant, et rédiger

(1) J'ai suivi la version de notre annaliste et de l'inventaire des privilèges, M. Henri Martin, qui porte à 350,000 écus d'or la somme prêtée par le Roi de France, fixe ce prêt à l'année précédente et dit qu'il était destiné à payer un corps de troupes françaises, qui devait marcher contre les Catalans. (*Hist. de France.*)

les cahiers à présenter au Roi dans l'intérêt de l'Etat et du royaume. (*Ms. du temps.*)

15 Août.

1372. (1) — La flotte espagnole qui, au mois de juin précédent, avait écrasé les vaisseaux du comte de Pembroke *(V. 22 juin)*, était revenue devant la Rochelle, après avoir transporté son butin et ses captifs en Espagne. Elle était commandée cette fois par l'amiral don Rodrigo le Roux et par Owen de Galles, descendant de ces princes Gallois, que les rois d'Angleterre avaient dépouillés et égorgés en fesant la conquête de leur patrie. L'intention de ces chefs était de bloquer cette ville par mer, pendant que Duguesclin, qui était dans le Poitou, l'attaquerait du côté de terre. Toutefois les Rochelais s'étaient mis secrètement en rapport avec Owen de Galles, en lui fesant connaître que leur plus grand désir était de secouer le joug des Anglais, mais qu'ils *ne se pouvoyent tourner françois tant que le chastel fust en la possession des Anglois.* Cependant Jehan d'Evreux, que les barons Anglo-Gascons, ayant à leur tête le captal de Buch, avaient peu de temps auparavant nommé sénéchal de la Rochelle, venait de partir avec quelques gens d'armes pour aller au secours de Poitiers, laissant la garde du château à Philippe Mancel, brave capitaine, mais *pas trop malicieux.* L'ancien Maire Chaudrier résolut de profiter de ces circonstances pour s'emparer par ruse du château. Après s'être concerté avec *ceux qui estoyent plus François qu'Anglois*, « il manda led. Phelippe et luy donna à disner bien et grandement, et à aulcun des plus grans bourgeois de la ville, qui estoyent de son accord, et y parlèrent des besongnes du roy d'Angleterre. Après disner, fist le Maire (2) apporter une belle lettre, scellée du grand sceau du roy d'Angleterre, pour mieux faire croire

(1) Arcère avait adopté dans son histoire la date du 8 septembre, donnée par A. Barbot ; mais dans ses notes il établit que cette date est nécessairement erronée et que ces événements devaient s'être passés à la fin de juillet ou au mois d'août. J'ai emprunté la date précise du 15 août à l'*Histoire de France* d'Henri Martin.

(2) Froissart donne à tort à Chaudrier, qu'il appelle *Candorier*, le titre de Maire : le temps de sa mairie était expiré depuis un an *(V. 21 avril)*, et c'était Pierre Boudré, qui était à la tête de la commune.

led. Phelippe, *qui point ne scavoit lire*, mais bien cogneut le scel. Si lisoit le Maire la lettre et ordonnoit paroles à sa voulenté, qui point n'y estoient escriptes ; puis dit à Phelippe : « Chastelain, vous voyez et oyez comne le roy, nostre sire, me mande que je vous ordonne, de par luy, que vous fassiez demain vostre monstre *(revue)*, et qu'aussy nous fassions la nôstre. Celuy chastelain, qui n'y entendoit que tout bien, dit qu'il le feroit très voulentiers et se partist. » Le lendemain, *15 août*, avant le jour, Chaudrier plaça sa troupe, composée de gens sûrs et bien armés, en embuscade près du château, derrière de vieilles murailles. Toutes les milices bourgeoises furent ensuite réunies, au son de la cloche du beffroi. Mancel de son côté sortit du château avec la garnison. Aussitôt qu'ils en eurent passé le pont-levis, les hommes placés en embuscade s'emparèrent du pont et des portes, et quand les Anglais, voyant qu'ils étaient trahis, voulurent forcer le passage, Chaudrier accourut avec les milices. « Les Anglois ainsy assaillis devant et derrière furent tous prins et se rendirent sauves leurs vies. » Les quelques hommes qui étaient restés dans le château ne tardèrent pas à le remettre aux mains des Rochelais, à la condition qu'eux et leurs compagnons seraient conduits par mer à Bordeaux, aux frais de la commune. Après avoir ainsi reconquis seuls leur liberté, les Rochelais voulurent profiter de leur position, et refusèrent l'entrée de leur ville à Duguesclin et aux princes qui l'accompagnaient, jusqu'à ce que le roi de France eut souscrit aux conditions qu'ils mirent à leur soumission. *(Froissart. — A. Barb. — H. Martin, etc.)*

1627 *(Siège de)*. — « Fut apportée dans la Rochelle la déclaration du Roy du 5 août, par laquelle il déclaroit le seigneur de Soubise et ceux de ses sujets, de quelque qualité et condition qu'ils fussent, qui auroient adhéré ou se joindroient au party des Anglois, qui le favoriseroient ou assisteroient... ou se départiroient de l'obéissance qu'ils devoient à Sa Majesté, rebelles, traîtres et perfides à leur Roy, déchus de leur patrie, criminels de lèze-Majesté au premier chef, et comme tels, leurs biens, meubles et immeubles, offices et charges acquis et confisquez... Ce qui fit que, quelques jours après, la plupart des officiers du Roy, voyant que, bien que la jonction de la de la ville avec l'Anglois ne fut pas encore déclarée, elle l'étoit pourtant en effet, sortirent de la ville et se retirèrent, les uns en leurs maisons, les autres à Niort et à Fontenay, et d'autres à Marans, où le Roy transféra peu après le siège présidial. Quant à ceux qui demeurèrent, qui étoient sept en nombre, ils continuèrent à administrer la justice comme auparavant. » (*Mervault.*)

Déjà le duc d'Angoulême était venu prendre ses logements à Aytré, la Moulinette, Bongrenne et Coureilles. Son intention d'assiéger la Rochelle ne pouvait plus être douteuse. Les Rochelais s'empressèrent d'écrire à tous leurs amis, pour réclamer leur concours, et d'expédier, *ce même jour*, des députés à Buckingham, pour le prier de faire rentrer à la Rochelle ceux qui étaient allés le rejoindre, et d'y envoyer aussi les autres Français, qui se trouvaient dans son armée ; ce que le duc leur accorda. (*Rég. du corps de ville. — Mervault.*)

1607. — Naissance de Pierre Mervault, l'auteur du *journal des choses mémorables qui se sont passées au dernier siège de la Rochelle* ; précieux ouvrage, auquel nous fesons de si fréquents emprunts. Il était fils de Paul Mervault, négociant, pair de la commune et maître de l'artillerie pendant le siège, et de Marie Duprat. Outre son journal, il a laissé un grand nombre de notes fort intéressantes sur notre ville, et on lui attribue encore plusieurs ouvrages imprimés sans nom d'auteur. (*Rég. des protest.*)

16 Août.

1608. — Naissance de Louis Ratouyt, (1) devenu célèbre sous le titre de comte de Souches. Il était fils de Jean Ratouyt, pair de la commune et de Marguerite de Bourdigale, fille du procureur du Roi au présidial de la Rochelle. Ayant perdu son père à six ans, ses convictions religieuses sans doute, plutôt que l'ambition, comme l'insinue Arcère, lui firent abandonner sa patrie, après la chûte de la Rochelle. Il alla d'abord en Suède, où il ne tarda pas à obtenir un régiment de dragons.

(1) Son nom est ainsi écrit dans son acte de naissance ; dans l'acte de donation, de 1669, on lit *Ratuyt* : Arcère écrit *Ratuit*.

Offensé par son général, il donna sa démission pour se battre avec lui et quitta la Suède. Dans un voyage que Ratouyt fit à Vienne, l'archiduc Léopold-Guillaume, qui avait entendu parler de ses talents militaires, lui fit proposer de s'attacher au service de l'empereur et lui offrit un régiment de dragons. Nous pouvons applaudir sans réserve aux succès que plusieurs fois il remporta contre les Suédois et les Turcs; mais nous devons regretter de le trouver, en 1674, après qu'il eut remplacé Montécuculi dans le commandement des troupes impériales, combattant contre les Français, arrêtant, par son intrépidité et l'habileté de ses manœuvres, la marche triomphante de Condé, lui faisant perdre, devant le Flay, la plus grande partie des avantages de sa victoire de Senef et, peu de temps après, devant Oudenarde, sauvant, par une habile retraite, l'armée alliée de la défaite assurée que Condé lui préparait. Après avoir été créé baron, puis comte de l'Empire, conseiller d'État et de guerre de l'Empereur, enfin commandant général des frontières de l'Esclavonie, de Souches mourut en 1682, gouverneur de Moravie et de la ville de Brinn. Sur la terre étrangère il n'avait cependant pas oublié sa patrie, car, en 1669, étant à Vienne, il avait fait donation à l'hôpital de Saint-Barthelémy de la Rochelle, d'une grande maison appelée les *Trois-Marchands*, qui longtemps avait été le premier hôtel de la cité et avait donné son nom à la rue Chef-de-Ville. (*Reg. des protest.* — *Titres de l'hôp.¹ St-Barth.* — *Arc.* — *H. Martin*).

1695. — « M. Mariocheau de Bonnemort a été reçu lieutenant-général, au lieu de M. Beraudin, qui a exercé ladite charge avec approbation pendant 19 ans, étant bon juge, et on en espère pas moins de M. de Bonnemort, qui a fait paraître qu'il est fort intelligent, pendant qu'il a exercé l'office de conseiller (*au présidial*) avec bien de l'intégrité. » (1) (*Maudet*). Il exerça en même temps les fonctions de sub-délégué de l'intendance.

1711. — Le célèbre père Grignon de Montfort, fondateur

---

(1) Il était seigneur des châtellenies d'Aytré, la Salle et les Rouaux, et portait : d'argent à un squelette de sable. (*Reg. du présid.* — *Armorial de la Roch.*)

de l'ordre des *filles de la sagesse*, appelé par Mgr de Champflour à la Rochelle, y séjourna pendant près de trois années,
et les miracles qui, dit-on, signalèrent son séjour dans notre
ville ont sans doute contribué à le faire admettre, dans ces
derniers temps, au nombre des saints. Il commença par y faire
quatre missions : la première pour les pauvres, à l'hôpital Saint-
Louis ; la seconde pour les soldats de la garnison, dans la
grand église des Jacobins, et qui fut suivie d'une procession à
laquelle tous les soldats assistèrent, *pieds nus*, un crucifix d'une
main et un chapelet de l'autre, avec un officier à leur tête,
aussi pieds nus et portant l'étendard de la croix, tous chantant les litanies de la Vierge ; la troisième fut consacrée aux
femmes, et Masse n'estime pas à moins de 3000 celles qui en
suivirent les exercices, attirées surtout, dit-il, « par la permission que leur donnoit le missionnaire de lui faire des questions, *durant qu'il étoit en chaire*, sur les points de religion et
autres pensées qui venoient en l'esprit de ce sexe. A presque
toutes, ajoute-t-il, il fit faire des vœux et serments publics,
selon leurs divers états, et surtout de garder leur virginité. Sur
la fin de la mission, il leur prescrivit trois jours de silence,
pendant lesquels elles ne purent parler à leurs maris et do-
mestiques que par signes. » Elle se termina le *10 août*, par
une grande procession, dont Masse nous a laissé un curieux
dessin. La pieuse milice était ainsi rangée : *les filles du peuple,
les grisettes, les demoiselles bourgeoises, les femmes mariées,
enfin les dames*, toutes séparées par des bannières de différentes couleurs, celles-ci la tête couverte d'un capuchon noir
et vêtues de larges robes noires, relevées derrière par un
énorme bourrelet ; celles-là en robes blanches, coiffées de
vastes cornettes ou de bonnets plats ; toutes un cierge à la
main avec un long chapelet et l'acte de renouvellement de
leurs promesses de baptême, et la plupart pieds nus. *Deux
hautbois des canonniers jouoient à la fin de chaque verset des
cantiques qu'elles chantoient en chœur.* Derrière les clercs et
porte-croix, venaient *les principaux maîtres de danse et de
violons, contre lesquels le missionnaire s'étoit déchaîné dans ses
sermons* et qui, revenus à résipiscence sans doute, jouaient de
leur instrument devant le père de Montfort qui, entouré
d'ecclésiastiques, tenait à la main une statue d'argent de la

Vierge ; enfin un piquet du régiment *des Angles et de la Londe*, en habit de couleur marron clair, avec culottes et bas rouges, fermait la marche. Après la mission des hommes, qui suivit celle des femmes, on éleva deux croix, l'une de pierre à la porte Dauphine, et l'autre de bois à la porte Saint-Nicolas. La plantation de cette dernière fut marquée par un prodige semblable à celui qui s'est renouvelé depuis à Migné, près de Poitiers : une multitude de voix s'écrièrent tout à coup : *miracle ! miracle ! nous voyons des croix en l'air !* « Je n'aperçus rien, avoue franchement l'auteur du récit, mais plus de cent personnes, tant laïques qu'ecclésiastiques et toutes dignes de foi, m'ont certifié avoir vu un grand nombre de croix. » Touchée de tout le bien que le père de Montfort avait fait dans cette ville, une dame Rochelaise lui abandonna la jouissance, pendant sa vie, d'une maison située au faubourg Saint-Eloy, dans laquelle il fit établir un oratoire où il disait la messe. Après y être venues longtemps en pèlerinage, les *filles de la sagesse de la Rochelle* ont acquis et possèdent encore la pieuse retraite de leur saint instituteur. *(Masse. — Vie de Mes. L. M. Grig. de Montfort.)*

1756. — Présentation au corps de ville, par le père Arcère, du premier volume de son *Histoire de la ville de la Rochelle et du pays d'Aunis*. Il lui fut voté immédiatement par les magistrats de la commune une pension viagère de 600 livres. (*V. la notice biog. de M. Delayant*, annales de l'Académie 1859.)

17 Août.

1588. — Le Roi de Navarre part de la Rochelle pour marcher contre la ville de Montaigu, *où le duc de Mercœur s'étoit canigé.* Celui-ci ne l'y attendit pas. Henri eut promptement raison des troupes qu'il avait laissées dans la place, leur tua trois ou quatre cents hommes et revint bientôt à la Rochelle rapportant six drapeaux qu'il offrit à la commune (*Baudouin.*)

18 Août.

1474. — Louis XI, voulant organiser une force militaire permanente, avait créé, l'année précédente, des corps de *francs-archers*, qui devaient être entretenus par les villes où ils tiendraient garnison. Le nombre de 25 avait été imposé à la ville de la Rochelle ; mais le Roi, reconnaissant que par leurs privilèges les Rochelais étaient exempts de tout service militaire hors de leurs murailles, les dispensa de cette charge par lettres patentes du *18 août 1474*. (*Invent. des privil.* — *A. Barb.*) — *V. 22 juin.*

1590. — Le corps de ville érige en *maîtrise-jurée* le corps de métier des *fourbisseurs d'épées* de la Rochelle, qui étaient alors au nombre de douze. Le règlement qui leur fut donné les autorisait à vendre et garnir, à l'exclusion des couteliers, toutes sortes d'armes pointues et tranchantes, comme épées, dagues, coutelas, pertuisanes, hallebardes, fers de lance ou de pique, en un mot *tous harnois de guerre*, et à forger gardes et pommeaux d'épées seulement. Deux inspecteurs, nommés *maîtres-regardes* et élus par eux, devaient visiter soigneusement les armes qu'ils mettraient en vente, saisir celles qui seraient défectueuses et en poursuivre la confiscation, ainsi que la condamnation à l'amende des contrevenants, devant le tribunal du Maire. Leur patron était Saint-Jean-Baptiste, et dans leur bannière, ils portaient : d'azur à une garde d'épée d'or. (*Statuts et règlements.* — *Armor. de la Rochelle.*)

1627 (*Siège de*). — Bien que les hostilités n'eussent pas encore commencé, il devenait chaque jour plus évident qu'elles étaient imminentes, et beaucoup de familles s'empressaient de quitter la ville. Pour mettre un terme à cette désertion, le corps de ville ordonne à tous ceux qui, étant en état de supporter les frais et charges que la guerre peut rendre nécessaires, sont sortis de la Rochelle, d'y rentrer dans le délai de huitaine, si mieux ils n'aiment donner bonne et suffisante caution de nourrir les soldats, payer les taxes et satisfaire aux autres obligations qui seront imposées aux citoyens ; faute de quoi on s'en prendra à leurs biens, meubles, et, en cas d'insuffisance, à leurs maisons, *qui seront démolies* (1) pour les ma-

(1) Cette rigoureuse mesure fut plusieurs fois confirmée ; mais on finit par en sentir les graves inconvénients, et, au mois de janvier, le conseil décida qu'il ne serait plus procédé à la démolition des maisons des absens, quand il se présenterait quelqu'un qui offrirait une somme égale à la valeur des matériaux. (*Rég. des délib.*)

tériaux être vendus, et les deniers en provenant être employés au profit de la ville. (*Rég. des délib. du corps de ville.*)

1698. — Mort de Nicolas Venette, médecin distingué de la Rochelle, disciple de Guy-Patin et auteur d'un assez grand nombre d'ouvrages, dont l'un, qui a eu d'innombrables éditions et a été traduit dans plusieurs langues, semble devoir sa célébrité moins à son mérite qu'aux licences de la même plume qui avait traduit Pétrone. Il était né à la Rochelle en 1633, et fils d'un négociant plusieurs fois nommé membre du tribunal consulaire. On lui attribue généralement la construction de la maison bizarre, formant l'angle de la rue de Lescale et de la petite rue de l'Abreuvoir, qui a porté pendant quelque temps son nom; maison sur la façade de laquelle sont sculptées les figures des plus illustres médecins de l'antiquité, qu'accompagnent des inscriptions latines. S'il paraît certain que ce fut la demeure de Venette, son architecture semble révéler une date plus ancienne, plutôt l'époque d'Henri IV ou du commencement du règne de Louis XIII que celle de Louis XIV.

19 Août.

1619. — « Arriva à la Rochelle un homme de cheval ayant charge de faire publier l'édit du Roy touchant les cinq sols pour livre sur les petits sceaux, à raison de tous contrats passés par mains de notaire, de quelque nature qu'ils soyent. M. le Maire le va incontinent trouver et luy dict qu'il eust à remonter à cheval sans délay pour sortir hors de ville, d'autant qu'il ne seroit en sa puissance de le sauver si le peuple sçavoit la fin (*le but*) de son arrivée; à quoy il obtempéra. » (*Merlin.*) Moyen aussi simple que commode de se soustraire au paiement des impôts, et que les Rochelais mirent plus d'une fois en usage.

1791. — « Arrivée à la Rochelle, en tournée épiscopale, de M. Robinet, ci-devant curé à Saint-Savinien, premier évêque du département de la Charente-Inférieure. La municipalité avait envoyé au-devant de lui jusques aux Trois-Canons, à moitié chemin de Rochefort, MM. J. Perry, officier municipal, et Morin, procureur de la commune, le complimenter et lui offrir place dans un *carosse à six chevaux*. Ils entrèrent en ville vers midi, précédés de *la cavalerie de la garde nationale* de la ville, et suivis par *celle d'Aytré*. L'évêque descendit de voiture et se rendit à pied, escorté des deux députés, entre la haie, que formaient l'infanterie de la garde nationale et la troupe de ligne, à la maison où il devait loger (1), au bruit de douze coups de canon et de toutes les cloches de la ville. Le soir toute la ville fut illuminée. » *Perry*. — *V. 27 février.*

20 Août.

1616. — Pendant les mois précédents, les Rochelais et les habitans de l'île de Ré avaient armé des corsaires, qui avaient fait de nombreuses prises; ce qui, de près comme de loin, dit Merlin, nous fesait passer pour des pirates et rendait notre ville odieuse. Pour mettre un terme à cet état de choses, *le 20 août*, le corps de ville défendit à toutes personnes de se livrer à de telles captures et de conduire à la Rochelle les prises qui seraient faites. Cette ordonnance souleva bien quelque mécontentement, des agitateurs appelèrent le peuple aux armes, mais les Ministres par leurs exhortations calmèrent cette émotion, et l'ordre ne fut pas gravement troublé. (*Merlin*.)

1628 *(Siège de)*. — Pendant un violent orage, qui éclata dans la nuit du *20 au 21*, « quelques-uns dirent avoir vu, vers la mer, comme des hommes se choquans et combattans les uns contre les autres, et le bruit courut par la ville que, sur l'heure de minuit, il étoit apparu au ciel, à l'endroit de la Digue, une armée navale comme de feu, qui attaquoit une sorte de digue où, après un grand combat, il s'étoit fait une ouverture, qui donna passage aux navires. *Les sages n'y ajoutoient pas grand'foy;* seulement le pauvre peuple s'en repaissoit. » (*Mervault.*)

21 Août.

1503 (2) — Bulle du Pape Alexandre VI, qui défend de citer les Rochelais en justice hors de leur ville, en vertu de quel-

---

(1) L'hôtel Garesché, dans la rue Porte-Neuve. *(Dupont.)*
(2) Il est donné à cette bulle des dates très diverses. Dans deux pas-

que privilége que ce soit, *fors celuy des commençaux du Roy*, et qui confère aux abbés de Charron, de Saint-Léonard et de l'île de Ré, le pouvoir de lever les excommunications, qui pourraient être lancées contre eux, pour n'avoir pas obéi à une citation qui les aurait appelés devant un juge étranger. (*Invent. des privil. — Baudouin. — Ms. n° 1977.*)

Ce privilège si important de n'être pas tenus de comparaître devant d'autres magistrats que ceux de leur ville, avait été octroyé aux Rochelais par Louis XI, en 1461. Le Pape ne le rappelait sans doute que parce que l'évêque et les ecclésiastiques, à l'occasion de la dîme, n'en avaient tenu aucun compte et avaient eu recours à l'arme ordinaire de l'excommunication (*V. 13 juin*); car peu de temps après, le procureur du Roi fesait *sommer l'évêque de Saintes et autres gens d'église d'avoir à lever les sentences d'excommunication prononcées contre les Maire, eschevins, pairs, bourgeois, manans et habitans de la ville de la Rochelle.* (*Invent. des privil.*) Nos pères, dont un éminent prélat exaltait naguères bien haut la profonde piété et l'ardente foi catholique (1), étaient, on le voit, bons catholiques comme ils étaient bons royalistes, fesant passer leurs privilèges et leurs franchises avant leur soumission au Roi et à l'Eglise. (2)

1793. — Si, dans ces tristes jours, la Rochelle eut l'honneur

sages différents, l'inventaire des privilèges lui attribue celles de 1500 et de 1504, tandis que Baudouin lui donne celle de 1501. Toutes trois sont nécessairement fausses, puisque le court pontificat d'Alexandre VI est renfermé dans l'année 1503. D'après l'inventaire des privilèges, elle serait du mois de novembre; mais Baudoin en fixe la date au 21 août.

(1) V. le discours prononcé, le 2 août 1855, pour la clôture du concile de la Rochelle par Mgr Villecourt.

(2) Cette faveur du Pape était due à la haute influence du cardinal Raymond Pérauld, originaire de Surgères, qui, sous la pourpre romaine, n'avait pas oublié que, venu à la Rochelle pauvre maître d'école, sans ressources, le Maire et le corps de ville l'avaient soutenu et protégé, de telle sorte qu'il y était devenu archidiacre d'Aunis. Aussi dès qu'il avait été nommé cardinal, en 1493, s'était-il empressé de le « faire sçavoir à Messieurs de ceste ville, en les remerciant des grands biens qu'ilz luy avoient faitz par cy-devant, et que par leur moyen il estoit venu en ceste dignité d'estre cardinal, soy offrant de toute sa puissance à eulx en particulier et en général... » (*Ms. n° 1977.*)

d'être dénoncée plus d'une fois à la Convention pour son *modérantisme*, par son indigne fils Billaud-Varennes et par le représentant du peuple à la Rochelle, Lequinio, de sanglante mémoire, elle n'en donnait pas moins chaque jour de nouvelles preuves de son patriotisme. Pendant qu'un grand nombre de ses enfants s'enrôlaient pour la défense de la patrie, ses plus notables citoyens, les Demissy, Wanhooguerff (1), de Chassiron, Garesché, Harouard, Thouron (2), Rasteau et tant d'autres rivalisaient de générosité pour verser dans les caisses de l'Etat ou de la commune des sommes considérables. Le premier écrivait, *le 21 août*, aux officiers municipaux cette lettre non moins admirable par sa simplicité que par le sentiment qui la dictait : « Je vois, citoyens, par votre circulaire *de ce jour*, que vous avez besoin de grands moyens pour vous procurer les subsistances nécessaires à notre cité; je le sens comme vous et je n'en ai que plus de regret de ne pouvoir vous donner de suite un secours effectif; mais je vous propose celui de 150,000 liv. en 25,000 comptant, et en 125,000 en mes bons, payables à la fin de sept., oct. et novembre. Vous n'avez pas besoin de me rassurer sur la rentrée de cette somme : s'il était possible qu'elle fut compromise, ce qui réduirait de beaucoup ma fortune, l'idée d'avoir été essentiellement utile à mes concitoyens me servirait de dédommagement. Demissy. (*V. l'hist. de la Roch. de Dupont.*)

22 Août.

1447. — « Lettres patentes de Charles VII, par lesquelles le Roy permet aux Maire et échevins de la Rochelle d'imposer 10 deniers sur chascun tonneau de vin, yssant hors la banlieve de ladite ville par les ports et havres du Plomb (3), Esnandes, Cou-de-vache (4) et des Moulins-neufs (5), pour estre

(1) Il avait offert à l'État *dix pièces de canon*, avec leurs affuts et boulets. *(Dupont.)*
(2) Il avait fait l'avance à la garde nationale de 17,000 liv., dont il prévoyait bien n'être jamais remboursé. *(Idem.)*
(3) *V. 21 Mars.*
(4) *Cauda vaccæ*, Queue-de-vache, dont on a fait depuis *Coup-de-Vague*.
(5) Le port *Sainte-Catherine des Moulins-Neufs* se trouvait près d'Angoulins.

employez à la construction de la fontaine vulgairement appeléé *la vieille fontaine.* » (*Invent. des privil. — Delaurière.*) Un passage des statuts du corps de ville indique que, depuis plus d'un siècle déjà, la Rochelle jouissait d'une fontaine publique; mais tout porte à croire que ce fut seulement à cette époque que l'on entreprit de conduire dans la ville l'eau des sources de Lafons, par les conduits souterrains qui servent encore à alimenter nos fontaines. La *vieille fontaine*, dont il est ici question, fut construite sur une place qui existait entre la rue de Saint-Julien-du-Beurre et la rue Dauphine, qui a longtemps porté le nom de *rue de la Vieille Fontaine.* (*V. 15 septembre.*)

1537. — Tempête affreuse. « Le débord de la mer fut si grand par les tourmentes, rapporte A. Barbot, qu'elle faillit de submerger entièrement l'isle de Ré, et se vit, en ce jour, ce qui ne s'estoit point veu, que les deux mers, qui circuissent et bornent lad. isle, se joignirent l'une l'autre, au grand estonnement de tous les habitans d'icelle, qui croyoient estre perdus et fist lad. mer un grandissime dégast aux biens de lad. isle et de ceux de ceste ville qui y en ont. »

1576. — En vertu de l'édit de pacification du mois d'avril précédent, les catholiques de la Rochelle avaient obtenu une ordonnance du lieutenant général, qui leur abandonnait la moitié de l'église Sainte-Marguerite pour l'exercice de leur culte. Elle servait alors de magasin pour l'artillerie. En attendant qu'une cloison de séparation fut faite, le lieutenant général avait ordonné qu'il serait fait inventaire des *machines et ustensiles* qui y étaient déposés et que les catholiques en seraient responsables. Cette formalité remplie, il les mit en possession de l'église *le 22 août.* (*Jaillot, notes.*)

1698. — Au commencement du siège de 1572-73, après un dénombrement des habitants, les milices bourgeoises avaient été divisées en huit compagnies (1), de deux cents hommes chacune, sans compter *la compagnie colonelle* (2). Les capitaines

(1) Elles furent plus tard portées à 10. (*V. 23 février 1622.*)
(2) Les capitaines nommés étaient tous échevins : Jacques Guiton, le Maire de 1586; Jean Salbert; Alex. de Haradener, nommé Maire l'année suivante; Jean Guiton, le Maire de 1587; Louis Berne, Maire

n'en pouvaient être changés que par le corps de ville, et ceux qui étaient décédés depuis cette époque avaient seuls été remplacés. Par une décision du *22 août* 1598, le corps de ville, considérant que la principale dignité de la commune, celle de Maire, était annuelle, de même que les autres charges et offices de la ville; qu'il était juste d'un autre côté de faire participer chacun aux fonctions municipales, décide que dorénavant les capitaines des compagnies seront nommés chaque année et seront choisis, eux et leurs lieutenants, parmi les membres du corps de ville, et que les enseignes et *autres membres* seront pris parmi les bourgeois. Et séance tenante, il fut procédé à la nomination des huit capitaines et des huit lieutenans, qui prêtèrent serment entre les mains du Maire. Le conseil ordonna en même temps que les drapeaux des compagnies seraient *faitz de nouveau aux despens de la ville et les armes d'icelle mises en chascun d'eux.* (*Ms. n° 1977. — Merlin.*)

1729. — Arrêt du parlement fesant défense aux juifs de s'établir à la Rochelle à perpétuité ou pour un temps seulement. (*Arcère*, note ms.) L'établissement des juifs à la Rochelle remonte très-haut, car il en est parlé dans une charte de Jean-sans-Terre de 1202, et c'est à eux que la rue actuelle de l'Evêché, dans laquelle ils habitaient, devait son plus ancien nom de rue de la *Juverie* (1271) ou de la *Juifverie* (1457). Le comte de Poitou, Alphonse, frère de Saint-Louis et seigneur de la Rochelle, les chassa d'abord de ses états; ils achetèrent probablement le droit d'y revenir, puisque en 1291 Philippe-le-Bel leur enjoignit de nouveau de *vuider la Saintonge et la ville de la Rochelle*, « parce que, dit Am. Barbot, ils pouvoient apporter du préjudice dans ce lieu. » Mais l'importance du commerce de la Rochelle et les franchises dont elle jouissait devaient nécessairement les y ramener.

1795. — Arrêté du conseil général de la commune, qui met provisoirement la *ci-devant* cathédrale à la disposition des citoyens pour l'exercice public *des cultes*, à la charge de répa-

en 1603; Jacques Cholet, receveur des tailles; Jean Salbert, Maire de 1604, et Jean David, qui fut l'un des coélus des années 1603 et 1604. (*Ms. n° 1977.*)

rer et entretenir l'édifice sans aucune contribution forcée. (*Aff. de la Roch.*)

23 Août.

1577. — Mort du Maire Pierre Bobineau, si dévoué à sa patrie, qu'Arcère ne craint pas de le comparer à Caton. La douleur publique lui fit de pompeuses funérailles. On fit fermer les portes de la ville et mettre tous les habitants sous les armes; défense fut faite à tous les marchands, artisans et cabaretiers d'ouvrir leurs boutiques. Tous les magistrats et officiers de la ville, tous les nobles et grands seigneurs, qui s'y trouvaient, assistèrent au convoi, les uns portant les drapeaux, les autres les clés des tours et de la ville. Les douze sergens de la Mairie portaient des panonceaux aux armes de la Rochelle, et les tambours étaient tendus d'étoffe noir. Les huit capitaines des milices urbaines portèrent la bière, qui était couverte d'un poêle de velours noir, dont quatre anciens Maires tenaient les coins. Il fut enterré dans l'église Saint-Sauveur, au milieu d'un concours immense. Jean Barbot, second coélu, fut choisi par le lieutenant-général pour continuer l'année de la Mairie. (*Baudouin. — Bruneau.*) — *V. 14 mars.*

1765. — Mort de Valin, à l'âge de 70 ans. (*Bernon de Salins.*) Il fut enterré dans l'église de Nieul, où a été retrouvé récemment son tombeau. Son fils, Pierre-Josué-Barthelémy Valin, lui succéda dans ses fonctions de procureur du roi à l'amirauté. (*Calendrier de la généralité.*)

1792. — Départ pour la frontière d'une compagnie de cent cinquante Rochelais, commandés par *le brave Rondeau*, lieutenant-colonel de la garde nationale (1), et dont porte le nom la rue où était sa demeure. Les dames Rochelaises avaient voulu broder de leurs mains le guidon de la patriotique cohorte. D'un côté on y lisait en lettres d'or la terrible devise : *La liberté ou la mort;* de l'autre se relevait en bosse le bonnet phrygien, couleur de sang, supporté par une pique ornée d'une couronne

---

(1) Les autres officiers étaient : *Bardon*, capitaine en second ; *Lambert*, 1er lieutenant ; *Majou*, 2me lieutenant ; *Mounier*, 1er sous-lieutenant, et *Seignette*, 2me sous-lieutenant.

de chêne et de laurier, avec cette inscription brodée en fil d'or : *Compagnie des volontaires Rochelois* (1). Le 20 octobre, ils passaient la frontière par la Savoie et furent attachés à l'armée des Alpes sous le titre de *Chasseurs Rochelais*. Bientôt après, à l'attaque de Saluces, *ils se battirent en enragés*, écrivait leur digne commandant ; *ce sont des lions qui affrontent tout*, répétait-il plus tard. Le 2 germinal an II, Rondeau fut élu chef de bataillon à une grande majorité des suffrages. Après les plus beaux faits d'armes, qui l'avait fait surnommer dans l'armée le *brave*, il fut nommé chef de brigade et était présenté pour le grade de général de brigade, quand, le 17 messidor an IV, il succomba aux suites d'une blessure reçue sur le champ de bataille de Savone. Il fut enterré dans la cathédrale même de Savone. Voici le certificat que lui délivrait le général de division Masséna, qui s'y connaissait en héros : « André Masséna, commandant en chef de l'expédition d'Oneille, certifie que le citoyen Rondeau, chef du 1er bataillon de la troisième brigade d'infanterie légère, s'est trouvé sous mes ordres pendant toute l'expédition d'Oneille, Saorgio et col de Tende ; qu'il a donné dans toutes ces affaires des preuves d'une très-grande bravoure, beaucoup d'intelligence et qu'il a déployé les plus grands talents militaires ; ce qui lui a attiré l'estime et l'amitié de toute l'armée. » Ce certificat était accompagné de cette lettre : « Je t'envoie, mon camarade, le certificat que tu me demandes. Je t'assure que c'est une dette que mon amitié a payée à tes talents militaires et à ta bravoure. Je serai toujours flatté de te dire toute ma vie ton sincère ami et camarade, *Masséna*. » Les généraux Laharpe, Scherer et Berthier, dans leurs lettres, parlent de lui dans les mêmes termes, et à la suite de la brillante journée où il trouva la mort, le directoire lui-même lui adressa les plus flatteuses félicitations. (*Papiers de la famille Rondeau*.)

(1) Le 19 octobre, Rondeau écrivait à son père : « Nous faisons notre entrée demain en Savoie ; nous déployerons ce gage précieux, qui nous a été confié par nos aimables citoyennes, ce guidon chéri qui fait l'objet de notre admiration, et dans trois jours il flottera au champ de l'honneur, sous les murs de Genève. Il sera là, comme à présent, le signe de notre réunion et ne nous échappera qu'avec la vie du dernier d'entre nous. » Il a tenu parole : après sa mort, le noble guidon fut trouvé au nombre de ses effets et existe encore dans les mains de sa famille.

24 Août.

1454. — Charles VII, considérant la petite quantité de grains que produisent les environs de la Rochelle, exempte les marchands, qui en apporteront par terre ou par mer en cette ville, du droit ordinaire de 12 deniers par livre. (*Invent. des privil.*) Cette faveur était sans doute la récompense de l'utile concours que, l'année précédente, les Rochelais avaient prêté au roi dans son expédition contre Bordeaux.

1605. — Sur les sept heures du soir, tremblement de terre, si violent, nous apprend Merlin, que ce ministre et sa femme, qui soupaient en ce moment, furent trois fois soulevés de leur chaise. (*Diaire de Merlin.*)

1628 (*Siège de*). — « Les Rochelois envoyèrent en Angleterre une lettre à leurs députez de cette teneur : « Messieurs, nous attendons depuis trois mois l'effet des excellentes lettres que nous avons receues du roy de la Grande-Bretagne, et cependant nous ne pouvons voir par quel désastre nous restons icy misérables, sans voir paroistre aucuns secours. Nos soldats *n'en peuvent plus, nos habitans meurent de faim par les ruës et toutes nos familles sont effroyables de gémissemens, d'indigence et de perplexité. Néantmoins nous tiendrons jusques au dernier jour ; mais au nom de Dieu ne tardez plus, nous périssons...* Ce sont, Messieurs, vos très-humbles et très-affectionnez serviteurs, les Maire, eschevins etc., *et pour tous*, J. Guiton, maire et capitaine de la ville et gouvernement de la Rochelle. »

1715. — « Le prince Frédéric-Auguste, duc de Saxe, et fils du roy de Pologne, voyageant sous le nom de comte de Lusace, et accompagné du fils de l'électeur de Trèves et du prince palatin de Livonie, son gouverneur, et de quarante personnes de sa suite, arriva à la Rochelle et prit logement à l'hôtel des Empereurs. Il repartit le 27. » (*Ms. du temps.*)

25 Août.

1462. — Dès que les Anglais se brouillaient avec la France, les côtes d'Aunis étaient le but principal de leurs incursions.

Déjà, en 1457, ils avaient rançonné une partie de l'île de Ré ; « *le 25 août* (1462), ils mirent l'ancre au lieu de la Palisse, et incontinent ils descendirent à ladite isle et misrent le feu en une partie de l'abbaye (*de Sainte-Marie des Chatelliers*) et rançonnèrent lad. isle, et estoit chef de l'armée, le sire de Foucamberge, et fusrent dans lad. isle environ quatre jours, et oncques n'osèrent approcher de la terre deçà, *pour la grande force d'artillerie, qui continuellement estoit sur la coste de Saint-Marc* (commune de Laleu), et aussy qu'il n'estoit jour que M. le Maire (*Rob. Cadiot*) (1), n'y fut en personne, en armes, accompagné de plusieurs de *Messeigneurs* (membres du corps de ville) et de bon nombre de bourgeois et habitants de la ville, en telle manière que aulcun inconvénient n'arriva, Dieu mercy, à la terre depar deçà ni au païs. » (*Ms. n° 1977.*)

1703. — Le maréchal de Chamilly venait de réorganiser la milice bourgeoise de la Rochelle. Elle se composait de *sept compagnies d'ordonnance, ainsy nommées parce qu'elles étoient composées de l'élite des habitants*, savoir : une compagnie de cavalerie, composée de 70 *maîtres ;* une compagnie de *mousquetaires ou de cadets*, de cent hommes ; 3 compagnies de *dragons*, verts, bleus et rouges, chacune de 60 hommes ; et 2 compagnies de *grenadiers*, de 70 hommes ; et en outre de 23 compagnies *du menu peuple, d'environ 65 hommes chacune* (2), ce qui formait un effectif d'à peu près 2,000 hommes, qui en cas de besoin pouvait être plus que doublé, dit un mémoire du temps. « Le *25 août*, pour la fête de Saint-Louis, M. de Chamilly fit sortir, par la Porte-Neuve, la compagnie des *bombardiers*, avec six canons et avec les milices Rocheloises, auxquelles s'étoient jointes celles de Marans et de Rochefort, et il donna aux dames le spectacle d'un siège, entre la Genette et Fort-Louis. » (*Maudet. — Jaillot.*)

(1) C'est peut-être en souvenir de cette défense que Louis XI l'appela, en 1473, *au gouvernement de toutes les artilleries*. (*Cheruel*) — V. 24 Mai.

(2) « Autrefois, dit Maudet, les places d'officiers étaient occupées par les membres du présidial et par les plus notables habitants ; mais depuis qu'en 1689 a été établi l'état-major, il n'y a plus aucun officiers de milice de distinction, ces fonctions sont remplies par toutes sortes de gens. »

1796. — Les Anglais, qui interceptaient l'entrée de tous nos ports, font une descente dans les environs de la Rochelle, et avant de se retirer, chargés de butin, incendient deux bâtiments mouillés près de la côte. (*Gazette de France.*)

26 Août.

1372. — La soumission de la Rochelle à Charles V (*V. 15 août*) devait nécessairement entraîner bientôt celle des îles voisines. (1) Jean de Rié et Morelet de Montmaur étant descendus avec leurs troupes aux îles d'Aix, de Ré et de Loix, les habitans, après quelque résistance, demandèrent à parlementer. Ils objectèrent bien d'abord qu'ils étaient sujets de M. de Craon et de Mad. de Thouars, sa femme, et de l'abbaye de Saint-Michel-en-l'Herm, et qu'à ce titre ils leur avaient fait serment de fidélité, sous l'obéissance du roi d'Angleterre; mais ils finirent par déclarer qu'ils étaient prêts à se soumettre à l'obéissance du roi de France, aux conditions suivantes: que Charles V les relèverait du serment qu'ils avaient prêté à leurs seigneurs, et accorderait une amnistie entière pour tous les faits passés; qu'ils seraient maintenus dans leurs privilèges et franchises; qu'il ne serait mis aucun capitaine, ni garnison dans les forteresses des dites îles, si ce n'est en cas de nécessité, pour leur défense, et avec l'assentiment des habitans; qu'ils ne pourraient être soumis à aucun impôt sans leur consentement et avant qu'il eût été voté dans la sénéchaussée de Saintonge; qu'ils ne pourraient être contraints *à faire host ne chevauchée hors du païs, par mer ni par terre, si non selon la coustume ancienne desd. ysles;* enfin, que capitaines, sénéchaux ou autres officiers ne pourraient lever aucune denrées, ni provisions, sans en payer exactement la valeur. Jean de Rié et Morelet de Montmaur ayant souscrit à ces conditions, acte en fut passé le *26 août*, et le Roi les ratifia au mois de décembre suivant. (*Laurière, ord. des rois de France.*)

1570. — Publication à la Rochelle du troisième édit de

(1) Massiou a commis une erreur en disant qu'il s'était écoulé une année entre l'un et l'autre de ces évènemens.

pacification obtenu par les protestans : *paix glorieuse s'il en fut jamais*, dit M. Michelet, *et qui semblait fonder la liberté religieuse*. Entre autres privilèges, on leur accordait quatre places de sûreté : *la Rochelle et la mer, la Charité la clé du centre, Cognac et Montauban, la porte du Midi.* « Cette paix fut publiée dans la place du Chasteau, devant le logis ou estoit la Reine de Navarre aux fenestres, estant avec elle Mad. la Princesse, sa fille, et leurs demoiselles, et aussy y estoient M. de Larochefoucault, La Noue, M. des Roches, premier escuyer du Roy, et plusieurs autres grands seigneurs et gentilshommes. Les deux trompettes du Roy sonnèrent par trois fois ; puis le Roy d'armes Dauphiné, accompagné des Roys d'armes d'Anjou et Bourgogne, lut et publia l'édit... Peu de temps après, arrivèrent à la Rochelle le prince de Navarre, le prince de Condé, l'amiral (*de Coligny*) et plusieurs autres seigneurs et gentilshommes de la religion (*réformée*), après avoir juré d'entretenir la paix, afin de laisser rasseoir les émotions des catholiques, se rafreschir de leurs travaux et aviser à ce qui seroit requis et nécessaire de leur part... » (*Mém. de l'estat de F. — Mém. pour servir à l'hist. de F. — Michelet, guerres relig.*) — V. *3 janv. et 25 mars.*

1573. — Le corps de ville avait à se prononcer, ce jour là, sur un cas bien extraordinaire et peut-être unique. Jean Morisson avait succombé aux fatigues du siège, trois mois après sa nomination de Maire, Bouchet, l'un des coélus, avait été tué par une mine, et après moins d'un mois et demi d'exercice, le second coélu, Pierre Mignonneau, qui avait remplacé Morisson, était aussi décédé, le 15 août. Le jour même de sa mort, le Maire de l'année précédente, Jacq. Henry, comme premier échevin, s'était fait remettre les sceaux de la commune, les clés des portes de la ville, la *scrutine* et les *XIV livres en parchemyn couvertz de veau contenant les statutz*, qui se trouvaient au domicile du défunt. Il restait au corps de ville à décider si, dans ces circonstances, il devait être procédé à l'élection de trois nouveaux candidats, parmi lesquels le Roi ou son représentant choisirait le Maire, ou si le premier échevin, qui, en cas d'empêchement du Maire et des coélus, devait les remplacer, serait appelé à achever l'année de la mairie. Après avoir consulté les anciens statuts, le corps de ville se prononce dans ce dernier sens, proclame que les fonctions de Maire appartenaient *de droit* à Jacq. Henry et qu'en cas d'absence, maladie ou décès, il serait remplacé par le premier conseiller. (*Rég. du corps de ville. — Statuts.*)

1777. — *Le collège royal de médecine de la Rochelle* est associé, dans les termes les plus flatteurs, à la *société royale de de correspondance de médecine*, établie à Paris par arrêt du conseil d'état du mois d'avril 1776. (*Ephémérides de la généralité.*)

27 Août.

1363. — Edouard, fils aîné du Roi d'Angleterre, prince d'Aquitaine, duc de Galles et de Cornouailles, et comte d'Exeter, auquel son père avait, l'année précédente, cédé l'*Aquitaine jusques à la Rochelle*, débarque en cette ville, dont le comte de Warvick lui donne l'investiture au nom d'Edouard III. (*Invent. des privil.*) « Si tost que Messire Chandos entendit nouvelles que le prince venoit, dit *Froissard*, il s'empartist de Niort où il se tenoit et s'en vinst à belle compagnie de chevaliers en la Rochelle, où ils festoyèrent moult fort le Prince, la Princesse et toute la compagnie..., et y séjournèrent par quatre jours entiers. » — *V. 19 juin.*

1410. — Les Rochelais eussent difficilement pu protester contre cette annexion de leur ville à la principauté d'Aquitaine par le Roi d'Angleterre, en invoquant le privilège de Louis VIII, qui avait déclaré la Rochelle inséparablement unie à la couronne de France *(V. 3 avril)*, puisque la cession de leur ville au Roi d'Angleterre par le roi Jean, après le traité de Brétigny, en avait été une bien plus éclatante violation. (*V. 8 mai*). Mais ayant reconquis leur nationalité française, en 1372, et ayant obtenu de Charles V que la Rochelle devint *chambre de la couronne* et ne put en être détachée à quelque titre que ce fût, les Rochelais, après la cession par Charles VI du duché de Guienne à son fils Louis, dauphin de France, déclarèrent que le Roi n'avait pu comprendre leur ville dans cette cession et refusèrent d'obéir et de prêter serment de fidélité aux commissaires que le duc de Guienne leur avait envoyés. Le Roi reconnut que leur résistance était fondée et, par des lettres patentes *du 27 août*, déclara que son intention n'avait pas été de comprendre la Rochelle dans le don qu'il avait fait à son fils du duché de Guienne. *(Invent. des privil. — A. Barb.) — V. 29 avril.*

1514. — Lettres de commission de Louis XII à M. Thibaut Baillet, président au parlement de Paris, et Roger Barme, avocat du Roi à la même cour, pour qu'ils aient à procéder à la réformation ou plutôt à la rédaction de la *coutume* de la Rochelle, qui jusqu'alors n'avait point encore été rédigée par écrit et était confiée seulement à la fragile mémoire des hommes. Il ne faut pas croire cependant que notre ville fut en cela dans une situation exceptionnelle : c'était celle de presque toutes les villes du royaume. En vain la grande ordonnance de Charles VII, du mois d'avril 1453, avait-elle, dans son article cent vingt-cinq, commandé la rédaction « des coustumes, usages et styles de tous les païs du royaulme, afin d'abroger les procès, diminuer les frais, mettre *certaineté* dans les jugemens, tant que faire se pourra, et oster toute matière de variations et contrariétés.... »; en vain Louis XI et Charles VIII avaient fait leurs efforts pour arriver au même but, ils n'avaient pu vaincre l'énergique résistance qu'opposent trop souvent l'intérêt personnel et les préjugés aux projets les plus justes et les plus raisonnables. Bruneau rapporte qu'en 1408 « deux commissaires ayant été nommés pour *cognoistre des excès, extorsions, abus de justice, faux, contrats usuraires et autres griefs faits par les officiers royaux et autres*, il leur fut représenté le privilège portant exemption de réformation, et ils reconnurent que *nul n'avoit le droit de réformer les Rochelois.* » N'avons-nous pas vu d'un autre côté quelle futile cause avait fait échouer la réformation de la coutume tentée par Henri III, en 1584 *(V. 11 août)*. Louis XII fut plus heureux que ne l'avaient été ses prédécesseurs : A. Thierry constate que, de 1505 à 1515, vingt coutumes de pays ou de villes importantes furent recueillies, examinées et publiées avec la sanction définitive; c'est de cette époque que date le *coutumier général du païs, ville et gouver-*

nement de la Rochelle, qui est resté la loi de l'Aunis jusqu'à la révolution. (1)

28 Août.

1363. — Le lendemain de l'arrivée du prince de Galles à la Rochelle, les Maire, échevins et pairs et les habitants lui prêtèrent serment de fidélité dans l'église des Frères mineurs ou Cordeliers. *(A. Barbot.)* — V. 27 août.

1587. — Encore un exemple de l'aveugle crédulité de nos pères : « Advint dans la Rochelle, raconte Bruneau, sous cette date, que par un homme fut jeté un chapeau dans le puids, qui est près de Saint-Berthome *(Barthelémy)*, en la ruette des prestres (2) ; pour lequel aller quérir, descendirent deux hommes l'un après l'autre, qui, si tost qu'ils furent en bas, moururent. Tellement que l'opinion d'un chascun fut qu'il y avoit quelque *basilic* (3) ou autre bête vénéneuse. Ce qui causa M. le Maire de faire combler led. puids. » Singulier moyen d'arracher à la mort les malheureux, qu'avaient évidemment asphyxiés quelques gaz délétères.

1664. — Lettres de Louis XIV, qui approuvent l'établissement à la Rochelle des filles de Saint-Joseph, dites de la *Providence*, sous la nouvelle règle de Saint-Augustin, qu'elles venaient d'adopter. Arcère manque d'exactitude en disant qu'en 1659 « trois pieuses filles formèrent le dessein de vivre en société pour élever de pauvres orphelins et que privées de tout bien, la charité des fidèles pourvut à leur subsistance. » Des termes de l'ordonnance royale, il résulte que ce fut à

---

(1) La publication des coutumes ne fut terminée que sous le règne d'Henri III. Il n'y avait pas à cette époque moins de deux cent quatre-vingt-cinq coutumes ; mais il n'y en avait qu'une soixantaine de principales. *(Cheruel.)*

(2) Cette petite rue, qui n'existe plus, se trouvait entre l'église Saint-Barthelémy et la place, et traversait de la rue Chaudellerie dans la petite rue de l'Evêché actuelle.

(3) Le *basilic* était un serpent fabuleux, dont on racontait mille contes absurdes. On disait qu'il naissait de l'œuf d'un vieux coq ; que son regard suffisait pour tuer ; mais qu'en crachant sur lui, après avoir communié, on le faisait mourir, etc. *(Furetière.)*

l'instance de la Royne et à la réquisition de feu l'Evesque de la Rochelle (Mgr Raoul de la Guibourgère), que l'archevêque de Bordeaux envoya trois des filles de Saint-Joseph, de cette dernière ville, pour fonder à la Rochelle *une société aux mêmes fonctions, conditions, droits et privilèges que celles de Bourdeaux, estant de grande nécessité dans lad. ville, pour empescher la perversion des filles abandonnées par la mort de leurs parents et donner moïen aux filles de religionnaires* (protestants), *qui sont en grand nombre en lad. ville et environs, de travailler à leur conversion.* Aussi, dès l'année de leur arrivée, les trouve-t-on en possession *d'une maison, composée de plusieurs bastiments et corps de logis, située en la paroisse de Notre-Dame et faisant face sur la rue de la Vieille-Fontaine* (actuellement rue Dauphine), maison dans laquelle elles sont encore aujourd'hui. La reine Anne d'Autriche ne tarda pas à leur faire obtenir du Roi une pension de mille écus et leur établissement prospéra à ce point qu'en 1698 elles n'étaient pas moins de quarante religieuses. Elles n'étaient plus que douze, quand, au mois de septembre 1792, elles furent expulsées de leur couvent. Elles en furent remises en possession le 12 janvier 1809, et comme les bâtiments étaient en très mauvais état, le Maire autorisa une collecte pour les aider à les réparer (1). *(Reg. du présid. — Ms. de la bibl. n° 2128. — Arcère.)*

1705. — Adjudication faite par l'intendant Begon, au sieur Merlet, des travaux de construction du second corps des casernes. Les travaux du premier avaient été adjugés, au mois de mai 1702, au sieur Bonnichon. Pour payer ces travaux, la ville avait été obligée de supprimer les rares lanternes qui éclairaient ses rues, d'augmenter les octrois d'un tiers et d'imposer une somme de 15,000 livres sur les habitants. *(Invent. gén. des titres de l'hôtel-de-ville. — Maudet.)*

1773. (2) — Naissance d'Aimé-Jacques-Alexandre Goujaud.

---

(1) En 1689, on avait pris pour les fortifications une petite portion de leurs deux vastes jardins. *(Chasse.)*

(2) Dans une notice biographique, lue à l'assemblée générale de la *Société de géographie*, M. Demersey fait naître Bonpland le 22 août, mais c'est une erreur.

plus connu sous le nom de *Bonpland*, l'intrépide voyageur, le naturaliste éminent, l'ami, le compagnon et le digne collaborateur de l'illustre Humboldt. Il était fils de Jacques-Simon Goujaud, *maître ès art et en chirurgie*, et de Olive de la Coste. Il se destinait à la médecine comme son père, qui a exercé son art à la Rochelle pendant de longues années, quand les évènements politiques l'arrachèrent à ses études pour aller payer sa dette à la patrie. Il s'embarqua comme chirurgien de marine, vint ensuite à Paris, fit la connaissance de M. Humboldt chez Corvisart, et ces relations avec le savant allemand décidèrent de sa destinée. Tout le monde connaît ces longs voyages, ces expéditions pour ainsi dire encyclopédiques, qu'ils entreprirent ensemble et qui dotèrent presque toutes les branches des connaissances humaines de découvertes aussi nombreuses qu'importantes, et les magnifiques et volumineux ouvrages dans lesquels ils en publièrent les précieux résultats. On sait comment, après avoir été comblé des faveurs impériales et avoir été longtemps intendant de la Malmaison, Bonpland reprit, à la chûte de l'empire, le cours de ses voyages scientifiques ; comment il fut victime de la soupçonneuse tyrannie du fameux docteur Francia, et, charmé par les admirables beautés d'un pays où il avait été tenu pendant dix années en état de séquestration, finit par l'adopter pour seconde patrie et y termina ses jours. *(Actes de bapt. de St-Barth.)*

29 Août.

1206. — Charte par laquelle Jean-Sans-Terre, en confirmant de nouveau les franchises et libertés des Rochelais, les exempte du droit de *fétage* (*de festagiis*), de toutes tailles, impositions et péages, tant à la Rochelle qu'ailleurs dans toutes ses possessions, aussi bien sur mer que sur terre, sauf les droits d'ost et de chévauchée qu'ils lui doivent. *(Privil. de la Roch. — Chenu.)*

1604 (1). — Décès de Jacques Esprinchard, seigneur du Plomb, fils du Maire de 1578 et de Silvie Tarquex, *gentil-*

(1) C'est par erreur qu'Arcère donne la date du 28 août.

homme Rochelois docte et fort estimé de MM. de Thou, Scaliger et Casaubon, écrivait de lui Goulard de Senlis dans sa traduction des *méditations historiques*, de Camerarius, à laquelle Esprinchard avait travaillé avec lui. De son côté Pierre l'Etoile en parle ainsi : « Le 10 de ce mois *(septembre)*, on me dit les nouvelles de la mort de M. du Plomb, *mon bon ami*, décédé à la Rochelle quelques temps auparavant, ce qu'on m'avoit célé à cause de mon mal. Comme je reconnois avoir fait perte en cet homme d'une douce, docte et chrestienne compagnie, lequel sur toutes choses craignoit et aimoit Dieu, qui est cause que je l'aimois et honorois beaucoup, et *auquel j'avois délibéré de léguer mes curiosités*, comme il m'avoit promis les siennes ; mais Dieu en a disposé autrement... » C'est à Esprinchard, qui l'avait invité à concourir à la formation de la bibliothèque publique de la Rochelle, que l'Etoile fit la réponse que nous avons rapportée sous la date du 19 janvier. Notre savant Rochelais publia une *histoire des Empereurs romains* et une *histoire des Empereurs ottomans ;* une traduction de la *civile conversation* de l'Italien Guazzo, *augmentée par l'auteur d'infinis beaux et utiles enseignemens adjoutés à cette édition par Jacq. Esprinchard.* La bibliothèque de la Rochelle possède la relation manuscrite de ses *voyages en diverses contrées de l'Europe* (1). (Merlin. — Journal de Henri IV.) — V. 18 janv.

30 Août.

1542. — La publication de l'édit, qui établissait la *gabelle* dans le pays d'Aunis, exempt jusque là de cet impôt, avait causé un vif mécontentement à la Rochelle ; mais sans y occasionner cependant un soulèvement, comme dans la Saintonge et tout le littoral. *(V. 12 avril.)* Néanmoins le gouverneur Jarnac, qui ne cherchait que l'occasion d'augmenter sa domination, s'était fait adresser par le Roi les instructions les plus sévères, motivées sur de prétendus projets d'insurrection et,

(1) Il y raconte, entre autres particularités remarquables, qu'il assista, à Leipsick, à un exercice présidé par le philosophe Francon, et qu'on y disputa avec beaucoup de vivacité, *pendant cinq heures, sur l'immortalité de l'âme, toujours en grec et sans qu'il échappât à aucun des dissertateurs un seul mot latin.*

sous ce prétexte, il avait fait entrer dans la ville, le 26 août, une troupe armée de trois ou quatre cents aventuriers. Les bourgeois murmurèrent de cette atteinte portée à leurs privilèges; ils s'adressèrent au gouverneur pour qu'il eût à faire défense à ces aventuriers *de porter de jour et de nuit par la ville, picques, arquebuses avec feu et autres bastons invasibles;* mais Jarnac, n'en tint aucun compte. « Le *30° jour d'aoust*, environ 8 à 9 heures du soir, après que ceux de la ville eurent fermé les portes et venoient rendre les clefs desd. portes à M. le Maire, seigneur de Jarnac, estans les portiers de la porte Saint-Nicolas, avec les clefs de lad. porte, rencontrèrent la plus grande part desd. aventuriers, tous en équipage de guerre et enseigne déployée, lesquels tous furieusement s'adressèrent aud. portiers, en blasphémant le nom de Dieu, et disant qu'à présent ils auroient les clefs de la ville et qu'ils ne les porteroient chez led. Maire. » Une lutte s'engagea bientôt; une foule de bourgeois accoururent pour s'opposer à l'enlèvement des clés; « lors se commença une meslée telle qu'on n'en sçauroit avoir veu de plus subtile et cruelle, en sorte que de part et d'autre y eut grand nombre de blessez. Enfin, les aventuriers ne pouvant plus soutenir le faix ni résister, se sauvèrent ès maisons d'aucuns bourgeois et les autres furent mis prisonniers, entre lesquels le porte-enseigne desd. aventuriers... la nuit passa en cettuy trouble jusques au lendemain matin qu'encor n'estoit la colère du peuple esteinte. Et environ les 4 heures, quelque petit nombre du populaire se mist en armes, demandant justice au gouverneur, lequel fit response qu'ils avoient les prisonniers et qu'ils en fissent la punition... Puis tost fit led. gouverneur faire informations, lesquelles il envoya au Roy; et les susd. habitans, de ce advertis, députèrent aucuns sages personnages de leur *Rébublique* pour aller au pays de Languedoc vers le Roy... » Nous verrons plus tard quelles graves conséquences entraîna cette affaire. *(Journal des troubles. — Gallant. — Bruneau.)* -- V. *19 et 30 déc.*

1627 (*Siège de*). — Il y avait plus d'un mois que Buckingham assiégeait la citadelle de Saint-Martin. Malgré le découragement des soldats de la garnison, qui manquaient de pain, ne recevaient que deux rations d'eau par jour, malgré l'extrême chaleur, et se voyaient menacés de la plus affreuse famine, Thoiras avait rejeté avec une noble fierté les propositions que lui avait adressées, dans les termes les plus flatteurs, le général anglais. On se battait des deux côtés avec le plus grand courage; mais dans l'intervalle des combats, on échangeait toutes sortes de politesses, si bien que les Rochelais commencèrent à en concevoir les plus sérieux soupçons contre les dispositions de Buckingham. « Jamais, en guerre, dit un écrit du temps, il ne s'est pratiqué tant de courtoisie et honnesteté. » Ce jour-là, ajoute-t-il, Buckingham apprenant que Thoiras avait manifesté un vif désir de manger du melon, lui envoya une douzaine de beaux melons, accompagnés de la lettre la plus aimable. Le lendemain, Thoiras, après avoir largement récompensé le commissionnaire, rendit la politesse au Duc, en lui adressant *six bouteilles de fleur d'orange et une douzaine de vases de poudre de Cypre*. (*Histoire de la rébellion.* — *Mervault.*)

31 Août.

1593. — « Le *dernier jour d'aoust*, a esté bruslé tout vif ung sorcier de Nieul, à la place du Chasteau. » (*Bergier.*) Quelques jours auparavant il en avait été brûlé deux autres, dont l'un d'Esnandes, *qui confessa qu'ils estoient sorciers et en accusa plusieurs autres.* (*Idem.*)

1615. — Daniel Green de Saint-Marsault, chevalier, seigneur de la Garde et du Roullet, (3) acquiert, par décret, la

(3) La famille Green ou Grain de Saint-Marsault serait originaire d'Écosse, selon *l'histoire de Malte*, et du pays de Galles, d'après la *biographie Saintongeoise* de M. Rainguet, qui dit que son chef, en 1356, accompagna en France le duc de Lancastre. Le père Daniel mentionne un Saint-Marsault, fait prisonnier à la bataille de Pavie. Toutefois quand, en 1699, l'intendant Begon fut chargé de vérifier les titres de la noblesse d'Aunis, les *Grain de Saint-Marsault* n'en produisirent pas qui remontassent au-delà de 1563. L'armorial de la Rochelle dressé à cette époque constate qu'ils portaient *de gueules à trois vols d'or, deux et un.* L'*Histoire de Malte* dit qu'ils portaient *de gueules à trois demi-vols d'or*, ceux du chef affronté. Louis-François-G. de Saint-Marsault fut nommé *grand sénéchal* de la Rochelle en 1745, et fut remplacé dans ces fonctions par son gendre et neveu H.-Ch.-Benj. G. de Saint-Marsault. *(Rég. du présidial-Ephémérides.)*

baronnie de Châtelaillon, qui avait été saisie réellement sur les héritiers d'Antoine Courault, procureur du Roi au présidial de la Rochelle. Ses descendants sont restés les derniers seigneurs de cette antique baronnie, possédée par de si hauts personnages qu'elle en fut souvent qualifiée de principauté. Après les Mauléons, on voit figurer parmi eux les Larchevêque de Parthenay, Charles, dauphin et comte de Poitou, qui succéda à son père sous le titre de Charles VII, Artus, comte de Richemond, frère du duc de Bretagne et connétable de France, les comtes de Dunois et de Longueville, le comte du Maine, oncle de Louis XI, François d'Orléans, marquis de Rothelin, Phil. Chabot, amiral de France, etc. La baronnie de Châtelaillon dont dépendaient de nombreuses seigneuries et dont la juridiction s'étendait jusqu'aux portes de la Rochelle, qui avait fait partie jadis de ses domaines, relevait directement du Roi. Dans l'hommage qu'il rendait à Louis XIII, cinq ans après son acquisition, Daniel G. de Saint-Marsault s'exprimait ainsi : « Je tiens à mon domaine, et sous ledit hommage, mon *port de Châtelaillon*, auquel je prends sur chascune charge, pièce de vin chargée ou déchargée audit port, 2 deniers-maille, et pour chascun vaisseau qui arriveront aud. port, 6 den. pour quillage. Item le *port de Sainte-Catherine des moulins neufs* et de l'acheneau neuve, près la *ville* d'Angoulins ; lesquels ports sont gouvernés et levés ainsy et par la manière que le port de Chastelaillon... (*Dupuis, droits du Roy. — Arcère, etc.*) — V. *5 et 15 février ; 21, 22 et 24 mars.*

MOIS DE SEPTEMBRE.

1ᵉʳ Septembre.

1457. — Contrat par lequel le Maire, Jean Mérichon, afferme aux bouchers de la *petite boucherie*, moyennant 80 livres de rente annuelle, payables entre les mains du trésorier de la ville, *la petite boucherie du Perrot*, dont la commune venait de faire l'acquisition, et située dans *la grant rue par ou l'on va de l'ologe* (la Grosse-Horloge) *à la porte des Deux-Moulins*, devant l'église de Notre-Dame des Carmes. L'un des articles du traité porte que nul ne pourra y exercer l'état de boucher, qu'après avoir été reçu par deux ou trois bouchers *des plus suffisans*. Il existait une seconde boucherie, appelée *la cohue du grand seing ou grande boucherie*, près de la porte Mallevaut. (*Invent. des privil.* — Bruneau. — *Arch. de l'hôp. de St-Barthelémy.* — *Acte de Chessé.*) —V. 20 septembre.

1572. — Si l'on en croit les mémoires de Claude Haton, ce serait par Montgommery, l'un des principaux seigneurs protestans échappés au massacre de la Saint-Barthelémy, que, 24 heures après, les Rochelais auraient appris l'horrible nouvelle, qui leur causa plus de douleur encore que d'épouvante(1). Depuis longtemps ils avaient eu le pressentiment qu'il se tramait quelque sinistre complot contre les protestants, et s'étaient efforcés de faire partager leurs craintes à l'amiral Coligny. A la fin de juillet, ils lui avaient écrit que la flotte réunie sur

(1) Les massacres commencèrent le 24 août ; les *Mémoires de l'Estat de France* disent que les Rochelais n'en furent informés que le 29.

les côtes du Poitou, sous le commandement de Strozzi, leur paraissait bien plutôt destinée à combattre la Rochelle qu'à aller en Zélande, comme la Cour voulait le faire croire, et que toutes les bandes de gens d'armes qui ravageaient le pays d'alentour, *disoient tout apertement que, sans la promesse du sac de la ville, ils ne se fussent mis aux champs.* L'amiral, fasciné par les hypocrites cajoleries du Roi et de sa mère, avait eu beau leur répondre que, *quoy que l'on veuille dire, ils n'avoient, Dieu mercy, nulle occasion de craindre*, ils ne s'en étaient pas moins tenus prudemment sur leurs gardes, et avaient su déjouer les manœuvres employées par Strozzi et le baron de La Garde pour l'exécution des projets de la Cour contre la Rochelle (1). Persuadés que c'était un *vray cordeau, cordeau pour les étrangler*, ils avaient sagement repoussé l'offre de ceux-ci de faire entrer à la Rochelle quelques troupes, *dans l'intérêt de la sûreté de la ville*, et comprenant qu'ils ne devaient attendre leur salut que d'eux-mêmes, ils se préparèrent à tout évènement et commencèrent *le 1er septembre* le dénombrement des habitans (2), qui furent ensuite partagés en huit compagnies, de 200 hommes chacune, outre la *Colonelle*, composée des membres du corps de ville et des plus notables citoyens. (*Mémoires de l'Estat de France. — A. Barbot. — Cl. Haton, etc.*)

1856. — Séance d'ouverture du XXIIIe congrès scientifique de France tenu dans cette ville, et dont Mgr Landriot, évêque de la Rochelle, fut élu président.

(1) Les *Mémoires de l'Estat de France*, d'autres livres huguenots et Arcère lui-même, vont jusqu'à citer une lettre que Catherine aurait écrite à Strozzi, vers la fin de Juin, avec ordre de ne la décacheter que le 24 août, et dans laquelle la reine mère lui donnant avis du massacre de Paris, lui enjoignait de se rendre maître de la Rochelle, *et de faire aux huguenots qui lui tomberont sous la main le même qu'il avoit été fait à ceux de Paris*, sous peine d'encourir la disgrâce d'elle et de son fils. Mais il est bien évident que cette lettre est supposée, et que Catherine ne savait pas deux mois d'avance que l'exécrable boucherie aurait lieu précisément le 24 août.

(2) Nos annalistes n'en constatent pas le résultat. Henri Martin, dans son *Histoire de France*, déclare, sans indiquer la source où il a puisé ce renseignement, que la population de la Rochelle ne dépassait pas alors 18,000 âmes.

2 Septembre.

1588. — Le Roi de Navarre, de retour de ses expéditions guerrières, fait faire des prières publiques dans tous les temples, pour remercier Dieu de l'heureuse victoire remportée, entre Douvre et Calais, par la flotte anglaise, commandée par Drack, sur cette *invincible Armada* espagnole, armée à si grands frais pour envahir l'Angleterre. (1) « En ceste déroute et dissipation, dit un manuscrit de la bibliothèque de la Rochelle, est recogneue l'assistance de Dieu pour le bien de son église et la conservation de l'Estat d'Angleterre. Le Roy de Navarre despêcha le seigneur de Pugeols vers la Royne pour l'en congratuler. On fit de grandes réjouissances dans la ville, et Sa Majesté, accompagnée de plusieurs grands seigneurs, alla mettre le feu à un feu de joye, dressé sur la place du Chasteau, et composé d'un mât de navire, fort haut élevé, garni de barils, de gouldron et de fagots. » (*Baudouin.* — *Ms. n° 1977.*)

1632. — Le feu ayant pris dans une maison voisine du couvent des Récollets, et remplie de goudron, de cordages goudronnés et autres matières inflammables, le vent, qui était grand, poussa les flammes jusque dans la tour de Mourcilles, appartenant naguères à la commune, à laquelle elle servait de dépôt pour ses privilèges et vieux titres. Elle avait été donnée depuis peu aux Récollets pour en faire un clocher et, ce jour là même, ces religieux en avaient pris possession. « Fut ladite tour embrâsée et toute la charpente, qui estoit belle et grande, consummée par le feu, n'y restant que les murailles, tellement endommagées par le feu qu'elles ne pourront plus servir... » dit Guillaudeau. Les dégats ne furent pas aussi grands que le prétend notre chroniqueur, puisqu'en 1690 Louis XIV racheta des Récollets la tour à laquelle ils avaient donné leur nom, pour la convertir en magasin à poudre.

---

(3) Elle avait coûté 36 millions, était forte d'environ 150 voiles et portait 8,000 matelots, sans les rameurs, 2,600 canons et des munitions inombrables. Jamais l'Angleterre ne courut un plus grand danger. Philippe II se croyait si sûr du succès, qu'il était convenu d'avance avec Sixte V, qui avait pris sa part aux frais de l'expédition, qu'il tiendrait le royaume d'Angleterre à foi et hommage du Saint-Siège. (*H. Martin.*)

Elle figure encore sur un plan de 1773, et il est croyable qu'elle a été détruite lors de la construction de l'arsenal, en 1786. (*V. 29 janv. et 9 mars.*)

3 Septembre.

1575. — Les Rochelais, nous l'avons dit, n'avaient pas eu assez de confiance dans le nouveau successeur de Charles IX pour déposer les armes. *(V. 5 juin.)* En vain Henri III leur avait-il envoyé René de Tournemine, baron de la Hunaudaie, pour leur promettre la liberté religieuse et les détacher de la confédération, La Noue n'avait pas eu de peine à leur persuader que les avances du Roi pouvaient bien ne cacher qu'un piège, et les hostilités avaient continué en même temps que les pourparlers. Le 2 septembre, l'*archi-renégat* de Landreau, comme l'appelaient les huguenots, accompagné de quarante gentilshommes et de trois ou quatre cents soldats, avait fait à l'improviste une descente sur les côtes de l'île de Ré et, avant que l'alarme eut été donnée, avait marché droit sur Saint-Martin et s'en était emparé sans peine, grâce à la panique des habitans. A cette nouvelle, le Maire de la Rochelle, Jacques Guiton, donna aussitôt l'ordre aux capitaines de la milice de prendre vingt hommes d'élite dans chaque compagnie, et de les faire partir immédiatement pour l'île de Ré. « Gentilshommes, capitaines et soldats s'embarquèrent à l'envi ; si monseigneur de Rohan et M. le Maire eussent voulu le permettre, tous ceux qui estoient capables de porter les armes y fussent librement allez. » La Popelinière et La Fromentinière furent chargés de commander l'expédition. La petite troupe huguenote se trouva réunie, à la Flotte, dans la soirée du 2. Il fut résolu qu'on attaquerait les royalistes *pendant la nuit*, en ayant soin de s'attacher au bras ou au chapeau un morceau d'étoffe blanche, comme signe de reconnaissance. *Après avoir invoqué tous ensemble le nom du grand Dieu des armées et des batailles*, on part de la Flotte vers minuit. « Ordre est donné de n'employer le feu de l'arquebuse, mais de fondre sur l'ennemi l'espée à la main, tête baissée, de l'enfoncer sans sonner mot, puis de crier tous à la fois : *tue ! tue ! victoire ! victoire !* (car c'estoit mesme leur mot qu'ils avoient pris pour s'entrecognoistre au combat) et faire battre l'alarme à tous leurs tambours et fifres, pour mener plus de bruit et pour effrayer davantage les ennemis; enfin, de ne s'amuser nullement au butin qu'après le combat. » Pleins d'ardeur, ils marchent sur Saint-Martin, l'attaquent par deux côtés, enlèvent les barricades, qui barraient les rues, enfoncent partout les rangs des catholiques et se rendent bientôt maîtres de la ville. De Landreau, se voyant sur le point de tomber entre leurs mains, s'était jeté, *nud teste et sans souliers*, dans une barque et *sauvé en Olonne*. Tous les siens furent tués, noyés ou faits prisonniers. L'affaire avait été « si d'extrement conduite que de ceux de la Rochelle ne furent tuez que le capitaine Bonneau et l'enseigne de Gargouillaud et cinq soldats, et environ sept ou huit blessez. » (*La Popel. — Disc. de la prinse de l'île de Ré. - Bruneau.*)

4 Septembre.

1792. — Dépouillement, dans la *ci-devant Cathédrale*, du scrutin d'élection des députés à la Convention nationale, en vertu duquel MM. Giraud, juge de paix à la Rochelle, et Dechézeau, négociant à la Flotte, furent proclamés députés. (*Affiches de la Rochelle.*) Tous deux, dans le jugement de Louis XVI, rejetèrent la peine de mort et votèrent pour la simple détention. Le second, dénoncé par l'infâme Billaud-Varennes, pour son *modérantisme*, paya courageusement sur l'échafaud, à Rochefort, ses généreux sentimens et son dévouement à sa patrie. (*V. l'Hist. de la Saintonge et de l'Aunis, de Massiou.*)

5 Septembre.

1356. — Après avoir chassé les Anglais du bourg de Salles (*V. 9 août*), les Rochelais songèrent à les expulser du château de Rochefort, dont ils s'étaient rendu maîtres et d'où ils interceptaient, au grand détriment de la Rochelle, le cours de la Charente. Une heureuse circonstance favorisa l'exécution de ce projet. A la fin du mois d'août, il était arrivé à la Rochelle neuf galères venant d'Aragon et commandées par le chevalier

François de Pilleux. Le corps de ville traita avec lui et il s'engagea, au prix de 9,000 écus d'or, à conduire ses galères et ses gens devant le château, pendant que les Rochelais l'attaqueraient du côté de la terre. Les béliers, qui avaient déjà servi au siège de l'église de Salles, battirent si rudement la place, qu'au bout de six jours, et le *5 septembre*, les Anglais, après plusieurs assauts, demandèrent à capituler. *(A. Barbot.)*

1612. — La cour était à peine délivrée des embarras et des craintes que lui avait occasionnés la fameuse assemblée de Saumur, que Henri de Rohan, le gendre de Sully, à la suite de longs démêlés avec le duc de Bouillon, l'ardent adversaire du vieux ministre d'Henri IV, fit convoquer une nouvelle assemblée de protestants à la Rochelle, pour le mois de novembre (1). La Reine-mère dépêcha dans cette ville un conseiller au parlement de Paris, du Coudray, fils de Jean Rochelle, seigneur du Coudray, maire de 1594 (2) et échevin lui-même de la commune, afin de mettre les magistrats Rochelais dans les intérêts de la cour et les détourner d'autoriser cette assemblée ; mais le parti de Rohan souleva le peuple contre du Coudray et répandit le bruit qu'il était venu pour être *intendant de justice et de police*, ce qui était contraire aux privilèges de la Rochelle. Le *5 septembre*, éclata une violente émeute contre l'envoyé de la cour ; Gabriel Lamet, l'un des échevins et des plus chauds partisans de Rohan, se mit à la tête des mutins, qui déclarèrent qu'ils ne déposeraient les armes qu'après qu'on leur aurait livré le traître qui, par de faux rapports, les avait rendu suspects au Roi. Du Coudray eut beau protester qu'il n'avait d'autre mission que d'assurer les Rochelais de la bienveillance du Roi et de la Reine ; que si on lui avait en

(1) C'est par erreur que M. Henri Martin, dans son *Histoire de France*, dit le mois de septembre.

(2) Arcère a omis son nom dans la liste des Maires, et l'a par erreur remplacé par celui du lieutenant-général Benureau, qui l'avait choisi. Cependant, dans son armorial, il donne les armoiries de Jean Rochelle, qui, de même qu'il portait le nom de sa patrie, en avait emprunté les armes, légèrement modifiées : d'azur à la nef d'or, surmontée de trois fleurs de lis de même et voguant sur flots d'argent, à la face d'or, chargée de trois tourteaux de gueules, avec cette devise : *Devotus Rupella Rupella*.

effet expédié une commission d'intendant, il ne l'avait pas acceptée, par respect pour les priviléges de sa patrie, il lui fallut céder à l'orage et déguerpir au plus vite. A peine le Maire, qui était allé le chercher, eût-il le temps de le faire sortir de la ville par la Porte-Neuve ; encore ce ne fut pas sans que, du haut des murailles, on lui lançât force pierres et lui tirât même plusieurs coups de mousquet. (*Merlin.— Colin.*)

6 Septembre.

1785. — « Raz de marée comme aucun marin ne se rappelle en avoir vu. Tout à coup la mer monta dans le port de dix-huit pouces et refluoit avec tant de violence qu'elle a couvert *les jetées* de l'avant-port, qui étoient à plus de huit pieds au-dessus du niveau de la pleine mer. Ce n'étoit point des vagues, c'étoit vraiment un soulèvement de la mer ; car toute la surface paraissoit être à cette hauteur. Elle auroit passé par dessus les quais, si l'entrée rétrécie des deux tours ne s'y étoit opposée ; mais il y avoit entre les tours un courant égal à celui d'une écluse ouverte, ce qui a occasionné un ressac si considérable que tous les bâtiments, qui étoient dans le port, ont cassé leurs amarres. Cinq minutes après, la mer a baissé avec autant de rapidité qu'elle avoit monté. Elle grondoit dehors avec un bruit considérable. Les vents est-sud-ouest souffloient avec assez de force, mais sans être trop violents. » (*Aff. de la Rochelle.*)

7 Septembre.

1469. — Quelque magnifique que fût l'apanage donné par Louis XI à son frère Charles, pour le réconcilier avec lui et le détacher du parti du duc de Bourgogne (*V. 29 avril et 24 mai*), il le savait si faible et si léger qu'il croyait ne rien devoir négliger pour le lier davantage à ses engagements et sceller plus complétement leur réconciliation. A cet effet il avait, le mois précédent, fait transporter à Saintes (1) la fameuse croix de

(1) M. de Barante, dans son *Histoire des ducs de Bourgogne*, a écrit comme le père Daniel, que c'était à la Rochelle que le duc de Guienne avait prêté ce serment ; mais une pièce insérée dans les preuves des mémoires de Philippe de Comines, démontre que le prince était alors à Saintes.

Saint-Laud, pour que le nouveau duc de Guienne prêtât sur cette relique vénérée le plus solennel des serments, et il avait résolu d'avoir avec lui une entrevue. Il lui avait, en conséquence, envoyé à la Rochelle les plus grands seigneurs de sa suite pour le saluer, lui offrir des présents (1), et convenir du lieu et du mode de l'entrevue. Il fut réglé qu'elle aurait lieu vers l'embouchure de la Sèvre, au port du Braud, près de Marans, et sur un pont de bateaux. Telle était la touchante confiance des deux frères, qu'après avoir élevé une loge en charpente sur le bateau qui formait le milieu du pont, on dut séparer cette loge en deux par un grillage en bois et en fer, comme pour empêcher deux bêtes féroces de s'entr'égorger. Le *7 septembre*, après avoir laissé à distance les gens d'armes qui les accompagnaient, le Roi et le duc s'avancèrent, chacun de leur côté, vers la loge, suivis seulement de douze témoins désarmés. Le duc de Guienne, mettant un genou en terre, supplia Louis XI d'oublier le passé, de le lui pardonner et l'assura de sa ferme volonté de le servir de tout son pouvoir. Le roi l'invita à se relever et lui tendit la main à travers les barreaux. Après quelques moments d'entretien, Charles manifesta à Louis le désir de passer de son côté, pour ne pas être séparés par cette barrière, qui témoignait d'une si cruelle méfiance. Le Roi y consentit non sans peine, et le duc se jeta de nouveau à ses pieds ; son frère le releva et l'embrassa si affectueusement que tous ceux qui les voyaient en furent attendris (2). Au moment de la séparation, Charles voulut suivre le Roi, mais celui-ci s'y refusa, en promettant que le lendemain ils se reverraient sans barrière. Dans cette seconde entrevue, les deux frères se firent les plus grandes démonstrations de

(1) Il lui avait adressé comme gage d'amitié une belle coupe d'or enrichie de pierreries, qu'on disait douée de la vertu d'annihiler l'action du poison ; ce qui n'empêcha pas le duc de Guienne de mourir empoisonné, moins de trois ans après. *(V. 25 mai.)*

(2) Dans la lettre que Louis XI écrivait, le même jour, au chancelier, pour lui rendre compte de ce qui s'était passé entre son frère et lui, on lit ce passage : « ...... En notre assemblée est advenu une chose que les mariniers et aultres à ce coignoissans disent estre merveilleuse ; car la marée qui devoit estre ce jour d'huy la plus grande de l'année, s'est trouvée la moindre de beaucoup qu'on ne vist de mémoyre d'homme et sy s'est retirée quatre heures plus tost qu'on ne cuydoit, Dieu et nostre Dame en soyent loués.... » *(Hist. de Louis XI.)*

confiance et de tendresse et aussi les plus belles promesses ; le duc voulait ce jour-là même aller dîner avec Louis, mais le Roi allégua plusieurs raisons pour l'en détourner : toutefois, deux jours après, ils se trouvèrent réunis chez le sire de Malicorne, au château de Magné, près de Coulonges-les-Réaux, où eurent lieu de grandes parties de chasse. (*Mém. de Comines. — de Barante.*)

1601. — Dans la nuit du 7 au 8 septembre, le froid fut si vif, nous apprend Colin, que les vignes gelèrent ; les raisins furent flétris et la moitié de la récolte perdue ; « ce qu'on n'avoit jamais vu, » ajoute-t-il.

1628 (*Siège de*). — La famine étendait de plus en plus ses ravages parmi les malheureux assiégés : *plus de la moitié des gens de guerre étoient morts ou malades, et tous généralement si atténuez que c'étoient squelettes respirans plustost qu'hommes vivans;* mais si le cardinal devait espérer que l'état affreux auquel ils étaient réduits les amèneraient enfin à la soumission, il appréhendait d'un autre côté la prochaine arrivée d'une puissante flotte anglaise, qui pouvait ravitailler la place et apporter aux Rochelais un important secours. Aussi, malgré ses nombreuses démarches restées jusque-là infructueuses, ne se lassait-il pas de renouveler ses tentatives de négociation. Le marquis de Fenquières, qui était toujours prisonnier à la tour de Moureilles (*V. 20 janvier*), et son parent Arnault de Courbeville, réussirent à moyenner une conférence entre le cardinal et les députés de la ville. Le *7 septembre* (1), Arnault vint à la porte de Cougnes chercher les deux commissaires Rochelais et les conduisit au *fort de Beaulieu*, où se trouvait Richelieu. « Il étoit vêtu en général d'armée, ayant un castor noir avec un cordon d'or et un habit de satin rouge, avec la casaque d'écarlate toute couverte de canetille d'or, le bas de soye et les souliers et les mules rouges. » Les députés commencèrent par protester, au nom de leurs concitoyens, de la *très-humble subjection et fidélité qu'ils avoient toujours gardées jusqu'alors*

---

(1) Cette date est celle donnée par Guillaudeau, qui m'a paru offrir plus de garantie d'exactitude que Mervault, dont le journal attribue à ces faits la date du 8.

envers le Roy et la couronne de France, de père en fils ; ils déclarèrent ensuite qu'ils ne *souhaitoient rien tant au monde que la paix ;* qu'ils lui savaient très-grand gré de la faveur et de la *bonne affection* qu'il leur avait manifestées en plusieurs circonstances ; qu'ils venaient en recueillir de sa bouche les nouvelles preuves dont le seigneur Arnault leur avait fait concevoir l'espérance, et éclaircir surtout la question de leurs privilèges. Après quelques paroles flatteuses, le cardinal leur dit : « Qu'ils trouveroient en la bonté et parole du Roy l'exercice entier de leur religion, seureté de leur vie et de leurs biens et la seureté de leurs privilèges, *qui ne choqueroient point son authorité ;* que c'étoit le désir de la cour de rendre la Rochelle, *qui étoit en l'un des meilleurs endroits de la France pour avoir commerce avec tout le reste du monde, plus fréquentée de gens de trafic qu'Amsterdam ou Lisbonne et les meilleures villes de l'Europe ;* mais qu'il falloit que Sa Majesté y entrast et que c'étoit leur grand bien, lequel il ne savoient pas connoitre... » Comme le cardinal pressait vivement les députés de parler plus clairement et de lui faire connaître les propositions des assiégés, ils répondirent que leur mission ne s'étendait pas jusque là et *qu'ils n'avoient que des oreilles.* Quand, après la conférence, Arnault les reconduisit, ils lui déclarèrent que si le cardinal les eût pressés davantage de s'expliquer sur l'entrée du Roi à la Rochelle « ils luy eussent dit qu'il ne falloit pas toucher à cela, et *que la ville n'y consentiroit jamais.* » Malheureusement pour les Rochelais, qui eussent pu obtenir encore des conditions très-favorables, des lettres qu'ils reçurent, le lendemain, de leurs députés en Angleterre, leur inspirèrent de trompeuses espérances et les détournèrent de profiter des bonnes dispositions de Richelieu. (*Guillaudeau.— Mervault.*) — V. *8 septembre.*

1769. — Arrêt du parlement qui fait défense aux huissiers de la juridiction consulaire de la Rochelle, de plaider pour les parties, comme l'usage s'en était abusivement introduit.

8 Septembre.

1389. — Lettres patentes de Charles VI, ainsi conçues : « Les gardes et maistre particulier de nostre monnoye de la

Rochelle nous ont donné entendre que comme ils eussent faict plusieurs réparations nécessaires en l'hostel où l'on faict nostre monnoye, lequel hostel est aux religieux de Saint-Jean dehors-les-murs de la dicte ville, pour ce que les dicts religieux estoient refusans de faire faire lesd. réparations, jaçoit que led. hostel nous est loué par eulx chascun an 60 livres tournois; lesquelz religieux ne veulent prendre en compte lesd. réparations sur le loyer dudit hostel, injonction est faicte auxdits religieux de prendre le montant de ces réparations en déduction du loyer du Roy. » (*Laurière*, Ordon. des rois de France.) — V. 8 août.

1628 (*Siège de*). — Pendant qu'on délibérait à la Rochelle sur la réponse à faire aux ouvertures du cardinal de Richelieu, dans la conférence de la veille, *deux enfans de la ville* entrèrent par la porte Maubec, arrivant d'Angleterre, d'où ils étaient partis quinze jours auparavant. Ils annoncèrent que l'armée de secours des Anglais paraîtrait au premier beau temps, forte de 25,000 hommes de pied et de 1,200 chevaux; que le roi de la Grande-Bretagne présidait lui-même à tous les préparatifs de l'embarquement; que le duc de Buckingham était nommé général de l'armée et le comte d'Essex commandant de l'armée de terre; que la flotte se composait de 20 *remberges*, de 80 *grands chitronniers*, d'un nombre infini de *flûtes* flamandes, de 16 *fributres* de 32 pièces de canon, et de 14 *galères*, sans compter les navires français; que le roi avait commandé aux généraux, *sur leur tête, de ravitailler la Rochelle, dussent-ils échoüer et perdre tous les vaisseaux de l'Estat*; qu'enfin on avait embarqué douze canons, appelés les *douzes Apôtres*, donnés par le roi à la commune de la Rochelle. Ils apportaient en même temps une lettre des députés en Angleterre, datée du 14 juillet, qui confirmait une partie de leurs déclarations et dans laquelle se trouvait ce passage : « Nous concevons toute espérance que *dans quinze jours, pour le plus tard*, la flotte mettra à la voile, si Dieu luy donne une saison favorable. Elle va si bien munie de tout ce qui luy est nécessaire, avec tant de résolution et *portant un commandement si exprès de Sa Majesté de vaincre ou de mourir*, que nous espérons, moyennant la grâce de Dieu, toute sorte de succès.... » (*Mervault*.) On comprend maintenant comment Richelieu, qui n'ignorait pas ces immenses préparatifs faits en Angleterre pour sauver la Rochelle, fesait de si grandes concessions aux Rochelais pour obtenir leur soumission ; on s'explique aussi pourquoi, soutenus par l'espoir de voir chaque jour arriver dans leurs rades des forces si imposantes, les assiégés aient fermé l'oreille aux propositions du cardinal, fidèles à la recommandation de leurs députés : « Faites de la plus extrême nécessité vertu, en attendant que Dieu la couronne de la délivrance. » Comme eux sans doute le cardinal ignorait que, le 23 août précédent, le duc de Buckingham tombait frappé mortellement par le fer d'un assassin, au moment où il précédait aux derniers préparatifs du départ de la flotte. (*Journ. du dernier siège.*) — *V. 7 septembre.*

9 Septembre.

1572. — Six jours après la Saint-Barthelémy, Charles IX dépêchait aux Rochelais d'Audevars, maître d'hôtel de la Reine de Navarre (1), qu'accompagnait le pair de la commune Bouchereau, avec une longue lettre au corps de ville, dans laquelle, en les priant de ne pas ajouter foi aux rapports qui leur seraient faits sur les événements de Paris, il leur déclarait qu'en se défaisant de l'amiral et de ses adhérans, il n'avait fait que les frapper du coup qu'ils préparaient pour lui, sa mère, ses frères et autres princes et seigneurs, *par une damnable conspiration*, que Dieu lui avait fait la grâce de découvrir et de déjouer ; mais que cela *n'avoit esté faict à cause ou pour haine de la religion* (réformée), *ny pour contrevenir en rien à ses édits de pacification*, et qu'il était asseuré que *ses bons et loyaux subjets en recevroient un merveilleux bien et contentement*. En vain leur promettait-il le libre exercice de leur culte, *et de les conserver et favoriser par tous les moïens qui seroient en lui*, les Rochelais n'étaient pas assez crédules pour ajouter foi à ces grossiers mensonges : en écrivant à Strozzi, quelques jours après, ils qualifiaient *d'estranges et horribles exécutions*

(1) C'est par erreur qu'Arcère a écrit qu'il était pair de la commune rochelaise.

ce qui s'était passé à Paris *et continué en pareille furie à Orléans, à Saumur et plusieurs autres lieux ;* ils refusaient au baron de la Garde *les bledz, farines, vins, chairs et poissons salez,* qu'il leur avait demandés pour le service du Roi, et répondaient au reproche qu'il leur adressait *de faire trop grande garde en leur ville, que leurs portes n'estoient pas gardées plus étroitement que de coustume et qu'il nestoit dans tout le royaume ville plus paisible que la leur.* Prévoyant bien que l'orage ne pouvait tarder à fondre sur eux, tout en protestant de leur fidélité au Roi, ils ne négligeaient rien pour leur défense. Afin d'intéresser le ciel à leur cause, les 9 et 11 septembre, le consistoire fit publier un jeûne général : *à quoy le peuple se trouva bien disposé n'ayant cessé de pleurer et gémir depuis les nouvelles du massacre. (Mém. de l'Estat de France.)* — V. 1er septembre.

1685. — Ouverture, dans la salle d'audience du palais de justice, des conférences de cinq missionnaires, prêtres de l'Oratoire (1), envoyés à la Rochelle par la cour, après la démolition du temple protestant (*V. 1er mars*), « pour ouvrir les yeux aux réformés et les convaincre des erreurs auxquelles des cabales d'orgueil et d'intérêt avoient autrefois engagé leurs pères. » Elles durèrent trois semaines ; mais « leur prédications et tous leurs discours, dit Tessereau, ne firent que peu ou point de fruits.... ils se retirèrent fort mal satisfaits et dirent dans leur sermon d'adieu, qu'ils secouoient la poussière de leurs piés en malédiction contre les hérétiques de la Rochelle, les appelant un peuple rebelle et contredisant. » Le père Borde au contraire, l'un des missionnaires, assure que beaucoup d'habitants renoncèrent au calvinisme. L'année suivante, de nouveaux missionnaires furent envoyés dans l'Aunis. A leur tête était l'abbé François Salignac de la Mothe Fénélon, alors âgé de 34 ans. Louis XIV voulait qu'ils fussent accompagnés d'un corps de dragons, mais Fénélon refusa cette escorte de convertisseurs bottés. Son esprit de douceur et de charité, son infatigable dévouement et l'onction de sa parole lui conci-

---

(1) Arcère relève lui-même, dans ses notes manuscrites, l'erreur qu'il avait commise en indiquant comme l'un de ces missionnaires Hon. de Quiqueran de Beaujeu, depuis évêque de Castres.

lièrent tous les cœurs et touchèrent *jusqu'aux larmes* ceux mêmes qu'il ne put convertir. Mais ceux dont il *blâmait*, dans ses rapports à la cour, le déplorable système de *ne parler aux nouveaux convertis, pour ce monde, que d'amendes et de prisons, pour l'autre, que de l'enfer et du diable*, ne pouvaient approuver cette évangélique tolérance de l'apôtre de l'Aunis. Dénoncés par eux, Fénélon et ses collègues furent bientôt rappelés, et ce malheureux pays retomba sous le joug de moines fanatiques et des soldats et dragons de Louvois. (*Tessereau. — Vie de Fénélon. — Dulaure. — Seignette.*)

10 Septembre.

1598. — Une certaine dame de la Personne avait étranglé, puis brûlé un enfant, dont elle voulait cacher la naissance ; dénoncée par ses deux jeunes filles, qui en moururent bientôt de regrets, elle s'était précipitée dans un puits, d'où on l'avait retirée morte. Le présidial ne l'en condamna pas moins à être pendue *par les pieds* sur la place du château. L'exécution eut lieu le *10 septembre*, et le lendemain, le corps fut enfoui dans des fumiers près de la Porte-Neuve. (*Merlin.*)

1627 (*Siège de*). — Les Rochelais ne pouvaient plus se faire illusion sur les dispositions du duc d'Angoulême. Après avoir commencé de construire un fort à Bongrenne, malgré leurs réclamations, il en fesait élever deux autres, l'un à la Moulinette, l'autre à l'anse des Meüils, et de nouveaux travaux étaient entrepris au Fort-Louis. Toute hésitation dut cesser dès-lors : la Rochelle releva le gant que lui jetait Richelieu, et le *10 septembre*, le Maire fit tirer le canon de la tour de la Verdière, sur les travailleurs du Fort-Louis (1), de la Moulinette et de Bongrenne. Ceux du Fort-Louis répondirent à cette déclaration de guerre par des boulets rouges, qui mirent le feu à un magasin de fourrage, situé au *canton du May-vert*. (2) (*Reg. des délib. — Colin. — Guillaud. — Mervault.*)

(1) Colin dit que ce fut le conseiller au présidial Tessereau, qui fit tirer le premier coup de canon ; mais ce ne put être évidemment qu'en vertu des ordres du Maire. Celui-ci le déclara positivement d'ailleurs le lendemain devant le corps de ville. *(Reg. des délib.)* — V. *11 sept.*

(2) On l'appelait aussi de Montconseil ; il était situé au point de jonction des rues des Maîtresses, de Monconseil et du Palais.

1647. — Mariage de Jacob Duquesne de Malbroc, gentilhomme breton, capitaine de vaisseau du Roi et frère du célèbre Duquesne, avec Suzanne Guiton, fille du héros Rochelais. (*Reg. des protest. — Callot.*) — De cette union sont issus plusieurs chefs d'escadre, lieutenants-généraux des armées navales et deux contre-amiraux : le marquis Duquesne-Guiton et le vicomte Duquesne, contre-amiral en 1851 et décédé en 1853. (*Barbot de la Trésorière*, Annales hist.) — *V. 29 mai.*

11 Septembre.

1501. — Par acte passé par Bureau, notaire à la Rochelle, le corps de ville achète à Guillaume Regnault, *un cours d'eau venant d'un jardin de Lafons par deux covrans*, et l'année suivante *fut commencé à bastir la fontayne de la ville, près les puits doux.* (*A. Barbot. — Bruneau.*) — V. 22 août.

1568. — Après le départ de Jarnac de la Rochelle (*V. 19 mai*), le Roi, vers la fin de juillet, avait donné ordre au maréchal de la Vieilleville de se rendre en cette ville « avec plein pouvoir de régler les affaires de la ville, de rétablir les officiers du Roy dans leurs emplois, de confier la garde de la tour, où on attache la chaisne qui ferme le port, à celui que Sa Majesté avoit nommé pour cet emploi, et d'y mettre une garnison capable de maintenir l'autorité du Roy. » Les Rochelais répondirent à Carlois, son secrétaire, dont il s'était fait précéder pour sonder leurs dispositions, que leurs privilèges les exemptant de gouverneur et de garnison, ils ne pouvaient recevoir ni le maréchal ni ses troupes. Négociations, caresses, menaces, rien ne put les faire céder. Pendant ce temps-là, le prince de Condé et l'amiral Coligny, informés que le projet de la Reine-mère était de les faire arrêter, et que les plus grands dangers menaçaient le parti protestant, résolurent de se retirer à la Rochelle et d'assigner aux réformés un rendez-vous général en cette ville. Le comte de La Rochefoucault y arriva bientôt et conclut avec les Rochelais, au nom du prince, un traité par lequel ils reconnaissaient Condé comme *chef et protecteur de la cause de toutes les Eglises réformées du royaume*, prenaient l'engagement de lui ouvrir leurs portes, mais à la double condition que leurs privilèges seraient inviolablement respectés et que l'exercice de la religion réformée serait seule autorisée dans la ville et la banlieue. Le *11 septembre*, le Maire, le corps de ville et les bourgeois, assemblés à l'échevinage, jurèrent solennellement de *rendre au prince toute obéissance et service et de n'épargner pour une si juste et sainte cause, où il va de la gloire de Dieu, ni leurs biens ni leur vie. (La Popelinière. — de Thou. — A. Barbot.)*

1627 (*Siège de*). — Le corps de ville, réuni à l'hôtel de ville, donne sa pleine approbation à l'ordre donné la veille par le Maire de faire tirer le canon contre ceux qui, au mépris des libertés et franchises de la Rochelle, travaillaient à élever des forts autour de la ville, et le *prie d'empescher par quelque voye que ce soit, que cette ville soye bloquée et réduite à petit pied par le moyen de telles fortifications. Et afin que chacun tant du dedans que du dehors le royaume ait connaissance véritable de la justice des armes rochelaises*, il invite le Maire à en *faire au plus tôt la déclaration et manifeste*, en chargeant du soin de la rédaction de cette apologie de leur conduite les personnes qu'il en jugerait le plus capables. Le conseil engageait en même temps le Maire à désigner des commissaires qui, seraient chargés de s'entendre avec les ducs de Buckingham et de Soubise sur les conditions de l'union de leurs armes à celles de la Grande-Bretagne, se réservant d'approuver ou de rejeter ces conditions, quand elles leur seraient soumises. Enfin considérant le peu de numéraire qui se trouvait en cette ville pour subvenir aux nécessités des conjonctures présentes, le conseil *ordonne que la monnoie se battra*, et nomme quatre de ses membres pour *conférer et traiter avec ceux qui voudront faire la condition de la ville la plus avantageuse. (Reg. des délib.)* — V. *18 septembre et 14 octobre*.

Le même jour, Louis XIII, *en considération des grands et recommandables services rendus par M. le duc d'Angoulême, en son armée d'Aunis, et les grandes dépenses qu'il était obligé d'y faire*, lui donnait *l'office de sénéchal de la ville de la Rochelle, vaquant par la forfaiture du seigneur de Loudrières, à cause du crime de lèse-majesté*, dont il s'était rendu coupable en embrassant le parti des Anglais et en portant les armes contre le Roi et son Etat. (*Mervault.*) — V. *30 juillet*.

12 Septembre.

1628 *(Siège de)*. — En racontant que, ce jour là, un fourbisseur d'épée était revenu de la petite guerre avec un cheval, un boisseau de blé et du lard (ce qui avait fait soupçonner au Maire qu'il avait eu quelques pourparlers avec l'ennemi), Mervault dit qu'on estimait qu'il était mort de faim à cette époque environ 2,000 personnes ; mais presque toutes *de la lie du peuple, ou petits enfans, surtout ceux qui pendoient à la mamelle. Ceux d'une plus haute condition avoient encore quelqu'once de pain d'épice à chaque repas, quelque biscuit en potage, des herbes fort sucrées, de la chair de cheval, des peaux de toutes sortes et du suif pour les fricasser.* « Plusieurs mangeans indifféremment de toutes herbes sauvages, ajoute-t-il, moururent enflez ou assoupis ou fols, ou du moins courans les rües tout nuds et tombans roides morts ou réchappèrent à grand'peine. Et ceux qui avoient mangé du jusquiame et de la belle-done, qui est une espèce de *solatrum*, eurent des maladies aigües et tout à fait furieuses, courans et folians dans les rües. » *(Jour. du dern. siège.)*

1684. — Jugement du présidial qui condamne les quatre ministres protestans de la Rochelle *(V. 14 juillet)* « à faire amende honorable devant la principale entrée de l'église Cathédrale (1), où ils seront conduits par l'exécuteur de la haute justice, nuds, en chemise, la corde au col, tenant entre leurs mains une torche ardente, du poids de deux livres, et là, étant à genoux, déclareront qu'au mépris des déclarations du Roy, ils ont reçu dans leur temple Marie Gautier, relapse ; ce fait, seront bannis à perpétuité hors le royaume, avec injonction de garder leur ban sur peine de vie ; dit que leurs biens seront confisqués ; les condamne en outre en 4,000 liv. d'amende envers le Roy et en 800 liv. d'aumônes... Et au regard du Temple des réformés, ordonne qu'il sera démoli par eux dans un mois pour tout délai, si non qu'il sera procédé à sa démolition à leurs frais... » Sur l'appel des ministres, le parlement confirma la sentence seulement en ce qui

---

(1) L'ancien grand temple de la place, qui avait été érigé en Cathédrale. — *V. 15 janvier.*

concernait la démolition du Temple; mais il déchargea les ministres des condamnations prononcées contre eux et se borna à les admonester, à leur interdire pendant un an le séjour de la Rochelle et de la banlieue, et à leur enjoindre *d'aumôner quatre livres au pain des prisonniers de la conciergerie de Paris*. — (*Tessereau.*) — V. *14 juillet*.

13 Septembre.

1565. — On connaît déjà les causes qui déterminèrent Charles IX et sa mère à venir à la Rochelle. (*V. 12 mai.*) Ils s'étaient fait précéder par le connétable Anne de Montmorency, qui, par un sentiment de défiance, dont furent blessés les habitans, ordonna de transporter dans *la prée Maubec* l'artillerie, qui avait été placée sur les remparts et sur la place du Château, pour saluer l'arrivée de leurs Majestés. Après avoir dîné à la Jarrie, le Roi, accompagné du duc d'Orléans, son frère, et du jeune prince de Béarn (*Henri IV*), arriva, dans la soirée du *13 septembre*, au faubourg Saint-Eloy, où l'attendaient le gouverneur Jarnac, « le clergé des cinq églises paroissiales et collégiales, avec les religieux et ordres des quatre mendians, avec tous leurs ornemens de chapes, croix et bannières, plus les président, lieutenants, conseillers du siège présidial, avec tous les autres juges royaux ; ensuite desquels estoient les avocats, procureurs et généralement les officiers et gens de justice, ayant leurs robes longues et bonnets carrés, et finalement le Maire et ceux du corps de ville, avec leurs gagers, sergens à verge, archers, portiers et canonniers, ayant leurs casaques et livrées de la ville ; les Maire, échevins, pairs et notables bourgeois, qui les accompagnoient, estans richement vestus d'incarnat, blanc et bleu, qui estoient les couleurs du Roy ». Quatre compagnies d'habitans, portant l'uniforme aux mêmes couleurs, *bien armés et morions en teste*, formaient l'escorte. Le Maire, Michel Guy, seigneur de la Bataille, présenta les clés de la ville au Roi, qui les lui remit aussitôt ; ensuite, l'échevin Jean Blandin harangua Sa Majesté au nom des habitans. La Reine mère et sa fille (la princesse Marguerite, qui devait épouser plus tard le Roi de Navarre), n'étant pas encore arrivées, Charles IX remit au lendemain son entrée solennelle et passa la nuit au vieux monastère de Saint-Jean dehors, situé à une très petite distance de la porte de Cougnes. (1) — *(Abel Jouan. — A. Barb. — Bruneau. — Chron. de Langon.)*

1627 *(Siège de)*. — « M. le duc d'Angoulême fit commencer à travailler du côté de Coureilles, tant à la maison dud. Coureilles qu'à l'entour, à faire un fort et des retranchemens. » (*Mervault.*)

« Le susdit jour, vinrent de l'île de Ré les seigneurs Hatsborn pour le duc de Buckinghant, et de Saint-Surin pour le seigneur de Thoiras, pour aller trouver le Roy à Paris; d'où led. seigneur Hatsborn, après avoir conféré avec Sa Majesté, devoit aller en Angleterre... Tous crurent que led. duc de Buckinghant s'étoit laissé piper au seigneur de Saint-Surin, et trouvèrent ce voyage fort hors de propos. » (*Mervault.*) Voici le singulier récit que fait Tallemant des Réaux de ce message de Saint-Surin : « Bouquinquant prit un gentilhomme de Saintonge, nommé Saint-Surin, homme adroit et intelligent, et qui sçavoit fort bien la cour. Il luy fit mille civilitez, et luy ayant descouvert son amour (pour la Reine), il le mena dans la plus belle chambre de son vaisseau. Cette chambre estoit fort dorée; le plancher estoit couvert de tapis de Perse, et il y avoit une espèce d'autel, où estoit le portrait de la Reyne, avec plusieurs flambeaux allumez. Après, il luy donna la liberté, à condition d'aller dire à M. le Cardinal qu'il se retireroit et livreroit la Rochelle, en un mot qu'il offroit la carte blanche pourveu qu'on luy promist de le recevoir comme ambassadeur en France (2). Il luy donna aussy ordre de parler à la Reyne de sa part. Saint-Surin vint à Paris et fit ce qu'il avoit promis.

(1) Selon A. Barbot le Roi coucha dans la maison noble de Faye, située au même faubourg et vis-à-vis le couvent des religieux de Saint-Jean dehors; mais Abel Jouan, qui accompagnait Charles IX, et la Chronique contemporaine de Langon, désignent positivement le monastère, et m'ont paru plus dignes de foi.

(2) Après avoir raconté les aventures amoureuses du duc avec la Reine, notre *anecdotier* venait de dire, quelques lignes plus haut : « Le Cardinal prit soupçon de toutes les galanteries de Bouquinquant, et empescha qu'il ne retournast en France ambassadeur extraordinaire, comme c'estoit son dessein. Ne pouvant faire mieux, il y vint avec une armée navale attaquer l'isle de Ré. » *(Hist. du card. de Richelieu.)*

Il parla au cardinal, qui le menaça de luy faire couper le cou s'il en parloit d'avantage. » (*Historiettes*.)

1793. — Émeute *contre-révolutionnaire* pour empêcher la levée des hommes nécessaires à la cavalerie de réquisition, et dissoudre la *société populaire*. Le représentant du peuple Lequinio fit arrêter un certain nombre de citoyens, coupables, selon lui, *d'avoir par leurs propos inciviques et leurs manœuvres insurgentes été les principaux agens de l'émeute*, et ordonna qu'ils *seraient livrés à la vengeance des loix*. (*Titre du temps*.)

14 Septembre.

1485. — Mort de l'illustre Rochelais Pierre Doriole. (*V. 26 juin*.) Il n'était plus chancelier ; la noble indépendance de son caractère avait fini par prendre aux yeux de son maître, toujours plus soupçonneux à mesure qu'il approchait de la mort, un aspect de trahison. Ne pouvant oublier cependant les nombreux et importans services qu'il lui avait rendus, Louis XI, en le remplaçant, en 1483, par Guillaume de Rochefort, avait dissimulé sa disgrâce (1) sous le prétexte de son grand âge, et lui avait accordé une pension de 4,000 fr. Mais à peine monté sur le trône, Charles VIII avait nommé Doriole premier président de la cour des comptes. (*Arcère. — de Barante*.)

1565. — Les sentiments de mécontentement manifestés par les Rochelais, et qui avaient inquiété la cour (*V.12 mai*), ne les avaient pas empêchés de préparer au Roi et à sa mère une magnifique réception. Le brillant et nombreux cortège de la veille était revenu au monastère de Saint-Jean-dehors pour saluer de nouveau leurs Majestés et les accompagner dans leur entrée. Après que les milices bourgeoises eurent défilé devant

---

(1) Peu de temps auparavant, il lui écrivait des gracieusetés comme celles-ci : « Je vous prie, beau Sire, que vous ne soyez pas si rigoureux en mes besognes, car je ne l'ay pas été aux vôtres. Je ne sais si c'est Mᵉ Adam *(son ancien médecin)* qui vous le fait faire, *parce qu'il n'y a pas d'argent à gagner ;* mais faites que je ne vous en récrive plus... » et encore : « Chancelier, vous avez refusé de sceller les lettres de mon maître d'hostel Bouteillat ; je says bien à la persuasion de qui vous le faites ; qu'il vous souvienne de la journée que vous avez prise avec les Bretons, et *dépeschez incontinent sur votre vie.* »*(de Barante.)*

la cour, placée sur des gradins élevés vis-à-vis le portail de l'église du couvent et décorés de riches tentures, on se dirigea vers la porte de Cougnes, dont la façade était ornée des armoiries du Roi, de la Reine-mère, de la ville et du gouverneur Jarnac. Le connétable de Montmorency demanda l'explication du cordon de soie, qui en barrait l'entrée et, sans respect pour un antique usage dont les Rochelais s'étaient toujours montrés fort jaloux, il tira son épée avec colère et fit voler en l'air la fragile barrière. Le Maire n'en arrêta pas moins par la bride le cheval du Roi, au moment où il se disposait à franchir la porte, en suppliant le prince de jurer auparavant, comme ses prédécesseurs, de respecter les libertés et franchises de la Rochelle; mais Charles se contenta de lui répondre : « Soyez fidèles et loyaux sujets et je vous serai bon Roi »; et poussant son cheval en avant, il passa outre. Six échevins, en robes courtes de damas noir, avec pourpoint de satin blanc, tenaient au-dessus de sa tête un dais de velours violet, rehaussé de broderies d'or. Toutes les rues, que devait traverser le cortège, étaient sablées et jonchées de verdure, et les maisons tendues de tapisseries. Au premier carrefour de la rue Notre-Dame, s'élevait un arc de triomphe, sur lequel étaient représentés les douze travaux d'Hercule, avec des devises en l'honneur du Roi; au carrefour de l'Evescault, sur la petite place du Pilori, aux cantons des Changes et des Petits-Bancs, étaient dressés des théâtres, décorés de riches tapisseries, d'écussons, d'armoiries, d'emblèmes et de tableaux allégoriques, avec des inscriptions latines ou des vers les plus adulateurs. Des troupes d'enfans, *des meilleurs maisons de la ville, vétus aux couleurs du Roi* et tenant en leurs mains des branches de lauriers, fesaient, montés sur trois de ces théâtres, retentir l'air de leurs vivats et des cris joyeux de *Noël*, à l'approche du cortège royal. Mais le quatrième, construit sur le puits de la fontaine de la Caille (1), devait impressionner plus vivement les dix-sept ans du jeune monarque. Au milieu d'un bosquet de verdure et de fleurs, douze jeunes filles, *les plus belles qu'on eut pu trouver dans la ville*, vêtues de

(1) Les fontaines n'avaient point encore de pompes : elles consistaient seulement en un bassin enfoncé en terre, auquel on descendait par des escaliers. *(V. 15 Septembre.)*

légères robes blanches, les cheveux tombant en boucles sur leurs épaules nues, avec un croissant sur la tête, représentaient Diane et ses compagnes. *Le Roy les contempla et regarda avec affection par un longtemps* et remercia gracieusement Marie Blandin, la fille du Maire de 1560, qui, sous les traits de Diane, lui débita ces vers ridiculement ampoulés :

« Soyez heureux, Charles, et jouissant
De l'heur *(bonheur)* des Rois qui ont dompté le monde,
Si qu'en vous soyt accomply le croissant,
Estant vainqueur de la machine ronde. »

Sur la façade de l'Hôtel-de-Ville, on voyait, au milieu de nombreuses armoiries, un grand tableau représentant la ville de la Rochelle, que semblaient prendre sous leur protection deux monarques, *l'un vieux, ayant robe longue semée de fleurs de lys, la couronne sur la teste, l'espée au côté, faict à la semblance de Charles V, sous lequel la Rochelle fut prinse sur les Anglois... l'autre jeune, ressemblant au Roi régnant...* Le cortège prit la direction de l'église *Saint-Berthomé, où le Roy fist dire vespres* et conduisit ensuite le prince *au logis de l'enquesteur Gilles Bretinault, seigneur de Faye et de la Brochardière, échevin ; laquelle maison estoit autrefois celle des Mérichons, seigneurs d'Huré.* (*V. 1ᵉʳ janvier.*) Sur la façade, était peint un char, traîné par quatre chevaux blancs, que conduisaient la Victoire, la Paix, la Justice et la Prudence, distinguées par leurs divers attributs, et au milieu, assis sur un trophé d'armes, le Roi, avec un soleil au-dessus de sa tête, dans les rayons duquel on lisait ces mots : *Sicut Phœbus auricomis radiis aeris vallum penetrat, itâ clara Caroli regis fama per totum volitat orbem.*

Quand le Roi fut entré dans l'appartement qui lui était destiné, les magistrats de la commune lui offrirent un bassin d'argent, au milieu duquel s'élevait un rocher battu par les flots, aussi en argent, avec deux statuettes représentant Charles IX, le tout surmonté d'un cœur d'or semé de fleurs de lis. Une inscription en vers, qui ne font pas honneur à l'esprit poétique de nos pères, expliquait que ce précieux ouvrage d'orfèvrerie était l'emblème de l'affection des Rochelais pour le Roi. Adulation mensongère, que les faits ne devaient pas tarder à démentir. (*Chron. de Langon. — A. Barb.*)

15 Septembre.

1544. — « En 1544, on acheva la fontaine des Petits-Bancs (1), qui commença à couler le *15 septembre*. » (*Ms. des recherches curieuses.*) Elle avait coûté 12 à 13,000 liv. L'usage des pompes n'étant point encore répandu, ces premières fontaines étaient de simples bassins, creusés plus ou moins profondément dans le sol selon le niveau de l'eau, et auxquels on descendait par un ou deux escaliers. La fontaine des Petits-Bancs *était fort profonde en terre*, nous apprend Colin, et son escalier droit très dangereux. En 1599 ou en 1601, elle fut élevée au-dessus du sol et on y adapta quatre pompes. Merlin blâme ce changement qui, dit-il, altéra la bonté de l'eau. Longtemps les infiltrations de l'eau de mer empêchèrent de s'en servir. En 1670, « les canaux qui conduisent l'eau du réservoir du May-vert à la fontaine des Petits-Bancs, nommée à présent Dauphine, ont été nettoyés et *cimentés*, dit un manuscrit de la bibliothèque (intitulé *Abrégé chronologique de l'hit. de la Rochelle*), et le bassin de ladite fontaine a esté garny ou doublé de plomb, pour empescher les mauvais effets du mélange des eaux de la marée, pluviales et égoûts. » On lui donna ce nom de *fontaine Dauphine* quand, en 1673 (2), elle fut reconstruite, par les soins de l'intendant Colbert du Terron, parce qu'on surmonta sa coupole du buste du Dauphin (fils de Louis XIV), que supportaient plusieurs dauphins. La frise était décorée des écussons des principaux fonctionnaires de la ville. (*Conain. — Masse. — Jaillot.*)

1565. — « Fut le Roy, et la Royne sa mère, à la messe en l'église Saint-Berthomé, où la messe fut dicte au grand aultier, et la Royne fist dire la messe au costé droict, à un autre aultier, estant tout deux à genoux, comme je vis » écrivait un vieux chroniqueur, qui se trouvait à la Rochelle pendant le

---

(1) Elle prit le nom du carrefour où elle fut bâtie, et qui est désigné sous le nom de carrefour des Petits-Bancs dans des actes de 1352 et 1353.

(2) Arcère dit en 1675 ; mais Masse, qui donne la date de 1673, m'a paru plus digne de foi, d'autant que M. du Terron n'était plus intendant en 1675.

séjour de Charles IX. Tant qu'il y demeura, nous apprend A. Barbot, « il ne se fist aucun presche, ni chant de psaumes public, ni haultement dans la maison, ni exercice quelconque de la religion réformée, chascun appréhendant d'en estre en peine... » Ce même jour, ajoute la chronique de Langon, le Roy fist dresser en la ville, devant le chasteau (1), une potence appelée *estrapade*, ayant de longueur, hors de terre, cinquante six pieds, où il fust mis deux prisonniers. » Là ne devaient pas se borner les tristes souvenirs laissés à la Rochelle par Catherine de Médicis et son fils. (*V. 17 sept.*)

1615. — La construction des grands bastions royaux, qui avait apporté un si grand accroissement à la Rochelle, en enfermant dans la ville *la prée Maubec* et un assez large espace de terrain pris sur les marais de Saint-Nicolas, étant terminée, on commença, *le 15 septembre*, à tracer les rues de la *ville neuve* (*V. 27 juin*), et on vendit ensuite aux enchères les terrains pour y bâtir des maisons. (*Mervault.*) Déjà, par lettres patentes du mois de mars 1611, le roi Louis XIII avait permis au corps de ville de faire abattre les anciens murs et combler les fossés qui séparaient la vieille ville des terrains annexés, en conférant aux habitans de ces quartiers nouveaux les mêmes privilèges qu'à ceux de l'ancienne cité. (*Pièces historiques.*)

1625. — Le succès obtenu par Soubise contre l'amiral Houstsen (*V. 16 juillet*) coïncidant avec de mauvaises nouvelles d'Italie, Richelieu offrit des concessions aux protestans, et la Reine mère, les ministres et le connétable devaient garantir le rasement du Fort-Louis *dans quelque temps*. Les Rochelais l'exigeaient tout de suite ; la cour refusa. Par le crédit de Buckingham, elle obtint alors de Charles Ier, qui venait de succéder au roi Jacques, d'employer contre les Rochelais les navires que celui-ci avait promis pour agir contre les Génois. Ne voulant pas combattre leurs coreligionnaires, les capitaines et matelots anglais désertèrent presque tous ; mais leurs navires, montés par des Français, n'en vinrent pas

(1) Le château n'existait plus depuis longtemps (*V. 22 janvier 1373*), il n'en restait que quelques tours qui servaient de prison et divers bâtiments dans lesquels était établi le logement du geolier. (*V. 22 févr.*)

moins grossir la flotte formée aux Sables d'Olonne, et dont le duc de Montmorency avait reçu le commandement. Elle se composait d'une soixantaine de voiles françaises, Hollandaises et Anglaises. Avant de mettre à la voile, le duc de Montmorency donna l'ordre à Saint-Luc, la Rochefoucault et Thoiras, qui depuis quelque temps resserraient la Rochelle, sous les ordres du maréchal de Praslain, de préparer une descente à l'île de Ré. Dès que la flotte de Montmorency eut paru dans le pertuis Breton, et que Soubise, qui commandait la flotte Rochelaise, se fut retiré dans la fosse de Loix, Saint-Luc, La Rochefoucault et Thoiras cinglèrent dans des chaloupes vers l'île de Ré, abordèrent avec leurs troupes, dans la soirée *du 15 septembre*, entre les Portes et la pointe du Gros-Jean, où malgré les efforts de Soubise, qui était accouru avec deux bataillons d'infanterie, quelque cavalerie et quatre pièces de canon, ils opérèrent leur descente avec autant d'habileté que de bonheur. Dans la bataille qui eut lieu le lendemain, la victoire se prononça en faveur des royalistes : Soubise fut obligé de s'enfuir à l'île d'Oleron, et après avoir perdu 7 à 800 hommes, leurs canons et deux drapeaux, les troupes protestantes capitulèrent. (*Disc. de ce qui s'est passé à l'armée navale. — Arcère.*)

1706. — A 3 heures et quart du matin, tremblement de terre. (*Arcère.*)

16 Septembre.

1589. — Erection en maîtrise, par le corps de ville, de la corporation des *guimbeletiers-taillandiers* et adoption du statut, qui réglait l'exercice de leur métier. Ce réglement, qui reproduit la plupart des dispositions que nous avons déjà eu l'occasion de signaler pour les autres métiers, n'offre d'autres particularités que l'obligation pour les maîtres d'avoir un poinçon pour marquer les ouvrages sortis de leur atelier, et d'en déposer l'empreinte sur une lame de cuivre à l'échevinage, et pour chaque candidat, celle de faire don au Maire de son *chef-d'œuvre* d'épreuve et de verser à la caisse de la commune, après sa réception, la somme d'un écu. (*Statuts et réglements.*)

1628 (*Siège de*). — Pour stimuler le zèle de ceux qui,

n'étant pas Rochelais, combattaient pour la défense de la ville, les magistrats de la commune prennent un arrêté, par lequel « ils promettent à tous les étrangers, qui se porteroient vaillamment et constamment pendant le siège, que quand il seroit finy, on leur accorderoit selon leur capacité, leur âge et leur condition, des places d'échevins et de pairs au corps de ville, et des lettres de bourgeoisie et de maîtrise parmy les marchands et artisans, outre les autres marques d'honneur, les *chaînes* et les récompenses que la ville donneroit à tous ceux qui le mériteroient, quand Dieu leur feroit la grâce de se voir hors de danger. » Pour procurer un peu de blé à la commune, ont eut en même temps recours à l'expédient de vendre, *pour du grain*, des places d'échevin et de pair à ceux qui le demanderaient et en seraient jugés dignes. Michel Brunet, seigneur de Passy, fut le premier qui acheta ainsi le titre d'échevin, moyennant sept boisseaux de blé, estimés plus de 1,700 liv. (*Mervault.*)

1823 (1). — En revenant de Bordeaux, où elle était allée à l'occasion de la guerre d'Espagne, la duchesse d'Angoulême, se rendant au vœu que lui avaient fait exprimer les Rochelais par six de leurs concitoyens, arrive à la Rochelle et descend à l'hôtel de la Préfecture. Accompagnée d'une garde d'honneur, formée par la garde nationale à cheval, elle passa en revue les troupes de la garnison, visita les hôpitaux et autres établissements de la ville et assista, le soir, dans la salle de spectacle, à la représentation d'une pièce de circonstance, due à la collaboration de MM. Brisson et Rochecave. Une médaille, gravée par Sanier, fut frappée pour perpétuer la mémoire de cette visite de la fille de Louis XVI.

17 Septembre.

1565. — La brillante réception faite à Charles IX et à Catherine de Médicis, les riches cadeaux, les assurances plus ou moins sincères d'attachement et de fidélité ne purent apaiser le courroux du Roi, ou plutôt de sa mère, contre les Rochelais. Le 17 septembre, avant de quitter leur ville, d'où

(1) C'est à tort que Dupont a donné à cette visite la date du 7 août.

ils partirent le lendemain, excités par le gouverneur Jarnac, ils cassèrent le corps de ville, qu'ils réduisirent, comme jadis François Ier, à 24 échevins (*V. 27 mars*) ; ils destituèrent tous les officiers de la ville ; confièrent à Jarnac la garde des tours de la Chaîne, de Saint-Nicolas et de la Lanterne, ainsi que de toute l'artillerie et des munitions de guerre, et exilèrent en différents lieux le lieutenant général Jean Pierres, le ministre La Vallée et six des plus notables citoyens. Jarnac avait bien essayé d'amener le Roi à reprendre le projet d'Henri II, de construire une citadelle pour brider l'esprit d'indépendance des Rochelais ; mais craignant sans doute qu'une pareille mesure n'exaspérât le parti protestant, le connétable combattit et fit échouer ce projet. C'était trop ou trop peu. De telles mesures de rigueur ne pouvaient que blesser profondément le patriotisme et l'orgueil des Rochelais, sans leur enlever la force et l'espoir de s'en venger, dès que l'occasion se présenterait. Six mois ne s'étaient pas écoulés que, sentant le besoin sans doute de ménager les protestans, Charles IX, sous l'inspiration de Catherine, rétablissait le corps de ville dans son ancienne forme, lui rendait la garde des tours et de son artillerie, et rappelait les exilés, à l'exception du ministre La Vallée. (*Bruneau. — A. Barbot.*)

1625. — Le sort des armes ne fut pas plus favorable à Soubise sur mer que sur terre. (*V. 15 septembre.*) Sa flotille, qu'il avait laissée dans la fosse de Loix, sous le commandement de Guiton, trop faible pour entreprendre de lutter contre la flotte de Montmorency, avait cherché à gagner l'île d'Oleron ; mais elle avait été fort maltraitée par les royalistes, et comme on était en temps de *morte-eau*, deux des plus gros navires s'échouèrent, le *Saint-Michel* et la *Vierge*, qui servait d'amiral. Attaqué vigoureusement par le capitaine de Saint-Julien, le premier ne tarda pas à se rendre. Quatre navires royalistes assaillirent en même temps la *Vierge*, ce beau vaisseau que Soubise avait, peu de temps auparavant, enlevé aux catholiques, dans le port de Blavet, le plus puissant navire qu'on eut vu encore en France, qui portait 80 canons et avait coûté plus de 200,000 écus à construire et à munitionner. Assailli à la fois par le *haut-banc*, par la *proue* et par le *tillac*, son équipage se défendit longtemps avec le plus intrépide courage; mais, *voyans que de tous ces vaisseaux il leur fondoit tant de gens sur les bras et qu'estant le tillac desjà saisi,* il n'y avait plus de résistance possible, l'un des matelots nommé Durand, de l'île de Ré, cantonné au bas du *château de poupe*, où était le magasin à poudre, s'écria : « donnez la vie ou vous ne tenez rien. » — « Pas de quartier, » lui fut-il répondu. Aussitôt, par un héroïque mouvement de désespoir, il mit le feu à *la fougade*, et plus de 230 barils de poudre éclatèrent avec un épouvantable fracas, engloutissant avec la *Vierge* les quatre vaisseaux ennemis. Deux personnes seulement échappèrent, comme par miracle, au désastre, et le flot rejeta au rivage près de 700 cadavres... Guiton put gagner la Rochelle dans une barque, *sans pourpoint, chausses, manteau ni espée,* accusé de trahison par ses ennemis et menacé d'être traduit en justice. (*Disc. de ce qui s'est passé*, &. — *Bernard.* — *Colin.* — *H. Martin.*)

18 Septembre.

1568 (1). — Peu de jours après le traité conclu, en son nom, avec les Rochelais, par le comte de Larochefoucault (*V. 11 septembre*), le prince de Condé, qui avait échappé presque miraculeusement à la poursuite de ses ennemis, arrive à la Rochelle avec sa femme enceinte (2) et ses quatre enfans, dont trois en très bas âge. Il était accompagné de l'amiral Coligny, qui venait de perdre son admirable femme, et qui avait de même avec lui ses quatre enfans, et Anne de Salm, femme de son frère d'Andelot, grosse aussi (3), et mère d'un fils de deux ans. Les Rochelais et plusieurs des principaux

(1) Cette date qui m'a paru la plus vraisemblable, est celle donnée par de Thou et Mézeray. Bruneau donne celle du 6 septembre ; Vincent celle du 9 ; La Popelinière, qu'a suivi Arcère, celle du 19 ; mais ce dernier se trompe certainement, en fesant arriver à la Rochelle la Reine de Navarre avant le prince de Condé.

(2) Arcère a commis aussi une erreur en disant que la femme de Condé était Éléonore de Roye. Celle-ci était morte, et le prince avait épousé en secondes noces la sœur du duc de Longueville. (*Le président Hainault.* — *H. Martin.*)

(3) *V. 16 février.*

ministres de la religion réformée, qui déjà s'étaient rendus en cette ville, les accueillirent avec une extrême joie. Tous les habitans, gentilshommes et soldats, ayant été assemblés sur la place du Château, le prince de Condé leur adressa la plus pathétique allocution sur les intrigues de la Cour et ses perfides projets contre les réformés, et sur la nécessité de prendre les armes pour la défense commune. Il déclara qu'il comptait sur le concours des Rochelais pour accomplir la sainte mission à laquelle il était appelé ; qu'il était trop heureux dans sa détresse, proscrit et sans asile quand sa place était auprès du trône, d'avoir trouvé parmi eux un refuge assuré ; qu'il leur confiait sa femme et ses enfants, *les plus chers et précieux joyaux qu'il eut en ce monde*, pendant qu'il irait combattre ceux qui avaient juré la destruction de leur religion ; et qu'il n'accepterait ni paix, ni trève, jusqu'à ce qu'il eut obtenu toutes les garanties propres à assurer aux réformés l'exercice d'une pleine et entière liberté de conscience. Il fut plusieurs fois interrompu par les cris enthousiastes de l'assemblée, et fit couler des larmes de tous les yeux. Aussitôt gentilshommes, bourgeois, capitaines et soldats jurèrent solennellement de donner leur vie, s'il le fallait, pour la cause commune. Presque en même temps, arriva Jeanne d'Albret, cette reine à l'*esprit mâle et au grand cœur*, avec son fils, le prince de Béarn, et sa fille Marguerite, et accompagnée d'un corps considérable de cavalerie et de gens de pied. D'Andelot et le brave La Noue la suivirent de près. Enfin, *de tous les coins de la France, on vit accourir à la Rochelle ceux du Poitou, de Périgord, de Cahors, de Normandie et de Bretagne*, et tous les principaux seigneurs du parti réformé. (*De Thou. — La Popelin. — Davila. — A. Barb. — Bruneau. — Mézeray. — H. Martin, etc.*)

1627. (*Siège de*). — Le corps de ville, après avoir décidé que, pour subvenir aux nécessités de la commune, il serait battu monnaie à la Rochelle, accepte les propositions du sieur Arnault de Montauban de fabriquer des *quarts et demi-quarts d'écus*, à la taille de 32 quarts d'écu par marc d'argent, sur lesquels la ville recevrait 40 sols, et aussi des *douzains*, dans lesquels entreraient trois gros d'argent fin par marc, devant fournir 100 à 105 douzains au plus, dont il donnerait à la commune 50 sols 3 deniers. L'entrepreneur s'engageait en outre à payer le marc de vaiselle d'argent 23 liv., pour l'argenterie marquée au poinçon de Paris, et 24 liv. pour celle au *poinçon de la ville ;* à prendre à sa charge tous les frais de fabrication et même les réparations à faire aux bâtiments de la monnaie. Quelques mois après, on décida qu'il ne serait plus mis d'argent dans la fonte des douzains, et qu'alors la ville recevrait 70 sols par marc. (*Reg. des délib. du corps de ville.*) — *V. 11 septembre.*

1633. — Arrivée devant Saint-Martin (île de Ré), du *Grand Armand*, vaisseau de 2000 tonneaux, disait-on, que le cardinal de Richelieu avait fait construire au hâvre de la Roche-Bernard. L'archevêque de Bordeaux, chargé de le conduire, soit à Blavet, soit dans la rivière de Seudre, était parti de la Rochelle avec les meilleurs capitaines et matelots de ces côtes pour l'aller chercher. Il l'amena dans la Seudre après avoir perdu en route le grand mât, qui fut brisé par une tourmente. Au mois d'août suivant, les *grands jours* ayant été tenus à Poitiers, un grand nombre de conseillers allèrent visiter ce merveilleux navire. (*Colin.*) C'est vraisemblablement le même vaisseau qui, cinq ans plus tard, sous le nom de *la Couronne*, fesait partie de la flotte envoyée en Fontarabie. *(V. 30 juillet.)*

19 Septembre.

1572. — Les craintes qu'inspirait la Rochelle à la cour étaient telles que pendant *que gentils hommes, capitaines, bourgeois ou autres estans en lad. ville* publiaient une sorte de manifeste, dans lequel ils flétrissaient la Saint-Barthélémy en ces termes : *lâche entreprise et barbare exécution, baillant matière aux historiens d'escrire une histoire tragique dont l'antiquité n'a jamais ouy parler d'une pareille, et dont la postérité ne pourra ouyr parler qu'avec horreur*, et traitaient de conte absurde la prétendue conspiration de l'amiral de Coligny et des réformés, déclarant que *tous ceux de la religion romaine, ausquels est resté quelque goutte d'humanité, le confessent et baissent la teste de honte, maudissans et de cœur et de bouche les cruels exécuteurs de ceste maudite entreprise et les méchans perturba-*

teurs du repos public, *etc.*, Charles IX, malgré de si sanglants outrages, écrivant aux Rochelais, *le 19 septembre*, les traitait de *chers et bien aimez*, vantait leur *fidélité et droite intention*, les assurait de toute sa *bonne volonté* à leur égard et dérogeant *pour eux seuls* à ses derniers édits, leur accordait le libre exercice de la religion réformée, à la condition toutefois de recevoir Biron, comme gouverneur, de n'admettre dans leur ville aucun étranger sans son autorisation, ni à leurs prêches et assemblées religieuses d'autres personnes que celles de tout temps domiciliées à la Rochelle. (*Mém. de l'estat de F.*) — V. 9 *septembre*.

1627 (*Siège de*). — « Quelques cavaliers de la Rochelle amenèrent prisonnier dans la ville un courrier du Roy, qui avoit des lettres pour M. le duc d'Angoulême, le seigneur de Marillac et plusieurs autres particuliers de l'armée. Par ces lettres ont sceut l'ordre que le Roy donnoit aud. seigneur duc d'Angoulême de faire la guerre aux Rochelois, de bâtir des forts, d'empêcher toutes sortes de vivres d'entrer en la ville du côté de la terre, de retrancher le cours des eaux (*de la Fons*), de fermer et ruiner le port par une digue et armée navale, et de les traiter avec le plus de rigueur qu'il pourroit. »(*Mervault.*)

1661. — Ordonnance des juges de police, confirmée peu après par l'intendant Colbert du Terron, et enjoignant aux protestans, qui ne pouraient justifier qu'eux ou leurs auteurs fussent domiciliés à la Rochelle avant la descente des Anglais à l'île de Ré, en 1627, de sortir de la ville dans le délai de deux mois. On les tenta par de belles promesses, s'ils voulaient changer de religion ; mais rien ne put ébranler leur foi. Malgré la mauvaise saison, on ne voulut leur accorder aucune prolongation de délai : ils furent poursuivis avec la dernière rigueur. « Les sergens saisissoient dans leurs maisons ce qu'ils trouvoient de meilleur et jetoient le reste dans la rue ; on mettoit hors de leurs maisons des vieillards, qui ne pouvoient se soutenir ; on couchoit sur le pavé des enfans encore au berceau ; on n'épargnoit ni les femmes prestes d'accoucher, ni celles qui, nouvellement accouchées, ne pouvoient quitter le lit sans danger de perdre la vie ; on n'avoit pas plus de pitié pour les malades, qu'on chassoit comme les autres, sans leur donner le temps de chercher quelque moyen de se faire transporter avec plus de commodité : quelques-uns de ces malheureux moururent entre les mains de ceux qui les emportoient... il sortit de la Rochelle près de 300 familles par ces rigueurs. (1) » *(Hist. de l'édit de Nantes. — Tessereau.)*

20 Septembre.

1597. — « Arrest de la cour du parlement de Paris... donné au profit des Maire, eschevins, conseillers et pairs contre les maîtres bouchers de la *grande* et *petite boucherie* de ceste ville, portant établissement d'une *troisième* boucherie au lieu nommé l'*Evesquau*, appartenant aud. Maire, esch., cons. et pairs », lit-on dans l'inventaire des privilèges de la Rochelle. Nous savons déjà où étaient situées la *grande boucherie* et la *petite boucherie du Perrot* (*V. 18 avril et 1er septembre)* ; l'*Evescault*, on se le rappelle, se trouvait dans la rue qui en a gardé le nom. (*V. 17 juillet.)* Nos annales ne nous disent pas comment la possession en avait passé des mains de l'évêque de Saintes en celles de la commune, mais elles nous apprennent qu'en 1597, le Maire, Léonard Sauvignon, fit commencer sur son emplacement la nouvelle boucherie ; que son successeur Jehan Thévenin acheva l'année suivante, et afferma pour 400 écus à des bouchers. On la trouve désignée dans différents titres sous les noms de : *boucherie neuve, boucherie neufve de l'Evesquault* ou simplement de *l'Evesquault*, enfin de *boucherie de la ligue*,

---

(1) « ... On avait mis hors de la Rochelle 300 familles, sans leur donner une heure ; elles campèrent sous les pluies de novembre. Tels moururent, tels s'enfuirent, entre autre le Rochelais Marsilly. C'était un homme seul, mais de grande action et qui pouvait ce qu'il voulait. Il agit fortement en Suède et jeta les Suédois dans la ligue qui arrêta le Roi. En 1669, il était en Angleterre et il agissait sur le Parlement. Il eut le tort de croire qu'il gagnerait Charles II... » Craignant d'être livré par les Anglais, il se réfugia en Suisse, Louis XIV l'y fit enlever. On lui fit son procès ; il supporta la question avec une admirable fermeté. Sachant sa mort résolue, il voulut attenter à ses jours par la plus horrible mutilation. On s'en aperçut à temps ; on profita de son reste de vie pour le rouer vif. Il tint ferme jusqu'au bout, et les habitués de la place de Grève admirèrent son inébranlable courage. *(Michelet, Louis XIV et la révocation de l'Edit de Nantes.)*

peut-être par un piquant jeu de mots sur la fameuse *ligue* des Guises et celle des bouchers rochelais, qui furent vaincues presque en même temps. Une de ses portes existe encore avec quelques sculptures, en face de l'extrémité nord de la rue des Cloutiers; mais on y cherche en vain les armoiries des Maires Sauvignon et Thévenin, qui la décoraient autrefois. *(A. Barb. — Colin.)* (1)

1757. — La France et l'Angleterre étant alors en guerre, on vit apparaître, dans le pertuis d'Antioche, une flotte anglaise, commandée par l'amiral Hawke et composée de dix-huit vaisseaux de ligne, de neuf frégates, de deux galiotes à bombes et d'environ 90 bâtiments de transport montés par 11,000 hommes de troupes réglées. Trois jours après, elle forçait la faible garnison de l'île d'Aix à se rendre, après avoir détruit par le canon tous ses ouvrages de défense. Le projet de l'ennemi était d'opérer ensuite sa descente vers Fouras, de marcher droit sur Rochefort pour en dévaster l'arsenal, incendier la ville et barrer l'entrée de la rivière. L'alarme était grande à la Rochelle, où les Anglais pouvaient tenter aussi une descente. Pendant qu'une grande partie de la population prenait les armes, le reste travaillait aux fortifications avec la plus patriotique ardeur. « Personne n'étoit oisif, dit une relation du temps : les femmes portoient les boulets aux batteries, que leurs maris et leurs enfants construisoient, et un grand nombre de celles, de tous les étages, qui n'étaient point propres aux gros ouvrages furent s'occuper à l'arsenal à faire des cartouches. » Couillaudeau ajoute : « Tous les négociants demandèrent à faire établir une batterie sur *les murs*, qui donnent sur la mer, et une autre auprès de la tour de la Chaîne et à faire mettre un navire à l'entrée du port, que nous regardions la partie la plus faible. Tout le monde s'est porté si unanimement à tout cela, que ces deux batteries ont été en état de recevoir l'ennemi, la première en vingt-quatre heures, et l'autre le lendemain. Les enfants mêmes se sont tellement

---

(1) Le premier avait pour armes trois *raisins*, par allusion sans doute à son nom ; le second portait d'azur, au cheval d'argent, accompagné en chef de deux merlettes de même et d'une étoile en pointe, aussi d'argent. *(V. ma VIIe lettre Rochelaise.)*

portés à rendre leurs petits services, que c'est en partie eux qui ont le plus travaillé à celle qui est au pied de la tour de la Chaîne, aussi l'appelle-t-on communément la *batterie des enfants*. » Enfin on lit dans une autre relation : « La ville s'étoit transformée en un véritable camp ; tout citoyen était devenu soldat. Il se forma d'abord deux compagnies d'élite, la première, décorée du nom de *volontaires de Sénectère* (1) et composée de cent jeunes gens des principales familles rocheloises, portoit l'uniforme blanc, avec parement et vestes d'écarlate, le chapeau bordé d'or et la cocarde blanche (*c'était l'ancien uniforme du régiment d'Aunis*) ; la seconde, nommée *volontaires de Langeron* (2) et formée d'un même nombre de fils de bourgeois, avoit l'uniforme bleu, parements verts et culotte écarlate, chapeau bordé d'or, cocarde blanche et bleue ; tous portoient une épaulette d'or sur l'épaule gauche, si bien qu'on eut dit plutôt deux corps d'officiers que de volontaires. Il s'en forma deux autres, l'une, dite de Bonnaventure (3), avoit l'habit gris de fer, parements de velours noir, veste et culotte rouges ; l'autre, dite du Maire, portoit l'habit bleu de Roy, avec parements, veste et culotte écarlates, l'épaulette en soie et or, avec cocarde blanche et rouge. Enfin les deux compagnies de grenadiers bourgeois étoient en habit blanc, avec parements, veste et culotte écarlates, des bonnets à la grenadière, avec plaque de cuivre aux armes du Roy. Les enfants couroient par les rues pour demander de la mitraille et, dans leur patriotisme, les gens du peuple alloient jusqu'à arracher les clous de leurs portes. » La flotte anglaise remit à la voile le 1er octobre, sans avoir fait de tentative sérieuse ni contre l'île de Ré, ni contre la Rochelle. (*Relat. hist. — Ms. 8435*).

21 Septembre.

1628. — (*Siège de*). Nos pères voyaient toujours dans les

(1) Le maréchal de Sénectère commandait en chef les trois provinces de Poitou, Saintonge et Aunis.

(2) Le lieutenant-général comte de Langeron était chargé de la défense de la rive droite de la Charente. (*Relat. ms.*)

(3) Alex.-Henri Masset de Bonnaventure, brigadier des armées du roi, était lieutenant de roi à la Rochelle. (*Reg. de St-Barthél. — Perry*).

phénomènes célestes quelque avertissement de Dieu, auquel leur désir de connaître l'avenir donnait un sens favorable ou funeste, selon leurs espérances ou leurs craintes. « Dans la nuit du *21* au 22, raconte Mervault, fut aperçu par ceux qui étoient en garde, un météore de feu en l'air, ressemblant à une poignée de verges, qui dura environ une heure, resplendissant dans la nuit, qui étoit très obscure... Plusieurs appréhendèrent que cette comète ne fut pour eux comme celle de l'an 1619... depuis lequel temps ils avoient souffert beaucoup de maux et de rechûtes, tant qu'il leur sembloit qu'ils étoient au lit de la mort, si Dieu ne les recevoit à mercy... » *(Journ. du dernier siège).*

1791. — Grande fête à l'occasion de l'acceptation de la constitution par Louis XVI. — *Te Deum* en musique dans la *ci-devant cathédrale*; feu de joie; illumination générale; bal à la bourse, donné par la chambre de commerce; distribution de pain aux pauvres par le maire Garesché, etc. (*Aff. de la Roch.*)

22 Septembre.

1477. — « Privilège du Roy Louis XI, par lequel pouvoir et permission est attribué aux Maire, eschevins et pairs, ausquels appartient toute la police de la ville, d'imposer sur chascune maison de lad. ville trois deniers tournois par semaine, *pour employer à l'entretenement des charriots requis et nécessaires pour oster et charroyer les immondices de la ville et tenir les rües nettes*, et de contraindre tous les manans et habitans de lad. ville, soit *gens d'église ou autres privilégiés*, au paiement dud. debvoir, nonobstant oppositions ou appellations quelconques. » (*Invent. des privil.*). Jusque-là l'enlèvement des immondices était à la charge des habitans; c'est du moins ce que l'on peut induire de lettres patentes de Charles VII, de 1446, qui reconnaissaient au Maire le droit de *contraindre les possesseurs de maisons à tenir les rues nettes de toutes immondices.* (*A. Barb.*) On revint sans doute plus tard à cet ancien usage, car un titre de 1588 constate que toutes les places de la ville étaient tellement encombrées *de fumiers et bourriers, qu'une infection d'air en estoit fort à craindre, et que, pour* nettoyer ces places, feut travaillé quasi toute l'année, avec nombre de tombereaux. Pour empescher que doresnavant les bourriers ne se jetassent plus ès places publiques, on rétablit les anciens réglemens et on mit en adjudication le service des tombereaux, dont l'adjudicataire était autorisé à percevoir de chaque propriétaire une allocation proportionnelle à l'étendue de son pavé. (*Ms. n° 1,977.*) On revint encore au système d'entretien du pavé par les particuliers, et un réglement de police, de 1642, enjoignit « à tous manans et habitans de nettoyer les rues chascun en droit soy, les mercredy et samedy de chaque semaine, et de porter les immondices ès lieux destinés et marqués par les balises, à peine de 30 liv. d'amende. »

1627 (*Siège de*). — « Messieurs (*du corps de ville*) ont donné toute charge et pouvoir à M. le Maire et capitaine de ceste ville de délivrer des commissions par terre *à ceux qui voudront aller à la petite guerre*, et ordonné qu'il sera sursis pour les commissions de mer... faisant inhibitions et déffenses à tous les gens de guerre, tant de pied que de cheval, estans en ceste ville, de ne faire aulcune sortie pour aller à la guerre, former compagnies, troupes ou régimens et brigades de cavalerie, sans la commission et pouvoir de mon dit sieur le Maire. » (*Rég. des délib. du corps de ville.*)

1637. — « Seize grands navires de guerre de Dunkerque vinrent devant Saint-Martin (*île de Ré*), où ils brûlèrent quelques navires hollandois et en emmenèrent d'autres et, le lendemain, partirent à la pointe du jour. » (*Colin.*)

23 Septembre.

1620. — Naissance de *Françoys, fils de noble homme Pierre Tallemant, l'ung des pers de ceste ville, et de Damoiselle Marie de Rambouillet.* (*Reg. de l'état-civ. des protest.*) — Le confondant avec son frère, Arcère prétend à tort que *François* Tallemant, plus connu sous le nom de *l'abbé Tallemant*, portait le surnom de *des Réaux*, qui n'a appartenu qu'à *Gédéon*, auquel la découverte assez récente d'un recueil d'*historiettes* a valu une célébrité posthume, quand celle de son frère l'académicien est depuis longtemps presque oubliée. Il s'est aussi trompé en donnant à leur père le prénom de François, qui est celui de leur grand père, originaire de Tournay, et qui, pour échapper aux persécutions du duc d'Albe contre les protestans, s'était réfugié, vers 1560, à la Rochelle où, quelques années après, il épousa une riche veuve, nommée Loyse Thévenin. S'il faut en croire *des Réaux*, qui ne ménage pas son frère dans ses *historiettes*, ce fut l'ambition qui fit de bonne heure changer de religion à François. Il embrassa aussitôt l'état ecclésiastique, obtint l'abbaye du Val-Chrétien, le prieuré de Saint-Irénée de Lyon, fut pendant 24 ans aumônier du Roi, puis premier aumônier de Madame, mais il ne put obtenir l'évêché qu'il ambitionnait. En 1651, la faveur de Mazarin, plus que son mérite, lui valut l'honneur d'être appelé à l'Accadémie française, où il remplaça J. de Montereul. Quelques poésies, son goût et sa facilité pour l'étude des langues, étaient ses seuls titres; mais il ne tarda pas à publier une traduction des *hommes illustres* de Plutarque, qui eut promptement sept éditions, malgré le jugement sévère de Boileau qui n'y voit qu'une sèche traduction du *françois, d'Amyot*. Il paya sa reconnaissance à son puissant protecteur en nombreux sonnets et madrigaux. En 1679, il donna au public une traduction de l'histoire de la république de Venise, de Nani, qui eut un grand succès. Arcère lui attribue encore quelques épitaphes, qui sont l'œuvre de son frère. L'abbé Tallemant mourut, à Paris, à l'âge de 73 ans, le 6 mai 1693. (*T. des Réaux. — Monmerqué.*)

1741. — Arrêt du conseil du Roi, qui ordonne la construction d'une église cathédrale à la Rochelle. (*V. 27 juin.*)

24 Septembre.

1577. — La paix venait à peine d'être signée, à Bergerac, entre Henri III et les confédérés protestants, que les Rochelais furent avertis, par Biron, que leurs ennemis avaient persuadé au Roi et à la Reine mère qu'ils voulaient se soustraire à l'obéissance de leur souverain et se donner à l'Angleterre. Indigné de cette accusation, le corps de ville dépêche deux de ses membres vers leurs Majestés, pour protester contre cette calomnie, « les assurer que jamais telle lâcheté n'est entrée en cœur Rochelois et qu'il n'est aucun d'entr'eux qui ne préférât la mort plustôt que de consentir à un tel outrage ; que de tous leurs privilèges, le plus précieux à leurs yeux est celui qui assure à leur ville le droit de n'être jamais détachée de la couronne de France, et que, lors même qu'ils ont été contraints de prendre les armes, leur amour pour le Roi et leur obéissance n'en ont jamais été ébranlés, si bien que, même pendant la guerre, la justice n'a pas cessé d'être rendue en son nom, et le Maire d'être choisi par le gouverneur ou son lieutenant ; qu'enfin le Roi n'a pas de plus fidèles et plus dévoués sujets et qu'ils supplient leurs Majestés d'éloigner de leur cœur d'injustes préventions, dont ils rougiroient d'encourir l'infamie aux yeux de la postérité. » (*Bruneau.*) L'édit de paix, qui comprenait la Rochelle dans les places de sûreté accordées aux protestans, et lui garantissait tous ses privilèges, fut publié dans cette ville, au mois d'octobre, en présence de René, vicomte de Rohan, et du corps de ville, *avec feux de joie et autres solempnitez accoustumées.*

1854. — Inauguration du monument élevé, dans le jardin des plantes, à la mémoire de M. Fleuriau de Bellevue, dont le nom avait été déjà, de son vivant, donné à la rue où était sa demeure, en reconnaissance de son dévouement à sa ville natale.

25 Septembre.

1627 (*Siège de*). — Le corps de ville nomme trois commissaires pour « saisir et confisquer *les deniers royaux, ecclésiastiques et autres, appartenant directement ou indirectement à gens de contraire party et qui ne portent et souffrent les frais et charges de la ville, locations de maisons, rentes hypothécaires ou foncières, ou de toutes autres sortes et manières que ce soit,* ausquels tout pouvoir est donné de juger et condempner du tout nonobstant oppositions ou appellations quelconques. » Il choisit en même temps d'autres commissaires pour former un *bureau de la marine,* avec pouvoir « de s'emparer et saisir des navires, barques, allèges, gabarres, chaloupes et appareaux qu'ils jugeront nécessaires pour le bien et conservation de la ville, les armer et équiper en guerre, et soumettre telles personnes qu'ils verront bon estre. » (*Rég. des délib.*)

1807. — On lit, sous cette date, dans les affiches de la Rochelle : « L'ennemi est toujours en vue. Six vaisseaux et une corvette croisent constamment à l'embouchure du pertuis d'Antioche, faisant des apparitions de temps en temps dans le pertuis ; trois ou quatre frégates se tiennent, ou à la voile ou à l'ancre, à l'entrée de la rivière de Bordeaux, et deux corvettes n'abandonnent pas les parages des Sables d'Olonne et de la Baleine, inquiétant et faisant échouer parfois les caboteurs, qui se hasardent à sortir des ports. »

1813. — Décret impérial réglementant l'exercice de la profession de boulanger à la Rochelle. Nul ne peut y exercer cette profession sans une permission spéciale du Maire. Chaque année, dix des plus anciens boulangers doivent, en présence de ce magistrat, nommer un syndic et trois adjoints. Ceux-ci sont chargés de faire le classement des boulangers en trois classes, et de surveiller l'approvisionnement de réserve imposé à chacune d'elles, en constatant la nature et la qualité des farines. Il est défendu, sous peine de confiscation, d'établir des regrats de pain en quelque lieu public que ce soit ; mais les boulangers et débitans forains sont admis, concurremment avec les boulangers de la ville, à vendre ou faire vendre du pain sur les marchés et lieux publics désignés par le Maire, etc. (*Bulletin des lois.*)

26 Septembre.

1572. — Malgré les instances et les promesses de la Cour (*V. 19 sept.*), malgré les assurances de Biron qu'il avait versé des larmes sur les massacres de Paris, qu'il consentait à n'être introduit dans la ville qu'avec deux personnes de sa suite et à se retirer aussitôt qu'il aurait été reconnu en qualité de gouverneur, et aurait reçu le serment des habitans ; malgré les malheurs qu'il leur fesait entrevoir, s'ils se refusaient aux demandes aussi justes que modérées du Roi, *tout le peuple*, que le Maire avait convoqué pour lui communiquer les propositions du

Roi et de Biron, *s'écria d'une voix que le seigneur de Biron ne devoit estre receu en ville, jusqu'à ce que les armées fussent congédiées ou tellement retirées que tous soupçons et défiances fussent levés.* (*Mém. de l'est. de F.* — *A. Barbot.* — *D'Aubigné.* — *De Thou.*)

1661. — Jugement du présidial qui condamne un prêtre, nommé Gentil, à neuf ans de galères et à faire amende honorable, pour avoir abandonné la religion catholique et embrassé le protestantisme. Il était si pauvre qu'on le déchargea de l'amende et des dépens. Avant d'être livré au bras séculier, il avait été déclaré par l'official *apostat, sacrilège et profanateur des sacremens de son église.* (*Benoist, hist. de la révoc. de l'édit de Nantes.*)

1756. — Naissance de *Claude*, fils de Claude *Beauharnois*, chevalier de Saint-Louis, capitaine des vaisseaux du Roi et de l'artillerie de la marine, et de Marie-Anne Mouchard. Il fut baptisé, le lendemain, à l'église Saint-Barthelémy; son parrain était son oncle, François de Beauharnois, baron de Beauville, major des armées navales et des troupes de la marine à Rochefort, et sa marraine, son aïeule Renée Hardouineau de Beauharnois de Beaumont. Claude Beauharnois devint successivement capitaine au régiment des gardes françaises, sénateur, comte de l'empire, chevalier d'honneur de Marie-Louise, grand officier de la légion-d'honneur et pair de France. De son mariage avec C.-F.-G.-Adrienne de Lezay-Marnezia, naquit Stéphanie-Louise-Adrienne, adoptée comme fille par Napoléon, grande duchesse de Bade, morte récemment à Nice. (*Rég. de Saint-Barth.* — *Biograp.*)

27 Septembre.

Le 27 septembre est la fête de Saint-Côme, le patron des médecins et des chirurgiens, médecin qu'il était lui-même, et son nom a été donné à une de nos rues, parce qu'il y existait une école publique de chirurgie, dont les cours se fesaient dans une salle appelée *salle de Saint-Côme*. La bibliothèque de notre ville possède un magnifique exemplaire en parchemin, avec couverture en chêne et armoiries peintes des *maîtres*-

regardes, du *statut* adopté, en 1600, par le corps de ville sur l'exercice de la profession de chirurgien (1) à la Rochelle. Aux termes de ce réglement, nul n'y pouvait exercer la chirurgie, eut-il été reçu maître dans une autre ville, s'il ne justifiait de *son origine*, de sa moralité, qu'il n'était atteint d'aucune maladie contagieuse et qu'il avait fait un apprentissage d'aumoins sept années. Dans ce cas, il choisissait un parrain parmi les maîtres-chirurgiens, et, à la requête de celui-ci, le Maire nommait une commission de quatre maîtres-chirurgiens et de deux docteurs en médecine, pour procéder à l'examen du candidat et lui faire leur rapport sur sa capacité. Si cette première épreuve lui était favorable, tous les maîtres-chirurgiens et docteurs en médecine étaient convoqués chez l'un des maîtres-regardes, pour faire subir au candidat un nouvel examen, qui devait *porter plus particulièrement sur les maladies chirurgiques* et se prolonger de sept heures du matin à quatre heures du soir. Dix heures entières d'un autre jour devaient être employées à *la dissection et démonstration anatomiques des parties du corps humain*; plusieurs journées étaient encore consacrées aux opérations chirurgicales, à l'emploi des bandages et principaux instruments, aux *phlébotomies*, *aux artibiotonnes*, à la connaissance des médicaments, tant simples que composés, etc. Enfin venait le jour de l'examen public, qui avait lieu, au son de la cloche, à l'échevinage, en présence de tout le corps de ville, des docteurs en médecine et de tous ceux qui voulaient y assister. Sa capacité reconnue, le candidat était déclaré *maître*, prêtait serment entre les mains du Maire et pouvait dès lors *attacher potence à sa maison, pour à icelle pendre bassins et enseigne;* prérogative dont ne jouissaient pas les *maîtres par don du Roi* (2), qui pouvaient avoir seulement *leurs bassins pendus contre les châssis de leur boutique.* (*Statuts du corps de ville. — Aff. de la Roch.*)

1627 (*Siége de*). — Le Maire, en vertu d'une délibération

(1) Il résulte de ce statut qu'à cette époque, il existait douze maîtres chirurgiens à la Rochelle.

(2) Les Rois de France avaient le droit, lorsqu'ils prenaient possession de la couronne et à titre de joyeux avènement, de créer dans toutes les villes du royaume un maître de chaque métier.

du conseil extraordinaire, ordonne aux prêtres de l'Oratoire, les seuls qui existassent à la Rochelle, de sortir de la ville dans les vingt-quatre heures. Ils se retirèrent au camp des royalistes et rentrèrent à la suite du Roi après la reddition de la Rochelle. (*Mém. de la maison de l'Oratoire.*)

28 Septembre.

1628 (*Siège de*). — L'état affreux auquel la Rochelle était réduite, et l'absence de nouvelles de la flotte de secours promise par l'Angleterre, donnait chaque jour plus de force au parti de la paix, qui se déchaînait contre l'opiniâtre résistance de Guiton à accepter les propositions de Richelieu. Des agens du cardinal répandaient dans la ville de nombreux billets flétrissant la tyrannie des principaux habitans qui, ayant encore du blé, *voyoient à leur aise mourir de faim les pauvres*, et chaque jour le Maire recevait de nouveaux avis qu'on voulait attenter à ses jours. Le corps de ville crut devoir ordonner, le *28 septembre*, qu'outre ses officiers et les sergens à verges, le Maire aurait sans cesse pour l'accompagner une escorte armée, composée d'un homme par chaque compagnie.

Le même jour, de Champfleury, revenant d'Angleterre, parvenait à traverser les lignes royales et apportait, avec des lettres en chiffres des députés rochelais, la nouvelle que la flotte anglaise ne pouvait tarder à paraître; que le Roi Charles lui avait donné l'assurance *qu'il perdroit plustost son armée et même son royaume que de manquer à leur faire donner une bonne et asseurée paix*, et que l'assassinat du duc de Buckingham n'avait fait que retarder l'expédition de la flotte, sans rien changer aux dispositions du roi Charles, qui avait nommé pour le remplacer lord Lindsay.

Dans la soirée en effet, la flotte anglaise entrait dans le pertuis Breton, et allait mouiller dans le *fief* d'Ars. Aussitôt le canon des clochers de Saint-Barthelémy et de Saint-Sauveur saluèrent l'armée libératrice; un grand feu fut allumé au haut de la tour de la Lanterne, et toute la population se précipita dans les temples pour rendre grâces à Dieu. (*Mervault. — Mém. de Richelieu. — Guillaudeau.*)

1793. — Proclamation et arrêté du représentant du

peuple Lequinio. Après avoir attribué *aux manœuvres perfides des agens de Pitt et de Cobourg* la démonstration du 13 du même mois (*V. cette date*), déclaré que toutes associations particulières, autres que les sociétés populaires, *ne peuvent être que suspectes aux amis de la liberté*, qu'il y a nécessité *d'étouffer l'aristocratie, en quelque coin qu'elle réside*, enfin que l'intérêt public commande de destituer tous les *ci-devant nobles*, qui occupent des fonctions publiques, ou du moins ceux qui, *maculés de cette tache originelle, ne l'auroient pas effacée par des preuves éclatantes et soutenues d'un civisme ardent et d'une affection toute particulière pour le système républicain*, le député patriote du Morbihan ordonne : que *tout rassemblement connu sous le titre de société politique et littéraire, et spécialement ceux du Cercle et du Salon, seront dissous*, à l'exception de la *société populaire et républicaine* ; il défend aux *ci-devant religieuses* de se réunir au-delà de six, chargeant les officiers de la commune de *veiller soigneusement à ce qu'il ne se passe chez elles aucun rassemblement ou cérémonies, qui puissent tendre à entretenir les maximes du fanatisme ou la haine contre la révolution* ; il prescrit la formation d'une commission militaire pour juger *les brigands de la Vendée*, détenus à la Rochelle, en ajoutant que ceux d'entr'eux qui ne seraient point condamnés à mort seront employés aux travaux publics, *enchaînés deux à deux* (1); il décrète la réorganisation de la garde nationale, dont les cinq bataillons seront réduits à trois, en interdisant, sous peine de prison, le remplacement dans le service ; il commande de ne laisser à chaque paroisse qu'une seule cloche et de transporter les autres à la fonderie de canons de Rochefort ; enfin il change les membres du *comité de surveillance* et destitue tous les officiers *ci-devant nobles* des garnisons de la Rochelle et de l'île de Ré, ainsi que les principaux membres de l'administration de district. (2) (*Proclamation.*)

(1) Une grande partie des malheureux enlevés dans la Vendée furent dirigés vers la Rochelle. Sur un cahier conservé au greffe du tribunal civil et intitulé *contrôle numératif des brigands détenus à la Tour de la Lanterne et à celle de Saint-Nicolas*, on compte 469 noms, dont 194 sont suivis de ce simple mot : *mort*.

— (2) « Les citoyens : Boutiron, ci-devant noble, président de l'admi-

29 Septembre.

Saint-Michel, dont on célèbre ce jour-là la fête, était le patron des pâtissiers, dont la corporation fut très anciennement érigée en maîtrise à la Rochelle, sans que leurs statuts soient parvenus jusqu'à nous. Jaillot, dans ses *titres de la Rochelle*, cite cependant un règlement de 1292, qui établit qu'à cette époque, ils étaient au nombre de douze et qu'il leur était interdit d'avoir plus de trois *valets*, l'un pour le jour, les deux autres pour le *criage de nuict*; ce qui annoncerait qu'alors leurs pâtisseries se *criaient* le soir ou la nuit dans les rues. En effet les *oublies*, gâteaux qu'ils vendaient en plus grande abondance, ce qui les avait fait généralement appeler *oublayers*, se se mangeaient chauds. Ils avaient pour enseigne une lanterne transparente, ornée sur toutes ses faces de figures bizarres et qui, éclairée le soir, produisait les effets les plus fantastiques. De diverses décisions du corps de ville, il résulte que les pâtissiers tenaient en même temps une sorte de taverne publique, dans laquelle il n'était permis de vendre et débiter que du vin récolté dans la banlieue, et du crû des bourgeois. *(De Berrandy. — Cheruel.)* — V. 4 Mai.

1627 *(Siège de)*. — Le corps de ville approuve la démolition, prescrite par le Maire, d'une partie du faubourg de Tasdon et ordonne que, pour empêcher les approches de l'ennemi, la partie, la plus rapprochée de la ville, des faubourgs de Saint-Eloy et de Lafons, sera également démolie. Il nomme en outre des commissaires pour aviser, avec le *maître et le contrôleur de l'artillerie*, aux moyens de *faire faire de la poudre et de fondre du canon*. On traita, le mois suivant, avec un sieur Blanchet, maître-poudrier, et avec René Servoisier, qui déjà, en 1622, avait fondu plusieurs canons pour la ville. — C'est en 1621 qu'avait été construite, dans la *ville-neuve*, la fonderie de canons, à l'extrémité nord de la rue qui porte encore son nom et *vis à vis la Place-d'Armes de Cougnes*. Après le dernier

---

nistration du district ; Massias, autre ci-devant noble, vice-président ; Hérard, avoué, et Perry négociant, administrateurs du directoire du district, cesseront leurs fonctions dans les 24 heures de la publication du présent. » *(Proclamation.)*

siège, le duc de Saint-Simon, auquel Louis XIII avait fait don de tous les terrains dépendants des fortifications, en y comprenant la ville-neuve et érigeant le tout en fief, sous le nom de Saint-Louis, établit son *principal manoir* dans les bâtimens de la fonderie. *(Rég. des délib. — P.-verb. de prise de posses. du duc de Saint-Simon.)*

1789. — Formation du corps des *volontaires nationaux* de la Rochelle. Il était composé de deux bataillons et d'un nombre indéfini de compagnies, de cent hommes chacune au complet. L'état-major comprenait : un *commandant-général*, un *commandant en second*, un *major*, un *aide-major*, un *quartier-maître-secrétaire*, deux *porte-drapeaux*, un *aumônier*, un *chirurgien-major*, deux *adjudans*, un *tambour-major* et quatre *porte-haches* (1). Chaque compagnie avait deux capitaines, deux lieutenants, deux sous-lieutenants, un sergent-major, quatre sergents, huit caporaux et un tambour. Les nominations dans l'état-major étaient faites au scrutin par tout le corps; les officiers, sergens et caporaux étaient élus de la même manière par la compagnie. L'uniforme était ainsi réglé : habit de drap bleu de roi, avec parements et revers de drap blanc, collet écarlate, et doublure blanche, avec passe-poil écarlate; boutons jaunes aux armes de la ville; veste et culotte de drap blanc; chapeau bordé d'un galon noir, avec cocarde et pompon aux trois couleurs; guêtres noires l'hiver, blanches l'été; cheveux en catogan. Les officiers portaient les épaulettes et dragonne de leur grade, avec épée et pistolets à la ceinture.

Le commandant-général pouvait admettre, sous le nom de *volontaires-aspirans*, un nombre indéfini d'enfans à la suite du corps, avec permission de porter l'uniforme. *(V. 30 septembre.)*

30 Septembre.

1514. Publication, en *l'auditoire de la ville et gouvernement, du coustumier général du païs, ville et gouvernement de la*

---

(1) Furent nommés : le chevalier de Romfort, commandant-général; Fleury de La Vergne, commandant en deuxième; le baron de Cointes, major; H. Rondeau et Bragneau, porte-drapeaux; et Demissy, Thouron, Vivier, de Saint-Martin, Faure, Tayau, de Beaussay, Lepage aîné et Bouguereau, capitaines-commandants des neuf compagnies.

Rochelle, mis en ordre et rédigé en 68 articles par les commissaires royaux Baillet et Barme (*V. 27 août*), en présence des fondés de pouvoir du cardinal Debolterne, évêque de Saintes, du baron de Surgères (en même temps archidiacre d'Aunis), des abbayes de Charron, de l'île de Ré, de Saint-Léonard des chaumes et de Nuaillé, des *compagnons et chapelains* de Saint-Barthelémy, de Saint-Sauveur et du curé de Saint-Martin (île de Ré), des procureurs du duc de Longueville, *prince* de Châtelaillon, de Louis de la Trimouille, comte de Benon et seigneur de Marans et de l'île de Ré, du prince de Talmont, seigneur de Rochefort, de Jacq. Galiot, maître de l'artillerie du Roi, seigneur de Laleu, de René, de Bretagne, comte de Penthièvre, seigneur de Fourras et d'Esnandes, de Pierre Langlois, seigneur de Montroy, de Claude Furgon, seigneur de Saint-Cristophe, de Jean de Partenay, seigneur de la Brande, de Jean de Biens, seigneur de Saint-Vivien, de Pierre de Marlonges, seigneur dud. lieu, de Jacq. du Lyon, maire et capitaine de la Rochelle, enfin du lieutenant-général, de l'avocat et du procureur du Roi, du garde du scel, du prévôt et de *plusieurs autres, tant gens d'église, nobles, praticiens et bourgeois.* Le corps de ville, nous apprend A. Barbot, forma opposition aux 42e et 49e articles qui, contrairement à l'ancienne coutume, déclaraient caduques et nulles les donations faites entre conjoints, quand il existait des enfans nés de leur mariage ; mais les dispositions de ces articles n'en furent pas moins maintenues. « La brièveté de notre coutume, dit son savant commentateur Valin, laisse bien des questions indécises, dont il faut chercher la solution dans les ordonnances du royaume et en d'autres sources. L'usage y a suppléé en partie : en effet nous avons un grand nombre de points d'usage, que personne ne révoque en doute ; les uns se sont formés de l'esprit de la coutume, d'autres dérivent du droit romain ; ceux-ci de la coutume de Paris, ceux-là enfin n'ont point de source connue. » L'article premier contient cette disposition remarquable : « En la ville de la Rochelle, n'y a que grande assise, laquelle se tient quatre fois l'an par le gouverneur de la Rochelle ou son lieutenant ; car *en ladite ville n'y a comte, vi-comte, baron, ne chastelain que le Roy.* » Il n'en était pas ainsi en 1224, puisque nous avons vu qu'à cette époque les Templiers, les Hospitaliers de Jérusalem et le monastère de Ste-Catherine étaient seigneurs de trois quartiers de la Rochelle, et ce n'était plus exact, après la création, en 1628, du fief de Saint-Louis *(V. 29 septembre)* érigé plus tard en comté, sous le titre de comté de *Rasse*. (*Coutumier gén. — Nouveau commentaire.*)

1789. — Bénédiction, à l'église Notre-Dame, en présence de tous les ordres de la ville et au bruit des décharges de l'artillerie, des drapeaux des volontaires nationaux. La nouvelle milice fit éclater son royalisme, quand bientôt après, s'étant rendue sur la place pour prêter serment, à la question : *promettez-vous d'être fidèles à votre Roi ?* mille voix répondirent : nous le promettons, en ajoutant: *et de mourir tous pour lui, s'il le faut.* (*Perry. — Aff. de la Roch.*) — *V. 29 septembre.*

1792. — Les religieuses Ursulines, de Notre-Dame de la Charité, dites Dames-Blanches, de la Providence, de Sainte-Claire et les Hospitalières de la Rochelle sont expulsées de leurs couvents, en vertu des décrets de l'Assemblée Nationale. (*Perry.*) Nous avons déjà parlé des religieuses de la Providence (*V. 28 août*), et nous nous occuperons plus tard des Ursulines et des Hospitalières. Le couvent des *Dames-Blanches* était alors situé à l'angle sud-est des rues des Trois-Marteaux et du grand Saint-Louis. Il fut bientôt transformé en maison de détention, plus tard en dépôt de mendicité, et sert maintenant aux cours d'accouchement et au dépôt de la maternité. Ce fut Mgr de Champflour qui, en 1715, fit venir de Vannes six religieuses de Notre-Dame-de-Charité, pour fonder le couvent de la Rochelle ; mais les lettres patentes consacrant leur établissement ne sont que du mois de mai 1726. Lorsque les communautés religieuses furent de nouveau autorisées, Mme Maudet, de concert avec l'abbé Saboureau, chanoine de la Cathédrale, rétablit à la Rochelle les Dames-Blanches dans les dépendances de l'ancien couvent des Récollets, où elles sont encore, travaillant à la conversion des pauvres filles tombées dans le dérèglement. (*Arcère. — Perry. — Rainguet. — Anciens plans.*) — *V. 3 mai.*

Les religieuses de Sainte-Claire, appelées aussi *Clarisses* et

Sœurs noires, ont donné leur nom à la rue où était jadis leur couvent, qui sert actuellement de caserne. Selon Wadingh, l'historien de l'ordre de Saint-François, dont elles fesaient partie, les Clarisses s'établirent à la Rochelle dans les premières années du XIVe siècle. Jaillot dit dans ses notes que, pendant les guerres du calvinisme, la plupart des religieuses furent massacrées, que les autres se réfugièrent chez leurs parens ou dans des couvens voisins, et que leur monastère fut détruit. Aucun de nos annalistes ne font mention de ce prétendu massacre; A. Barbot se borne à dire que les sœurs noires abandonnèrent leur couvent. Ce qui est mieux justifié que les allégations de Jaillot, c'est que beaucoup d'entr'elles n'avaient pas attendu les guerres religieuses pour jeter le froc aux orties, et qu'un procès-verbal de l'official, de 1546, constate qu'elles avaient quitté le cloître, les unes *pour se marier*, les autres pour *aller vagabonder au grand scandale de la religion*, et quand le grand-vicaire de l'évêque se transporta au couvent, pour remédier à de tels abus, la Dame abbesse refusa de lui ouvrir, en lui disant que les religieuses ne dépendaient ni de lui, ni de l'évêque, qu'elles *étoient subjectes du Pape et du primat des Cordeliers, auquel elles répondroient quand requises en seroient*. Après le siège de 1628, les religieuses de Sainte-Claire furent réintégrées dans leur ancien monastère, et au moment où elles furent contraintes d'en sortir, elles étaient au nombre de 23, sans compter huit sœurs converses. (*Rég. de l'offic. — Masse. — Perry.*)

MOIS D'OCTOBRE.

1ᵉʳ Octobre.

1440. — Par une exception bien rare, si non unique, le corps de ville, cette année là, ne procéda à l'élection du Maire que le *1ᵉʳ octobre*. Charles VII, qui ne se permit pas cette seule atteinte aux privilèges des Rochelais, avait exigé que la mairie de Laurent Desnorps fut prorogée jusqu'à cette époque, et Nicolas Pignonneau fut élu pour achever l'année municipale. Mais afin que cette déférence aux commandemens du Roi ne formât pas un précédent qu'on pût invoquer à l'avenir, le corps de ville sollicita et obtint du Roi des lettres de *non préjudice*. (*A. Barbot.*)

1628 (*Siège de*). — La flotte anglaise, avec les renforts qu'elle avait reçus depuis son arrivée (*V. 23 septembre.*), s'élevait à plus de 120 voiles. Abandonnant sa première position, elle était venue se ranger en travers des deux pointes de Coureilles et de Chef-de-baie, en forme de grand croissant. Celle des catholiques, qui ne comptait guères qu'une quarantaine de navires, était disposée le long de la côte, entre Chef-de-baie et Port-neuf. A la nouvelle de l'arrivée des Anglais, Louis XIII s'était empressé de revenir de Surgères, où il était allé pour changer d'air et, laissant son quartier d'Aytré, avait pris son logement à Laleu, afin d'être plus près des évènemens. Pendant qu'il s'occupait de ranger ses troupes sur la digue et sur le bord du rivage, « on voyoit le cardinal aller d'un navire à l'autre, tantost sur le tillac et tantôt entre les bancs, exhortant un chascun, de la part du Roy, à bien faire son devoir et se montrant soigneux de pourvoir à tout avec une diligence merveilleuse. » Le *1er octobre*, « dès l'aube du jour, l'armée anglaise commença un beau tintamarre, par l'espace d'une heure et plus, deschargeant la pluspart de son artillerie et toute sa mousqueterie et ensuite celle du Roy, et même les bataillons des gardes, établis sur les côtes, firent leur salve, chacun semblant se préparer au combat et y défier son ennemy. » A midi seulement, « toute la flotte anglaise mit à la voile et, se laissant conduire par la marée, approcha fort de l'armée du Roy » ; mais au moment où semblait devoir s'engager l'action, le calme survint, et les Anglais jugèrent prudent de jeter l'ancre. Pendant la nuit cependant, ils lancèrent sur la flotte royale et contre la digue une douzaine de machines explosives, dont une seule éclata avec fracas sans causer aucun dommage. (*La relation du grand combat, etc. — Mervault. — Mém. de Richelieu. — H. Martin.*)

2 Octobre.

1619. — Naissance de Gédéon Tallemant, surnommé des Réaux (1), frère de l'abbé Tallemant (*V. 23 septembre*) et dont le nom, resté presque ignoré pendant près de deux siècles, semble grandir chaque jour, tant ses curieuses et piquantes, mais trop peu chastes *historiettes*, publiées seulement en 1834, nous ont apporté de précieuses révélations sur la société et les principaux personnages du temps d'Henri IV, de Louis XIII et de Louis XIV. Il fut présenté au baptême, le 7 novembre de la même année, dans le temple Saint-Yon, par son oncle Gédéon Tallemant, secrétaire du Roi et trésorier de Navarre, grand-père de Paul Tallemant, qui fut membre de l'académie française et de celle des inscriptions et belles lettres, et par sa tante, Marie Tallemant, femme du fantasque Paul Yvon, le Maire de 1616. (*V. 7 janvier.*) Des Réaux prit à Paris ses degrés en droit civil et canonique ; son père le destinait à la magistrature ; mais il n'avait aucun goût pour cette carrière

---

(1) *(V. 27 janvier.)* La maison de son père était près du Palais de Justice, vraisemblablement sur l'emplacement où est actuellement l'hôtel de l'Évêché.

et le riche mariage qu'il fit, en épousant sa cousine, Elisabeth de Rambouillet, le dispensa d'en prendre aucune et lui permit de se livrer à la culture des lettres et à tous les plaisirs de la société, aussi brillante que distinguée, dans laquelle l'avait lancé la famille de sa mère et de sa femme. Au célèbre hôtel Rambouillet, il passait pour un de ceux qui maniaient le mieux l'épigramme et tournaient le plus galamment un madrigal. Quelques poésies, une très médiocre tragédie d'*OEdipe*, qui n'a jamais été représentée, sont avec les *historiettes* tout ce qui reste de celui qu'on a appelé le Brantôme du XVIIe siècle. Il renvoie souvent dans ses historiettes à ses *mémoires sur la Régence*; mais s'il les a écrits, ils ne nous sont point parvenus. On ignore l'époque précise de sa mort, qui eut lieu entre 1691 et 1701. (*Rég. de l'état-civ. des protest. — Monmerqué.*)

1621. — La Cour avait compris qu'il ne suffisait pas d'attaquer la Rochelle du côté de terre, si on lui laissait la mer libre, et elle avait donné à Launay de Razilly le commandement d'une petite flotte, qui ne paraissait forte de plus de quarante voiles que parce qu'on y avait introduit, pour faire nombre, une certaine quantité de navires marchands. Lorsqu'elle parut, le 1er octobre, dans le pertuis Breton, il n'y avait à la Rochelle ni navires, ni canons et fort peu de matelots; mais le même jour, arrivèrent fort à propos neuf navires, qui revenaient de la guerre ou de Terre-neuve. Dans une séance que tint le corps de ville, le *2 octobre*, il fut décidé qu'on formerait aussitôt une flotille de guerre. On y travailla avec tant d'ardeur que, dans la soirée du 4, elle était en état de prendre la mer. Grâce à une marée extraordinaire, qui parut aux Rochelais un signe visible de la protection céleste, dix-huit navires et une grande galère, tous fort bien équipés et munis d'hommes, d'artillerie et de feux d'artifice, se trouvèrent réunis, le 6 au matin, à Chef-de-baie, sous le commandement de Jean Guiton (1). Les habitans de l'île de Ré, qu'on avait fait immédiatement avertir, lui envoyèrent un renfort de trois bâtiments, dont un très gros navire flamand, monté par 200 vaillants marins et soldats. « Les *livrées* estoient écharpes

(1) Il montait un navire de 400 tonneaux, armé de 20 canons.

blanches et bleues, et les pavillons des vaisseaux aussy, et de crainte que l'armée royale, pour tromper, n'arborât pareils pavillons, l'on envoya à ladite armée du *treillis* jaulne, pour le mettre par tous les navires aux mâts de devant pour se recognoistre. » A huit heures, Guiton attaqua les royalistes, qui, après deux heures de combat, se retirèrent en désordre, abandonnant plusieurs de leurs navires aux Rochelais. Trois jours après, Saint-Luc, gouverneur de Brouage, étant allé rejoindre Razilly, à l'île d'Oleron, avec cinq vaisseaux, ils revinrent ensemble pour attaquer la flotille rochelaise, qui était radée vers la Flotte et la Palisse. Comme ils avaient l'avantage du vent, Guiton rangea ses navires le long de la côte, derrière la pointe de Sablonceau, et essuya toutes les bordées des bâtiments royalistes; mais, dès qu'ils furent passés, profitant à son tour de la faveur du vent, *il les suivit à coups de canons, si rudement que l'armée royale ne retourna au combat. (Colin.)*

3 Octobre.

1338. — Les Rochelais obtiennent du Roi d'Angleterre des *lettres de sauvegarde*, les autorisant à trafiquer librement dans toutes les possessions anglaises malgré la guerre qui existait entre les deux couronnes de France et d'Angleterre. *(A. Barb.)*

1628 *(Siège de)*. — Le calme continuant *(V. 1er octobre)*, les deux flottes n'avaient fait qu'échanger, la veille, quelques coups de canon, et les Anglais s'étaient bornés à lancer plusieurs brûlots, qui n'avaient produit aucun effet. Le *30 octobre*, le vent étant favorable, ils parurent disposés à une attaque générale : dès quatre heures du matin, ils allèrent prendre le vent vers l'île d'Aix, puis vinrent lâcher leurs bordées contre la flotte royaliste, postée le long de la côte de Chef-de-baie. On put croire un instant que celle-ci voulait engager le combat, mais tout se passa de part et d'autre en canonnades. (1) « Ceux de la ville tiroient, de leur côté, sur la digue et la palissade, force coups de canons de leurs clochers, tours et batte-

(1) Il fut tiré 3,000 coups de canons en une heure, dit Mervault.

ries. Pendant cette ombre de combat, prières extraordinaires furent faites, où les femmes et les personnes foibles furent en oraison, pendant que le reste des habitans et des soldats étoient à leurs enseignes et sous les armes. » Le seul résultat de la journée fut en faveur des royalistes, qui coulèrent, de trois coups de canon, *le principal des vaisseaux foudroyans* anglais, dont *l'artifice joua sous l'eau sans effet*. (*Relation du grand combat, etc. — Mervault.*)

4 Octobre.

1620 (1). — Le 26 septembre, le Maire avait reçu de Favas, député général des églises réformées, une lettre par laquelle il annonçait que *le Roy ne vouloit donner aucun contentement aux églises, et alloit en Béarn déposséder ceux de la religion*; il engageait, en conséquence, le corps de ville à se tenir sur ses gardes et à convoquer une assemblée générale si, *dans le troisième jour du mois suivant, il ne mandoit autre chose*. Ce délai étant expiré, « le *quatrième jour du mois d'octobre*, il fut résolu, en la maison de ville et parmy les bourgeois, que l'assemblée des provinces du royaulme et souveraineté de Béarn seroit convoquée en la ville de la Rochelle, au 25 novembre suivant, et qu'à cette fin il seroit escript à toutes les provinces ; ce qui fut exécuté. Et le vendredy suivant, arriva le seigneur de la Chesnaye, envoyé par le Roy, qui exposa au conseil qu'il avoit charge, au nom du Roy, de faire défense de faire ladite convocation ; ce qui estoit aussy porté par les lettres de Sa Majesté. Auxquelles lettres et au seigneur de la Chesnaye fut faict response que ladite assemblée estoit desjà convoquée, les despèches envoyées, et que cela avoit esté faict suivant les promesses du Roy données à l'assemblée de Loudun. Et comme on eut avis de tous costés que l'on eust à prendre garde à soy, on avertit les amis de Poitou et de Xaintonge, on travailla aux fortifications et on mit du canon sur les murailles. » (*Colin. — Guillaudeau.*)

1628 (*Siège de*). — Mervault constate, sous cette date, que

(1) Cette date est celle donnée par Guillaudeau : elle me paraît plus conforme aux instructions de Favas que celle du 12, que donne Colin.

l'arrivée de la flotte anglaise avait apporté quelque diminution dans le prix excessif de toutes les denrées, et cependant Colin affirme que, dans ce dernier mois de siège, le picotin de froment se vendit jusqu'à *six vingt livres* (ce qui portait le boisseau à plus de 1,100 liv.), et les biscuits, qui coûtaient ordinairement 6 ou 8 deniers, non moins de 30 liv. Dans un mémoire, envoyé par Louis XIII à sa mère, il est dit que le pain, fait avec *de la paille* et du sucre, valait une livre 2 sols *l'once*; une vache, 2,000 liv.; une tête de chien, 10 liv.; une trippe de bœuf, 3 liv.; un œuf, 7 liv.; une livre de raisin frais, 18 liv.; une pinte de lait 3 à 4 liv.; une rave, ou deux feuilles de choux 5 à 10 sols; une pinte de vin, 7 liv., et le reste en proportion. « Encore, ajoute Colin, falloit-il bailler de l'or ou des pierreries ; car on ne vouloit point d'argent. Plusieurs alloient par les rues, avec de l'or et de l'argent en la main, criant qu'on leur donnast quelque morceau de pain et que l'on prist de l'or ou de l'argent ce qu'on voudroit : il ne se trouvoit personne qui les assistât. Il est impossible de croire le grand nombre d'obligations et testamens qui ont été faits, durant les deux derniers mois, pour avoir des morceaux de pain. » « La faiblesse de tous ceux qui restoient en la ville estoit si grande, qu'il eut été impossible de trouver 200 personnes capables de faire les rondes ou de marcher demi-lieue pour combattre », écrit Mervault. « La pluspart des hommes et des femmes, dit encore Colin, devinrent fort enflés, le ventre, cuisses et jambes ; d'autres estoient tellement décharnés, qu'il estoit impossible de les reconnoistre. » Enfin, Guillaudeau constate qu'il ne se passait pas de jour qu'il ne mourût de deux à trois cents personnes de faim. Les cadavres restaient dans les rues, sans que personne eut la force de les enterrer, heureusement si décharnés et si secs qu'ils n'engendraient pas d'infection. Que l'on juge si, dans une aussi effroyable situation, les malheureux Rochelais devaient suivre avec anxiété, du haut de leurs remparts, les impuissantes évolutions de la flotte anglaise, sur laquelle reposaient toutes leurs espérances !

5 Octobre.

1628 (*Siège de*). — « Le jeudy, *5 octobre*, à la marée,

sur les trois heures après midy, qui étoit le premier flot, l'armée angloise remit encore à la voile ; elle pouvoit être en tout de 180 voiles ; mais elle ne fit que se parer au vent, qui descendit au sud-ouest fort violent, sans faire aucune tentative à la palissade : ce qui attrista grandement les Rochelois et leur ôta quasi toute espérance d'être délivrez de leurs misères et calamitez par cette armée. » (*Merv.*) Ils n'avaient que trop raison : malgré les brillantes promesses du Roi Charles, bien que lord Lindsay déclarât, ce jour là même, aux Rochelais de sa flotte, qu'il exécuterait certainement, *au péril de sa vie et de toute son armée, la commission, qu'il avoit receue du Roy son maître, de ravitailler la Rochelle ; que si ses vaisseaux à feu et à mine ne suffisoient pas à l'ouverture du passage* (à travers la digue), *il feroit plustost échouer toute son armée contre la palissade, pour l'emporter à coup de main et de hache, et passer sur le ventre à tous ceux qui s'y opposeroient*, cette dérisoire démonstration, qu'accompagnèrent quelques bordées de coups de canon, fut la dernière ; aucune tentative, aucun effort sérieux ne répondit à ces hypocrites forfanteries, et à quelques jours de là, les Rochelais apprenaient qu'après un échange de prisonniers, lord Lindsay entrait en pourparlers avec le cardinal de Richelieu. M. Henri Martin semble excuser la lâche conduite des Anglais, en disant que, dès le premier combat, les puissantes ramberges anglaises avaient reconnu l'impossibilité d'entrer dans le canal, trop peu profond pour leur masse. Mais en admettant le fait, qu'était-il besoin de faire passer toute la flotte anglaise à travers la digue ? Ce qui importait surtout, c'était de faire entrer des vivres à la Rochelle, qui se tordait dans les étreintes de la famine. Avec des forces presque triples, la flotte anglaise pouvait écraser celle des royalistes, et, pour la palissade, qui fermait le passage ménagé entre les deux côtés de la digue, il n'était pas douteux, comme l'écrivait Guiton le 10 octobre, *que l'attaquant au milieu, où sont les navires flottans, les foudroyans ne fissent un passage compétent et quand cela manqueroit, échouant les navires forts, et faisant travailler de la hache et de scies, le passage seroit bientôt fait.* Nous croyons plutôt que ce grand déploiement de force de la part du Roi d'Angleterre n'avait d'autre but que de faciliter aux Rochelais un traité moins désavantageux, en s'attribuant le mérite du rôle de protecteur de toutes les églises réformées, et qu'il avait donné pour instruction à lord Lindsay de ne point exposer sa flotte aux hasards des combats.

6 Octobre.

1627 (*Siège de*). — Le siège de la citadelle de Saint-Martin durait depuis près de deux mois et demi ; malgré le dénûment extrême de ses troupes, les murmures de ses soldats et les complots de quelques-uns pour livrer la place aux Anglais, le brave Thoiras tenait toujours et s'efforçait de gagner du temps par des négociations, espérant à toute heure recevoir des secours. A bout de ressources, il venait cependant d'être obligé de stipuler avec Buckingham que, si la grande marée du 8 passait sans qu'il fut secouru, il remettrait entre ses mains la citadelle, et le fort de la Prée. Mais d'un autre côté, le découragement avait aussi gagné les chefs de l'armée anglaise; le nombre des malades augmentait chaque jour, les vivres étaient près de manquer, et la mauvaise saison était proche. Après avoir essayé inutilement de déterminer les Rochelais à le recevoir dans leur ville, lui et ses troupes, ou tout au moins à nourrir son armée, Buckingham, dans un entretien qu'il eut le *6 octobre* avec les députés Rochelais, Guiton et de Fos, leur déclara qu'ayant fait constater qu'il ne restait plus que pour douze ou quinze jours de provisions de bouche, il était dans la nécessité de se retirer ; qu'en retournant en Angleterre, il n'abandonnerait pas pour cela leur cause, et qu'au printemps prochain, il reviendrait avec 20,000 hommes. Les députés Rochelais furent aussi surpris qu'atterrés d'une pareille déclaration ; ils firent tous leurs efforts pour détourner le duc de sa détermination ; mais ils ne purent l'en dissuader, et revinrent à la Rochelle apporter cette désolante nouvelle. (*Mervault.*) — *V. 14 octobre.*

1685. — « Au commencement d'octobre, sept à huit cents fusiliers, venant, comme on disoit, de *convertir le Béarn*, entrèrent à la Rochelle. Leur arrivée causa autant de joye aux catholiques que de tristesse aux réformés, chez qui seuls on les logea... ils furent logés non plus un à un, ou deux à deux, comme cela s'étoit fait jusqu'alors, mais six à six, dix à dix, et à la fin par *compagnie entière*. Dans les premiers jours, ils n'inquiétèrent leurs hôtes que pour leur nourriture. L'on composoit avec eux pour les appaiser, et on leur donna avec joye tout ce qu'ils voulurent : argent, linge, habits, rien ne leur fut refusé, les réformés s'étant flattés que par ce moyen, et par les présens qu'ils y ajoutoient, ils se les rendroient favorables et pourroient éviter le changement de religion, que ces soldats avoient ordre d'exiger d'eux.... mais cela ne servit qu'à hâter leur ruine. Il fut défendu aux fusiliers de composer avec leurs hôtes, et on leur enjoignit de les molester et de leur faire tous les mauvais traitements dont ils pourroient s'aviser. Ils ne s'y épargnèrent pas. De mercenaires et avares qu'ils avoient paru jusque-là, ils devinrent tout à coup comme autant de lions et de tigres... Ce traitement des fusiliers contraignit 300 familles à abjurer la religion réformée, mais il y en avoit encore plus de 800 qui tenoient bon. Le seigneur Arnou (*de Vaucresson, intendant*), fit venir de ces derniers chez lui, le *7 octobre*, et après leur avoir reproché qu'ils étoient des opiniâtres enragés et des rebelles aux volontés de leur souveverain, il les menaça de les abymer, à moins qu'ils ne lui donnassent parole de se faire instruire. Tous, à la réserve d'un ou deux, témoignèrent de la fermeté. Ce fut alors que le sieur André Bernon, qui avoit été un des anciens du consistoire, et qui étoit un des bons marchands de la ville, lui dit en pleurant : *vous m'allez damner, Monseigneur, puisqu'il m'est impossible de croire à ce qu'enseigne la religion qu'on veut que j'embrasse !* A quoi le seigneur Arnou répliqua avec insulte : *je me soucie bien que vous vous damniez ou non, pourvû que vous obéissiez.* » (*Tessereau. — Hist. des réformés de la Roch.*)

7 Octobre.

1645. — « Plusieurs personnes inconnues et vagabondes courant les rues nuitamment, sans feu ni chandelle, avec pistolets, masques et espées, faisant violences, outrages et insolences aux passans, de telle sorte que les habitans n'osoient sortir, le soir, dans les rues, où se trouvoit grand nombre de filous et gens de néant », le lieutenant-général criminel rendit, le *7 octobre*, une ordonnance « qui fesoit défense à toute personne, de quelque qualité et condition qu'elle fut, d'aller la nuit en les rues, après le son du couvre-feu, sans avoir de feu à se conduire et esclairer, sous peine d'être appréhendée *comme coupable ou complice des crimes commis nuitamment.* » *(Titre du temps.)*

1651. — Louis Foucault de Saint-Germain, comte du Doignon, après la mort du jeune amiral de Brezé, profitant de la faiblesse du pouvoir royal, s'était pour ainsi dire impatronisé dans le gouvernement de l'Aunis et, prenant des airs de petit souverain, s'était formé une armée et une escadre avec le produit des impôts et des salines. L'un des premiers, il avait embrassé la cause de Condé, quand celui-ci, entraîné par la duchesse de Longueville, s'était mis à la tête de la Fronde et avait donné le signal de la guerre civile. Mais quand le prince, appréciant l'admirable position que lui créeraient la Rochelle et Brouage, les îles de Ré et d'Oleron, appuyé qu'il serait par une flotte considérable, avait manifesté l'intention de passer dans son gouvernement, pour y transporter le théâtre de la guerre, l'ambitieux et égoïste du Doignon avait su trouver d'adroits prétextes pour ne pas livrer ses places, ni se dessaisir d'un gage qui fesait sa force et lui servait à négocier avec les deux partis. Il s'était engagé à les défendre seul, se fesant fort de rallier les populations au drapeau de Condé. Cependant il avait échoué dans ses tentatives auprès des Rochelais. Il résolut néanmoins, la ville étant alors toute démantelée, de transformer les deux tours de l'entrée du port en deux sortes de citadelles. Après avoir fait raser deux maisons contiguës à la tour de la Chaîne, il entoura les abords de celle-ci d'une épaisse muraille, assez haute pour communiquer avec le mur de la Chaîne, et à l'intérieur de laquelle il fit élever un rempart en terre. Pour isoler la tour de Saint-Nicolas, il fit couper, sur une largeur de 32 à 40 pieds, la muraille, qui va de cette tour à la porte St-Nicolas, ainsi que la plate-forme de terre, dont elle était doublée du côté de *la grave*: il fit creuser un large fossé, allant du port à l'avant-port, de façon à laisser au pied de la tour un îlot triangulaire, sur lequel on éleva, presque à la hauteur de la muraille, une contre-escarpe, flanquée de deux demi-bastions liés par une courtine, et bien fraisée de longs pieux à grandes pointes de fer. Puis, pour rendre plus difficiles les approches de la tour, dont il avait rasé les galeries à créneaux du sommet jusqu'à la plate-forme, le *7 octobre* et jours suivants, il fit démolir, *jusqu'au quart de la muraille*, le bastion du Gabut. *(Le Mercure roch. — Mervault. — Cousin, la Fronde à Bordeaux.)*

8 Octobre.

1627 *(Siège de)*. — C'était le jour qui devait décider du sort de Thoiras et de la citadelle de Saint-Martin. *(V. 6 oct.)*. Dans la nuit précédente, une escadrille, de trente-cinq à quarante barques et pinasses, était partie des Sables d'Olonne sous le commandement de Launay de Razilly, chargée de munitions de bouche et de guerre, et au cri de ralliement de *passer ou mourir*. Le vent, qui était très fort, la poussait vers la citadelle; la petite dimension des navires leur permit de passer sous les boulets des grands vaisseaux anglais; une vingtaine vinrent s'échouer au pied de la falaise de la citadelle, les autres furent coulés ou dispersés sur les côtes voisines; le navire seul du commandant de Razilly fut capturé. Dès lors l'abondance succéda dans la citadelle à la plus affreuse disette; il y avait dans les barques plus de 200 tonneaux de farine, 60 pipes de vin, 60 bœufs salés, plusieurs moutons vivants et autres provisions, sans compter une grande quantité de vêtemens, de charbon de terre, de drogues pour les malades, etc. Le lendemain les soldats, tout joyeux, montraient, au bout de leurs piques, aux assiégeans *force bouteilles de vin*, *chapons*, *coqs-d'inde*, *jambons*, *langues de bœuf*, etc. Comme cet heureux évènement avait eu lieu la veille de la fête de Saint-Denis, ceux de la citadelle firent l'épigramme suivante:

» Buckingham, vous avez juré,
» De prendre Saint-Martin de Ré;
» Si Saint-Denis, seul et sans tête,
» A renversé tous vos desseins,
» Jugez que feront tous les saints,
» S'il vous rencontrent à leur fête. »

(Mervault. — Hist. de la Rebellion. — Mém. de Richelieu. — Isnard. — Michelet, Henri IV et Richelieu.)

1651. — Dans la crainte d'être incommodé par le canon que l'on pourrait placer sur les clochers de Saint-Barthelémy et de Saint-Sauveur, du Doignon en fait rompre les voûtes supérieures, les plancherss et charpente, et aussi les escaliers. *(Mervault.)* — *V. 6 octobre.*

9 Octobre.

1580. — « Advint dans la Rochelle, sur les huit heures du matin, une fort grande alarme et tumulte populaire, pour cause, comme on disoit, de certaines eschelles qui se faisoient en icelle, par le commandement de Monseigneur de Rohan, qui s'estoit retiré à la Rochelle avec sa famille ; tellement que le Maire fut par icelle en armes, accompagné de plusieurs, menant de l'artillerie avec luy, sans que les habitans sçussent qui l'avoit induict à ce faire ; lesquels *(habitans)*, s'estant saisis des cantons, le voulurent empescher de passer au canton de la Caille, auquel endroit, il fut arresté avec sa troupe : ce qui apporta beaucoup de querelles particulières, lesquelles n'ont esté de longtemps après assoupies. » *(Baudouin.)*

1621. — Les chefs que l'assemblée générale des protestans avait désignés pour les huit *cercles* ou gouvernements de la France (*V. 10 mai.*) avaient presque tous décliné ce dangereux honneur. Le duc de la Trémouille, auquel avaient été attribuées, avec l'Angoumois, la Saintonge et *îles adjacentes*, ayant fait sa soumission au Roi, l'assemblée, dans sa séance du *9 octobre*, invita Soubise, qui déjà avait le Poitou et la Bretagne, à accepter la charge de *chef et général de la province de Saintonge*. *(Proc.-verb. de l'assemblée.)*

10 Octobre.

1584. — Le Roi de Navarre, après avoir défait les troupes de Joyeuse et de Mercœur, revient à la Rochelle, avec le comte de Soissons, qui s'était prononcé en sa faveur, et fait présent à la ville de quatre cornettes et d'un guidon pris à l'ennemi. Quatre jours après, il en repartit pour aller battre de nouveau Joyeuse à la célèbre bataille de Coutras. *(Baudoin.)* Les magistrats municipaux de la Rochelle lui donnèrent, selon les uns, ou lui vendirent, selon les autres, deux canons et des munitions pour ses nouvelles expéditions. (*Ms. int., recueil de l'Hôtel-de-Ville.*) — *V. 1er et 30 juin.*

1843. — Inauguration du nouveau lycée de la Rochelle, construit aux frais de la ville, sur l'emplacement de l'ancien collége communal. (*V. 14 février et 14 mars.*)

11 Octobre.

1390. — « Lettres (*patentes*) du roy Charles VIe, par lesquelles il veut et ordonne que tous marchands, tant estrangers que autres, de Flandre, Normandie, Picardie, Bretagne ou pays plus loingtains, et autres régnicoles de France trafiquans à la Rochelle, jouissent de l'exemption des droits d'entrée pour les marchandises qui viendront à la Rochelle et se vendront en gros. » (*Invent. des privil.*) Cette franchise commerciale, accordée à la Rochelle, devait être d'un intérêt immense pour le développement de ses relations et de ses richesses.

1422. — Henri V d'Angleterre, que le honteux traité de Troyes avait fait, deux ans auparavant, *régent et héritier du royaume de France*, venait de mourir au château de Vincennes, laissant le poids de deux couronnes sur la tête d'un enfant, qui n'avait pas encore un an; quelques jours encore et le pauvre insensé Charles VI, qui avait dépouillé son fils, en faveur de son gendre, de la succession au trône de France, allait terminer sa misérable existence. Ce fils déshérité, le Dauphin Charles, qu'on allait bientôt appeler Charles VII, était alors à la Rochelle, qui, en haine des Anglais, n'avait pas hésité à se prononcer pour lui et à lui jurer fidélité, comme *à son seigneur naturel, contre tous ses adversaires*. Aussi était-ce sur les côtes de l'Aunis que, l'année précédente, une flotte castillane, alliée du Dauphin, avait débarqué de nombreuses troupes d'Espagnols et d'Ecossais (1). Le prince était logé dans une

(1) Dans les archives de l'hôpital Saint-Barthelémy, on trouve plusieurs actes de 1422, établissant que des habitans d'Aytré et de Lhoumeau n'ont pu labourer leurs terres, *tant pour cause de vimère de guerre et des Espaigneulx, qui, l'an passé, estoient en ce païs, et, qui avoient mis lesdits lieux comme déserts, que pour la cherté du temps et des laboureurs.*

maison, *bastie en charpenterie* (1), formant l'angle nord-ouest de la rue Chef-de-Ville et de la *venelle de la Verdière* (la rue Verdière actuelle.) *Le 11 octobre* (2), il y avait convoqué ses principaux conseillers, pour délibérer sur les moyens de profiter de la mort, si favorable à sa cause, de leur plus redoutable ennemi. Par une heureuse circonstance, on avait placé le siège, que devait occuper le Dauphin, dans une sorte de niche, pratiquée dans l'épaisseur du vieux mur d'enceinte de la ville, qui longeait le canal de la Verdière et qui *faisoit le fond de ladite maison*. Tout à coup, pendant que la noble assemblée était en séance, la charpente s'écroula avec un épouvantable fracas, ensevelissant tous les assistans sous ses débris. Le Dauphin resta seul suspendu sur ces ruines, et en fut quitte pour quelques blessures légères ; mais plusieurs grands personnages y perdirent la vie, parmi lesquels Jean de Bourbon, seigneur des Préaux, et un grand nombre furent retirés des décombres plus ou moins dangereusement blessés. Qui peut calculer quelles conséquences immenses eût pu entraîner, dans les conjonctures présentes, la mort du Dauphin, s'il n'eût été préservé par un hasard qu'on pourrait appeler providentiel, puisqu'avec l'aide du bras de Jeanne d'Arc, il devait être appelé bientôt à chasser les Anglais du royaume de France. (*A. Barb. — Monstrelet. — Aug. Gallant. — De Barante. — H. Martin.*)

1606. — A cinq heures du soir, tremblement de terre à la Rochelle. (*Merlin.*)

1846. — Election, par le collége de la Rochelle, de M. Bethmont, premier député de l'opposition depuis 1830.

---

(1) « Et que l'on dit être celle où pend pour enseigne le cocq », ajoute A. Barbot. On sait que la rue Verdière a longtemps porté le nom de rue du *Coq*, que lui donnent encore certaines personnes.

(2) C'est à tort que M. Henri Martin, dans son histoire de France, place cet évènement à une date postérieure à celle de la mort de Charles VI, qui ne décéda que le 21 octobre. Monstrelet dit qu'il eut lieu peu de temps avant la mort du Roi, et A. Barbot, qui écrivait d'après les anciens titres de la ville, le fixe au 11 octobre.

12 Octobre.

1637 (*Siège de*). — « Le mardy *12* (1), le Roy arriva devant la Rochelle et prit son logement à Estré ; il ne faut pas demander s'il y eut belle musique de coups de canon et de mousquetterie en tous les quartiers de l'armée pour sa bienvenue. » (*Mervault.*) Guillaudeau ajoute qu'il logea *en la maison des Rouhaus*, qu'on appelait aussi des *Réaux* (2). Il était accompagné du cardinal de Richelieu, qui établit ses quartiers au Pont-de-la-pierre, maison seigneuriale située près de la mer, entre Aytré et Angoulins. Les Rochelais formèrent aussitôt le projet d'aller, par mer, enlever le cardinal pendant la nuit; mais le Roi, informé du complot, s'y transporta avec des troupes et déjoua l'entreprise. Richelieu pourvut dès lors à la sûreté de sa demeure, en la fesant fortifier de retranchemens à l'épreuve du canon. (*Mém. de Richelieu.*)

1628 (*Siège de*). — « Le jeudy, *douze* au matin, il se trouva, dans la maison du sieur Superville, le corps d'une femme, à qui on avait ôté la tête et coupé des pièces de chair en plusieurs endroits de son corps, que deux filles confessèrent d'avoir mangées; lesquelles on n'osa mettre entre les mains de la justice, de peur qu'étant punies publiquement, les assiégeans n'apprîssent l'extrémité où on étoit réduit. » (*Mervault.*) C'est horrible à dire, mais il est certain que ces actes de cannibalisme se multiplièrent : on déterrait les morts pour s'en repaître; « trois, qui en mangèrent, moururent sur le champ », porte un manuscrit de la bibliothèque, et il ajoute : « nous avons appris *qu'une mère a mangé sa fille estant en vie;* qu'une autre a mangé les doigts à son petit frère.... » Une femme alla jusqu'à se manger elle-même, et mourut en se rongeant le bras. « J'appris de la propre bouche de mon hoste, écrit Pontis dans ses mémoires, que, *pendant huit jours*, il s'estoit fait tirer de son sang et l'avoit fait fricasser pour en nourrir son enfant, s'ostant ainsy peu à peu la vie pour conserver celle de son fils... »

(1) Thibeaudeau s'est trompé, en disant dans son *histoire du Poitou* que Louis XIII était arrivé au camp le 10.
(2) V. 27 *janvier*.

1852. — Passage à la Rochelle de Louis-Napoléon, président de la République. Il lui fut donné, le soir, par la ville, un bal magnifique, dans la cour de la Bourse, qui avait été couverte et parquetée. Après avoir été contempler les restes de la digue de Richelieu, et avoir visité les principaux établissemens de la ville, il partit le lendemain et alla déjeûner chez M. le baron de Chassiron, à son château de Beauregard, près Nuaillé.

13 Octobre.

1512. — Le pape Jules II ayant réussi à entraîner le Roi d'Angleterre, Henri VIII, dans la ligue qu'il avait formée contre la France, Louis XII avait senti le besoin de fortifier sa marine, et s'était adressé aux Rochelais pour qu'ils lui envoyassent quelques navires. Ceux-ci lui avaient fait don de *la grande nef, nommée le Saint-Sauveur*, de 4 à 500 tonneaux, que la commune avait fait construire quelque temps auparavant (1), et qui lui avait coûté près de 10,000 livres. En reconnaissance, le Roi les avait exemptés de l'*imposition foraine*, qui était de quatre deniers par livre. Mais quand Louis XII leur avait en outre demandé l'artillerie nécessaire pour armer le *Saint-Sauveur*, ils avaient répondu qu'ils avaient besoin de toute leur artillerie pour défendre leur ville contre les Anglais (*qui de jour à autre se venoient rader près la ville et prendre les navires marchands*), le priant même de leur envoyer *quelque seigneur expert au fait de la guerre, pour les conseiller et faire percer et remparer la ville, dehors et dedans*. S'en rapportant *à la fidélité de ses bons subjects les habitans de la Rochelle*, le Roi les avait assurés qu'il ne les abandonnerait pas si les Anglais venaient les attaquer et leur avait expédié du Chillou, sous la direction duquel avaient été entrepris de très grands travaux aux fortifications. *Le 13 octobre 1512*, il écrivit au corps de ville pour lui annoncer

---

(1) On lit dans le manuscrit n° 1,977 que ce fut J. Guybert, maire de 1507, qui fit *parachever la grand'nef nommée le Saint-Sauveur*. Arcère s'est donc trompé doublement en disant que c'était en *1513* que, *sur la demande du Roi*, les Rochelais avaient fait construire ce navire.

que, n'ayant plus besoin de *la nef le Saint-Sauveur*, il la remettrait aux mains de la commune, avec toutes les munitions qui s'y trouvaient, aussitôt qu'elle serait de retour de son service. (*Bruneau. — A. Barb. — Ms. n° 1,977, invent. des privil. — Appoint. d'Avranches.*)

1833. — Suspension des travaux du puits artésien, creusé au milieu de la promenade du Mail et qui était parvenu à 559 pieds de profondeur.

14 Octobre.

1591. — Informé que ses ressources ne pouvaient suffire à entretenir, au collége, un nombre suffisant de professeurs *pour la deue instruction de la jeunesse, tant és langues que philosophie*, et animé *d'une singulière affection au bien et décoration de la Rochelle*, désirant surtout favoriser *un si bon œuvre et dessein, pour empescher que l'ignorance, qui prend cours en son royaulme, par la longueur des guerres civiles, ny prenne pied aulcun, et en puisse être chassée, et que, par une bonne et heureuse instruction, la jeunesse soit eslevée et rendue d'autant plus capable de luy faire service et profiter à la chose publique*, Henri IV avait assigné à la commune, sur son domaine, une subvention annuelle de *666 écus sols et deux tiers d'écus* (2,000 liv.), par lettres patentes datées d'Aubervillers, du mois de juin de l'année précédente; mais le parlement, siégeant alors à Tours, s'était refusé à l'enregistrement de ces lettres patentes. Le Roi fut obligé de lui enjoindre, le *14 octobre 1591*, d'avoir à procéder, sans aucune opposition, à leur vérification et *enterrinement*. De nouvelles difficultés empêchèrent cependant la commune de jouir de la libéralité royale avant la fin de l'année 1593. Cette allocation lui fut continuée jusqu'au siège de 1627-28. (1) (*Delaurière.*)

(1) Le compte du trésorier de la ville, de 1599, fournit de curieux renseignements sur le nombre des professeurs, et le traitement qui leur était alloué; on y lit : payé à M. *Copus* 253 escus 20 sols, tant pour ses gages de principal que ceux de professeur en grec ; à G. Achard, 1er régent, et M. Morisseau, tenant la 1re classe, 41 escus 40 sols, pour une demi-année de gages ; à M. Rault, professeur en *philosophie*, 100 escus, pour trois quartiers de gages ; à G^{me}. Hartus, écossois,

1627 (*Siège de*). — Le duc de Buckingham, ayant reçu des nouvelles d'Angleterre, qui lui annonçaient des renforts, et ayant reconnu que son armée pouvait encore avoir des vivres pour deux mois, avait déclaré, la veille, aux députés Rochelais qu'il renonçait à son projet de départ (*V. 6 octobre.*) et était décidé à continuer le siège de la citadelle de Saint-Martin. Il avait en même temps signé *provisionnellement* le traité d'alliance arrêté entre les commissaires Rochelais et lui, au nom du Roi d'Angleterre. Le *14 octobre*, le conseil de guerre d'abord et le corps de ville ensuite approuvèrent et ratifièrent les articles du traité. Dans le préambule il était dit : que « la guerre ouverte et déployée, qu'on leur avoit faite depuis un mois, les avoit contraintz de recourir au secours qui s'offroit à eux, et de franchir les mesures de neutralité qu'ils avoient prises au commencement ; que leurs bons et modérez comportemens n'ayant attiré sur eux, au lieu de grâces et louanges, que ruyne et désolation, ils n'avoient sçu prendre une autre voie que celle de la naturelle et légitime défense, pour rendre à leurs familles les offices, à leur patrie les debvoirs, à leur religion les sacrifices dont ils sont tenuz par les lois divines et humaines, au péril même de leurs propres personnes et de leurs vyes ; que nonobstant les excez et injustices qu'on leur faits, l'union et conjonction qu'ils prennent avecq le seigneur Roy de la Grande-Bretagne, *laquelle il a fait l'honneur de leur demander*, n'avoit rien qui fut directement ou indirectement contre et au préjudice de la *très humble subjection et fidélité qu'ilz recognoissent debvoir au Roy leur souverain, laquelle fidélité ils garderont sans double et inviolable*, dans le désespoir où les ennemys de l'Estat et de leur religion les ont mis. » Les 29 articles du traité portaient en substance : que *tous les droits, prérogatives, immunités, franchises, libertés, privilèges et longues observances* de la commune seraient inviolablement maintenus ; que la forme du gouvernement municipal

---

professeur en *philosophie*, 16 escus 2 tiers, pour un quartier ; à G^me. Legoust, 78 escus 20 sols, pour une année de ses gages de 2e régent ; à A. Hérault, 3e régent, 66 escu 40 sols, pour une année ; à C. Malaquin, 4e régent, 60 escus ; à de Mandragues, pour avoir tenu la 5e classe, 30 escus, pour six mois ; à P^re. Hernin, 53 escus 20 sols, pour une année de ses gages. (*Ms. de la bibliothèque.*)

ne serait pas changée; que le Maire aurait seul, dans la ville, le commandement des gens de guerre, *de quelque qualité et condition qu'ils fussent ;* qu'il ne serait levé sur les habitans d'autres impôts que *ceux accoutumés*, et que les magistrats feraient lever eux-mêmes ; que durant la guerre, ils pourraient faire battre monnaie, fondre du canon, faire levée de deniers, confisquer les biens des *déserteurs ennemis de la cause*, équiper une flotte qui *conserveroit le pavillon aux armes et couleurs de la ville, et faire généralement tous autres actes de puissance souveraine et absolue ;* qu'après que Buckingham se serait rendu maître de l'île de Ré, il lui rendrait les libertés dont elle jouissait avant l'arrivée de Thoiras, sans pouvoir, en aucun cas, la démembrer du gouvernement de la Rochelle ; que, pendant la guerre, il y aurait toujours près de la personne du duc deux commissaires, un membre du corps de ville et un bourgeois, avec voix délibérative et *résolutive* dans tous les conseils, qu'il s'agit de guerre ou de paix ; que la paix ne pourrait être conclue qu'avec l'avis et consentement des ducs de Rohan et de Soubise, et des habitans de la Rochelle, et sans qu'au préalable le *fort de la Motte* (1) et tous autres étant dans le gouvernement, y compris celui de l'Aiguillon, ne fussent entièrement rasés, avec assurance qu'ils ne pourront être rétablis sous quelque prétexte que ce soit, etc. (*Registre du corps de ville. — Mervault.*) V. *30 mars.*

1628 (*Siège de*). — Lord Lindsay, qui songeait plus à négocier qu'à combattre, ayant demandé un sauf-conduit pour Montaigu, celui-ci vint, le *14 octobre*, au camp royal conférer avec Richelieu. Pendant qu'il était au Fort-Louis avec le Roi, le boulet d'un canon, tiré du clocher de Saint-Barthelémy, vint frapper à leurs pieds et les couvrit de poussière. En apprenant le danger qu'avait couru Louis XIII, les assiégés, nous apprend Mervault, *redoublèrent les prières publiques qu'on*

(1) C'est sous ce titre que les Rochelais désignaient le Fort-Louis, auquel ils ne voulurent jamais donner ce dernier nom. En 1624, un de leurs députés ayant reçu l'ordre de l'appeler ainsi, quand il parlerait au Roi, éluda la difficulté en s'exprimant en ces termes : *Sire, ce fort qui n'est fort que parce qu'il porte votre nom*, etc. (*Vie du maréchal de Thoiras.*)

faisoit tous les jours pour demander à Dieu qu'il luy plût préserver Sa Majesté de tout mal. Etrange spectacle que des sujets révoltés supportant les plus affreuses tortures de la famine plutôt que d'ouvrir leurs portes au Roi, qui les tenait assiégés depuis quinze mois, et ne cessant pourtant de prier pour la conservation des jours de ce prince, contre lequel ils s'étaient ligués avec ses plus redoutables ennemis ! (*Mervault.*)

15 Octobre.

1294. — Une rixe sanglante, qui avait eu lieu l'année précédente, à Bayonne, entre des marins anglais et normands, avait été pour les habitants des côtes de France et d'Angleterre le signal d'une véritable guerre maritime, à laquelle les gouvernemens des deux pays étaient restés étrangers. Le *15 octobre* 1294, des corsaires anglais débarquèrent en grand nombre à l'île de Ré, portant partout le fer et le feu, et ne l'abandonnèrent qu'après avoir incendié la plus grande partie de l'île et égorgé une multitude d'habitans (1). (*Ms. de Maillezais. — H. Martin.*)

1635. — *Le ban et l'arrière-ban de la Rochelle, pays d'Aunis et des îles* ayant été convoqués à la Rochelle, presque toute la noblesse aunisienne se trouva réunie, le *15 octobre*, au palais de Justice, jour et lieu de la convocation. Mais il n'y eût que Messieurs de Lozeré, seigneur de Rochefort, et de Furgon, seigneur de Saint-Christophe, qui *se déclarèrent prêts et en estat de servir le Roy, les autres ayant allégué divers moyens d'excuse*. Le lieutenant général Fouchier, qui présidait l'assemblée, les invita à se trouver le lendemain à l'hôtel du commandeur de La Porte (2), pour y nommer les trois d'entr'eux, entre lesquels le Roi aurait à choisir celui qui les conduirait à l'armée. Le parti du commandeur intrigua pour faire élire, au

(1) *Fuit insula de Re igne cremata, et illic multitudo gentium maxima spiritus exhalaverunt...* » (*Ms. de Maillezais.*)
(2) V. 22 mai 1631. Il habitait l'Hôtel-de-Ville. Tallemant des Réaux, qui n'est pas prodigue d'éloges, en parle ainsi : « C'étoit un homme de bien et un homme d'honneur... je l'ai vu fort aimé à la Rochelle, dont il étoit gouverneur... » — *V. 22 mai.*

nombre des candidats, M. de Polignac, seigneur d'Argence, de Dompierre et de Fourras, et le faire choisir par M. de La Porte, *à cause de son avarice et vilenie, combien qu'il fut fort riche*. Il fut en effet un des élus, avec M. Daniel Grain de Saint-Marsault, baron de Châtelaillon, et fut nommé, au nom du Roi, par le commandeur ; *de quoy il s'excusa fort, mais la partie étoit faite contre luy, afin de luy faire dépenser de l'argent*. Il fut donné à toute la noblesse un délai de trois semaines pour se trouver à la Rochelle, en équipage de guerre, et y recevoir des ordres de Sa Majesté. (*Colin.*)

16 Octobre.

1572. — On ne peut s'empêcher de prendre une bien haute idée de l'importance et de la force de la Rochelle, en même temps qu'une bien triste opinion de la faiblesse de la royauté, en voyant que, depuis plus d'un mois, il ne se passait presque pas de jour sans que le Roi, la Reine mère, les princes ou les plus grands de l'Etat n'écrivissent aux Rochelais, ou ne leur envoyâssent des députés, pour les déterminer à recevoir un gouverneur, qu'on avait choisi tout exprès pour eux, lié qu'il était avec les chefs des *politiques*, qui avait sauvé plusieurs huguenots à la St-Barthélémy (parmi lesquels deux députés Rochelais), et qui demandait si peu que cela : entrer à la Rochelle sans aucune suite, recevoir le serment des habitans et se retirer après. (*V. 26 septembre.*) Le *16 octobre*, arriva un nouvel envoyé de la cour, un sieur Durand, procureur de la commune au parlement de Paris (1). Il avait pour mission d'assurer de nouveau le corps de ville *de la bonne volonté de Sa Majesté, du désir qu'elle avoit que les Rochelois vécussent en repos, paix et contentement, et savoir de quoy ils avoient à se plaindre, pour là dessus y pourvoir*. Outre des dépêches de Biron, qu'il avait été trouver à Saint-Jean d'Angély, il apportait des lettres du premier président de Thou, adressées au lieutenant-général, Jean-Pierre, au Maire Morisson et à quelques notables. « Mais comme on voyoit les affaires tellement

---

(1) La ville avait deux avocats, *un procureur* et un solliciteur au parlement de Paris, auxquels elle donnait des appointements fixes de 3 écus deux tiers par année. (*Etablissem. et statuts du corps de ville.*)

engagées à la guerre et à un siège contre ceste ville, qu'il n'y avoit aucune assurance aux promesses qui estoient faites, ceste ville, pour response, se tient en ses premières résolutions, tesmoignant aud. Durand que, quelque affection qu'on luy portast pour ses services, on avoit grandement désagréables et on trouvoit très mauvais, vu la profession qu'il faisoit de mesme religion, les conseils qu'il donnoit, et d'avoir entrepris une telle légation. Les Maire, eschevins et pairs continuans leurs plaintes envers led. seigneur de Biron de ce que, pendant tous ces entretiens, on fermoit tous les chemins et allées en ceste ville, pour empescher le commerce, et qu'on prenoit les navires et autres biens des habitans, qui y venoient des provinces ou royaulmes estrangers (1). » (*A. Barb. — Mém. de l'Estat de Fr.*) — *V. 22 janv. 19 et 26 sept.*

1628 (*Siège de*). — « Le *lundy 16*, accompagné d'un ingénieur allemand, nommé Kim Phaussem, le milord Montaigu alla au bord de M. le commandeur de Valencey (2), où étoit Monsieur le Cardinal, qui, monté sur une galiote, lui fit voir la Digue et toutes les machines qui traversoient le canal, qui s'étonna de ce travail et témoigna *qu'il étoit impossible de pouvoir forcer la digue.* » (*Mervault.*) — *V. 14 octobre.*

(1) Dans sa réponse à Biron, le corps de ville se plaignait notamment de ce que le seigneur de Royan avait capturé deux navires Rochelais, *chargez de drogues et espiceries, de la valeur de quinze à seize mille escus*; de ce que plusieurs autres navires, chargés de blé et de vin, avaient été pillés, et un batiment venant de Terre-Neuve tout récemment arrêté par les vaisseaux du Roi. (*Mém. de l'Estat de Fr.*)

(2) Achille d'Estampes de Valençay; il fut nommé maréchal de camp après la prise de la Rochelle, et cardinal en 1643. Tallemant des Réaux, qui l'appelle le *bailly de Valençay*, nous apprend que Louis XIII l'avait surnommé *le médisant éternel*, et raconte que le Roi ayant voulu, pendant le siège, l'aller visiter sur son navire la Renommée, où il *faisoit grand'chère*, y ayant mangé 20,000 escus en deux mois, et ayant manifesté le désir d'y faire collation, « le bailly, qui n'estoit pas sot, dit : Si je fais une belle collation, on se moquera de moy de despenser ainsy mon argent; si vilaine, ce sera encore pis. Le Roy y va, et puis demande la collation. On apporte un bassin de biscuits moisis et un de merluche, avec un meschant potage aux pois Le Roy se mit à rire : Sire, luy dit-il, quand on nous payera mieux, nous vous ferons meilleure chère. » (*Historiettes.*)

17 Octobre.

1492. — Grandes réjouissances à l'occasion de la naissance du dauphin Charles Orland, fils de Charles VIII et de la célèbre duchesse Anne de Bretagne, dont le récent mariage avait réuni pour toujours à la France cette belle province. Tous les habitans, raconte A. Barbot, allèrent *en procession* rendre grâces à Dieu dans l'église Notre-Dame de Cougnes ; des tables rondes furent dressées devant l'Hôtel-de-Ville et dans les différents carrefours, *où l'on donnoit à boire et à manger à tous allans et venans;* enfin, le soir, la ville fut éclairée de nombreux feux de joie. Quelques mois auparavant, de bien plus belles fêtes avaient attiré à la Rochelle un concours immense d'étrangers. Sept membres du corps de ville s'étaient réunis pour offrir à leurs concitoyens une de ces grandes représentations désignées sous le nom de *mystères*. Ils firent faire à leurs dépens *les plus beaux chafaulx, qui furent jamais en ce royaulme*, et qui leur coûtèrent plus de 3,000 livres. Il y fut joué *la Passion la plus triomphante dont il fut jamais mémoire:* « Elle dura plus de huit jours, avec autant de joye et récréation que de contentement pour un chascun, ayant grand nombre de musiciens et joueurs de toutes sortes d'instrumens, qui ne cessoient, *tant de jour que de nuict*, à récréer le peuple, tellement que la pluspart des nuicts, pendant lad. huitaine, se passèrent en toutes sortes d'esbattemens, tant pour les estrangers que habitans. » On n'estima pas à moins de 15 à 20,000 le nombre des personnes, *tant grands seigneurs, dames et damoiselles que commun peuple*, qui vinrent de toutes parts assister à ces pieuses représentations, *qui eussent été de plus longue durée sans les grands différends qui intervinrent entre M*gr *de Candale et M. d'Uré* (1). (*Bruneau. — Conain. — Ms. 1,977.*)

18 Octobre.

1572. — Il devenait chaque jour plus évident que les lon-

---

(1) Gaston de Foix, comte de Candale, lieutenant-général au gouvernement de Guienne, chargé du commandement d'un corps de troupes dans l'Aunis, et Jehan Mérichon, seigneur d'Huré, auquel il succéda comme *gouverneur à justice* de la Rochelle.

gues négociations des Rochelais avec la cour (*V. 16 oct.*) ne pourraient aboutir à aucun résultat, qui satisfît l'une et l'autre partie. Les magistrats municipaux, les habitants et les réfugiés, comprenant qu'ils n'avaient plus d'espoir de salut qu'en eux-mêmes, et que leur union seule pouvait leur donner les moyens de résister aux forces de leurs adversaires, avaient résolu de se lier plus étroitement par de solennels sermens : ils avaient tous juré, entre les mains du Maire, de se vouer corps et biens à la cause, de mourir, s'il le fallait, pour le salut des églises réformées, et principalement pour la conservation de la liberté religieuse et des franchises de la Rochelle. Le corps de ville, de son côté, avait senti la nécessité de déléguer une partie de ses pouvoirs et de ses attributions à un conseil extraordinaire qui, moins nombreux, plus facile à réunir, plus apte à garder le secret des affaires et des délibérations, pourrait donner une prompte solution aux nombreuses et graves questions que les évènemens allaient faire surgir. N'était-il pas convenable d'ailleurs de faire participer, dans une juste mesure, aux délibérations et résolutions qui seraient prises, ceux qui venaient de se consacrer avec tant de dévouement à la défense commune ? En conséquence, le *18 octobre*, tous les citoyens furent convoqués au son de la cloche de l'échevinage, dans la salle Saint-Yon, et le Maire leur déclara qu'il les avait réunis *pour eslire un certain nombre de personnages capables et idoines pour vaquer à toutes les affaires d'Estat qui surviendroient, au faict de la guerre et autres*, et en outre statuer sur les procès civils et criminels, dont les appels ne pouvaient plus être portés désormais au Parlement. Il proposa de choisir six anciens Maires ou échevins, trois pairs et trois bourgeois ; les gentilhommes étrangers devant, de leur côté, désigner quatre d'entr'eux. Les bourgeois, après avoir délibéré, demandèrent que le nombre des bourgeois fut porté à quatre, et celui des membres du corps de ville réduit à huit ; ce qui fut adopté. Il fut ensuite décidé que le conseil extraordinaire, qui se trouva ainsi composé de seize membres, se réunirait chez le Maire, tous les jours, à midi, pour expédier les affaires ordinaires et courantes, et chaque mardi, à sept heures du matin, *pour les affaires d'Estat et autres de conséquence.* (Rég. du corps de ville. — A. Barbot.)

1648. — Jacques Raoul, seigneur de la Guybougère, qui avait été, avant d'entrer dans les ordres, conseiller au parlement de Rennes, sénéchal et maire de Nantes, depuis évêque de Saintes et, en dernier lieu, de Maillezais, ayant été nommé évêque de la Rochelle, lors de la translation en cette ville de l'évêché de Maillezais, prend possession de son nouveau siège dans le grand temple de la Rochelle, érigé en cathédrale. Il n'en continua pas moins de résider à Maillezais, et mourut, en 1661, au château épiscopal de Lhermeneau, près de Fontenay (1). (*Arcère.* — *Ms. de la biblioth.*) — *V. 26 juin et 8 août.*

1747. — Départ, de la rade de la Rochelle, d'une flotte marchande, composée de 253 voiles, sous l'escorte de six vaisseaux de guerre, commandés par M. de Létenduère. (*Arcère.*) Dans ce nombre, 43 navires appartenaient au port de la Rochelle, dont deux de *800 tonneaux et trois de 450*. La plupart étaient destinés pour Saint-Domingue, et les autres pour la Martinique et la Louisiane.

1757. — Mort de l'illustre rochelais Réaumur. (*Arcère.*) — *V. 28 février.*

19 Octobre.

1406. — Sentence de Pierre, seigneur de Vilennes, Delcoumy et du Mettot, chambellan du Roi et gouverneur de la Rochelle, *châtellenie et ressort d'icelle, et des gens du conseil du Roy estant en ladite ville*, réglant les conflits d'attribution et de juridiction, qui existaient depuis longtemps entre le corps de ville et les prévôt (2), lieutenant et procureur du Roi

---

(1) Il publia un *recueil d'ordonnances synodales*, pour rétablir dans son diocèse la discipline ecclésiastique, fort relâchée depuis les guerres de religion. — *1658, chez Blanchet, à Fontenay*. Ses armoiries étaient placées sur la *Fontaine-Royale* de la place du Château. Il portait d'argent au poisson d'or, accompagné de quatre annelets du même, trois en chef et un en pointe. *(Masse.)*

(2) Le prévôt était le juge ordinaire, qui avait succédé aux anciens *viguiers*. Le siège de la prévôté de la Rochelle fut supprimé, en 1628, par la déclaration de Louis XIII.

de la Rochelle. Il en résulte qu'à cette époque, le corps de ville jouissait du droit de haute, moyenne et basse justice; qu'aux magistrats municipaux seuls appartenait la connaissance de toutes les affaires criminelles et de police, et de celles qui regardaient la défense de la ville, quelle que fut d'ailleurs la qualité des personnes, bourgeois, étrangers ou forains; que seulement pour ces derniers, l'exécution de la peine prononcée par les magistrats de la commune était attribuée au prévôt, auquel appartenait en outre l'exécution des condamnations à mort, rendus contre les bourgeois (1); qu'en matière civile, les procès des bourgeois et jurés, et le droit de faire inventaire étaient de la compétence des magistrats de la commune, et que si un bourgeois était assigné devant le prévôt, il lui suffisait de faire connaître sa qualité pour être renvoyé devant ses juges naturels; — le procureur de la ville pouvait même intervenir, en tout état de cause, pour demander ce renvoi.— Qu'il ne pouvait être prononcé aucune confiscation dans la ville, ni dans le ressort du gouvernement, si ce n'est dans le cas de lèse-majesté; que le gouverneur ni les *gens du conseil du Roy* n'avaient le droit de faire *statuts ou ordonnances, qui touchâssent la chose publique de la ville ou pays d'environ, si non par arrest de la cour ou du consentement de la plus grande et saine partie des Maire, eschevins et pairs;* qu'il était défendu de chasser par les vignes et terres de ce gouvernement, depuis le mois de février jusqu'après vendanges; qu'enfin les bourgeois n'étaient *contraignables d'aller voir l'exécution des criminels, s'il ne leur plaisoit.* (*Invent. des priviléges.*) — V. 28 février.

1596. — Le *19 octobre*, le corps de ville décide que la commune s'emparera de tous les revenus des fabriques des paroisses de la ville. Les catholiques protestèrent contre cette mesure, et le mémoire qu'ils rédigèrent à cet effet nous apprend que, depuis douze ans, le culte catholique n'était plus exercé dans l'enceinte de la ville; qu'en 1592, ils étaient encore obligés d'aller à Bourgneuf, à Esnandes où à la Jarrie; mais qu'à cette époque, les habitans de Laleu ayant offert de relever leur

(1) Mais lorsqu'il n'y avait lieu qu'à *abscision de membres ou à piloriser, associlier* (couper les oreilles), *bannir ou fustiguer*, les magistrats municipaux étaient chargés de l'exécution. (*Inv. des privil.*)

église de ses ruines, il avait été arrêté qu'ils se chargeraient de la maçonnerie, et que les catholiques de la ville paieraient le reste de la dépense, et que ce fut dès lors dans cette église que *se fit le service divin, pour toutes les paroisses de la ville et autres circonvoisines des champs.* (*Notes de Jaillot.*)

1791. — Proclamation de la Constitution par le Maire Garesché (1), qu'accompagnaient les autorités civiles et militaires, escortées par des détachemens de la garde nationale. Le chef de la commune portait sur un coussin *l'acte constitutionnel.* La proclamation en fut faite d'abord à l'Hôtel-de-Ville, ensuite aux carrefours des différents quartiers, et en dernier lieu sur la place, où avait été élevé un autel à la patrie qu'entouraient quatre grandes cassolettes montées sur des trépieds et un théâtre, sur lequel prirent place tous les fonctionnaires. On chanta d'abord un *Te Deum* à l'ÊTRE SUPRÊME, puis un hymne à la Liberté, et le Maire lut à haute voix la Constitution. Des illuminations générales, et un feu de joie terminèrent cette fête patriotique. Les magistrats municipaux avaient décidé que le souvenir en serait consacré par une colonne élevée au milieu de la place, à l'endroit où était érigé l'autel de la patrie, mais il ne paraît pas qu'il ait été donné suite à ce projet. Il nous est resté seulement une naïve image, due au burin peu habile d'un de nos concitoyens, et *dédiée* à *Messieurs les Maire et officiers municipaux*, avec ce quatrain adressé à M. Garesché :

> Ce grand jour fut pour lui le plus beau de sa vie ;
> Il montra son respect, son amour pour les loix ;
> Citoyens, comme lui, chérissez la patrie,
> Et vous mériterez d'avoir conquis vos droits.

(*Affi. de la Roch.* — *Gravure de Chotard.*)

20 Octobre.

1562. — D'humble et opprimé qu'il était d'abord à la Rochelle, le parti huguenot y était devenu le plus fort, et

---

(1) Il distribua, le même jour, à ses frais, pour 1,500 de pain et autres comestibles. Bien qu'il eut déjà, peu de temps auparavant, été taxé à 16,000 liv. pour sa contribution patriotique ; il offrit, deux mois après, à l'Assemblée Nationale, un nouveau don de 50,000 livres. *(Dupont.)*

par suite tyrannique à son tour. Le Maire, le président du présidial, le gouverneur Jarnac lui-même, *les plus puissans et plus apparents de la ville*, et la grande majorité des habitans étaient protestans. Les salles de Saint-Michel et de Gargouilland ne suffisant plus à leurs exercices religieux, Jarnac les avait autorisés à se servir des églises des catholiques. Protégés d'ailleurs par leurs privilèges et par leurs murailles, les Rochelais n'avaient donc aucun intérêt à se jeter dans les luttes sanguinaires, qui désolaient plusieurs parties de la France. Désireux de garder la neutralité, ils avaient refusé de fournir de l'artillerie au duc de Montpensier contre les protestans de Guienne, et ils avaient fermé leurs portes au duc de La Rochefaucault, quand il s'était présenté, avec cinq ou six cents chevaux, pour les entraîner dans le parti du prince de Condé. Le duc de Montpensier réussit cependant à tromper par une ruse leur défiance ordinaire : il feignit un très grand désir de visiter leur ville, promit de n'y entrer qu'avec sa maison et quelques seigneurs, et dès qu'il eut leur assentiment, il dirigea vers la Rochelle, par des chemins détournés, des pelotons détachés de gens d'armes, et à peine y fut-il entré, le *20 octobre* (1), avec une faible suite, qu'arrivèrent après lui de petits détachemens, qui favorisèrent bientôt l'arrivée de nouvelles troupes. La Rochelle s'était donné un maître, celui que Charles IX qualifiait lui-même de *boucher et de brutal*. Dès qu'il se vit en état de faire la loi, il destitua le Maire, en fesant défense d'élire à l'avenir aucun Maire protestant, ni même aucun membre du corps de ville ; il commanda aux ministres de sortir de la ville, dans les vingt-quatre heures, sous peine d'*être pendus et étranglés;* il proscrivit, sous peine *de mort*, l'exercice de la *religion nouvelle et réprouvée, tant en public qu'en particulier* (2); il ordonna que les fêtes de l'église romaine fussent célébrées comme auparavant, *ensemble les jours de jeusne, comme le caresme, quatre-temps et vigisles des festes, pendant lesquels il ne sera usé d'aucune chair, ny*

(1) Cette date est celle donnée par la chronique de Langon. Arcère a emprunté à A. Barbot, celle du 26.

(2) « Durant cet orage, dit Ph. Vincent, on s'assembloit au soir, en cachette et le plus secrètement qu'il étoit possible ; ce qui dura jusqu'au dernier d'avril. »

aux vendredy et samedy... sur peine aux contrevenans d'estre pendus et étranglés ; il exigea, des habitans, des sommes considérables pour l'entretien de ses troupes, qui, dans les environs surtout, commirent toutes sortes d'excès. *pilleries, larcins, violement de femmes et filles, bruslement de maisons, etc.;* enfin, après un séjour de vingt jours, il quitta la ville, en confiant la garde des tours du port et de la Lanterne à Richelieu, moine défroqué, grand oncle du cardinal. Ce fut peu de mois après qu'eût lieu la tentative du capitaine Chesnet. (*V. 8 février.*) — (*Chronique de Langon. — A. Barbot. — D'aubigné. — Coutureau.*)

1608. — Mariage, à la Rochelle, de Constant d'Aubigné, seigneur de Surineau, fils de l'historien Agrippa d'Aubigné, avec Anne Marchant, veuve de J. Couraud, baron de Châtelaillon. C'était, dit son père dans ses mémoires, un misérable, adonné au jeu, à l'ivrognerie et aux filles de joie. Il tua sa femme, qui lui avait été infidèle, et se remaria, en 1627, avec Jeanne de Cardillac, fille du gouverneur du Château-Trompette. De ce second mariage, naquit Françoise d'Aubigné, qui épousa Scarron, et devint si célèbre, sous le nom de de Maintenon. (*Rég. des protestans.*)

1792. — Les officiers municipaux, délégués par le directoire du district, signifient aux Oratoriens de la Rochelle d'avoir à sortir de leur monastère de Sainte-Marguerite, et mettent les scellés sur leur établissement. (*Perry.*) Depuis qu'en 1613, Louis XIII avait approuvé l'union à la congrégation de l'Oratoire, nouvellement fondée par Pierre de Berulle, du chapitre de Saint-Marguerite (*V. 6 août*), du chapitre de Saint-Jean dehors (dont il ne restait plus que trois chanoines, qui s'étaient réunis à ceux de Sainte-Marguerite), et enfin du prieuré de l'île d'Aix, dont dépendaient de nombreux bénéfices (*V. 19 février*), les prêtres de l'Oratoire avaient toujours joui de la possession et administration des trois principales cures de la ville, celles de Notre-Dame, de Saint-Barthelémy et de Saint-Sauveur, dont les églises avaient été originairement fondées et construites par les moines de l'île d'Aix.

21 Octobre.

1599. — « On fit les funérailles magnifiques de M. de Rohan, dont le corps fut porté en Bretagne. » On sait qu'il était mort à la Rochelle en 1586. (*Merlin.*) — V. *27 avril.*
« M. de Soubize vint quérir le corps de son père, qui luy fut livré par MM. les Maire, eschevins et pairs, avec le corps de Monsieur son frère ; le tout avec grand honneur », lit-on dans un vieux manuscrit.

1628 (*Siège de*). — « La famine se renforçoit horrible et épouvantable, raconte Mervault sous cette date, ne se trouvant presque plus du tout rien. Tous les animaux, et jusques aux rats et souris, étoient mangez ; il ne restoit plus ny herbes, ny limaçons aux champs ; le recours étoit à tous les objets de cuir et de parchemin ; on mangeoit du bois pilé, du plâtre, de la terre, de la fiente (ce que j'ay vu de mes yeux), des charongnes, des os, que les chiens avoient autrefois rongés... il ne se passoit de jour qu'il ne mourût deux, trois et jusqu'à quatre cents personnes. Non-seulement les cimetières, mais même les maisons, rues et extrémitez de la ville se virent en peu de temps remplies de corps morts... et il ne se voyoit partout que des corps comme des squelettes secs et décharnez, dont les os n'étoient couverts que d'une peau noire et retirée, et ausquels à peine reconnoissoit-on la vie qu'à une plainte de mourant, qu'on eût dit sortir de quelque antre ou lieu souterrain... Cependant c'est une chose merveilleuse que la nécessité étant telle, et le nombre des mourans si grand, il ne se fit point de monopoles (*brigues*) en la ville ny par le menu peuple, ny par autres, pour obliger le Maire et son conseil à capituler ; mais tous se laissoient conduire et mourroient sans plainte, ni murmures et témoignans être contens. Quant à ceux du dehors, c'est aussi merveille qu'ayans tous les jours avis de si effroyables nécessitez, et de l'extrême foiblesse où elles avoient réduit la ville, ils ne firent aucun effort pour s'en rendre maîtres, étant vray qu'il eût été impossible de résister, ny ayant quasi plus de force en tous... Lorsqu'on mettoit les compagnies en garde le matin, il s'en trouvoit la moitié de morts ; tels même rendoient l'esprit au lieu où on les avoit mis en sentinelle, et jusque là qu'il s'est passé plusieurs nuits, sans qu'il y eût personne en la pluspart des corps de garde. » (*Journal du dernier siège.*)

22 Octobre.

1627 (*Siège de*). — Aussitôt après avoir approuvé les articles du traité passé avec Buckingham (*V. 14 octobre*), le corps de ville, comprenant la nécessité d'envoyer des députés au Roi de la Grande-Bretagne, « pour le remercier très humblement, au nom du général de ceste ville (*de tous ceux qui se trouvaient à la Rochelle*), du soin particulier qu'il luy a plu prendre de sa conservation et de celle de toutes les églises du royaume, par l'envoy d'une si puissante armée en ces costes... et encore pour le supplier, en toute humilité, de vouloir continuer la faveur de son secours et assistance en l'exécution d'un si glorieux dessein », avait nommé un échevin et un pair, auxquels devaient être adjoints deux bourgeois et un ministre désigné par le consistoire. Le *22 octobre*, il fut résolu qu'il ne serait envoyé que trois députés, et Jacques David, échevin, Pierre Salbert, pasteur, et Jean de Hinsse, bourgeois, furent élus. Salbert ayant refusé quelques jours après, le corps de ville admit ses excuses, et il fut remplacé par Ph. Vincent. (*Rég. des délibérations.*)

1651. — Tallemant des Réaux, en parlant du comte du Doignon, dit dans ses *historiettes*, « ça été un grand tyran : il avoit cent gardes, montés comme des Saint-Georges et rançonnoit fermiers et marchands; grande maison, grand équipage, etc. » Ainsi le trouvons-nous à la Rochelle. Déjà, à la fin de septembre, il avait parcouru les rues de la ville, à la tête de seize gentilhommes et escorté de quarante gardes, *couverts de casaques, à fond d'écarlate, semées de croix, de flammes et d'ancres en broderies*, et armés de gros mousquetons; devant et derrière, marchaient vingt-quatre Suisses, la hallebarde en main, ses pages et laquais, habillés à ses couleurs; enfin suivait son carosse, attelé de six beaux chevaux, de poil gris-pommelé. Le *22 octobre*, monté sur un cheval de prix, il traversa plusieurs quartiers de la ville avec une compagnie, qui se rendait au Braud. Il était précédé d'un suisse, son enseigne, richement vêtu et portant un drapeau blanc, au milieu duquel on avait peint *une grosse nue, d'où sortoit un bras nud, ensanglanté, tenant une épée flamboyante, avec quatre vents, qui souffloient autour de cette devise, écrite en gros caractère :* EXPELLENDUS MAZARINUS — VIVAT REX. (*Ms. du temps.* — *Mercure Rochel.* — *Mervault.*)

1764. — « Assemblée générale du commerce, chez M. l'intendant, pour délibérer sur une avance de 50,000 écus à faire pour le rétablissement du port. » (*Perry.*) Il serait trop long de faire l'énumération des travaux entrepris et des sommes dépensées pour l'amélioration de notre port, afin de le préserver ou de le débarrasser des vases, que chaque marée y apporte et y amoncèle sans cesse. Le mal était tel, vers 1730, que M. de Tigné, directeur du génie, disait dans un mémoire qu'à peine pouvait-il y entrer des navires de 50 à 60 tonneaux. Le cardinal de Fleury s'était enfin décidé, peu de temps après, à envoyer 1,500 soldats pour le curer, et de grands travaux avaient été faits dans le but, si non de prévenir entièrement, du moins d'arrêter l'envasement pour l'avenir. On avait perfectionné l'écluse de chasse du canal de Maubec, resserré et revêtu de pierres les côtés de ce canal, abattu le vieux pont de Saint-Sauveur, qui brisait la force du courant, et établi dans l'avant-port un système de fascinage, qui s'étendait jusqu'à une assez grande distance en mer ; mais le fléau envahisseur s'était joué de tous les obstacles. De nouveaux travaux furent entrepris ; on enleva cinq pieds d'épaisseur de vase ; on remplaça les pieux et les fascines, qui traçaient un long chenal dans l'avant-port, d'un côté par un grand terre-plein, où fut établi le chantier de construction des navires, et de l'autre par cette longue jetée en pierre, qui va bientôt disparaître en partie pour former l'entré du nouveau bassin. (*V. 18 juin.*)

1772. — Un édit de Louis XV, du mois de novembre 1771, avait supprimé le système d'élection pour la nomination des Maire et officiers municipaux (*V. 5 février 1718*), et rétabli leurs charges en offices, en réservant au Roi la faculté *de pourvoir à ceux de ces offices, qui n'auroient point été levés aux parties casuelles dans le délai de six mois.* Nul ne s'étant présenté, à la Rochelle, pour acquérir les nouveaux offices municipaux, le Roi confirma, dans ses fonctions de Maire, P.-Henri Seignette, assesseur en la maréchaussée d'Aunis, nomma M. Jouanne de Saint-Martin *lieutenant de Maire*, et en outre quatre échevins, six assesseurs, et un procureur du Roi de la commune, sous cette réserve toutefois que, s'il se présentait des candidats pour payer le prix fixé, les titulaires devraient leur céder la place, dès qu'ils auraient obtenu l'agrément du Roi. (*Reg. du greffe.*)

23 Octobre.

1445. — Charles VII, en considération de l'attachement que les Rochelais avaient manifesté envers la couronne de France, en chassant les Anglais de leur ville, et du concours dévoué qu'il lui avaient prêté ensuite pour recouvrer la Guienne et le Bordelais, les exempte de toutes *aides, tailles et quatrième du vin vendu à la Rochelle et dans la banlieue*, moyennant le paiement annuel de la somme de 4,500 livres, pour l'entretien des gens de guerre. Il autorise en même temps le corps de ville à percevoir le *huitième du vin*, vendu en détail dans la ville et banlieue, et à imposer deux sols six deniers sur chaque tonneau vendu en gros, ou à mettre tel autre impôt, qu'il jugerait moins préjudiciable, sur toutes autres productions du pays, pour les deniers en provenant être employés aux travaux de la commune, sans obligation d'en rendre compte à d'autres qu'à eux mêmes. (*Invent. des privil.*) — V. *31 janvier.*

Les Rochelais avaient longtemps joui de l'immense privilège d'être exempts d'impôts. (*V. 29 août.*) « La nécessité publique, sous le respect de laquelle ployent toutes considérations plus fortes, dit A. Gallant, entama ce privilège. L'ouverture en fut faite sous Charles VI, du consentement des habitans, avec des protestations suivies de patentes. (*V. 25 février.*) Sous Charles VII, la misère commune porta le Roy à d'autres impôts, tailles et aydes, au lieu desquels les habitans furent réduits à un équivalent, et depuis, par patentes du 31 aoust 1461, furent abonnez, par Louis XI, à 3,000 liv. seulement. » (*Discours au Roy.*) — *V. 29 août.*

1572. — La cour avait envoyé un nouveau député aux Rochelais, (*V. 16 octobre.*) François du Fou, seigneur de Vigean, *gentilhomme de marque du Poitou*, dont le choix semblait devoir leur être agréable en sa qualité de protestant. Il était arrivé, la veille, aux portes de la Rochelle; mais on avait refusé de le recevoir; le corps de ville lui avait seulement dépêché à Tasdon trois commissaires, qui avaient répondu à ses ouvertures de façon à ne lui laisser aucun espoir d'arraugement (1). Il s'était retiré alors au château de Sigognes, en la paroisse du Thou (2), dont le seigneur était assez suspect aux Rochelais, à cause de ses relations avec Biron. Dans la nuit du *23* au *24 octobre*, quelques cavaliers de la compagnie de Saint-Etienne pénètrent dans le château; du Vigean est attaqué dans son lit, percé de coups d'épée et laissé pour mort dans la ruelle; deux personnes de sa suite sont tuées et les assaillans ne se retirent qu'après avoir pillé ses bagages et enlevé ses chevaux. Cet attentat, que rendaient plus odieux et plus grave le titre de député de du Vigean et le sauf-conduit qu'il avait obtenu du Maire, eût un grand retentissement à la Rochelle; les ministres le flétrirent avec indignation et Languiller, de la maison de Belleville et proche parent de du Vigean, insista pour qu'il fut puni avec rigueur. Le lieutenant de Saint-Etienne, Guémenière, qui avait conduit l'expédition, selon les uns, qui l'avait simplement conseillée, selon les autres, fut arrêté et enfermé dans la tour de la Lanterne. Mais Saint-Etienne prit chaudement sa défense, et menaça de se retirer s'il n'était rendu à la liberté. Pour éviter une rupture fâcheuse, les magistrats de la commune, après s'être excusés, auprès de Biron, d'une action qu'ils présentèrent comme le résultat d'une méprise, se déterminèrent à en abandonner la poursuite.

(1) Il y a cependant lieu de douter de l'exactitude de la réponse que leur prête Cauriana : « La Rochelle est libre et n'a rien de commun avec le Roi. »

(2) Massiou s'est deux fois trompé en plaçant le château de Sigogne *près de Marans*, et en donnant la date du 12 octobre à la conférence de du Vigean et des députés Rochelais.

(*Mém. de l'Est. de Fr.* — *A. Barb.* — *De Thou.* — *Add. aux mém. de Castelnau.*)

1803. — En vertu de l'arrêté du gouvernement du 30 floréal an XI, qui avait autorisé l'établissement d'une école secondaire à la Rochelle, l'ouverture en fut faite le 1er brumaire, an XII (*23 octobre 1803.*) (1), sous la direction du citoyen Mounier, ancien professeur du collége. Les cours se composaient de cinq classes de latin, deux de mathématiques, d'un cours de langue anglaise et d'un autre de dessin. (*Affi. de la Rochelle.*)

1804 — Bien que la Rochelle ne fut pas le chef-lieu du département, Napoléon, par lettre close du *23 octobre*, convoque le Maire Garreau à son sacre, qui devait avoir lieu le 2 décembre suivant. (*Dupont.*)

24 Octobre.

1572. — Un vieux loup gris pénètre dans la grande boucherie, par le canal de pierre, qui lui servait d'égout et se trouvait au coin des vieux murs de Maubec. Il fut tué par les chiens et par les gens du peuple, accourus en foule pour voir *un spectacle si inouy et si inopiné*, « sur quoy plusieurs esprits firent des augurations sur la circonstance du temps », ajoute A. Barbot.

1628 (*Siège de*). Quelle que fût la résignation des malheureux assiégés, il ne laissait pas d'y avoir certaines gens qui désiraient que la ville ouvrît ses portes au Roi, et qui maudissaient la résistance obstinée du Maire Guiton. Déjà, dans la nuit du 11 au 12 octobre, on avait essayé de mettre le feu à sa maison (2); dans la nuit du *24 au 25*, nous apprend Mervault,

---

(1) La date donnée par Dupont, du 25 octobre 1804, est doublement fausse.

(2) C'est à tort que Dupont prétend que la maison de Guiton était située dans la rue *Pas du Minage*, et formait l'angle méridional de l'impasse *Tout-y-Faut :* elle était dans la rue des Merciers, la seconde après la petite rue de la Grille, du côté ouest, avec issue dans l'impasse des Gémaux ou *venelle Borgle*. (*V. 8 février.*) Il est regrettable qu'aucun signe, aucune inscription ne la signale au respect de ses concitoyens et à la curiosité des étrangers.

« le feu fut de rechef mis au logis du Maire, avec des sarmens bien secs, coupeaux de bois de sap, bien imbibés de souffre, gaudron, térébentine et autres choses propres à brûler; mais un des voisins, nommé J. Benoist, l'ayant apperçu en se retirant, et ayant crié au feu, il fut aussitost éteint. » *(Journ. du dernier siège.)*

1697 — « En exécution de l'édit du mois de juillet, il fut établi à la Rochelle 500 lanternes pour éclairer les rues. La ville devoit donner au Roy à cet effet 180,000 livres ; les *chandelles* devoient être d'un quarteron. On commença à les allumer le *24 octobre*. Mais le 21 février 1700, on a cessé d'allumer les chandelles, faute de fonds, et le 18 janvier 1702, on a ôté les lanternes, dont l'entretien a été pris pour celui des casernes, à la requête de l'Hôtel-de-Ville... » (*Maudet.*) — *V. 28 août 1705.*

25 Octobre.

C'est le jour de la fête de Saint-Crespin, patron des cordonniers. Monteil prétend qu'au XIVe siècle, la France *était presque toute en sabots*, et qu'elle ne se chaussa en souliers qu'au XVe siècle. La Rochelle eût alors singulièrement devancé sur ce point le reste de la France, car, dès 1281, il existait une corporation de *cordoaniers*, dont le corps de ville sanctionnait les statuts. (*Jaillot.*) Si ce vieux réglement n'est pas parvenu jusqu'à nous, nous possédons celui qui fut adopté en 1468, pendant la mairie de Jean Mérichon, *les anciens statuts*, y est-il dit, *ne se pouvant bonnement garder ny tenir, obstant la mutation du temps*. Une simple analyse même de ses longues dispositions n'est guères possible ici ; il suffira d'en noter quelques particularités. Les maîtres cordonniers, qui n'étaient pas moins de vingt-quatre (1), et les corroyeurs (seulement au nombre de cinq), formaient une seule maîtrise. Tous devaient chaque année prêter, entre les mains du nouveau Maire, le

---

(1) En 1727, leur nombre était de soixante maîtres. (*Mém. de M. de Tigné.*) Il résulte d'un acte du notaire Boutin qu'en 1424, les souliers d'homme se payaient, à la Rochelle, *six sols* la paire, et ceux de femme, *trois sols, quatre deniers*.

serment de *bien et loyalement garder et entretenir les ordonnances de leur métier*. Ils nommaient ensuite quatre *gardes-jurés*, qui visitaient tous les cuirs et les marquaient du *poinçon de la ville*, avant qu'ils ne fussent employés, et inspectaient de même les chaussures, pour s'assurer qu'elles étaient bien confectionnées et conformes aux réglements, qui entraient à cet égard dans les plus minutieux détails. Outre ces inspecteurs, ils devaient élire encore un *Roy* de la corporation, dont les attributions ne sont pas bien déterminées; nous voyons, seulement, que par suite des *grandes charges qu'il luy convient supporter*, il était exempt, *durant l'année de sa royauté*, de faire le guet et de monter la garde aux portes de la ville, et qu'il était tenu d'acheter, à ses frais, le *May* de la corporation, que tous les maîtres étaient obligés de *chevaucher* (accompagner à cheval) (1). Le chef-d'œuvre imposé à celui qui voulait être reçu maître-cordonnier, consistait à *tailler, sans forme ni patron, un soulier lacé, une botte à cougnons et un soulier de femme*. Après son admission, prononcée par le Maire, il devait donner un dîner *convenable* à tous les maîtres de la corporation, sans pouvoir y dépenser plus de *trois écus*. Il était défendu de vendre les souliers ou bottes fabriqués hors de la Rochelle ailleurs que *sur le pont de Saint-Sauveur*, et avant qu'ils eussent été visités et marqués par les regardes-jurés. Tous les cuirs devaient aussi être portés au *marché du Cordouan*, dans la rue de ce nom, et nul n'en pouvait acheter avant que les cordonniers fussent suffisamment approvisionnés. Les armoiries des cordonniers rochelais, peintes sur leur bannière, étaient *d'argent à un compas de cordonnier de gueules*. (*Livre des statuts. — Titres de la Roch. — Hist. des Franç. des divers états.*)

1465. — Le droit de déterminer le lieu où les navires étrangers devaient déposer leur lest, ou prendre celui dont ils

---

(1) M. Cheruel dit que les orfèvres de Paris étaient, à peu près à la même époque, dans l'usage d'élire parmi eux deux *princes du mai*, et que, chaque année, le premier jour du mois consacré à la Vierge, ils offraient à l'église Notre-Dame un arbre vert, nommé *mai-verdoyant*, qu'ils accompagnèrent plus tard d'un tabernacle ou de tableaux votifs. Probablement il existait quelque chose d'analogue pour le mai des cordonniers rochelais. (*Dict. histor.*)

avaient besoin, avait jusque-là appartenu au prévôt royal et à ses sergents, et plus d'une fois le corps de ville s'était plaint des nombreux abus qui en résultaient. Louis XI, à la demande des magistrats de la commune, leur accorda des lettres patentes, datées du *25 octobre*, qui leur conféraient les *droits de lestage et de delestage* et celui de percevoir à leur profit, pour *être employés ès réparations et emparemens de la ville et non ailleurs*, les sommes payées pour cet objet par les capitaines de navire. (*Invent. des privil.* — A. Barb.)

1587. — Le Roi de Navarre, après avoir réuni tout ce qu'il avait de troupes, avait laissé la Rochelle, le 17 octobre, emmenant deux canons et force munitions, dont lui avaient fait présent les Rochelais : le 20, il remportait contre Joyeuse la célèbre bataille de Coutras. Le dimanche suivant, *25 octobre*, « furent faitz grands feux de joye à la Rochelle, dit Bruneau, et toute l'artillerie tirée, avec les sons des trompettes et tambours, et furent grandes escoupeteries et arquebuzades, tant en la place du Chasteau que autres endroits. Et furent rendues grâces à Dieu par prières extraordinaires, par tous les temples de la ville. »

26 Octobre.

1568. — Violent tremblement de terre, accompagné de terribles coups de tonnerre, d'une grêle affreuse et de météores effrayans ; ce qui fut interprété, dit La Popelinière, comme le présage de grands maux.

1627 (*Siège de*) (1). — Après la signature du traité fait avec Buckingham (*V. 14 octobre.*), le corps de ville sentit le besoin de publier un *manifeste contenant les causes et raisons, qui ont obligé ceux de la Rochelle de prendre les armes et se joindre à celles du sérénissime Roi de la Grande-Bretagne, avec la copie des lettres de Sa Majesté à M*gr *le duc d'Angoulesme* (*V. 19 septembre.*), *plus le serment de fidélité de Louis XI* (*V. 24 mai*), avec la harangue de M. Becker. (*V. 23 juillet.*)

(1) C'est la date donnée par Mervault à la publication du manifeste, que Colin reporte au 18 octobre.

Curieux monument d'orgueil municipal, dit M. H. Martin dans son histoire de France ; mais auquel on ne peut refuser une grande force de raisons, et qui contient certainement de justes et incontestables griefs. Il rappelle que la démolition du Fort-Louis était l'une des conditions de la paix de 1622, et que, malgré toutes les promesses, non-seulement on ne l'avait pas rasé, mais qu'on l'avait fortifié d'avantage ; que le traité de Montpellier n'avait pas été non plus exécuté par la cour, qui avait envoyé contre la Rochelle le maréchal de Praslin, avec une armée indisciplinée, qui avait causé toutes sortes de dégâts ; que Thoiras avait fait saisir et enlever tous les sels des habitans, pour construire, avec l'argent qu'il en avait retiré, la citadelle de Saint-Martin, et qu'à l'aide de ses vaisseaux, il empêchait l'arrivée par mer des blés et provisions, pendant que de nouveaux forts, construits aux passages de Marans et ailleurs, les interceptaient par terre ; que les garnisons voisines, au lieu d'avoir été réduites, conformément aux traités, avaient été grossies, de sorte qu'il y avait toujours eu autour de la ville 8 à 10,000 hommes, qui la tenaient bloquée ; qu'un sieur Bryet, intendant de justice à l'île de Ré, *outre ses cabales dans la ville*, avait fait *brûler* un jeune homme, faussement accusé d'avoir brisé un crucifix retrouvé peu de temps après ; que, contrairement aux priviléges de la Rochelle, on y avait établi plusieurs impôts onéreux ; qu'on avait supprimé l'allocation de 2,000 liv. pour le collége, et celle de 6,000 liv. pour les fortifications, accordées par Henri IV, etc. ; qu'à ces griefs particuliers venaient encore se joindre les vexations de toute nature exercées dans tout le royaume contre les protestans ; que malgré tant de sujets de plainte, et après même l'arrivée sur leurs côtes de la flotte du Roi d'Angleterre, les Rochelais avaient envoyé des députés vers le duc d'Angoulême, pour protester de leur inviolable fidélité au Roi de France (*V. 30 juillet.*), en le suppliant d'intercéder au près de Sa Majesté pour qu'elle les fît jouir des conditions du dernier traité, et qu'il y avait répondu en ravageant leurs campagnes, brûlant et ruinant leurs maisons, en construisant des forts autour de la ville et en *faisant des hostilités toutes ouvertes* ; que les lettres du Roi, qui leur étaient tombées entre les mains (*V. 19 sept.*), les ayant convaincus que leur ruine était résolue, alors seulement ils s'étaient vu contraints d'accepter l'appui du Roi d'Angleterre, prêts à déposer les armes et à se soumettre en fidèles sujets à l'obéissance de leur légitime souverain, dès qu'il lui plairait les recevoir en grâce, faire réparer les infractions à ses édits, et les rétablir dans leurs anciennes libertés et privilèges. (*Mervault.* — *Manifeste.*)

1628 (*Siège de*). — Reconnaissant qu'il n'y avait plus rien à espérer des Anglais, toujours immobiles sur leurs ancres, et que retarder l'heure d'une reddition inévitable, c'était prolonger inutilement l'agonie d'une malheureuse population, que la famine avait réduite de 27 à 28,000 âmes à 7,000 à peine, Guiton réunit le corps de ville pour qu'il ait à se prononcer sur le parti qui reste à prendre. Il est décidé qu'il sera demandé des passe-ports pour aller traiter, avec le cardinal, des conditions de la soumission de la Rochelle. Informé par Richelieu de cette importante résolution, Louis XIII se rend aussitôt au château de la Sausaye, où le cardinal avait transféré sa résidence, et après avoir assemblé son conseil, lui soumet la question de savoir quelles conditions seront imposées aux Rochelais. Les opinions se partagent : les uns opinent pour un châtiment de rigueur, qui puisse effrayer tous les rebelles ; les autres se prononcent pour la clémence ; plusieurs, enfin, conseillent un moyen terme, frapper les plus coupables et faire grâce aux autres. Richelieu, qui avait recueilli les avis, résumant les raisons de ces trois partis, sans opiner formellement lui-même, fait ressortir avec tant de force les nombreux motifs qui militent en faveur de la clémence, et les bons effets qui en doivent résulter, que le Roi, se rangeant à cette opinion, déclare qu'il veut que les Rochelais bénissent son entrée dans leur ville ; qu'il entend leur laisser à tous la vie, leur religion et leurs biens, qu'il tient seulement à ce que leur fortifications soient démolies, pour leur ôter désormais toute pensée de révolte, et à ce qu'il ne soit plus question de leurs privilèges, *qui leur avoient jusque-là tant enflé le cœur*. (*Mervault.*)

1703. — « Le *26 octobre*, sur les 5 heures du matin, un furieux ouragan s'annonce par un terrible coup de tonnerre, suivi d'un tourbillon, qui cause beaucoup de dommages dans la ville, surtout à la campagne, dans les paroisses d'Aytré, de la Jarne et à Chassagné. Ce tourbillon, qui dans sa marche occupoit un espace de cinquante pas, renversa des maisons, quantité d'arbres, et tout ce qui se trouva sur son passage. » (*Arcère.*)

27 Octobre.

1622. — La flotte royale qui, sous les ordres du duc de Guise, devait joindre ses efforts à ceux du comte de Soissons pour réduire la Rochelle (*V. 25 juin*), avait mis tant de temps à se réunir qu'elle n'avait pu partir de Blavet que le 19 octobre, le jour même où le duc de Rohan signait la paix, à Montpellier, au nom du parti protestant. Le 24, elle était en vue de la flotte rochelaise, commandée par Jean Guiton. Les historiens, très peu d'accord sur les forces de l'une et l'autre, (1) le sont cependant pour reconnaître que les vaisseaux du Roi étaient beaucoup plus gros et montés par un bien plus grand nombre d'hommes. *Le 27*, à huit heures du matin, le duc de Guise donna l'ordre de commencer l'attaque. « Ce combat, dit Mervault, fut le plus furieux de mémoire d'homme ; car, en peu de temps, furent tirés plus de 1,400 coups de canon. » Malgré des pertes importantes, les Rochelais paraissaient avoir l'avantage et l'avant-garde, commandée par Saint-Luc, était près de succomber. Le duc de Guise, voyant le danger, n'hésite pas à se détacher de son corps de bataille pour voler à son secours. Les Rochelais tournent alors leurs efforts sur le grand galion, fort de 12 à 1500 tonneaux, qui lui servait d'amiral, parviennent à attacher à ses flancs deux gros brûlots et bientôt le galion est tout en flammes. En vain essaie-t-on de déterminer l'amiral à abandonner le navire ;

(1) Le *Mercure français*, Arcère et H. Martin ne portent qu'à une quarantaine le nombre des vaisseaux du duc de Guise, mais l'*Histoire de la Rebellion* lui en donne 86. Les Rochelais, d'après Arcère, avaient 39 navires assez petits ; d'après Colin, une cinquantaine ; selon Montolieu, 60 vaisseaux *très forts* ; enfin, selon la *relation véritable* et H. Martin, non moins de 70 voiles. Chabans dit que le duc de Guise avait 14,000 hommes de troupes ; les Rochelais n'en avaient que 4,000 d'après Colin et 5,000 au plus, selon Arcère.

en vain la Rochefoucault lui crie : « Ah ! Monsieur, tout est perdu. — Autant vaut rôti que bouilli, » lui répond intrépidement le duc de Guise et, avec autant de sang-froid que de courage, il fait couper les amarres des grapins des brûlots, emploie une partie de l'équipage à éteindre le feu et, avec le reste, il combat comme un lion pour repousser les assaillans. « Jamais César ny Alexandre, écrivait dans son admiration M. de Montolieu, firent si courageusement sur terre, que mon dit seigneur fit en mer, ce jour-là. » Le combat dura, terrible et acharné, jusqu'à quatre heures du soir. Le navire de Guiton était criblé de coups et la plupart de ses hommes hors de combat ; il se retira vers la fosse de Loix, où le reste de sa flotte ne tarda pas à le rejoindre. Il avait perdu 1500 hommes ; les pertes des royalistes étaient bien moindres, parce que, grâce à la grandeur de leurs vaisseaux, ils tiraient à couvert ; ce que ne pouvaient faire les soldats rochelais. Mais leurs adversaires eux-mêmes furent obligés de reconnaître qu'ils *avoient tesmoigné d'une grande audace et avoient très vaillamment combattu, comme gens qui vouloient mourir ou vaincre.* (*Merc. franç. — Lettre de Montolieu. — Mervault. — Colin. — Hist. de la Rebellion. — Tallem. des Réaux, etc.*)

1628 *(Siège de).* — Les quatre députés, nommés par le corps de ville pour aller conférer avec Richelieu (*V. 26 octob.*), se rendirent à la Sausaye, dans un carosse que leur avait envoyé le cardinal. Celui-ci leur fit un très bon accueil, et, après avoir entendu leurs propositions, leur déclara qu'il n'avait pas charge du roi de traiter avec eux, mais seulement de les entendre ; qu'il ne laisserait pas néanmoins de s'employer au près de Sa Majesté pour leur faire accorder la vie, es biens et l'exercice de la religion prétendue réformée ; mais que pour leurs priviléges et *la forme de leur gouvernement*, le roi en ordonnerait à sa volonté, ajoutant que si le lendemain, à trois heures après-midi, ils n'avaient pas fait connaître leur réponse, ils ne devraient plus espérer ni traité ni grâce. Il leur remit ensuite cette déclaration par écrit. Les députés revinrent à la Rochelle fort tard et firent leur rapport au Maire, qui ordonna que le corps de ville serait convoqué le lendemain matin, au son de la cloche de l'Hôtel-de-Ville, qui ne sonnait plus depuis assez longtemps. (*Mervault*).

1800. — L'agitation révolutionnaire, peu favorable aux études littéraires, avait depuis neuf ans fermé les portes de l'académie rochelaise *(V. 31 août)*. Le *27 octobre*, le sous-préfet de la Rochelle, M. de Traversay, réunit dans la salle du muséum quelques amis des lettres et il fut décidé qu'il serait formé une *société de belles-lettres, sciences et arts*, sous le nom de *Lycée rochelais*. Quelques jours après, en discutant le réglement, on changea cette dénomination en celle d'*Institut littéraire*, qui fut remplacée, en 1814, par l'ancien titre d'*Académie royale de la Rochelle*. *(Reg. de l'Académie.)*

28 Octobre.

1457. — Quoique la grande lutte des Valois et des Plantagenets, qui avait duré, presque sans interruption, pendant près de 120 années, eut véritablement pris fin par la conquête que Charles VII avait faite de la Guienne, les deux dynasties restèrent longtemps encore en état de guerre. Le jour *de Saint-Simon et de Saint-Jude (28 octobre)*, quelques vaisseaux anglais, détachés de la flotte qui se dirigeait vers les côtes de Flandre, vinrent tenter une irruption sur les côtes d'Aunis et attaquèrent un grand navire rochelais, appelé *la grosse nef de Pierre Gentilz*. Après plusieurs heures de combat, la victoire semblait se prononcer pour les Rochelais, quand une affreuse tempête, s'élevant tout à coup, jeta la grosse nef sur la côte de Laleu. Elle se brisa contre les falaises et quatre-vingts hommes furent engloutis dans les flots. Les Anglais, qui avaient échappé au danger en coupant leurs mâts, voulurent opérer leur descente. Mais le gouverneur et le maire Mérichon déployèrent tant d'activité pour défendre la côte, avec les milices de la ville et de la banlieue, que l'ennemi jugea prudent de se retirer. Il se dédommagea de cet échec en débarquant à l'île de Ré, le jour de la Toussaints, et en pillant et rançonnant le bourg de la Flotte. *(Liv. de la paterne. — A. Barb.)*

1628 *(Siège de)*. — Le corps de ville, après avoir entendu le rapport des députés envoyés vers le cardinal *(V. 27 octob.)*, arrête *qu'on recevra les meilleures conditions de paix qu'il sera possible* et nomme deux nouveaux commissaires pour aller avec les premiers discuter les articles de la reddition. Ils partirent aussitôt pour la Sausaye. « Les députés y soupèrent et couchèrent, et y firent très bonne chère, et Dieu sait avec quel appétit leurs valets, qui estoient plustost leurs enfants ou par eux déguisez en valets, fourroient tout ce qu'ils pouvoient attraper de pain et d'autres choses dans leurs poches et dans leurs chausses, et en dévoroient autant avec une gloutonnerie effroyable. » (*Mervault.* — *Ms. de la bibl.*)

29 Octobre.

1360. — Les Rochelais avaient appris avec une profonde douleur la cession de la Rochelle, faite par le roi Jean à son heureux vainqueur, par le traité de Brétigny. (*V. 8 mai.*) Le 8 juin, Jean leur avait écrit, de Londres, où il était prisonnier, pour qu'ils eussent à lui envoyer, à Calais, trois ou quatre députés, auxquels il ferait connaître les stipulations faites avec le roi d'Angleterre, et comment il entendait qu'elles fussent exécutées. Les Rochelais n'ayant pas tenu compte de cette injonction, il leur avait adressé, le 8 juillet, une nouvelle lettre plus pressante que la première, et cette fois ils s'étaient décidés à lui députer cinq des principaux membres du corps de ville. En vain ceux-ci protestèrent contre une cession contraires à leurs privilèges et supplièrent le roi Jean, à genoux et avec larmes, de ne pas détacher la Rochelle de la couronne de France, offrant de se soumettre aux plus grands sacrifices pécuniaires pour ne pas devenir Anglais, tous leurs efforts furent inutiles. Pour vaincre leur résistance, les deux monarques octroyèrent aux Rochelais les plus importants privilèges : Jean s'engagea à les laisser jouir dans ses possessions, comme par le passé, de toutes leurs libertés, franchises et immunités, les prenant sous sa sauve-garde spéciale, et promettant qu'en cas de guerre entre la France et l'Angleterre, ils ne seraient nullement inquiétés ; de son côté Édouard, en confirmant tous leurs privilèges, leur permit de trafiquer librement dans tout le royaume d'Angleterre ; établit à la Rochelle un *juge suprême*, pour connaître, en dernier ressort, des affaires sujettes à appel ; réunit l'île d'Oleron et le grand fief d'Aunis au ressort judiciaire du sénéchal de la Rochelle ; abandonna aux Rochelais, pour une année, le produit des tailles et autres impositions perçues dans la ville et banlieue et, à perpétuité, la moitié du droit de monnayage sur les pièces d'or, d'argent ou de cuivre qui seraient fabriquées à la monnaie de la Rochelle, etc. Après de si grandes concessions, qui étaient bien de nature à adoucir les regrets de leurs concitoyens, les députés se déterminèrent enfin, le *29 octobre*, à prêter, pour la commune de la Rochelle, serment de fidélité au roi d'Angleterre, *sur l'hostie et sacrement de la messe*. (*Invent. des privil. — Delaurière. — A. Barbot. — Rymer. — Froissart*, etc.)

1628 *(Siège de).* — Le dimanche, *29 octobre*, Richelieu entouré du garde des sceaux, du maréchal de Schomberg, de Châteauneuf et de plusieurs autres membres du conseil, donna audience aux commissaires des Rochelais. *(V. 28 octobre.)* « L'audace étoit si profondément empreinte dans l'esprit de ces misérables, dit-il dans ses mémoires, que bien qu'ils ne fussent plus qu'ombres d'hommes vivans, ils osèrent encore proposer de faire un traité général pour tous ceux de leur parti, et d'avoir la continuation de tous leurs anciens privilèges ; que Mme de Rohan fust comprise au traité, qu'elle fust remise en ses biens, et M. de Soubise aussy ; qu'on ne mist aucune chose au traité, qui donnât lieu au rasement de la ville, ni au changement de leur gouvernement ; que le Maire fust maintenu et que les gens de guerre sortissent, tambour battant et mèche allumée. Le cardinal se moqua de leur impudence, leur dit qu'ils ne devoient rien espérer que le pardon, lequel encore ne méritoient-ils pas. » On discuta longtemps, surtout sur le libre exercice de la religion réformée dans l'enceinte de la ville, qui fut enfin accordé. Les articles signés par les commissaires Rochelais et par les maréchaux de camp de Marillac et du Hallier, commissaires désignés par le Roi, les premiers revinrent à la Rochelle pour les soumettre à l'approbation de leurs concitoyens. Le Maire convoqua aussitôt, à l'échevinage, le corps de ville, la noblesse, les gens de guerre, les bourgeois et habitants (1) ; les commissaires rendirent

---

(1) Il fit même sortir de prison l'assesseur criminel Raph. Colin, le pria d'oublier ce qui s'était passé *(V. 4 août)* et l'invita à venir opiner avec tous les habitants. (*Ms. de Colin.*)

compte de leur négociation et lurent les conditions qu'ils avaient été contraints d'accepter. Après une courte discussion sur certaines expressions du préambule du traité, *tous ratifièrent unanimement les articles, tels que les députés les avoient apportez.* Guiton lui-même fut un de ceux qui se prononcèrent avec le plus de force pour l'acceptation. On nomma ensuite six nouveaux députés, pour aller avec les premiers porter la ratification au Roi. En dehors de la porte des Deux-Moulins, ils trouvèrent un maître-de-camp, chargé de les conduire au maréchal de Bassompierre, qui les attendait, près du Fort-Louis, avec un grand nombre de hauts personnages. Sur leur demande, il leur fut amené des chevaux. Arrivés à Laleu, ils mirent pied à terre et furent reçus, au logis du Roi, par le cardinal de Richelieu, qui les présenta à Louis XIII. Celui-ci était assis sur un trône, ayant près de lui le comte de Soissons et plusieurs princes et grands seigneurs. Les douze députés Rochelais s'étant mis à genoux, l'un d'eux, Daniel de la Goutte, conseiller au présidial, qui était chargé de porter la parole, prononça un discours aussi humble qu'ampoulé. Le Roi y répondit par quelques paroles bienveillantes. Ils revinrent ensuite à la Rochelle et remirent aux mains du Maire les articles de la capitulation, scellés du grand sceau de l'État. (*Mervault. — Relat. de ce qui s'est passé etc. — Mém. de Richel. — Cartouche de la carte de Callot.*)

30 Octobre.

1628 (*Siège de*). — Conformément aux ordres du Roi et à l'article 3 de la capitulation, les gentilshommes protestants, les officiers et soldats, tant Français qu'Anglais, qui étaient à la Rochelle, sortirent de la ville dès huit heures du matin, les premiers l'épée au côté, et les soldats le bâton blanc à la main. Quelles ne furent pas la surprise et la confusion des assiégeans, quand ils virent que des cinq ou six cents Anglais laissés par Buckingham, il n'en restait plus que soixante-deux, et des douze compagnies de Français que soixante-quatorze hommes. Aussitôt le duc d'Angoulême, le maréchal de Schomberg et autres chefs de l'armée royale entrèrent à la Rochelle, avec quatorze compagnies du régiment des gardes et six compagnies des Suisses, pour prendre possession de la ville et du fort de Tasdon ; en même temps Henri d'Orléans, marquis de Rotelin, se fit remettre l'artillerie et toutes les munitions de la ville. Une proclamation fit défense aux gens de guerre de quitter les postes qui leur étaient assignés, *de n'entrer en aucune maison, ni toucher à l'honneur des femmes et des filles, ni prendre aucune chose à peine d'être pendus.* Vers les deux heures après midi (1), le cardinal, quoique souffrant et affaibli par la fièvre, voulut faire son entrée à cheval, en général victorieux ; il était escorté d'un nombreux et brillant cortège et suivi d'une quantité de pains de munition et de vivres, qu'il fit distribuer gratuitement à tous ceux qui se présentèrent. Cette abondance, après tant de privations, fut fatale à un grand nombre d'individus, dont les uns moururent subitement et les autres furent très-malades. Guiton se présenta, accompagné de six archers, à l'hôtel du cardinal (2) pour le saluer ; mais il lui fit dire de congédier ses gardes et de ne plus se qualifier du titre de Maire, *sur peine de la vie*, et qu'il le recevrait seulement comme simple particulier. Pontis raconte que Richelieu lui ayant parlé des souverains de France et d'Angleterre, Guiton lui avait dit : « *Mieux vaut se rendre à un Roi qui a su prendre la Rochelle, qu'à celui qui n'a pas su la défendre*. Il ajoute que, profondément blessé de ce qu'au mépris de ses promesses, le cardinal l'avait privé des marques de sa dignité, Guiton lui avait confié à lui-même que s'il avait cru à un tel manque de foi (3), *le Roi n'eût pas trouvé un seul homme vivant à la Rochelle et qu'il eût soutenu jusqu'à la fin.* L'héroïque défenseur de la Rochelle ne tarda pas à recevoir l'ordre de sortir de la ville. (*Mervault. — Mém. de Rich. — Mém. de Pontis. — Les remarques particul*., etc.)

(1) C'est à tort que Massiou retarde son entrée à la Rochelle au 1er novembre et dit que ce jour-là seulement il donna l'ordre d'enterrer les morts. *(V. 31 octobre.)*

(2) Colin dit qu'il alla loger chez Marc Pineau, le fils sans doute du Maire de 1626, car celui-ci était mort quelques mois auparavant.

(3) Pontis prétend que, par un article ajouté au traité, il avait été dit que Guiton serait conservé dans les honneurs et prérogatives de sa charge de Maire.

31 Octobre.

1613. — « Le dernier d'octobre, rapporte Merlin, ont esté *cadelés* M. du Fief et M. de Surineau *(Const. d'Aubigné.)*, pour avoir ravi la fille de M. de La Saussaye *(Cl. d'Angliers Joubert, seigneur de...)*; effigiés dans un tableau pour avoir la teste tranchée, avec quatre autres, qui sont représentés estre pendus, desquels l'un est prestre, qui a espousé *(marié)* ledit seigneur du Fief avec la fille ravie. » *(Merlin.)*

1628 *(Siège de)*. — « Le cardinal fit venir du camp, des pionniers pour enterrer les morts. » *(Mervault.)* « La ville en étoit toute pleine, lit-on dans les mémoires de Richelieu, dans les chambres, dans les maisons, dans les rues et places publiques; la foiblesse de ceux qui restoient estant venue à tel point, et le nombre de ceux qui mouroient estant si grand, qu'ils ne se pouvoient enterrer les uns les autres, et laissoient leurs morts gisans où ils avoient expiré. »

1675. — Nous avons vu qu'après la reddition de la Rochelle, Louis XIII avait ordonné qu'il serait placé à la porte principale de l'église, que les pères Minimes devaient construire à la pointe de Coureilles, deux plaques de cuivre, pour consacrer le souvenir de l'immense ouvrage de la digue et des succès de sa flotte. *(V. 20 mars.)* Quarante-sept ans s'étaient écoulés sans que cette disposition de sa déclaration eût reçu son exécution. L'intendant Demuyn, bien moins dans le but de célébrer le triomphe de Louis XIII que dans celui d'ajouter encore l'insulte à toutes les vexations qu'il avait fait subir aux protestans Rochelais, fit graver sur chacun des montans de la porte de l'église *Notre-Dame-de-la-Victoire*, deux inscriptions, l'une latine, l'autre française, dont la dernière était ainsi conçue :

A la gloire de Dieu et de la piété du trés chrestien,
Louis XIII, Roy de France et de Navarre,

Arrestés-vous passans, et admirés le trophée de piété et de gloire dont le digne autheur est Louis XIII, qui a soumis la Rochelle rebelle, insolente et hérétique à la loi de Dieu et de son église, comme à celle de son sceptre. Le ministre-cardinal, duc de Richelieu, assista nostre invincible monarque de ses conseils et de ses soings dans ce glorieux ouvrage, ayant par son ordre fait construire une digue entre les flots de la mer, qui fut le boulevard de Louis-le-juste, la barrière de l'Anglois, le lien de la mer, le frein de l'hérésie, la réduction de la ville, et la huictième merveille du monde. Cette digue, avec l'armée navale de S. M., osta aux Anglois le pouvoir et volonté de secourir les rebelles assiégés, dont elle terrassa l'orgueil aux pieds de leur souverain, qu'ils publièrent leur victorieux, le XXVIIIe d'octobre MDCXXVIII.

Si les armes de notre glorieux monarque luy ont remis une ville rebelle, sa clémence luy acquit un illustre triomphe, donnant la vie à des habitans moribonds, l'aliment à des affâmés, la grâce à des coupables, l'amnistie à des félons et la paix à des révoltés. Et afin que la mémoire d'une si auguste victoire fust jusqu'à la consommation des siècles, S. M. fit bastir cette église et couvent dédiés à la Reyne du ciel, sous le titre de N.-D.-de-la-Victoire, désirant que ce lieu, qui avoit été le théâtre de ses combats, fust la marque éternelle de sa piété, y établissant les religieux Minimes, de la province de Touraine, reconnaissant par cette munificence les saints offices qu'ils rendirent dans son camp et leur assistance aux soldats dans le siège de la Rochelle.

Au-dessous étaient gravées les armes de l'intendant, avec ce vaniteux post-scpitum :

Cet éloge a été apposé à la porte de cette église, suivant l'intention de S M., par l'ordonnance de très noble et illustre seigneur Honoré Lucas, chevalier, seigneur de Demuyn et de Courcelles, conseiller du Roy, intendant général de la justice, police, finances et armées navales de S. M. en toutes les costes du Ponant et gouvernement de Brouage, la Rochelle, pays d'Aunix, isles et costes adjacentes, le jour avant les Kalendes de novembre, MDCLXXV *(31 octobre.)* (1)

---

(4) Arcère qui ne donne pas le texte des inscriptions (que je ne crois pas avoir été imprimé), a commis une erreur, en fixant à l'année 1676 la pose de ces plaques de cuivre, qui eut un fâcheux retentissement.

MOIS DE NOVEMBRE.

1ᵉʳ Novembre.

1628 *(Siège de)*. — Entrée de Louis XIII à la Rochelle. — On avait craint sans doute pour le Roi l'influence pernicieuse de tant de cadavres entassés sans sépulture dans la ville, et l'on avait attendu que tous les morts fussent enterrés. (*V. 31 oct.*) Le jour de la Toussaints, après qu'Henri de Sourdis, le fidèle lieutenant de Richelieu (qui venait de le faire archevêque de Bordeaux), eût consacré de nouveau l'église de Sainte-Marguerite, le cardinal, redevenu de général prêtre, y célébra la messe et donna la communion au maréchal de Schomberg, et à tous ceux qui se présentèrent. Vers les deux ou trois heures de l'après-midi, Louis XIII, à cheval et tout armé, arriva du côté de la porte de Cougnes ; le cardinal, aussi à cheval, marchait seul immédiatement devant lui, précédé du duc d'Angoulême et des maréchaux de Schomberg et de Bassompierre, placés sur la même ligne ; « puis les maréchaux de camp, deux à deux, et après quantité de seigneurs et de noblesse, avec les gens d'armes, les mousquetaires, les gardes du corps et le reste du régiment des gardes et celuy des Suisses, qui aussy alloient devant eux. Au dehors de la porte, se trouvèrent cinquante ou soixante des principaux de la ville, suivant le commandement qui leur en avoit été fait par M. le maréchal de Schomberg, qui se mirent à genoux lorsque le Roy passa. Sa Majesté leur dit : *mes amis, criés grâce et vive le Roy* ; ce qu'ils firent avec un grand ressentiment de douleur et de joye. Le Maire le receut à la porte, avec les eschevins et plus grands de la ville, et luy rendit les mesmes submissions que les premiers, et le Roy les receut de mesme. Ils l'accompagnèrent ainsy par la ville, le peuple criant de tous costés : *miséricorde ! vive le Roy.* » Les magistrats, qui étaient restés dans la ville, malgré la translation du présidial à Marans, vinrent se jeter aux pieds du Roi, pendant qu'il traversait une rue et, n'ayant pu obtenir de lui faire une harangue, se bornèrent à crier : *vive le Roy, qui nous a fait grâce.* Pendant ce temps là, « tous les canons des forts, des navires et ceux de la ville se faisoient oüir parmy un nombre infiny de mousquetades. Il fut remarqué que voyant les pauvres habitans comme des *anatomies* et qui à peine avoient face d'hommes, le Roy en eut pitié jusques à épandre des larmes. » Le cortège se dirigea vers l'église de Sainte-Marguerite, où le garde des sceaux, Messieurs du conseil et les maîtres des requêtes attendaient le Roi. Après un *Te Deum* et les vêpres, il y eût un sermon du père Suffren, confesseur de Louis XIII. Le Roi retourna ensuite à Laleu, mais auparavant il fit distribuer 10,000 pains aux habitans. (*Les remarq. partic. de tout ce qui s'est passé, etc. — Mervault. — Mém. de Richel. — Cartouche de la carte de Callot. — H. Martin, etc.*)

1757. — Louis XV, « informé des efforts que les habitans de la ville de la Rochelle ont faits en dernier lieu en n'épargnant ni leurs personnes, ni leurs biens pour faire échouer les entreprises des ennemis de l'Etat, et désirant reconnoître, d'une manière qui leur soit à jamais sensible, le zèle et la fidélité qu'ils ont fait paroître à cette occasion » (*V. 20 sept.*), ordonne que les inscriptions placées, en 1675, à la porte de l'église des Minimes, seront enlevées ; « entendant que la mémoire en demeure effacée, pour ne plus se ressouvenir que des preuves suivies que lesd. habitans ont données, même avant cette époque, de leur attachement inviolable aux intérêts de l'Etat. (*Ordon. de Louis XV.*) — *V. 31 octobre.*

2 Novembre.

1628. — Louis XIII, quittant définitivement le château de Laleu, vient prendre son logement dans l'hôtel Legoux, en la rue Gargouillaud, où avait longtemps habité Henri IV et sa mère. (*V. 1er juin.*) Après avoir entendu, à l'hôtel de Marsan, la messe des trépassés, qui fut dite par le père Joseph (*V. 11 juin*), il assista à une procession générale, qui se fit avec une grande pompe, et fut renouvelée depuis, chaque année, le jour de la Toussaints, jusqu'en 1789, en mémoire de la réduction de la Rochelle. Jamais on ne vit dans notre ville une foule si brillante (1) et un concours aussi prodigieux d'étrangers : « Toute la ville, dit un contemporain, s'est trouvée peuplée comme un autre Paris ; mais c'estoit de toute la cour, de toute l'armée ; *car ce qu'il y avoit d'habitans se cachoit, ou l'on ne voyoit que des spectres aux fenestres.* » L'ordre avait été donné d'orner les maisons de tentures sur le passage de la procession. Le Saint-Sacrement était porté par l'archevêque de Bordeaux ; le duc d'Angoulême et son fils, le comte d'Aletz, tenaient les coins du poêle, avec les maréchaux de Schomberg et Bassompierre. « Les jacobins marchoient en tête, en chantant les litanies de la Sainte-Vierge, et portant une grande bannière de taffetas blanc, sur laquelle étoit, d'un côté, un crucifix et l'image de Notre-Dame, entourée d'un rosaire, avec ces mots : *Gaude, Maria virgo, cunctas hereses sola intermisti in universo mundo* ; de l'autre le nom de Jésus, et plus bas, un calice sur une coupe, et une hostie entourée de rayons, avec cette inscription : *adora sacramenti dominici fragrantiam.* (*Mervault.* (2) — *Les remarq. partic.* — *Guillaud.* — *Année dominicaine.* — *Maudet.* — *Perry.*)

1753. — Naissance de Pierre-Charles-Martin de Chassiron, fils de Pierre-Mathieu Martin, seigneur de Chassiron, conseiller au présidial et trésorier de France au bureau des finances de la généralité de la Rochelle, et de Catherine-

---

(1) Bassompierre dit, dans ses mémoires, que lorsque le roi vint prendre son logement à Laleu, « outre ses sept offices, sa chambre, sa garde-robe, ses gardes du corps et autres personnes nécessaires, il logea encore plus de douze cents gentilshommes et *force princes.* »

(2) Mervault, dans son journal, donne la date du 3 novembre à cette procession ; mais plusieurs raisons m'ont porté à croire que celle du 2, adoptée par Arcère, était plus exacte.

Charlotte Cousin (1). Son grand père, Pierre Martin, *capitaine de marine*, annobli par Louis XIV pour un brillant fait d'armes, la prise d'un fort au Bengale, avait acheté la terre seigneuriale de Chassiron (île d'Oleron), dont il prit le nom. Il était lieutenant-général garde-côte de l'île d'Oleron, lorsqu'en 1710, muni de pouvoirs très-étendus, il partit pour les *Indes* avec deux navires de la *Compagnie des Indes-Orientales*, et pénétra jusqu'en Chine, où n'avait point encore paru le pavillon français. Après huit années d'absence, quand déjà depuis longtemps la compagnie avait pris son parti de la perte de ses navires, renouvelant l'histoire des facteurs d'Auffrédy, il était revenu avec un vaisseau chargé de richesses et en avait été récompensé par la place d'inspecteur-général, puis par celle de directeur de la *compagnie des Indes*, qui venait d'être réorganisée par Law.

Pierre-Mathieu, son fils, né à Saint-Denis, consacra aux lettres les loisirs que lui laissaient ses doubles fonctions de conseiller au présidial et de trésorier de France, et fut l'un des fondateurs de l'Académie de la Rochelle. Le sujet favori de ses études était le théâtre, sur lequel il écrivit plusieurs dissertations, dont l'une surtout intitulée : *Réflexions sur le comique larmoyant*, eut autant de succès que de retentissement dans le monde littéraire.

Pierre-Charles s'était déjà fait connaître, en terminant son droit à Paris, par quelques poésies légères, lorsqu'il fut, avant vingt-deux ans, élu membre de l'Académie de la Rochelle, où il venait d'être nommé trésorier de France. Appelé, en 1791, à l'assemblée administrative du département, une brochure qu'il publia contre l'influence des sociétés populaires, l'exposa à des persécutions. Il se retira alors à la cam-

---

(1) Ils habitaient, dans la rue Dompierre (aujourd'hui Fleuriau), l'ancien hôtel de Cheusses, bâti par la famille Jacques Henry, sur un emplacement appelé *place de Jérusalem*. Cet hôtel avait été pendant neuf années (1723-32) loué au corps de ville, auquel n'avait point encore été restitué l'ancien échevinage (*V. 8 avril*); puis aux trésoriers de France, pour y tenir le bureau des finances. M. de Chassiron l'avait acheté, en 1735, de Renée-Madeleine de Rambouillet de la Sablière, veuve du conseiller d'État de Trudaine, héritière des seigneurs de Cheusses, que la révocation de l'édit de Nantes avait chassés de France. Il appartient actuellement à M. Potel.

pagne et s'adonna entièrement à l'agriculture, qui servit en même temps sa sécurité, sa fortune et sa renommée. Il introduisit dans son domaine de Beauregard des races supérieures d'animaux, et particulièrement des moutons mérinos, dont il perfectionna l'éducation. Il publia en même temps un assez grand nombre de mémoires sur diverses branches de l'agriculture ; fournit des articles au dictionnaire de Déterville, aux mémoires de la société royale d'agriculture, et au cours d'agriculture de l'abbé Rozier ; devint membre de la société d'agriculture de Paris, et fut l'un des fondateurs de la société d'encouragement pour l'industrie. Successivement membre du conseil des anciens et du tribunat et maître des comptes, il fut nommé membre de la Légion-d'Honneur, en 1804, et obtint peu après le titre de baron de l'Empire (1). Son fils, après avoir été longtemps député de la Rochelle, siège maintenant au Sénat. (*Mém. judic.*— *Bernon de Salins.*— *Delayant.* — *Note comm. par la famille.*)

3 Novembre.

1592. — Première apparition, dans les rades de la Palisse et de Chef-de-baie, des navires de Saint-Luc, qui avait obtenu du Roi cet étrange privilège de lever, depuis Bayonne jusqu'en Bretagne, sur tous navires qui importeraient des marchandises, de quelque lieu qu'elles vinssent, un droit de 4 pour cent et 2 écus par tonneau de vin ou de blé, avec faculté d'entretenir vingt navires pour faire payer ces droits. Les Rochelais, justement alarmés du préjudice que devait causer à leur commerce l'exécution d'une pareille mesure, contraire d'ailleurs à leurs privilèges, après avoir adressé leurs réclamations au Roi, avaient porté l'affaire devant le parlement, qui, le 10 novembre, rendit un arrêt fesant défense à la Limaille, agent de St-Luc, de lever aucun impôt, tant que sa commission n'aurait pas été vérifiée en parlement. La Limaille n'ayant tenu aucun compte de cette injonction, les Rochelais placèrent deux pièces de canon à la pointe de Coureilles et deux autres à la pointe de

(1) Il faisait partit de l'assemblée de la noblesse, lors de la convocation des trois ordres, en 1788, pour l'élection de députés aux États généraux. (*Note comm.*)

Chef-de-Baie, et mirent en mer deux gaillotes, sous le commandement de Gargouillaud, pour donner la chasse à la Limaille; ce qui permit aux navires d'entrer à la Rochelle, sans payer aucun droit. (*Diaire de Bergier.* — Ms. intitulé *Hôtel-de-Ville.*) C'est ainsi que les Rochelais savaient se faire justice eux-mêmes, quand le pouvoir violait leurs privilèges.

1621. — Les Rochelais ayant appris que le duc d'Epernon était à Marsilly, avaient résolu de s'emparer de sa personne par surprise. Vers les deux heures de la nuit, ils sortent mystérieusement de la ville, au nombre de quatre ou cinq cents hommes, suivis de trois canons; mais d'Epernon, averti de de leur projet, avait fait cacher derrière un bois, proche le chemin de la Rochelle à Marsilly, un assez grand nombre de gens d'armes, qui chargèrent à l'improviste les Rochelais quand ils approchèrent. Après un combat de deux heures, ceux-ci furent obligés de rétrograder, en abandonnant leurs canons. Cet échec occasionna une grande rumeur parmi le menu peuple et surtout parmi les femmes de ceux qui avaient succombé. Elles voulurent outrager Soubise, Favas, de Bessay et le Maire lui-même, qui furent contraints de rester enfermés pendant trois heures à l'Hôtel-de-Ville. Il en résulta qu'on ne tint plus de conseils secrets, et qu'on appela aux réunions suivantes des habitants de chaque quartier et de toutes conditions. (*L'entreprise des Roch. descouverte etc.*) — *V. 29 juillet.*

1628. — Ce jour-là, dit Guillaudeau, « on commença d'abattre les fortifications du costé de Maubecq. » Louis XIII les avait condamnées à être rasées, moins le front de la place du côté de la mer et les tours de Saint-Nicolas, de la Chaîne et de la Lanterne. Ce furent les soldats d'abord que l'on chargea de cette œuvre de destruction, et si l'on en croit le manuscrit *des recherches curieuses*, ils ne se bornèrent pas à démolir les ouvrages de fortification, ils détruisirent encore *plus de douze cents maisons dans la ville, sans que le gouvernement ni l'intendant y missent ordre.* On fit venir ensuite des travailleurs des villes voisines, qui furent taxées chacune à un certain nombre d'hommes, et on y employa jusqu'à deux ou trois mille personnes par jour. (*Arch. de Fontenay.*)

Le même jour, Louis XIII ordonna de conduire au château de Niort la duchesse de Rohan, qu'il n'avait pas voulu comprendre dans la capitulation, parce qu'elle *avoit esté le flambeau qui avoit consummé ce peuple.* (*Guillaudeau. — Mém. de Richelieu.*) Il fit en même temps sortir de la ville le maire Guiton, le conseiller Tessereau (*V. 10 septembre*), le tribun Tharay, le ministre Salbert, Israël Torterue et plusieurs autres notables. (*Colin. — Mervault.*)

1630. — « On a commencé à prescher *au Temple neuf*, en la Ville-neuve. » (*Guillaudeau. — Colin.*) En expulsant les protestants du grand temple, qu'ils avaient construit sur la place, pour en conférer la jouissance aux paroissiens de Saint-Barthelémy, en attendant qu'il fut érigé en cathédrale (*V. 20 juin*), Louis XIII avait concédé aux premiers un terrain dépendant des anciennes fortifications pour bâtir un nouveau temple, avec promesse d'une somme de 6,000 livres, *pour ayder à faire les frais d'iceluy.* Il les avait en même temps autorisés à continuer leurs exercices religieux dans la salle Saint-Yon, jusqu'à ce que le temple de la Ville-neuve fut terminé. Malgré leurs réclamations, l'allocation promise ne leur fut pas donnée; le roi les autorisa seulement à faire une quête *sur les habitans de la ville de la religion prétendue réformée.* C'est à l'aide des deniers ainsi recueillis qu'avait été élevé le *prêche* de la Villeneuve, dont l'une de nos rues porte encore le nom; mais moins vaste et bien plus simple que le grand temple de la place du château. (*Art. accordés par S. M. à ceux de la religion, etc.*) V. 1er *mars — 14 juillet — 12 septembre.*

4 Novembre.

1550. — Aux termes d'un édit de François Ier, du 25 mars 1543, les *épiceries et drogueries* ne pouvaient être introduites en France que par trois villes : *Rouen*, quand elles venaient par l'Océan, *Marseille*, lorsqu'elles arrivaient par la Méditerranée, et *Lyon*, quand elles étaient importées par la voie de terre. Par une ordonnance du *4 novembre 1550*, Henri II déclara qu'à l'avenir elles pourraient être en outre admises dans le royaume par les ports *de la Rochelle*, de Nantes et de

Bayonne ; disposition qui contribua beaucoup à accroître l'importance du commerce rochelais. (*Delaurière.*)

1628 (1). — « L'armée angloise, après avoir demeuré un mois six jours en rade et vu de là la reddition de la Rochelle à l'obéissance du Roy, met à la voile, pour en aller porter les nouvelles en Angleterre. » (*Mervault.*)

Lord Lindsay et lord Montaigu surtout partaient fort courroucés de ce que les Rochelais eussent traité directement avec Louis XIII et sans leur intervention. Ils avaient même résolu tout d'abord d'emmener par force en Angleterre tous les Français et leurs navires, qui fesaient partie de la flotte : il avait fallu les plus chaleureuses protestations du député Ph. Vincent, pour les déterminer à se contenter de ceux qui pouvaient leur être nécessaires pour les guider sur les côtes de France, et à permettre aux autres de profiter de la capitulation pour aller embrasser leur famille et préserver leurs biens de la spoliation. (*Ph. Vincent.*)

5 Novembre.

1628. — Bassompierre raconte dans ses mémoires que, ce jour-là, il fit une partie de paume avec Louis XIII, qui fut pris, en jouant, d'un accès de goutte. Ce dût être au *grand jeu de paulme*, situé dans la rue Gargouillaud, presque en face du logement du roi, et qui avait une seconde entrée dans la rue Dompierre. Ce jeu, si propre à développer les forces et à entretenir la souplesse du corps, était alors en si grand honneur chez nos pères, que l'on ne comptait pas moins de huit établissements à la Rochelle : l'un, qui paraît être le plus ancien, qu'on appelait le *petit jeu de paulme*, dans la rue Chef-de-Ville ; un autre dans la rue Saint-Jean, vis-à-vis l'église, et dans lequel se cacha le capitaine Chesnet, lors de sa tentative de 1562 (*V. 8 février*) ; le jeu de paume *des Marais*, dans la rue St-Léonard ; celui des *Grolles*, sur l'emplacement de la vieille monnaie,

---

(1) M. Henri Martin, dans son *Histoire de France*, retarde jusqu'au 11 novembre le départ de la flotte anglaise ; mais Ph. Vincent, qui ne quitta la flotte que le 2, pour rentrer à la Rochelle, et Mervault qui était dans la ville, s'accordent à le fixer au 4 novembre.

près de la cour des Grolles (*V. 8 août*); celui des *Fraignées*, dans la rue du moulin de la Verdière, aujourd'hui impasse du Verseau ; celui de la *Moulinette*, près la fontaine de Navarre ; celui de la *Petite-Rive*, dans la grande rue Saint-Nicolas ; enfin le jeu de paume de *Gargouillaud*. (*Titres divers*.)

1651. — Du Doignon, après avoir fait exécuter les travaux de défense dont nous avons parlé (*V. 7 octobre*), était allé rejoindre, à Bordeaux, le prince de Condé. Les Rochelais profitèrent de son absence pour se préparer à déjouer ses projets. Quoique la ville fut ouverte de tous côtés, que les tours fussent au pouvoir de du Doignon, les canons prêts à mettre leurs maisons en poudre ; que des vaisseaux tinssent la mer et que de nombreuses troupes entourassent la ville, enfin qu'ils manquassent de chefs pour les commander, ils n'hésitèrent pas à se prononcer pour la cause royale. Neuf députés, choisis dans tous les corps de la ville, furent envoyés vers le Roi, qui était venu à Poitiers avec la Reine-mère, et le 5 *novembre*, ils furent présentés à Leurs Majestés, en présence de Messieurs du conseil. L'un d'eux, le conseiller Gaspard Pandin, seigneur des Martres, fit une longue harangue au Roi, qui l'écouta avec grande attention, manifesta toute sa satisfaction de la fidélité des Rochelais et promit qu'ils en seraient récompensés par ses bienfaits. Pendant ce temps-là, on élevait des barricades dans la ville, on formait des retranchements et on confiait à la milice bourgeoise la garde des deux ponts de Maubec et de St-Sauveur, pour intercepter les communications du faubourg St-Nicolas avec la ville. (*Mervault. — Le Mercure rochelois.*) — V. *15 novembre.*

6 Novembre.

1618. — Louis XIII écrit une longue lettre au corps de ville pour l'informer de sa résolution de mettre à exécution la pensée qu'avait eue son père (*Henri IV*), *de former une bonne et puissante société de marchands, riches et entendus au fait du commerce et de la navigation*, pour faire le trafic des Indes orientales, de lui accorder *plusieurs grâces et privilèges, et de faire défenses à tous ses autres sujets, qui n'y entreront, de plus aller, ni trafiquer ausdites Indes, et aux étrangers d'apporter en son royaume aucune des marchandises qui en proviennent.* Il ajoutait qu'il verrait avec plaisir les bonnes villes du royaume et notamment la Rochelle, *dont il avoit le bien et accroissement en recommandation*, participer à cette société, pour la formation de laquelle se présentaient déjà un grand nombre de notables bourgeois et marchands de Paris. Il invitait en conséquence le corps de ville à se réunir pour délibérer sur ce sujet, et à engager ceux qui voudraient en faire partie à se rendre à Paris, le dernier jour du mois de janvier ou le 2 février. Par une délibération du mois de décembre, le corps de ville décida que cette lettre serait communiquée au conseil des quarante-huit, et nomma quatre commissaires pour s'entendre, avec les commissaires des bourgeois, sur ce qu'il y avait à faire en cette occurence. (*Rég. des délibérations.*)

1621. — Un nouveau succès de Guiton, contre les royalistes (*V. 2 octobre.*), vint atténuer le mauvais effet de l'échec que, trois jours auparavant, d'Epernon avait fait essuyer aux Rochelais (*V. 3 novembre*). On avait appris à la Rochelle que dix-huit navires du Roi étaient arrivés à Brouage, pour se radouber. Vingt-deux bâtimens rochelais partent, *le 6 novembre*, pour Brouage, sous le commandement de Guiton. Une partie de la flotte royale s'enfuit à leur approche; mais deux des navires, le Saint-François et le Saint-Louis, touchent et s'échouent. Les Rochelais sautent à bord, *avec épées et pistolets et force pots à feu;* les royalistes se défendent avec courage, mais ayant perdu plusieurs des leurs, accablés par le nombre, ils sont obligés de se rendre; quelques-uns cependant ayant préféré se jeter à la mer se noyèrent. Les deux navires restèrent aux mains des Rochelais, qui les emmenèrent, avec une soixantaine de prisonniers, quand la marée les eût remis à flot. (*Colin.*)

7 Novembre.

1622 (1) (*Siège de*). — Un grand pan de la muraille de la

(1) La date de la fin d'août donnée par Arcère à cet évènement, est erronnée; celle que j'ai empruntée à Colin est confirmée par une délibération postérieure du corps de ville.

ville, qui s'étendait de la porte des Deux-Moulins à la tour du Padé (*V. 27 juin*), soit qu'il fût trop surchargé de parapets, soit parce qu'il était battu depuis longtemps par le canon du Fort-Louis et de l'Epine, s'écroule sur une longueur de quarante toises, et jusqu'à ses fondemens. Les assiégeans crurent voir le doigt de Dieu dans cet accident très naturel. Mais les Rochelais, hommes, femmes et enfans, sans s'effrayer des boulets ennemis, travaillèrent avec une infatigable ardeur jusqu'à ce que la brèche eût été réparée. (*Colin.* —*Mervault.*)

1628. — « Les *6*, *7* et *8*, il fit un si grand vent de sur-oest et avec telle violence que *la digue*, en plusieurs endroits et surtout du côté de Port-neuf, fut écroulée, et les machines et chandeliers (1) brisez et otez de leur lieu ; de sorte qu'un navire flamand, du port de 200 tonneaux, qui étoit chargé de vivres pour le ravitaillement de la ville, et étoit demeuré à Chef-de-Baye, étant poussé par l'impétuosité de la tourmente, vint donner sur les vases (*de l'avant-port*), ayant passé avec bien peu de difficulté par-dessus la digue.... Si cela eût arrivé dix ou douze jours auparavant, la ville eut été ravitaillée (2). » (*Mervault.*)

8 Novembre.

1572. — Tout en assurant Biron *qu'ils ne cherchoient dans toutes leurs allures qu'à servir Dieu et à avoir paix et seureté* (*Lettre du 24 octobre.* — *V. 23 octobre*), les Rochelais, avertis par leurs amis que la cour se préparait sourdement à assiéger leur ville, ne négligeaient rien de leur côté pour se mettre en état de défense. Dès le 25 octobre, ils avaient expédié en Angleterre trois députés pour solliciter l'appui de la reine Elisabeth *(V. 20 janvier)* ; le 31 du même mois, le conseil extraor-

---

(1) « On fit d'autres machines qui tenoient toute l'ouverture (*conservée entre les deux bras de la digue*), et estoient faites de grandes pièces de bois, enfoncées et liées par dessus avec de la charpente : on appela ces machines *chandeliers.* » (*Mém. de Richelieu.*)

(2) « Le 11 du même mois s'est perdue *à la digue* la barque de Gabiou, de Marennes. En icelle y avoit grand nombre d'hommes et femmes, avec quantité de vivres et provisions et ont esté noyés plus de quarante, tant hommes que femmes. » *(Guillaudeau.)*

dinaire avait ordonné que, conformément aux privilèges de la Rochelle, les habitants des paroisses du gouvernement seraient tenus de venir travailler aux fortifications, qui furent considérablement augmentées ; les royalistes ayant arrêté et saisi plusieurs navires et leurs cargaisons appartenant à des Rochelais, le conseil avait prononcé la confiscation de tous les deniers, meubles et revenus des *papistes*, qui avaient abandonné la ville. Afin de mieux protéger les communications du côté de la mer, on résolut de s'emparer de l'île de Ré. Dans la soirée du *8 novembre*, quatre navires et quelques barques, montés par des troupes que commandait des Essards, sortirent dans ce but du port de la Rochelle ; mais en approchant de Chef-de-baie, ils firent la rencontre de deux galères, que le baron de La Garde avait envoyées sous le commandement de Tosinghi, vieux général florentin, et d'un gentilhomme génois, nommé Fiesque, pour reconnaître, avec deux ingénieurs italiens, Justiniani et Ramelli, les arrivages de la Rochelle et sonder la profondeur du canal. Les Rochelais fondirent sur eux à l'improviste ; Tosinghi parvint à s'éloigner à force de rames; mais de Fiesque, plus engagé, ne pût se faire obéir des galériens, ses rameurs, auxquels les assaillans promettaient la liberté, et après un combat très vif, il fut obligé de se rendre. La petite flotille rochelaise revint alors au port, ramenant la galère de Fiesque et son équipage. L'expédition de l'île de Ré fut reprise le lendemain ; mais elle ne pût réussir par suite d'une tempête, qui l'obligea à rentrer. (*A. Barbot.* — *De Thou.* — *Cauriana.*)

1621. — La prise de l'île d'Oleron, par Soubise et Saint-Surin, suivit de près le succès obtenu par Guiton contre Saint-Luc (*V. 6 novemb.*). Ils y commirent ou laissèrent commettre de fâcheux excès et de regrettables dévastations. Ils ne se contentèrent pas de s'emparer des revenus des catholiques, d'enlever les sels, d'abattre les bois, ils autorisèrent encore la destruction des églises, à peine relevées de leur ruine par les catholiques. (*Arcère.*)

1627. — Après les secours d'hommes et de munitions qu'avait reçus Thoiras, qui attendait encore de nouveaux renforts, Buckingham, avec son armée affaiblie, ne pouvait guère plus se flatter d'emporter la citadelle de Saint-Martin. Décidé à opérer sa retraite, il avait cependant consenti, sur les instances de Soubise, à tenter, le 6 novembre, un dernier assaut, qui avait échoué. Toujours chevaleresque, le duc avait alors envoyé vers Thoiras un gentilhomme, chargé de lui faire ses adieux et de lui dire qu'il quittait l'île, avant que de nouvelles troupes y arrivassent, *à fin de laisser à lui seul l'honneur et la gloire de l'avoir, par sa valeur, sa prudence et sa patience, forcé à se rembarquer.* Le *8 novembre*, en effet, il leva le siège et se dirigea avec ses troupes vers l'île de Loix, où devait avoir lieu l'embarquement. Le maréchal de Schomberg était débarqué, la nuit précédente, près de Sainte-Marie, avec 4,000 hommes et 200 chevaux. Après avoir rallié la garnison du fort la Prée *et fait faire la prière générale à ses troupes*, il arriva à Saint-Martin, au moment où Buckingham venait de le quitter. Thoiras et ses braves soldats se joignirent à lui, et ils se mirent à la poursuite des Anglais. Thoiras était impatient de les attaquer; Schomberg, au contraire, refusa deux fois la bataille que lui offrit Buckingham; mais quand celui-ci fut arrivé à une longue et étroite chaussée, élevée au milieu des marais et coupée par deux ponts, qui se trouvait entre la Couarde et l'île de Loix, Schomberg lança sa cavalerie sur celle de l'ennemi, qui fut culbutée et renversée sur l'infanterie, qu'elle mit en désordre. Il profita alors de la panique des Anglais, qui, malgré les efforts de leur général pour les rallier, jetaient leurs armes pour gagner plus vite leurs vaisseaux, et les tailla en pièces. Richelieu dit, avec quelque exagération peut être dans ses mémoires, qu'ils perdirent près de 2,000 hommes (1), soixante drapeaux (2), cinq colonels, deux cent cinquante capitaines, vingt gentilshommes de qualité et trois

(1) Une brochure du temps, intitulée : *La défaite entière des Anglois et leur honteuse retraite,* ne porte qu'à 1,500 le nombre des morts, et à 400 celui des prisonniers. Guillaudeau est resté sans doute au-dessous de la vérité, en fixant à 400 seulement le chiffre des morts. — *V. 9 novembre.*

(2) « Quarante enseignes anglaises furent envoyées par le Roi à Paris, et appendues triomphalement aux voûtes de Notre-Dame. » *(H. Martin.)*

lieutenants-colonels. Les milords Mont-Joye, général de la cavalerie, Gray, général de l'artillerie et de Montaigu, étaient parmi les nombreux prisonniers. « Ainsy sortit de l'isle de Ré le duc de Buckingham, dit Mervault, après y avoir demeuré trois mois et seize jours, et consommé une partie des vivres des Rochelois et mis au désespoir le party pour lequel il étoit venu en France. » (*Mervault. — Hist. de la Rébellion. — Guillaudeau. — Mém. de Richelieu, etc.*)

1630. — Après la reddition de la Rochelle, on avait abandonné aux protestans le cimetière de l'église Saint-Jean, qu'on appelait le *cimetière du Perrot*; mais sur les réclamations du curé de cette paroisse, l'intendant de la Thuillerie rendit, *le 8 novembre*, une ordonnance faisant défense aux huguenots d'enterrer leurs morts dans les cimetières des catholiques. On leur concéda alors, près de leur nouveau temple, un terrain de peu d'étendue, qu'on nomma le *cimetière de la Ville-neuve*, et qui fut bientôt rempli. Au mois de décembre 1635, ils obtinrent de l'intendant de Villemontée un nouvel emplacement, *vis à vis la rue des Trois-Marchands* (Chef-de-Ville), *borné à l'occident par les fossés de la ville, au midy par le canal qui va desdites douves au pont de la Gourbeille* (1), *moyennant 30 liv. de rente annuelle*, payées d'abord au duc de Saint-Simon, à cause de son fief de Saint-Louis, puis aux frères de la charité, qui revendiquèrent plus tard la propriété de ce terrain. (*Proc.-verb. de prise de posses. du fief de Saint-Louis. — Terrier de l'hôpit. Saint-Barth. — Guillaud. — Rég. des protest. — Notes de Jaillot.*) — V. 15 Mars.

9 Novembre.

1627 *(Siège de).* — Le lendemain de la défaite des Anglais, Louis XIII recevait de Schomberg une lettre datée de la veille,

---

(1) Ce pont, jeté sur la Verdière, près du pont, servait à communiquer de la *grande rive* au faubourg du Perrot. Il devait son nom au genre de supplice que l'on y fesait subir à certains condamnés et principalement aux femmes de mauvaise vie, que l'on mettait dans une cage de fer ou *corbeille*, et que l'on plongeait ensuite plusieurs fois dans la mer, *au gros de l'eau*: ce que l'on appelait *gourbeiller*. (*Titres divers.*)

et ainsi conçue : « Sire : j'ay faict en un mesme jour la descente en Ré, veu lever le siège de la citadelle et défaict l'armée angloise, de laquelle nous avons tué 1,200 Anglois, pris environ de vingt drapeaux et aucuns de leurs chefs, entre lesquels le général de leur cavalerie, appellé le milor de Mont-Joye. Celui-là m'a dit que le duc de Bouguingan s'estoit trouvé au combat, et y avoit esté blessé d'une mousquetade. Sans les marois advantageux, où les Anglois se sont sauvez, il n'en fut pas resté un seul. Je crois qu'ils s'embarqueront tous ceste nuict, etc. » Le soir, dit Mervault, » on fit de grands feux de joye à Estré, Coureilles, Bongrenne, la Moulinette, Fort-Louis et dans tous les quartiers de l'armée, avec salves de coups de canon et de mousqueterie, et de cris de *vive le Roy*, au sujet de la reprise de l'île de Ré sur les Anglois. Ce qui donna l'alarme bien chaude aux Rochelois, qui n'en savoient pas la cause ; tellement que, sur la crainte de quelque surprise et intelligence dans la ville (1), ils demeurèrent toute la nuit sous les armes. » (*Hist. de la Rébellion. — Mervault.*)

10 Novembre.

1622. — La Rivière, courrier du Roi, avait apporté la veille les articles de paix, signés à Montpellier le 19 octobre, par le duc de Rohan, au nom de toutes les églises réformées. (*V. 27 octobre.*) L'imprudente prise d'armes des protestans leur avait coûté cher : ils perdaient deux gouvernemens de province, le Béarn et le Poitou, leurs places de sûreté, moins la Rochelle et Montauban ; toutes assemblées politiques leur étaient interdites sans la permission du Roi ; ils ne conservaient que la faculté de tenir des assemblées de consistoire, colloques et synodes, *pour pures affaires ecclésiastiques*; Montpellier devait être démantelé ; toutes les nouvelles fortifications élevées par les réformés, spécialement dans les îles de Ré et d'Oleron,

(1) La veille, on avait trouvé en plusieurs maisons « de petits paquets de poudre, avec des allumettes bien souffrées, au bout desquels étoient des mèches, qui avoient été allumées et qui néantmoins s'étoient éteintes sans avoir fait nul mal. » On découvrit trois des auteurs de ces criminelles tentatives, dont l'un était sergent dans l'armée du Roi : ils furent aussitôt pendus sur la place du château. (*Mervault.*)

devaient être démolies ; — celles de la Rochelle étaient exceptées ; un brevet particulier promettait même le rasement du Fort-Louis ; — l'édit de Nantes était de nouveau confirmé, mais aussi le culte catholique devait être rétabli partout où son exercice avait été interrompu, etc. Tous les corps de la ville furent réunis, ce jour-là, à l'échevinage pour avoir communication du traité. La Rivière, en prenant la parole, voulut commencer par *prôner la bénignité du Roy et sa grandeur* : on l'interrompit, en lui disant de parler de la paix, et d'en produire l'acte. Il déclara qu'il n'avait pas les originaux, mais seulement l'acte de publication faite à Montpellier, et des instructions du Roi pour faire mettre à exécution ce qui avait été arrêté avec M. de Rohan. Malgré le mécontentement qu'on éprouva de cette circonstance, on nomma cependant cinq députés, pour aller saluer, à Laleu, le comte de Soissons et le maréchal de Vitry, et trois autres, pour se rendre vers le duc de Guise, amiral de la flotte royale. (*Colin. — Rég. des délibérations.*)

11 Novembre.

1622. — La fameuse assemblée de la Rochelle, qui siégeait depuis le 25 décembre 1620, tint sa dernière séance *le 11 novembre*, jour de la publication de la paix de Montpellier. En même temps les députés rochelais étaient reçus par le comte de Soissons, qui leur déclara qu'il allait immédiatement lever le camp, mais qu'il laisserait au Fort-Louis le colonel du régiment de Champagne, Arnault (1), jusqu'à ce que le Roi eût fait connaître ses volontés ; *ce qui affligea beaucoup de gens*, dit Colin. Le même jour, le corps de ville choisit deux de ses membres, et les bourgeois un des leurs, *pour aller assurer Sa Majesté de leur fidélité et obéissance.* (*Proc.-verb. de l'assemblée. — Rég. du corps de ville.*)

1799. — Arrêté des consuls qui enjoint à vingt membres des conseils des anciens et des cinq-cents, qui s'étaient opposés

(1) « On appela cet Arnaut *Arnaut du Fort*, dit Tallemant des Réaux, parce que ce fut luy qui s'avisa, après avoir changé de religion, de proposer de faire le Fort-Louis, pour incommoder ceux de la Rochelle, et il en fut capitaine. » (*Historiettes.*)

au coup d'état du 18 brumaire (parmi lesquels le conventionnel Julien, le marquis d'Antonnelli), (1) d'avoir à se rendre à la Rochelle, pour être ensuite conduits et détenus dans tel lieu du département, qui serait indiqué par le ministre de la police générale. Le ministre désigna l'île de Ré, qui était devenu un lieu de déportation politique (2). Mais cet acte de rigueur souleva de si vives réclamations, qu'un nouvel arrêté du 29 novembre révoqua le premier, et soumit seulement ces nouveaux suspects à la surveillance du ministre de la police. (*Bulletin des lois.*)

12 Novembre.

1614. — Le 30 juin précédent, le Roi et la Reine-régente avaient écrit au gouverneur de la Rochelle, de convoquer les trois ordres de la province pour élire chacun un député aux Etats généraux; déjà, depuis le 14 octobre, ceux-ci étaient assemblés à Paris et les députés de l'Aunis n'étaient pas encore nommés. Le corps de ville de la Rochelle avait seul fait choix, trois semaines auparavant, de M. de la Goutte, l'un de ses membres, pour le représenter, sans être bien assuré toutefois qu'on voulut l'admettre. « Le *12 novembre*, dit Merlin, nostre sénéchal, M. de Loudrières, est arrivé icy pour assembler les estats d'Aulnix et avoit désir de les assembler de ceste manière, c'est que les soixante-quinze pairs de la maison de ville fussent joints avec le tiers-estat tant de ceste ville que du gouvernement, fors ceux qui d'entre les papistes sont nobles ; joindre les eschevins avec la noblesse et convoquer le clergé romain et le clergé réformé ensemble ; » mais les membres du corps de ville ayant déjà participé à l'élection de M. de la Goutte, ne crurent pas devoir voter une seconde fois. (*Bruneau. — Diaire de Merlin. — H. Martin.*)

(1) Le général Jourdan n'en fesait pas partie, comme le prétend Massiou : il était un de ceux qui précédemment avaient été déportés à l'île d'Oleron par le Directoire. (*Bull. des Lois.*)

(2) On y avait notamment déporté un grand nombre de prêtres. Un autre arrêté des consuls ne tarda pas à ordonner qu'une série de déportés, qui étaient à la Guyanne, seraient transférés aux îles de Ré et d'Oleron. (*Bulletin des Lois.*) — V. 21 Mars.

1789. — « Le présidial tient sa première audience dans le palais rebâti. » (*Perry*.) L'expression de Perry n'est pas tout à fait exacte, puisqu'une partie des murs et des salles, qui composaient l'ancien *palais royal*, construit aux frais d'Henri IV, fut conservée (*V. 9 juin*); mais les changements avaient été cependant assez considérables pour qu'ils pussent être considérés comme une véritable reconstruction. C'est au mois de décembre 1783 qu'avaient été mis en adjudication *les ouvrages nécessaires pour la reconstruction et agrandissement des palais et prisons de la Rochelle, sur les plans et devis de M. Duchesne, ingénieur en chef des ponts-et-chaussées*. Le 8 février 1785, le présidial, « informé par l'architecte que la construction des prisons royales étant fort avancée, on alloit tout prochainement *toucher à différentes chambres* du palais, même jeter *le grand escalier par terre*, ainsi qu'*une des portes d'entrée*... avoit ordonné que, de l'agrément de MM. les juges-consuls et de la chambre du commerce, le siège de la justice seroit transféré, à commencer du 15 du même mois jusqu'à ce que les réparations à faire au palais fussent finies, dans les salles de la juridiction consulaire. » Après un éloignement de près de cinq années, les magistrats du présidial inauguraient le palais neuf, le jour même de leur audience solennelle de rentrée. Ils n'y devaient siéger que quelques mois : une nouvelle organisation judiciaire allait succéder à celle établie par Henri II. (*Affich. de la Rochelle*.) — V. 1er juin.

1858. — Le conseil municipal décide que les rues *Porte-Neuve*, *du Bassin*, *des Maîtresses*, *de Sainte-Catherine* et le *quai de la Grande-Rive*, porteront à l'avenir les noms de rues *Réaumur*, *Valin*, *Dupaty*, *Arcère* et de quai *Duperré* (1).

13 Novembre.

1572. — « Le conseil extraordinaire arrêta de faire desmolir et raser les moulins proches la porte Sainte-Nicolas et

(1) On pourrait croire que les illustres Rochelais, dont le conseil municipal a voulu par ce vote consacrer la mémoire, étaient nés ou avaient habité dans les rues auxquelles on a donné leurs noms; mais aucune particularité ne rattache leur souvenir à ces rues, dont le choix a été purement arbitraire.

leurs dépendances, la maison et moulin du *Fourneau* (1), toutes les *murailles* des vignes, depuis ladite maison jusques à Coureilles, toutes les maisons du Colombier (*V. 4 avril*), celles du *Treuil-Mesnard* (*près du Treuil-des-Noyers*) et de la Brande, tout le fauxbourg de Saint-Eloy, les maisons des *Salines*, celles des Volliers (2) et de Pallère (*près de la porte de Cougnes*), qui estoient les plus proches et faisoient l'entour de la ville, afin que l'ennemy ne s'en pust servir et venir à couvert jusques sur la contrescarpe, et de plus que tous les fossés estans èsdits lieux, regardans la ville, seroient comblés, les buissons et espines toutes coupées : ce qui fust faict. » (*A. Barbot.*)

1607. — Sully écrivait au corps de ville, à cette date : « Messieurs, vous ayant promis amitié et service, je vous en veux rendre des tesmoignages très-asseurés à toutes les occasions qui se présenteront.... l'on a dit à Sa Majesté que vous aviez escript en corps au roy d'Angleterre en faveur d'un ministre écossois, nommé Malvin, prisonnier en la tour de Londres pour avoir parlé mal à propos du Roy et de son conseil.... Or, vous sçavez combien les Roys ont désagréables les esprits turbulents et disposez à la brouillerie et ne sçauroient recevoir un plus grand desplaisir que d'en voir dans leur royaulme. Et néantmoins outre la faveur que vous avez procuré de porter au sieur Malvin pour sa liberté, vous avez résolu de le retirer en vostre ville et l'y faire habiter, chose que le Roy ne trouve nullement bonne et pouvez tenir pour asseuré qu'il ne le souffrira pas.... Je vous conseille donc, comme vostre bon amy et serviteur, de desputer quelqu'un vers Sa Majesté pour vous justifier, si la chose n'est pas vraye, ou luy demander pardon, si l'avez commise... » (*OEconomies roy.*) Le fait était exact : à la sollicitation des Rochelais, le roi Jacques avait rendu la liberté à Malwin, à la condition qu'il sortirait de ses Etats ; mais, dit Benoist, dans son *Histoire de l'édit de Nantes*, « la disposition des esprits ne permettoit pas de tolérer en France des personnages de ce caractère, encore moins à la Rochelle qu'ailleurs, *à cause de l'amour de la liberté*

(1) Près de la porte Saint-Nicolas, au bord de la côte.
(2) Située sur l'emplacement où a été percée la rue des Voiliers, qui doit son nom à cette ancienne maison seigneuriale.

qu'elle portoit un peu plus loin qu'il n'est permis selon la politique des monarchies. Grâce à l'intervention de Sully, ajoute-t-il, l'affaire n'eut aucune suite fâcheuse. »

1817. — Exécution, sur la place des Cordeliers, des deux frères Brunet, condamnés, le 23 août précédent, par la cour d'assises de Saintes, pour avoir assassiné le père, le fils et la fille Bellanger, et leur servante, au bourg d'Esnandes.

14 Novembre.

1588. — Pendant qu'Henri III tenait à Blois les Etats généraux du royaume (1), le Roi de Navarre fesait, *le 14 novembre*, à l'Hôtel-de-Ville de la Rochelle, l'ouverture d'une assemblée générale des églises réformées (2), à laquelle assistaient le vicomte de Turenne, le duc de La Trémouille, Duplessis-Mornay, Favas et plusieurs autres grands seigneurs. La ville y était représentée par cinq députés. Après avoir exposé la déplorable situation des affaires du parti, le chef des protestants fit appel à l'union de tous, unique moyen de salut, et chercha à effacer les préventions qu'entretenaient contre lui les plus zélés huguenots, déclarant que son attachement à la religion réformée était tel qu'il était prêt à verser son sang pour elle, jusqu'à la dernière goutte. Et il montrait en même temps les enseignes appendues dans le salon et qu'il avait enlevé à l'ennemi. Malgré les applaudissemens donnés à son discours, on ne laissa pas de lui reprocher assez amèrement les faveurs qu'il prodiguait aux gentils-hommes catholiques de sa suite, au détriment des capitaines huguenots, qu'il laissait languir dans la misère ; on l'accusa d'avoir vendu l'île d'Oleron à St-Luc ; on blâma sans ménagement sa passion pour Corisande, à laquelle il avait sacrifié les fruits de la bataille de Coutras (*V. 18 Mars*), et *bien d'autres choses plus aigres encore*, dit d'Aubigné. Henri eût la prudence et l'habileté de dissimuler les sentimens que

(1) Ils étaient assemblés depuis le 18 octobre. Au nombre des députés figurent ceux de *la ville et gouvernement de la Rochelle*. (*Hist. des dern. troubles.*)

(2) Il avait été nommé président *par élection et suffrages pris des provinces*. (*H. Martin.*)

durent lui faire éprouver de si dures remontrances. L'assemblée commença par renouveler le serment d'union fait à Montauban, en 1584, tant entre les églises réformées entr'elles, qu'entre elles et le Roi de Navarre, leur *protecteur*. Elle adopta ensuite de nombreuses mesures pour développer les sentiments religieux et réprimer plus sévèrement les infractions aux lois divines et humaines, réparer l'état des finances, multiplier les moyens d'instruction, et fortifier les universités et les écoles protestantes ; régulariser l'administration de la justice, entravée par l'état de guerre, qui empêchait de recourir aux parlements, régler la tenue des synodes nationaux et provinciaux, etc. L'assemblée décréta encore l'établissement d'un conseil supérieur de douze membres, sans l'avis duquel le Roi de Navarre ne pourrait rien entreprendre, et dont cinq devaient être nommés par les provinces, cinq par les assemblées politiques et un par la Rochelle, qui avait rendu tant de services à la cause ; le chancelier de Navarre devait être le douzième. Etaient en outre déclarés membres de droit, les princes du sang et les pairs, qui se joindraient au parti, et un certain nombre des plus grands seigneurs protestans (1). Enfin, après avoir adopté une *remonstrance et requeste très humble au Roy*, avoir ordonné un jeûne général et célébré solennellement la cêne, l'assemblée se sépara le 17 décembre. (*Proc.-verb. de l'assemblée. — De Thou. — Hist. des derniers troubles. — Ms. int.* : Hôtel-de-Ville de la Roch. — *H. Martin.* — *Haag*, la France protest. — *L. Anquez*, hist. des assemb. polit. des réformes.)

1627 (*Siège de*). — Longues instructions écrites données, à cette date, par le corps de ville aux députés envoyés en Angleterre, pour faire ratifier par le Roi de la Grande-Bretagne le projet de traité signé avec Buckingham. (*V. 14 octobre.*) Il leur était expressément recommandé, *s'il plaisoit au Roy d'y changer ou adjouter quelque chose, de ne rien accorder qui choquast leurs libertés et privilèges, et la fidélité et subjection qu'ils debvoient à leur Prince*. Ils devaient le supplier de *permettre en ses Estats une collecte*, pour subvenir aux faibles ressources de la Rochelle, et employer les deniers qui en pro-

(1) Le conseil devait se réunir dans le logis du Roi de Navarre : les lundi, jeudi et samedi de chaque semaine. (*L. Anquez.*) —*V. 1er juin.*)

viendraient en achats de denrées et munitions de guerre. (*Rég. des délib.*)

15 Novembre.

1595. — Le corps de ville réforme le statut des *texiers* (tisserands) de la Rochelle, dont la corporation avait été érigée en maîtrise en 1493, mais en refusant d'étendre le privilège de maîtrise à ceux qui étaient établis dans les faubourgs de la Rochelle, et qui devaient être néanmoins soumis aux visites des *maîtres-regardes* élus par ceux de la ville. Plus que les autres, ce réglement s'occupe de la *boîte* ou caisse commune de la corporation, destinée à secourir les orphelins, laissés par les maîtres, et les compagnons sans ouvrage. Elle était alimentée par le tiers des amendes prononcées pour contraventions aux réglemens du métier, par les trente sols que devaient y verser tout nouveau maître, après sa réception, et par les douze deniers que les compagnons, qui venaient travailler à la Rochelle, étaient tenus de payer à leur arrivée. (*Rég. des statuts.*)

1622. — Depuis le combat du 27 octobre (*V. cette date.*), Guiton et sa flotille avaient eu à essuyer de rudes combats et des pertes considérables. La position de l'amiral rochelais était d'autant plus critique, que son vice-amiral Maquin s'était noyé, et que d'une cinquantaine de navires, il lui en restait à peine une vingtaine, *encore en si mauvais équipage qu'à peine s'en pouvoit-il servir*, tandis que son terrible adversaire avait au contraire reçu un nouveau renfort de dix bâtimens, que lui avait amenés de Brouage le marquis de Rouillac. Néanmoins, cantonnés dans la fosse de Loix, les Rochelais se *défendoient comme un sanglier au pied d'un arbre*, dit Montolieu. Heureusement qu'au moment où le duc de Guise prenait ses dernières dispositions pour les écraser, il reçut la nouvelle de la paix et renonça à son attaque. Guiton, informé de son côté que la paix était faite, se rendit, le *15 novembre*, à bord du galion du duc de Guise, qui l'attendait, assis *dans une chaire* et entouré de ses officiers et des *plus qualifiez gentilshommes de l'armée*. Jetant son pavillon aux pieds du duc,

l'amiral rochelais lui dit, qu'obéissant à *Messieurs de la Rochelle, ses maîtres*, il venait lui faire sa soumission et protester, tant en son nom qu'en celui des siens, d'être à l'avenir humbles sujets et serviteurs fidèles de Sa Majesté. « Vous faites
» bien d'obéir, lui répondit le duc, soyez toujours bons ser-
» viteurs du Roy, qui vous témoigne son affection paternelle
» en vous donnant la paix, lorsque vous la deviez moins
» espérer. Je reçois vostre estendard (en mettant la main
» dessus), je vous le rends, je ne l'ay pas gagné au combat. »
A l'instant il se leva et embrassa led. admiral rochelois et luy dit : « Vous êtes de braves gens d'avoir osé combattre si vail-
» lament ; c'est à quoy je ne m'attendois pas, et estimois que,
» voyans une si puissante armée, vous dussiez vous retirer
» sans combat. » — « Monseigneur, lui répondit fièrement
» Guiton, Dieu m'a fait ceste grâce de n'avoir jamais tourné
» le dos au combat, et je me fusse plustost perdu par le fer
» que de fuir. » (*Mervault. — Suite de l'histoire de la rébellion. — Pièces historiq. — De Montolieu.*)

1651. — Le marquis d'Estissac, lieutenant-général des armées du Roi au *pays d'Aulnis*, avait été chargé de seconder les dispositions royalistes des Rochelais (*V. 5 novembre*), avec quatre compagnies des gardes et près de trois cents gentils-hommes du Poitou et d'Aunis. Son arrivée à la Rochelle avait été saluée par les cris enthousiastes de *vive le Roi*, et par de vives démonstrations d'allégresse et de dévouement, auxquelles s'étaient associés les religieux des nombreux couvents. Du Doignon, en partant pour Bordeaux, avait laissé, à son lieutenant de Besse, le commandement des tours. En vain d'Estissac, en le rappelant à ses devoirs de fidélité au Roi, l'avait sommé de les remettre entre ses mains, de Besse s'était moqué de ses menaces. Cependant d'Estissac avait fait construire, par un sieur Sulte, ingénieur-géographe, plusieurs retranchements et ouvrages de fortification, et dresser trois batteries, pour battre les tours de l'entrée du port, l'une sur la petite place voisine de la Grosse-Horloge, l'autre sur le quai de la grande rive, à l'endroit où était la poterie (1), et la troisième vers la *Porte de*

(1) C'était là que se tenait le marché aux pots. Une rue, qui a été détruite et qui allait de l'église Saint-Sauveur au quai, et la porte, qui

— 438 —

Vérité (1), près du mur du Gabut ; il avait en outre fait pratiquer une mine sous la tour de la Lanterne. Le *15 octobre*, au moment où on se disposait à faire jouer cette mine, les treize soldats, qui gardaient seuls la tour, se rendirent à discrétion, sauvant ainsi peut-être de la destruction l'un des plus remarquables monuments de notre ville. (*L'Espion, de la Roch. — Le Mercure Rochel.*)

16 Novembre.

1628. — Plusieurs membres du conseil du Roi étaient d'avis que, dans la déclaration par laquelle Louis XIII devait décider du sort de la Rochelle, il fut mentionné que *non seulement les Rochelais avaient appelé les Anglais, mais même s'étaient donnés à eux*. Le garde des sceaux, qui ne voyait là qu'une cause d'irritation inutile, soutenait qu'au moins fallait-il avoir la preuve de la vérité de cette double accusation. En conséquence, le *16 octobre*, il se fit apporter les registres du corps de ville ; examina le traité passé entre les Rochelais et le Roi de la Grande-Bretagne, les mémoires et instructions donnés aux députés envoyés en Angleterre, et après la plus minutieuse enquête, acquit la certitude que, toujours et dans toutes leurs négociations, ils avaient fait réserve expresse de la fidélité qu'ils devaient au Roi et à la couronne de France. (*V. 14 oct. et 19 novembre.*) Cette gratuite calomnie, dont on voulait flétrir la mémoire de nos pères, fut donc effacée de la déclaration royale, qui fut publiée deux jours après. (*V. 15 janvier.*) Mais en même temps, chose à jamais regrettable, le garde des sceaux donna l'ordre de transporter à Paris, pour être dépo-

---

la terminait, portaient les noms de *rue et porte de la Poterie*. En face du bureau de la douane, sur un emplacement qui avançait dans le port, s'élevait une grande maison, que l'on désignait aussi sous le nom de *la poterie*, soit qu'on y fabriquât, soit qu'on y vendît seulement des pots. (*Plans anciens. — Tableau de J. Vernet.*)

(1) La porte de Vérité, située vis-à-vis de l'église Saint-Nicolas, servait à communiquer du quartier Saint-Nicolas sur le port, qu'une grande muraille, allant du mur du Gabut au pont Saint-Sauveur, séparait de ce faubourg. Cette porte était primitivement plus rapprochée du mur du Gabut, et on en a retrouvé les restes en coupant récemment ce mur, pour faire les nouvelles portes que l'on achève en ce moment.

sés à la cour des comptes, tous les registres, titres, privilèges et antiques parchemins de la commune, dans lesquels étaient écrits son histoire et son glorieux passé (1) : un siècle après, tout était consumé dans l'immense incendie qui, en 1737, dévora les bâtiments de la cour des comptes. (*Mervault.*)

1666. — La bulle du pape Innocent X, qui avait ordonné la translation à la Rochelle de l'évêché de Maillezais (*V. 2 mai*), avait en même temps prononcé la sécularisation du chapitre monacal de Maillezais, en faveur du nouveau chapitre établi en cette ville ; mais l'exécution de cette dernière disposition de la bulle avait soulevé tant d'opposition de la part de l'ancien et riche chapitre de Maillezais, que la sentence de fulmination n'en put être rendue que le *16 novembre 1666*. Il fut en conséquence ordonné aux ex-chanoines réguliers de quitter l'habit monacal et de se rendre immédiatement à la Rochelle, pour y remplir les fonctions de leur ministère. Jusque-là, c'était les pères de l'Oratoire qui avaient assisté l'évêque, quand il officiait pontificalement. La première assemblée capitulaire se tint à la Rochelle, le 20 décembre de la même année. Trois mois après, les paroissiens de Saint-Barthelémy qui, depuis le siège, s'étaient servis de l'ancien Temple pour leurs exercices religieux, ne pouvant s'accommoder avec les nouveaux chanoines, furent obligés de leur céder la place. (*V. 20 juin.*) En 1715, une bulle de Clément XI, supprimant la riche abbaye régulière de Nieul-sur-l'Autis (2), unit les manses abbatiale et conventuelle de cette abbaye au chapitre de la Rochelle. Enfin, en 1733, la manse conventuelle et les offices claustraux de l'abbaye de Notre-Dame de l'Absie, en Gâtine, furent de même réunis au chapitre, qui se composa dès-lors de neuf *dignités* et

(1) Cette mesure ne fut exécutée qu'en 1631. La cour des comptes nomma à cette effet M. Bailly, l'un de ses membres, qui arriva à la Rochelle le 6 octobre. Effrayé de la quantité de titres renfermés dans la tour de Moureilles, où ne se trouvaient pas seulement les archives de la commune, mais encore les papiers les plus importants du parti protestant, il renonça à son premier projet d'en faire l'inventaire sur place, et en fit faire *huits grands ballots* qui furent expédiés à Paris. (*Ms. de Barreau.*) — *V. ma XVI*e *Lettre Rochelaise.*

(2) Ses revenus montaient à 25,000 livres de rente. (*Bunsen de la Martinière.*)

de vingt-un chanoines, y compris les deux théologaux (1). (*Vol. de la bib. int.* : Miscellanées n°s 8435-637.)

17 Novembre.

1558. — « Par les différens moyens qu'il plût à la sagesse divine d'employer, écrivait le ministre Ph. Vincent, l'église s'accrût ici à tel point que, pour la conduire, il fut arresté entre ceux qui la composoient d'establir un ordre. Ainsy le dimanche, *17 novembre 1558*, ils choisirent huit personnages, dont ils formèrent *le consistoire*; à scavoir, outre le pasteur (qui paroît par la suite avoir esté le sieur Farget), quatre anciens, deux diacres, un greffier ou scribe, pour recueillir les actes, et un receveur, pour tenir compte des deniers reçus ou mis. C'est le premier établissement de ceste compagnie, qu'il fallut grossir dès le 4 décembre suivant, adjoutant quatre anciens aux autres desjà nommés ; ce qui est une marque que l'église se multiplioit. Leur charge estoit de choisir le lieu des assemblées, qu'ils changeoient à chaque fois de peur d'estre descouverts, et en faire avertir les particuliers, recueillir les aumosnes et les distribuer aux nécessiteux, travailler aux réconciliations et apaiser les desbats qui pourroient naistre entre les membres de l'église, faire des remonstrances et censures à ceux qui tomboient en faute et se rendoient dignes de repréhensions. Bref, nostre discipline n'estant pas encore dressée, le modèle s'est reconnu dans leur pratique (2). » L'année suivante, le consistoire commença à tenir un registre régulier des baptêmes. (*Ph. Vincent.*) (3)

(1) La dignité de *doyen* était élective, celle d'*abbé* à la nomination du Roi ; l'évêque conférait les autres dignités et les canonicats ; toutefois le 21e était à la présentation de l'abbé de l'Absie. Des trois *archidiacres*, le premier portait le titre de *grand archidiacre*, et avait dans son *détroit* ou district la Rochelle et les archiprêtrés d'Ardin et de l'île de Ré ; le deuxième avait les doyennés de Fontenay-le-Comte et de Saint-Laurent-sur-Sèvres et l'archiprêtré de Surgères ; le troisième, d'abord simple chancelier, avait les doyennés de Bressuire et de Vihiers. (*Décret de Mgr de Laval.*)

(2) Ce fut seulement le 26 mai 1559 que se réunit, à Paris, le premier synode national des églises réformées de France.

(3) Les registres de l'état-civil des protestans, conservés au greffe du tribunal-civil de la Rochelle, ne remontent qu'à l'année 1561.

1627 *(Siège de)*. — Buckingham, chassé de l'île de Ré (*V. novembre.*), restait encore maître de la mer ; sa flotte était toute entière ; il pouvait bloquer l'île, affamer les troupes victorieuses de Schomberg et déjouer les projets de Richelieu, qui se proposait de fermer aux Rochelais le chemin de la mer, comprenant déjà qu'il les dompterait plutôt par la faim que par les armes, et qu'en vain enceindrait-il la ville de lignes de circonvallation, de redoutes et de forts, si on leur laissait la mer libre pour recevoir des vivres et des secours (1). Mais le favori de Charles II était impatient de quitter le théâtre de ses revers, et de retourner à Londres fermer la bouche à ceux qui l'accusaient. Il avait écrit cependant aux Rochelais pour leur conseiller de profiter de sa présence, en traitant avec le Roi, dont il leur promettait les meilleures conditions ; sinon d'opter entre ces deux partis : le recevoir dans leur ville avec 2,000 hommes, ou le laisser partir pour l'Angleterre, d'où il s'empresserait de leur expédier des blés et tout ce qui leur serait nécessaire, promettant de revenir à la belle saison avec des forces considérables pour les délivrer. Mais, sans même attendre leur réponse, il leva l'ancre le *17 novembre* (2) et fit voile pour la Grande-Bretagne. Les Anglais partis, Richelieu se trouvait seul enfin face à face avec la Rochelle, comme le lion avec sa proie ; mais cette proie, il était loin de la tenir, et elle devait lui opposer une longue et terrible résistance... *(Merv.)*

18 Novembre.

1628. — Louis XIII, après un séjour de plus de treize mois, presque sans interruption, devant les murs de la Rochelle, *monte à cheval pour s'en retourner à Paris, avec toute sa cour,*

(1) Le 12 novembre, dit Mervault, on avait commencé, près de la maison de Coureilles, à enfoncer sur le rivage deux rangs de pieux, entre lesquels on jetait des pierres et de la terre ; de l'autre côté du canal, vers Port-neuf, on avait fait de même. Les Rochelais s'en moquaient, persuadés que la première tourmente *en déferoit plus en une marée que l'on n'en scauroit faire dans un mois* : cependant ils ne laissoient pas de tirer dessus afin d'en interrompre le travail. *(Journal du dernier siège.)* — V. 28 novembre.

(4) J'ai suivi la date de Mervault. Guillaudeau dit que Buckingham partit le 12, le jour même où il écrivait aux Rochelais, ce qui est peu vraisemblable.

un grand nombre de seigneurs et de noblesse, laissant M. de Vignolles, avec quatre régimens, pour y demeurer jusqu'à ce que la démolition des anciennes et nouvelles fortifications fut parachevée. Le siège avait duré quatorze mois et seize jours, depuis le moment où le duc d'Angoulême était venu prendre ses quartiers à Aytré *(V. 15 août.)* jusqu'au jour où, au nom du Roi, il avait pris possession de la ville. *(V. 30 octobre.)* Le monde catholique retentit d'un long cri d'allégresse à la nouvelle de la chûte de cette *tanière de larrons, de cet asyle de l'impiété, de ce cloaque de l'hérésie, de cette abatteresse d'images, d'autels et de temples, réceptacle de tous désordres, de ceste royne de pirates et mangeresse de prestre*, comme la qualifiait le curé de Libourne, dans son ouvrage de *la Digue*. Ce fut un véritable déluge de productions de toutes sortes, célébrant par la plume, le pinceau, le burin, en vers, en prose, en français, en latin, *en grec*, en toutes les langues, le triomphe du victorieux Louis XIII. M. Henri Martin a justement apprécié ce grand évènement, l'un des plus importants des temps modernes, en disant : « Ainsi finit la dernière et la plus vigoureuse lutte de l'esprit municipal contre l'esprit national. La Rochelle était la dernière, mais non pas la moins glorieuse de cette famille de républiques bourgeoises, qui avaient souvent rappelé, au moyen-âge, les vertus des cités antiques, mais dont l'existence était devenue incompatible, non pas seulement avec la monarchie, mais avec l'unité sociale, dont la monarchie n'était que l'instrument providentiel. » *(Hist. de Fr. t. 12, p. 568. — Mervault. — Guillaud.)*

19 Novembre.

1572. — La cour, voulant tenter un dernier effort pour ramener les Rochelais à l'obéissance *(V. 16 octobre)*, avait jeté les yeux sur La Noue, ce héros *sans peur et sans reproche* des huguenots. Le zélé protestant, qui avait tant de fois combattu pour la défense de sa religion, hésita longtemps à accepter une pareille mission ; mais Charles IX et sa mère protestèrent si bien de la sincérité de leurs intentions, l'accablèrent de tant de prévenances, lui firent de si belles promesses, qu'il se laissa gagner, persuadé qu'il était que la ruine de la Rochelle était certaine s'il n'intervenait pour la sauver. On lui adjoignit l'abbé Guadagne, moins peut-être comme collègue que comme surveillant. La Noue donna avis aux Rochelais de sa prochaine arrivée et de la commission qu'il avait reçue du roi. Malgré l'opposition de quelques esprits exaltés et principalement des ministres, qui prétendaient que ce serait un sacrilège d'avoir des rapports avec un renégat qui, disait-on, avait été à la messe, les modérés obtinrent qu'on nommerait des commissaires pour conférer avec lui, et on choisit Tasdon pour lieu de réunion. Les députés de la cour y arrivèrent le *19 novembre*. (1) Arcère et plusieurs historiens ont reproduit le récit, fort dramatique, que nous a laissé Cauriana, de l'entrevue qui eut lieu le même jour, entre La Noue et les commissaires rochelais ; ceux-ci auraient feint de ne pas le reconnaître, et, sous d'éloquentes figures de rhétorique, lui auraient amèrement et cruellement reproché le rôle qu'il avait accepté. Mais A. Barbot semble plus digne de foi en racontant qu'après que La Noue eut exposé aux commissaires les propositions du roi et les dangers qui menaçaient la Rochelle, si elle persistait dans la révolte, « il fust convié par eux de leur donner conseil selon ses sentiments particuliers, et qu'il leur conseilla de ne rien faire qu'avec bonne asseurance et de n'entendre à la paix, si elle n'estoit générale et profitable pour tous. » Une assemblée générale des habitants fut convoquée à l'Hôtel-de-Ville ; la Noue s'y rendit : sa parole entraînante dissipa tous les soupçons et lui rallia tous les cœurs. Les magistrats l'embrassèrent et lui offrirent le choix entre ces trois partis : prendre le commandement des troupes rochelaises ; passer en Angleterre, sur un navire qui serait mis à sa disposition, ou vivre parmi eux en simple particulier, lui promettant *maison, terres et les dignités dont pouvoit disposer leur modeste république*. Après en avoir conféré avec Birou et Guadagne, La Noue opta pour le commandement qui lui était offert, acceptant ainsi le rôle si difficile de servir les intérêts de ses coreligionnaires, sans manquer à sa parole envers le Roi. *(A. Barb.—Cauriana. — de Thou. — Hist. des deux sièges, etc.)*

(1) La date du *19 décembre*, donné par Arcère, est une faute d'impression vraisemblablement.

1593. — Entre deux et trois heures de l'après-midi, nouveau tremblement de terre, plus violent que celui du 9 avril précédent. *(Merlin.)*

1628. — « Le lendemain du départ du Roi, le presche s'est fait au temple Saint-Yon, au matin et à l'après-dîner, par MM. de Lhoumeau et Colomièz ; on y mist des gardes du Roy pour empescher le scandale. » *(Guillaudeau. — Mervault.)* — V. *3 novembre.*

1651. — Après s'être rendu maître de la tour de la Lanterne (V. *16 novembre*), d'Estissac avait songé à s'emparer de celle de la Chaîne. « Nonobstant les grands feux d'artifice, les canonnades et mousqueteries des soldats des tours *(de l'entrée du port)*, les troupes royales s'étoient emparées d'une maison joignant *l'escalier de la muraille de la Chaisne*. Dans la nuit du *19* au 20, les soldats des gardes et quelques habitants avec eux, malgré une grêle de mousquetades et de pierres qu'on leur tiroit au travers des machicoulis et des canonnières, vont à la barrière qui estoit à l'entrée de ceste tour sur la muraille, la rompent, enfoncent la première porte de la galerie, gaignent le premier pont, l'abattent et estant attachés au second, et le mineur s'estant fait ouïr au pied de la tour, où déjà il avoit advancé son travail, les ennemis, saisis de frayeur, abandonnèrent ceste tour pour aller en l'autre et, en la quittant, ils mirent le feu aux poudres et aux artifices qui estoient dedans, tellement qu'en une matinée, la fureur des rebelles détruisit un pompeux édifice, pour qui l'insolence des temps avoit eu du respect. » (1) *(Mercure Rochel.)*

(1) Fort endommagée par l'explosion, la tour de la Chaîne ne fut cependant pas détruite, puisqu'elle subsiste encore ; mais elle perdit ses machicoulis, la seconde tour qui surmontait le chemin de ronde et la *chapuce* ou comble d'ardoise, qui terminait celle-ci. Commencée en 1382, cette tour avait été à peu près terminée en 1390. Massiou s'est trompé en disant qu'*elle était anciennement couronnée d'une flèche pyramidale octogone, semblable à celle de la tour de la Lanterne ;* et Arcère a commis une autre erreur, en disant qu'elle fut entièrement rebâtie en 1476 ; Bruneau, auquel il a sans doute emprunté cette date, dit seulement qu'elle *fut parachevée* cette année là et que, l'année suivante, *fut faite tout à neuf sa chapuce.* Elle avait treize toises de hauteur.

1779. — Naissance du Rochelais Pierre-François Bernier, astronome distingué, qui, en 1800, fut chargé, avec Bissy, de la partie astronomique de l'expédition pour les terres australes, commandée par le capitaine Baudin. *(Rainguet :* Biograp. Saintong.)

20 Novembre.

1632. — Après la répression de la révolte de Gaston, frère du Roi, Richelieu avait déterminé la reine Anne d'Autriche, qui avait suivi Louis XIII en Languedoc, à passer par la Rochelle pour se rendre à Paris, heureux de lui faire les honneurs de son gouvernement et fier de lui montrer le théâtre de ses exploits. Mais le cardinal était tombé gravement malade à Bordeaux, et avait eu la douleur de se faire remplacer par son oncle, le commandeur de la Porte, et par l'archevêque de Bordeaux. Dès les premiers jours du mois, des ordres avaient été adressés à l'intendant de Villemontée, pour préparer la plus magnifique réception à celle qui était pour le cardinal plus qu'une souveraine. Les douze commissaires, chargés de ces préparatifs, n'avaient rien épargné pour répondre aux désirs du somptueux ministre, et avaient appelé de Bordeaux, de Nantes, de Niort et autres villes des peintres, des sculpteurs, des architectes, les ouvriers les plus en renom. Ils étaient parvenus, avec une merveilleuse activité, à transfigurer cette malheureuse ville, désolée et couverte de ruines, *en la plus peuplée, esclatante et magnifique cité,* dit un contemporain, quand le *20 novembre,* vers midi, les guetteurs, placés sur les clochers, annoncèrent que la Reine approchait. Déjà, dès le matin, les *grands* de la ville, à cheval, et les notables habitans, au nombre de 2,000 environ, tous en manteau noir (à cause du deuil de la cour) et l'épée au côté, partagés en cinq compagnies, ayant chacune à leur tête un des anciens Maires, avaient été audevant de Sa Majesté. Anne d'Autriche avait à ses côtés, dans son carosse, Mesdames de Chevreuse, de La Trémouille, de Montbazon, de Senecé, de Liancourt et de La Flotte. Un contemporain a rempli tout un volume des longs et emphathiques discours, compliments en mauvais vers, qui lui furent débités, des inscriptions latines et françaises et

— 446 —

devises adulatrices, semées sur son passage ; de la longue description du costume et de la place des différents corps et principaux personnages, des trois immenses arcs de triomphe dressés à la porte Saint-Nicolas, au carrefour des rues St-Nicolas et de la Sardinerie, et à l'entrée de la rue du Palais ; des peintures et statues allégoriques, des innombrables écussons qui les décoraient ; des orchestres variés, placés sur chacun d'eux ; des rues jonchées de fleurs et de feuillage ; des maisons tendues de riches tapisseries, *fournies par la noblesse du pays et par les principaux habitans;* du pont de St-Sauveur magnifiquement décoré ; des surprises nouvelles ménagées à chaque carrefour que devait traverser la Reine, depuis la Néréide au maillot couleur de chair, dont le corps se *terminoit en porcille* (sorte de poisson) et qui, sortant de sa grotte marine, offrit à la princesse les plus rares coquilles et un morceau d'ambre gris pesant près d'une livre, jusqu'au groupe d'*Azamoglans rustiqués*, avec leur brillant costume d'*Anatolie*, qui entonnèrent un chant grave *dans le vray ton dorien;* de ces mille beautés, *blanchissantes et resplendissantes*, les plus grandes dames de la ville, inondant le carosse de la Reine d'une pluie de fleurs et *d'une rosée d'eau d'ange, qui fleuroit merveilleusement ;* des pompes religieuses succédant aux manificences mondaines, dans le grand temple, où fut chanté un *Te Deum;* du pompeux décor de la porte d'entrée de l'hôtel Legoux (*V. 2 nov.*), où était préparé le logement de la Reine ; enfin du somptueux festin, servi dans la grande salle de l'Hôtel-de-Ville, *où l'ambre, le musc et le benjoin allumés faisoient un air si doux, que l'on se croyoit transporté dans la terre de promission*, et dont les mets sans nombre et les plus recherchés, servis dans une vaisselle d'or ciselé, surpassaient *les délices de la Médie, les voluptés romaines, jusques aux salles d'Apollon, les profusions de Cléopâtre, les tables enchantées d'Alquif, de Méluzine, d'Armide ou de Psyché*, pendant que le petit Messier, page du cardinal, unissait sa mélodieuse voix aux sons des instruments, etc., etc. (1). Cette brillante journée, digne de l'ancienne

(1) Les plus hauts pesonnages de la suite si nombreuse de la Reine avaient pu seuls être invités au festin de l'Hôtel-de-Ville ; tous les autres, sans exception, avaient été reçus et traités par les principaux citoyens, qui avaient déployé une telle prodigalité dans leur hospitalité,

magnificence de nos aïeux, devait avoir plus d'un lendemain. (*Relat. de ce qui s'est passé à l'entrée de la Reine...*)

1718. — Naissance du naturaliste Clément de la Faille, fils d'un chirurgien rochelais. D'abord avocat au parlement de Toulouse, puis contrôleur ordinaire des guerres, il se livra avec ardeur à l'étude des sciences naturelles, sur lesquelles il a laissé plusieurs écrits estimés. Il avait formé un riche cabinet d'histoire naturelle et un médailler, qu'il a légués à sa ville natale avec une somme importante destinée à les augmenter encore. Il habitait, dans la petite rue du Palais, la maison qui appartient à M. Ch. Michel, et dans laquelle il est décédé, en 1770. (1) (*Arcère. — Lesson. — Rainguet.*) — V. *15 février et 24 juillet.*

21 Novembre.

1632. — Le lendemain de l'arrivée d'Anne d'Autriche, les pères jésuites lui donnèrent, dans la cour de leur collége où avait été élevé un vaste théâtre, le spectacle d'un drame qui, sous le titre de l'*Hercule Gaulois*, célébrait les victoires et conquêtes de son royal époux. La représentation s'était ouverte par une sorte de prologue, dans lequel *dix-huit* jeunes gens, de nations étrangères et vêtus de leur costume national, vinrent adresser à Sa Majesté un compliment, chacun en leur langue maternelle, *tant estoit nombreuse la jeunesse étrangère, qui de tous les endroits de la terre venoit s'instruire aux leçons de ces pères.* A ce spectacle succédèrent des joûtes nautiques, dans le milieu du port, et dès que la nuit fut venue, les combattans réunirent leurs efforts contre un gros navire, étincelant de feux et représentant les forges de Vulcain. Le Dieu vainqueur fit sortir de ses fourneaux ardens un château flamboyant, flanqué de quatre pyramides, qui firent éclater dans les airs des feux innombrables, au milieu desquels *on lisoit fort distinctement, parmi les fleurs de lys, les noms du Roi et de la Reine,*

qu'après le départ de la princesse, *il leur fallut vivre de faisans et d'ortolans le restedu mois de novembre.* (*Relation de ce qui s'est passé, &.*)

(1) Il possédait le domaine de la Guignarderie, dans la paroisse de Lagord. (*Aff. de la Roch.*)

et des poissons enflammés, et de toutes formes, sillonnèrent la surface des eaux (1). Le jour qui suivit fut consacré à un simulacre de combat naval. Dans la rade de Chef-de-baie, était mouillée une escadre, commandée par le chevalier des Roches. La Reine se rendit à bord de son vaisseau sur une élégante galiote, de couleur azur et ornée de son chiffre et de fleurs de lys d'or; la voile en était de satin et les bancs couverts de tapis de Turquie. A ses côtés prirent place les dames de sa cour, l'archevêque de Bordeaux, le duc de Chevreuse, le command.^r de la Porte et de la Meilleraye, cousin de Richelieu : le reste de la suite était dans quatre autres galiotes, et trois orchestres différens, montés dans trois barques, les accompagnaient tour à tour de leurs instrumens. Les mâts et les cordages des vaisseaux disparaissaient sous les pavillons et banderolles de mille couleurs; tous les matelots, habillés de rouge, étaient sur les vergues, et les soldats sous les armes rangés le long des haubans. Une *délicieuse et magnifique* collation avait été dressée sur deux tables. Après le repas, les navires se partagèrent en deux divisions, dont l'une, composée de 25 voiles, avait arboré le pavillon anglais, sous le commandement du brave marin rochelais Bragneau. On simula le combat qui, quatre ans auparavant, avait eu lieu, à la même place, entre les flottes française et anglaise; mais la Reine, *ayant quelque tendreur d'une si vive image de bataille*, demanda qu'on la descendît à terre, et assista de son carosse, placé à la tête de la digue, à la fin du combat, qui se termina par un étrange épisode. Au moment où la fausse armée anglaise gagnait le large, battue par la flotte française, parut dans le pertuis d'Antioche un grand navire, portant un pavillon rouge avec croissant d'argent : c'était un pirate d'Alger, commandé par un jeune descendant des Abencérages, nommé Mustapha, et dont le nombreux équipage, coiffé du turban, accueillit à coups de flèches les Français, qui étaient allés le reconnaître. On attaqua aussitôt son navire, et après un combat opiniâtre, dans lequel Mustapha, fort inférieur en force, perdit la plus grande partie des siens, le chef algérien eût la présence

(1) Ce feu d'artifice avait été exécuté par M. Morel, *commissaire général des artifices*. (*Relation*, etc.)

d'esprit de se mettre sous la sauvegarde de la Reine, vers laquelle il fut conduit et qui lui fit grâce. Dans sa reconnaissance, il lui fit don de ses plus précieux joyaux, et l'on assure que, peu de temps après, il se fit chrétien. En rentrant en ville, la Reine alla souper à l'Hôtel-de-Ville, où, après le repas, fut donné un ballet, dont la première entrée se composait *de bouffonneries, parmi lesquelles un grand pâté fumant, etc.;* des bergers, *avec leurs gastinelles* (costume de la Gâtine), dansèrent ensuite *la Poitevine;* puis deux cavaliers espagnols et leurs dames exécutèrent gravement *la ridicule,* inventée et dansée par le baron d'Ambleville; enfin parurent des personnages de diverses nations, qui charmèrent les assistans par la variété de leurs danses nationales. *(Relation, etc. — Colin.)*

22 Novembre.

1331. — Louis, comte de Flandre, de Nevers et de Rethelois, octroie aux Rochelais d'importans privilèges commerciaux dans ses Etats. (*A. Barbot. — Invent. des privil.*)

1612. (1) — Séance d'ouverture de la première assemblée de *cercle* protestant dont les écrivains du temps fassent mention. Elle était formée des provinces de Saintonge, Aunis, Guienne, Poitou, Anjou, Périgord et Angoumois, sous la présidence du Maire de la Rochelle, Jean Salbert, seigneur de Romagné, de la Jarne et de Saint-Xandre, *et dans la maison de feu Cousseau, le médecin.* (*V. 5 septembre.*) Ni les envoyés de la cour et ses menaces, ni les arrêts du conseil et du parlement n'eurent le pouvoir d'intimider le corps de ville, non plus que les députés des provinces ; ce fut la régente qui prit peur. Elle recourut à la médiation de Duplessis-Mornay, qui, avec son gendre, de Rouvray, parvint à calmer les esprits, sans négliger les intérêts de sa religion. Malgré l'engagement de Marie de Médicis d'accorder une grande partie des articles portés sur le cahier de l'assemblée de Saumur, l'assemblée de la Rochelle refusa de se dissoudre avant que les promesses de la reine-régente eussent été formulées en édit royal. Marie céda : elle autorisa

(1) La date du 22 novembre donnée par notre annaliste Bruneau m'a paru offrir plus de garantie d'exactitude que celle donnée par M. Anquez.

les ministres à supprimer dans les actes l'épithète de *prétendue* réformée appliquée à leur religion ; les exempta de toutes tailles et subsides ; promit de tolérer les conseils provinciaux et de laisser Rohan complètement maître de Saint-Jean d'Angély. L'assemblée se sépara le 16 janvier suivant. « La lutte se termina ainsi, dit M. H. Martin, par la défaite de la royauté, et le conciliabule illégal de la Rochelle obtint ce qui avait été refusé à l'assemblée régulière de Saumur. » (*Merlin.* — *Vie de Duplessis.* — *Bruneau.* — *H. Martin.* — *L. Anquez.*)

1625. — « Arriva à Chef-de-baye un grand navire turc pirate, de trois cents tonneaux, que la tourmente y avoit chassé ; lequel salua de trois coups de canon, et aussitost le capitaine vint au hâvre dans son bateau, et demanda à parler au juge de l'amirauté, ayant en sa main une commission du sieur du Chalart. Il parloit bon François, estoit Breton de nation et renégat. Le navire fut amené en ville, et lui fut conduit à Paris, et son équipage envoyé aux galères. » (*Colin.*)

1790. — La municipalité, précédée de ses archers, alla mettre les scellés sur les greffes du Présidial (1), de la Monnaie (2), de l'Élection (3), du Bureau des Finances (4), de la Police, des Traites (5), de la Maréchaussée (6) et de l'Officia-

(1) *Voir 1er juin.*

(2) La juridiction de la monnaie, qui relevait de la cour des monnaies de Paris, se composait de deux juges-gardes, d'un procureur du Roi et d'un greffier.

(3) *V. 3 décembre.*

(4) Le bureau des finances connaissait des affaires de finances et du domaine du Roi et avait l'inspection sur la grande et petite voirie des ponts-et-chaussées. Les appels en ce qui touchait les finances et la voirie étaient portés au *conseil en cassation*, et les matières domaniales au parlement de Paris. Il ne se composait d'abord que de six trésoriers, dont l'un remplissait les fonctions de président, d'un procureur du Roi, d'un avocat du Roi et de deux greffiers, mais le nombre des trésoriers avait été dans la suite porté à dix. (*V. 3 décembre 1689.*)

(5) Ce tribunal, établi après le siège de 1625 pour connaître des affaires concernant les fermes du Roi, ressortissait de la cour des aides de Paris. Il se composait d'un président-juge des ports, d'un assesseur ou lieutenant, d'un procureur du Roi et d'un greffier. (*Hist. milit.*)

(6) La prévôté des maréchaux ou maréchaussée, chargée de veiller au bon ordre, d'entretenir la sûreté des grands chemins et de juger les

lité (1) ; toutes juridictions supprimées par l'Assemblée nationale et remplacées par un seul tribunal du district, composé de cinq juges nommés par les électeurs. *(Perry.)*

23 Novembre.

1578. — Voici la tragique histoire que raconte Baudouin sous cette date : « Advint une grande sédition à la Rochelle, pour une querelle particulière des sieurs de Beauregard, Saint-Germain, Fonspatour, Saint-Christophle, les Bugodières et autres contre le cappitaine Barache, qu'ils estoient venuz trouver en ladite ville, où ils le voulurent outrager, dont il avertit le seigneur Maire, qui envoya vers lesd. sieurs nobles-hommes Jeh. Boisseau et P^{re} Haranneder, eschevin, qui prodictoirement fust tué par ceux de la troupe dud. Beauregard, voulant les séparer ; ce qui donna tellement l'allarme aux habitans, qu'un chascun ayant la main armée coururent sur eux, et furent tués le sieur de Fonspatour et un nommé Beauregard, de Mauzé, et toute leur troupe mise ès prisons de la ville (2). » Après une longue détention, les prisonniers furent mis en liberté, en payant seulement une indemnité à la veuve du malheureux échevin.

1632. — Après trois jours passés en fêtes continuelles, la Reine Anne d'Autriche part de la Rochelle, si satisfaite de la réception qui lui avait été faite, qu'à son arrivée à Paris, elle déclara à Louis XIII *qu'elle n'avoit jamais cogneu estre Reyne que durant le temps qu'elle avoit esté à la Rochelle*. Les Rochelais avaient poussé la générosité jusqu'à ne pas vouloir laisser partir les *officiers de chez la Reyne*, sans les gratifier de pré-

---

délits, avait été établie par Henri IV, supprimée ensuite, puis rétablie par Louis XIII. Elle se composait d'un prévôt-général, aussi appelé vice-sénéchal, d'un lieutenant, d'un sous-lieutenant, d'un assesseur, d'un procureur du Roi et d'un greffier. *(Hist. milit. de la Rochelle. — Masse. — Calendrier de la généralité.)*

(1) En 1790, l'officialité se composait d'un vicaire-général-official, d'un vice-gérant, d'un chanoine-promoteur et d'un greffier. Elle tenait ses séances deux fois par semaine à l'évêché. *(Calend. de la génér.)* — V. *17 juillet.*

(2) Elles étaient à l'Hôtel-de-Ville.

sens. On ne peut s'expliquer comment ces fêtes si splendides n'auraient coûté à la ville que 7,702 livres 10 sols, chiffre donné par un titre original, qu'en admettant que les somptueux festins de l'Hôtel-de-Ville, résidence du gouverneur, avaient été payés de la bourse du galant cardinal. *(Relat. de ce qui s'est passé, etc. — Colin. — Ms. int.* analectes.) En reconnaissance du magnifique accueil des Rochelais, la Reine obtint pour eux la remise des dettes qu'ils avaient contractées pendant le siège, et que l'on voulait faire payer par la commune, dont on avait confisqué tous les domaines.

1790. — Les électeurs avaient nommé pour juges du tribunal du district *(V. 22 novembre.)* : MM. J. Aimé de Lacoste, avocat, Ch.-J.-Marie Alquier, député à l'Assemblé nationale et ancien avocat du Roi au présidial, P.re-Henri Seignette, ex-assesseur criminel, Nic.-Sim.-Marie Billaud, avocat et père de Billaud-Varennes, et J.-B.-P.-Augustin Grissot, ex-lieutenant criminel au présidial. Le *23 novembre* eût lieu leur installation, au Palais de Justice, par le conseil général de la commune. Le cortège partit de l'Hôtel-de-Ville, précédé de la musique de la garde nationale et escorté de trois cents gardes nationaux. Six *archers* de la ville marchaient en tête, suivis *des membres de la commune* sur deux files ; puis venaient le *officiers municipaux*, ceints de l'écharpe tricolore et l'épée au côté ; au milieu d'eux étaient les nouveaux juges, coiffés de leur *chapeau à plume*. Après avoir entendu une messe basse à l'église Saint-Barthelémy, le cortège, auquel s'était joint le curé de cette paroisse, monta dans la salle d'audience du Palais, où les membres du conseil général prirent place sur les *hauts sièges*, et les juges dans le *parquet*. Le Maire, M. Goguet, adressa un discours, dans l'esprit du temps, aux nouveaux magistrats, qui prêtèrent ensuite serment. Les membres du conseil général leur ayant cédé leurs sièges, ils reçurent à leur tour le serment du Maire, au nom de la commune. La cérémonie se termina par un discours du premier juge, M. de Lacoste. (*Perry.*)

1808. — A cette date, Junot, duc d'Abrantès, qu'après la convention de Cintra, des navires anglais avaient transporté de Lisbonne à la Rochelle, avec les débris de son armée, écrivait au Maire de cette ville : « Monsieur le Maire, je ne veux pas quitter la Rochelle, sans vous exprimer combien je suis reconnaissant des soins que vous vous êtes donné pour le passage de mon armée dans votre ville. Les habitans de la Rochelle m'ont donné dans tous les temps (1) des preuves de leur attachement et de leur estime, que je n'oublierai pas, et je me ferai un devoir d'en rendre compte à Sa Majesté, ainsi que du zèle que vous avez mis pour me seconder et pour améliorer, autant qu'il a été possible, le sort des malheureux blessés, qui ont débarqué dans votre port. On est heureux de rentrer dans sa patrie, quand on y est accueilli comme ici, et par les habitans et par leurs respectables magistrats. Agréez, etc., le *duc d'Abrantès*. » — En donnant de la publicité à cette lettre, ajoute le rédacteur des affiches de la Rochelle, le Maire rendait un hommage particulier à la *sensibilité touchante* qu'ont montrée les dames rochelaises à l'égard des malheureux blessés. (*Affiches de la Roch.*)

24 Novembre.

1374. — Charte écrite en latin, par laquelle Charles V réunit à perpétuité, tant pour la juridiction que pour la perception des impôts, *son* château de Benon (avec la châtellenie et le ressort qui en dépendent), le château et la châtellenie de Rochefort, et enfin le baillage de Marennes au gouvernement de la ville de la Rochelle, important port de mer, dit-il, dont il avait à cœur d'assurer par ce moyen la conservation et la sécurité. Par cette annexion, le sénéchal de la Rochelle, bien que Benon fût une châtellenie et eût son ressort propre (2), et que le baillage de Marennes fût du ressort de Saintes, devait connaître des *premiers appels et des autres causes du ressort* de la circonscription des lieux annexés, et le receveur royal de la Rochelle percevoir les revenus et impositions appartenant

(1) Junot était déjà venu à la Rochelle au mois de juin 1807, pendant qu'il était gouverneur de Paris. (*Affic. de la Roch.*)

(2) Le comté de Benon ne comprenait pas moins de soixante et quelques paroisses dans sa juridiction. (*Ms. de la bibliothèque.*)

au Roi dans l'étendue des mêmes lieux. (*Ordon. de Secousse.* — *Arch. de la ville de Tours.* — *Chenu*, *etc.*)

1827. — Ordonnance de Charles X qui, en vertu de l'ordonnance du 26 septembre 1814, par laquelle les villes, communes et corporations du royaume avaient été autorisées à reprendre leurs anciennes armoiries, fesant droit au vœu exprimé par le Conseil municipal le 25 novembre de l'année précédente, autorise la ville de La Rochelle à porter les armoiries ainsi réglées par un édit du Roi de 1696 : *de gueules au vaisseau d'or* (1), *habillé d'argent, voguant sur une mer de sinople, au chef d'azur à trois fleurs de lys d'or.* (Lettres patentes sur parchemin, avec le grand sceau de cire verte, conservées aux archives de la Mairie.) C'était, à un léger changement près (la transformation de l'ancienne *mer d'argent* en mer de *sinople*), les armoiries que, depuis quatre siècles et demi, avait portées notre ville, c'est-à-dire depuis que Charles V, en récompense de son patriotisme, qui lui avait fait chasser les Anglais pour se donner à la France, avait conféré à la Rochelle le titre de *Chambre de la couronne*. N'est-il pas regrettable que, répudiant un si glorieux souvenir, on ait cru devoir, par un excès de scrupule politique sans doute, lacérer des titres de noblesse si antiques et, découronnant le vieil écusson rochelais, ne conserver que le vaisseau dans les armoiries récemment sculptées sur le front-sud de la nouvelle porte Saint-Nicolas? Porte que l'on devrait appeler *de Chaudrier*, car elle a été ouverte dans la muraille construite avec les débris du château de Vauclair, si heureusement enlevé aux Anglais par l'ancien Maire Chaudrier. (*Voir 21 avril et 17 juin.*)

(1) Arcère, induit en erreur par le manuscrit de Barreau, intitulé : *Droits et domaines du Roy*, fait à tort la *nef*, ou vaisseau, *d'argent*. Toutes les armoiries peintes sur des titres originaux des XVe, XVIe et XVIIe siècles, qui me sont passés sous les yeux, représentent toujours la nef *d'or*. La coque du navire reproduit dans les armoiries de la nouvelle porte devrait donc être héraldiquement pointillée. En retranchant le chef *d'azur*, on a supprimé dans les armes rochelaises l'une des trois *couleurs nationales*, que notre commune avait adoptées plus de quatre siècles avant qu'elles ne devinssent celles du drapeau de la France.

25 Novembre.

1607. — L'exécution de l'édit de Nantes était toujours à la Rochelle l'occasion de nouveaux débats entre les deux cultes rivaux (*V. 9 mai.*). Henri IV avait été obligé, l'année précédente, de charger Sully d'intervenir comme pacificateur, et le sage ministre avait fait adopter par l'une et l'autre parties une sorte de compromis, qui avait rétabli le calme pendant quelque temps (1). Toutefois les passions se ranimèrent plus vives quand les protestans apprirent que les catholiques avaient appelé le jésuite Séguiran (le futur confesseur de Louis XIII), pour venir prêcher à la Rochelle. Craignant de n'en pas obtenir du Roi l'autorisation, ce religieux était parvenu à s'en faire accorder la permission par deux secrétaires d'Etat; mais le *25 novembre*, le corps de ville lui signifia qu'il ne serait pas reçu dans cette ville. Séguiran ne laissa pas de s'y présenter. — « Qui êtes-vous? lui demandèrent les citoyens, chargés de la garde de la porte par laquelle il voulut entrer. — Je suis, répondit Séguiran, de la compagnie de Jésus, qui viens pour prescher en ceste ville, en vertu des lettres du Roy. — Retirez-vous, lui répliquèrent-ils, nous sçavons bien que Jésus n'a pas de compagnons et que vous n'avez pas de lettres du Roy. — Le voylà en colère, dit plusieurs paroles de blasme et menace de s'en plaindre; à quoy il ne faillit pas, et assisté de ceux qui ne demandoient pas mieux d'animer le Roy contre ceux de la religion, exagérèrent tellement le fait qu'il s'en offensa infiniment. » Sully fut encore chargé d'arranger cette affaire. Il engagea le

---

(1) Le clergé catholique était autorisé à exercer son ministère dans les hôpitaux et les prisons, mais non à accompagner les criminels au supplice, ni faire des enterremens ou processions avec les cérémonies ordinaires de l'église romaine ; il était interdit d'insulter ou de bafouer les ecclésiastiques quand ils passaient dans les rues avec les habits de leur état ; il ne devait être apporté aucun empêchement à la construction de l'église, que les catholiques se proposaient de bâtir, sauf à leur assigner un autre emplacement, si celle de Saint-Barthélémy, qu'ils voulaient relever de ses ruines, semblait au corps de ville trop rapprochée des murailles de la ville ; enfin, s'il était arrêté que les catholiques ne pouvaient prétendre à occuper les charges publiques autrement que par l'élection, comme les autres citoyens, ils ne devaient pas être exclus de la maîtrise, quand ils remplissaient les conditions exigées pour être admis dans les corps de métier, ni les *compagnons* de leur religion être chassés de la ville. (*OEconomies royales.*)

corps de ville à envoyer des députés au Roi. Paul Yvon, échevin, et Blandin, pair de la commune, furent dépêchés en cour. A l'audience que leur donna Henri IV, en son conseil, l'excentrique échevin *parla si librement et si hardiment*, rapporte l'Estoile dans son journal, *que le Roy en fust offensé et l'appela séditieux*. Mais tout en feignant publiquement un grand mécontentement de la conduite des Rochelais, le royal converti ne dissimula pas à ses confidens qu'ils n'avaient pas grand tort à ses yeux, et il laissa le soin à Sully de faire entendre aux députés qu'il fallait, par respect pour l'autorité royale, que le père Séguiran fut reçu à la Rochelle, mais en leur promettant qu'il serait aussitôt rappelé. *(OEconomies royales de Sully.)*

1623. — Par les ordres de Jean de Saint-Bonnet de Thoiras, qui venait de remplacer Arnault dans le commandement du Fort-Louis (*V. 11 novembre.*), « on commença à travailler pour faire un hâvre à Port-neuf », rapporte Colin. Mais sur les observations du corps de ville que ce port serait *grandement préjudiciable au bien, liberté et trafic de la Rochelle*, Thoiras fit suspendre les travaux. *(Rég. des délibérations.)* — V. 21 mai.

1790. — Afin de faciliter la circulation des assignats, la Chambre de commerce de la Rochelle crée un *bureau d'échange*, où on délivrait des billets de 3 et 6 livres en échange d'assignats. Ils portaient un timbre représentant un vaisseau, avec ces mots pour devise, *arte et labore*, et devaient être signés par le syndic et le secrétaire de la Chambre. *(Affi. de la Roch.)*

26 Novembre.

1434. — Dans la grande lutte que soutenait Charles VII, pour achever l'œuvre si glorieusement commencée par Jeanne d'Arc, de chasser les Anglais du royaume, il venait de contracter alliance avec Jacques Ier, roi d'Ecosse, qui s'était engagé à lui fournir un secours considérable, moyennant la cession du duché de Berry et d'autres seigneuries en fief; alliance qui devait être scellée par le mariage du Dauphin Louis (depuis Louis XI), alors âgé de dix ans, avec la princesse Marguerite, fille de Jacques, qui n'en avait que neuf.

Les ambassadeurs, chargés d'aller chercher la jeune princesse en Ecosse, pour l'amener en France, devaient s'embarquer au port de la Rochelle; mais le trésor royal était tellement épuisé, qu'on manquait d'argent pour payer les frais de cette ambassade. Louis de Bourbon, comte de Vendôme, *souverain maistre de l'ostel du Roy*, et Jeh. Chastenier, *général des finances*, venus à la Rochelle pour se procurer la somme nécessaire, songèrent à battre monnaie sur la caisse de l'hôpital Saint-Barthelémy, en l'obligeant à amortir les cens, rentes et devoirs qu'il payait annuellement au Roi sur différents domaines. Le *gouverneur* de l'hôpital et le corps de ville firent en vain valoir les immunités et les besoins de cet *Hostel-Dieu*, dont les longues guerres et la misère générale avaient encore augmenté les charges, il leur fallut consentir à verser, entre les mains du receveur général des finances, Charrier, 500 réaux d'or, de 64 au marc, encore n'en furent-ils quittes à ce prix qu'en prenant l'engagement de faire célébrer à perpétuité, un jeudi de chaque mois, dans la chapelle de Saint-Jean-Baptiste dudit hôpital, *une messe à note du benoist Saint-Esprit, pour la félicité et prospérité du Roy et de sa lignée, et aussy pour la paix et tranquillité du royaulme, et, après le trépassement du Roy, une messe de requiem pour le repos de son âme.* A ces conditions, Charles VII leur octroya, à la date du *26 novembre 1434*, des lettres patentes déclarant libres et exempts de toutes rentes, cens et redevances les domaines et possessions de l'*aumosnerie de Saint-Barthome*. Peu de temps après, la princesse Marguerite débarquait à la Rochelle, non sans avoir couru le danger d'être prise par un flotille anglaise, qui croisait sur sa route, et qui oublia sa principale mission pour poursuivre et capturer un assez grand nombre de bâtimens rochelais chargés de vins pour la Flandre (1). *(Titre orig¹. de l'hôp. St-Barth. — Buchanan, ap. Arcère.)*

1625. — La Rochelle, étourdie par la défaite de Soubise *(V. 15 sept.)* et celle de Guiton *(V. 17 sept.)* et par la prise des îles de Ré et d'Oleron par le duc de Montmorency, *tombant*

(1) Le mariage de Louis et de Marguerite ne fut célébré que le 25 juin 1436, à Tours. L'assassinat du roi Jacques, par son oncle, avait empêché l'exécution du traité passé entre lui et le roi de France. *(H. Martin)*.

tout d'un coup d'une fermeté un peu outrée dans les plus profondes soumissions, dit l'auteur de l'histoire de l'édit de Nantes, *avoit pris le parti de demander avec humilité ce qu'elle avoit exigé avec hauteur.* Mais Louis XIII n'avait même pas voulu entendre les cinq députés que les Rochelais lui avaient envoyés. Le *26 novembre*, il interdit le présidial de la Rochelle, dont il transféra le siège à Marans, en ordonnant aux magistrats de s'y transporter, dans le délai de huit jours, sous peine d'être déclarés *atteints et convaincus de rébellion et désobéissance, et comme tels indignes et incapables de tenir et exercer cy-après leurs charges et offices* (1). (Benoist. — Ms. n°s 2,060, 289.)

27 Novembre.

1625. — « Le *27 novembre*, fust oüy, dans la maison de ville, M. de Lescure, gentilhomme envoyé par M. de Laval, qui représenta que les députés de la Rochelle n'avoient point esté oüys (*V. 26 novembre.*) et on ne les vouloit oüyr sans une submission entière, qui estoit de desmolir leurs fortifications, recevoir une citadelle, et l'entrée du Roy en ladite ville, et que il y avoit plusieurs régimens pour faire jusques au nombre de 8,000 hommes de pied et 600 chevaux, lesquels dans le 10ᵉ de décembre se debvoient rendre devant la Rochelle, avec grand nombre de pièces de canon, pour faire des forts et empescher que on ne peust avoir aucun vivre, en attendant que on battist de force avec lesd. canons; et que les frais de telle armée estoient faits par les ecclésiastiques, qui avoient promis de fournir au Roy 1,500,000 escus, dont ils faisoient advance de 1,700,000 liv... Sur quoy et aultres occurences, a esté résolu de se mettre en estat d'une défense telle que pourra et par les moyens plus promptz, propres et convenables; et pour cet effet le tout renvoyé au conseil de guerre establi par M. le Maire. » (*Guillaudeau.*) Nous avons vu déjà comment Riche-

(1) Une particularité digne de remarque, c'est que Louis XIII enjoint en même temps aux *échevins* de Marans de se procurer et de fournir, aux magistrats du présidial, *ung domicile propre pour la tenue de leur siège*. Ce qui semble établir que Marans avait une commune administrée par des échevins, sans avoir de Maire.

lieu, jugeant que le siège de la Rochelle était encore chose prématurée, dans la situation générale des affaires, avait engagé le Roi à se départir de la rigueur des conditions imposées aux Rochelais, à recevoir leurs députés et à leur accorder un traité de paix plus favorable, et qui ne fut cependant pas accepté sans difficulté. (*V. 8 mars.*)

1791. — Lettre du ministre de l'intérieur aux officiers municipaux pour les remercier, au nom du Roi, de l'offre faite par les Rochelais de mettre leurs navires à sa disposition pour porter des secours à Saint-Domingue, en leur indiquant les moyens d'utiliser leur bonne volonté. (*Aff. de la Roch.*)

28 Novembre.

1627 (*Siège de*). — « Le dimanche, *28 novembre*, les assiégeans commencèrent à faire une digue du côté du Fort-Louis, que deux maîtres maçons ou architectes de Paris, l'un nommé Métesiau *(Clément Métezeau, architecte et ingénieur du Roi)* et l'autre Tiriot *(Jean Thériot, qui devint architecte-ingénieur des bâtiments du Roi)*, avoient entrepris de faire à pierre perdue dans le canal pour le boucher et empêcher que rien n'entrât dans la ville de ce côté là. » (*Mervault.*) Voici la description de cette fameuse digue, donnée par les mémoires de Richelieu : « La digue estoit divisée en deux ; l'une commençoit au rivage vers Coreille, l'autre au rivage vers Chef-de-boys, et s'avançoient de costé et d'autre jusques à cent toises (1), qui estoit ouverte au milieu pour le passage des marées. Elle estoit en telle distance de la ville que le canon n'y pouvoit aller. Et pour ce que, par l'ouverture, le secours eût pu entrer, on fit deux forts sur l'un et l'autre rivages, où les deux digues commençoient, et deux autres encore aux deux testes d'icelles, et on munit ces quatre forts de quantité

---

(1) Ce chiffre ne peut s'appliquer qu'à la portion de la digue bâtie en pierre ; car l'intervalle qui sépare les deux pointes est beaucoup plus large, et l'ingénieur Masse dit que *la digue avait 740 toises d'une terre à l'autre, par les mesures qu'il en a prises*. On n'estime pas à moins d'une centaine les *navires murés* qui furent coulés, pour prolonger les deux côtés de la digue au-delà du point où on avait été obligé d'interrompre la partie maçonnée. (*Mém. de Richel.*)

de canons, et afin qu'aucun vaisseau de secours n'osât entreprendre d'y passer, on fit un autre fort au milieu de lad. ouverture, un peu avancé dans la mer, nommé le *fort d'Argencourt*; et pour fermer le passage à quelque petit vaisseau, qui eût pu se couler, on y fit d'autres machines, qui tenoient toute l'ouverture et estoient faites de grandes pièces de bois enfoncées et liées par dessus avec de la charpente; on appela ces machines *chandeliers*; et au-devant de tout cela, toute l'armée navale, disposée en bon ordre. Pour défendre du costé de la Rochelle, le cardinal avoit fait mettre au-devant de l'ouverture de la digue une palissade flottante, composée de trente-sept gros vaisseaux, attachés les uns aux autres avec des câbles, avec force canons et gens de guerre dessus, et après cette palissade, il y avait cinquante-neuf navires enfoncés en une ligne droite et un fort en triangle... » (*V. 24 janvier. — 5 mars et 17 novembre.*)

1651. — Il ne restait plus aux troupes du comte du Doignon que la tour de Saint-Nicolas (*V. 16 et 19 novembre.*), qui, battue continuellement depuis plusieurs jours, avait eu bientôt *son chapeau* et sa charpente percés à jour et une partie de *ses galeries* détruite. Le comte d'Harcourt, récemment arrivé avec de nouveaux renforts, avait fait sommer de Besse de lui remettre la tour; mais celui-ci lui avait répondu *qu'il la gardoit pour le service du Roy, duquel il étoit aussi bon serviteur que luy*. On avait alors ouvert la tranchée; les soldats des gardes étaient parvenus à rouler devant eux des paquets de liège et des balles de laine jusqu'à la palissade de la contrescarpe, et le mineur à se loger au milieu de la courtine. Le *28 novembre*, après un feu des plus opiniâtres de chaque côté, les assiégés cessèrent tout à coup de tirer; le comte d'Harcourt profita de ce silence *pour faire crier qu'il y avoit bon quartier pour les soldats et qu'ils auroient la vie sauve, moyennant qu'ils l'otâssent à leur commandant*. Alors, après deux chamades, un sergent et un suisse sortent de la tour et viennent trouver d'Harcourt, qui leur déclare qu'ils ne peuvent racheter leur vie que par la mort de leur chef. A leur retour, de Besse, voyant qu'il n'avait pas de quartier à espérer, menace de mettre le feu aux poudres; mais un soldat suisse « le frappe d'un coup d'épée, après que son pistolet eût manqué, et comme il veut redoubler, de Besse fuit et demande un confesseur. Il a beau appeler et se tourmenter, il ne trouve point ce qu'il cherche... du haut du réduit, il se jette au bas du fossé; en tombant il attrape une échelle, posée contre la muraille du fort ; y estant suspendu par les mains, il crie au seigneur Dejenlis et Puiseau, chevalier de Messignac, qu'ils le sauvent, on luy refuse ce qu'il demande ; il remplit l'air de ses cris, et ny le ciel, ny la terre n'en sont touchés ; les soldats des gardes vengent sur luy la mort de leurs compagnons : ils le percent comme un crible, à coups d'espées et de pistolets... » La garnison ouvrit alors les portes de la tour aux troupes royales. Un *Te Deum* fût chanté, le même jour, dans le grand Temple, où le comte d'Harcourt avait appendu les trophées de sa conquête. Il dût s'applaudir d'autant plus de ce triomphe que l'armée de Condé approchait et que, le lendemain, son avantgarde était à Muron ; elle rétrograda en apprenant la prise des tours, et bientôt la Saintonge et la Guienne firent leur soumission. (*Merc. roch. — manifeste de la Roch. — Relat. vérit.*, etc.)

29 Novembre.

1525. — François Ier était prisonnier de Charles-Quint. La Reine mère, déployant autant d'activité que d'habileté pour conjurer les malheurs qu'elle avaient attirés sur son fils et sur la France, était parvenue à signer avec Henri VIII un traité de paix et d'alliance défensive (30 août); mais elle avait chèrement acheté cet appui de l'Angleterre. Dans les conditions du traité, se trouvait une clause (dont n'ont pas parlé les historiens), qui attribuait pour douaire les revenus du gouvernement de la Rochelle et du grand fief d'Aunis à Marie d'Angleterre, cette jeune sœur d'Henri VIII, qui, mariée à seize ans à Louis XII, alors âgé de cinquante-trois ans, était devenue veuve deux mois et demi après son mariage. Deux commissaires, P.^{re} Perdrier, seigneur de Beaubigny et de Maizières, et Sébastien Sauvaige, étaient arrivés à la Rochelle pour prendre possession des domaines concédés à la princesse. Le *29 novembre*, ils réunirent tous les officiers du Roi, auxquels ils communiquèrent leurs commissions. Trois jours après, ils firent la même communication au corps de ville. Celui-ci déclara qu'il ne s'opposait pas à ce que ladite Dame prît possession de son douaire, mais « sans entendre par là desroger, ne entreprendre sur les droitz, prévilèges, concessions et octroys des Roys, arrêts de parlement, grand conseil et généraux de la justice, concédés et obtenus par les Maires, eschevins, pairs, bourgeois, manans et habitans de ladite ville. » Les commissaires objectèrent bien que cette réponse n'était pas assez explicite, mais les magistrats municipaux répliquèrent qu'elle était satisfaisante et conforme aux lettres patentes de la régente. (*Ms. de la bibl.*, n° *1,947*.)

1627 (*Siège de*). — On s'était flatté au camp royal que, découragés par le départ de la flotte anglaise, et se voyant menacés d'être privés de toute communication, du côté de la mer par une digue (*V. 28 novembre*), et du côté de la terre par les nouveaux forts et les lignes de circonvallation auxquels on travaillait avec ardeur, les Rochelais se montreraient moins exigeans sur les conditions de leur soumission. Déjà, le 21, un tambour du régiment des gardes avait apporté au Maire une lettre du lieutenant-criminel de Lescale, devenu l'un des intendans de l'armée du Roi, par laquelle il renouvelait certaines ouvertures d'accomodement déjà rejetées et qui n'eurent pas plus de succès. Le *29 novembre*, un sieur Emery, *gascon de nation*, osa venir, de la part du duc d'Angoulême, offrir la paix à la condition de raser toutes les fortifications vieilles et nouvelles de la Rochelle et de réduire la ville à son ancienne enceinte de murailles. On ne fit même pas à de pareilles propositions l'honneur de les discuter, et elles n'eurent d'autre effet que de décourager entièrement ceux qui avaient nourri jusque-là quelques espérances de paix. (*Merv.*)

30 Novembre.

1461. — « Lettres (*patentes*) du roy Loys XI°, par lesquelles appert que lesdits de la Rochelle sont exempts de tailles et équivallent, et qu'elles n'auront plus de cours en lad. ville et banliefve d'icelle; mais au lieu d'icelles payeront la somme de 3,000 liv. par an et par quartier ; et pour icelle somme, leur est fait octroy du huictiesme du vin vendu en détail en lad. ville et banliefve d'icelle, et deux sols six deniers pour tonneau de vin ou autre qu'ils voudront mettre sus en lad. ville et banliefve ; au payement duquel debvoir seront tenus et contraintz toutes sortes de personnes, et les procès et différends meuz à raison dud. huictiesme jugez et décidez par le Mayre ou son juge-commis, comme appert par led. privilège scellé du grand scel de cire blanche à double queue, donné à Tours, *le dernier novembre 1461.* » (*Invent. des privilèges.*) — *V. 23 octobre.*

1465. — Quatre ans après, à la même date, Louis XI exigea des Rochelais qu'en reconnaissance des nombreux privilèges qu'il leur avait accordés, ils lui fissent don de 1,000 écus; somme dont le Maire Mérichon fit l'avance à la commune. (*A. Barbot.*)

MOIS DE DÉCEMBRE.

1er Décembre.

C'est le jour où on célèbre la fête de Saint-Eloy, le patron des orfèvres et des serruriers. La corporation des premiers, trop peu nombreuse sans doute, ne paraît pas avoir été érigée en maîtrise à la Rochelle, car le livre des statuts ne contient aucun réglement qui les concerne, et un registre du corps de ville, de 1625, nous apprend qu'un *compagnon* orfèvre ayant demandé la permission de s'établir à la Rochelle, le corps de ville chargea le Maire de réunir chez lui les principaux maîtres-orfèvres, et de s'entendre avec eux pour savoir s'il y avait inconvénient à accorder cette autorisation. Ils avaient cependant une bannière avec des armoiries *de gueules, à une enclume d'argent, accompagné de deux marteaux d'or en chef*. Outre la marque particulière de chacun d'eux, la corporation avait encore un poinçon représentant un dragon ailé. (1)

La corporation des serruriers au contraire avait été *de tout temps en maîtrise* à la Rochelle, porte une ancienne délibération du corps de ville ; mais il ne nous est resté que leur statut réformé en 1584, et rédigé en vingt-trois articles. Il ne diffère guères des autres pour l'élection des *maîtres-regardes*, les privilèges accordés aux fils et veuves de maîtres, le serment annuel à prêter entre les mains du Maire, les minutieuses précautions destinées à assurer la bonté des ouvrages, la for-

---

(1) Le poinçon des orfèvres de Saint-Martin (île de Ré) représentait des mouchettes, et celui des orfèvres de Marans une sorte de sébile. (*Moyen-âge et Renaissance.*)

malité du *chef-d'œuvre* pour les candidats à la maîtrise, si ce n'est toutefois qu'on exigeait d'avantage de l'apprenti étranger que de celui qui avait fait son apprentissage chez un maître établi *entre les quatre portes de la ville.* Ce qu'on y trouve de plus remarquable, ce sont les précautions prises contre les voleurs. Ainsi il était interdit à tous gens travaillant les métaux de faire aucune clé ni serrure, et à tous autres d'en vendre; les serruriers ne pouvaient, sous peine d'amende, faire aucune clé sans qu'on apportât chez eux la serrure, ni en faire sur modèle pour un bourgeois de la ville, sans aller voir la serrure à laquelle elle était destinée. Il leur était défendu, sous la même peine, d'acheter aucune clé, vieille ou autre, plus d'un denier tournois, de peur qu'on ne volât les clés pour les revendre. Les serruriers portaient dans leurs bannières : *de gueules, à quatre clés d'or posées deux et deux.* Ne serait-ce pas leur corporation qui aurait donné son nom au faubourg de Saint-Eloy? Ce qui tendrait à le faire croire, c'est que la chapelle de la confrérie de Saint-Eloy et la maison où s'assemblaient ses membres se trouvaient en dehors de la porte de Cougnes, à l'entrée même de ce faubourg. On conservait dans cette chapelle une relique de Saint-Eloy, *dans un bras couvert d'une feuille d'argent*, et le chapelain, qui devait dire *quatre messes, chaque semaine, pour les fondateurs, confrères, sœurs et bienfaiteurs*, était nommé par les *maîtres-confrères*, conjointement avec le curé de Notre-Dame. (*Statuts. — Armorial de la Roch. — Rég. du corps de ville. — Jaillot.*)

2 Décembre.

1454. — « L'an de grâce MCCCCLIIII et le 2ᵉ jour de Décembre, noble homme Mesʳ. Jeh. de Jambes, chevalier seigneur de Montsoreau, conseiller et premier maistre d'hostel du Roy, vint en lad. ville pour la possession et saisine de l'office du gouverneur de lad. ville, chastellanie et ressort d'icelle, vacant par mort et trespas de noble et puissant seigneur de Villequier. Monseigneur le Maire et plusieurs de Messieurs (*du corps de ville*) en sa compagnée allèrent au-devant de luy; lequel ils rencontrèrent sur *le pont des Sallines*, bien accompagné de gens d'estat et d'illec s'en vindrent jusques à l'entrée de la porte de Cougnes, et illec Mes**r**. Jeh. de Jambes fist serment à M. le Maire ; *aux sainctes évangilles*, de les garder en leurs privilèges, droictz, usages, coustumes, franchises et libertez. » Le cortège se dirigea ensuite vers l'église Saint-Barthelémy et, après y avoir entendu la messe, se rendit *à la maison et auditoire du Roy*, où il fut donné lecture de la commission du nouveau gouverneur. Celui-ci monta alors *en la chaire*, et le Maire, Jacques Audouher, prêta, sur l'évangile, tant en son nom qu'en celui *de tout le commun*, serment *d'estre au Roy, et à ses hoirs masles et successeurs à la couronne de France, bon et loyal, obéissant subject et vassal ; sa vie, son corps et membres garder et aussy son prouffict, biens et choses et ses droictz, et mesmement la ville de la Rochelle, à luy et à son obéissance et de ses hoirs masles et successeurs en son loyal pouvoir comme à son souverain seigneur, sans jamais avoir ne recognoistre autre seigneur souverain...* Le gouverneur renouvela ensuite le serment qu'il avait déjà prêté à la porte de Cougnes. Après quoi, le procureur de la commune protesta contre le titre de *capitaine de la Rochelle*, donné au gouverneur dans sa commission, ce titre appartenant au Maire seul de la ville, qui entendait en jouir comme lui et ses prédécesseurs l'avaient toujours fait; question d'ailleurs qui était alors pendante devant le Parlement. (*Livre de la paterne.*)

1611. — L'assassinat de Henri IV avait inspiré aux protestants autant de crainte que de douleur. En vain Louis XIII, peu après son avènement, avait-il confirmé tous leurs privilèges dans de longues lettres patentes (*Mai 1611*), les Rochelais n'en étaient pas plus rassurés sur les dispositions de la cour. *Suivant les advis mauvais qu'il recevoit journellement de toutes parts et qui invitoient à prendre garde à certaines personnes entendues à pétarder les places, et qui devoient se rendre à la Rochelle*, le Maire de Berrandy avait fait placer sur les remparts une grande quantité de canons, doubler la garde des postes et travailler avec activité aux fortifications. *Dieu sera pour nous, s'il luy plaist*, écrivait-il à de Mirande, député à Paris, *pour le moings j'espère qu'ils ne nous trouveront pas endormis* (1). Cependant la cour, se préoccupant de cette attitude

(1) Il lui disait : « Soyez assuré que la garde se faict autant soigneu -

des Rochelais, avait demandé des explications au corps de ville sur ces préparatifs de guerre et sur les bruits qui couraient qu'ils avaient *traité avec les Etats de Hollande et fait venir des navires de guerre pour garder leurs costes*. Les magistrats municipaux avaient répondu en s'indignant de pareilles calomnies, et en protestant de leur fidélité au Roi et de leur désir d'entretenir la paix. Ils reçurent bientôt de nouvelles lettres de la Reine-régente et du chancelier, leur annonçant qu'ils envoyaient à la Rochelle deux commissaires, les sieurs de Vic et de Saint-Germain de Clan pour faire exécuter les édits de paix, entendre leurs griefs et y faire droit s'il y avait lieu. Mais peu confiant sur la sincérité de cette mission, le corps de ville décida, *le 2 décembre*, que ces commissaires ne seraient pas reçus *jusqu'à ce qu'on ayt sçeu la résolution qui se prendra sur les responses de leurs Majestés aux députés envoyés vers elles*, et il dépêcha en même temps deux de ses membres pour aller au-devant d'eux et les prier de s'en retourner. (*Rég. du corps de ville. — Recueil de lettres, nos 2,007-297.*)

1638. — Naissance de Paul Colomiès, fils du médecin Jean Colomiès et petit fils de Hiérosme Colomiès, ministre protestant de la Rochelle non moins docte qu'éloquent (1). Très versé dans les langues savantes et notamment dans l'hébreu, qu'il étudia sous le célèbre Cappel, critique éclairé et théologien distingué, Paul Colomiès a publié un grand nombre d'ouvrages d'histoire, de critique littéraire et d'érudition, des traductions, et même un recueil d'épigrammes et de madrigaux. Il quitta la Rochelle peu de temps avant la révocation de l'édit de Nantes, et passa en Angleterre, où il devint prêtre

sement que le temps le requiert ; il y a, chascun soir, près de *500 hommes ;* car chascun y est en personne, avec cinq hommes, et tous de bonne volonté... nous travaillons continuellement aux nouvelles fortifications, etc. (*Recueil de lettres de Berrandy.*)

(1) Dumbar lui a adressé ces vers :
Doctrina an fuerit tibi vel facundia major,
Docte Columberi, res dubitanda mihi.
Alter es aurisono nam tu Chrisostomus ore :
Socratis et genium cognitione sapis.
Doctrinæ tamen illa tuæ facundia cedat,
Mirandum hæc populo te facit, illa polo.   (*Centuriæ.*)

de l'église anglicane et bibliothécaire de la riche bibliothèque de l'archevêque de Cantorbery, Sancrost. Il mourut à Londres, moins de onze années après son arrivée en Angleterre, à l'âge de 54 ans. *(Rég. de l'état-civ. des protest. — Arcère.)*

3 Décembre.

1641. — Nous savons déjà les nombreuses oppositions qu'avait soulevées l'établissement à la Rochelle de la cour souveraine des Salins (*V. 9 janvier*); Colin nous apprend quel fâcheux éclat eurent par fois les luttes de préséance, qui s'élevèrent entre ses membres et ceux du présidial. Le 19 mai précédent, sans doute à l'occasion du mémorable jubilé prêché par les capucins (1), les *présidiaux* avaient devancé au grand Temple, qui servait alors d'église à la paroisse St-Barthelémy, *Messieurs des Salins*; quand ces derniers arrivèrent, ayant à leur tête l'intendant de Villemontée, leur premier président, ils trouvèrent le banc réservé aux magistrats occupé par ceux du présidial. « Le président de Lescale (2), dit notre chroniqueur, fit place à M. de Villemontée, mais il ne voulut faire place à Messieurs des Salins. C'est pourquoi M. de Villemontée, qui estoit en robe rouge, sortit et Messieurs des Salins avec luy. Puis il retourna, avec sa robe noire, seul et prit place aud. banc, audessus de ceux du présidial. A cause de quoy, MM. de Lescalle et Habert, avocat du Roy, eurent ajournement personnel au conseil et furent interdits pour quelque temps. Et eurent lesd. Salins arrêt de préséance audessus desd. Présidiaux. » Cela ne suffit pas pour les satisfaire: ils voulurent avoir leur revanche sur le théâtre même où avait eu lieu l'humiliation, et le *3 décembre* suivant, ils firent enlever de l'église le banc des présidiaux. L'évêque de Saintes, qui était alors à la Rochelle et l'un de ceux qui avaient combattu

(1) « Au mois de may 1641, on célébra à la Rochelle un jubilé particulier fait à la requeste des Capucins, *qui preschoient dans les cantons et fesoient dresser des chaires au coin des rues.* » La cérémonie finit par une procession générale, où assistaient l'évêque de Saintes, M. de la Porte, gouverneur, qui venoit d'être nommé grand prieur de France, le duc de la Rochefoucault, le grand prieur d'Aquitaine, l'intendant de Villemontée, etc. *(Ms. int.* Recherches curieuses.)

(2) C'est de lui que la rue de Lescale a emprunté son nom.

leur institution, les somma d'avoir à faire replacer le banc ; comme ils ne tinrent aucun compte de l'injonction, le prélat les frappa d'excommunication. Ils se pourvurent alors devant le conseil, par *appel comme d'abus*, et un arrêt rendu en leur faveur leva l'excommunication épiscopale. (*Colin.*)

1689. — L'intendant Bégon et les *élus* concèdent pour cinq années à l'hôpital général la ferme des anciens et nouveaux octrois, accordés par arrêt du conseil du 4 octobre précédent, moyennant 1,500 liv. une fois payées, et 61,000 liv. par année. Mais le fermier des aides, ayant offert 62,000 liv. en remboursant les 1,500 liv. à l'hôpital, en devint le concessionnaire définitif. Avant l'établissement des nouveaux droits d'octroi sur *le pied fourchu, les eaux-de-vie, minots, bierres, foins et pailles*, les revenus de la ville ne consistaient qu'en 23,900 liv. sur les aides (1). (*Invent. gén. des titres, etc. — Maudet.*)

1774. — Louis XVI, fesant droit aux réclamations du corps de ville, abroge l'édit, du mois de novembre 1771, qui avait érigé en offices les titres d'officiers municipaux de la Rochelle. (*V. 22 octobre.*) et rétablit, avec quelques modifications, les dispositions de la déclaration du 5 février 1718. (*V. cette date.*) En conséquence, le corps de ville se trouva ainsi composé : un Maire, nommé par le Roi pour deux années, sur la présentation de trois candidats élus par le corps de ville ; quatre échevins, nommés aussi par le Roi pour deux années, mais sur la présentation d'un seul candidat ; dix assesseurs ou conseillers, un procureur-syndic et un receveur, tous nommés à vie. Bien que M. Henri Seignette, qui exerçait les fonctions de Maire depuis 1771, eût été nommé lieutenant-particulier, assesseur-criminel au présidial, l'année précédente, il n'en fut pas moins maintenu dans la charge de premier magistrat de la commune jusqu'en 1776.

(1) Les nouveaux droits n'étant accordés que pour cinq années, en 1694, le prix de l'adjudication de la ferme des octrois tomba au prix de 52,500 liv. En 1698, les droits sur le pied fourchu ayant été non-seulement rétablis, mais augmentés d'un tiers, le prix d'adjudication atteignit 83,900 liv. En 1701, il n'était plus que de 80,000 liv.; en 1715, de 70,000 et en 1720, de 72,000 liv. Actuellement la moyenne de l'octroi, prise sur les dix dernières années 1850-59, est d'environ 250,000 francs. (*Invent. gén. — Compte d'administ. du Maire.*)

4 Décembre.

1222. — Charte par laquelle le Roi d'Angleterre, auquel appartenait encore la Rochelle, ordonne d'y faire un port, pour la fortifier davantage contre l'attaque dont elle était menacée de la part de Louis VIII, qui devait en effet s'en emparer dix-huit mois après. *(V. 15 juillet et 3 août.)* C'était le guerrier-troubadour Savary de Mauléon, son sénéchal du Poitou, qui lui avait donné ce conseil, et ce nouveau port devait s'étendre depuis les *moulins du Perrot*, appartenant aux Templiers et placés sur le canal de la Verdière, jusqu'au *Châtelet*, petite forteresse située en dehors de la première enceinte de la ville et vraisemblablement à l'endroit où fut construit depuis le fameux boulevard de l'Evangile, vers l'extrémité Nord-Ouest de la rue des Trois-Cailloux (1). *(Arch. de la tour de Londres.)*

1672. — Arrêté de l'intendant Colbert du Terron « faisant très expresses défenses à toutes sortes de personnes, sans aucune exception et de quelque qualité et condition qu'elles soient, de sortir des maisons où elles sont logées, en hiver, après six heures du soir et, en été, après le *couvre-feu* sonné, sans avoir des *flambeaux* ou *chandelles* allumées pour les éclairer dans leur marche, et de porter d'autres armes que des épées dans leur foureau. » *(Acte du temps.)* — *V. 7 octobre.*

1744. — Naissance de *Louis-Charles-Mercier Dupaty*, connu sous le nom *de Clam*, d'une terre qu'il possédait en Saintonge (2). *(Reg. de la par. de St-Barth.)* Frère aîné du président Dupaty *(V. 9 mai.)*, il hérita comme lui du goût de leur père pour les lettres et les études sérieuses. D'abord mousquetaire à cheval, il s'appliqua à faire de l'équitation une science, *fondée sur l'anatomie, la mécanique, la géométrie et la physique*, et publia sur ce sujet et sur l'art de la sellerie, qui s'y rattache, plusieurs traités ou mémoires. Il était encore

---

(1) V. ma dissertation sur cette charte, insérée dans les annales de l'Académie de la Rochelle, année 1859.

(2) Il était aussi propriétaire du château de Cherterre, en la paroisse de Villedoux. *(Affi. de la Roch.)*

au service quand il fut élu membre de l'Académie de Bordeaux ; vers trente ans, abandonnant la carrière des armes, il se fit nommer chevalier d'honneur au bureau des finances de la Rochelle, et ne tarda pas à être reçu à l'Académie de cette ville, où il se fit remarquer par de nombreux mémoires, qui révèlent la variété de ses études et un esprit non moins porté vers la philosophie que vers les sciences physiques. Cela ne l'empêcha pas toutefois de tomber dans les folles erreurs, connues sous le nom de *Martinisme*, et il était plongé dans la culture de la science mystique des Cagliostro et des Saint-Martin, quand il mourut à l'âge de trente-huit ans, en buvant, dit-on, de l'*élexir de longue vie*. (*V. la note biograp. de M. Delayant*, ann. de l'Acad. de la Roch. 1856.)

1801 *(13 frim. an V.)* — Arrêté des consuls, qui établit une bourse de commerce à la Rochelle, et déclare que les fonctions d'agent de change pourront être cumulées avec celles de courtiers de commerce, sans que leur nombre puisse s'élever au-dessus de six. (*Bulletin des lois.*)

5 Décembre.

1599. — Voici ce que raconte sérieusement, sous cette date, le grave et docte ministre Merlin : Mlle S... revenant, avec son beau-frère, de souper en ville, vers dix heures du soir, par un temps de *forte et épaisse brouée*, aperçut un fantôme, vêtu d'une robe noire et portant un flambeau à la main, qui cheminait le long de la courtine des murailles, et semblait venir du côté de l'hôpital ; il passa derrière Sainte-Aune, près le cimetière Saint-Barthelémy, puis entre les deux tours du château, et disparut en se dirigeant vers Nieul. « Ce fust un mauvais présage au sieur des Roziers pour son procès, qu'il perdist. » (*Diaire de Merlin.*)

1813. — Jour anniversaire du couronnement de l'Empereur. Le conseil municipal avait consacré que, chaque année, il serait fait choix d'*une fille sage*, qui serait dotée par la commune et épouserait, ce jour-là, un militaire ayant fait la guerre. Le mariage était célébré solennellement, dans la grande salle de l'Hôtel-de-Ville, en présence de tout le conseil municipal, et les époux étaient ensuite conduits en voiture à la Cathédrale, où se trouvaient les autorités civiles, militaires et judiciaires, invitées à assister à la cérémonie religieuse. Un banquet réunissait ensuite, à l'Hôtel-de-Ville, les époux, leurs parents et six membres du conseil municipal. (*Aff. de la Roch.*)

6 Décembre.

FÊTE DE SAINT-NICOLAS, PATRON DES TONDEURS DE DRAP.

Nul doute qu'il n'existât anciennement dans notre ville des fabriques de drap et de serge : n'en aurions-nous pas d'autres preuves, les deux corporations des cardeurs et des tondeurs de drap l'établiraient suffisamment. L'autel de la confrèrie de ces derniers était dans l'église des Jacobins. Leurs statuts ne nous ont pas été conservés ; on trouve seulement mentionnées sur le registre de la Mairie, des années 1569 et suivantes, des élections de *maîtres-regardes* du métier et des prestations de serment de maîtres-tondeurs, entre les mains du Maire. D'un réglement de 1596 il résulte qu'à cette époque, la Rochelle recevait d'Angleterre une grande quantité de draperies de diverses sortes, telles que draps larges, *carises*, *platins*, *petits lis*, *réduits*, *bizouastres*, *frises*, *frisons*, *reveschos*, et que souvent on venait les faire teindre à la Rochelle pour les transporter ensuite à l'étranger. (*Regist. de la Maire. — Statuts et réglem. — Acte de Macaing.*)

1360. — Prise de possession de la Rochelle, au nom du Roi d'Angleterre, par Bertrand de Montferrant, qu'Edouard avait nommé gouverneur de la Saintonge. (*V. 29 octobre*). Les commissaires du Roi de France, chargés de lui remettre la ville, étaient J. le Maingre, *dit Boucicault*, maréchal de France, et Guichard d'Angle, sénéchal de Saintonge. Ils arrivèrent, dans la soirée, à la porte de Cougnes, accompagnés d'un grand nombre de *chevaliers-escuyers, tant françois que anglois*. Le Maire, Louis Buffet, les y attendait avec l'évêque de Saintes, l'abbé de Châtres et *plusieurs autres gens d'église*, les membres du corps de ville et les principaux bourgeois. Aux sommations qui lui furent faites successivement par les commissaires des deux Rois, le Maire répondit qu'il était prêt à mettre en possession de la Rochelle le commissaire du Roi de la Grande-Bretagne, aussitôt que lecture aurait été donnée de ses pouvoirs et qu'il aurait promis de maintenir et garder les privilèges, libertés et franchises que le Roi Edouard leur avait accordés. Ces formalités accomplies, il prit de Montferrant par la main, et fesant ouvrir les portes de la ville, il lui dit : « En nom du Roy d'Angleterre, nostre seigneur, et comme son commissaire en ceste partye, je vous metz, pour moy et pour *mon commun* (ma commune), en saisine et possession de ceste ville de la Rochelle réellement et de faict. » Il l'invita ensuite à le suivre jusqu'à la porte des Deux-Moulins, point le plus éloigné du lieu où ils étaient, et ils traversèrent toute la ville à cheval, en se tenant toujours par la main et escortés d'un nombreux cortège ; puis le Maire l'accompagna jusqu'à l'hôtel de Jehan Poussart, situé au canton des Petits-Bancs, où avait été préparé le logement de Montferrant. (*Livre de la Paterne.*)

1630. — Les religieuses de l'institut de Sainte-Ursule, ordre de Saint-Augustin, avaient obtenu, au mois de décembre de l'année précédente, des lettres patentes, qui les autorisaient à fonder un monastère à la Rochelle ; mais le consentement de l'évêque de Saintes s'était fait attendre jusqu'au mois d'octobre suivant, et ce fut le *6 décembre* 1630 seulement que cinq religieuses et une sœur converse, du couvent d'Angers, arrivèrent à la Rochelle, accompagnées de l'oratorien Treton-Duruau. Le présidial les attendait dans le grand Temple et, après un *Te Deum*, il les conduisit *processionnellement* à l'ancien bâtiment des *grandes écoles*, appartenant naguères à la commune (*V. 6 fév. et 25 avril*), et que le Roi leur avait donné. Soit que cette maison fut trop petite, soit plutôt qu'elle eût été consummée par un incendie (1), en 1633 elles allèrent habiter une maison appartenant aux Jacobins et située dans la paroisse de Notre-Dame. Sept ans après, elles achetèrent plusieurs maisons, voisines de leur première demeure, et y établirent leur couvent, en transformant en chapelle un grand cellier, qui fesait face aux ruines de Saint-Barthelémy (2). Leur mo-

(1) On l'appela pendant quelque temps la *maison brûlée*. (*Note de Jaillot.*)
(2) Leur église est très jolie, dit Masse, mais leur couvent ne se compose que d'un ramassis de maisons de particuliers.

nastère embrassait tout le massif de maisons compris entre les trois rues des Augustins, de la Chaudellerie et de Bazoges jusqu'à la nouvelle chapelle des sœurs de l'Espérance. Lorsqu'en 1792 leur établissement fut fermé, elles étaient au nombre de vingt-trois religieuses et de huit sœurs converses. Après la tourmente révolutionnaire, quelques-unes des anciennes Ursulines firent l'acquisition du couvent des Augustins, et en prirent possession en 1804. (*Notes de Jaillot. — Mém. des pères de l'Oratoire. — Masse. — Arcère.*) — V. 6 et 17 mai.

7 Décembre.

1360. — Le lendemain de leur arrivée, le maréchal Boucicaut et de Montferrant firent chanter une messe à l'église des Frères-Prêcheurs « et firent retenir le corps de Jésus-Christ sacré, afin de faire les sermens que les Maire, bourgeois et habitans estoient tenuz de faire aud. seigneur de Montferrant. » (*V. 6 décembre.*) Après la messe, le maréchal réclama du garde du scel royal et du garde de la prévôté la remise des sceaux de leur charge, et les donna à de Montferrant, qui les confia aux nouveaux titulaires, avec ceux du Roi d'Angleterre. Ensuite, le Maire, les membres du corps de ville et plusieurs notables prêtèrent, entre les mains du commissaire anglais, serment de fidélité à leur nouveau souverain, *en mettant la main sur le corps de Jésus-Christ, sur le messal et sur la croix.* Le chef de la commune requit alors le gouverneur de prêter à son tour, à l'exemple de ses prédécesseurs, le serment de *garder les droitz, privilèges, usages, coustumes, franchises et libertez de la commune avant qu'il s'entremist en rien du faict de la jurisdiction;* ce qu'il fit, la main sur *les saints évangiles et en la présence du peuple.* — Le lendemain, *au temple de lad. ville* (1), *firent le serment en la manière dessus dicte tous les plus anciens habitans ou la plus grande partie de lad. ville, religieux et aultres, en la présence de noble homme M° Guil.*^{me} *Dureton, cappitaine de Bergerac, ad ce commis par led. sire de Montferrant.* (*Livre de la Paterne.*)

(1) Le mot *Temple* est évidemment employé ici *pour église*, et il faut sans doute substituer le pluriel au singulier, les habitants ayant dû prêter serment dans l'église de chacune des paroisses.

1622. — Le corps de ville « pour recognoissance des services rendus au public par Jeh. Guiton, en sa charge d'admiral de l'armée navale (*V. 27 oct. et 15 nov.*), et pour récompense des frais par luy faictz », lui fait don du navire le *Melhnacq* (que la commune avait précédemment acheté d'un flamand de ce nom) avec tous ses agrès, apparaux et canons. (*Reg. des délib.*)

1627 (*Siège de*). — « Le soir, ceux du camp tirèrent quelques *bombes* vers la ville ; mais comme ils n'étoient pas assez près et que les mortiers n'étoient pas assez gros, ce fut sans effet. » Le même fait est attesté, dans ses mémoires, par Bassompierre, qui ajoute que ce fut un ingénieur allemand, nommé Clarvet, qui les fit tirer. C'est donc à tort que Blondel, dans son traité de *l'art de jeter les bombes*, s'est inscrit en faux contre l'assertion du polonais Siemienowski qu'on s'en était servi au siège de la Rochelle, et que M. Cheruel, dans son *dictionnaire historique*, prétend que l'usage n'en fut introduit en France qu'en 1634.

8 Décembre.

1215. — Charte de Jean d'Angleterre, par laquelle il informe les Maire et *prud'hommes* de la Rochelle (ainsi appelait-on parfois les membres du corps de ville) qu'il a autorisé Emery, *son monétaire*, à faire fabriquer *sa monnaie poitevine* à la Rochelle, en leur ordonnant de lui prêter leur concours à cet effet. (*Rotuli litter. patent.*) — *V. 8 août.*

9 Décembre.

1651. — Louis XIV, pour récompenser les Rochelais de leur fidélité et du service qu'ils lui avaient rendu en déjouant les projets du comte du Doignon, leur fait remise de quatre années de subsides arriérées et réduit à 10,000 livres la somme de 24,000 qu'ils payaient annuellement à l'Etat (en y comprenant les 4,000 livres, à laquelle ils étaient abonnés pour toutes tailles et *creues*), avec assurance de *n'être point augmentés à l'avenir sous aucun prétexte*. Et pour leur faciliter le paiement de cette somme et les indemniser des grandes dépenses qu'ils avaient faites dans les derniers évènements, il les autorise en même temps à lever à leur profit 3 liv. 10 sols sur chaque tonneau de vin et de bierre vendu en détail dans les hôtelleries et cabarets de la ville, et 15 sols sur ceux vendus dans la banlieue. (*Ms.*, n°⁸ *8,435-604.*)

1792. — Fête patriotique à l'occasion du drapeau enlevé à l'ennemi, au poste de Virton, par le premier bataillon de la Charente-Inférieure, qui en avait fait don au département. Le drapeau fut promené en triomphe par la ville, acccompagné d'un immense cortège. Derrière les tambours et la musique, un citoyen portait, suspendue au bout d'une pique, *la déclaration des droits de l'homme*; après lui s'avançait la statue de la liberté, portée par des soldats de la garnison et de la garde nationale, que suivait un vétéran avec le drapeau conquis, autour duquel étaient groupés les pères et mères des jeunes gens du 1ᵉʳ bataillon; deux longues files de citoyennes, qui devaient chanter l'hymne de la liberté, parées du ruban tricolore, et des branches de laurier à la main, précédaient le corps des autorités. Quand le cortège arriva sur la place, la statue de la liberté fut érigée sur un piédestal et le chœur entonna *l'hymne des Marseillais*, qu'accompagnaient la musique militaire et le bruit du canon, et que répétaient des *milliers de voix, avec cet enthousiasme qu'il n'appartient qu'à un peuple libre de sentir avec tant de vérité et d'exprimer avec tant de force*, dit le patriote chroniqueur. Après des évolutions de la troupe et de la garde nationale, on reconduisit, dans le même ordre, la statue de la liberté *à la maison commune. Le reste du jour fut consacré au plaisir;* un hymne, composé pour la circonstance, fut chanté à la *société des amis de la liberté et de l'égalité*, et l'on dansa toute la nuit dans la salle de la Bourse. (*Aff. de la Roch.*)

10 Décembre.

1615. — La Rochelle était toujours restée hostile à la cour (*V. 2 décembre.*), dont les complaisances envers le chef de l'église et les liaisons intimes avec l'Espagne étaient bien de nature à entretenir ses défiances. Comme tout le parti protestant, elle redoutait les conséquences du mariage projeté entre le jeune Roi de France et l'espagnole Anne d'Autriche. Aussi le duc de Rohan, chef des huguenots, qui avait imprudemment associé la cause de la religion réformée à celle de la rébellion aristocratique de Condé, n'avait-il pas eu de peine à entraîner les Rochelais à prendre les armes, à travailler avec ardeur aux fortifications de leur ville (1), et à s'emparer de tous les postes voisins de la Rochelle, Marans, Nuaillé, Surgères, Rochefort et Fouras. Cependant Rohan n'avait pu réussir, comme il l'avait espéré, à fermer au Roi et à sa mère le chemin de Bordeaux, où s'était accompli, le 25 novembre, le mariage de Louis XIII avec la *Reine-infante*. Condé, auquel Sully, sur les instances de Rohan, son gendre, avait livré ses places du Poitou, voulut cimenter, par sa présence, l'alliance des Rochelais à ses armes. Escorté de bon nombre de grands seigneurs, après avoir couché à la Garde-aux-valets, il arriva le *10 décembre* à la Rochelle, où ne tarda pas à le suivre le duc de Nevers. Cent *carabiniers* avaient été envoyés au-devant de lui jusqu'à Clavette. On le reçut avec les plus grands honneurs et on le *festina solemnellement*, le même jour, à la salle Saint-Michel. Son logement avait été préparé chez Mlle Legoux, dont l'hôtel avait remplacé, pour la réception des grands personnages, l'ancien hôtel d'Huré. (*V. 2 juin, 2 juillet.*) Il partit quatre jours après, emmenant deux canons que lui prêta la commune, qui les fit conduire à Taillebourg à ses frais. (*Merlin. — De Berrandy. — Colin.*)

11 Décembre.

1608. — Quel Rochelais ne se rappelle avoir été bercé dans son enfance par ce refrain d'une vieille chanson poitevine :

Toto carabo, toto carabi,
Compère Guillery
Te lairas-tu, te lairas-tu mouri...

mais combien peu savent que ce Guillery était un bandit-gentilhomme, qui cachait une naissance illustre sous ce nom d'emprunt, un vaillant capitaine du duc de Mercœur, qui, plus fier

(1) « On décida que de chaque paroisse on aurait trente hommes pour travailler tous les jours aux fortifications. » *(Merlin.)*

que son maître, n'avait pas voulu faire sa soumission à Henri IV, ce Roi trop bourgeois, trouvait-il, qui fesait aussi bon accueil aux vilains qu'aux gentilshommes. La paix ayant fermé les champs de bataille au rude ligueur breton, il s'était fait un repaire dans les forêts du bas Poitou, et, à la tête de sa bande, avait déclaré la guerre aux prévôts et aux archers du Roi, aux paysans et à la bourse des marchands, répandant au loin la terreur par ses brigandages et ses assassinats. Il fut enfin arrêté, conduit à la Rochelle, condamné à mort, avec quelques-uns de ses complices, et rompu vif sur la roue, le *11 décembre 1608* (1), sur la place du château, *tesmoignant de sa foy et repentance*, dit Merlin. Si Guillery est resté le plus célèbre, il n'était pas le seul de ces chefs de bande, qui de soldats s'étaient faits bandits — dans ces temps-là la différence n'était pas grande — et qui étaient l'effroi des campagnes et des voyageurs. Au mois de juillet 1593, le capitaine Pommeray, gentilhomme du Poitou, avait eu la tête tranchée sur la même place, à côté du capitaine Lépine et d'un de ses acolytes, qui avaient été pendus, comme de simples vilains, *à cause qu'ils estoient tous trois larrons et brigands*. Le mois précédent, les capitaines des Marais, natif d'Andilly-les-Marais, et la Fraignée, de Mauzé, avaient été pendus de même, après avoir accusé le capitaine Réoque et le seigneur de Saint-Christophe, et leurs corps avaient été transportés ensuite aux fourches patibulaires de Gourville, à Saint-Eloy. Le métier de voleur s'était annobli: peut être n'entrainait-il pas dérogeance. (*Merlin.* — *Cautelles, finesses, etc. du capit. Guillery.* — *Bergier.*)

12 Décembre.

1439. — Lettres patentes de Charles VII ainsi conçues :
« ... Informé des grans maux, dommages, pilleries et roberies qui ont esté faiz, le temps passé, et se font encores chascun

---

(1) Cette date est empruntée à un petit livre intitulé : *Cautelles, finesses et subtiles inventions de volerie qu'a usé le capitaine Guillery.* — *La Roch. 1609.* Merlin donne celle du 4 décembre, et M. Edouard Fournier, dans un feuilleton sur un drame de Vict. Séjour, récemment joué à l'Ambigu, sous le titre du *père Guillery*, lui attribue, sans citer aucune autorité, la date du 25 novembre.

— 480 —

jour en nos pays de Poictou, Xaintonge et *gouvernement de la Rochelle* par plusieurs gens de guerre, qui ont esté et sont encores à présent en nosd. pays, vivans sur les champs et par aultres estans en plusieurs chasteaux, forteresses, églises fortes d'iceulx pays, qui pillent, robent *(volent)* et destroussent lesd. pays, apatissent et rançonnent nosd. subgiez, destroussent et desrobent les marchans et aultres gens passant par les chemins, et font aultres maux inumérables ; et aussi que plusieurs de nos subgiez d'iceulx pays, gens d'église, nobles, barons et aultres, en venans contre nos ordonnances et commandemens en contemps et mespris de nous et de nostre seigneurie et auctorité royale, et en grant escande et lésion de justice, n'ont voulu obéir plusieurs à nos lettres et mandements, ains les ont rompus et dessirez, battu et menacié les exécuteurs d'iceulx et aultres nos officiers, et avec ce que aulcuns ont empoiché à lever nos deniers, tant des tailles comme des aides... levé et exigé finances par rançon et aultres extorsions et exactions indues..., désirans de tout nostre cœur y pourveoir... confians entièrement de nostre très chier et très amé fils, le Dauphin de Viennois *(le futur roi Louis XI)*..., iceluy avons ordonné et ordonnons aller et soy présentement transporter en nosd. païs... et luy avons donné et donnons, par ces présentes, pouvoir auctorité et mandement espécial de pourvoir aux choses dessusd. et chascune d'icelles, ainsy qu'il verra estre à faire pour le bien de nous et ded. païs etc..... » Pour juger les coupables, le Roi fit accompagner le Dauphin de trois conseillers au parlement. Louis vint à Niort, mais entraîné par une funeste ambition, il leva bientôt l'étendard de la révolte contre son père, et s'allia avec ceux dont il avait mission d'arrêter les désordres et de punir les méfaits. (*A. Briquet.*) *V. 10 août.*)

1447. — Vérification, par les *élus* de Saintes, de lettres patentes de Charles VII de la même année, « par lesquelles les douze sergens du Maire, les *canonniers*, portiers et trompette de la Rochelle sont déclarés exempts de toutes tailles, subsides et impositions. » (*Invent. des privil.*)

1573. — Le traité qui avait mis fin au siège de la Rochelle (*V. 24 juin*) avait été désavoué tout d'une voix par le parti protestant, qui ne prétendait à rien moins qu'à se constituer en fédération républicaine. La Reine-mère, comprenant toute l'importance de la possession de la Rochelle, qu'on n'avait pu prendre par les armes, avait déterminé Biron à chercher à s'en emparer par trahison ; mais le complot qu'il avait concerté avec quelques notables Rochelais, aveuglés par un trop grand amour de la paix, avait été découvert et n'avait pu avoir de résultat. Peu de temps après, le comte de Lude, Landereau et Puy-Gaillard, renouèrent les mêmes intrigues avec l'échevin Jacques du Lyon, seigneur du Grand-fief. Une lettre anonyme, portant au lieu de suscription un cœur percé d'une épée (ce qui fit donner aux conspirateurs le nom de *faction du cœur navré*), révéla leurs projets au Maire Jacques Henry. Quelques soldats furent arrêtés et mis à la torture ; ils dénoncèrent alors plusieurs citoyens, parmi lesquels, outre Jacques du Lyon, Claude Huet, échevin et Guill.^{me} Guy, écuyer, seigneur de la Bataille, receveur du taillon, de l'une des plus anciennes familles de la Rochelle, et dont le père avait été Maire. Le *12 décembre*, Gargouillaud, à la tête de quelques hommes d'armes, se rendit au domaine du Grand-fief, à Saint-Rogatien, pour s'emparer de Jacq. du Lyon ; celui-ci voulut faire résistance, mais il fut tué par un homme de la troupe de Gargouillaud. Guy fut bientôt après condamné à mort et eût la tête tranchée sur la place du Château, en protestant de son innocence ; la plupart des autres accusés subirent le supplice de la roue. Huet ne dut la vie qu'à la rétractation de ses accusateurs. Les ministres, et surtout Denort et Dumoulin, n'avaient pas peu contribué par leurs discours fanatiques à exalter les passions populaires, au point que les juges intimidés n'auraient pas osé se montrer moins sévères, tout en déplorant de pareilles rigueurs. *(A. Barbot. — De Thou.)* (1)

1598. — « Sur les neuf heures du soir, il y eût un tremblement de terre. » *(Sanceau. — Merlin.)*

1630. — Lettres de provision des titres de gouverneur et

---

(1) Il résulte du registre du présidial que Beuffin, *maistre des haultes œuvres*, toucha 10 livres par chaque supplicié, et reçut en outre les habillements dont ils étaient vêtus, en vertu de *l'ancienne coustume de tout temps observée.*

lieutenant général du pays d'Aunis, ville et gouvernement de la Rochelle, accordés par Louis XIII au cardinal de Richelieu, après la démission de Thoiras. Le 30 décembre, le commandeur de la Porte arriva à la Rochelle pour prendre possession de ce gouvernement au nom de son neveu. « A la présentation des lettres de provision au présidial (*le 4 janvier*) ajoute Colin, fut fait mention de la généalogie de M. le cardinal, estre du roy Louis-le-Gros. »

1675. — Mort de Pierre Mervault, l'auteur du *Journal du dernier siège*. (*Reg. des prot.*) — V. *16 août*.

1762. — « Départ, après la signature des préliminaires de la paix (1), de l'escadre anglaise qui, depuis le 1er juin 1761, n'avoit cessé de croiser dans la rade de la Rochelle, au nombre de huit vaisseaux de ligne et de quelques frégates, qui se renouveloient de temps en temps, et dont le but principal étoit de bloquer le port de Rochefort, dont aucun vaisseau ne pouvoit sortir. » (*Perry.*)

13 Décembre.

1572 (*Siège de*). — Toutes les tentatives d'accommodement ayant échoué devant l'inébranlable fermeté des Rochelais (*V. 19 novembre.*), Biron s'était décidé à entrer avec ses troupes dans le gouvernement de la Rochelle pour venir investir cette ville. Il s'était facilement emparé de Marans et des châteaux fortifiés de Charron, de la Gremmenaudière et de la Sausaye, dont les faibles garnisons s'étaient repliées sur la Rochelle, et il était venu établir son quartier à Saint-Xandre, en distribuant ainsi ses forces : Ph. Strozzi, colonel des bandes françaises, à Puilboreau (2) ; le capitaine Saint-Martin, dit le Luthérien, à Lagord, avec douze cents hommes ; Goas, à Rompsay, avec six enseignes d'infanterie, et du Guast, colonel

---

(1) Cette signature avait eu lieu le 3 novembre, à Fontainebleau. Au nombre des cruels sacrifices que s'imposait la France était la cession du Canada, si funeste pour le commerce de la Rochelle, et contre laquelle la Chambre de commerce avait protesté avec une patriotique énergie.

(2) On écrivait alors *Puy-le-boreau*, c'est-à-dire *mont du bourreau*.

d'un régiment de vieilles bandes, au bourg d'Aytré. Après que chacun d'eux s'y fut fortifié par des retranchements, des fossés et des barricades, Biron songea à priver les Rochelais de l'eau douce, que des canaux souterrains conduisaient de Lafons dans les *trois fontaines* de la ville. Le *13 décembre*, il s'avança avec des forces considérables vers le village de Lafons, que les assiégés avaient presque entièrement brûlé ou démoli, pour couper les canaux et empoisonner les eaux. Les Rochelais firent une sortie pour s'y opposer; un rude choc eût lieu, dans lequel les royalistes (que leurs adversaires appelèrent dès lors *philistins*, dit Bruneau), perdirent cent cinquante hommes, parmi lesquels Saint-Genest, guidon de Biron. La crainte que l'ennemi n'eût réussi à empoisonner l'eau des fontaines, détermina le Maire à en interdire l'usage, mais on reconnut bientôt qu'on s'était alarmé inutilement, et on ne tarda pas à recommencer à en boire. (*A. Barbot. — Mém. de l'Estat. — De Thou. — Bruneau.*)

1685. — « En exécution d'un arrêt du conseil privé, publié quelque temps auparavant, l'exécuteur traîna sur la claie, par toute la ville, le cadavre d'un gentil-homme protestant, nommé Chollet, âgé de 75 ans, *qui n'avoit pas voulu recevoir la communion en mourant*, et son corps fut ensuite jeté à la voirie. Cette rigueur ne s'exerça que sur ce pauvre gentilhomme et sur le corps d'une jeune fille, morte dans sa religion à Saint-Nicolas. » (*Notes du père Jaillot.*)

14 Décembre.

1493. — Nomination, par le corps de ville, de treize commissaires, chargés, sous la présidence du Maire, *de corriger, diminuer ou augmenter* les ordonnances et statuts municipaux. Semblable réformation avait eu lieu déjà en 1407, et voici comment débute le curieux préambule qui précède les statuts révisés : « Au nom de la sainte et individue Trinité, père, fils et Saint-Esprit, de la glorieuse vierge Marie, mère de Dieu, et de toute la célestiale cour et compaignée de Paradis, Amen. A tous ceux, présens et advenir, qui ce présent escript verront et orront, Renaud Girard, licencié-ès-loix, Maire de la ville et commune de la Rochelle en ceste présente année MCCCCVII et les eschevins, conseillers et pairs de lad. ville, Salut. Comme pour considéracion de ce que Dieu, le souverain père omnipotant, forma nature humaine du néant et du limon de la terre, et que tant que pour ce que pour le pesché qu'elle commist contre la divine Majesté, en trépassant son commandement, si comme il est escript au premier livre de la Genèse, elle soit sy fragile et inconstante que, pour sa fragilité et inconstance, elle ne peut pas estre tousjours en la domination de raison, pour laquelle cause et pource que les premiers esmouvemens ne sont pas en la puissance des hommes, et que mémoire d'homme est labile, et aussy que nul n'ait cause raisonnable de faire à autruy, mais ce qu'il voudroit que l'on luy fist, et qu'un chascun rende à autre ce qui est sien, justice ayt esté jadis constituée, ordonnée et commandée par les Empereurs, Roys et Princes... et aussy pour considéracion de ce que toutes les bonnes citez et villes où il y a congrégation de peuple, icelluy peuple doibt estre traitté et gouverné par justice, bonne police et par loix,, et que lad. ville de la Rochelle, qui est grand ville et notable, de moult ancienne fondacion et propre héritage et domaine de la couronne de France, et les habitans en icelle vrais subjectz et justiciables de la couronne, sans aucun moyen, assize sur port de mer, et marchande, en laquelle affluent chaque jour plusieurs gens de diverses nations, tant pour y faire leur résidance que aultrement, et plusieurs marchandises de moult lointain païs; pour laquelle cause soit de congruë nécessité que icelle ville et les habitans et ceux qui affluent en icelle soyent traittés et gouvernés par bonne justice et par loy, moyennant charité et toute bonne équité, etc. » (*De Berrandy.*)

1559. — « Le *14 décembre*, fust publié à la Rochelle, de par le Roy, l'édict par luy faict de ne s'assembler par ceulx de la religion réformée ainsy qu'ils fesoient de nuict en plusieurs villes de ce royaulme, soubs peine du *rasement des maisons*, où se fesoient lesd. assemblées, et celuy, faict au mois de novembre suivant, portant les mesmes deffenses soubs les mesmes peines et *supplice de la mort*, avec promesse au dénonciateur de cent escuz de récompense. Laquelle publication se faisoit principalement en ceste ville pour ce que en telles assemblées, quoique de nuict et avec peine et crainte, plusieurs des apparens de la ville s'y trouvoient, embrassans la réformation de la religion, qui y prenoit son cours. » (*A. Barb.*) — V.*17 nov.*

15 Décembre.

1563. — Le peu d'assiduité des membres du corps de ville aux conseils de la commune (1) fesant que trop souvent ils n'étaient pas assez nombreux pour voter régulièrement sur les affaires soumises à leurs délibérations, Charles IX est obligé d'accorder des lettres patentes portant, qu'après convocation des pairs au son de la cloche, les membres présents, quelque soit leur nombre, pourront valablement délibérer et prendre telles décisions qu'il appartiendra. (*A. Barbot. — Invent. des privilèges.*)

1605. — Ordonnance ou réglement du présidial sur les *Agatis*; ainsi appelait-on, dans la coutume d'Aunis, les dommages ou dégâts causés aux biens ruraux. S'il est aujourd'hui interdit aux juges de *prononcer par voie de disposition générale et réglementaire*, il n'en était point ainsi sous l'ancienne législation, et ce réglement, rédigé par le présidial, après avoir entendu et pris l'avis de tous les seigneurs du gouvernement de la Rochelle, qui s'étaient fait représenter par procureurs, forme une sorte de code agricole, qui paraît être resté exécutoire jusqu'au moment de la révolution de 89. (2) (*Régl. des Agatis imp.^{e} à la suite de la coutume.*)

(1) Le corps de ville se réunissait régulièrement le samedi de chaque quinzaine, et en outre toutes les fois que le Maire le jugeait nécessaire. Un vieux réglement de 1363 portait « que tous ceulx des cent pairs qui déffaudroyent au conseil en l'eschevinage, dedans le sain *(cloche)* sonnant, payeroient chascun et par chascun déffault 10 sols tournois, convertis au proffict de la ville, s'ils n'ont exome ou excusation raisonnable. » (*Etablissem. du corps de ville.*)

(2) Plusieurs des dispositions de ce réglement méritent d'être signalées : les vignerons, laboureurs et journaliers quelconques devaient, sous peine de perdre le prix de leur journée, vaquer assidûment à leur travail, depuis le lever jusqu'après le coucher du soleil, sans pouvoir employer plus d'une heure pendant les grands jours, et une demi-heure pendant les petits jours pour chacun de leur deux repas, qu'ils

1789. — Date du *mémoire présenté au comité de constitution pour la division du royaume en départements* par MM. Pinnelière (curé de Saint-Martin), le vicomte de Malartic, Griffon de Romagné et Alquier, *députés du pays d'Aunis*, pour demander que l'Aunis, séparé de la Saintonge, fût appelé à former un département particulier, soit isolément, soit en y annexant l'île d'Oléron et une portion du Bas-Poitou. Au nombre des considérations invoquées en faveur de cette mesure, on remarque particulièrement celles-ci : « que la Rochelle est une des plus anciennes villes commerçantes du royaume, et la première qui ait entrepris les voyages de longs-cours ; que toutes les entreprises capables d'étendre le commerce de la France ont été exécutées par ses vaisseaux ; que *ce sont eux qui ont introduit en France la première barrique de sucre de nos colonies; que c'est la Rochelle qui a formé nos premières colonies, et qui a donné son nom à un des établissements les plus considérables du nord de l'Amérique*; que *c'est elle qui avoit établi le Canada, et qui avoit le plus contribué à l'établissement de la Louisiane;* que si la perte de l'un et la cession de l'autre à l'Espagne, privaient cette ville d'une branche de commerce, *qu'elle faisoit*

devaient prendre sur le lieu de leur travail ; il leur était seulement accordé une heure de repos de plus du 1er mai au 31 juillet. Il y avait dans la ville et dans les villages une place ou un lieu déterminé, où ils devaient attendre qu'on louât leurs services et si, après cinq heures du matin en été, et sept heures en hiver, ils étaient trouvés oisifs dans les rues ou par les chemins, le Maire de la ville ou, dans les villages, les seigneurs et les fabriciens de la paroisse pouvaient les contraindre à travailler aux travaux d'utilité publique, sans autre salaire que leur nourriture. Il leur était formellement interdit de jouer aux cartes, *aux dés*, aux quilles ou autres jeux, les jours ouvrables, et à tous hôteliers et taverniers de les recevoir chez eux, sous peine d'amende, et de punition corporelle en cas de récidive. Plusieurs autres dispositions pourvoyaient à la conservation des récoltes et au respect de la propriété. Ainsi il était interdit à toute personne d'avoir une vache, si elle ne possédait au moins deux quartiers de terre, ou quatre quartiers, si elle voulait en outre avoir des moutons ; il était permis de tuer les chèvres et les pourceaux trouvés dans les vignes ou dans les prairies, etc. La chasse était interdite aux *roturiers*, d'une manière absolue, sous peine de 10 liv. d'amende, et d'*une grosse amende arbitraire* en cas de récidive ; les nobles ne pouvaient, sous les mêmes peines, chasser *à cheval* dans les vignes en aucune saison, et ni à pied ni à cheval sur les terres non dépouillées de leurs récoltes, par quelque mode de chasse que ce fût, avec chiens, *oiseaux*, arbalètes, *rezeux*, *tonnelles*, *collets* ou autres engins. (*Règlem. sur les Agatis.*) — V. 1 juillet et 19 octobre.

presque exclusivement, il devait entrer dans les vues de l'Assemblée Nationale de l'en dédommager et de confier aux soins et à la vigilance d'une administration particulière le maintien journalier des avantages que la Rochelle, Rochefort, l'île-de-Ré et Daligre *(Marans)* ne cessent d'offrir, surtout en temps de guerre... » Nous avons vu que l'Assemblée Nationale, rejetant la demande de nos députés, avait décidé que l'Aunis formerait avec la Saintonge le département de la Charente-Inférieure, et que l'assemblée, chargée d'administrer ce département, siégerait alternativement à la Rochelle, à Saintes et à Saint-Jean-d'Angély, et comment les électeurs, réunis à Saintes, avaient éludé cette combinaison assez étrange. *(V. 20 juin.)*

16 Décembre.

1542. — « Despuis la Mairie de sire Robert de Montmirail, l'an 1199 (1), jusques à présent, dit le chroniqueur Bruneau, les Rochelois ne furent en tel desconfort et servitude qu'en ce mois de décembre 1542. » Leurs plus précieux privilèges en effet avaient été anéantis, leur antique corps de ville supprimé, la Mairie élective et annuelle remplacée par la Mairie perpétuelle de leur tyrannique gouverneur Jarnac (2); des sommes considérables avaient été levées sur les habitants; affranchis jusque-là de l'impôt du sel, ils venaient d'être soumis à la *gabelle* (3); leur ville, exempte de garnison, par privilège de Charles V, était occupée par une soldatesque indisciplinée, dont les excès avaient occasionné plus d'un conflit sanglant (4); une députation de huit citoyens, envoyée au Roi, alors à Cognac, pour exposer leurs plaintes et leurs doléances, n'avait même pas pu obtenir d'audience, tant François Ier avait été prévenu contre eux par la perfidie de Jarnac; enfin on allait jusqu'à assurer que le Roi était tel-

---

(1) C'est à tort que nos annalistes et historiens ont répété, après Mérichon, que le Maire de 1199, qu'ils regardent comme le premier, s'appelait *Robert* de Montmirail, son prénom était *Willem* ou *Guillaume*. *(Chartes du temps.)*

(2) *V. 27 mars et 1er avril.*

(3) *V. 12 avril et 12 juin.*

(4) *V. 30 août.*

lement irrité, qu'il ne parlait de rien moins que de faire raser la Rochelle. Bien qu'une première assignation eût déjà été donnée au sous-maire et à vingt-quatre notables citoyens, le *16 décembre*, par un nouveau décret d'ajournement, il fut enjoint à *tous les habitans* d'avoir à comparaître, dans le délai de six jours, devant leur souverain. En même temps, Jarnac arriva avec la compagnie d'hommes d'armes du marquis de Rothelin, et 200 hommes de pied. Son premier soin fut d'ordonner aux habitants, *sous peine de la vie*, de porter toutes leurs armes, de quelque nature qu'elles fussent, dans les tours du port et de la Lanterne, qui eurent peine à les contenir. Des canonniers du Roi avaient précédemment exigé que l'artillerie de la ville leur fut remise, et ils avaient distribué les canons dans les principaux carrefours. Enfin un nouvel ordre du gouverneur fesait défense à toutes personnes de sortir de leur maison avant sept heures du matin et après sept heures du soir. Épouvantés de si menaçants préparatifs, les *pauvres Rochelois*, dit un vieil annaliste, *ne sçavoient autre chose faire sy non plorer et se lamenter, en invoquant à leur ayde le seigneur Dieu, et n'est possible narrer la douleur en quoy estoient lors lesd. pauvres Rochelois.* (*A. Barb. — A. Gallant. — Bruneau. — Ms. int.: Hôtel-de-Ville. — Voyage du roy François 1er, etc.*) — V. *25 décembre*.

1703. — A dix heures et demie du matin, par un temps clair et serein, tremblement de terre *avec bruit et bourdonnement*. (*Maudet.*)

17 Décembre.

1588. — L'assemblée générale des réformés, qui siégeait depuis plus d'un mois à la Rochelle, clot ses séances après un discours du Roi de Navarre, auquel elle avait accordé 50,000 écus de liste civile et pareille somme pour dépenses imprévues, et après avoir ordonné un jeûne général dans toutes les églises réformées de France. (*Haag, la France protest.*)

1790. — En vertu du décret de l'Assemblée constituante, du 19 juin précédent, qui avait aboli les titres de noblesse, la direction du département prend un arrêté, qui prescrit de faire disparaître tous les signes extérieurs rappelant les distinctions sociales, les poteaux de justice, armoiries, etc. (*Jour. patriot. de Saintes.*) On doit peu regretter les fourches patibulaires de Gourville (*V. 26 juin, 1ᵉʳ août, 11 déc.*), où pendaient trop souvent, pour l'effroi des passants, les cadavres des suppliciés ; mais ce qui est très regrettable, ce sont les nombreux écussons et armoiries, la plupart du temps très délicatement sculptés, qui décoraient nos anciens monuments, les édifices publics et un grand nombre même de maisons particulières ; car les Maires de la Rochelle, annoblis par leur charge quand ils n'étaient pas nobles d'avance, avaient tous leurs armoiries qu'ils tenaient à honneur de faire sculpter, à côté de celles de la ville, sur les édifices qu'ils fesaient construire, où auxquels on opérait, pendant leur Mairie, de notables changements. Ce curieux armorial de pierre, notes précieuses pour l'antiquaire, a malheureusement disparu sous le marteau sottement égalitaire des démocrates rochelais, qui ne comprenaient pas qu'en détruisant les écussons des Guiton, des Jacques Henry et de tant d'autres, ils effaçaient le souvenir de ceux qui avaient vaillamment combattu et cruellement souffert pour défendre contre les Rois les libertés de leur patrie.

1800. — Arrêté du premier Consul qui établit deux foires à la Rochelle, l'une au 1ᵉʳ janvier, l'autre au 30 juin. La première année, les marchands d'étoffe se placèrent dans la cathédrale, qui n'était pas encore rendue au culte, et les autres marchands sur la place d'Armes. L'année suivante, tous se transportèrent dans l'ancien couvent des Hospitalières de la rue Rambaud, où ont continué de se tenir les foires jusque dans ces derniers temps. (*V. 24 décembre.*)

18 Décembre.

1572 (*Siège de.*) — Biron, après avoir essayé de priver d'eau les Rochelais, en coupant les canaux des fontaines (*V. 13 décemb.*), avait résolu de leur enlever les moyens de moudre leur grain. « Dans la nuit du *18 décembre*, il fait brusler quatre moulins à vent hors la porte de Cougnes, et fait mourir quelques habitans de la ville qui estoient en iceulx, et dès lors furent faitz en lad. ville grand nombre de moulins à cheval et à bras. » *(A. Barbot.)* Cependant, Biron n'ayant pu détruire quatre moulins plus rapprochés des murailles, les habitants, pour suppléer à l'insuffisance des moulins mécaniques, s'y rendaient par bande pendant la nuit, protégés par des soldats. Mais, dans la nuit du 24 au 25 du même mois, ils furent attaqués par l'ennemi, qui en tua plusieurs, fit une trentaine de prisonniers et brûla les moulins. *(Idem.)*

1622 (1). — Louis XIII écrivait, à cette date, au commandant du Fort-Louis une lettre ainsi conçue, qu'il remit aux députés Rochelais qui l'avaient été saluer à Lyon : « M. Arnault, ayant esté adverty que mes subjects de la ville de la Rochelle se sont mis en debvoir d'exécuter ce à quoy ils sont obligez par la déclaration de la paix *(V. 10 novembre.)*, et ayant d'ailleurs contentement des submissions et assurance de fidélité que leurs députés me sont venus rendre au nom du corps de ma dite ville, j'ay résolu aussy de faire effectuer *ce qui leur a esté promis de ma part*, de faire desmolir les forts, qui ont esté construits et environnent la ville et particulièrement *le plus proche* (2). C'est pourquoy je vous faitz ceste lettre pour vous dire que, huit jours après que ceux de lad. ville auront razé et explané les forts d'Oleron, les fortifications nouvelles qui pourront avoir esté faictes dans l'isle de Ré et autres lieux, vous ayez à faire commencer la desmolition desd. forts, et continuer jusqu'à ce qu'elle soit entièrement faicte... » *(Reg. du corps de ville.)* Mais en même temps, dit Levassor, on écrivit au gouverneur de ne rien faire de ce qui était contenu dans la lettre donnée aux députés. Ce qui est certain, c'est que, malgré toutes les démarches et les instances des Rochelais, le Fort-Louis ne fut pas démoli, et ce fut l'une des principales causes de la prise d'armes de 1625 *(V. 6 mai.)*, et de la guerre de 1627.

1628. — Un soldat, ayant été condamné à être pendu pour avoir outragé une femme et *mal parlé du Roy, fut jeté en l'air*

---

(1) La date du 8 décembre donnée par Arcère est fausse : la lettre transcrite sur le registre du corps de ville porte celle du 18.

(2) Le Fort-Louis.

par le bourreau. *Il estoit desjà depuis assez longtemps sur ses épaules*, lorsque la potence se rompit au pied : patient et bourreau tombèrent à terre. Le premier n'était pas mort ; on le ramena à la prison où il fut saigné deux fois et recouvra complètement la santé. Mais moins heureux que Baraud (*V. 26 juillet.*), huit jours après, il fut pendu une seconde fois. (*Guillaudeau.*)

19 Décembre.

1651. — Si les troupes de du Doignon avaient été chassées des tours (*V. 28 novembre*), ses navires n'en continuaient pas moins de venir de Brouage croiser sur les côtes, et l'on pouvait craindre que l'armée de Condé ne pénétrât bientôt dans l'Aunis ; les Rochelais savaient d'ailleurs quelle profonde rancune le premier gardait contre eux par suite de leur fidélité à la cause royale. En conséquence, tous les habitants s'étaient munis de bonnes armes, avaient fait provision de poudre et de plomb, ne sortaient que l'épée au côté et montaient la garde deux fois par semaine. Il leur avait fallu songer surtout, pour éviter une surprise, à fortifier les endroits les plus faibles de leur ville toute ouverte, et à l'entourer de retranchements. La Cour leur envoya pour diriger les travaux, M. de Saint-Romain, qui arriva à la Rochelle *le 19 décembre*. Chacun mit le plus louable empressement à aller travailler aux nouvelles fortifications, les uns avec des hottes, les autres avec des pics et des pelles, et les femmes et les filles elles-mêmes rivalisaient avec les hommes d'ardeur et d'assiduité. (*Merc. Roch.*)

1772. — Enregistrement des lettres patentes de Louis XV, du mois d'octobre précédent, approuvant le mandement de Mgr de Crussol, évêque de la Rochelle, daté du 1er octobre de la même année, qui avait supprimé un certain nombre de fêtes chômées dans son diocèse, en se fondant sur ce double motif : « que la misère qui régnoit dans ce diocèse, tant par la disette que par la cherté des grains et denrées, ayant réduit un grand nombre de famille à vivre du travail journalier de leurs mains, cette dernière ressource leur étoit encore insuffisante par la multiplicité des fêtes chômées, et que le peu d'exactitude qu'on apportoit à la sanctification des fêtes en avoit fait pour la pluspart des jours de plaisir, de festin et de débauche. » Les lettres royales enjoignaient aux officiers de justice et de police d'exercer leurs fonctions les jours de fêtes supprimées, et de veiller à ce que les *boutiques fussent ouvertes et que les ouvriers et artisans vaquassent de même à leur travail journalier.* (*Reg. du présidial.*)

1795. — La disette était telle et l'anéantissement du commerce si grand que le sucre brut était coté, ce jour-là, sur la place de la Rochelle, à 110 et 150 fr. la livre; et la dépréciation des assignats était arrivée à ce point que le tonneau de vin rouge ne se payait pas moins de 36 à 40,000 fr. en papier, ce qui n'équivalait pas à plus de 240 à 250 fr. en argent. (*Affi. de la Roch.*)

1841. — La place d'Armes de la Rochelle, éclairée pour la première fois au gaz hydrogène.

20 Décembre.

1572 (*Siège de*). — Iuvestie du côté de la terre (*V. 13 décembre.*), la Rochelle avait encore la mer à peu près libre, et quelques galères et vaisseaux du Roi, qui croisaient dans les rades, ne pouvaient suffire pour empêcher ses navires de passer. « Les capitaines de marine ayant pour la pluspart équipé leurs vaisseaux pour tenir la mer et aller à la queste,.. Jehan Boisseau, de ceste ville, leur fust nommé chef et admiral, *le 20 dud. mois*, pour commander sur tous, au nom et en l'authorité du seigneur Maire et capitaine. » (*A. Barbot.*) — *V. 3 février.*

21 Décembre.

1592. — Pendant que Henri de Navarre, l'ancien chef des protestants, luttait encore avec sa conscience, finissant cependant par se persuader de plus en plus que *Paris valait bien une messe*, la princesse Maguerite, sa sœur, femme d'aussi noble caractère que d'esprit cultivé, était devenue l'idole des huguenots par sa fermeté dans les croyances qu'elle avait reçues de sa mère. Les Rochelais ayant appris quelle était à Niort avec la duchesse de Rohan, lui députèrent, *le 21 décembre,* le capitaine Bergier, avec vingt *argouletz*, pour lui offrir en présent *deux moniques, qui avoient la barbe toute noyre, et deux perrocquetz et deux sagouins, et 80 livres de confitures.* (*Ms. de Bergier.*)

1617. — Il a été déjà parlé des folles bizarreries du seigneur de Laleu (*V. 7 janvier.*), Paul Yvon, qui avait été élevé, en 1616, à la première magistrature municipale. En se plongeant dans l'étude des Saintes-Ecritures, il était devenu visionnaire, et comme il s'avisait de dogmatiser, plusieurs fois le consistoire l'avait cité devant lui et lui avait adressé les plus sévères censures; mais il n'en continuait pas moins de divulguer ce qu'il appelait ses révélations. « Il alloit jusqu'à soutenir, raconte Merlin, que les réprouvés et les diables même seroient sauvés; qu'il n'y avoit pas d'enfer; que le Père n'estoit pas égal au Fils; que la parole de Dieu ne servoit de rien au salut, si on n'en avoit l'intelligence selon que l'esprit le lui dictoit, etc. » Son neveu, Tallemant des Réaux, ajoute qu'il se prétendait l'*Abraham de la nouvelle loi,* et que pour mieux ressembler au saint patriarche, il s'imagina, un beau matin, avoir reçu commandement de Dieu de sacrifier sa femme, qu'il aimait fort et qu'il fallut l'intervention de ses beaux-frères pour la délivrer de ses mains. *Le 21 décembre 1617,* le consistoire se décida à l'*excommunier,* en le privant de la cène et du droit de présenter des enfants au baptême, tant qu'il ne consentirait pas à signer la profession de foi des églises réformées. Après bien des pourparlers et des démarches, Paul Yvon se détermina à signer une sorte de rétractation, dont voulut bien se contenter le consistoire par cette raison, remarque Merlin, que *d'un mauvais payeur on tire ce que l'on peut. (Diaire de Merlin.—Historiettes.)*

1794. — « Pour assurer le triomphe du *culte de la Raison* et porter le dernier coup *à la scélératesse expirante de ces serpens et scélérats de prêtres* », le représentant du peuple Laignelot, après avoir cependant proclamé tous les cultes libres et que « le premier des droits de l'homme étoit de rendre librement hommage au Dieu que son imagination lui peint », défend à tous ministres, de quelque culte que ce soit, de prêcher, écrire ou enseigner *la morale*, sous peine d'être regardés comme *suspects*, et comme tels mis en état d'arrestation. Le comité d'instruction publique de la société populaire régla ensuite, sous son inspiration et avec le soin le plus minutieux, le cérémonial des fêtes *décadaires*, « dont le but étoit d'offrir aux citoyens réunis dans le *temple de la Raison* les enseignements de la raison et les préceptes de la vérité, *embellis du charme des plaisirs* » ainsi que les banquets fraternels, qui devaient remplacer *la ridicule communion chrétienne*. (*Affi. de la Roch.*)

22 Décembre.

1572 (*Siège de*). — « *Le 22 dud. mois*, sur ce qu'il commençoit, à cause des sorties, d'y avoir quelques soldats blessés, le conseil de guerre ordonna de faire un hostel des blessés en la maison où autrefois estoient les religieuses des sœurs noires (1); lad. maison appelée *Sainte-Marguerite*, ainsy qu'aux troubles précédents elle avoit servi au mesme usage. » Le 4 février suivant, le conseil fit un « réglement pour les blessés qui seront à l'hôpital Sainte-Marguerite, tant pour leur introduction que sur leur nourriture et médicamens, et leur enterrement en cas de décès. » L'article 3 est ainsi conçu : « Le gardien baillera à desjeuner auxd. blessés à sept heures du matin, le gouster entre une ou deux heures, et à chascun un quart de vin par repas. Aussy leur baillera à disner à 10 heures précisément, et souper à 5 heures, et à chascun repas une chopine de vin, dont les plus malades auront du mouton ou agneau bouilly ; à disner et à souper, roty par chacun jour, s'il s'en peut trouver, et les moins malades n'auront de roty que deux fois la semaine, sçavoir le dimanche et le jeudi, et les autres jours, de ce qui se pourra trouver. » (*A. Barbot.*) La médecine de nos aïeux, on le voit, n'était pas partisante de la diète.

(1) Le protestant A. Barbot se trompe : les religieuses de Sainte-Marguerite étaient désignées sous le nom de *sœurs blanches* et celui de *sœurs noires* était porté par les religieuses de Sainte-Claire. (*V. 21 mai et 5 août.*)

23 Décembre.

1394. — « Comme il y avoit plusieurs places, au droit des pavés des rues, sises en la ville de la Rochelle, que l'on ne sçavoit à qui elles estoient, et convenoit que les Maires et eschevins payâssent ce que coustoit à faire et construire lesd. pavez d'entre lesd. places, et aussy avoit plusieurs rues qu'il estoit moult nécessaire estre pavées pour le bien de la chose publique, pour ce que elles estoient ès lieux où il n'y avoit que trop peu de maisons et habitations, et n'estoient que places vuides et gastées, et ne sçavoit-on à quy elles estoient, les Maire et eschevins ayant obtenu du Roy permission de les faire décréter et vendre, l'adjudication s'en feist à diverses personnes... le lundy, *23 décembre 1394.* » (1) (*Ms. de la famille Guiton de Normand., ap. Massiou.*) — V. *28 juillet.*

1445 (2). — Lettres patentes de Charles VII, qui exemptent les Rochelais de *toutes aides, tailles, et quatriesme du vin vendu à la Rochelle et dans la banliefve*, moyennant le paiement annuel de 4,500 livres. (*Inventaire des privilèges.*) — V. *23 octobre.*

1531. — L'année précédente, le corps de ville avait adressé à François Ier une requête pour être autorisé à élire membres du corps de ville les enfants d'échevins et pairs dès l'âge de 18 ans, et même de 16 ans, « afin, y est-il dit, qu'ils fussent mieux instruits de longue main à la conservation de la chose publique. » Il fesait valoir que la plupart des bourgeois n'étaient pas originaires de la Rochelle, mais étrangers, que le commerce y avait fixés et auxquels il serait dangereux de confier l'administration de la commune, et aussi que les enfants des pairs « ont accoustumé, dès leur bas âge, estre imbus et endoctrinés les uns aux lettres et aux universités, les autres exercés au commerce et partie aux armes et que l'on a

---

(1) L'inventaire des privilèges mentionne l'adjudication faite au mois de novembre 1388, à un sieur Phelipon de Marennes, d'une place vide, *cryée à la requeste du procureur de la ville, pour avoir payement du pavé qui avoit esté fait devant lad. place.*

(2) C'est par erreur que ces lettres ont été inscrites sous la date du 23 novembre.

accoustumé les envoyer, en leur jeune âge, en diverses régions et nations estrangères et maritimes, tant pour apprendre le langage desd. pays, que pour apprendre les mœurs et conditions des habitans d'iceulx. » Guil.^{me} de Vieilseigle, lieutenant-général du sénéchal du Poitou, avait été envoyé à la Rochelle pour faire une enquête à ce sujet. De nombreux témoins furent entendus : les uns déclarèrent que par suite des progrès de l'instruction, les jeunes gens de 18 ans étaient alors plus instruits que, dans le temps passé, ceux de 25 ; d'autres que » la ville estoit assise en pays maritin, où l'air est grous et dangereux, par le moyen duquel les gens de la ville ne vivent guère vieux communément et *raro* attendent leurs enfants atteindre l'âge de majorité; que pour la pénurie des enfants de la ville, difficilement s'en trouveroit, du temps de leurs pères, qui eussent atteint l'âge de 25 ans. » En conséquence, le commissaire royal conclut dans un sens favorable à la demande des magistrats de la Rochelle. Mais le grand conseil du Roi consulté émit l'avis, le *23 décembre* 1531, que les enfants des pairs et échevins ne devaient pas être appelés à faire partie du corps de ville avant l'âge de 21 ans. Des lettres patentes du mois de février suivant consacrèrent cette opinion, en y ajoutant même cette restriction, que le nombre de ceux de cet âge ne dépasserait pas le chiffre de vingt. *(Aug. Gallant. — Proc.-verb. du commissaire.)*

1628. — Aussitôt que la Rochelle fut tombée d'épuisement aux pieds de son vainqueur, elle subit une double invasion, celle des soldats, chargés de démolir et raser ses fortifications et ses murailles *(V. 3 novembre)*, et celles des moines de tous ordres, rivalisant d'ardeur pour purifier *ce cloaque d'hérésie*, et ramener au giron de l'église *ces suppôts de Satan*. Aux religieux Augustins, Dominicains, Carmes et Cordeliers, qui existaient dans son sein avant les guerres de religion et qui revendiquèrent leurs anciens domaines, aux Oratoriens, qui s'y étaient établis depuis à la faveur des édits (*V. 20 octobre*), vinrent se joindre les Jésuites, les Capucins, les Récollets, les frères de la Charité et les frères Minimes. L'auteur de l'*année dominicaine* assure qu'en moins de trois semaines les Dominicains seuls distribuèrent plus de cent cinquante douzaines de chapelets à *ceux qui s'étoient reconciliés à l'église, après avoir abjuré leur erreur.* Mais ces conversions étaient-elles très sincères et même bien réelles? Voici ce que raconte Guillaudeau: « *Le 23 décembre 1628*, est décédé M. Viette, advocat. Ung sien frère, nommé la Crois, et ung autre frère, chanoine de Luçon, ont fait croire qu'il estoit mort *papiste*, combien que en toute sa vie et jusques au dernier souspir il ayt tousjours fait profession de la religion réformée ; en sorte que les prestres sont allés en sa maison et, luy n'ayant nul sentiment, luy ont fait prendre l'extresme-onction, et a esté enterré par les cérémonies de la religion romaine, avec prestres, cierges et chantz, nonobstant que les ministres ayent essayé de l'empescher, s'estans plaintz à M. de la Tuillerye des violences et outrages commis en la maison dud. Viette par les prestres *et quelques soldats et gens de guerre*. Auquel enterrement ont assisté M. de la Tuillerye et grand nombre d'autres de la religion romaine. (1)» (*Ms. de la biblioth.*)

24 Décembre.

1360. — « En ceste année et *le XXIVe décembre*, écrivait A. Barbot, les Maire, eschevins et pairs acquirent, par eschange, des religieux, abbé et couvent de Notre-Dame de Moureilles, la place et maison qui appartenoient ausd. abbé et religieux, près le temple de Saint-Saulveur, qui est le lieu où de présent est construite la *tour appelée de Moureilles* autrement des *privilèges.* » Et plus loin il ajoute, sous l'année 1399 : fust commencée à bastir la tour de Moureilles, où est de présent le thrésor et titres de ceste ville… et ne fust toutefois lad. tour parachevée que l'an 1400. » C'est 1410 qu'il faut lire : un

---

(1) Cependant le ministre Vincent écrivait quelques mois après à un professeur de théologie, à Leyde : « Pour vous dire mot de nostre estat, il est tel, pesé ce que nous avions sujet de craindre, que nous avons grande matière de louer la bonté de Dieu… Nos exercices continuent dans Saint-Yon avec autant de liberté que jamais ; celui que nous avons pour intendant en la justice, nommé M. de la Thuilerie, est homme entièrement équitable et qui ne se laisse pas emporter *par la passion des ecclésiastiques contre nous* : bref, jamais il ne me fut monté au cœur que Dieu nous eust fait sa grâce de nous voir en un estat si paisible… » (*Bullet. de la soc. de l'histoire du protest.*, 1656.)

travail de cette importance n'aurait pu être achevé dans une seule année, et notre chroniqueur a rectifié son erreur quelques pages plus loin. Nous avons précédemment indiqué la position exacte et les diverses destinations de cette tour. (*V. 29 janv.— 2 avril et 16 novemb.*) Masse, qui nous en a conservé le dessin, nous apprend qu'elle était de forme circulaire, et avait cinquante-cinq pieds de hauteur jusqu'au chemin de ronde bordé d'une ceinture de trente-sept machicoulis, que surmontait une seconde tour plus petite, terminée par un faîte d'ardoise ; ce qui portait son élévation totale à seize toises. Les murs de la grosse tour n'avaient pas moins de quinze pieds d'épaisseur. Les deux pièces principales, celles du rez-de-chaussée et du premier étage, étaient de forme octogone avec des voûtes ogivales, dont les nervures reposaient, dans l'une, sur d'élégantes colonettes, dans l'autre, sur des consoles sculptées. C'est là que se trouvaient les deux *grants archiefs* (coffres) dans lesquels étaient soigneusement conservés les privilèges octroyés à la commune par les rois et les princes, les registres des conseils du corps de ville, et les livres et comptes des trésoriers de la ville et receveurs des hôpitaux ; le tout dans des *cassettes de bois bien closes, cotées par lettres alphabétiques. (A. Barbot. — Bruneau. — Masse.)* — V. *9 mars et 2 sept.*

1792. — En effaçant de nos monuments les signes nobiliaires (*V. 17 décembre.*), on avait cependant laissé subsister les armoiries et les emblêmes de la royauté, qui avait survécu à la noblesse ; mais la royauté elle-même ayant été engloutie dans la tourmente révolutionnaire, le directoire du district adjugea, le *24 décembre*, « les travaux à faire pour l'enlèvement des armes et écussons, qui existaient encore dans le fronton de la colonnade du Palais, aux façades et tourelles de la Grosse-Horloge (1), dans les frontons des églises Saint-Jean

---

(1) Le monument qu'on appelait, dès le commencement du XVe siècle, *la tour du reloge* était l'ancienne porte qui conduisait de la vieille ville dans le faubourg du *Perrot* ou *Parrot*, ce qui lui avait fait donner le nom de *porte du Parrot*. On l'appela ensuite *porte du pont tornis* (1352), sans doute parce qu'on y avait construit, pour traverser le canal de la Verdière, un pont tournant. Elle était anciennement formée de deux baies, dont l'une, beaucoup plus étroite que l'autre, n'était praticable qu'aux piétons. En 1672, on entreprit d'enlever le massif pilier

et de Saint-Nicolas, et au devant de la porte du ci-devant Gouvernement. » « Plusieurs de nos édifices publics, portait l'arrêté, offrent encore, dans leur décoration, des monumens du régime monarchique et féodal ; ces emblêmes, qu'un usage avilissant avoit prodigués autour de nous, ne doivent plus fatiguer les regards de l'homme libre ; ils doivent disparoître comme les pouvoirs odieux dont ils retraçoient l'existence. » (*Aff. de la Roch.*)

1808. — Les ingénieurs Leclerc et Lescure de Bellerive font remise à la chambre de commerce, en présence de toutes les autorités invitées à la cérémonie, du bassin neuf achevé par leurs soins. *(Dupont.)* Les travaux, longtemps interrompus, étaient commencés depuis 1778. Il existait anciennement sur son emplacement un petit bras de mer, en forme de canal, qui formait un annexe du port principal ; il en est parlé dans un titre de 1408, sous le nom de *l'achenal du port*. On l'appela plus tard la *fosse aux mâts,* parce qu'on y déposait les pièces de bois propres à faire des mâts de navire. On n'a pas oublié que le chantier de construction a pendant très long-temps été établi sur la *petite rive.* (*V. 15 février.*)

qui les séparait et de les réunir ainsi par une voûte commune ; ce qui fut regardé comme l'*ouvrage le plus hardi et le plus beau qui eût été fait en lad. ville*, dit Beauval ; une inscription en consacra le souvenir en termes pompeux, et au-dessus fut sculpté l'écusson de France, avec l'emblême du grand Roi et son orgueilleuse devise. En 1746, comme toutes les anciennes portes, elle était encore couronnée de machicoulis, au-dessus desquels s'élevait une espèce de clocher, carré à sa base et qui se terminait en octogone et par un campanile où se trouvait la cloche de l'horloge, le tout entièrement couvert de plomb. Les tourelles, couronnées aussi de machicoulis, avaient un faîte conique, dont les ardoises étaient taillées en écailles de poisson. C'est à cette époque seulement que cette originale construction du moyen-âge fit place à celle que nous voyons aujourd'hui. On parle du projet qu'aurait l'administration municipale de rétablir l'écusson royal et les armoiries des Maires qui avaient coopéré aux diverses restaurations de ce vieux monument, dont la construction remonte vraisemblablement à l'établissement de la première enceinte de la Rochelle : ce serait faire acte de justice et de goût tout à la fois, car l'œil est désagréablement choqué de cette grande façade restée sans aucun ornement depuis les mutilations révolutionnaires.

25 Décembre.

1542. — Pendant que les Rochelais, de plus en plus alarmés par l'approche du jour où ils devaient comparaître devant leur souverain irrité *(V. 16 décembre.)*, remplissaient les temples pour prier Dieu, *qui tient en sa main le cœur des princes*, d'appaiser le courroux de François I*er*, « faisant jeusnes et oraisons, donnant aulsmones, faisant processions et aultres bonnes œuvres et opérations », Jarnac et ses hommes d'armes semblaient se plaire à insulter à leur douleur en se livrant aux plaisirs. Ils avaient résolu de *courir la lance à l'anneau, le jour de Noël*, sur la place du Château, et il fallut que, tout attristés de la défense de leur gouverneur de *chanter matines ès églises à la minuict, comme de tous temps l'on a accoustumé*, les habitants leur préparassent *une carrière couverte de sable et une potence pour pendre l'anneau*. *(Ms. int., Hôtel-de-Ville. — Voyage du Roy François I*er*.)*

1620. — Louis XIII, après l'inutile légation de la Chesnaye *(V. 4 octobre.)*, avait déclaré illicite l'assemblée générale des protestants convoquée à la Rochelle, fait défense aux Rochelais de la recevoir dans leur ville, sous peine d'être responsables en leurs propres et privés noms, et à tous ses sujets de s'y trouver, s'ils ne voulaient être poursuivis selon toute la rigueur des lois *(22 octobre.)* Quand cette déclaration fut signifiée au Maire de la Rochelle, Jean Prou se contenta de répondre au sergent : « *qu'il avoit fait sa charge et qu'il s'en allât quand il voudroit* » et *le 25 décembre*, un mois juste après le jour fixé par les lettres de convocation (1), *la grande assemblée politique* ouvrit ses séances, en présence d'une cinquantaine de députés. Elle devait se composer de soixante-cinq députés des provinces et des principaux personnages du parti réformé ; mais quelques-uns n'étaient pas encore arrivés, huit ne se rendirent pas, et la Trémouille, Rohan, la Force et Châtillon s'y firent seuls représenter ; MM. de Bouillon, Sully et Lesdiguières prirent le parti

---

(1) La date du 26 octobre donnée par Arcère est doublement fausse : annalistes et historiens sont d'accord pour déterminer celle du 25 novembre comme le jour qui avait été fixé pour la réunion.

de s'abstenir. La ville de la Rochelle, qui seule avait rang de province, car l'Aunis votait avec la Saintonge et l'Angoumois, était représentée par quatre députés (1) : Louis Berne, seigneur du Pont-la-Pierre, Maire des années 1603 et 1614, de la Goutte, avocat du Roi au présidial, pour la maison de ville, et Riffaut et Massiot pour le corps des bourgeois et habitants. Après avoir décidé que le bureau serait changé chaque mois, l'assemblée élut pour président M. de Bessay, pour *adjoint* M. Clémenceau, ministre, tous deux députés du Poitou, et pour secrétaire de la Milletière, avocat au parlement de Paris. Avant de procéder à aucune délibération, l'assemblée nomma ensuite cinq de ses membres pour aller *faire ses complimens à M. le Maire et à Messieurs du corps de ville, et les asseurer de son service ;* politesse que ceux-ci lui rendirent le lendemain. (*Proc.-verb. de l'assemb.* — L. Anquez.) — V. *17 février et 10 mai.*

26 Décembre.

1199. — La Rochelle n'était, avant 1130, qu'une pauvre bourgade de pêcheurs et de serfs fugitifs, comprise dans la paroisse de Sainte-Marie de Cougnes. Elle fesait partie des vastes domaines des riches barons de Châtelaillon, possesseurs de la plus grande partie de l'Aunis. Lassé de l'esprit d'indépendance et des fréquentes révoltes de ces puissants vassaux, le duc d'Aquitaine et comte de Poitou, Guillaume X, père d'Aliénor, avait, à cette époque, résolu de châtier Isambert, alors seigneur de Châtelaillon. Marchant contre lui avec des forces considérables, il l'avait forcé de se rendre, s'était emparé de presque toutes ses possessions et avait complètement ruiné l'antique et forte cité de Châtelaillon ; puis, frappé de l'heureuse situation de la Rochelle, il avait conçu la pensée d'en faire la ville principale de l'Aunis. A cet effet, il y avait fait construire un château-fort, et avait concédé à ses habitants, avec le droit de commune, de nombreux et grands privilèges. A son décès, le vaste duché d'Aquitaine et le comté

---

(1) M. Anquez dit que la Rochelle avait cinq députés, mais le procès-verbal de l'assemblée n'en indique que quatre.

de Poitou avaient été réunis à la couronne de France, par le mariage d'Aliénor avec le fils de Louis-le-Gros; mais l'ancien baron de Châtelaillon étant mort, ses héritiers, Eble de Mauléon et Geoffroy de Rochefort, avaient revendiqué, les armes à la main, les domaines enlevés par Guillaume à Isambert, et Louis VII, alors absorbé par les préparatifs d'une croisade, ne s'était pas trouvé en position de repousser leurs prétentions (*V. 19 février*.) Cependant ils n'avaient pas joui longtemps de cette concession ; car Aliénor, répudiée par Louis VII, ayant épousé Henri de Plantagenets, qui ne tarda pas à monter sur le trône d'Angleterre, celui-ci reprit la Rochelle en prenant possession de la riche dot de la duchesse d'Aquitaine. Après la mort de Richard-Cœur-de-Lion, Raoul de Mauléon, profitant de la nécessité dans laquelle se trouvait la vieille reine Aliénor d'attacher les seigneurs d'Aquitaine au parti de son plus jeune fils, Jean-Sans-Terre, sur la tête duquel elle voulait faire passer la couronne d'Angleterre, au détriment d'Arthur de Bretagne, s'était empressé de réclamer la restitution des anciens domaines de sa famille, et par une charte, datée de Loudun (1), le lendemain de la fête de Saint-Vital, (*V. 29 avril 1199*) Aliénor avait consenti à lui rendre le château de Tallemond ; mais comprenant toute l'importance de la Rochelle, elle avait refusé de lui abandonner la possession de cette ville et lui avait donné en échange le château de Benon et ses dépendances. Toutefois, Raoul n'étant pas seul héritier des barons de Châtelaillon, un nouveau contrat fut passé, au mois de décembre suivant, *le lendemain de la nativité de notre Seigneur*, entre cette princesse et Raoul, Guillaume et Savary de Mauléon. Par ce traité, ceux-ci renonçaient à tous leurs droits et prétentions sur la Rochelle, et Aliénor, outre 10,000 sols de rente annuelle, à prendre sur la prévôté de la Rochelle, leur cédait le Talmondais, Courson, Moutiers-les-Maufaits, Benon et ses dépendances. C'est ainsi que la Rochelle cessa irrévocablement d'appartenir, en fait et en droit, à ses anciens seigneurs particuliers, et fit désormais partie des domaines de la couronne d'Angleterre jusqu'à sa conquête par Louis VIII.

(1) Arcère et Massiou se sont trompés en traduisant *Londunum* par Londres.

(*V. 15 juillet et 3 août.*) (*Charte de fond. de St-Barth. — A. Barb. — Invent. des privil. — Arch. du royaume. — Le Cointre-Dupont. etc.*)

27 Décembre.

1562. — Nous avons dit par quel artifice le duc de Montpensier était parvenu à s'emparer de la Rochelle, et comment il en avait laissé la garde, en partant, au capitaine Richelieu (*V. 20 octobre.*) *Cet ancien moine, plus grand guerrier que religieux*, était bien digne de remplacer son maître : « Il se montroit, avec ses soldats, insatiable à l'argent, dit Amos Barbot, et, pour en avoir, commettoit toutes sortes de violences et insolences, murmurant continuellement que si on ne luy en donnoit point, il en prendroit sur les habitans où il en trouveroit, et bien qu'on luy en eust donné, il fist un complost en ceste ville et l'isle de Ré, par lequel il fist qu'au mois de Décembre, le capitaine Bibette, estant en Ré le chef des *papistes*, par son mouvement fist sonner le tocsin, et ayant assemblé quelques milliers de personnes, pillèrent et desrobèrent les maisons de plusieurs de la religion, dont aulcuns furent tués avec cruauté et leurs corps abandonnés par un longtemps sans sépulture. Auquel mesme jour, led. Richelieu et ses soldats, se mettant en armes en ceste ville pour essayer d'en faire aultant, se saisissent du hâvre, pour estre assistés en nécessité ; mais ils se trouvèrent les plus foibles, et fust leur esmotion appaisée par le prest, que led. seigneur fist faire à ses capitaines, par le corps de ville, de la somme de 1200 liv., que l'on ne s'attendoit point devoir estre payée. De laquelle somme ledit sieur et ses soldats ne s'estant rassasiés, huit jours après, ils reprirent leurs crieries... de nombreuses querelles eurent lieu entre les habitans et les soldats... deux des premiers furent tués le *27 décembre*... la ville fust bientost en armes et les cantons saisis... le sieur de Richelieu y pensa perdre la vie... on le contraignist enfin à se retirer, luy et ses troupes, au mois de février suivant. » (*A. Barb., t. 2, p. 103 et suivantes.*)

28 Décembre.

1620. — Les députés de l'assemblée générale des protes-

— 504 —

tants (*V. 25 décemb.*) prononcent et signent un long *serment d'union et de silence*, dans lequel il est dit notamment: qu'ils n'ont en vue que la conservation et sûreté des églises, le service du Roi, le bien de l'état et de la tranquillité publique, protestant et jurant saintement devant Dieu de demeurer inséparablement unis, *soubs la très humble subjection du Roy, qu'ils recognoissent leur avoir esté donné de Dieu pour leur souverain seigneur;* de ne proposer aucun avis qui ne soit, selon leur conscience, conforme à la raison et à l'équité ; de déposer toutes passion et affection mauvaises et intérêts particuliers, pour n'écouter que l'honneur de Dieu, le bien, repos et avancement des églises, le service de Sa Majesté et le bien de l'Etat ; de ne révéler, directement ou indirectement, par écrit ou par parole, les avis, propositions ou résolutions que l'assemblée jugera devoir être tenus secrets, et de mettre ses biens et sa vie même au service de ceux qui seraient poursuivis ou *molestés* à l'occasion des actes de l'assemblée. Nous savons à quoi devaient aboutir ces belles résolutions, *ceste humble subjection* envers le Roi. (*V. 10 mai, 22 février, etc.*) (*Proc.-verb. de l'assemb.*)

1624. — Au mois de décembre de cette année, les curés de la banlieue de la Rochelle renouvelèrent la grande question de la dîme, qui avait occasionné, au XIVe siècle, de si longs débats (*V. 13 juin et 7 août*), en assignant devant le présidial de Poitiers un grand nombre d'habitans des paroisses rurales, pour s'entendre condamner à leur payer le dixième sur tous les fruits et récoltes recueillis dans ce gouvernement. Le corps de ville s'émut de ces poursuites et nomma, *le 28 décembre*, M. Daniel de la Goutte, l'un des pairs, « pour aller par devers Monsieur l'évesque de Xaintes, et le prier de faire cesser lesdites poursuites, attendu qu'on lui payoit le centiesme des fruits croissans en lad. banliefve, qui est au lieu de la dixme, suivant le concordat faict en l'an 1380 »; il chargea en même temps le procureur de la ville d'intervenir dans la cause portée au présidial de Poitiers et, dans le cas où il serait donné suite à l'affaire, de se pourvoir par requête pour faire évoquer la cause devant le parlement de Paris, auquel le concordat attribuait la connaissance des difficultés relatives à son exécution. (*Reg. du corps de ville.*) Une délibération postérieure nous apprend que le parlement évoqua en effet l'affaire, qui fut jugée sans doute contre les prétentions des curés, puisqu'en 1629, après la reddition de la Rochelle, ils firent de nouvelles poursuites dans lesquelles, nous l'avons vu, ils furent plus heureux. (*V. 28 juin.*)

29 Décembre.

1590. — Les guerres civiles ayant occasionné de graves abus et de grands désordres dans l'exercice du métier de tonnelier (1), le corps de ville, à la demande des maîtres-tonneliers, nomme quatre de ses membres pour examiner et réformer leurs anciens statuts. Le pays d'Aunis était presque exclusivement couvert de vignes ; à peine y voyait-on quelques champs de grains (2) ; aussi le vin formait sa plus grande richesse, et la bannière de St-Nicolas, patron des tonneliers, devait être la plus antique comme la plus importante des corps de métiers ; elle était de *sinople à un tonneau d'or, accompagné de deux maillets de même en chef.* Outre les dispositions relatives à l'élection des *regards* ou inspecteurs, au serment annuel des maîtres-tonneliers entre les mains du Maire, au *chef-d'œuvre* imposé aux compagnons pour être admis à la maîtrise, le long réglement, qui fût adopté par le corps de ville, au mois de février, présente plusieurs particularités remarquables.

On ne connaissait, pour le commerce des vins, que trois sortes de futailles, dont la contenance devait être exactement conforme à la *jauge en fer* déposée à l'échevinage, et dont chaque maître-tonnelier était tenu d'avoir une semblable : la *pipe*, qui était de dix *coutrets*, la *barrique*, de cinq, et le *quart*, de deux coutrets et demi. Le coutret contenait quarante-trois

---

(1) On les appelait anciennement *charpentiers de tonneaux* (1423) ou *charpentiers-tonneliers.* (1470)

(2) ... « *le pays d'Aulnis où il n'y a que vignes...* » lit-on dans les doléances des bourgeois de 1408. « *La Rochelle située en pays de vignobles et en lieu où ne croissent aulcuns grains, au moings dont le peuple puisse estre soutenu.* » (Ordonnance de Charles VII, de 1424.)

pintes, plus une *chopine pour le bouchon* (1). Toute différence en plus ou en moins dans la capacité des futailles entraînait leur destruction par le feu, et une amende contre les contrevenants. En conséquence tous maîtres-tonneliers ou bourgeois fesant confectionner des futailles dans leur maison (2), devaient avoir une *marque à feu* particulière, qui était appliquée sur le fond de chaque futaille, *au moment où elle estoit preste à barrer*, et dont une empreinte sur plaque de plomb était conservée à l'hôtel-de-ville. Les futailles ne pouvaient être cerclées par bandes : elles devaient être entièrement couvertes de cercles, à l'exception de l'espace d'un pied à l'endroit de la bonde. Un réglement antérieur interdisait de *barrer* celles qui étaient destinées au vin d'Aunis de *bois de fayan*, *à la similitude des vins de Gascougne* (1408). D'autres articles déterminaient le bois à employer, la largeur du *mérain dollé*, la longueur du *feuillard et du loisy* (osier), *etc. (Livre de la Paterne. — Statuts et réglem. — Reg. de la Mairie. — Armorial de la Roch.)*

1677. — Avant même la révocation de l'édit de Nantes, les protestants de la Rochelle avaient été, on se le rappelle (*5 mars, 14 juillet et 7 août*), exclus de tous grades dans la milice bourgeoise, privés de la maîtrise des arts et métiers ; on leur avait interdit l'exercice de la médecine et de la pharmacie ; on avait été jusqu'à les priver même de leurs anciens droits de noblesse : le *29 décembre* 1677, l'intendant Demuyn, en vertu d'une lettre du Roi, rendit une ordonnance qui leur fesait défense de se présenter à l'avenir et de prendre part à l'élection de ceux qui, dans chacune des cinq paroisses de la ville, étaient chargés de choisir les *directeurs des affaires publiques* de la Rochelle. (*Arch. du greffe du tribunal civil.*)

---

(1) Dans les *coustumes de la visconté de l'eau* de Rouen, de l'an 1200 environ, il est dit que le *tonnel* de la Rochelle était compté pour quatre *muis*. (E. de Fréville.) Dans un rapport de 1330 des jaugeurs de Paris sur la capacité comparative des tonneaux en France, on lit que le *tonnel* de la Rochelle devait tenir six *muis* et huit *setiers*, mesure de Paris. (*Revue des sociétés savantes*, 1860.)

(2) Il était permis aux *bourgeois-jurés de commune* de faire eux-mêmes, ou de faire confectionner par des ouvriers non reçus maîtres, les futailles dont ils avaient besoin. (*Art. 3. du réglem.*)

Ainsi appelait-on les membres de la commission administrative, qui depuis la réduction de cette ville, avait remplacé la Mairie élective et l'ancien corps de ville. Elle se composait de douze personnes, dont deux magistrats du présidial, deux officiers de l'élection, deux avocats, deux procureurs et quatre marchands. *(Colin.)*

30 Décembre.

1542. — Après avoir chassé *le cerf* à Aguré, domaine du baron de Surgères, et couché la veille à la Jarrie, François Ier arriva, le *30 décembre* (1), à la Rochelle, par la porte de Cougnes (2), accompagné de son second fils, le duc d'Orléans, du duc de Vendôme, du comte de St-Pol, du cardinal de Tournon, son premier ministre, des cardinaux de Lorraine et de Ferrare, du garde des sceaux de Montholon, du chancelier d'Alençon et de plusieurs autres grands personnages. « Le Roy avoit commandé qu'on n'allast au devant de luy; que l'artillerie ne jouast point (3) et que les cloches ne sonnassent. Le gouverneur et Maire perpétuel Jarnac, escorté « des archers et gagers de la ville, garniz de leurs hallebardes et vestuz de leurs livrées accoustumées, *qui sont rouge et jaulne* », attendait seul le Roy entre les deux portes. On vit d'abord arriver « les pauvres prisonniers des isles, liez, enserrés, tous montez sur chevaulx et conduitz par les archers du Roy au chasteau de la ville, auquel y a deux grosses tours ordonnées à mettre prisonniers, et le reste dud. chasteau tout ruyné et desmoly. Et tost après, entra en lad. ville le Roy, nostre prince et seigneur », entouré d'un brillant cortège, « qui le conduisit en son logis, qu'on nomme le *logis de Uré*, près l'église St-Barthélémy, lequel estoit richement

---

(1) La date du 2 décembre qui se trouve dans l'histoire d'Arcère, est erronée.

(2) « Icelle porte est forte à merveille, car il y a deux portaulx fort hautz et bien composez, par le devant desquelz il y a un bollevard et batteries, à la manière qu'on les faict de présent, qui est de grande espesseur. » (*Voy. du roy François Ier.*)

(3) « La ville est garnye d'aussy grosses pièces d'artillerye et en aussy grand nombre que ville de France », dit l'auteur de la relation du voyage de François Ier.

paré et garny de riches tapisseries. » Et l'auteur de ce récit ajoute : « estimez en quelles fascheries estoient les Rochellois d'avoir esté privez de faire l'honneur à leur Roy, qu'ils avoient accoustumé de toute antiquité faire ! » *(V. du roy Françoie Ier. — Aug. Gallant. — Ms. int.,* Hôtel-de-Ville.)

1618. — L'arrêt du conseil du mois de Juin précédent, qui avait accordé aux gens d'église la main levée de tous les biens dont ils avaient été dépouillés, en 1569, par Jeanne d'Albret, et ordonné le rétablissement du culte catholique dans les villes et bourgs du Béarn et de la Basse-Navarre, avait causé la plus vive émotion non seulement dans le petit état pyrénéen, habitué à un gouvernement local fortement et librement organisé, mais encore parmi toutes les églises réformées de France, pour lesquelles il était comme une autre Genève. Aussi, quand les états et églises de Béarn avaient convoqué une *assemblée de cercle* à Orthez, plusieurs provinces, et notamment la Rochelle, y avaient envoyé leurs députés, de sorte que l'assemblée avait résolu de se transformer en *assemblée générale*. Mais on avait jugé plus commode et plus sûr de la transférer à la Rochelle. Ce fut donc dans cette ville qu'elle s'ouvrit le *30 décembre*. Louis XIII ne tarda pas à déclarer criminels de lèze-Majesté les députés et ceux qui les avaient nommés ; mais le présidial de la Rochelle refusa de procéder contre eux, et le lieutenant criminel de Voyon ayant voulu seul commencer des poursuites, le *conseil des quarante-huit (V. 29 mars)* lui signifia d'avoir à sortir de la ville. Les craintes qu'inspirèrent bientôt au Roi la fuite de Blois de la Reine-mère, protégée par le duc d'Epernon, et d'un autre côté le refus de l'assemblée d'embrasser le parti de Marie de Médicis vinrent fort à propos seconder les efforts de Duplessis-Mornay pour négocier un arrangement entre les protestants et la cour. Louis XIII jugea prudent de faire d'assez larges concessions, et l'assemblée eut la sagesse de s'en contenter et de se séparer le 22 avril 1619. (*Merlin. — Lettres de Duplessis. — Henri Martin. — L. Anquez.*)

1788. — Le corps de ville, après communication d'un mémoire présenté et signé par un nombre très considérable des plus notables citoyens, arrête qu'on suppliera très humblement Sa Majesté d'ordonner : 1° que le nombre des députés du tiers-état aux états généraux soit égal à celui des députés de la noblesse et du clergé réunis; 2° que, dans les délibérations, les voix soient comptées par têtes et non par ordre ; 3° que les députés du tiers-état ne puissent être pris ni parmi les nobles, ni parmi les annoblis; 4° que la ville et gouvernement de la Rochelle aient des députés ainsi qu'aux XIVe, XVe et XVIe siècle; 5° qu'il soit accordé au pays d'Aunis des états provinciaux, concentrés dans les limites de la province et qui ne soient dépendants du régime et de l'administration d'aucune autre province (1). Les vœux exprimés dans le mémoire allaient beaucoup plus loin : ils demandaient l'égalité de l'impôt entre la noblesse, le clergé et le tiers-état, l'abolition de la corvée, l'égale répartition entre tous les habitants du logement des troupes, la suppression de l'exemption des droits au profit des villes, et aussi l'exécution du projet de canal de Niort à la Rochelle, et qu'une activité plus grande fut imprimée aux travaux d'amélioration du port et particulièrement à ceux du bassin de carénage. (*Perry.*)

31 Décembre.

1542. — « Le dimanche, dernier jour du moys de décembre, le Roy sortit de son logis, accompagné des princes susdits (*V. 30 décemb.*) et reverendissimes cardinaulx, et vint ouyr la messe en l'église Sainct-Barthelémy. Et environ les quatre heures du soir, sortit de sond. logis, à cheval, accompagné des susdits princes et cardinaulx, et passa sous la tour du gros orloge, pour voir le hâvre et port, qui estoit lors garny de beaux et grands navires. Estant arrivé à la tour de la Chesne, mist pied à terre, puis monta sur une batterie et plate-forme, bien belle et ample, laquelle deffend et bat ce costé de la mer.

(8) Par arrêt de son conseil du 27 juillet 1787, le Roi avait ordonné la formation d'une assemblée provinciale, commune à l'Aunis et à la Saintonge : l'Aunis ne devait y avoir que huit membres, quand il en était accordé vingt à la Saintonge. De fâcheuses dissensions avaient empêché l'exécution de l'ordonnance. (*Mémoire présenté au corps de ville.*)

— 510 —

De ce lieu marcha le long de la muraille, contre laquelle flotte la mer deux fois le jour, et passa par la tour du Garrot (*de la Lanterne*), qui est en iceluy pan de muraille, qu'on estime le plus beau qu'il est possible de voir ; car, outre le nombre de plusieurs tours (1), y en a trois de merveilleuse structure, dont l'une est nommée *la grosse tour* (de Saint-Nicolas), qui est celle où est attachée la chesne ; l'autre la *petite tour* ou la *tour de la Chesne*, la tierce la *tour du Garrot*, lesquelles sont de merveilleuse haulteur, ayant doubles galeries, sans la batterie qui est à la haulteur de lad. muraille. En l'une d'icelles, y a une lanterne de pierre, où l'on met du feu, la nuict, pour la conduicte des navires, et, en chascune d'icelles, y a capitaine bien gaigé... Le Roy passa plus oultre et vint à la porte des Moulins, par le devant de laquelle y a un bollevard merveilleusement fort, qui deffend ceste coste de mer. Le Roy passa encores plus avant et, estant sur un autre pan de muraille, vict, par le dehors, la ville close de deux grandes douves, et une grande prairie en laquelle, quand il en est besoing, l'on met l'eau dedans d'une grande haulteur par aulcuns secretz canaulx. Puis voulant monter à cheval, rencontra une compagnie de petits enfans, illec l'attendant à passer, lesquels commencèrent à crier à haulte voix : *vive le Roy !* qui leur montra une joyeuse face et, environ les cinq heures, se retira en son logis... Celuy soir, *moy estant* avec aulcuns des seigneurs et principaulx de la ville, ajoute le narrateur, vint l'un des serviteurs du gouverneur faire à sçavoir que le Roy avoit mandé mond. seigneur le gouverneur, auquel avoit commandé qu'il feist sçavoir aux habitans que, le jour suivant, vouloit souper avec eulx ; dont ils furent grandement esbahis... » (*Voy. du roy François Ier.*) (2) — V. *1er et 2 janvier*.

(1) Entre la tour de la Lanterne et celle de la Chaîne il existait plusieurs tours pleines, plus petites, que le Maire Jehan l'Espagnol avait fait construire en 1381. (*Ms. int., pièces histor.*)

(2) Pendant le séjour du Roi, quelques prises faites sur les Espagnols apportèrent à la Rochelle une grande quantité de faïences de Valence et de coupes de Venise. François Ier s'en fit apporter plusieurs grands coffres, et en offrit aux dames, « et pour la grande beauté qu'il y trouvoit, dit A. Barbot, il retint tout ce qui estoit de lad. vaisselle, qui estoit vingt grands coffres, qu'il feist payer, et commanda qu'on les feist charger pour les porter à Rouen ou à Dieppe. »

1627 (*Siège de*). — « Le même jour (*31 décemb.*), il fut découvert que le sieur Raphaël Colin, assesseur criminel de la ville, communiquoit avec les assiégeans par un aigle avec deux sonnettes d'argent, qu'il envoyoit comme présent au sieur de Thoiras, et il avoit des billets de recommandation pour luy dans lesd. sonnettes, dessus lesquelles se lisoit : *Je suis au Roy, Thoiras me garde.* » (*Mervault.*) — V. *4 août*.

TABLE

ALPHABÉTIQUE ET ANALYTIQUE

DES MATIÈRES CONTENUES DANS LES ÉPHÉMÉRIDES.

A

ABATTOIR. Sa construction, 15 juin 1812. — V. *Boucheries.*
ABSIE (N.D. de l'), ses revenus ; sa réunion au chapitre de la Roch., 16 nov. 1666.
ACADÉMIE. Sa fondation, 18 juin 1730 ; lettres d'institution, lieu de ses séances, quelques-uns de ses membres, 25 juillet 1732 ; séance d'ouverture, 22 juin 1735 ; expériences sur la torpille devant l'Empereur d'Autriche, 18 juin 1777 ; sa dernière séance, 31 août 1794 ; sa reconstitution, 27 oct. 1800, 19 juill. 1820.
AGATIS. Quid ? Réglem. sur les A., 15 déc. 1605.
AGENTS DE CHANGE. Arrêté de création ; leur nombre ; en même temps courtiers de commerce, 4 sept. 1801.
AGURÉ, près Surgères ; François Ier y chasse le cerf, 30 déc. 1542.
AIGUILLON (l'), 19 avril 1573.
AIMERY, maire de 1270, où il demeurait, 1er mars 1298.
AIX (île d'), se soumet au roi de France, 26 août 1372 ; les Anglais s'en emparent, 20 sept. 1757 ; Napoléon à... 15 janvier 1815.
ALENÇON (Duc d'), au siège de la Roch., 11 févr, 14 juin 1573 ; complote avec le roi de Navarre, 21 avril 1573 ; chef général des protestants et des politiques, 24 fév. 1574 ; trahit la cause de son parti, 11 mars 1574,
ALENÇON (le chancelier d'), accompagne François 1er à la Roch., 30 déc. 1542.
ALEXANDRE VI, Pape ; faveurs qu'il accorde aux Roch., 21 août 1503.
ALIÉNOR, fille et héritière du dernier duc d'Aquitaine, répudiée par Louis VII ; son divorce, suivi de son mariage avec Henri de Plangenets, fait passer la Roch. sous la domination Anglaise, 1er août 1137, 18 mars 1152 ; faussement regardée comme fondatrice de la commune Rochelaise, 19 févr, 1152, 8 juill. 1199 ; échange le château

— 514 —

de Benon et autres domaines pour la Roch. avec les héritiers des seigneurs de Châtelaillon, 26 déc. 1199, 8 août 1394. — V. en outre 8 mai 1360.

ALLEMANDS. Grand nombre d'A. fixés à la Rochelle, 22 fév. 1603.

ALPHONSE, comte de Poitou, 16 avril 1637 ; substitue un droit fixe au sixième de vin qu'il percevait dans le grand fief d'Aunis, 3 juin 1246 ; avait expulsé les juifs de ses Etats, 22 août 1729.

ALQUIER (C. J. Marie), avocat du roi, maire, député aux Etats génér., 22 juill., 11 août, 15 déc. 1789 ; nommé juge du district, 23 nov. 1790 ; ovation patriotique faite à sa femme, 22 juill. 1789.

AMBOISE (Pierre d'), vicomte de Thouars, comte de Benon, seigneur de l'île de Ré, 20 mars 1408.

AMBOISE (Clément d'), amiral de la flotte Rochel., 13 mai 1577.

AMELOT. Fut-il intendant à la Roch. en 1623? 8 mars 1626.

ANDILLY-LES-MARAIS, réuni au comté de Marans pour former le marquisat d'Aligre, 14 janv. 1777.

ANDRÉ (Louis), condamnation prononcée contre lui pour cause de religion, 1er août 1746.

ANGENOUX (d'), commissaire envoyé pour réformer la coutume, ne peut remplir sa mission, 11 août 1584.

ANGLAIS. Deviennent maîtres de la Roch., 18 mars 1152 ; dévastent l'île de Ré, 15 oct. 1294, 25 août 1462 ; leurs fréquentes incursions sur les côtes d'Aunis, 28 oct. 1457, 13 oct. 1516 ; expulsés définitivement de la Roch., 21 avril 1370, 15 août 1372 ; chassés par les Rochelais du bourg de Salles, 9 août 1356 ; de Rochefort, 5 sept. 1356 ; envoient une flotte au secours des Rochelais, 19 avril 1573 ; bannière anglaise, ibid ; leur manière de porter le deuil, 2 mai 1573 ; battent les Espagnols qui voulaient descendre en Angleterre, 2 sept. 1588 ; un grand nombre de familles anglaises fixées à la Rochelle, 22 fév. 1603 ; la défense de Louis XIII de trafiquer avec eux, l'un des principaux motifs de la guerre de 1627, 7 juin ; ils opèrent leur descente à l'île de Ré, 20 et 22 juill. ; leur retraite et leur défaite, 8 nov. ; traité d'union passé avec les Rochel., 30 mars 1628 ; arrivée d'une flotte Anglaise pour secourir la Roch., 11 mai 1628 ; son départ, 4 nov. ; brûlent ou capturent quelques navires devant Saint-Martin, 22 sept. 1637 ; s'emparent de l'île d'Aix et menacent la Roch., 20 sept. 1757, 10 mars 1759 ; croisent sur nos côtes, 12 déc. 1762, 25 sept. 1807 ; y font une descente, incendiant et pillant le pays, 25 août 1796 ; guerre maritime avec la France, 11 août 1809.

ANGLIERS (Claude d'), président du Présidial ; comment il embrasse le protestantisme, 10 mai 1552 ; réprime un commencement de révolte, 8 fév. 1563.

ANGOULÊME (Duchesse d'), mère de François 1er, l'accompagne à la Roch., 1er février 1519.

ANGOULÊME (Duchesse d'), fille de Louis XVI, son passage à la Roch., médaille commémorative, 16 sept. 1823.

ANGOULÊME (Le bâtard d') au siège de la Roch., 11 fév. 1573.

ANGOULÊME (Duc d'), des députés Roch. vont le saluer à Marans, 30 juill. 1627 ; la réponse qu'il leur fit, 2 août ; établit ses quartiers dans les environs de la Roch., 15 août ; nommé sénéchal de la Roch., 11 sept. ; fait construire des forts autour de la ville, 13 sept. ; fait

— 515 —

des propositions de paix aux Roch., 29 nov. ; est sur le point d'être fait prisonnier, 16 janvier 1628 ; abandonne le camp, 29 fév.; va au-devant du Roi, 24 avril ; prend possession de la ville après la capitulation, 30 oct. ; accompagne le Roi à son entrée, 1er nov. ; assiste à la procession, 2 nov. 1628. —V. 10 sep. 1627, 10 fév. et 18 nov. 1628.

ANGOULÊME (Duc d') vient à la Roch. ; distribution de la décoration du Lys, 7 juill. 1814.

ANGOULINS, appelé *ville*, 31 août 1615 ; démolition de son église, 5 mars 1622. — V. 30 avril 1628.

ANGOUMOIS. Confédération de cette province avec celles d'Aunis, de Saintonge et de Poitou, 11 mars 1574.

ANJOU (Duc d'). — V. Henri III.

ANNE D'AUTRICHE, vient à la Rochelle ; fêtes magnifiques données en son honneur ; fait grâce à un pirate d'Alger, 20 et 21 nov. 1632 ; son départ ; expression de sa satisfaction et de sa reconnaissance pour la réception qui lui avait été faite, 23 nov. 1632 ; bienfaitrice des dames de la Providence, 28 août 1664.

ANNE DE BRETAGNE, 17 oct. 1492.

ANSE DES MEULS. Le duc d'Angoulême y fait élever un fort, 10 sept. 1627.

ANTILLES. Expédition de Coligny contre les.., 4 juill. 1571

ANTREMONT (Comtesse d'). Sa passion romanesque pour Coligny, son mariage, 25 mars 1571.

APOTHICAIRES. Leur corporation érigée en maîtrise ; statuts, 24 janv. 1601 ; nouveaux articles interdisant la profession aux protestants, 7 août 1677.

APPOINTEMENT D'AVRANCHES ; ce que nos annalistes désignent sous ce nom, 4 mai 1530.

ARCÈRE. Concours que lui a prêté le père Jaillot pour la composition de son histoire de la Roch., 31 juill. 1749 ; présentation au Corps de Ville du premier volume ; pension votée en sa faveur, 16 août 1756 ; un des premiers membres de la société d'Agriculture, 15 fév. 1762 ; un exemplaire de son ouvrage offert à l'empereur d'Autriche, 18 juin 1777 ; son nom donné à une des rues de la Roch., 12 nov. 1858, 12 août 1224 ; fautes et erreurs signalées dans son histoire : 1 et 3 janv.; 1, 9 et 19 fév.; 2, 13 et 16 avril ; 1, 8, 24 et 31 mai ; 20 juin ; 4 et 8 juill.; 6, 7, 15, 16, 28 et 29 août ; 5, 9, 15, 18 et 23 sept.; 13 et 31 oct.; 7, 19 et 24 nov.; 16, 18, 25, 26 et 30 déc.

ARCHERS de la ville. Leur costume, 6 juill. 1469, 1er fév. 1519, 30 déc. 1542, 2 juill. 1763, 22 nov. 1790.

ARCHEVESQUE (Jean l'), sire de Parthenay, seigneur de Châtelaillon, 22 mars 1401.

ARCHIDIACRE D'AUNIS, 17 juill. 1550; le baron de Surgères, arch., 30 sept. 1514. — V. *Pérault*.

ARCHIVES de la commune ; où elles étaient déposées, 29 janv. 1628 ; contre-clé aux mains des bourgeois, 29 mars 1614. — V. *Tour de Mourcilles*.

ARDIN, archiprêtré du diocèse de la Roch., 2 mai 1648.

ARGENSON (Voyer, marquis d'), lieutenant-général commandant la province, 23 juin 1780.

— 516 —

Argenton (île d'), surprise par les protestants, 11 mai 1622.
Armes (Port d'), ancien privilège des Rochelais, 4 juill. 1554.
Armoiries de la ville de la Roch. 24 nov. 1827.
Arnault de Courbeville, chargé de négocier la paix, 7 sept, 1628.
Arnault, dit du Fort, pourquoi? chargé de la garde du Fort-Louis, 11 nov. 1622 ; refuse d'obéir à l'ordre qui lui est donné de le démolir, 18 déc. 1622.
Arnault de Vaucresson, intendant de la Roch., s'érige en convertisseur, 29 juin 1681, 6 oct. 1685.
Ars. La flotte Anglaise va mouiller dans le *fief* d'Ars, 28 sept. 1628.
Arsenal ancien, dans l'église Sainte-Marguerite, 22 août 1576 ; aux grandes écoles, 25 avril 1628 ; magasins servant d'arsenal, 3 mai 1786 ; construction de l'arsenal actuel, 3 mai 1786 ; participation de la ville aux dépenses, ibid. — V. *Tour de Moureilles* et 20 sept. 1757.
Arthur de Bretagne supplanté par Jean à la couronne d'Angleterre, 26 déc. 1199 ; assassiné par lui, 9 juill. 1206.
Artillerie. Canonniers de la commune exempts d'impôts, costume, 12 déc. 1447, 1er fév. 1519 ; les côtes voisines hérissées d'artillerie, 25 août 1462 ; don d'artillerie fait par Louis XI aux Roch., 4 avril 1464 ; artillerie refusée à Louis XII, 13 oct. 1516 ; importance de l'artillerie Rochel. sous François Ier, 30 déc. 1542 ; armes du temps, 30 août 1542, 4 juill. 1557, 19 avril et 23 mai 1573, 18 août 1590 ; pièces de canon de dimension immense, 3 mars 1573 ; les *douze apôtres*, 8 sept 1628 ; premier emploi des bombes au siége de la Roch., 7 déc. 1627 ; boulets rouges, 9 avril et 10 sept. 1628 ; artillerie ordinaire du bourg de Laleu, 2 avril 1543 ; garde de l'artillerie confiée à Jarnac, 17 sept. 1565 ; tir de l'arquebuse et du canon, 17 mai ; règlements ayant pour but d'augmenter l'artillerie de la ville, 11 juill. 1548, 3 mars 1573 ; les Rochel. excellaient dans l'art de faire des pièces d'artifice de guerre, 3 nov. 1573 ; fonte de canons et fabrication de poudre à la Roch., 19 mai 1568, 29 sept. 1627. V. *Fonderie*. — Capitaine de l'artillerie, 14 mars 1605 ; maître et contrôleur de l'artillerie, 29 sept. 1627 ; les royalistes s'emparent de l'artillerie de la Rochelle après la capitulation, 30 oct. 1628 ; en quoi elle consistait, 3 nov 1628. — V. 16 déc. 1542, 5 fév. 1558, 13 sept. 1565, 9 et 10 oct. 1580, 25 oct. 1587, 3 nov. 1592 et 1621, 10 déc. 1615, 9 fév. 1687.
Ascension. Jour consacré aux grandes fêtes militaires, 17 mai.
Assemblées et Synodes des protestants. Opinion d'Henri IV sur leur esprit d'indépendance, 5 mars 1607 ; premier Synode de Paris, 17 nov. 1558 ; grand synode national présidé par de Bèze, 2 avril 1571 ; onzième synode national, ses principales décisions, 28 juin 1582 ; assemblée générale présidée par le roi de Navarre, 14 nov. 1588 ; sa clôture, 17 déc.; synode de 1592, soixante ministres, décisions contre les toilettes des femmes, 27 juill. ; synode national, 1er mars 1607 ; assemblée de *cercle* des provinces voisines, 22 nov. 1612 ; assemblée générale, arrêt du Parlement brûlé par la main du bourreau, 31 mars 1616 ; synode provincial, 24 mai 1616 ; envoi de députés à l'assemblée de cercle d'Orthez, 30 déc. 1618 ; assemblée générale à la Roch., 5 janv. 1619 ; — fameuse assemblée générale et politique de 1620-22; sa convocation, 4 oct.; son ouverture, 25 déc.; *serment d'union et de*

— 517 —

silence, 28 déc. ; intervention des grands pour provoquer sa dissolution, 17 fév. 1621 ; division de la France en gouvernements militaires, 10 mai ; refus de la plupart des chefs d'en accepter le commandement, 9 octobre ; les prêtres de l'Oratoire chassés, 21 mai ; établissement d'une juridiction souveraine, 28 juillet ; refus de se séparer malgré les injonctions du Roi occasionne une nouvelle prise d'armes, 22 fév. 1622 ; préparatifs de défense, 23 fév., 11 avril.— (V. *Siège de 1622*) : sa dernière séance, 11 nov. 1622. — V. 17 et 22 avril 1621.

ASSEMBLÉE DÉPARTEMENTALE. Décision contraire à un décret de l'assemblée nationale, 20 juin 1790.

ASSEMBLÉES PRIMAIRES, acceptent à l'unanimité la Constitution, 21 juill. 1793

ASSEMBLÉE PROVINCIALE, commune à la Saintonge et à l'Aunis décrétée par Louis XVI, 30 déc. 1788.

ASSIGNATS. Bureau d'échange et billets créés par la chambre de commerce, 25 nov. 1790 ; dépréciation des assignats, 19 déc. 1795, 27 juill. 1797.

AUBAINE (Droit d'), sur les navires naufragés, 26 mai 1174 ; prétendu par la commune pendant le siège, 6 fév. 1628.

AUBERGISTES ou HOTELIERS. Serment, obligations auxquelles ils étaient soumis, 12 janv. 1410.

AUBIGNÉ (Constant d'), père de Mme de Maintenon, se marie à la Roch., 20 octobre 1608 ; condamné à mort, 31 oct. 1613.

AUDEVARS, maître d'hôtel de la reine de Navarre, 9 sept. 1572.

AUDOUHER (Jacq.), Maire de 1454, prête serment au gouverneur, 2 décemb.

AUDROUIN dit *Laforest*, somptueuses funérailles d'un simple tisserand, 22 févr. 1628.

AUFFRÉDY, fondateur de l'hôp. qui porte son nom, 5 mars 1630, 19 juil. 1820. — V. *Hôpitaux*.

AUMALE (duc d'), tué par un boulet ; son nom donné au canon, 3 mars 1573.

AUMONE, érigée en délit ; *conseil de l'aumône*, 3 avril 1667.

AUNIS, appartenait aux seigneurs de Châtelaillon, 26 décemb. 1199 ; érigé en province, 22 janv. 1373 ; désolé par les gens de guerre, 12 décemb. 1439, 18 mars 1588 ; presque exclusivement cultivé en vignes, 29 décemb. 1590 ; votait avec la Saintonge et l'Angoumois dans les élections des protest., 25 décemb. 1620 ; convocation des trois ordres pour l'élection des députés aux Etats généraux, mode de votation, 12 nov. 1614 ; ban et arrière-banc convoqués à la Roch., 15 octob. 1635 ; sollicite des Etats provinciaux particuliers, 30 décemb. 1788 ; ses députés demandent qu'il forme un département distinct, 14 décemb. 1789. — V. *Fief d'Aunis*.

AVOCATS. Confrérie des..., 19 mai 1700 ; la ville avait deux avocats au Parlement de Paris ; appointements, 16 octob. 1572.

AYTRÉ, ravagé par la guerre, 11 octob. 1422 ; quartier de du Guast pendant le siège, 13 décemb. 1572 ; envahi par la peste, 20 juillet 1604 ; église fortifiée, combat, 29 juill. 1621 ; le duc d'Angoulême et Louis XIII y prennent leurs logements pendant le siège, 15 août et 12 octob. 1627 ; dégâts causés par une trombe, 26 oct. 1703.

B

BAILLAC (Pierre de), Maire de 1282-87-91. — V. *Hôtel.*
BAILLET (Thibaut), président au Parlement, commis. pour la rédaction de la coutume, 27 août, 30 sept. 1514.
BAILLON, intendant de la Roch., 14 juill. 1756.
BAILLY, maître des comptes, chargé de l'inventaire des titres de la commune, 16 nov. 1628.
BAINS DE MER. Premier projet d'établissement; inauguration des Bains Marie-Thérèse, 12 juin 1826 ; chaloupe de sauvetage établie devant les bains publics, 21 juill, 1788.
BAJOURDAN, échoue dans un assaut général, 10 avril 1573.
BANLIEUE DE LA ROCHELLE. Fixation de ses limites, nombre de ses paroisses, 8 janv. 1373 ; ses habitants, chargés de la garde de la ville; avaient droit de port-d'armes, 4 juill. 1557.
BARBEZIEUX. L'élection de B. fesait-elle partie de la généralité de la Roch.? 2 mai 1695.
BARBOT (famille)? — *Jehan*, coélu, continue la mairie de Bobineau, 23 août 1577 ; — *Jacques*, seigneur de l'Ardenne, meurt dans l'exercice de sa charge de Maire, pompeuses funérailles, 14 mars 1605 ; — *Amos*, l'annaliste, son manuscrit, sa mort, 22 février 1625.
BARDON, capitaine de la compagnie des volontaires partis pour la frontière, 23 avril 1792.
BARENTIN, intendant ; sentence contre des protestants, 1er août 1746.
BARME (Roger), avoc. du Roi au Parlement, chargé de la rédaction de la coutume, 27 août et 30 sept. 1514.
BAROCHE, présid. du conseil d'État, préside à l'inaug. du chemin de fer, 6 sept. 1857.
BARRAGE (droit de), concédé à la comm. pour l'entretien du pavé, 28 juill. 1576.
BARRAUD, pendu pour vol, sauvé par Sainte-Anne, 26 juill. 1700.
BARRÈRE, condamné à la déportat., passe à la Roch., 2 et 8 août 1795.
BARROUERE (La), comprise dans la construction du fort de Tasdon, 30 avril 1626.
BASSIN DE CARÉNAGE, sa construction et son achèvement, 30 décemb. 1788, 24 décembre 1808.
BASSOMPIERRE (Le maréchal de), court risque d'être tué, 26 févr. 1628 ; conduit les députés roch. vers le Roi, 29 octob. ; accompagne le Roi à son entrée, 1er nov. ; assiste à la procession générale, 2 nov. ; joue à la paume avec Louis XIII, 5 nov. 1628. — V. 16 janv. et 10 février 1628.
BEAUFFREMONT (les deux), au siège de 1573, 11 février.
BEAUHARNOIS (Famille) — Le *marquis de B.*, gouverneur du Canada — *François de B.*, baron de Beauville, intendant de la Roch.— *François*, dit le *Féal B.*, sa naissance. — Le *vicomte de B.*, mari de Joséphine. — *François de B.*, seigneur de Boisache. — *Claude de B.*, son fils, son mariage. — *Charles de B*. — *Guillaume de B*. — *Claude de B.*, naissance et mariage de ce dernier, 8 fév. 1714, 12 mai 1713, 12 août et 26 sept. 1756. — *Stéphanie-L.-Adrienne de B.*, grande duchesse de Bade, 26 sept. 1756.

Beaumanoir (De), seigneur de Laverdin, s'empare de Marans, 18 mars 1588.
Beaumarchais, accompagne Sully à la Roch., 2 juill. 1604.
Beauregard, domaine de la famille de Chassiron ; éducation de moutons mérinos, 2 nov. 1753 ; le président de la République y déjeûne, 12 oct. 1852.
Beaussay (de), capitaine des volontaires nationaux, 29 sept. 1789.
Beauveau (Bertrand de), présid. de la cour des comptes, 11 janv. 1463.
Becker, secrét. du cons. du Roi d'Anglet., s'efforce de déterminer les Roch. à unir leurs armes à celles de Buckingham, 20 juill. 1627.
Beffroi communal, sa situation, ses différents noms, 15 avril 1398. — V. *Tour de Mallevault.*
Begon, intendant de la Roch., 3 déc. 1689, 2 mai 1695, 28 août 1705, 31 août 1615.
Benon, donné aux héritiers des seigneurs de Châtelaillon en échange de la Roch., 26 déc. 1199, 8 août 1394 ; réuni au ressort de la Roch. ; étendue de sa châtellenie, 24 nov. 1374. — Pierre d'Ambroise, comte de B., 20 mars 1408. — Louis de la Trémouille, comte de B., 30 sept. 1514.
Benureau, lieut.-général au présidial, mis à tort au nombre des Maires, 5 sept. 1612
Berault (François), professeur d'hébreu au collége, 14 mai 1565.
Bergier, capitaine, député vers Catherine de Navarre, 21 déc. 1592.
Bernard, évêque de Saintes, s'oppose à la construction de l'église Saint-Barthelémy, 19 mai 1152.
Berne (Famille). — *Louis,* Maire de 1603-14, député à l'assemblée de 1619, 25 déc. ; troubles pendant sa Mairie, 9 août 1614 ; capitaine de la milice, 22 août 1598. — *Jehan,* son fils, Maire de 1619, coélu de Guiton, 30 avril 1628.
Bernier (Pierrre-François), astronome, sa naissance, missions scientifiques, 19 nov. 1779.
Bernon (famille) — *Jehan,* Maire de 1398, chef de la famille, son élection 15 avril. — *André B.,* sa réponse à l'intendant qui voulait le contraindre à se convertir, 6 oct. 1685. — *Bernon de Salins,* fait l'éloge de Valin, erreurs, 10 juin 1695.
Berrandy (de), Maire de 1611, met la Roch. en état de défense, 2 déc. 1611.
Bessay (de), président de la fameuse assemblée de 1620, 25 déc.
Besse (de), lieut. de du Doignon, chargé de la défense des tours ; sa fin tragique, 15 et 28 nov. 1651.
Bethencourt, part de la Roch. pour aller prendre possession des Canaries, 1er mai 1402.
Bethmont, avocat, nommé député de la Roch., 11 oct. 1846.
Beze (de), vient présider un synode national à la Roch, 2 avril 1571.
Bibliothèque. Première bibliothèque ; où elle fut établie ; les protest. y tiennent un synode national, 1er mars 1607 ; les livres qui la composaient donnés au cardinal de Richelieu, 19 janvier 1606 ; fondation de la nouvelle biblioth., 13 avril 1750 ; passé de l'hôtel où elle est établie, 1er juin 1773 ; elle est transférée dans l'hôtel du gouvernement, 6 août 1808.
Biens (Jean de), seigneur de Saint-Vivien, 30 sept. 1514.

BIGAMIE. Condamnations pour..., 17 juillet 1550.
BILLAUD-VARENNES, sa naissance, sa vie, sa mort, 23 avril 1756; dénonciateur du député Dechézeau, 4 sept. 1792; dénonce ses concitoyens pour *modérantisme*, 21 août 1793; condamné à la déportation, occupations de ses derniers jours, 2 et 8 avril 1795.
BIRON, instances de Charles IX pour que les Roch. le reçoivent comme gouverneur, 19 sept. 1572; ils refusent, 26 sept. et 16 oct.; investit la Roch., distribution de ses forces; essaie de couper les canaux des fontaines, 13 déc. 1572; brûle les moulins voisins de la ville, 18 déc. 1572; se prépare à faire le blocus de la Roch., 23 janv. 1573; et à la bloquer aussi par mer, 3 fév. 1573; sert le projet de la reine-mère de s'emparer de la Roch. par trahison, 12 déc. 1573; gagne à la cour un certain nombre de notables, 26 janv. 1574; avis donné par lui aux Roch., 24 sept. 1577; vient à la Roch. avec Sully, 2 juill. 1604; chargé d'attaquer la Roch., 22 février 1622. — V. 23 oct. 1572
BLANC, ministre protestant, son arrestation, 14 juill. 1684. — V. 7 avril 1616.
BLANDIN (famille). — *Jehan*, Maire de 1571, fait sculpter ses armoiries sur la porte du Collége, 14 mai 1565; harangue Charles IX, auquel sa fille adresse ensuite un compliment, 13 et 14 sept. 1565 — *René B.*, son fils, présenté au baptême par le roi de Navarre, 19 juin 1588. — *Isaac B.*, député en cour, 25 nov. 1607; nommé Maire en 1621; sauve les religieux de l'Oratoire de la fureur du peuple, 21 mars 1621; condamné avec Guiton par sentence secrète du présidial, 4 août 1628.
BLUTEL, envoyé à la Roch. par la Convention, 18 avril 1795.
BOBINEAU, Maire de 1577, résiste au prince de Condé, 18 mai 1577; sa mort, magnifiques funérailles, 23 août 1577.
BOCCA-NEGRA, amiral castillan, sa victoire contre les Anglais, 22 juin 1372.
BODIN (Jehan), grand père de Guiton. — *Elisabeth B.*, mère de Guiton, sa réponse à une mendiante qui lui prédisait l'avenir de son fils, 2 juillet 1585.
BOIS D'AMOURETTES, à l'extrémité ouest de la Place-d'Armes, 9 mars 1789.
BOISSEAU (Jehan), amiral des Roch., 20 déc. 1572. — V. 23 nov. 1578.
BONGRENNE. Le duc d'Angoulême y établit un de ses quartiers, 15 avril 1627; y fait construire un fort, 10 sept. 1627. — V. 9 nov. 1627.
BONAVENTURE (de), lieutenant du roi à la Roch., 20 sept. 1757.
BONNEAU, capit. roch., tué dans une expédition à l'île de Ré, 3 sept. 1575.
BONNIVET (H.-M. de Gouffier, marquis de), abjure le catholicisme, 7 août 1616.
BONPLAND (Jacq.-Alexis-Goujaud), sa naissance, ses titres à la célébrité, 28 août 1773.
BORDEAUX. La Roch. momentanément comprise dans le ressort de son parlement, 12 juin 1472; les Roch. font des incursions jusque dans les environs de B., 11 mai 1622.
BORIES, l'un des quatre sergents de la Roch., 19 mars 1822.
BOUCHERAT, maître ordinaire à la chambre des comptes, 1er intendant de la Roch., 8 mars 1626.

BOUCHERIES. — BOUCHERS. Réception des maîtres-bouchers, 1er sept. 1457 — *Grande boucherie*, terminée par Mérichon, 28 avril 1443, 20 sept. 1597; un loup s'y introduit, 24 oct. 1572. — *Petite boucherie*, affermée par Mérichon, 1er sept. 1457. — *Boucherie de la ligue ou de l'Evescault*, sa construction, sa situation, 20 sept. 1597. — *Boucherie de carême*, 3 avril 1667. — V. *Abattoir*.

BOUCHET, coélu du Maire, 29 mars 1573; tué par une mine, 2 juill. — V. 26 août 1573.

BOUCICAULT (le maréchal), chargé de mettre le roi d'Angleterre en possession de la Roch., 6 et 7 déc. 1360.

BOUDRÉ, Maire de 1372; les Anglais chassés de la Roch., 21 av. 1370.

BOUGUEREAU, capitaine des volontaires nationaux, 29 sept. 1789.

BOUHEREAU, pair de la commune, 9 sept 1572.

BOUILLON (Duc de), au siège de la Roch., 11 fév. 1573; ses démêlés avec le duc de Rohan, 5 sept. 1612; refuse le commandement général des forces des protestants, 10 mai 1622. — V. 25 déc. 1620 et 17 fév. 1621.

BOULANGERS. Disette, arrêté municipal, 12 juill. 1793; réglem. sur la boulangerie, 25 sept. 1813.

BOURBONS. — *Jehan de B.*, conseiller du Dauphin, enseveli sous les décombres d'une maison à la Roch., 11 oct. 1422. — *Louis de B.*, comte de Vendôme, à la Roch., 26 nov. 1434. — Le *duc de B.*, accompagne Louis XI en cette ville, 23 mai 1472. — *Antoine de B.*, roi de Navarre, vient à la Roch. avec sa femme et son fils, 5 fév. 1558; cadeau qui lui est offert par la ville, 6 fév. 1558 —V. *Henri IV*. Satisfaction avec laquelle les Roch. accueillent le retour des Bourbons, 10 et 12 avril et 12 juin 1814.

BOURDIGALE (de), procureur du roi, sa fille épouse le père du comte de Souches, 16 août 1608.

BOURGEOIS. Exemptés de l'impôt de la taille, 5 août 1203; justiciables en toutes matières de leurs magistrats municip.; dispensés d'assister aux exécutions criminelles, 19 oct. 1406, 28 fév. 1519; il ne pouvait être vendu à la Roch. d'autre vin que le leur et par eux; seuls ils avaient droit d'ouvrir boutique; nomination de syndics, 4 mai 1530; beaucoup d'entr'eux n'étaient pas originaires de la ville, 23 déc. 1531; la qualité de bourg. différait de celle de *juré*, 28 juill. 1554; conflits des bourg. avec le corps de ville, 4 mai 1530, 11 janv. 1613, 29 mars et 9 août 1614, 11 avril 1615 —V. *Troubles populaires* —étaient appelés à se prononcer dans les affaires importantes, 26 sept. 1572; leurs privilèges commerciaux, leur défiance des étrangers, 22 fév. 1603; lettres de bourgeoisie données en récompense aux défenseurs de la Roch., 16 sept. 1628.

BOURGNEUF. Conférence de Louis XI et des commissaires Rochel., 23 mai 1472; affligé de la peste, 20 juill. 1604.

BOURGOGNE (Ducs de), accordent des privilèges commerciaux aux Rochel., 1er juill. 1395.

BOURSE. Détruite deux fois par un incendie, 8 janv. 1705, 1er janv. 1764; sa reconstruction, 6 janv. 1760; inauguration, plantation des tilleuls, 1er janv. 1764; bals donnés au comte d'Artois, 26 mai 1777, au président de la Répub., 12 oct. 1852. — V. *Fêtes*. — Installation du premier tribunal de commerce, 26 mai 1792; établissement d'une bourse de commerce à la Roch, 4 déc. 1801. — V. 9 déc. 1792, 23 juin 1811, 3 et 7 juill. 1814.

BOUTIRON, l'un des premiers membres de l'Académie de la Rochelle, 25 juillet 1732 ; sa famille propriétaire de l'ancien hôtel de Marsan, 1er fév. 1617.

BOYSLAMBERT (Esther de), maîtresse de Henri IV ; son accouchement ; empoisonnée par Gab. d'Estrée, son père, 7 août 1587.

BRAGIER, Pierre, maire de 1445-69, fait commencer la tour de Lanterne, 28 avril 1443 ; député vers Louis XI, 29 avril 1469.

BRAGNEAU, député en Angleterre, 11 et 30 mai 1628 ; chef d'escadre dans le simulacre de combat offert à Anne d'Autriche. 21 nov. 1632.

BRAGNEAU, porte-drapeau des volontaires nationaux, 29 sept. 1789.

BRANDE (la), maison démolie, 13 nov. 1572 ; assiégée par Strozzi; audacieux stratagème de son unique défenseur, 23 janv. 1573 ; les assiégeants y construisent un fort, 18 fév. 1573.

BRANTOME au siège de 1572, 11 fév. ; curieux passage de ses mémoires, 4 mars 1573.

BRAQUEMONT (de), véritable auteur de la découverte des Canaries, 1er mai 1402.

BRAUD. Entrevue de Louis X et de son frère, 7 sept. 1469 ; le fort du B... pris par le roi de Navarre, 18 mars 1588.

BRESSUIRE, doyenné du diocèse de la Rochelle, 2 mai 1648.

BRETAGNE (René de), comte de Penthièvre, seigneur d'Esnandes, 30 sept. 1514.

BRETHINAULT, enquesteur, propriétaire de l'hôtel d'Iluré, 14 sept. 1565.

BRETIGNY (traité de), fait passer la Roch. sous la domination anglaise, 8 mai et 29 oct. 1360.

BREZÉ (Duc de), gouverneur de l'Aunis, 7 oct. 1651.

BRILLANT (le). L'incendie de ce vaisseau cause la mort de 200 personnes, 29 mai 1614.

BRIQUEMAUT, assiste aux noces de l'amiral Coligny, 25 mars 1571

BRISSON (Barnabé), commissaire pour la réformation de la coutume, ne peut accomplir sa mission, 11 août 1584.

BRISSON, auteur d'une pièce en l'honneur de la duchesse d'Angoulême, 16 sept. 1823.

BRIVET (Olivier), coélu, 15 avril 1398.

BROCARD, fait imprimer à la Rochelle un livre qui est condamné par un synode, 28 juin 1582.

BRODIÈRE (la), triple meurtre sur des notables de la ville, 17 juill. 1554.

BRUNET, exécution des trois frères pour assassinat, 13 nov. 1817.

BRYET, intendant à l'île de Ré, fait brûler un jeune homme pour un crime imaginaire, 26 oct. 1627.

BUCKINGHAM, fournit des navires à Louis XIII contre les Rochel., 15 sept. 1625 ; sa rivalité avec Richelieu, l'une des principales causes de la guerre de 1627 ; prend l'initiative de la rupture, 7 juin 1627 ; arrive en vue de la Roch. avec une puissante flotte ; les Rochel. refusent de recevoir ses députés ; faute par lui commise, 20 juill. ; opère sa descente à l'île de Ré, faute nouvelle, 22 juill. ; députe Becker aux Rochel, 23 juill. ; son amour pour la reine de France ; mission de Saint-Surin, 12 sept. ; traité conclu avec les Rochel, 11 sept. et 14 oct. 1627, 30 mars 1628 ; ses procédés courtois envers Thoiras, 30

— 523 —

août et 8 nov.; le découragement de son armée l'oblige à la retraite ; battu par Schombery, 6 oct., 8, 9 et 17 nov. ; essuie les épigrammes des assiégés, 8 oct. ; ses propositions aux Rochel. ; son départ, 17 nov. 1627 ; nommé général de la deuxième armée de secours ; est assassiné, 8 sept. 1628. — V. 21, 30 et 31 juill., 15 août 1627, 29 juin 1681.

BUFFET (Louis), maire de 1360, met le commissaire du roi d'Angleterre en possession de la Roch., 6 déc. 1360.

BUREAU DES FINANCES, établi à la Roch., obligé de prendre l'office de maire, 3 mai 1695, 5 fév. 1718 ; ses attributions, sa composition, sa suppression, 22 nov. 1790. — V. *Trésoriers de France et Généralité*.

C

CADIOT (Gobert), Maire de 1462-72, sa vigilance pour garder les côtes, 25 août 1462 ; reçoit le serment de Louis XI, qui le nomma maître de son artillerie, sa mort, 24 mai 1472.

CAILLAC (Pierre), nommé Maire contrairement aux privil, sa révocation, 7 août 1462.

CALLOT (Marcou), l'un des premiers juges du tribunal de commerce, 23 mai 1792 ; membre de la chambre de commerce, 15 juill. 1719.

CALLOT (Simon), son fils, auteur d'une biograph. de Guiton, 2 juill. 1585.

CANADA. Premier établissement formé par les Roch., 15 déc. 1789 ; la chambre de comm. proteste contre sa cession, 12 déc. 1762.

CANARIES. Leur découverte et prise de possession, 1er mai 1402.

CANAL DE LA VERDIÈRE, moulin des Templiers, 4 déc. 1222. — V. 11 oct. 1422, 8 nov. 1630, 15 mars 1654. — *Arceau de la Verdière*, sa situation, 27 juin 1590.

CANAL DE MAUBEC, 12 mai 1515, 27 juin 1590.

CANAL DE NIORT. Vœu pour son exécution, 30 déc. 1788.

CANDALE (Gaston de Foix, comte de), gouverneur de la Roch. 17 oct. 1492.

CANDALE (comte de). Arrêt du Parlement de Toulouse ; décision de l'assemblée générale des protest. à son sujet, 3 mars 1616.

CAPITAINES DES TOURS. Election, 19 avril 1398. — V. 19 mai 1568, 14 mars 1605

CARAYON (Jacques), présid. de la chamb. de comm.; le drapeau tricolore arboré pour la première fois, 2 février 1791.

CARDOZO (Maire de), sa vie, ses visions, sa mort, miracles, 18 juill. 1700.

CARLOIS, envoyé en mission à la Roch., 11 sept. 1568.

CARREFOURS. — *Des Changes ou de la Caille*, 4 juill. 1469, 14 sept. 1565, 9 oct. 1580, 9 avril 1587, 9 août 1614. — *Du Mai vert ou de Montconseil*, 15 sept. 1544, 10 sept. 1627. — *Des Flamands*, d'où venait ce nom, 22 fév. 1603. — *Des Petits-Bancs*, 6 déc. 1360, 15 sept. 1544. — *Des trois Fuseaux*, 27 juin 1590. — *De la Truie qui File*, sa situation, son ancienneté, 27 août 1606.

CASERNES. Leur construction entraîne la suppression des lanternes de la ville, 24 oct. 1697, 28 août 1705 — *des Cordeliers*, ancien couvent,

16 mai 1791. — *des Vétérans*, ancien monastère des Dominicains, 16 avril 1637.

CATHÉDRALE. Différents projets, sa construction, sa bénédiction, 27 juin 1784 ; don de reliques de saints par le Pape, 26 juillet 1703 ; amende honorable à la porte, 1er août, 1746 ; sert aux réunions électorales, 4 sept. 1792 ; au culte de la Raison, 27 juin 1784, 9 janv. et 8 juin 1794 ; transf. en champ de foire, 27 juin 1784, 17 déc. 1800 ; bénédiction du drapeau de la garde nationale, 3 juill. 1814. — V. *Chapitre*.

CATHERINE DE MÉDICIS. Variations de sa politique envers le parti protestant ; motifs de son voyage à la Roch., 12 mai 1565; elle y arrive avec ses enfants ; brillante réception, 13 et 14 sept. ; son courroux n'en est pas désarmé ; elle pousse son fils aux actes les plus rigoureux, 17 sept. 1565 ; ne réussit pas à intimider l'esprit d'indépendance des Roch., 19 mai 1568 ; ils donnent à un de leurs canons le nom de la *Vache*, par dérision de son obésité, 3 mars 1573 ; dans sa joie de l'élection de son fils au trône de Pologne, elle le presse de terminer le siège de la Roch. 17 juin 1573 ; cherche à s'emparer de cette ville par trahison, 12 déc. 1573 ; déjoue une conspiration en faveur du duc d'Alençon, 11 mars 1574.

CATHERINE DE NAVARRE, sœur d'Henri IV, conçue à la Roch. ; erreur probable des historiens sur l'époque de sa naissance, 5 fév. 1558 ; vient à la Roch. avec sa mère, 18 sep. 1568 ; avec son frère et y abjure le catholicisme, 28 juin 1576 ; singulier présent que lui offrent les Roch., 24 déc. 1592.

CATHOLIQUES. Rétablissement du culte catholique à la Roch., 22 août 1576 ; après l'édit de Nantes, 4 et 6 août 1599 ; autorisés à faire élever leurs enfants par des maîtres de leur religion, 9 mai 1600 ; conflits avec les protest. sur l'exercice de leur culte, 9 mai 1600, 25 nov. 1608, 2 juin 1638 ; défense d'exercer leur culte ailleurs que dans les églises paroissiales, 29 mai 1792. — V. *Protestants*.

CAUSSEINS, au siège de la Roch., 11 févr. 1573 ; y est tué, 18 avril.

CAYENNE. Emigrants s'embarquent pour aller peupler cette colonie, 26 févr. 1664.

CHABOT (Philippe), amiral de France, seigneur de Châtelaillon, 31 août 1615. — V. *Jarnac*.

CHAMBRE DE COMMERCE. Son établissement, sa composition, ses premiers membres, 15 juill. 1719 ; proteste contre la cession du Canada, 12 sept. 1762 ; contribue aux frais des fêtes données au comte d'Artois, 26 mai 1777 ; crée un bureau d'échange pour les assignats, 25 nov. 1790 ; sa suppression et son rétablissement, 15 juill. 1719 ; prend possession du nouveau bassin de carénage, 24 déc. 1808.

CHAMILLY (le Maréchal de), commandant en chef de l'Aunis, 16 mars 1604 ; réorganise la milice Rochel.; fête donnée aux dames, 25 août 1703 ; habitait l'Hôtel-de-Ville, 24 juin 1711 ; sa femme se distingue par sa bienfaisance, 28 mars 1740.

CHAMOIS, l'un des premiers juges du tribunal de commerce, 23 mai 1792.

CHAMPERNON, gendre et lieutenant de Montgommery, 19 avril 1573.

CHAMPFLEURY (de), annonce aux Rochel. l'arrivée de la flotte de secours, 28 sept. 1628.

CHAMPFLOUR (de), quatrième évêque de la Roch.; son arrivée, fondations sa mort, 26 juill. 1700, 20 juill. 1703, 28 mars 1740, 30 sept. 1792; consacre l'église de Saint-Sauveur, 11 mars 1708.

CHANDOS, fête l'arrivée du prince d'Aquitaine à la Roch., 27 août 1363.

CHANTIER DE CONSTRUCTION. Où il était jadis, 15 fév. 1471, 24 déc. 1808; établissement de celui qui existe actuellement, 28 oct. 1764.

CHAPELLIÈRE (la), ministre protestant, 30 mai 1621.

CHAPITRE DE LA CATHÉDRALE. Sécularisation de celui de Maillezais; sa translation à la Roch.; première assemblée capitul., annexions, composition, etc., 16 nov. 1666.

CHARLES Ier d'Anglet., fournit des navires au roi de France contre les Roch., 15 sept. 1625; propositions faites à ceux-ci en son nom, 23 et 31 juill. 1627; les Rochel. lui envoient des députés; instructions qui leur sont données, 22 oct. et 14 nov. 1627; traité conclu avec les Rochel., 30 mars 1628; entretien avec leurs députés; lettres au corps de ville, 30 mai, 21 juin; préside aux préparatifs de la flotte; ordres aux généraux; don aux Rochel., 8 sept.; ses brillantes promesses, 28 sept.; étaient-elles bien sincères ? 5 oct. 1628.

CHARLES V. Ses efforts pour recouvrer l'Aquitaine, 22 juin 1372; ratifie les concessions faites aux habitants des îles voisines, 26 août 1372; fixe les limites de la banlieue, 8 janv. 1373; confère le droit de noblesse aux maires et échevins, ibid; distrait l'Aunis de la Saintonge, 22 janvier; amnistie les Rochel. de la démolition du Château; s'en réserve les dernières tours pour servir de prison, ibid; ordonne d'employer les matériaux à la construction d'une nouvelle muraille de la ville, 17 juin; promet qu'il ne sera jamais élevé à la Rochelle de château ni forteresse, 22 janvier; injonctions aux gens d'église au sujet des dîmes, 13 juin 1373; règlement par lequel il termine ce long procès, 7 août 1382; réunit Benon, Rochefort et Marennes au ressort de la Roch., 24 nov. 1374; ce n'est pas lui qui a établi la monnaie de la Roch., 8 août 1394; avait juré que la Roch. ne serait jamais séparée de la couronne de France, 29 avril 1469; son portrait par un peintre Rochelais, 14 sept. 1565; avait concédé au corps de ville le droit de *barrage*, 28 juill. 1576. — V. *ce mot*.

CHARLES VI. Lettres patentes relatives à l'hôtel de la Monnaie, 8 sept. 1389; réforme les abus qui s'y étaient introduits, 8 août 1394; accorde à la Roch. la franchise commerciale, 11 oct. 1390; décharge les habitants de l'île de Ré de tout impôt de guerre, 20 mars 1408; déclare n'avoir pas compris la Roch. dans le don du duché de Guienne, 27 août 1410; s'engage à ne mettre aucun impôt sur les Rochel. que de leur consentement, 25 fév. 1412; confirme leurs priviléges, 12 janvier 1419; déshérite son fils au profit du roi d'Angleterre, 11 oct. 1422; avait porté la première atteinte à la franchise d'impôts dont jouissaient les Rochel., 25 oct. 1445.

CHARLES VII. Encore dauphin, court risque de perdre la vie à la Roch., 11 oct. 1422; il était alors seigneur de Châtelaillon, 31 août 1615; ordonnance relative aux membres du corps de ville, 3 janv. 1423; fondation de l'Université de Poitiers, 16 mars 1432; messes fondées en son honneur à l'hôpital Saint-Barthélemy, 26 nov. 1434; charge son fils de mettre un terme aux désordres qui désolaient l'Aunis, 12 déc. 1439; proroge le temps d'exercice d'un maire, 1er oct. 1440; abandonne aux Rochel. le produit de plusieurs impôts, 10 août 1441 et 23 oct. 1445 ; perpétue et augmente les impôts établis par son père, 23 oct. 1445 ; dispense les Roch. d'impôts moyennant un abonnement, 23 déc. 1445 ; concession de droits pour l'établissement d'une fontaine, 22 août 1447 ; exemption d'impôts, 12 déc. 1447 ; exempte de tous droits les blés importés à la Roch., 24 avril 1454 ; avait fait don à la commune de la *petite Rive*, 15 fév. 1471 ; avait donné la baronnie de Châtelaillon au comte de Dunois, 5 fév. 1699. — V. 15 mars 1434, 11 janv. 1463, 4 avril 1464.

CHARLES VIII. Chef et maître de la confrérie du corps de J.-C. et de Saint-Marsault, desservie à Saint-Sauveur, 19 fév. 1500. — V. 27 août 1514.

CHARLES IX. Il autorise les protestants de l'île de Ré à établir un temple, 8 juillet 1563 ; permet au corps de ville de prendre des décisions, quelque soit le nombre de ses membres, 15 déc. 1563 ; motifs qui le déterminent à venir avec sa mère à la Rochelle, 12 mai 1565 ; magnifique réception qui leur fut faite, 13 et 14 septembre 1565 ; elle ne désarme pas leur courroux ; actes de rigueur, 15 et 17 septembre ; il refuse de prêter serment avant d'entrer à la Rochelle, 14 septembre ; il autorise la commune à acquérir le couvent des Cordeliers pour y faire un collége, 6 fév. 1545, 14 mai 1565 ; il établit un tribunal consulaire à la Roch., 7 fév. 1566 ; il est obligé de céder devant l'esprit d'indépendance des Rochel., 19 mai 1568 ; il leur envoie lettres et députés après la Saint-Barthélemy, 9, 19 sept. et 16 oct. 1572 ; et enfin La Noue, 19 nov. — V. 11 sept.

CHARLES X, encore comte d'Artois, vient à la Rochelle ; fêtes en son honneur ; grands personnages de sa suite, 26 mai 1777 ; autorise la ville à reprendre ses anciennes armoiries, 24 nov. 1827 ; bons mots qui lui furent attribués, dont Rougemont était l'auteur, 7 fév. 1781.

CHARLES-MARTEL. A quelle occasion les habitants de l'Aunis soutiennent avoir été dispensés par lui de payer la dîme, 13 juin 1373.

CHARRON. Abbaye de…. 6 juill. 1469, 21 août 1503, 30 sept. 1514 ; Biron s'empare du Château, 13 déc. 1572 ; la femme de Sully et son fils vont à C…, 2 juill. 1604.

CHARRUAU (Arnaud), co-élu à la mairie, 15 avril 1398.

CHASSE. Temps pendant lequel elle était prohibée, 19 oct. 1406 ; droit de ch. reconnu aux Roch. et habitants de la banlieue, 4 juill. 1557 ; règlement sur la ch. ; interdite aux roturiers ; divers modes de ch., 15 déc. 1605.

CHASSIRON (Famille de). Origine. — *Pierre Martin*, cap. de marine, ses voyages ; leurs récompenses. — *Pierre-Mathieu* — *Pierre-Charles*, 2 nov. 1763, 25 juill. 1732, 21 août 1793 ; le fils de ce dernier reçoit le président de la République à son domaine de Beauregard, 12 oct. 1852.

CHASTEIGNER (Famille). — *Jehan C.*, général des finances, 26 nov. 1434 ; meurtre de deux *Chast.*, 17 juill. 1554. — *Pierre C.*, maire de 1596, fait commencer l'un des bastions royaux, 27 juin 1590.

CHATEAU de la Rochelle. Les Rochel. en chassent la garnison anglaise, 21 avril 1370. 15 août 1372 ; sa démolition, emploi des matériaux, 22 janv. et 17 juin 1373 ; ses dernières tours destinées à servir de prisons, 22 janv. (V. *prisons*) ; ce qui en restait en 1542, 30 déc. ; écroulement des dernières tours, 23 févr. 1574.

CHATELAILLON. Ancienneté, importance de la baronnie de C.; ses principaux seigneurs, 31 août 1615, 24 mars 1089, 26 déc. 1199, 22 mars 1401, 31 août 1615, 13 fév. 1626, 5 févr. 1699; la Roch. leur appartenait jadis, 26 déc. 1199; la ruine de Ch... fut une des principales causes de l'accroissement de cette ville, 19 févr. 1152, 26 déc. 1199; chûte de sa dernière tour, 24 mars 1530; port, droits qui y étaient perçus; fait retour à la couronne; échange contre la seigneurie de Dompierre, 31 août 1615, 5 févr. 1699.

CHATELET (Le). Sa situation probable, 4 déc. 1222.

CHATELLIERS (Abb. de Sainte-Marie des) incendiée par les Anglais, 25 août 1462.

CHATILLON (duc de), représenté à l'assembl. protest. de 1620, 26 déc.; refuse le commandement de l'un des gouvernements militaires, 10 mai 1622

CHATILLON (Louise de), fille de l'amiral Coligny, assiste au mariage de son père, 25 mars 1571; épouse à la Roch. Téligny, 27 mai 1571.

CHAUDÉRER ou CHAUDRIER (Mathieu), Maire de 1269, 21 avril 1370; — Jehan C., quatre fois Maire; emplacement de son ancien hôtel; son nom donné à une rue; stratagème par lequel il réussit à chasser les Anglais de la Roch., 21 avril 1370, 15 août 1372, 24 nov. 1827.

CHEF-DE-BOIS ou CHEF-DE-BAIE. Combat entre une flotte franco-espagnole et une flotte anglaise, 22 juin 1372; le duc d'Anjou y est couronné roi de Pologne, 17 juin 1573; simulacre de combat naval en l'honneur d'Anne d'Autriche, 21 nov. 1632; pirate turc jeté à la côte, 22 nov. 1636. — V. 31 mars 1433, 16 juin 1545, 8 nov. 1572, 13 mai 1577, 3 nov. 1592, 29 févr. 1616, 28 nov. 1627, 11 mai, 1er et 2 oct. 1628, 8 juin 1811.

CHEMIN DE FER. Inauguration, 6 sept. 1857.

CHENU, avoc. au parlem., obtient communication des titres de la Roch. pour la composition de son ouvrage, 30 mars 1619.

CHESNAYE (La), dépêché à la Roch. pour empêcher la convocation de l'assemblée générale du 4 oct. 1620.

CHESNET, tente de soulever la Roch. en faveur de Condé, 8 févr. 1563, 20 oct 1562.

CHEVREUSE (M. et Mme de), accompagnent Anne d'Autriche à la Roch., 20 ou 21 nov. 1632.

GUILLOU (Du), ingénieur, envoyé pour améliorer les fortifications de la Roch. 13 oct. 1516.

CHIRURGIENS. Réglement sur l'exercice de leur profession; école publique de chirurgie, 27 sept.

CHOISY (Guillaume), Maire de 1583, commandant du château de Marans; est obligé de capituler, 18 mars 1588

CHOLET (l'abbé). Publication des œuvres de Jean de la Roch., 1er févr. 1271.

CHOLLET, gentilhomme protestant, traîné sur la claie, 13 déc. 1685.

CIMETIÈRES. — *de Sainte-Anne*, 2 mai 1573. — *de Cougnes*, 27 juin 1590. — *du Perrot ou de Saint-Jean*, 8 nov. 1630. — *des Protestants*; défense aux protestants de se servir de ceux des catholiques; différents emplacements, 8 nov. 1630; où fut enterré Guiton, 5 mars 1654. — *de Saint-Barthelémy*, 5 déc. 1599, 20 juin 1678. — *de Saint-Sauveur*, 12 juin, 1531. — *de la ville neuve*, 8 nov. 1630.

— 528 —

CITADELLE, projetée par Henri II, sa situation, opposition des Rochel., 8 et 12 janv. 1556 ; Jarnac s'efforce de faire reprendre ce projet, 17 sept. 1565; nouveau projet de citadelle, 27 nov. 1625; citadelle proposée par M. Ferry, 22. juill. 1700.
CLAUDE DE FRANCE, femme de François Ier, accompagne le roi à la Roch., 1er février 1519.
CLAVETTE. Le prince de Condé à C., 10 déc. 1615.
CLÉMENCEAU, ministre protestant, présid -adjoint de l'assemblé de 1620, 25 déc.
CLÉMENT VII approuve le réglem. de la question des dîmes, 7 août 1382.
CLÉMENT XI, unit l'abb. de Nieul sur l'Autis à la chap. de la Roch., 16 nov. 1666.
CLERGÉ. Vote de subsides contre la Roch., 27 nov. 1625, 17 juin 1628; relâchement de la discipline pendant les troubles religieux, 18 oct. 1648. — V. *Couvents, églises, évêques, prêtres.*
CLERMONT (de), au siège de la Roch., 11 févr. 1573.
CLERMONT (Charles de), prêche le premier la Réforme à la Roch., 8 mars 1580.
CLERMONT de Gallerande (marquis de), commandant de la province, 1er août 1756.
CLOCHES : *du beffroi*, son usage, 15 avril 1398 ; *de l'échevinage*, à quoi elle servait, 15 mars 1434 et 1603, 27 oct. 1628, cassée et remplacée, 15 mars.— *La cloche fouettée*, 1er mars 1685.— Cloches fondues pour faire des canons, 2 févr. 1568, 28 sept 1793.
CLOS (Chanderlos de LA), auteur des *Liaisons dangereuses*, construit l'arsenal, son mariage, 3 mars 1786.
COCARDE TRICOLORE, arborée avec enthousiasme à la Roch., 22 juill. 1789.
COCHRANE (lord), fait subir un cruel échec à notre marine, 11 av. 1809.
COCONAS, au siège de la Roch., 11 févr. 1573.
CŒUR NAVRÉ (faction du), quid ? 12 déc. 1573.
COINTES (baron de), major des volontaires nationaux, 29 sept. 1789.
COLBERT DU TERRON, intendant, fait refaire la fontaine des Petits-Bancs, 15 sept. 1544 ; mesures de rigueur contre les protest., 16 sept. 1661 ; arrêté de police, 4 déc. 1672.
COLIGNY (Gaspard de), s'unit à Condé contre la cour, 8 févr. 1563 ; protège l'établissement du collège, 14 mai 1565 ; vient habiter la Roch. avec sa famille, 18 sept. 1568 ; y épouse la comtesse d'Antremont, 25 mars 1571 ; y assiste à un synode national, 2 août 1571 ; y marie sa fille avec Téligny, 27 mai 1571 ; expédie de cette ville une escadre contre les Antilles, 4 juill. 1571 ; accusé de conspiration par Charles IX, 9 sept. 1572. — V. 13 juin et 11 sept. 1568, 26 avril 1570, 9 juin 1572.
COLIGNY (François de), seigneur d'Andelot, frère de l'amiral, arrive à la Roch. où l'avait précédé sa femme, 18 sept. 1568 ; son éloge, sa mort, son corps apporté à la Roch., 27 mai 1569.
COLIN (Raphaël). Sa naissance, ses fonctiosn, ses chroniques, 12 avril 1581 ; singulier moyen à l'aide duquel il communiquait avec les assiégeants, 31 déc. 1627 ; choisit Guiton pour Maire, 30 avril 1628 ; accusé de cabale, est arrêté et mis en prison, 4 août 1628 ; remis en liberté, 29 oct. 1628. — V. 9 février 1628.
COLLÈGE. Établissement du premier collège communal, son emplacement,

traitement des professeurs, 6 févr. 1545 ; traité entre le principal et le corps de ville ; programme des études, 19 juill. 1560 ; sa translation au couvent des Cordeliers ; ses illustres patrons ; premiers professeurs, 14 mai 1568 ; subvention accordée par Henri IV ; nombre et traitement des professeurs, 14 oct. 1591 ; suppression de la subvention par Louis XIII, 26 octobre 1627 ; donné par Louis XIII aux jésuites, 14 févr. 1630 ; drame joué au Collège ; affluence des jeunes gens étrangers au nouvel établissement, 21 nov. 1632 ; expulsion des jésuites ; l'enseignement confié à des prêtres séculiers, 10 mars 1762 ; création d'une école secondaire, ouverture, nombre des classes, 19 mai 1802, 28 oct. 1803 ; jardin de botanique, 6 août 1808 ; collège communal transformé en Lycée, 10 oct. 1843 ; sa chapelle est l'ancienne église des Jésuites, 8 août 1638.

COLLET, l'un des premiers juges du tribunal de comm., 23 mai 1792.

COLLOT D'HERBOIS, condamné à la déportation, passe à la Roch., 2 et 8 août 1795.

COLOMIÈS (Famille). — *Hiérosme*, ministre protestant ; vers en son honneur, 19 nov. 1628, 2 déc. 1638. — *Jean*, docteur-médecin. — *Paul*, sa vie, ses titres littéraires, sa mort, 2 déc. 1638.

COLONIES. Part importante que prirent les Rochel. à leur établissement, 15 déc. 1789. — V. *Canada, Louisiane, Saint-Domingue*.

COMBES (Guill. de), maire de 1469, prête serment de fidélité au duc de Guienne, 24 mai 1469 ; va au-devant du duc, à son arrivée à la Roch., 6 juill. 1469.

COMMERCE. La Roch., une des plus anciennes villes comm. ; a contribué à l'établissement de nos premières colonies, 15 déc. 1789 ; ceux qui commerçaient avec les Rochel. mis sous la sauvegarde du roi ; délai de répit pour les ennemis de la France, 3 août 1224 ; ancienneté du commerce de la Roch. avec la Flandre et les Pays-Bas, 22 nov. 1331, 26 nov. 1334, 1er juill. 1395 ; franchises commerc. accordées à ses habitants, 29 oct. 1360, 11 oct. 1390 ; commerce avec l'Angleterre, 3 oct. 1338, 20 oct. 1360 ; avec l'Espagne et la Bretagne, 15 mai 1430 ; avec le Canada, la Louisianne et le Nord de l'Amérique, 12 déc. 1762, 15 déc. 1789 ; importance du commerce rochel., 25 mai 1472, 14 déc. 1493 ; celui de terre se fesait par Marans, 1er juin 1350 ; privilège de pouvoir même en temps de guerre trafiquer avec l'ennemi, 25 mai 1472 ; la défense faite par Louis XIII de trafiquer avec les Anglais fut la première étincelle qui alluma la guerre de 1627-28, 7 juin 1627 ; monopole commercial que s'attribuaient les bourgeois, 22 févr. 1608 ; le port de la Roch. ouvert aux denrées coloniales, 4 nov. 1550 ; les Roch. invités par Louis XIII à participer à l'établissement de la compagnie des Indes, 6 nov. 1618 ; marques industrielles, 28 juill. 1554, 13 févr. 1582, 16 sept. 1589, 25 oct., 1er et 29 déc. ; assemblées générales du comm., vote de fonds pour l'amélioration du port, 22 oct. 1764 ; fabriques et commerce de drap à la Roch., 6 déc., fêtes données par le comm., V. *Fêtes* ; anéantissement du commerce, 19 déc. 1795. — V. *Colonies, marine rochel.* et aussi 31 déc. 1542 et 16 oct. 1572.

COMMUNE de la Roch. instituée par Guillaume X, confirmée seulement par Aliénor, 19 févr. 1152, 8 juill. 1199 ; anéantie par la déclaration de Louis XIII ; confiscation de ses biens, 15 janv. 1629 ; Guiton fut son dernier Maire, 15 mars 1654 ; Conseil général de la commune, 28 nov. 1790. — V. *Corps de ville, impôts, octroi, privilèges, sceaux,* etc.

CONAN (Jehan de), Maire de 1516, fait réparer les grandes écoles, ses armoiries, 6 févr. 1545.

CONCILE, tenu à la Roch., 2 août 1853.

CONCINI, maréchal d'Ancre ; joie que sa mort cause aux Roch., 28 avril 1617.

CONDÉ (Louis de Bourbon, prince de), chef des protest., ne peut déterm. les Roch. à embrasser son parti, 31 mai et 20 oct. 1562, 8 févr. 1563 ; ils consentent à le recevoir et à lui jurer fidélité en dictant leurs condition, 11 sept. 1568 ; il arrive à la Roch. avec sa famille, 18 sept. 1568 ; se réfugie dans cette ville avec Jeanne d'Albret et se prépare à la guerre, 17 janv. 1569 ; donne ses biens en garantie aux acquéreurs des biens ecclésiast., 29 janv. 1569 ; protège l'établissement du Collége, 14 mai 1565 ; signe la paix, 20 avril 1568 ; assassiné par Montesquiou, 25 mars 1569.

CONDÉ (Henri Ier, prince de), assiste à un synode à la Roch., 2 av. 1571 ; quitte cette ville, 9 juin 1571 ; obligé de suivre le duc d'Anjou au siège de la Roch., 11 févr. 1573 ; conspire en faveur du duc d'Alençon, 21 avril 1573 ; embrasse le parti de ce dernier, 24 févr. 1574 ; arrive à la Roch. pour entraîner les habitants dans la *contre-ligue*, 23 janv. 1577 ; son caractère s'accordait mal avec celui des Roch., 13 mai 1577 ; c'est lui avait posé la première pierre du *Grand Temple,* 21 juin 1600 ; sa mort laisse le roi de Navarre chef des protestants, 18 mars 1588 ; — V. *26 août 1570 et 25 mars 1571.*

CONDÉ (Henri III, prince de). Les Roch. se prononcent pour lui et le reçoivent avec de grands honneurs, 10 déc. 1615 ; il les détermine à prendre les armes, traite avec eux ; moine soupçonné de vouloir attenter à ses jours, 29 févr. 1616 ; signe la paix, 3 mars 1616.

CONDÉ (Louis II, prince de), se met à la tête de la fronde ; veut transporter dans l'Aunis le théâtre de la guerre, 7 oct. 1651 ; les Roch. refusent d'embrasser son parti, *ibid.* et 5 nov. 1651 ; ses troupes arrivent trop tard pour secourir les troupes de du Doignon, 28 nov. 1651. — V. *du Doignon.*

CONDÉ (Louis-Joseph de Bourbon), vient à la Rochelle ; fête à cette occasion, 23 juin 1780.

CONDÉ (Louis-Henri-Joseph), son fils, était avec lui, *(ibid.)*

CONFISCATION. Ne pouvait être prononcée à la Roch. qu'en cas de lèze-Majesté, 19 oct. 1406.

CONFRÉRIES. — *Du corps de J.-C. et de St-Marsault,* 19 fév. 1500 ; — *de St-Jean-du-Perrot* 19 janv. 1545 ; — *des avocats,* 19 mai 1700 ; — leurs biens donnés à la commune pour l'entretien du collége, 14 mai 1565.

CONGRÈS SCIENTIFIQUE DE FRANCE, tenu à la Roch., 1er sept. 1856.

CONSEIL EXTRAORDINAIRE, formation et composition, 11 mars 1574, 26 janv. 1577.

CONSEILLERS, compris au nombre des échevins ; roulement annuel, 27 mars 1541.

CONSTANT, accompagne Sully à la Roch., 2 juill. 1604.

CONSTANTIN, martyr protest., son supplice, 10 mai 1552.

— 531 —

CORDERIE-LES-COURS (La), nom de la prairie où se courrait la *pelotte du Roi*, 21 févr. 1542. — V. *ce mot*.
CORDONNIERS. Ancienneté de leur corporation, statuts, bannière, roi des..., &, 25 oct.
CORISANDE D'ANDOUINS, maîtresse d'Henri IV; lettre que celui-ci lui écrivait, 18 mars 1588; explication d'une lettre de son royal amant, 7 août 1587; reproches adressés à Henri à son sujet, 14 novemb. 1588.
CORNU DE LA COURBE (Nicolas), évêque de Saintes, célèbre la messe à la Roch. après le rétablissement du culte cathol., 6 août 1699.
CORPS DE VILLE. Anciennes dénominations de ses membres, 8 déc. 1215, 19 mars 1614; sa composition, 27 mars 1545; sa juridiction, 19 oct. 1406, 16 juill. 1403; elle est restreinte par l'établis. du présidial, 17 juill. 1554; conflits qui en résultèrent, 4 mai 1530, 11 août 1584, 29 juin 1598; son immense pouvoir, 19 oct. 1406, 26 août 1573; abus qui causèrent des conflits avec les bourgeois, 15 mars 1603, 11 janv. 1613. — V. *Bourgeois, conseil des quarante-huit.* — Hérédité substituée à l'élection de ses membres, maux qu'elle entraîna, 16 mars 1436; à quel âge les fils de pairs et d'échevins, y pouvaient être admis, 23 déc 1531; résignation de ses charges annoncée au son de la cloche, 15 déc. 1563, 15 mars 1603; ses jours de réunion, peine contre les défaillants, mesure pour obvier au peu d'assiduité de ses membres, 15 déc. 1563; ses membres ne pouvaient être adjudicataires des fermes de la ville, 3 janv. 1423; se rend caution de Louis XI, 14 août 1463; avait le droit d'établir des courtiers, 12 mars 1345; les capitaines et lieutenants des milices étaient pris dans son sein, 22 août 1598; sa transformation par François Ier, 27 mars 1541; son rétablissement dans sa forme primitive, 11 juill. 1548; nouvelles modifications apportées par Charles IX, 17 sept. 1565; opprimé par le conseil des quarante-huit, 5 mai 1625; rétablissement de l'organisation municipale, telle quelle existait avant l'adoption des 28 articles, 8 mars 1626; sa suppression après le siège, 15 janv. 1629; remplacé par une commission administrative, sa composition, 29 déc. 1677; semblant de corps de ville créé en 1694, 3 mai 1695; nouvelle organisation donnée par Louis XV, 5 fév. 1718; costume des magistrats municipaux; sytème électif aboli, rétablissement des offices municipaux, 2 avril 1763; retour au système électif; composition du corps de ville, 3 déc. 1774; vœux, après la convocation des états généraux, 30 déc. 1788. — V. *Maire, échevins, pairs*, 23 juill. 1627, 9 mars 1749, etc.
CORROYEURS, unis à la corporation des cordonniers, 25 oct.
CORRU, chef du parti démocratique, 4 mai 1530.
COSSÉ (le maréchal de), au siège de la Roch., 11 févr. 1573
COSTE (de La), avocat, nommé juge du district, 23 nov. 1790.
COSTUME. — Du Maire, des membres du corps de ville, des gens de justice, 13 juill., 13 et 14 sept. 1565, 2 juill. 1763; des conjurés de Chesnet, 8 févr. 1563; divers habillements de femme proscrits par un synode, 27 juill. 1572. — V. *Archers, milices*.
COTTENCIÈRE-BESSAY (La), commandant d'une brigade de volontaires, 4 janv. 1628; se bat en duel avec La Meilleraye, 7 mars 1628.
COUARDE (La), défaite de Buckingham près de la C..., 8 nov. 1627.

Coucy (Jean-Charles de), huitième évêque de la Roch., bénit le drapeau de la fédération, 14 juill. 1790.
Coudret (Du), assassine Du Vivier, son exécution, 2 août 1606.
Cougnes (Faubourg de), annexé à la ville, 27 juin 1590. — V. *Portes, église de Notre-Dame*.
Couleurs rochelaises, 2 oct. 1621 et 24 nov. 1827
Coup-de-vague, anciennement, *Cou* ou *Queue-de-Vache* (port de), 22 août 1447.
Couraud, martyr protestant, son supplice, sa fermeté fait des prosélytes, 10 mai 1552.
Couraud (Jean), baron de Châtelaillon, sa veuve épouse Constant d'Aubigné, 20 oct. 1608.
Couraud (Antoine), procureur du Roi, seigneur de Châtelaillon, 31 août 1615.
Coureilles. Le duc d'Angoulême y établit un de ses quartiers, 15 août 1627 ; fort de C..., 22 mars, 11 mai et 13 sep. 1628 ; cimetière de l'armée royale, couvent des Minimes, 20 mars 1634. — V *Digue* et 13 nov. 1572. 3 nov. 1592, 28 nov. 1627 et 1er oct. 1628.
Courçon, donné par Aliénor aux héritiers des seigneurs de Châtelaillon, 26 déc 1199.
Courtiers (Etablissement de) à la Roch., leur nombre en 1571, 12 mars 1345. — V. *Agents-de-change*.
Cousseau, médecin; sa maison sert de lieu de réunion à une asssemblée de cercle, 22 nov. 1612.
Couteliers; leur corporation érigée en maîtrise, statuts, 13 févr. 1582.
Coutras (Victoire de), remportée par les protestants, 18 mars et 14 nov. 1588.
Coutume et *coutumier de la Roch*. Droits du Roi sur les maisons pour lesquelles le cens n'avait pas été payé, 24 avril 1354 ; inutile tentative pour sa réformation, 11 août 1584 ; rédigée par écrit, 27 août 1514 ; publication, dispositions remarquables, 30 sept 1514 ; réglement sur les *Agatis*, 15 déc. 1605 ; commentaire de Valin, 10 juin 1695.
Couvents. Les religieux de tous les couvents vont au-devant du duc de Guienne, 6 juill. 1469 et de Charles IX, 13 sept. 1565 ; les moines abandonnent leurs monastères, 14 mai 1565 ; leurs établissem. leur sont rendus après l'édit de Nantes, 6 août 1599 ; ils sont autorisés à porter leurs habits dans les rues, 9 mai 1600.
Couvent d'hommes. — Augustins : leur premier établissement ; donnent leur nom à deux rues, 6 mai 1791 ; destinations diverses de leur couvent, *ibid.*, 19 mai 1606, 7 févr. 1566 ; reconstruction de leur église; grandes fêtes pour sa consécration, 17 mai 1660 ; chapitre des A... tenu à la Roh., 3 mai 1697 ; leur église sert aux paroissiens de Saint Barthelémy, 20 juin 1678 ; confrérie des avocats et procureurs, 19 mai 1700 ; fermeture de leur monastère, 6 mai 1791 ; il est racheté par une association de catholiques ; désordres dans l'église, 29 mai 1792 ; les Ursulines s'établissent dans leur couvent, 6 déc. 1630. — V. *Saint-Yon*. — *Cardozo* et 23 déc. 1628.
Couvent des Capucins ; leur établis.t à la Roch., 11 juin et 23 déc. 1628; capucins prêchant en plein vent, 3 déc. 1641 ; consécration de leur église, 26 juin 1650 ; invoquent leur droit d'asile pour ne pas livrer un voleur qui s'était réfugié dans leur couvent, 26 juill. 1700 ; leur

couvent fermé et vendu, 9 mai 1791; le séminaire construit sur son emplacement, 11 juin 1628 et 4 janv. 1619. — V. 21 mai et 23 déc. 1621, 4 janv. 1819.

COUVENT DES CARMES. Eglise de N.-D. des C., 1er sept. 1457; leur couvent fortement endommagé par une explosion de poudre, 19 janv. 1545; démoli pour la construction d'une citadelle, 12 janv. 1556; abandonné par les religieux, 5 avril 1791; sert aux réunions des *amis de la Constitution*, 13 août 1791; transformé en entrepôt, 5 avril 1791. — V. 23 déc. 1628.

COUVENT DES CORDELIERS; différentes dénominations de ces religieux, leur établissement à la Roch.; situation de leur couvent, ses destinations diverses, 16 mai 1791 et 6 févr. 1545; le prince d'Aquitaine y reçoit le serment de fidélité des Rochel., 28 août 1363; la commune en fait l'acquisition pour y établir un collège, 14 mai 1565; construction d'un nouveau couvent, sa fermeture, sa destination actuelle, 19 juin 1631 et 16 mai 1791. — V. 23 déc. 1628.

COUVENT DES DOMINICAINS ou *Jacobins*; leur établissement à la Roch, étendu de leur couvent, sa destruction; leur rétablissement, etc., 16 avril 1637 et 23 déc. 1628; lieu de réunion des commissaires chargés du règlement de la question des dîmes, 7 août 1382; pillage de leur église et de la belle chapelle de la Gravelle, 31 mai 1562; assistent à la procession générale après le siège, 2 nov. 1628; ils distribuent une grande quantité de chapelets, 23 déc. 1628; leur église sert aux prédications du père Montfort, 16 août 1711.

COUVENT DES FRÈRES DE LA CHARITÉ. Louis XIII leur fait don de l'hôpital Saint-Barthélemy, prise de possession, 15 janv. 1629 et 5 mars 1630; abandonnent volontairement leur établissement, 5 avril 1791. — V 23 déc. 1628, 8 nov. 1630 et 3 avril 1667.

COUVENT DES FRÈRES DE L'ÉCOLE CHRÉTIENNE. Leur installation à la Roch., 4 janv. 1819.

COUVENT DE LA GRACE-DIEU. L'abbé chargé de lever l'excommunication dont avaient été frappés les habitants de l'Aunis, 13 juin 1373; va au-devant du duc de Guienne, 6 juill. 1469.

COUVENT DES HOSPITALIERS DE SAINT-JEAN DE JÉRUSALEM ou *Chevaliers de Malte*. Seigneurs du faubourg St-Jean-du-Perrot, 12 août 1224 et 30 sept. 1514. — V. 12 janv. 1556.

COUVENT DES JÉSUITES. Antipathie des Roch. contre eux, 21 mai 1621; Louis XIII leur donne le collège; prise de possession, allocation royale, éducation gratuite, 14 févr. 1630, 19 juin 1631 et 16 mai 1791; vogue de leur établissement; font représenter un drame devant Anne d'Autriche, 21 nov. 1632; consécration de leur église, 8 août 1638; la direction du séminaire leur est confiée, 13 avril 1694; sacre de deux évêques dans leur église, 1er févr. 1722; l'Académie y tient sa première séance, 22 juin 1735; expulsion des Jésuites, 10 mars 1762.

COUVENT DES MINIMES, chargés du service divin à l'armée de Louis XIII; reçoivent une concession de terrain pour y construire un couvent; donnent leur nom à la pointe de Coureilles, 20 mars 1634; inscriptions gravées à la porte de leur église, 31 oct. 1675; enlevées par ordonnance royale, 1er nov. 1757. — V. 21 mai 1621, 23 déc. 1628; un moine Minime soupçonné de vouloir tuer Condé, 29 févr. 1616.

COUVENT DES MOINES DE L'ILE D'AIX et de *St-Jean-dehors*, fondateurs des églises de Notre-Dame, de St-Barthelémy et de St-Sauveur, 19 févr. 1152 et 1500, 20 oct. 1792 ; monastère de St-Jean-dehors, sa situation et sa destruction, 13 sept. 1565 et 10 févr. 1568 ; Charles IX y passe la nuit, 13 sept. 1565 ; les derniers religieux s'unissent à la congrégation de l'Oratoire, 21 mai 1621 et 20 oct. 1792 ; ils étaient propriétaires de l'ancien hôtel de la Monnaie, 8 sept. 1389 et 8 août 1394.

COUVENT DES RELIGIEUX DE MOUREILLES, vendent à la comm. l'emplacement où était la tour de Moureilles, 24 déc. 1360. — V. *Tours et la Jon*.

COUVENT DES ORATORIENS. Leur commencement et leurs diverses expulsions, 21 et 30 mai 1621, 18 janv. 1624, 27 sept. 1627, 20 oct. 1792 ; leur chapelle transformée en temple, 30 mai 1621. — V. *Ste-Marguerite* ; — rentrent à la Roch. à la suite de Louis XIII, 27 sept. 1627 ; remplacent le chapitre, 16 nov. 1666 ; missionnaires envoyés en cette ville pour convertir les protestants, 9 sept. 1685 ; leur ancien couvent sert de séminaire, 4 janv. 1819. — V. 18 janv. 1624 et 23 déc. 1628.

COUVENT DES RÉCOLLETS. Louis XIII leur fait don de la maison de Saint-Michel, 14 févr. 1630 ; la tour de Moureilles leur sert d'infirmerie, puis leur est donnée pour faire un clocher, 29 janv. 1628 et 2 sept 1632 ; incendie de leur couvent, 9 mars 1705 ; il est fermé et vendu, 10 mai 1791 ; la plus grande partie forme le couvent des Dames-Blanches, 30 sept. 1792 ; leur église est devenue le temple protestant, 9 mars 1705 et 10 mai 1791.

COUVENT DES TEMPLIERS, Seigneurs d'un quartier de la ville ; ont donné leur nom à la rue du Temple, 12 août 1224 et 30 sept. 1514 ; leurs moulins du Perrot, 4 déc. 1222.

COUVENTS DE FILLES, défense aux religieuses de se réunir au-delà de six, 28 sept. 1793.

COUVENT DES DAMES BLANCHES, s'établissent à la Roch. ; situation de leur ancien couvent, ses destinations diverses ; leur expulsion, leur rétablissement, leur nouveau couvent, 29 janv. 1628, 26 juill. 1703, 30 sept. 1792 et 3 mai 1811.

COUVENT DES FILLES DE LA SAGESSE ; institution, acquièrent la maison de leur fondateur à Saint-Eloy, 16 août 1711 ; remplacent les frères de la Charité à l'hôp. St-Barthelémy, 5 avril 1791.

COUVENT *des religieuses de Chavagnes*, établies dans l'ancien couvent des Augustins, 27 mai 1660, 6 mai 1791.

COUVENT *des religieuses de l'Espérance* ; leur chapelle dans la rue des Augustins, 6 déc. 1630.

COUVENT *des religieuses Hospitalières*, chargées du soin des femmes de l'hôpital St-Barthelémy, 15 janv. 1629 ; couvent de la rue Rambeau, n'avait qu'un petit nombre de lits pour les malades, 28 mars 1740 ; leur expulsion, 30 sept. 1792 ; leur couvent sert à la tenue des foires, 17 déc. 1800 ; les frères des écoles chrétiennes s'y établirent pendant quelques temps, 4 janvier 1819. — V. 3 avril 1667.

COUVENT *des religieuses de la Providence*, leur établissement en cette ville, but de leur institution, emplacement de leur couvent, leur expulsion, leur retour, 28 août 1664 et 30 sept. 1792.

Couvent *des religieuses de Ste-Catherine*, étaient seigneurs d'un quartier de la ville, 12 août 1224, 30 sept. 1514 ; situation de leur couvent ; leur clocher sert à placer du canon, 10 févr. 1568. — V. 3 août 1394.

Couvent *des religieuses de Ste-Claire*, leurs différents noms, relâchement de la discipline, leur dispersion, leur rétablissement, leur expulsion, 30 sept. 1792 ; incendie de leur couvent, 5 août 1761.

Couvent *des religieuses de Ste-Marguerite*, ou sœurs blanches, ordre de Prémontrée ; erreur sur leur nom, 22 déc. 1572 ; leur couvent devenu la propriété des Oratoriens, 21 mai 1621. — V. *Ste-Marguerite*.

Couvent des Ursulines, leur premier établissement, leurs différents logements, etc., 6 déc. 1630, 1er mai 1660 ; chassées de leur couvent, 30 sept. 1792.

Couvre-feu. Heure du... 15 mars 1603, 7 oct. 1645 et 4 déc. 1672.

Croix-Chapeau, pris par le duc d'Epernon, 29 juill. 1621.

Crussol (Sire de), sénéch du Poitou ; les Roch. refusent de le recevoir, 29 avril 1469 ; remet la Roch. aux mains du duc de Guienne, 24 mai 1469.

Crussol *(Emmanuel de)*, septe évêque de la Roch., supprime un certain nombre de fêtes, 19 déc. 1772 ; fait rebâtir le palais épiscopal, 1er juin 1773 ; bénit la nouvelle cathédrale, 27 juin 1784.

Culant (Famille de), possédait la seigneurie de Ciré depuis le xve siècle, 15 févr. 1762. — (Marquis de...), l'un des premiers membres de la société d'agriculture, ibid.

Culte catholique ; différents rétablissements à la Roch., 3 janv. 1571. 3 août 1599, 18 janv. 1624, 8 mars 1626, 15 janv. 1629 —V. *Eglises*.

Curateurs, donnés aux mineurs par le juge de la Mairie, 15 mars 1603.

D

Danses de nos pères, 21 novemb. 1632.

David, aumônier du roi de Navarre, prêche le premier publiquement à la Roch. les principes de la réforme, 6 févr. 1558.

David (Famille).— *Jehan*, capitaine et l'un des *coélus*, 22 août 1598. — *Jehan*, pair, rapporte des nouvelles d'Angleterre, dangers qu'il court, 22 et 26 mars 1628 ; en est récompensé, 23 mars 1628. — *Yves*, sr de Repose-Pucelle, maire de 1584, beau-père de Guiton, 14 août 1610. — *Jacques*, nommé député en Angleterre, 22 octob. 1627.

Debolterre (Le cardinal), évêque de Saintes, 30 sept. 1514.

Dechezeau, négociant, député à la Convention, sa noble conduite, sa mort, 4 sept. 1792.

Delacroix, avocat et pair, harangue le duc de Guienne, 7 juillet 1469.

Dély, maire de la Roch ; courage et faiblesse, 21 mars 1793.

Demuyn, intendant ; sa haine contre les protest. ; inscriptions de l'église des Minimes, 31 oct. 1675, 29 déc. 1677.

Dépôt de mendicité établi à la Roch., sa situation, 3 mai 1811.

Desaguliers, ministre anglican, savant de mérite, 12 mars 1683.

Désarmeurs des nefs, leur élection, attributions, 19 avril 1398. — V. *Tour de la Lanterne*.

Desgouttes (Le commandant), descend à la Roch. avec ses officiers ; excès et menaces, 22 mai 1640.
Desmazières, dit *Laplace*, ministre protestant, donne un soufflet à La Noue, 11 mars 1573.
Desnords (Laurent), maire, maintenu dans ses fonctions par Charles VII, après l'expiration du temps de sa charge, 1er oct. 1440.
Deuil., mode de le porter des Anglais, 2 mai 1573.
Digue de Richelieu ; commencement, 17 nov. 1627 ; sa description, 28 novemb. ; en partie détruite par une tempête, 6 janv., 20 févr., 29 juill. et 7 novemb. 1628 ; vaisseaux enfoncés dans le canal, 21 et 27 janv. ; navires attachés les uns aux autres, 5 mars ; regardée comme un ouvrage miraculeux, 24 avril ; comme une huitième merveille, 31 oct. 1675 ; comme impossible à forcer, 16 oct. 1628 ; moyens à l'aide desquels elle eût pu l'être, 5 oct. 1628 ; visitée par le président de la République, 12 octob. 1852. — V. 29 nov. 1627, 11 mai et 20 août 1628, 21 nov. 1632, 22 juill. 1700, &.
Diligences. Etablissement des premières...; temps du trajet de la Roch. à Paris, prix des places, &., 7 mai 1776.
Dimanche. Rigorisme des protest. pour la sanctification du..., 7 mai 1600.
Dimes ; longs débats que cette question occasionne entre les curés et les habitants de l'Aunis, 13 juin 1373, 28 décemb. 1624 ; réglement par Charles V, 7 août 1386 ; modifié par arrêt du parlement, 28 juin 1631. — V. 21 août 1503.
Disette. Arrêté pour les boulangers, 12 juill. 1793 ; prix excessif des denrées; les citoyens mis à la ration, ibid et 19 déc. 1795.
Doignon (comte du), gouverneur de l'Aunis. Convoc. des trois ordres pour l'élection de députés aux Etats généraux, 14 août 1651 ; embrasse le parti du prince de Condé ; se fortifie dans la Roch., 7 oct. 1651 ; ne peut entraîner les Roch. qui se prononcent contre lui, ibid et 5 nov.; fait rompre les voûtes des clochers, 8 oct. 1651 et 28 mai 1705 ; son train de grand seigneur ; démonstrations étranges, 22 oct. 1651 ; échecs de ses troupes, 18 et 19 nov. ; ses navires continuent de croiser sur les côtes, 19 déc. 1651.
Dompierre. Louis VIII y établit son quartier, 15 juillet 1224 ; M. de Polignac, seigneur de..., 15 oct. 1635 ; échange de la seigneurie de Dompierre contre la baronnie de Châtelaillon, 5 févr. 1699.
Dorfeuil, directeur du théâtre, auteur de deux pièces de circonstance, 26 mai 1777.
Doriole (Jean), quatre fois Maire, 26 juin 1473.
Doriole, *(Pierre)* son fils, Maire, chancelier de France ; ses lettres de provision, sa mort, 26 juin 1473 et 14 sept. 1485.
Douarti, gentilhomme ordinaire de la chambre du Roi, assiste au mariage de Coligny, 25 mars 1571.
Drapeaux ; pris par les Rochel., 23 mai 1573 ; offerts par Henri IV, 10 oct. 1584 et 30 juin 1588 ; pris par Soubise et déposés à l'Hôtel-de-Ville, 8 mars 1622 ; drapeau tricolore arboré solennellement à la Roch., 2 févr. 1791 ; drapeau offert aux volontaires par les Rochelaises, 23 août 1792 ; fête à l'occasion d'un drapeau enlevé à l'ennemi par le bataillon de la Charente-Inférieure, 9 déc. 1792.
Drouineau (Gustave), poëte et littérateur ; sa naissance, ses succès, sa folie, 21 févr. 1798.

— 537 —

Duchesne, ingénieur; le palais reconstruit sur ses plans, 12 nov. 1789.
Duels. Fureur des... ; duel entre la Mailleraie et la Cotencière, 7 mars 1628.
Duguay-Trouin. Son départ pour l'expéd. de Rio-Janeiro, 8 juin 1711.
Duguesclin. Ses succès en Aquitaine, 22 juin 1372; les Roch. refusent de le recevoir jusqu'à l'acceptation par le Roi des conditions de leur soumission, 15 août 1372.
Dumon (Luc), ministre protestant; fait le premier prêche dans le grand Temple, 21 juin 1600.
Dunois (Comte de), accompagne Louis XI à la Roch., 23 mai 1472.
Dupaty (Famille). — *L. Ch. Mercier D. de Clam*, sa naissance, ses ouvrages, sa mort, 4 déc. 1744. — Le *président* D., sa naissance, ses titres à la célébrité, sa mort, 9 mai 1746; son nom donné à une rue de la Roch., 12 nov. 1858.
Duperré, amiral; sa naissance, l'hôtel de son père, 20 fév. 1775; sa sœur épouse l'auteur des *Liaisons dangereuses*, 3 mai 1786; son nom donné à l'un des quais, 12 nov. 1858.
Duplessis-Mornay, assiste à une assemblée générale des protestants, 14 nov. 1588; intervient au nom de la régente près de l'assemblée de 1612, 22 nov.; intermédiaire entre le Roi et l'assemblée de 1618, 30 déc.; mémoire qu'il adresse à la célèbre assemblée de 1620, 17 févr. 1621.
Dupont, auteur de l'histoire de la Roch.; erreurs relevées dans son ouvrage, 13 avril, 16 sept., 23 et 24 octob.
Duquesne (Jacob), épouse une fille de Guiton, 10 sept. 1647; ses descendants; brillant combat d'*Abraham*, son fils, ibid et 29 mai 1702.
Durand, procureur du parlement, député par le Roi à la Roch., 16 octob. 1572.
Durand, matelot de l'île de Ré, acte d'héroïque désespoir, 17 sept. 1625.
Dureton (Guillaume), capitaine de Bergerac, reçoit le serment de fidélité des Roch., 7 déc. 1360.

E

Echevinage. — V. *Hôtel-de-Ville*.
Echevins. Leur nombre, leurs attributions, mode de nomination, 27 mars 1541; restrictions imposées à la résignation de leurs places, 14 mai 1559; à quel âge leurs enfants pouvaient être nommés au corps de ville, 23 déc. 1531; scandaleux trafic des fonctions d'échevin, 14 mai 1559 et 11 janv. 1613; titres vendus pour du blé ou donnés en récompense, 16 sept. 1628; obtiennent de Charles V le droit de noblesse héréditaire, 8 janv. 1373; en cas de mort du Maire et des coélus, le premier échevin achevait la mairie, 26 août 1573; la cloche de l'échevinage sonnait pendant leurs funérailles, 15 mars 1603; réunis à la noblesse pour l'élection des députés aux Etats généraux, 12 nov. 1614; échevins *biennaux* établis par François Ier, mode de nomination, 27 mars 1541 et 11 juillet 1548; échevins créés par Louis XIV, 3 mai 1695; mode de nomination établi par Louis XV, leur costume, 5 févr. 1718. — V. *corps de ville, conseillers*, 15 avr. 1398, &.

— 538 —

Ecoles chrétiennes, fondées par l'évêque, 26 juill. 1703 et 28 mars 1740. — V. *Frères des*....

Ecoles protestantes, 14 nov. 1588. — V. *Grandes écoles.* — *Collége.*

Ecossais. Grand nombre d... fixés à la Roch., 22 févr. 1603.

Edit de Nantes; accepté avec répugnance par les Roch.; difficultés à l'occasion de son exécution, 4 août 1599, 9 mai 1600 et 25 novemb. 1607; sa révocation, ses conséquences, persécutions, abjurations, 1er mars et 6 oct. 1685 et 2 mars 1688.

Edmond, ambassadeur d'Angleterre; accompagne Sully à la Roch., 3 mars 1616.

Edouard III, roi d'Angleterre, accorde aux Roch. des lettres de sauvegarde pour trafiquer dans ses Etats, 3 oct. 1338; débarque à Bordeaux; fait le roi Jean prisonnier, 9 août 1356; recouvre la Roch. par le traité de Brétigny; cherche à se concilier ses habitants par de nombreux priviléges, 8 mai et 29 octob. 1360; prend possession de la Roch. par commissaires, 6 déc. 1360; concessions faites aux habitants sur la monnaie, 8 août 1394; cède ses possessions d'Aquitaine à son fils, 19 juin 1362 et 27 août 1363; envoie devant la Roch. une flotte qui est battue par une flotte franco-espagnole, 22 juin 1372.

Edouard, prince d'Aquitaine, son fils, débarque à la Roch. avec sa femme, 27 août 1363; reçoit le serment de fidélité des Roch., 28 août 1363, 16 mai 1791.

Eglises. Leur grand nombre à la Roch., 25 mars 1472; serment au roi d'Angleterre prêté dans les églises, 7 déc. 1360; servaient aux élections municipales, 27 mars 1545 et 18 févr. 1590; pillage des églises, 31 mai 1562, 9 janv. et 2 févr. 1568; transformées en temple protest, 2 févr. 1568; cinq églises paroissiales, 13 septemb. 1565. — V. *Paroisses.* — détruites par St-Hermine, 10 et 22 févr. et 1er août 1568, 24 mars 1630; cloches brisées, 2 févr. 1568; églises fortifiées, 5 sept. 1356, 12 déc. 1439 et 29 juill. 1621.

Eglise Notre-Dame. Première église de la Roch., fondée par les moines de l'île d'Aix, 19 févr. 1152, 26 déc. 1199 et 20 oct. 1792; détruite à l'exception de son clocher, 10 févr. 1568; sa reconstruction, 29 mars 1653; le curé contribuait à la nomination du chapelain de St-Eloy, 1er déc. — V. 7 août 1382, 17 oct. 1492, 10 mai 1552, 27 juin 1590 et 30 sept. 1789.

Eglise Saint-Barthélémy. Sa fondation; opposition de l'évêque de Saintes à sa construction, 19 févr. 1152 et 20 oct. 1792; son érection en église paroissiale, 19 févr. 1500; servait pour l'élection du Maire, 18 août 1398 et 24 avril 1567; miracle du muet, 13 avril 1461; François 1er, Charles IX et Catherine de Médicis y assistent au service divin, 31 déc. 1542, 2 janv. 1543 et 14 sept. 1565; premier prêche en faveur de la réforme, 6 févr. 1558; les protestants y font leurs exercices religieux; parfait accord entre les prêtres et les ministres, 20 oct. 1562 et 12 mai 1565; détruite à l'exception du clocher, 10 fév. 1568; restes probables de l'église primitive, 19 févr. 1152; le clocher sert à faire le guet et à placer du canon, 9 avril, 28 sept. et 14 oct. 1628; du Doignon en fait rompre les voûtes, 8 oct. 1651; les ruines de l'église rendues aux catholiques, 6 août 1599 et 9 mai 1600; les travaux commencés pour sa reconstruct. sont entravés par les protest., 25 nov. 1608; ses chapelains représentés à la publication

— 539 —

du coutumier, 30 sept. 1514; le chapitre se brouille avec les paroissiens, 16 novemb. 1666; diverses églises dans lesquelles fut fait le service de la paroisse; pose de la première pierre de la nouvelle église, sa description, 20 juin 1678; elle sert au chapitre après l'incendie du grand temple, 9 fév. 1687 et 10 juin 1702; le service de la paroisse y est continué après la construction de la cathédrale, 27 juin 1784; église St-Barth. vendue, puis détruite, ibid; rétablissement de l'horloge du clocher, 10 août 1702. — V. 2 déc. 1454, 6 juillet 1469, 4 sept. 1565, 6 déc. 1630 et 23 nov. 1790.

Eglise Saint-Jean, en partie détruite par une explosion, 19 janv. 1545; démolie pour la reconstruction d'une citadelle, 12 janv. 1556; écusson royal gratté sur sa façade, 24 déc. 1792.

Eglise Saint-Nicolas, 27 juin 1590; écusson royal gratté sur sa façade, 24 déc. 1792.

Eglise Saint-Sauveur, fondée par les moines de l'île d'Aix, 20 octob. 1792; d'abord simple chapelle, érigée en église paroissiale, de fondation royale; confrérie du corps de J.-C. et de saint Marsault, 19 févr. 1500; les chapelains représentés à la publication du coutumier, 30 sept. 1514; projet d'agrandissement, 12 juin 1531; sert aux exercices des protestants, 12 mai 1565; détruite à l'exception de son clocher, 10 févr. 1568; vente de l'emplacement; son ancienne importance, 18 mai 1570; écroulement du portail, 1er févr. 1573; le maire Robineau y est enterré, 23 août 1577; son clocher sert à faire le guet et à placer du canon, 9 avril et 28 sept. 1628; du Doignon en fait rompre les voûtes, 8 oct. 1651; chapelle établie sous le clocher, 28 mai 1705; reconstruction de l'église; brûlée une première fois au xve siècle, elle est de nouveau incendiée et rebâtie, 28 mai 1705 et 11 mars 1708; le curé prête seul le serment civique, 30 janv. 1791; *Te Deum* pour l'inauguration du drapeau tricolore, 2 févr. 1791.

Elections. Mode d'élection pendant la mairie perpétuelle, 27 mars 1541; avaient lieu dans les églises, 27 mars 1541 et 28 janv. 1790. — V. *Corps de ville, états généraux, échevins, garde nationale, officiers de la commune, tribunaux de commerce et de district,* &. et 6 juin 1588.

Elisabeth, reine d'Angleterre, conclut un traité d'alliance avec les Roch., 17 janv. 1569; ceux-ci lui envoyent des députés, 20 janv. 1572; mais elle se montre peu favorable à la cause des réformés, 19 avril 1573; plus tard elle se prononce en leur faveur, 11 juin 1586; félicitations que lui adresse le roi de Navarre, 2 sept. 1588.

Elus, Élection (tribunal de l'), établis à la Rochelle; attributions des élus, lieu de leurs séances, suppression, 3 déc. 1689 et 22 nov. 1790.

Embigh (comte d'), amiral de la flotte anglaise, trompe les espérances des assiégés, 11 et 30 mai 1628.

Emery, monétaire du roi Jean d'Angleterre, établit un atelier à la Roch., 8 déc. 1215.

Emery, gentilhomme gascon, vient porter des propositions de paix aux assiégés, 29 nov. 1627.

Enterrements. Monopole des tentures attribué à l'administration de l'hôpital, 3 août 1667. — V. *Maire, Echevins, Pairs, Barbot, Robineau, Coligny (d'Andelot), de Rohan.*

— 540 —

Entremont (comtesse d'), son amour romanesque pour Coligny, son mariage, 25 mars 1571.

Epernon (le duc d'), protège l'évasion de Marie de Médicis, 30 déc. 1618 ; les Roch. refusent de le recevoir comme gouverneur, animosité qu'il en avait conçue ; s'empare de différents postes, 29 juillet 1621 ; déjoue une tentative des Roch. contre sa personne et leur fait essuyer un échec, 3 nov. 1621 ; chargé d'attaquer la Roch., 22 févr. 1622.

Eperons de la porte des Deux-Moulins et de la Croix, 21 juill. 1788 et 12 juin 1826.

Epine (l'), l'un des quartiers du duc de Soissons, 25 juin 1622.

Esnandes, port d'..., 22 août 1447 ; René de Bretagne, seigneur d'..., 30 sept. 1514 ; pays de sorciers, 31 août 1593 ; envahi par la peste, 20 juill. 1604 ; démolition de ses fortifications, 5 mars 1622 ; affreux assassinat, 13 nov. 1817.

Espagnols. Flotte Franco-Espagnole battue par les Anglais, 22 juin 1372, viennent bloquer la Roch., 15 août 1372 ; tentent une descente sur les côtes de la Roch., 2 avril 1543 ; grande flotte Espagnole battue par les Anglais, réjouissance à la Roch. à cette occasion, 2 sept. 1588 ; une galère espagnole avec son équipage vient s'offrir à la commune, 10 fév. 1592 ; un grand nombre s'étaient fixés à la Roch., 22 fév. 1603 ; détestés par les Roch., 2 juill. 1604 ; flotte de secours qu'ils envoient à Louis XIII, 21 janv. 1628. — V. 27 janv. 1628.

Esprinchard (Michel), Maire, vend une horloge remarquable à la commune, 18 janv. 1578.

Esprinchard (Jacques), son fils, savant rochel., ses ouvrages, sa mort, 29 août 1604.

Essards (des), capitaine rochel., chargé d'une expédition contre l'île de Ré, 8 nov. 1572.

Etoile (l'), ami d'Esprinchard, sa répugnance à donner ses livres, 29 août 1604 et 19 janv. 1606.

Estissac (d'), gouverneur de la Roch., mal disposé pour les Roch., 12 janv. 1556 ; à quelle occasion ceux-ci le prirent en haine, 17 juillet 1554.

Estissac (baron d'), lieutenant-général, envoyé pour combattre du Doignon, 15 nov. 1651 ; s'empare des tours de la Lanterne et de la Chaîne, 16 et 19 nov. 1651.

Estrée (maréchal d'), commandant de la province, 3 mai 1695.

Etats généraux. Députés du corps de ville aux...., convocation des Etats d'Aunis pour l'élection de députés, 12 nov. 1614 ; réunion des trois ordres pour nommer des députés, 14 août 1651 ; vœux et demandes des habitants et du corps de ville, 30 déc. 1788 ; élections, cahier des plaintes et doléances du tiers état de la Roch., 4 mars 1789.

Etrangers. Les noms de ceux qui venaient à la Roch. étaient apportés au Maire, 12 janv. 1419 ; leur nombre considérable, sévérité des règlements à leur égard, 23 févr. 1603 et 17 juin 1606 ; promesses de places au corps de ville et de lettres de bourgeoisie à ceux qui combattraient vaillamment pour la défense de la ville, 16 sept. 1628.

Eugene III, pape, enjoint à l'évêque de Saintes de ne pas s'opposer à la construction de l'église Saint-Barthélemy, 19 févr. 1152.

Evêché. Projet de transférer l'un des évêchés voisins à la Roch.; trans-

— 541 —

lation dans cette ville de l'évêché de Maillezais, 15 janv. 1629, 28 févr. 1643 et 16 novemb. 1666 ; étendue et circonscription du nouvel évêché, 2 mai 1648 ; ses archives brûlées, 1er juin 1773 ; suppression de l'évêché de la Roch., 12 juill. 1790 et 27 févr. 1791 ; importance de ses revenus, 2 mai 1648 ; palais épiscopal d'abord dans le *grand logis*, reconstruction, 1er juin 1586-1773 ; donné par Napoléon au département, 6 août 1808 ; le palais actuel acheté avec les fonds provenant de l'ancien, ibid. — V. *Evescault*.

EVÊQUES DE SAINTES. L'évêque de Saintes, dont dépendait la Roch., avait un hôtel à la Roch., V. *Evescault* ; il s'oppose à la construction de St-Barthelémy, 19 fév 1152 ; il excommunie les habitants de l'Aunis, 21 août 1503 ; et les membres de la cour des Salins, 3 déc. 1641 ; il assiste à la prise de possession de la Roch. par le roi d'Angleterre, 6 déc. 1360 ; fixation au centième de son droit de dîme, 7 août 1382 ; évêques notables de Saintes, 27 févr. 1791.

EVESCAULT. Ce qu'on appelait de ce nom, 17 juill. 1550 ; devient propriété de la commune, qui fait construire une boucherie sur son emplacement, 20 sept. 1597. — V. *boucheries, officialité*.

EVRART (Guill.), Maire, achète les maisons sur l'emplacement desquelles fut bâti l'Hôtel-de-Ville, 1er mars 1298.

EVREUX (Jehan d'), sénéchal de la Roch., 15 août 1372.

EXCOMMUNICATIONS lancées contre les habitants de l'Aunis, abbés chargés par le Pape de les absoudre, 13 juin 1373 et 21 août 1503 ; contre la cour des Salins, appel comme d'abus, 3 déc. 1641.

EXÉCUTIONS CRIMINELLES. — EXÉCUTEURS DES HAUTES-ŒUVRES. Salaire et prérogatives de celui-ci, 12 déc. 1573 ; les bourgeois exemptés d'assister aux exécutions, 28 févr. 1519 ; sept pendus, 8 févr. 1563 ; dix pendus, hommes fouettés par les cantons, 13 janv. 1574 ; femme pendue par les pieds, 10 septemb. 1598 ; pâtissier condamné à être pendu pour injure ; peintre contraint de faire un portrait sous peine de prison, 16 et 19 févr. 1617 ; soldat pendu deux fois, 18 décemb. 1628 ; râsement de la maison des condamnés, 14 déc. 1559 ; supplice de la *roue*, 11 déc. 1608 ; de la *gourbeille*, 8 nov. 1630 ; de la *claie*, 13 déc. 1685 ; des *brodequins*, 10 juillet 1628 et 14 avril 1703.

F

FAIENCERIE établie à l'hôpital général, 3 avril 1667.

FAILLE (Clément de la), naturaliste, sa naissance, sa demeure ; 20 nov. 1715 ; dons à l'Académie de la Roch., ibid et 24 juill. 1782 ; membre de la société d'agriculture, 15 févr. 1762.

FARGET, ministre protestant, 17 nov. 1558.

FAUBOURGS — du *Colombier*, démoli, 13 nov. 1572 ; sa situation, détruit de nouveau pour la construction des nouvelles fortifications, 4 avril 1689 ; — des *Deux-Moulins*, sa situation, démoli pour la construction des fortifications, ibid ; — des *Lapins*, idem, ibid ; — de la *Fons*. — V. la *Fons* — de *St-Eloy*, V. ce mot — de *Tasdon*, V. ce nom.

FAVAS, député général des protestants, assiste à une assemblée générale, 14 novemb. 1588 ; invite le Maire à convoquer une assemblée gén. à la Roch., 4 octob. 1620 ; est repoussé dans une attaque contre la Gremnenaudière, 29 juill. 1621 ; émeute contre lui, 3 nov. 1621.

FAYE, maison noble à St-Éloy, 13 sept. 1565.

FAYET, un des premiers ministres protestants de la Roch., 6 avril 1561.

FÉNÉLON. Sa mission dans l'Aunis, sa douceur évangélique, son rappel, 9 sept. 1685.

FERMES COMMUNALES. Mises en adjudication chaque année, 15 mars 1603.

FERRARE (cardinal de), accompagne François Ier à la Roch. 30 déc 1542.

FERRIÈRES (de), complice d'assass., condamné aux galères perpét., 27 avr. 1606.

FERRY, ingénieur général, sauve la Roch. de la destruction et la met en état de défense, 4 août 1689 ; auteur du dessin de la porte Dauphine, 9 mars 1698 ; son projet de faire de la Roch. une des meilleures places du royaume, sa mort, 22 juill. 1700.

FÊTES, *jeux, divertissements*.— Ce qu'on appelait *cension*, 17 mai.— La *pelotte du roi*, 24 f. 1542. — Tir de *l'arc*, de *l'arbalète*, de *l'arquebuse*, du *canon*, 17 mai et 16 juin 1545.— *Arbre de mai*, 1er mai 1573. — *Feu de la St-Jean*, 23 juin 1702. - *Feux de joie*, 17 oct. 1492, 1er janv. 1543, 24 sept. 1577, 2 sept. 1588, 29 juin 1598, 3 mai 1695, 2 juil 1763, 14 juil. 1790, 23 juin 1811, 7 juill. 1814, &. — *Fête de Bacchus*, 20 mai 1563. — Fêtes à l'occasion de l'entrée du duc de Guienne, 6 juill. 1469 ; de la naissance du Dauphin, 17 oct. 1492 ; en l'honneur de François Ier, 1er janv. 1543 ; de Charles IX, 13 et 14 sept. 1565 ; de la victoire des Anglais sur les Espagnols, 2 sept. 1588 ; de la bataille de Coutras, 25 octobre 1588 ; de Sully et de sa femme, 2 juill. 1604 ; de la reddition de la Roch., 1er et 2 nov. 1628 ; d'Anne d'Autriche, 20, 21 et 23 nov. 1632 ; de la St-Louis, 25 août 1703 ; de la paix d'Utrecht, 4 juin 1713 ; d'Aix-la-Chapelle, 9 mars 1749 et de Paris, 2 juill. 1763; de la Prise de Port-Mahon, 1er août 1756 ; du sacre de Louis XVI, 2 juill. 1775 ; en l'honn. du c^{te} d'Artois, 2 mai 1777 ; de la révolut., 11 août 1789 ; de la *fédération*, 14 juill. 1790 ; de l'acceptation de la constitution, 21 sept. 1791 ; de sa proclamation, 19 octob. 1791 ; d'un drapeau pris à l'ennemi, 9 déc. 1792 ; de la reprise de Toulon, 9 janv. 1794 ; fête de l'Etre suprême, 8 juil. 1794 ; de l'agriculture, 28 juin 1796 ; à l'occasion de la naissance du roi de Rome, 23 juin 1811 ; du couronnement de l'Empereur, 5 déc. 1813 ; de la paix avec les alliés, 12 juin 1814 ; de la bénédiction des drapeaux de la garde nationale, 3 juill. 1814 ; de la visite du duc d'Angoulème, 7 juill. 1814 ; du passage du président de la République, 12 oct. 1852 ; de l'inauguration du chemin de fer 6 sept. 1857.

FÊTES CATHOLIQUES. Suppression d'un certain nombre, 19 déc. 1772.

FEUQUIÈRES (de), fait prisonnier, 29 janv. 1628 ; intervient dans les négociations pour la paix, 7 sept. 1628.

FIEF (du), condamné pour avoir ravi et épousé la fille du seig. de la Sausaye, 31 oct. 1613.

FIEF D'AUNIS (grand), droit perçu sur les vignes du.... par le comte de Poitou, 3 juin 1246 ; réuni au ressort de la Roch., 29 oct. 1360 ; donné en douaire à la veuve de Charles VII, arpentage, 11 janv. 1463 ; puis à la veuve de Louis XII, 29 nov. 1525. — V. 7 août 1382.

FIESQUE (de), gentilhomme génois pris, avec sa galère, par les Roch., 8 nov. 1572.

— 543 —

Flandres. Grand commerce de vin des Roch. avec les Fl...., 1er juillet 1395 ; nombreux Flamands fixés à la Roch., un carrefour portait leur nom, 22 févr. 1603. — *(Louis, comte de...)* concède aux Roch. d'importants privilèges commerc., 22 nov. 1331. — *(Marguerite, comtesse de...)* leur octroie de même de grands privilèges, 1er juill. 1395.

Fleuriau de Bellevue. Son nom donné à une rue ; monument à sa mémoire, 24 sept. 1854.

Fleury de la Vergne, commandant des volontaires nationaux, 29 sept. 1789.

Flotte (la) (île de Ré), pillée et rançonnée par les Anglais, 28 octob. 1457. — V. 3 sept. 1575.

Foires, tenue dans la cathédrale, 27 juill. 1784 et 17 déc. 1800 ; arrêté qui établit deux foires à la Roch. ; lieux où elles se tenaient, 17 déc. 1800.

Fonderie de canons. Sa construction, sa situation ; devient le manoir du fief St-Louis, 29 sept. 1627.

Fons (village de la). Etablissement des fontaines à la F..., 22 août 1447. — V. *fontaines*. — Brûlé et démoli par les Roch. ; combat entre les assiégés et les troupes de Biron, 13 déc. 1572 ; nouvelles démolitions ordonnées par le corps de ville, 28 juin, 1622 et 29 sept. 1627 ; démoli en partie pour la reconstruction des fortifications, 4 avril 1689. — V. 18 avril 1628.

Fontaines. Premières fontaines, 22 août 1447 ; mode de construction, 15 sept. 1544 ; emploi des premières pompes, ibid ; il n'existait que trois fontaines en 1572 ; Biron essaie d'en couper les canaux, 13 déc. 1572 ; projet des assiégeants de couper les canaux, 19 sept. 1627 ; exécution de ce projet et empoisonnement des eaux, 18 avril 1628. — V. 8 mai 1583. — *La Vieille-Fontaine*, sa situation, 22 août 1447 ; — *f. des Petits-Bancs*, origine de son nom, sa construction, sa forme, réparations diverses, 15 sept. 1544 ; — *f. de la Caille*, 14 sept. 1565 ; — *f. du Pilori*, 18 avril 1628 ; — *f. Royale*, sa construction, &., 15 janv. 1629 et 18 oct. 1648.

Fontenay-le-Comte, formait un doyenné du diocèse de la Roch., 2 mai 1628.

Foran (le Bonhomme), 2 oct. 1621 ; — *Job*, beau trait de patriotisme, 16 avril 1622.

Force (de la), représenté à la grande assemblée de 1620, 25 déc. ; le duc et le marquis de la F..., nommés commandants de deux des gouvernements militaires, 10 mai 1621 ; les Roch. demandent que le Fort-Louis soit remis aux mains du duc de la F...

Forestier (Anne), fondatrice de l'hôpital de St-Etienne, ses vertus, sa mort, 28 mars 1740.

Forestières (les), association de bienfaisance des demoiselles Roch., 28 mars 1740.

Forras, Jean, Nicolas et Guillaume de..., 1er mars 1298.

Fortifications. Première enceinte murée commencée sous Guillaume, dernier duc d'Aquitaine, 27 juin 1580 ; en 1224, la Roch. était entourée de fortes murailles et de tours élevées ; Louis VIII, après la reddition de la ville, jure de les respecter, 15 juill. et 3 août ; murailles de la Roch., 4 déc. 1222, 11 oct. 1422, 25 mai 1472 et 24 oct. 1572 ; différentes enceintes de la ville, 27 juin 1590 ; doubles

— 544 —

douves entre les Portes Neuve et des Deux-Moulins, 3 déc. 1542 ; fortifications augmentées ou réparées, 10 août 1441, 13 oct. 1512 ; 17 janv. 1569, 10 déc. 1615, 4 oct. 1621 et 23 févr. 1622 ; système de bastions substitué aux anciennes murailles ; confection de grands bastions royaux ; anciens murs démolis et fossés rasés, 27 juin 1790 et 15 sept. 1615 ; écroulement d'un grand pan de muraille, 7 nov. 1622 ; allocation du Roi pour l'entretien des fortifications, 26 octob. 1627 ; Louis XIII ordonne, après la reddition de la ville, le rasement de ses fortifications, 26 oct. et 3 nov. 1628, 15 janv. 1629 et 4 avril 1689 ; emplacement des fortifications donné au duc de St-Simon, 29 sept. 1627 ; construction de fortifications provisoires, 19 déc. 1651 ; entreprise des fortifications nouvelles, 4 avril 1689. — *Plateforme de la tour de la Chaîne*, 31 décemb. 1542. — *Boulevard de l'Evangile*, 10 avril 1573, 27 juin 1590, 23 févr. 1622 et 4 décemb. 1222 ; les capucins établissent leur couvent sur son emplacement, 11 juin 1628. — *Bastion du Gabut*, bâti avec les pierres de l'église de Saint-Sauveur, 18 mai 1570, 27 juin 1590 et 11 mai 1628 ; en partie détruit par le Doignon, 7 oct. et 15 nov. 1651. — *Demi-bastion de la Vieille-Fontaine*, 23 mai 1573 et 27 juin 1590. — *La Ratonnière*, 5 mai 1573. — *Bastions de la Villaudière, de Maubec, des grands et petits Lapins, de St-Nicolas*, 27 juin 1590. — *Bastion de la Vallée*, origine de son nom, son emplacem., 19 juin 1631. — *Fort de Tasdon*, 29 juill. 1621 et 23 févr. 1622 ; sa démolition condition de la paix, 8 mars 1626 ; démoli et relevé, 30 avril 1626, 22 mars, 11 mai et 30 oct. 1628. — *Fort de l'Assemblée*, 23 fév. 1622. — *Tenaille des Deux-Moulins*, 11 mai 1628. — V. porte des *Deux-Moulins*. — Commencement de l'*ouvrage à corne de St-Nicolas*, 4 avril 1689. — *Batterie des Enfants*, 20 sept 1757 ; réparation des fortifications, 19 mars 1793. — V. *portes de ville*, 12 mai 1565 et 20 sept. 1757.

Forts élevés contre la Roch. — *De l'Aiguille, de Courcilles, de Port-Neuf, de St-Martin-le-Luthérien*, 3, 4 et 18 f. 1573. — *Fort-Louis ou de la Motte*, sa construction, 25 juin 1622 ; son importance, 28 juill. 1622 ; son rasement promis par la paix de Montpellier, 10 nov. et 18 déc. 1622 et 8 mars 1626 ; Louis XIII donne l'ordre de le détruire, il n'est pas exécuté, 18 déc. 1622 ; répugnance invincible des Roch. à prononcer son nom, 14 oct. 1627 ; projet de citadelle à élever sur son emplacement, 22 juill. 1700. — V. 4 févr. 1573, 11 nov. 1622, 7 juin, 20 juill., 10 sept. 26 oct. et 28 nov. 1627, 9 avril et 29 oct. 1628 et 25 août 1703. — *Forts de Mireuil et du St-Esprit*, 9 avril 1628. — *D'Argencourt*, 28 nov. 1627.

Fos (de), député vers Buckingham, 6 oct. 1627.

Fosse aux mats, sa situation et sa destination, 15 févr. 1471 et 24 déc. 1808.

Fou (François du), seigneur du Vigean, assiste aux noces de Coligny, 25 mars 1571 ; député par le Roi vers les Roch., refus de le recevoir, attentat contre sa personne, 23 oct. 1572.

Fou (Loyse du), dame de Vérac, marraine avec le roi de Navarre, 19 juin 1588.

Foucamberge, commandant anglais, ravage l'île de Ré, 25 août 1462.

Foucault (Jehan), premier sous-Maire choisi par Jarnac ; haine qu'il s'attira par sa conduite, 1er avril 1536.

— 545 —

Fouchier. Le roi et la reine de Navarre descendent chez lui, 5 fév. 1558.
Fouchier, lieutenant général, 15 oct 1635.
Foudras (de), coadjuteur de l'évêque de Poitiers, sacré à la Roch., 1er févr. 1722.
Fourbisseurs d'épées; leur corporation érigée en maîtrise, réglement, patron, bannière, 18 août 1590.
Fourches patibulaires, 1er août 1746, 14 juill. 1756, 26 juin 1787.
Fraignée (la), chef de brigands, exécuté à la Roch. 11 déc. 1610.
Franc (le), courrier du Roi, 4 mai 1628.
François 1er. Son premier voyage à la Rochelle, 1er février 1519; fixe l'âge auquel les enfants de pairs et d'échevins pourront être admis au corps de ville, 23 déc. 1531; abolit l'antique statut communal de la Roch., 27 mars 1541 et 11 juill 1548; soumet les Rochelais à la gabelle, 12 avril 1541; ils se soulèvent; sa colère contre eux, son arrivée dans leur ville, particularités de son séjour, 16, 30 et 31 déc. 1542; il pardonne aux Roch.; grandes réjouissances à cette occasion, son départ, 1er et 2 janv. 1543; persécute les protestants et s'allie aux Turcs, 2 avril 1543; autorise la commune à construire et établir un collége, 5 févr. 1545; n'a ni fait bâtir ni même habité la maison à laquelle quelques-uns donnent son nom, 21 avril 1370 et 8 avril 1748. — V. 29 nov. 1525 et 4 nov. 1550.
François II; édit rigoureux contre les protest. 14 déc 1559.
Frédéric-Auguste, duc de Saxe, vient à la Roch., 24 août 1715.
Frezeau de la Frezelière, troisième évêque de la Roch., confie le séminaire aux jésuites, 13 août 1694; veut s'emparer de l'église St-Barthelémy pour en faire la cathédrale, sa mort, 10 mai 1702.
Froment (Gabriel), premier Maire après le rétablissement de la mairie, cérémonie de son installation, 3 mai 1695. — V. 23 juin 1702.
Fromentinière (la), capitaine des milices rochel., 3 sept. 1575.
Furgon (Claude), seigneur de St-Christophe, 30 sept. 1514. — V. 15 oct. 1635.

G

Gabelle. Les Roch. en étaient exempts, 12 juin 1472; son établissement occasionne une révolte, 12 avril 1541; calamités qui en furent la suite, 30 août et 16 déc. 1542.
Gabriel, premier architecte du Roi; la cathédrale construit sur ses dessins, 27 juin 1784.
Gabrielle d'Estrée, maîtresse de Henri IV, accusée d'avoir empoisonné Mlle de Boyslambert, 7 août 1587.
Gadeffer (le chevalier), part de la Roch. pour les Canaries, 1er mai 1402.
Gagers de la ville. Leur costume, 30 déc. 1542.
Garde (baron de la), commandant de galères, reçu avec de grands honneurs, 16 juin 1545; les Roch. lui refusent des provisions, 9 sept. 1572.
Garde-aux-Valets (la). Le prince de Condé y couche, 10 déc. 1615.
Garde nationale. Diner offert par elle à la garnison, 11 août 1789; départ pour les frontières d'une compagnie de volontaires, 23 août 1792; réorganisation, 28 sept. 1793 et 17 mars 1811; douze batail-

35

lons dans l'arrondissement, élection des officiers, 8 mars 1801 ; bénédiction de drapeaux, 3 juill. 1814 ; une colonne de volontaires marche au secours de Paris, 24 juin 1848. — V. *Milices bourgeoises* et 23 nov. 1790, 19 août et 19 oct. 1791, 9 déc. 1792, 8 juin 1794, 6 août 1808 et 16 sept. 1623.

Garesché, Maire, proclame la Constitution, 19 oct. 1791 ; sa générosité et son patriotisme, ibid, 21 sept. 1791 et 21 août 1793.

Gargouillaud, échevin, sa maison sert de temple protestant, 20 oct. 1562 et 12 mai 1565 ; sergent-major pendant le siège de 1573, 1er juill.; chargé d'arrêter du Lyon, 12 déc. 1573 ; son fils, l'un des capitaine des milices, 3 sept. 1575 ; porté à la mairie par Condé, 13 mai 1577 ; commandant de galiotes, 3 nov. 1592 ; son nom donné à un jeu de paume, 5 nov. 1628.

Garreau (Paul), membre de la chamb. de comm., 15 juill. 1719 ; un des Maires convoqués au sacre de l'Empereur, 23 oct. 1804 ; présente les clés de la ville à Napoléon, 6 août 1808. — V. 12 juin et 3 juil. 1814.

Gast (du), capit. command. du château de Mornac, 15 et 31 mars 1434.

Gastaud (Jacq.), recteur du chap. des prêtres de la Roch., 6 août 1599.

Gayouer (le) ; ce qu'on appelait ainsi, 28 avril 1443.

Gendrault, Maire de 1576, peu favorable à Condé, 13 mai 1577.

Généralité de la Roch. Sa création, sa circonscription, &., 2 mai 1695. — V. *Trésoriers de France*.

Genette (la), 22 juill. 1700, 25 août 1703 et 21 juill. 1788.

Gentelot, condamné pour cause de religion, 14 juill. 1756.

Gentilz (Seguin), Maire, harangue François Ier; fait chevalier, 1er févr. 1519.

Gibert, ministre protestant, et son frère ; condamnations prononcées contre eux pour cause de religion, 14 juill. 1756.

Giraud, seign. de Bazauges, envoyé au secours de Mornac, 19 et 31 mars 1434 ; le titre nobiliaire de la famille donné à une rue 19 mars 1434.

Girard (Renaud), Maire de 1407, avait fait procéder à la réformation des statuts municipaux, 4 sept. 1493.

Giraud, juge-de-paix, nommé député à la Convention, 4 sept. 1792 ; fait déclarer par elle que la Roch. a bien mérité de la patrie, 19 mars 1793.

Gobert, député en Angleterre, 11 et 30 mai 1628.

Godefroy, Maire ; sa réponse aux envoyés de Buckingham, 20 juillet 1627 ; refuse de recevoir Soubise, 23 juill. 1627 ; accusé de s'être laissé corrompre par la cour, 30 juill. 1627. — V. 26 mars et 30 avril 1628.

Godin, part de la Roch. pour aller mesurer le méridien, 16 mai 1735.

Goguet (Pierre-Denis), Maire ; don fait à l'empereur d'Autriche, 18 juin 1777 ; premier Maire de la nouvelle organisation communale, 18 janv., 14 juill. et 23 nov. 1790.

Gonzagues, au siège de la Roch., 11 févr. 1573.

Gord (la), Mérichon, seigneur de..., 28 avril 1443 ; quartier de Saint-Martin, 13 déc. 1572 ; le duc de Mayenne à..., 13 mai 1577.

Goubin, l'un des quatre sergens de la Roch., 19 mars 1822.

Goupilon, l'un des conjurés de la conspiration de la Roch., ibid.

Gourgues (Dominique de) ; son expédition à la Floride, son retour, 13 juin 1568.

— 547 —

GOUTTE (Daniel de la), avocat du Roi, député aux Etats généraux, 9 juin et 12 nov. 1614 ; à la grande assemblée de 1620, 25 déc.; vers l'évêque de Saintes, 28 déc. 1624 ; vers le Roi, pour lui présenter la soumission des Roch., 29 oct. 1628.

GRAND PRIEUR DE CHAMPAGNE, au siège de la Roch., 11 févr. 1573.

GRANDES ÉCOLES. Leur construction, 6 févr. 1545 ; transformées en arsenal, 25 avril 1628 ; données par Louis XIII aux Ursulines, 6 déc. 1630. — V. *Collége* et 14 mai 1565.

GRANDE RIVE, 15 nov. 1651 ; appelée quai Duperré, 12 nov. 1858.

GREFFIER ou *clerc* de la ville, mode de nomination, attributions, 15 et 19 avril 1398 ; confrérie des greffiers, 19 mai 1700.

GREMMENAUDIÈRE (la), château fortifié ; Biron s'en empare, 13 déc. 1572 ; inutile tentative de Favas pour la reprendre aux royalistes, 29 juill. 1621 ; condamnée à être rasée, 22 févr. 1622.

GRENIERS D'ABONDANCE, 6 mars 1619.

GRIFFON DE ROMAGNÉ, député à l'Assemblée constituante, 15 déc. 1789.

GRIGNON DE MONTFORT, son long séjour à la Roch., ses missions, processions, miracles, &., 16 août 1711.

GRINGIUS ou *Grouchy*, professeur de grec au collége, sa mort, 14 mai 1565

GRISSOT (J. B. P. A.), lieutenant criminel, nommé juge du district, 23 nov. 1790.

GROSSE-HORLOGE (la). Son passé, ses transformations diverses, son ancienne forme, &., 24 déc. 1792. — V. 1er sept. 1457, 31 déc. 1542 et 15 nov. 1651.

GUADAGNE (l'abbé), envoyé par la cour vers les Roch., 19 nov. 1572.

GUEMENIÈRE, accusé de l'attentat contre du Vigean ; arrêté et rendu à la liberté, 23 oct. 1572.

GUIBERT, négociant, 2 févr. 1791.

GUICHARD D'ANGLES, sénéchal de Saintonge, 6 déc. 1360.

GUIENNE (duc de), frère de Louis XI, reçoit en apanage la Roch. avec la Guienne, 29 avril et 7 sept. 1469 ; magnifique réception des Roch., cadeau, 6 et 7 juill. 1469 ; son entrevue avec Louis XI au Braud, 7 sept. 1469 ; le Roi révoque le don qu'il lui avait fait ; sa mort, 23 et 24 mai 1472. — V. 28 avril 1443.

GUIGNARDERIE (la), commune de Lagord, ancienne propriété de Lafaille, 20 nov. 1718.

GUILLAUME X, duc d'Aquitaine et comte de Poitou, dépouille Isambert de Châtelaillon de ses domaines ; veut faire de la Roch. la principale ville de l'Aunis ; accorde à ses habitants le droit de commune, 19 févr. et 18 mars 1152, 8 juill. et 26 déc. 1199 ; la première enceinte murée de la Roch., commencée de son temps, 27 juin 1590.

GUILLE-BEDOUINS, signification de ce nom, 25 juin 1622.

GUILLEMELLE, principal du collége, traité passé avec le corps de ville, 19 juill. 1560.

GUILLEMIN (Pierre), Maire de 1600 ; reprise des travaux du Grand Temple ; ses armoiries, 21 juin 1600.

GUILLERY, célèbre chef de voleur, son supplice, 11 déc. 1608.

GUIMBELETIERS. — V. *Taillandiers*.

GUISE (le comte de), accompagne Louis XI, 23 mai 1472.

GUISE (le duc de), au siège de la Roch., 11 févr. 1573 ; chargé de bloquer la Roch. par mer ; bravoure et sangfroid, 25 juin et 27 octob. 1622 ; les Roch. lui envoient des députés, 10 nov. ; il reçoit la soumission de Guiton, 15 nov. 1622. — V. 15 mars 1654.

GUITON (famille). — *Pierre* G., un des otages rochel., après le siège de 1573, 13 juill. 1573. — *Jacques* G., Maire de 1575, 3 sept. 1575 et 2 juill. 1585 ; capitaine d'une compagnie pendant le siège de 1573, 22 août 1598. — *Jacques* G., son fils, Maire de 1586 ; Condé parrain de son fils, 11 juin 1586. — *Jehan* G., frère du précédent, Maire de 1587, 8 avril 1587 et 2 juill. 1585. — *Jehan* G., son fils, Maire de 1628, son baptême, prédiction de son élévation future, 2 juill. 1585 ; ses deux mariages, ses enfants, 14 août 1610 ; amiral de la flotte rochel., divers combats, 2 oct. et 6 nov. 1621 et 27 oct. 1622 ; échecs, sa soumission au duc de Guise, 15 nov. 1622 ; la commune lui fait don d'un navire tout armé en récompense de ses services, 7 déc. 1622 ; accusé de trahison après une défaite, 17 sept. 1625 ; député vers Buckingham, 6 oct. 1627 ; son élection à la mairie, 30 avril 1628 ; son caractère, 30 avril ; sa réponse aux propositions de Richelieu, 7 juill. ; à un fanatique qui proposait d'assassiner le cardinal, 8 juill. ; fait arrêter l'assesseur Colin, 4 août ; lettre aux députés en Angleterre, 24 août ; repousse énergiquement toutes propositions de paix, dangers auxquels il est exposé, double tentative pour incendier sa maison ; où elle était située, 28 sept. et 24 octob. ; moyens qu'il indique pour rompre la digue, 5 octob. 1628 ; se prononce pour la capitulation, 29 oct. ; sa réponse au cardinal, son exil, 30 oct. et 3 nov. ; reçoit Louis XIII à la porte de Cougnes, 1er nov 1628 ; commande un des vaisseaux du Roi, 30 juill. 1638 ; sa fille épouse le frère du grand Duquesne, 10 sept. 1647 et 29 mai 1702 ; sa mort, lieu de son inhumation, 15 mars 1654 ; une statue lui est votée par le conseil municipal, 19 févr. 1841. — V. 15 avril 1622, 26 nov. 1625, 11 mai 1628 et 18 janv. 1790.

GUY (famille). — *Claude* G., premier Maire après le rétablissement du corps de ville, 11 juill. 1548. — *Robert* G., tué par Brodière, 17 juill. 1554. — *Michel* G., Maire de 1565, reçoit Charles IX à la Roch., 13 et 14 sept. 1565. — *Claude* G., fils du maire de 1548, accusé de conspiration et exécuté, 12 déc. 1573.

GUYBERT, Maire de 1507, fait terminer la *nef* le St-Sauveur, 13 oct. 1516.

H

HABERT, avocat du roi, suspendu de sa charge, 3 déc. 1641.
HARADENER (Pierre), échevin, est assassiné, 23 nov. 1578. — *Alexandre* H., capitaine de la milice, nommé Maire en 1599, 22 août 1598.
HARCOURT (comte d'), s'empare de la tour de St-Nicolas, 28 nov. 1651.
HAULTIN, célèbre imprimeur roch., 3 juin 1581.
HENRI II, roi de France, rétablit la mairie annuelle et l'ancien corps de ville, 11 juill. 1548 ; ouvre le port de la Roch. à l'importation des denrées coloniales, 4 nov. 1550 ; sévit avec rigueur contre les protest. 10 mai 1552 ; veut établir une citadelle à la Roch., 8 et 12 janv. 1556 ; confirme aux Roch. les droits de port-d'armes et de

chasse, 4 juill 1557 ; n'a jamais habité l'hôtel auquel on a donné son nom, 8 avr. 1748 et 21 avr. 1370. — V. 14 mai 1559.
HENRI II, roi d'Anglet., son mariage avec Aliénor, reprend la Roch. aux seigneurs de Châtelaillon, 18 mars 1152, 8 juill. et 26 déc. 1199.
HENRI III, roi de France, encore duc d'Anjou prend le command. des troupes qui assiégeaient la Roch.; princes et capitaines qui l'accompagnaient, 11 févr. 1573; court risque d'être fait prisonnier, 12 fév.; ses efforts pour amener les Roch. à la paix, 4 mars et 14 juin ; acte de sévérité, 23 mai ; sauvé de la mort par le dévouement de son écuyer, 14 juin ; élu et couronné roi de Pologne, ibid et 17 juin ; son quartier était à Nieul, 10 juill. ; l'entrée de la Roch. lui est refusée après le siège, 24 juin ; reçoit le serment des Roch.; singulier présent qu'ils lui firent. 13 juill. 1573 ; leur défiance quand il devint roi de Fr., 5 juin 1574 et 3 sept. 1575 ; ils repoussent ses avances, 3 sept. 1575 ; paix avec les protest.; les Rochel. lui promettent fidélité 24 sept. 1577 ; tient les états généraux à Blois, 14 fév 1588 ; se jette dans les bras de la ligue, 18 mars 1588.
HENRI III, roi d'Angleterre, ordonne de faire un port à la Roch., 4 déc. 1222; accorde une charte de commune aux habit. de l'île de Ré, 28 juin 1242; abandonne cette île à St-Louis, 7 avr. 1243.
HENRI IV, enfant, vient à la Roch. avec son père, 5 févr. 1558 ; y accompagne Charles IX, 13 sept. 1565 ; y arrive avec sa mère, 18 sept. 1568; s'y prépare à la guerre, 17 janv. et 25 mars 1569 ; donne ses biens en garantie aux acquéreurs des biens ecclésiastiques, 29 janv. 1589 ; demande aux Roch. la continuation de la mairie de Salbert, 25 mars 1569 ; assiste à un synode, 2 av. 1571 ; part de la Roch. pour aller se marier, 9 juin 1572 ; obligé de suivre le duc d'Anjou au siège de la Roch, 11 févr. 1573 ; entre des premiers dans la ville, à la fin du siège, 1er juill 1573 ; prend parti pour le duc d'Alençon, 24 févr. 1574 ; causes de refroidissement avec les Roch., refus de ceux-ci de le recevoir ; conditions qu'ils y mirent ensuite, 28 juin 1576 ; provoque des poursuites contre La Popelinière, 3 juin 1581 ; fait don aux Roch. de drapeaux conquis à l'ennemi, 10 oct. 1584, 30 juin et 17 août 1588 ; établit à la Roch. son principal séjour ; sa demeure, 1er juin 1586 et 2 juill. 1604 ; impression qu'ils ressent du traité de Némours, 11 juin ; assiste au dîner d'installation du Maire, 9 av. 1587 ; ses amours à la Roch. ; naissance d'un fils ; explication d'une lettre à Corisande ; réprimandé publiquement sur ses mœurs, 7 août 1587 ; devient chef des protestants par la mort de Condé ; inutiles efforts pour secourir Marans, 18 mars 1588 ; présente un enfant au baptême, 19 juin 1588 ; préside une assemblée générale des réformés, discours ; récriminations contre lui, un conseil lui est imposé ; liste civile qui lui fut accordée, 14 nov. et 17 déc. 1588 ; grave maladie, lettre à Corisande, témoignages d'affection des Roch., 28 janv. 1589 ; autorise les Roch. à augmenter l'enceinte de leur ville, 27 juin 1590 ; prix qu'il attachait à l'instruction publique, subvention au Collège, 14 oct. 1591 ; privilège qu'il concède à St-Luc, opposition des Roch. 3 nov. 1592 ; lettre au corps de ville, le jour de son abjuration, 25 juill. 1593 ; s'oppose à l'envoi de fonds à l'église de Genève, 21 juin 1600 ; son mécontentement à l'occasion des affaires Malwin et Seguiran, 13 et 25 nov. 1607 ; et de la tenue d'un synode à la Roch., 1er mars 1607 ; douleur

et craintes que sa mort inspire aux Roch., 2 déc. 1611 ; il avait fait construire à ses frais le Palais de Justice, 9 juin 1614 ; avait eu la pensée d'établir la compagnie des Indes, 6 nov. 1618 ; sa statue à l'Hôtel-de-Ville décorée de la cocarde tricolore, 22 juill. 1789. — V. 26 août 1570, 14 juin 1573, 17 août, 25 oct., 1588, 5 mai 1625 et 13 juin 1626.

Henri V, roi de France et d'Angleterre, sa mort ; délibération du Dauphin et de son conseil à ce sujet, 11 oct. 1422.

Henri VIII ; stipulation de douaire pour sa sœur sur la Roch. et le fief d'Aunis, 29 nov. 1527.

Henry (Famille), avait fait bâtir l'hôtel de Cheusses ; chassée par la révocation de l'édit de Nantes, 2 nov. 1751. — *Jacques*, Maire, ses qualités, 29 mars 1573, termine la mairie de 1573, 26 août ; déjoue le complot de la faction du *cœur navré*, 12 déc. 1573 ; punit rigoureusement les conspirateurs, 26 janv. 1574. — V. 2 juill. 1573 et 3 mai 1695. — *Françoise*, marraine de Guiton, 2 juill. 1585.

Hinsse (Jean de), nommé député en Anglet, 22 oct 1627.

Hopitaux. Les gouverneurs rendaient chaque année publiquement leurs comptes, 15 mars 1603.

Hopital général. Sa fondation, sa situation, réglement, privilèges, 3 avril 1667 et 27 juin 1590 ; Mgr de Champflour enterré dans sa chapelle, 26 juill. 1703. — V. 3 déc. 1689 et 16 août 1711.

Hopital des Hospitalières. — V. *Couvent des*...

Hopital de St-Barthelémy ou d'Auffrédy, fondé par Auffrédy, 5 mai 1630 ; le gouverneur membre de droit du bureau pour l'élection du Maire, 15 avril 1398 ; obligé de subvenir aux dépenses de l'ambassade chargée d'aller en Ecosse chercher la fiancée du Dauphin, 26 nov. 1434 ; chapelle de St-Jean-Baptiste, messes fondées pour le roi Charles VII, ibid ; donation à son profit par le comte de Souches, 16 août 1608 ; le feu mis dans une des ailes par un boulet de l'armée royale, 9 avril 1628 ; donné par Lous XIII aux frères de la Charité, 15 janv. 1629 ; prise de possession par ceux-ci, 5 mars 1630 ; confié aux filles de la Sagesse, 5 avril 1791 ; inscript. placée au frontispice ; érigé en hôp. militaire, 19 juill. 1620.

Hopital Saint-Etienne. Sa fondation, emplacement, 26 juill. 1703 et 28 mars 1740.

Hopital Saint-James ou Saint-Jacques. Ses fondateurs, destination, 8 janv. 1348.

Hopital Saint-Ladre ou des Lépreux. Sa situation, son ancienneté, 17 mars 1573.

Hopital Sainte-Marguerite. — V. *ce mot*.

Horloge remarquable offerte au Roi par les Roch. 18 janv. 1578. — V. *Grosse-Horloge*.

Horn (maréchal de), vient à la Roch., 18 mai 1642.

Hotel-de-Ville ou Echevinage. Son ancienne situation, achat de maisons pour l'agrandir, 1er mars 1298 ; devient le lieu des élections des Maires, 24 avril 1567 ; on y place les drapeaux conquis sur l'ennemi, 14 nov. 1588 et 2 mars 1622 ; convocation du peuple à l'Hôtel-de-Ville dans les circonstances graves, 19 oct. 1572, 26 janv. 1574, 10 nov. 1622 et 29 oct. 1628 ; prison de l'Hôtel-de-Ville, 4 août 1628 ; confisqué par Louis XIII et attribué au logement du gouverneur, 22 mai 1631 et 23 nov. 1632 ; restitué à la commune, 8 avril 1748 ; l'impériale de l'escalier était décorée de la statue d'Henri IV, 22 juill. 1789 ; tribune d'où le Maire parlait au peuple, 18 janv. 1790 ; on y place une horloge décimale, 8 juin 1794 ; à quoi servait la cloche de l'échevinage. — V. *Cloches.* — Fêtes données à l'Hôtel-de-Ville. — V. *Fêtes.* — V. 17 oct. 1492, 14 sept 1565, 27 nov. 1625, 25 juill. 1732, 2 nov. 1753, 2 juill. 1763, 18 juin 1777, 9 déc. 1792, 13 juin 1811, 5 déc. 1813 et 7 juill. 1814.

HÔTELS et MAISONS REMARQUABLES ; — de *Baillac,* sa situation ; bureau des trésoriers de France, sert de mairie, 8 avr. 1748 ; ses différents propriétaires, 21 avr. 1370, 2 mai 1695, 4 juin 1713 et 8 avril 1748 ; — de *Billaud-Varennes,* 23 août 1756 ; — de *Chaudrier,* 21 avr. 1370 ; — de *Cheusses,* sa construction, sa situation, ses différents propriétaires ou possesseurs, 2 mai 1695, 2 nov. 1763 ; — de *Dupaty,* 9 mai 1746 ; — de *Duperré,* 20 févr. 1775 ; — de *Fouchier,* chez lequel descendirent le roi et la reine de Navarre, 5 févr. 1558 ; — du *Gouvernement,* acheté par la ville, 8 avr. 1748 ; donné à la ville pour y établir la biblioth. et le museum d'hist. nat., 6 août 1808. — V. 9 mars 1749, 2 juill. 1763, 3 juill. 1775, 26 mai 1777 et 21 déc. 1792 ; — de l'*Intendance,* donné au départ. pour en faire la sous-Préfecture, 6 août 1808. — V. 10 juin 1695, 9 mars 1749, 2 juill. 1763 et 23 juin 1780 : — *Legoux,* logement du roi de Navarre, 1er juin 1586 et 14 nov. 1588 ; de *Sully,* 2 juill. 1604 ; de *Condé,* 10 déc. 1615 ; de *Louis XIII,* 2 nov. 1628 ; d'*Anne d'Autriche,* 20 nov. 1632 ; l'ancien évêché, aujourd'hui la biblioth., construit sur son emplacement, 1er juin 1586 et 1773 ; — de *Marsan,* légué à l'hôpital St-Barthelémy, 23 juill. 1627 ; sert de logem. à la duchesse de Rohan ; la cour des Salins y tient ses séances ; transformé en séminaire, 1er fév. 1617 et 20 avr. 1644 ; donné par Louis XIII aux capucins, 11 juin 1628 ; — de *Mérichon* ou d'*Huré,* erreur à son sujet, 21 avr 1372 ; construit par Mérichon, 28 avr. 1443 ; Louis XI propose de l'acheter, 28 avr. 1443 ; sert de logem. au duc de Guienne, 6 juill. 1469 ; à Louis XI, 24 mai 1472 ; à François Ier, 1er fév. 1519, 30 déc. 1542 et 1er janv. 1543 ; à Charles IX, 14 sept. 1565 ; — de *Navarre,* sa situation, 12 juin 1531 ; — de la *Préfecture,* d'abord à l'intendance, 30 juin 1811 ; acheté à M. Poupet ; Napoléon et l'Impératrice y descendent, 6 août 1808 ; construit sur l'emplacement des anciennes fortifications, 27 juin 1590 ; — de *Valin,* situation, erreur à son sujet. 10 juin 1695 ; — de *Venette,* situation, erreur de la tradition, 18 août 1698 ; — de M. *Vivier,* anciennes *grandes écoles,* 6 févr. 1545.

HOUTSTEEN, amiral hollandais, trompé et battu par Soubise, 16 juill. et 15 sept. 1625.

HUE, ingénieur, sur les dessins duquel fut bâtie la Bourse, 1er f. 1764.

HUET (Claude), échevin compromis dans un complot, 12 déc. 1573.

HURÉ. Le château de ce nom appartenait à Mérichon, 28 avr. 1443. — V. *hôtel Mérichon.*

I

IMPASSES. — Des *Gémeaux* ou venelle *Borgle,* 8 févr. 1563 et 24 oct.

1628 ; — *Tout-y-Faut*, 24 oct. 1628 ; — du *Verseau*, son ancien nom ; jeu de paume, 5 nov. 1628.

Impots. Les Rochel. exemptés de la taille, 5 août 1203, et autres impôts, 29 août 1206 ; ne pouvaient être soumis à aucun impôt sans leur consentement, 25 févr. 1412 ; violation de ce privilège, abonnement, 23 oct. 1445 ; réduction du montant de l'abonnement, 30 nov. 1461 ; abandon de divers impôts au corps de ville, 10 août 1441, 23 oct. 1445, 22 avr. 1447, 25 oct. 1465 et 9 déc. 1641 ; remise d'impôts, 29 oct. 1360 et 9 déc. 1651 ; fonctions qui exemptaient d'impôts, 12 déc. 1447 ; comment les Roch. savaient se soustraire à ceux qui étaient contraires à leurs privilèges, 3 nov. 1592 et 19 août 1619.

Indes (Compagnie des), Louis XIII invite les Roch. à contribuer à son établissement, 6 nov. 1618

Innocent X. Bulle de translation de l'évêché de Maillezais à la Roch., 2 mai 1648 et 16 nov. 1666.

Instruction publique. Curieux renseignements sur l'éducation des jeunes Rochelais au temps de François Ier, 23 déc. 1531 ; la commune s'était attribuée le monopole de l'enseignement, 19 juill. 1560 — V. *Collège*.

Intendants. Commission d'intendant offerte à du Coudray, 5 sept. 1612 ; les Roch. se refusent à l'établissement d'un intendant, 8 mars 1626 ; création par Louis XIII d'un intendant à la Roch., 15 janv. 1629.

Inventaires. Le droit de faire des..., appartenait aux magistrats municipaux, 19 oct. 1406.

Isambert, seigneur de Châtelaillon, dépossédé de ses domaines, 26 déc. 1199.

Isambert, maîtres des écoles de Saintes, construit le pont de Saint-Sauveur, 28 janv. 1202.

J

Jaillot, oratorien, sa naissance, sa collaboration à l'histoire de la Roch., sa demeure, sa mort, 31 juill. 1649.

Jacques II, roi d'Angleterre, met en liberté Malwin, à la sollicitation des Roch., 13 nov. 1607.

Jambes (Jehan de), seign. de Monsoreau, gouverneur de la Roch., son installation, 2 déc. 1454.

Jardin des plantes, dépendait autrefois de l'hôtel du gouvernement ; servait de jardin botanique au collège ; donné à la ville par Napoléon, 6 août 1808 ; inauguration du buste de M. Fleuriau, 23 sept. 1854.

Jarnac (Charles Chabot, seign. de), gouverneur de la Roch., pousse François Ier à changer l'organisation municipale de la commune et s'en fait nommer Maire perpétuel, 4 mai 1530, 1er avril 1536, 27 mars 1541 et 11 juill. 1548 ; excite la colère du Roi contre les Roch., 30 août et 16 déc. 1542 ; ordonne leur désarmement et insulte à leur douleur, 16 et 25 déc. 1542. — V. 30 déc. 1542.

Jarnac (Guy Chabot, baron de), son fils, gouverneur s'était fait protestant, 20 oct. 1562 ; anime Charles IX et sa mère contre les Roch. ; reçoit la garde des tours et de l'artillerie, 17 sept. 1565 ; ses troupes commettent de nombreux excès aux environs de la Roch., 20 avril

1568 ; les Roch. consentent à le recevoir ; humilié de son peu d'autorité. il se retire, 19 mai et 11 sept. 1568. — V. 13 sept. 1565.

JARNE (la). Salbert, seigneur de..., 22 nov. 1612 ; dégâts causés par une trombe, 26 oct. 1703.

JARRIE (la). François Ier et Charles IX à la Jarrie, 30 déc. 1542 et 13 sept. 1565 ; son église détruite par les protestants, 1er avril 1568 ; quartier général de d'Epernon, 22 juill. 1621 ; le duc de Soissons y arrive avec ses troupes, 25 juin 1622.

JARRIE (le capitaine), assassiné par un laquais, 27 avril 1606.

JEAN DE LA ROCHELLE, célèbre franciscain, sa mort, publication de ses œuvres, 1er févr. 1271.

JEAN-SANS-TERRE, roi d'Angleterre, confirme aux Roch. le droit de commune, 8 juill. 1199 ; leur donne à ferme les impôts, 31 janv. 1200 ; les exempte de la taille, 5 août 1203 ; et de tout impôt, 29 août 1206 ; fixe le délai de prescription pour les bourgeois, 26 avril 1206 ; contribue à la construction du pont de Saint-Sauveur, 28 janv. 1202 ; vient débarquer à la Roch. pour reconquérir ses possessions continentales, 9 juill. 1206 ; y établit un atelier monétaire, 8 déc. 1215 ; avait exempté les Roch. du service militaire hors de leur ville, 2 juin 1469. — V. 26 déc. 1199 et 22 août 1729.

JEAN, roi de Fr., fait vendre à son profit des terrains et maisons à la Roch., 24 avril 1354 ; cède la Roch. à l'Angleterre pour racheter sa liberté, 8 mai et 29 oct. 1360 et 27 août 1363 ; mande aux Roch. de lui envoyer des députés, résiste à leurs supplications ; leur octroie de grands privilèges, 29 oct. 1360.

JEANNE D'ALBRET, reine de Navarre, vient à la Roch., y donne un bal, symptômes de grossesse, présent de la ville, 5 et 6 févr. 1558 ; se retire dans cette ville avec ses enfants, s'y prépare à la guerre ; traité avec Elisabeth, 17 janv. 1569 ; cour brillante dont elle était entourée, 25 mars 1571 ; protège l'établissement du collège, fait venir d'illustres professeurs, 14 mai 1565 ; fait décréter la vente des biens ecclésiastiques, 29 janv. 1569 ; assiste à la publication du troisième édit de paix, 26 août 1570 ; appelle de Bèze pour présider un synode national auquel elle assiste, 2 avril 1571 ; son long séjour à la Roch., son départ, sa mort, 9 juin 1572.

JETÉE (la). Etablissement et travaux de..., 22 oct. 1764 et 18 juin 1777.

JEUX — *de la pelotte du Roi*, 21 févr. 1542 ; — *de la lance à l'anneau*, 25 déc. 1542 ; — *de cartes, de quilles, de dés* et autres interdits aux ouvriers les jours ouvrables, 15 déc. 1605 ; — *du papegay* ou *de l'arc, de l'arbalète, de l'arquebuse, du canon*, 17 mai 1615 ; — *de paume*; passion de nos pères pour ce jeu, nombreux établissements à la Roch.; Louis XIII y joue avec Bassompierre, 5 nov. 1628. — V. *Fêtes*.

JOINVILLE (prince de). Sa visite à la Roch., sympathique réception, 22 avril 1844.

JON (la). Chapelle de Ste-Quitère à...; superstitieuses pratiques, 22 mai.

JOSEPH (le père), aide-de-camp de Richelieu, 10 févr. et 25 avril 1628 ; stratagème qu'il propose pour s'emparer de la Roch., 25 avril ; fonde un monastère de son ordre à la Roch., 11 juin 1628.

JOSEPH II, empereur d'Autriche, vient à la Roch., expériences sur la torpille en sa présence, 18 juin 1777.

Joséphine. Son passage à la Roch. avec Napoléon ; son nom donné à une place, 6 août 1808.
Jubilé, prêché par les capucins, singularités, 3 déc. 1641 ; célébration d'un jubilé centenaire, 16 mai 1704.
Juge suprême, établi à la Roch., attributions, 29 oct. 1360.
Juifs, très anciennement établis à la Roch. d'où ils sont plusieurs fois chassés ; rue qui portait leur nom, 22 août 1729.
Julien, commissaire du salut public, organise une fête patriotique ; fait dresser une liste de suspects, 9 janv. et 13 mars 1794.
Junot, duc d'Abrantès, vint deux fois à la Roch.; lettre de remerciement pour l'accueil fait à ses troupes, 23 nov. 1808.
Justiniani, ingénieur italien, 8 nov. 1572.

L.

Laclos (Choderlos de), auteur des Liaisons dangereuses, construit l'arsenal ; épouse Mlle Duperré, 3 mai 1786.
Lacondamine, s'embarque à la Roch. pour aller mesurer le méridien, 16 mai 1735.
Lafons, capitaine ; expédition, 17 mars 1573.
Laignelot, représentant du peuple ; arrêté contre les prêtres ; organise le cérémonial des fêtes républicaines, 13 sept. 1793 et 21 déc. 1794.
Laizement (de), ministre protestant, son arrestation, 14 juill. 1684.
Lallemand, contre-amiral ; sa flotte incendiée par les Anglais, 11 et 12 avril 1809.
Lamet (Gabriel), soulève le peuple en faveur de Rohan, 5 sept. 1612.
Lambert, lieutenant des volontaires, 23 août 1792.
Lamothe-Houdancourt, évêque de Mende, aide-de-camp de Richelieu, 10 févr. 1628.
Landaz (du), lieutenant-général, sa demeure ; son nom donné à une barrière, 9 mars 1698.
Landereau (du), recourt à la trahison pour s'emparer de la Roch., 12 déc. 1573 ; se rend maître de l'île de Ré, en est chassé le lendemain, 3 sept. 1575.
Landriot, évêque de la Roch., élu président du Congrès scientifique, 1er sept. 1856.
Langeron (comte de), chargé de la défense de la Charente, 20 sept. 1757.
Langhéac, évêque d'Avranches, commissaire chargé de régler les différents qui divisaient le corps de ville et les bourgeois, 4 mai 1530.
Langlois (Grégoire), commissaire chargé du règlement de la question des dîmes, 7 août 1382.
Langlois (Jehan), Maire de 1470, se prononce contre les volontés de Louis XI, ressentiment du Roi; lui demande pardon, 23 et 24 mai 1472.
Langlois (Pierre), seigneur de Montroy, 30 sept. 1514.
Langlois, l'un des commissaires pour l'exécution de l'édit de Nantes, 4 août 1699.
Languiller, menace de se retirer de la Roch., 23 oct. 1572. — V. 20 20 janv. 1572.
Lansac (Guy St-Gelais de), amiral ; vaine tentative contre l'île de Ré, 13 avril 1577.

LATREILLE, accusé d'assassinat, son innocence proclamée par un miracle, 14 avril 1703.
LAVAL (comte de), fait enlever de la Roch. les cendres de d'Andelot, 27 mai 1569.
LAVAL-BOISDAUPHIN, 2e évêque de la Roch., fait constr. un séminaire, 1er févr. 1617 ; obtient du Roi l'emplacement du *prêche* pour y construire l'hôpital général, 3 avril 1667.
LAVAL DE MONTMORENCY (duc de), gouvern. de la province, 11 août 1789.
LAVERDIN. — V. *Beaumanoir*.
LAVOIR PUBLIC, établi par Mérichon, sa situation, 28 avril 1443.
LECLERC (Bert.), recouvre miraculeusement la parole, 13 avril 1461.
LECLERC, ingénieur, achève le bassin, 24 déc. 1808.
LEFEBURE, professeur au collège, 14 mai 1565.
LEGOUX, trésorier général de Navarre ; Sully descend chez lui, 2 juill. 1604. — V. *Hôtels*.
LEPAGE aîné, capitaine des volontaires nationaux, 29 sept. 1789.
LÉPINE, chef de voleurs, son exécution, 11 déc. 1608.
LEQUINIO, représentant du peuple, dénonce le modérantisme des Roch. 21 août 1793 ; sévit contre les *contre-révolutionnaires*, 13 et 28 sept. 1793.
LESCALE (de), lieutenant criminel, devenu intendant de l'armée royale, 29 nov. 1627 ; président du présidial, anecdote, 3 déc. 1641 ; a donné son nom à une rue, ibid.
LESCUN. Les Roch. refusent de le recevoir comme commissaire du duc de Guienne, 29 avril 1469 ; il prend possession de la ville pour le duc, 24 mai 1469.
LESCURE (de), envoyé par M. de Laval vers les Roch., 27 nov. 1625.
LESCURE DE BELLERIVE, ingénieur, achève le bassin de carénage, 24 déc. 1808.
LESDIGUIÈRES (le duc de), se montre contraire à l'assemblée de 1620 et va jusqu'à marcher contre ses coreligionnaires, 25 déc. 1620, 17 fév. et 10 mai 1621.
LESTAGE et DÉLESTAGE des navires (droit de), concédé au corps de ville, 25 oct. 1465.
LÉTENDUÈRE (de), escorte une nombreuse flotte partie de la rade de la Roch., 18 oct. 1747.
LALEU. Naufrage sur ses côtes de la *grosse nef* de P.re Gentils, 28 oct. 1457 ; Jacq Galiot, maître de l'artillerie du Roi, seigneur de..., 30 sept. 1514 ; apparition d'une flotte espagnole sur ses côtes, artillerie de la paroisse, 2 avril 1543. — Paul Yvon, seigneur de..., ses armoiries sur les murs de l'église, 7 janv. 1616 ; un des quartiers du duc de Soissons, 25 juin 1622, Louis XIII y prend ses logements, 1er oct. 1628 ; y reçoit la soumission des Roch., 29 oct. 1628 ; y revient après son entrée à la Roch., 1er nov. ; l'abandonne définitivement, 2 nov. 1628.
LHERMENEAU, château épiscopal des évêques de la Roch., 18 oct. 1648.
LHOUMEAU, ravagé par la guerre, 11 oct. 1422 ; Jehan Guiton, seigneur de..., 5 août 1587.
LHOUMEAU, ministre protestants, 19 nov. 1628.
LIAISONS DANGEREUSES (les). On dit que les personnages de cet immoral ouvrage sont Roch., 3 mai 1786. — V. *Laclos*.

— 556 —

Liancourt (Mme de), accompagne Anne d'Autriche à la Roch., 20 nov. 1632.
Limailli (la), agent de Saint-Luc, les Roch. lui donnent la chasse, 3 nov. 1592.
Lindsay (lord), nommé commandant de la flotte de secours des Anglais, 28 sept. 1628 ; belles promesses sans résultat, 5 oct. ; s'abouche avec Richelieu, 14 oct. 1628.
Loi somptuaire. Publication à la Roch. 4 mai 1620.
Loix (île de Ré), se soumet au roi de France, à quelles conditions, 26 août 1372 ; Guiton s'y réfugie avec sa flotte, 27 oct. 1622 ; Buckingham y fait embarquer ses troupes, 8 nov. 1627. — V. 15 et 17 sept. 1622.
Lombart (Estor), Maire de 1397, 15 avril 1398.
Longueville (duc de), assiste par procuration à la publication de la coutume, 30 sept. 1514 ; accompagne le duc d'Anjou au siège, 11 févr. 1573 ; vient avec Condé à la Roch., 29 févr. 1616 ; sa famille avait reçu en don de Charles VII la baronnie de Châtelaillon, 5 févr. 1699.
Lopis (François de, marquis de Mondevergue), part de la Roch. avec une flotille pour Madagascar, 26 févr. 1664.
Lorges (le maréchal de), sauve la Roch. de la destruction, déploie une grande activité pour la fortifier, 4 avril 1689.
Lorme (Philippe de), fournit les dessins du grand Temple de la Roch., 21 juin 1600.
Lorraine (cardinal de), accompagne François Ier à la R., 30 déc. 1542.
Loubie (de), chargé de défendre Royan, 11 mai 1622.
Loudrières (René de Talansac, seigneur de), sénéchal de la Roch., convoque les états d'Aunis, 12 novemb. 1614 ; prend parti pour les réformés contre la cour, 17 avril 1621 ; se rallie aux Anglais, 30 juill. 1627 ; sa révocation, 11 sept. 1627 ; sa mort, ses funérailles, 2 mai 1628.
Louis VII. Son mariage avec Aliénor réunit la Roch. au domaine de la couronne, 1er août 1137 ; restitue une partie de l'Aunis aux héritiers des anciens seigneurs de Châtelaillon, 26 déc. 1199 ; son divorce fait passer la Roch. sous la domination anglaise, 18 mars 1152, 5 août 1137 et 26 déc. 1199. — V. 8 juill. 1199.
Louis VIII, roi d'Angleterre pendant quinze mois, 15 juil. 1224 ; assiège la Roch., s'en rend maître, confirme ses privilèges, 15 juill. et 3 août 1224 ; les Roch. lui prêtent serment de fidélité, 12 août 1224. — V. 18 mars 1152 et 4 déc. 1222.
Louis IX, reçoit l'île de Ré de Henri III d'Angleterre, 7 avril 1243.
Louis XI, encore Dauphin, chargé de réprimer les excès commis dans l'Aunis, 12 déc. 1439 ; suscite des troubles dans le royaume, 10 août 1441 ; sa fiancée débarque à la Roch. 26 nov. 1434 ; Louis d'Amboise lui cède Marans et l'île de Ré, 25 janv. 1461 ; réduit l'abonnement des Roch., 23 oct. 1445 et 30 nov. 1461 ; révoque la nomination illégale qu'il avait faite d'un maire, 7 août 1462 ; son premier voyage à la Roch., 11 janv. 1463 ; fait faire des propositions à Mérichon pour acheter son hôtel, 28 avril 1443 ; prend le corps de ville pour sa caution, 14 août 1463 ; fait don aux Roch. de pièces d'artillerie et de poudre, 4 avril 1464 ; rend aux élections municipales toute leur

liberté, 25 mai 1465 ; accorde à la commune le droit de lestage et de délestage, 25 oct. 1465 ; exige des Roch. un don considérable, 30 oct. 1465 ; cède à son frère la Roch. avec la Guienne, 29 avril 1469 ; a avec lui une entrevue au Braud, 7 sept. 1469 ; confirme les privilèges des Roch. et leur fait une remise d'impôts, 2 juin 1469 et 15 févr. 1471 ; veut reprendre la Roch. à son frère, résistance des habitants, courroux qu'il en ressent, 23 mai et 12 juin 1472 ; son entrée à la Roch., prête serment à genoux ; sa dévotion à la vierge, 24 mai 1572 ; particularités sur son séjour, octroi de privilèges, 25 mai 1472 ; rétablit la Roch. dans le ressort du parlement de Paris, 12 juin 1472 ; nomme Pierre Doriole, chancelier de Fr., 26 juin 1473 ; dispense les Roch. de fournir des francs archers, 18 août 1474 ; autorise le corps de ville à lever un impôt destiné à entretenir la propreté des rues, 22 sept. 1477 ; il avait octroyé aux Roch. le privilège de ne pouvoir être appelé en justice hors de la Roch., 21 août 1503 ; il était *chef et maître* de la confrérie du corps de J.-C. et de Saint-Marsault, desservie en l'église St-Sauveur, 19 févr. 1500. — V. 27 août 1514.

Louis XII, prend sous sa sauvegarde l'église de Saint-Sauveur et reçoit le titre de chef de l'une de ses confréries, 19 février 1500 ; envoie des commissaires pour rédiger par écrit la coutume de la Roch., 27 août 1514 ; les Roch. lui offrent un grand navire, qu'il leur rend quand il n'en a plus besoin ; exemption d'impôts, 13 oct. 1516.

Louis XIII, confirme à son avénement les privilèges de la Roch., 2 déc. 1611 ; confère aux habitants de la ville neuve les mêmes droits qu'à ceux de la vieille ville, 15 sept. 1615 ; invite les Roch. à participer à l'établissement de la compagnie des Indes, 6 nov. 1618 ; sa conduite envers l'assemblée protest. de 1618, 30 déc. ; envoie des commiss. pour empêcher celle de 1620, 4 oct. ; mesures rigoureuses auxquelles il eût recours, 25 déc.; marche en personne contre les protestants, 22 févr., 14 avr., 10, 11 et 21 mai 1622 ; envoie le comte de Soissons bloquer la Roch., 25 juin 1622 ; les Roch. lui envoient des députés, 11 nov. 1622 ; donne l'ordre de raser le fort Louis, 18 déc. 1622 ; refuse de recevoir des députés de la Roch., transfère le présidial à Marans ; se radoucit et accorde la paix, 8 mars, 26 et 27 nov. 1625 ; malade et ne pouvant marcher contre la Roch., il charge le duc d'Angoulême de le remplacer, 30 juill. 1727 ; il le nomme sénéchal de la Roch., 11 sept. 1627 ; lettres, dans lesquelles il annonce ses desseins, interceptées, 19 sept. 1627 ; arrive au camp et prend ses quartiers à Aytré, 12 oct. 1627 et 27 janv. 1628 ; envoie à Paris les drapeaux pris sur les Anglais, 8 nov. 1627 ; quitte le camp pour retourner à Paris, 10 févr. 1628 ; revient au camp ; réception qui lui fût faite, 24 avr. ; fait faire à Paris des prières pour le succès de ses armes, 20 mai ; repousse dans la Roch. les femmes et les bouches inutles renvoyées par les assiégés, 24 mai ; transporte son quartier à Laleu, 1er oct. ; couvert de poussière par un boulet, 14 oct. ; singulière collation que lui servit le command. de Valençay, 16 oct. ; incline pour la clémence à l'égard des Roch. ; conditions qu'il met à leur soumission, 26 oct.; son entrée à la Roch., particularités, 1er nov. ; vient s'établir dans la ville, son logement, assiste à une process., 2 nov.; fait raser les fortifications, exile plusieurs citoyens et fait conduire à Niort les dames de

Rohan, 3 nov. ; joue à la paume avec Bassompierre, 5 nov. ; donne aux capucins l'hôtel de Marsan, 11 juin, 1628 ; à Richelieu les livres de la biblioth. de la Roch., 19 janv. 1606 ; au duc St-Simon l'emplacement des fortifications, 29 sept. 1627 ; publication de la déclaration par laquelle il règle le sort de la Roch., 16 nov. ; son départ de la Roch. ; son triomphe célébré partout et sous toutes les formes, 18 nov. 1628 ; donne le collége aux Jésuites, 14 févr. 1630 ; nomme Richelieu gouverneur de la Roch., 12 déc. 1630 ; rétablit les Cordeliers à la Roch., 19 juin 1631 ; approuve l'établissement des Oratoriens, 20 oct. 1792 ; dispense les protestants de tendre pour les processions, 2 juin 1638 ; inscriptions en son honneur placées à la porte de l'église des Minimes, 31 oct. 1675. — V. 7 juin, 9 nov. 1627 et 20 nov. 1632, etc.

Louis XIV, transfère l'évêché de Maillezais à la Roch., 2 mai 1648 ; les Roch. se prononcent pour lui contre la fronde ; reçoit leurs députés ; récompense leur fidélité, 5 nov. et 9 déc. 1651 ; consacre l'établissement d'un hôpital général à la Roch., 3 avr. 1667 ; autorise les membres du présidial à porter la robe rouge, 26 avril 1672 ; rachète aux Récollets la tour de Moureilles, 2 sept. 1632 ; moyens auxquels il a recours pour convertir les protest., persécutions et déportations, 9 sept. 1685 et 2 mars 1688 ; fait de la Roch. le siège d'une généralité et d'un bureau des finances, 2 mai 1695 ; y rétablit une mairie et un corps de ville, ibid et 5 févr. 1718 ; échange la baronnie de Châtelaillon pour la seigneurie de Dompierre, 5 févr. 1699.

Louis XV, rend la mairie élective, 5 févr. 1718 ; rétablit plus tard les offices municipaux, 22 oct. 1772 ; augmente le nombre des solennités dans lesquelles le présidial pourra porter la robe rouge, 26 avr. 1672 ; ordonne l'enlèvement des plaques de l'église des Minimes, 1er nov. 1757 ; approuve la suppression d'un certain nombre de fêtes catholiq., 19 déc. 1772.

Louis XVI, rétablit l'élection pour les charges municipales, 3 déc. 1774 ; approuve les statuts du collége royal de médecine, de la Roch., 15 mai 1775 ; décrète une assemblée provinciale pour la Saintonge et l'Aunis, 30 déc. 1788 ; fêtes à l'occasion de son acceptation de la Constitution, 21 sept. 1791.

Louis XVIII. Bons mots qui lui furent prêtés, dont Rougemont était l'auteur, 7 févr. 1781.

LOUIS.ANE. Part que les Roch. prirent à l'établissement de cette colonie, 15 déc. 1789.

LOUVOIS, envoie des dragons à la Roch. pour convertir les protest., 9 sept. 1685 ; instigateur du projet de raser la Roch., 4 avril 1689.

LOZIÈRES. Blandin, seign. de..., 19 juin 1588.

LUCHANI, argentier du roi, condamné comme pirate avec son équipage, 13 janv. 1574.

LUDE (comte de), lieutenant-général, cherche à s'emparer de la Roch. par trahison, 12 déc. 1573. — V. 16 juin 1545, 20 avril 1568 et 10 avril 1573.

LUDOVIC, comte de Nassau à la Roch., 25 mars 1571 ; y assiste à un synode, 2 avr. 1572 ; part avec la reine de Navarre, 9 juin 1572.

LYCÉE ; inauguration du..., 10 oct. 1843. — V. *Collége*.

LYON (famille du), — *Jacques*, Maire de 1514, 30 sept. ; — *Jacques*

— 559 —

son fils, intrigue contre la Roch., est assassiné, 12 déc. 1573; — *Yves*, commandant des milices, 2 avr. 1543; capitaine de la tour de la Chaîne, 19 mai 1568.

M

MAGNEN, ministre protestant, 12 mai 1565.
MAI. Vieil usage de planter l'arbre de Mai ; il faillit devenir funeste aux Roch., 1er mai 1573 ; roi et prince du Mai, 25 oct.
MAIGRE. Abondance de ce poisson, signe de peste, 20 juill. 1604.
MAIL, 21 juill. 1788. — V. *Bains de mer*, — *Puits artésien*.
MAILLÉ (le duc de), commandant en second de la province, 11 août 1789.
MAINE (comte du), seigneur de Châtelaillon, 31 août 1615.
MAINE (duc du), accompagne le duc de Condé à la Roch., 29 fév. 1616.
MAIRES, MAIRIE. Liste des Maires dressée par Mérichon, 28 avril 1448 ; jour et mode d'élection, 15 avril 1398, 27 mars 1541 et 29 mars 1573 ; élect. retardée au 1er oct., 1er oct. 1440 ; les élections se firent d'abord à l'église St-Barth., ensuite à l'échevinage, 24 avril 1567 ; brigues à ce sujet ; liberté des élections consacrée par Louis XI, 25 mai 1465 et 11 janv. 1612 ; ce monarque révoque un Maire qu'il avait irrégulièrement nommé, 1er août 1462 ; la charge de Maire était non moins un devoir qu'un honneur, 30 avril 1628 ; cérémonie de l'installation, 19 avril 1398 ; le nouveau Maire donnait ce jour-là un grand dîner, ibid et 9 avril 1587 ; il était tenu de fournir une pièce d'artillerie à la commune, 11 juill. 1548 et 3 mars 1573. — V. *Artillerie*. — Il recevait en dépôt les sceaux de la commune, les clés des portes, &., 26 août 1573 ; Charles V confère aux Maires la noblesse héréditaire, 8 janv. 1373 ; leurs descendants protest. furent dépouillés de leurs droits, 5 mars 1685 ; étendue de la juridiction du Maire, cour de la mairie, audiences annoncées au son de la cloche, 30 nov. 1461, 7 mai 1600 et 15 mars 1603 ; il avait la police des poids et mesures, 21 mars 1312 ; fesait les règlements de voirie, 13 mars 1573 ; présidait aux examens des professeurs du collège, 14 juill. 1560 ; était chef militaire de la ville, dont il se qualifiait *capitaine*, 2 déc. 1454, 22 sept. et 14 oct. 1627 ; il ne portait pas seulement l'épée, mais des armes complètes, 14 mars 1605 ; on lui accorde une compagnie de gardes du corps, 11 mars 1573 ; pompeuses funérailles de Maires décédés dans l'exercice de leur charge, 23 août 1577 et 14 mars 1605 ; remplacement du Maire en cas de mort, 26 août 1573 ; Mairie érigée en office avec un Maire perpétuel, 1er avril 1536, 4 mai 1530, 27 mars 1541 et 11 juill. 1548 ; rétablissement de l'ancienne mairie. 11 juill. 1548 ; abolie après le siège, 15 janv. 1629 ; mairie établie par Louis XIV; le Maire colonel des milices, 3 mai 1695 ; lieu des séances du corps de ville, 8 avril 1748. — V. *Trésoriers de France*. — La mairie rendue élective, costume du Maire, 5 fév. 1718 ; mairie rétablie en office, 22 oct. 1772 ; redevient élective, 3 déc. 1774. — V. *Hôtel-de-Ville*, — *Corps de ville*, — *Serment*, &.
MAITRES DES ŒUVRES. Mode d'élection, attributions, 19 avril 1398.
MAJOU, lieutenant des volontaires, 23 août 1792.

— 560 —

MALARTIC (vicomte de), député de l'Aunis à l'Assemblée constituante, 15 déc. 1789.
MALHERBES, au camp de la Roch., veut se battre en duel, 7 mars 1628.
MALWIN, ministre écossais, mis en liberté à la sollicitation des Roch., 13 nov. 1607.
MANCEL, commandant du château, trompé par une ruse de Chaudrier, 15 août 1372.
MANSEAU, martyr protestant, 10 mai 1552.
MAQUIN, vice-amiral des Roch., sa mort, 15 nov. 1622.
MARAIS (des), chef de voleurs, exécuté à la Roch., 11 déc. 1608.
MARANS. Seigneurs de..., 1er juin 1350, 25 janv. 1461 et 30 sept. 1514 ; le commerce par terre de la Roch. se fesait par M..., 1er juin 1350 ; Biron s'en empare, 13 déc. 1572 ; le duc de Mayenne, Laverdin, les Roch., le duc d'Angoulême s'en rendent maîtres successivement, 13 mai 1577, 18 mars 1588, 10 déc. 1615 et 30 juill. 1627 ; le présidial deux fois transféré à M..., 26 novemb. 1625 et 15 août 1627 ; commune de M... administrée par des échevins, 27 nov. 1625 ; érigée en marquisat sous le nom de d'Aligre, 11 janv. 1777 et 15 déc. 1789.
MARCÉ (le général), commandait les volontaires Roch. au funeste combat de St.-Fulgent, 11 mars, 1793.
MARCHAND (Anne), veuve du baron de Châtelaillon, épouse C. d'Aubigné qui la tua, 20 oct. 1608.
MARCHÉS. — Au *poisson* : sa situation, 17 juin 1606 ; — aux *cordouans* ou aux cuirs, 17 juin ; — aux *pots*, 15 nov. 1651. — V. *Boucheries*.
MARDI-GRAS, jour de la *pelotte du Roi*, 21 fév. 1542 ; la guerre du..., 24 févr. 1574.
MARÉCHAUSSÉE (trib. de la). Attributions, composition, suppression, 22 nov. 1790.
MARENNES. Annexé au ressort de la Roch., 24 nov. 1374 ; une des élections de la généralité de la Roch., 2 mai 1695.
MARGUERITE, sœur de Charles IX, accompagne son frère à la Roch., 13 sept. 1565.
MARGUERITE D'ÉCOSSE, fiancée de Louis XI, débarque à la Roch., 26 nov. 1434.
MARIAGES. Singulier tribut imposé aux nouveaux mariés, nobles ou de professions libérales, 21 févr. 1542 ; ordonnance contre les mariages clandestins, 17 juill. 1550 ; un mariage sous peine de mort, 29 mai 1614 ; mariages municipaux, 5 déc. 1813.
MARIE D'ANGLETERRE, veuve de Louis XII ; son douaire affecté sur le gouvernement de la Roch. et le grand fief d'Aunis, 29 nov. 1525.
MARIE D'ANJOU, veuve de Charles VII, séjourne près d'une année à la Roch., 11 janv. 1463.
MARIE DE MÉDICIS. Refus des Roch. de recevoir ses envoyés, 2 déc. 1611 ; leur dépêche du Coudray, 5 sept. 1612 ; ses démarches auprès de l'assemblée de la Roch. ; est obligée de céder à ses prétentions, 22 nov. 1612 ; s'enfuit de Blois ; les Roch. refusent d'embrasser son parti, 30 déc. 1618.
MARIE-THÉRÈSE, dauphine, accepte le patronage des bains de mer ; envoie son portrait, 10 juin 1827.
MARILLAC, au siège de la Roch., 19 nov. 1627 ; signe les articles de la capitulation, 29 oct. 1628.

Marine Française, reçoit un terrible échec devant l'île d'Aix, 11 et 12 avril 1809 ; les vaisseaux le *Grand-Armand* et la *Couronne*, 18 sept. 1633 et 30 juil. 1638 ; affreux incendie du *Brillant*, 29 mai 1702.

Marine Rochelaise, 15 et 19 mars 1434 ; la grosse nef de P. Gentilz, 28 oct. 1457 ; la grande nef le *St-Sauveur*, 13 oct. 1516, 31 déc. 1542, 4 juil. 1571, 20 déc. 1572, 19 avril 1573, 5 juin 1574, 13 mai 1577, 30 juin 1588, 2 juil. 1604, 20 août 1616, 2 oct. et 6 nov. 1621, 17 avril, 28 juil. et 27 oct. 1622, 15 et 17 sept. 1625, 21 novemb. 1632, 18 septemb. 1633, 18 octob. 1747 et 8 juin 1811. — V. *Commerce*.

Marsan (Bern. de), sa mort ; lègue son hôtel à l'hôpital St-Barthelémy, 1er févr. 1617. — V. *Hôtels*.

Marsilly (bourg de), 3 nov. 1621.

Marsilly, protestant fugitif ; importance de son rôle, son arrestation, son supplice, 19 sept. 1661.

Martinets. Signification de ce mot, 19 juil. 1560.

Martinius ou Martinès, professeur de grec au collège, 14 mai 1565 ; sa femme devient la maîtresse du roi de Navarre, 7 août 1587.

Massiot, député des bourgeois à la grande assemblée de 1820, 25 déc.

Massiou, auteur de l'histoire de la Saintonge et de l'Aunis ; erreurs relevées dans son ouvrage, 8 avril 1748, 21 avril 1370, 1er mai 1402, 25 mai 1472, 9 juin 1614, 20 juin 1573, 2 juil. 1585, 4 juil. 1557, 8 juil. 1199, 26 août 1372, 23 oct. 1572, 30 oct. 1628, 11 nov. 1799, 19 nov. 1651 et 26 déc. 1199.

Matignon (comte de), gouverneur de la province, 22 juin, 1735.

Maudet (Mme), contribue au rétablissement des Dames Blanches, 30 sept. 1792.

Maugiron (Claude), coélu, 15 avril 1398.

Mauléons (famille des). — *Eble*. Don fait à l'église de Ste-Radégonde de Poitiers, 21 mars 1089 ; rentre en possession des domaines de ses ancêtres et les perd bientôt après, 26 déc. 1199 ; donne aux Roch. le terrain sur lequel fut construit l'église St-Barthelémy, 19 fév. 1152. — *Raoul*, abandonne ses droits sur la Roch. en échange d'autres domaines, 26 déc. 1199. — *Guillaume*, idem, ibid. — *Savary*, idem, ibid ; conseille au roi d'Angleterre de faire un port à la Roch., 4 décemb. 1222 ; défend la Roch. contre Louis VIII, 15 juil. 1224.

Mayenne (le duc de), au siège de la Roch., 11 févr. 1572 ; envahit la Saintonge et pénètre jusqu'aux portes de la Roch., 13 mai 1577.

Mazarin, nommé lieutenant-gén. du gouvern.t de la Roch., 10 juin 1653.

Médecins. — Médecine. Leur patron, 27 sept. ; anciennement peu partisans de la diète, 22 déc. 1572 ; interdiction aux protestants d'exercer la médecine, 14 juil. 1681 ; établissement d'un collège de médecine, ibid ; approbation de ses statuts, monopole de l'exercice de la médecine à la Roch. accordé à ses membres, 15 mai 1775 ; il est associé à la société royale de Paris, 26 août 1777.

Meilleraie (la), cousin de Richelieu, se bat en duel, sa condamnation, sa grâce, 7 mars 1628 ; accompagne Anne d'Autriche à la Roch., 21 nov. 1632.

Melun (Charles), seigneur de Landes, 11 janv. 1463.

Mendicité. Interdiction, mesures de rigueur, dépôt de..., 3 avril 1667.

MERICHON (Jehan), cinq fois Maire, premier historien de la Roch., ses services, ses hautes fonctions, 28 avril 1443 ; afferme la petite boucherie, 1er sept. 1457 ; s'oppose à une descente des Anglais, 28 oct. 1457 ; fait l'avance à la commune d'une somme importante, 30 nov. 1465 ; nommé sénéchal par le duc de Guienne et confirmé dans ses fonctions par Louis XI, 24 mai 1472 ; avait fait paver une rue à ses frais, 28 juil. 1576 ; réglemente la corporation des cordonniers, 25 oct.; son hôtel sert de logement aux rois et aux princes.— V. *Hôtels* et 15 oct. 1592.

MERLIN, ministre protestant, pose une des pierres fondamentales du grand Temple, 21 juin 1600 ; superstition et crédulité, 5 déc. 1599 15 juin 1619. — V. 24 août 1607.

MERVAULT (Paul), pair et maître de l'artillerie, 16 août 1607. —*Pierre*, l'un de nos plus précieux annalistes, sa naissance, ses écrits, 16 août 1607 ; sa mort, 13 déc. 1675.

MESNARD DE LA GARDE, directeur de la monnaie, membre de la société d'agriculture, 15 févr. 1762.

MESSIER, jeune page de Richelieu, chante au souper donné à la Reine, 20 nov. 1632.

MÉTÉOROLOGIE. Froids rigoureux, 5 janv. 1709, 28 mars 1740, 13 janv. 1749 ; la mer gelée, 4 mars 1789. — *Gelées précoces*, 7 sept. 1601 ; *tardives*, 17 avril 1538 et 16 mai 1698. — *Grêle extraordinaire*, 10 juin 1604.— *Météores*, 26 oct. 1568, 21 sept. 1628.— *Orages violents, prodiges*, 30 juin 1588, 20 août 1628 et 8 déc. 1625.— *Phénomènes maritimes, raz de marée*, 7 sept. 1469 et 6 sept. 1785 ; *Tempêtes*, 10 août 1518, 22 août 1537, 9 juil. 1598, 29 juil. 1598, 29 juil. 1621, 6 janv. 1628 et 3 janv. 1642.— *Tremblements de terre*, 26 oct. 1568, 9 avril et 19 nov. 1593, 16 juin 1600, 28 juil. et 24 août 1605, 11 oct. 1606, 11 août 1609, 18 et 25 févr. 1700, 16 déc. 1703, 10 janv. 1704, 15 sept. 1706, 16 févr. 1736, 3 févr. 1756, 30 avril 1776, 2 mai 1780 et 27 juil. 1791. — *Trombe et ouragan*, 26 oct. 1703.

MÉTEZEAU, archit. du Roi, chargé de construire la digue, 28 nov. 1627.

MÉTIERS (corps de). Maîtres par don du Roi, 27 sept.; règles communes aux diverses corporations, 28 juil. 1554, 25 oct. et 1er déc. ; boîte commune, 15 nov. 1595 ; catholiques exclus des corps de métiers par les protestants, 25 nov. 1607 ; protestants exclus à leur tour par les catholiques. — V. *Protestants*. — Les corps de métiers vont au-devant de François Ier, costumes, bannières, bedauds, etc., 1er févr. 1514 ; assistent à la procession d'un jubilé, 16 mars 1704. — V. *Apothicaires, chirurgiens, cordonniers, couteliers, guimbeletiers, orfèvres, pâtissiers, potiers d'étain, serruriers, tisserands, tondeurs de draps, tonneliers*.

MIGNONNEAU (Pierre), coélu du Maire, 29 mars 1573 ; continue la mairie de Morisson, 2 juil. 1573 ; sa mort, 26 août 1573.

MILICES BOURGEOISES, 28 oct. 1457 ; défendent les côtes contre les Anglais, 24 août 1462 ; francs-archers, 2 juin 1469 et 2 avril 1543 ; arquebusiers, 16 juin 1545 ; costume, 5 févr. 1558, 13 et 14 sept. 1565 ; chassent les royalistes de l'île de Ré, 3 sept. 1575 et 23 août 1577 ; division par compagnies ; capitaines perpétuels, puis annuels ; élections, drapeaux, 22 août 1598, 23 févr. 1622 et 14 mars 1605 ; 500 hommes de garde chaque jour, 2 déc. 1611 et 5 nov. 1651 ; le

Maire colonel né, 3 mai 1695 ; importance des milices, composition, 25 août 1703 et 9 mars 1749 ; régiment d'Aunis, grenadiers bourgeois, uniformes, 20 sept. 1757 ; volontaires d'Aunis, uniforme, dissolution, 10 mars 1759, 2 juil. 1763, 26 mai 1777 et 14 juil. 1790 ; bataillon de la Charente-Inférieure, 9 déc. 1792 et 21 mars 1793 ; volontaires nationaux, organisation, officiers, uniformes, volontaires-aspirants, 29 et 30 sept. 1793 ; battus par les vendéens, 21 mars 1793. — V. *Garde nationale.*

MILLEITÈRE, secrétaire de la fameuse assemblée de 1620, 25 déc.

MINISTRES PROTESTANTS. Soufflent le feu de la révolte, 12 mai 1565 ; leur grand nombre à la Roch., leurs fonctions pendant le siège, 28 févr. 1573 ; autorisés à supprimer dans leurs actes l'épithète de *prétendue* réformée, 22 nov. 1612 ; réunis au clergé catholique pour l'élection des députés aux Etats généraux, 12 nov. 1614 ; condamnation prononcée contre eux, 12 sept. 1684.

MIREUIL. Son ancien nom, hôpital des pestiférés, 8 mai 1585 et 20 juil. 1604.

MISSY (de), capitaine des volontaires nationaux, 29 sept. 1789 ; son généreux patriotisme, 21 août 1793 ; colonel de la garde nationale, 3 juil. 1814.

MONNAIE. Ancienneté de la monnaie de la Roch., 8 août 1394 ; établissement d'un atelier monétaire, 8 déc. 1215 ; partie du droit de monnayage abandonnée aux Roch., 29 oct. 1360 et 8 août 1394 ; marc de la Roch., type régulateur ; privilèges ; situations successives de l'hôtel de la monnaie, 8 sept. 1389, 8 août 1394 et 18 sept. 1627 ; valeur des *réaux d'or*, 26 nov. 1434 ; démolition de l'hôtel de la monnaie de la place du château, 4 avril 1689 ; le corps de ville fait battre monnaie, traité passé à cet effet, 11 et 18 sept. 1627 ; juridiction de la monnaie, sa suppression, 22 nov. 1790.

MONS (Jean de). — V. *La Roze.*

MONTAIGU (lord), fait prisonnier par Schomberg, 8 nov. 1627 ; député vers Richelieu, danger qu'il court d'être tué, son appréciation de la digue, 14 et 16 oct. 1628.

MONTAUBAN (ville de). Ses députés prennent part au traité de la Roch., 24 juin 1573.

MONTBAZON (Mme de), accompagne Anne d'Autriche à la Roch., 20 nov. 1632.

MONTFERRANT (Bertrand de), gouverneur de la Saintonge, prend possession de la Roch. au nom du roi d'Angleterre, cérémonie, serment, &., 6 et 7 déc. 1360.

MONTFORT (le père). Ses missions à la Roch, particularités, 26 juil. 1700.

MONTGOMMERY, vient au secours de la Roch. avec une flotille, part sans avoir tenté un sérieux effort, 19 avril 1573. — V. 20 janv. 1572.

MONTHOLON, garde des sceaux, vient à la Roch. avec François 1er, 30 déc 1542.

MONT-JOYE, général anglais, tué à la bataille de Loix, 8 et 9 nov. 1627.

MONTLUC. Ses troupes menacent la Roch., 10 fév. 1568 ; reçoit l'ordre de l'assiéger, insuffisance de ses forces, 24 mars ; excès commis par ses troupes dans les environs de la Roch., 20 avril 1568 ; assiste au siège de la Roch., 11 fév. 1573.

MONTMAUR (Morelet de), soumet les îles voisines de la R., 26 août 1572.

MONTMIRAIL (Robert de), regardé à tort comme le premier Maire de la Roch., 16 déc. 1542.
MONTMORENCY (le connétable Mathieu de), jure sur l'âme du Roi l'exécution des engagements pris par Louis VIII, 3 août 1224; — *(le duc de)*, précède Charles IX à la Roch., 13 sept. 1565; le détourne d'y construire une citadelle, 17 sept. 1565; combat contre Guiton et Soubise, 15 et 17 sept. 1625; — *(baron de)*, commandant en chef de la province, 3 juil. 1775.
MONTMORENCY (le duc de Laval-), gouvern. de la province, 11 août 1789.
MONTPENSIER (duc de), s'empare par ruse de la Roch., y établit un régime de persécution et de terreur, 26 oct. et 26 déc. 1562 et 8 févr. 1563; assiste au siège de la Roch., 11 févr. 1573; marche à la tête de ses troupes contre le Poitou, 24 févr. 1574.
MONTROY. Pierre Langlois, seigneur de..., 30 sept. 1514.
MORIN, avocat. Renseignements sur Billaud-Varennes, 23 août 1756; procureur de la commune, 19 août 1791.
MORISSON (Jean), Maire; ses qualités, sa mort, ses funérailles, 18 oct. 1572, 29 mars, 2 juil. et 26 août 1573.
MORISSON (André), 17 juil. 1554.
MORNAC, surpris par les Anglais, repris par les Roch.; singulier stratagème auquel ceux-ci eurent recours, 15, 19 et 31 mars 1434.
MOULINETTE (la). Le duc de Guienne à..., 6 juil. 1469; combat, 25 juin 1622; le duc d'Angoulême y établit un de ses quartiers et y construit un fort, 15 août, 10 sept. et 9 nov. 1627.
MOULINS — de la *Brande*, 23 janv. 1573; — du *Fourneau*, destruction, 13 nov. 1572; — du *Perrot*, appartenaient aux templiers, 4 déc. 1222; — de la *porte St-Nicolas*, destruction, 13 nov. 1572; — *Moulins neufs* (port des), 22 août 1447 et 31 août 1615; — moulins voisins de la ville brûlés par Biron, 18 déc. 1572.
MOUNIER, sous-lieutenant des volontaires, 23 août 1792; directeur de l'école secondaire, 23 oct. 1803.
MUSÉUM D'HISTOIRE NATURELLE, fondé par la Faille, 24 juil. 1782 et 20 nov. 1718; transféré dans l'ancien hôtel du gouvern.t, 6 août 1808.
MUSTAPHA, descendant des Abencerrages, capturé dans le pertuis, gracié par la Reine, se fait chrétien, 21 nov. 1632.
MYSTÈRES. Représentation de la Passion à la Roch., dure plus de huit jours; 20,000 étrangers y assistent, 17 oct. 1492; pièce allégorique représentée par ordre du roi de Navarre, 6 févr. 1558; *Holopherne*, œuvre de Cath. de Parthenay, représenté à la Roch., 13 févr. 1626.

N

NAGLES (le baron de), commandant de la garde nationale, 24 juin 1848.
NAIRAC, l'un des premiers juges du tribunal de commerce, 23 mai 1792.
NAPOLÉON BONAPARTE, crée une école secondaire à la Roch., 19 mai 1802; convoque le Maire à son sacre, 23 oct. 1804; son passage à la Roch. avec l'Impératrice; dons à la ville et au département, flatteuses promesses, 6 août 1808; effet produit par la nouvelle de sa déchéance, 10 avril 1814; son séjour à l'île d'Aix, son embarquement, 15 juil. 1815.

— 565 —

NAPOLÉON-LOUIS, président de la République ; son passage à la Roch., 12 oct. 1852.
NARBONNE (vicomte de), 23 mai 1472.
NAUFRAGES. Henri II d'Angleterre, abolit une barbare coutume relative aux..., 26 mai 1174.
NEVERS (duc de), au siège de la Roch., 11 févr. 1573 ; vient dans cette ville, 10 déc. 1615.
NICOLAS (Vincent), Maire, harangue François Ier, 1er sept. 1519.
NIEUL. Port de..., 21 mars 1089 ; quartier du duc d'Anjou, 10 juil. 1573 ; un sorcier de Nieul brûlé, 31 août 1593.
NIEUL-SUR-L'AUTISE. Union des manses de... au chapitre de la Roch., 16 nov. 1666.
NISMES. Ses députés concourrent au traité de la Roch., 24 juin 1573.— V. 2 avril 1571.
NOBLESSE. Droit de... conféré par Charles V aux Maire et échevins de la Roch., 8 janv. 1373 ; les nobles de la Roch. exempts du service militaire, 2 juin 1469 ; étaient tenus de venir défendre la ville en cas de guerre, 12 juin 1472 ; fesaient sculpter leurs armoiries sur les édifices et sur leurs maisons, 17 déc. 1790 ; destruction des signes de noblesse, ibid. — V. *Protestants.*
NOCHOUE (Henri de), fondateur de l'hôpital St-Jacques, 8 janv. 1348.
NORT (de), ministre protest., nommé modérateur du synode de 1582 ; 28 juin ; qualification que lui donna un bulletin de vote à l'élection du Maire, 6 juin 1588. — V. 12 mars 1565, 9 janv. 1568 et 26 janv. 1574.
NOUE (la), arrive à la Roch. avec les chefs protestants, 18 sept. 1568 ; assiste à la publication du troisième édit de paix, 26 août 1570 ; au mariage de Coligny, 2 mars 1571 ; envoyé par le Roi vers les Roch., dissipe leurs soupçons, accepte le commandement militaire qu'ils lui offrent, 19 nov. 1572 ; combats divers, 4, 12 et 21 févr. 1573 ; découragé se retire au camp des royalistes, 11 et 29 mars 1573 ; détermine les Roch. à se déclarer pour l'*union civile*, 26 janv. 1574 ; s'empare de Rochefort, 24 févr. ; relève le courage des Roch., 11 mars 1574 ; les entraîne à armer un grand nombre de navires, 5 juin 1574 ; est élu général des provinces poitevines, ibid ; excite les défiances des Roch. contre le nouveau roi Henri III, 3 sept. 1575 ; les détermine à embrasser la cause des princes, 23 janv. 1577.
NUAILLÉ. L'abbé de N... assiste à la publication du coutumier, 30 sept. 1514 ; les Roch. s'emparent de N..., 10 déc. 1615 ; le duc d'Epernon prend son château, 29 juil. 1621.

O

OCTROIS. Produits des anciens et nouveaux.... ; établissement de nouveaux droits, 3 déc. 1689.
OFFICIAL, OFFICIALITÉ. Lieu de ses séances, sa composition, jugements, 17 juil. 1550 et 26 sept. 1661 ; sa suppression, 22 nov. 1790.
OFFICIERS DE LA COMMUNE, étaient annuels, 22 août 1598 ; jour de leur élection, 19 avril 1398.
OLERON (île d'), réunie au ressort de la Roch., 29 oct. 1360 ; accusation

— 566 —

contre le roi de Navarre à son sujet, 14 nov. 1588 ; prise par Soubise, excès et dévastation, 8 nov. 1621 ; Montmorency s'en empare, 26 nov. 1625 ; les députés de l'Aunis en demande la réunion à cette province. 15 déc. 1789.

ORFÈVRES. Corporation des..., bannière, poinçon, 1er déc.

ORLÉANS. — *Le duc d'*..., fils de François Ier, vient à la Roch., 30 déc. 1542 et 1er janvier 1543. — *François d'*..., marquis de Rothelin. seigneur de Châtelaillon, 31 août 1615. — *Henri d'*..., marquis de Rothelin, se fait remettre l'artillerie et les munitions de la Roch., après le siège, 30 oct. 1628. — *Louis-Philippe-Joseph*, duc d'..., vient à la Roch., 3 juill. 1775. — *Françoise d'*..., veuve de Louis de Bourbon, 25 mars 1571. — V. *Joinville*.

OUALLE (David), premier président nommé de la chambre de commerce, 15 juil. 1719.

OUVRIERS. Réglementation du travail des.... 15 déc. 1605 ; travail forcé, 19 déc. 1772 — V. *Métiers*.

OWEN DE GALLES, l'un des commandants d'une flotte qui bloquait la Roch.; ses intelligences avec les habitants, 15 août 1372.

P

PAIRS de la commune, leur nombre, mode d'élection, 27 mars 1541 et 15 avril 1398 ; conditions qu'ils devaient remplir, 31 mars 1382 ; à quel âge leurs enfants pouvaient faire partie du corps de ville, 23 déc. 1531 ; scandaleux trafic de leurs charges, résignations, 11 janv. 1613 et 14 mai 1559 ; nouveau mode de nomination, 29 mars 1614 ; places de pairs vendues pour du blé ou promises en récompense, 16 sept. 1628 ; votaient avec le tiers-état quand ils n'étaient pas nobles, 12 nov. 1614 ; cérémonie de leurs funérailles, 15 mars 1603. — V. *Corps de ville*.

PALAIS DE JUSTICE. Anciennes dénominations. 2 déc. 1454, 9 mars 1749 et 12 nov. 1789 ; dédicace et description du palais construit aux frais d'Henri IV, 9 juin 1614 ; réunion au palais de la noblesse d'Aunis, 15 oct. 1635 ; et des trois ordres pour l'élection de députés, 14 août 1651 ; conférences religieuses, 9 sept. 1685 ; reconstruction, 12 nov. 1789 ; installation du tribunal de district, 23 nov. 1790 ; armoiries et écussons de la façade du palais grattés, 24 déc. 1792. — V. 20 nov. 1632.

PALLÈRE ou PALERAC. Maison de..., démolition, 13 nov. 1572.

PANDIN, conseiller au présidial, député vers Louis XIV, 5 nov. 1651.

PARABÈRE (de), commissaire chargé de faire publier l'édit de Nantes à la Roch., 4 août 1599.

PARABELLE, accompagne Sully à la Roch., 2 juil. 1604.

PARLEMENT DE PARIS. La Roch. était comprise dans son ressort, 12 juin 1472 ; les Roch. y avaient deux avocats, un procureur et un substitut, 16 oct. 1572.

PAROISSES. Les cinq paroisses de la ville réduites à trois, 15 janv. 1629 15 juin 1791. — V. *Eglises*.

PARTHENAY. — *Marie de*..., femme de Mérichon, 28 avril 1443. - *Jean de*..., seigneur de la Brande, 30 sept. 1514. — *Catherine de*... V. *Rohan* (duchesse de). — *Catherine de*..., sa fille, vient habiter

— 567 —

la Roch. avec sa mère : noble réponse à Henri IV, 13 févr. 1626 ; renfermée après le siège dans le château de Niort, 3 nov. 1628.

PASCAUD (Jean), président du présidial, 9 juin 1614.

PASCAUD (Joseph), Maire, sa demeure, 8 avril 1748 et 9 mars 1749.

PASSOT (Louis), commissaire envoyé pour régler la question des dîmes, 7 août 1382.

PATISSIERS. Corporation érigée en maîtrise ; patron, réglem.¹, usages, &., 29 sept.

PAULÉON (le baron de), membre de la société d'agriculture, 25 fév. 1762.

PAUVRES. Troncs des pauvres placés en tous lieux, 3 avril 1667. — V. *Hôpitaux, mendicité*.

PAVÉ — PAVEUR. — V. *Rues*.

PEINTRE DE LA COMMUNE, condamné à faire l'effigie d'un coupable sous peine d'emprisonnement, 16 févr. 1617.

PELLETIER DE SOUZY (le), intendant des fortifications, approuve les plans de Ferry, 22 juil. 1700.

PELOTTE DU ROI. Vieille coutume féodale d'Aunis : en quoi elle consistait, 21 févr. 1542.

PEMBROCK, amiral anglais, défait par une flotte franco-esp., 22 juin 1372.

PERAT (Jean du), capitaine de la tour de la Chaîne, 1er févr. 1519.

PERAULD (Raymond), cardinal, sa modeste origine, sa reconnaissance envers les magistrats de la Roch., 21 août 1503.

PERCHE (comte de), 23 mai 1472.

PERDRIER (Pierre), commissaire de la veuve de Louis XII, 29 nov. 1525.

PEREFIXE (Hardouin de), nommé évêque de la Roch., 28 févr. 1643.

PÉRIGNY. Eglise fortifiée, combat, 29 juil. 1621.

PERLIER, capitaine roch., fait jeter à la mer des matelots royalistes, 26 mars 1628.

PERROC ou PERROT (faubourg du), annexé à la ville, 27 juin 1590.

PERRY, directeur de la chambre de commerce, auteur de notes sur la Roch., 11 août 1789 et 19 août 1791.

PERSONNE (de la), dame condamnée à être pendue pour infanticide et suicide, 10 sept. 1588.

PESTE. — De 1585, règlement du corps de ville, 8 mai. — De 1604-1605, ravages, particularités, règlement, 20 juil. 1604. — Après le siège de 1628, 5 mars 1630.

PETITE RIVE, enfermée par un mur, 17 juin 1373 ; entrepôt franc ; donnée à la commune, à quelles conditions, 15 févr. 1471 ; l'ancien arsenal y était établi, 3 mai 1786. — V. 24 déc. 1808.

PHELIPPEAUX. — V. *Pontchartrain*.

PHILIPPE-AUGUSTE. Ses conquêtes ; ne peut s'emparer de la Roch., 9 juil. 1206. — V. 15 juil. 1224.

PHILIPPE II, roi d'Espagne ; ses projets de conquête de l'Angleterre, destruction de sa flotte, 2 sept. 1588.

PHILIPPE-LE-BEL, confirme les privilèges des Roch., 6 avril 1286 et 21 mars 1312 ; expulse les juifs de la Roch., 22 août 1729.

PHILIPPE-DE-VALOIS, fait don d'une prairie à la commune, 22 mars 1335 ; autorise l'établissement de courtiers à la Roch., 12 mars 1345.

PHILISTINS, nom donné aux assiégeans par les Roch., 13 déc. 1572 et 18 févr. 1573.

PIERRE (Jean), seig. de la Jarne, lieutenant-général exilé par Charles IX,

17 sept. 1565 ; seconde la révolte de Pontard, 9 janv. 1568. — V. 16 oct. 1572 et 2 juil. 1573.

PIERRE DE MOUGON, moine-architecte, chargé de la construction de l'église St-Barthelémy, 19 févr. 1152.

PIGNONNEAU (Nicolas), nommé Maire, 1er oct. 1440.

PILES (de), avait tué en duel le fils de Malherbes, 7 mars 1628.

PILLEUX (de), commandant de galères espagnoles, les met à la disposition des Roch. pour attaquer Rochefort, 5 sept. 1356.

PINEAU (famille). — *Jean*, premier Maire protestant, destitution, 20 oct. 1562 et 8 févr. 1563 ; — *Guillaume*, coélu, se réhabilite d'un moment de faiblesse ; nommé maître d'hôtel du Roi, ibid ; — *Marc*, Maire de 1626 ; Richelieu descend chez son fils, 30 oct. 1628.

PINNELIÈRE, curé de St-Martin, député à l'assemblée constituante, 15 déc. 1789.

PLACE (la). — V. *Desmazières*.

PLACES. — *D'Armes*, autrefois du *Château*, *Royale*, du *10 Août* et de *Napoléon*, 1er août 1746, 9 mars 1749, 8 juin 1794 et 23 juin 1811 ; servait aux exécutions criminelles, 10 mai 1552, 31 août 1593, 29 avril 1606, 19 févr. 1617, 26 juil. 1700 et 14 juil. 1756, etc. ; aux exercices militaires, aux fêtes et réjouissances publiques.— V. *Fêtes*. Grands dîners militaires donnés sous ses allées, 11 août 1789 ; agrandie par la démolition de plusieurs édifices et maisons, 4 avril 1689 et 8 mai 1695 ; projet de colonne à élever au milieu, 19 oct. 1791. - V. *Fontaine royale*. — Eclairée au gaz, 19 déc. 1851 ; — *place d'armes de Cougnes*, 29 sept. 1627. — *Barentin* ou *de la Bourserie*, 31 mai 1562 et 15 nov. 1651 ; — des *Cordeliers*, origine de son nom, 16 mai 1791 ; sert aux exécutions, 13 nov. 1817 et 31 janv. 1829 ; — *du Foin*, 31 mai 1562 ; — *de Jérusalem*, 2 nov. 1753 ; — *du Pilory*, 14 sept. 1565.

PLESSIS (le). Etablissement d'un hôpital au.... ; vendu aux jésuites, 3 avril 1667. — V. 17 mars 1573.

PLOMB (le). Prieuré, église, port, canal et pêcheries du..., projet d'y établir un port de l'Etat, 21 mars 1089 et 22 août 1447 ; Esprinchard, seigneur du...., 25 août 1604 ; l'un des quartiers du comte de Soissons, 25 juin 1622.

POIDS ET MESURES. Inspection et police appartenaient au Maire, 24 mars 1312 ; mesures de superficie, 3 juin 1246 ; de capacité, 29 déc. 1590.

POINTE DE COUREILLES ou *des Minimes*, 20 mars 1634 et 11 avr. 1809.

POISSON. Marché, règlement sur la vente du.., 17 juin 1606.

POITOU (province de). Confédération entre elle et celles d'Angoumois, Saintonge et Aunis, 11 mars 1574.— *Comtes de...*, V. *Guillaume X*.

POLIGNAC (de), seigneur de Dompierre, sou avarice ; nommé commandant du ban et arrière ban d'Aunis, 15 oct. 1635.

POMIER, l'un des quatre sergents de la Roch., 19 mars 1822.

POMMERAY, gentilhomme, chef de voleurs, 11 déc. 1608.

POMPEIO-TARGON, ingénieur italien, construit le Fort-Louis, entreprend de fermer l'entrée du port de la Roch., 25 juin 1622.

PONCE II, pape, érige en églises paroissiales les églises de St-Barthel. et St-Sauveur, 19 févr. 1500.

PONS (sires de), chassent les Anglais de Mornac, 15 et 31 mars 1433 ; 20 avril 1568.

Ponts. — De la *Gourbeille*, origine de ce nom ; sa situation, 8 nov. 1630 ; — de *Maubec*, 5 nov. 1651 ; — de la *Rochelle*, ou de *St-Sauveur*, sa construction, 28 janv. 1202 ; les souliers importés à la Roch. ne pouvaient être mis en vente que sur ce pont, 25 octob. — V. 17 juin 1373, 6 juil. 1469, 27 juin 1590, 5 et 15 nov. 1651, 20 nov. 1672 ; — des *Salines*, 2 déc. 1454 ; — *Pont-Tornis*, 24 déc. 1792

Pontard (François), Maire de 1567, soulève la Roch. en faveur de Condé, 9 janv. 1568 ; ses excès et cruautés, 10 févr. ; s'entend avec St-Hermine pour retarder la publication de la paix, 20 avril ; exilé de la Roch. par Jarnac, 19 mai 1568.

Pontard (Hugues), père de François, procureur du Roi ; sa demeure, construit l'hôtel dit de Henri II, 8 avril 1748.

Pontchartrain (Phelippeaux de), gouverneur de la Roch., 9 mars 1749.

Pont-de-la-Pierre, maison seigneuriale, sert de logement à Richelieu, 12 oct. 1627.

Pontis, chargé de l'exécution d'un plan pour surprendre la Roch., 25 avril 1628.

Popelinière (Lancelot du Voysin de la), expulse les royalistes de l'île de Ré, 3 sept. 1575 ; obligé d'abandonner Marans au duc Mayenne, 13 mai 1577 ; son mariage à la Roch. 20 fév. 1578 ; le roi de Navarre demande qu'il soit poursuivi pour la publication de son histoire ; sa condamnation, ses armoiries, 3 juin 1581 et 28 juin 1582.

Population. Elémens pour établir la population de la Roch. en 1224, 12 août ; dénombrement des habitants, 22 août 1598.

Port. Projet d'un port nouveau non exécuté, 4 déc. 1222 et 15 févr. 1471 ; curage et entretien du... mis à la charge de la commune, 15 févr. 1471 ; chaîne du port, 22 mars 1614. — V. *Tour de la Chaîne*. — Séparé du faubourg St-Nicolas par une muraille, 15 nov. 1651 ; fête nautique dans le port, 21 nov. 1632 ; le conseil du Roi propose de le combler, 4 avril 1689 ; son état déplorable, 22 oct. 1764 et 29 avril 1770 ; travaux pour son désavasement, 22 oct. 1764 et 2 janv. 1772 ; vote de fonds par le commerce pour son amélioration, 22 oct. 1764 ; chantier de construction, la jetée, *chenal des fascines*, ibid ; les Roch. demandent au Roi d'en faire activer les travaux, 30 déc. 1788 ; *achenal du port*, quid ? 24 déc. 1792. — V. *Bassin* et 31 déc. 1542 et 15 nov. 1651.

Port-Mahon. Grandes réjouissance à la Roch. pour célébrer la prise de..., 1er et 11 août 1756.

Port-Neuf. Sa situation, 21 mai 1621 ; port creusé à.., 25 nov. 1623 ; commencement de la digue à..., 17 nov. 1628. — V. 7 nov. 1628 et 22 juil. 1700.

Porte (Amador de la), oncle de Richelieu, le remplace comme gouvern. de la Roch., 12 déc. 1630 et 22 mai 1631 ; chargé de recevoir Anne d'Autriche, 20 nov. 1632 ; son éloge, sa demeure, 15 oct. 1635 ; exemple de faiblesse, 22 mai 1640 ; nommé grand prieur de France, 3 déc. 1641.

Portes (Les), à l'île de Ré, descente des royalites, 15 sept. 1625.

Portes de la ville. — Portiers. Elles restaient fermées le jour de l'élection du Maire et, après son installation, ce magistrat se transportait à chacune d'elles, 19 avr. 1398 ; les clés restaient déposées

— 570 —

entre ses mains . 30 août 1542 et 26 août 1573 ; les contre-clés étaient remises aux procureurs-syndics des bourgeois, 29 mars 1614; heures de leurs ouverture et fermeture, 30 août 1542 et 15 mars 1603 ; en cas de mort du Maire, elles restaient fermées jusqu'après son enterrement, 11 mars 1605 ; les portiers étaient exempts d'impôts, 12 déc. 1447 — V. 1er décemb.

PORTE DE COUGNES, 6 déc. 1360, 24 mai 1472, 30 déc. 1542, 13 et 14 sept. 1565, 10 févr. 1568, 26 juin, 13 nov. 1572, 1er juil. 1573, 27 juin 1590, 26 fév., 7 mars, 10 juil., 7 sept. et 1er nov. 1628. — 2me *porte de Cougnes*, détruite pour la reconstruction des fortifications, 4 avr. 1689 ; sa reconstruction, armoiries qui la décoraient, anecdote, 16 mai 1791 ; — *des Dames*, 18 juin 1777 ; — *Dauphine*, sa construction, 9 mars 1698 ; croix élevée près d'elle, 12 août 1711. — V. 26 mars 1777 et 23 juin 1780 — *du Lunda*, origine de son nom, sa situation, 9 mars 1698 ; 17 juin 1590 ; — *de Maubec*, (vieille), 17 juin 1590 ; (nouvelle), 22 mars 1614 ; — *des Deux-Moulins*, où elle était anciennement placée, 27 juin 1590 ; projet de la transporter près de l'ancienne digue, 22 juil. 1700. — V. 6 déc. 1360, 1er sept. 1457, 24 févr., 31 déc. 1542, 10 avr. 1573, 23 févr. et 7 nov. 1622, 29 oct. 1628, 22 juil. 1700, 18 juin 1777 et 21 juil 1788 ; — *Porte-neuve*, sa situation ancienne, 27 juil. 1590 ; fortifiée, 23 févr. 1622 ; démolie pour servir à la reconstruction des fortifications, 4 avr. 1689 ; projet de la transporter ailleurs, 22 juil. 1700. — V. 19 févr. 1452, 23 janv. 1573 et 21 mai 1621 ; — *du petit Comte*, 19 févr., 19 fév. 1452. — *de la Poterie*, 15 nov. 1651 ; — *Rambaud*, 23 janv. 1573 ; — *St-Nicolas* ; une des trois portes St-Nicolas démolie pour servir à la construction des dernières fortifications, 4 avril 1689 ; commenc. de l'ouvrage à corne (ibid. note) ; croix élevée à la porte..., 12 avril 1711. — V. 6 juil. 1469, 15 févr. 1471, 30 août 1542, 27 juin 1560 et 16 mai 1791 ; — *Nouvelle porte St-Nicolas*, 15 nov. 1651 et 25 nov. 1827 ; — *de la Vérité*, sa situation, ses restes retrouvées, 15 nov. 1651.

PORTUGAIS, fixés en grand nombre à la Roch., 22 févr. 1603.

POTERIE, sa situation ; rue, porte et maison qui portaient ce nom, 15 nov. 1651.

POTIERS D'ÉTAIN, règlement de leur corporation, 28 juil. 1554.

POUPET, son hôtel devenu celui de la Préfecture, 6 août 1808 et 30 juin 1811.

POUSSART (Jeh.-Pierre); de Montferrant loge chez lui, 6 déc. 1360.

POUSSART (Laurent, l'un des chefs de l'expédit. envoyée contre Mornac, 19 et 31 mars 1434.

PRADE (de la), complice de l'assassinat de du Vivier, 27 avril 1606.

PRASLAIN (le mareschal de), envoyé contre la Roch. ; dégâts causés par ses troupes, 26 oct. 1627.

PRÉE (fort la), citadelle à l'île de Ré, 6 oct. et 8 nov. 1627.

PRÉE-MAUBEC, sa situation ; les protest. y font leurs exercices religieux, 12 mai 1565 ; annexée à la ville, 27 juin 1590 ; rues tracées, adjudication des terrains à bâtir, 15 sept. 1615.

PRÉFCTURE. Translation de Saintes à la Roch. du siège de la préfect., 19 mai 1810 et 30 juin 1811 ; le duc d'Angoulême appuie les Roch. pour repousser les prétentions des Saintais, 7 juil. 1814. —V. *Hôtels*.

— 571 —

PRESCRIPTION d'un an et un jour pour les choses acquises par les bourgeois, 26 avr. 1206.

PRÉSIDIAL. Installation, composition, circonscription, sceau, lieu de ses audiences, 1er juin 1551 ; inaugure son établissement par les plus terribles sentences contre les calvinistes, 10 mai 1552 ; sa juridiction restreint celle du Maire, 17 juil. 1554 ; suppression de la place de président, 11 août 1584 ; conflit avec le corps de ville, 29 juin 1598 ; pouvait agir par voie réglementaire, 15 déc. 1605 ; refuse, malgré les ordres de la cour, de procéder contre les députés de l'assemblée de 1618, 30 déc. ; transféré à Marans, 26 oct. 1625 et 15 août 1627 ; refuse de conférer avec les envoyés de Buckingham, 23 juil. 1627 ; la plupart de ses membres abandonnent la Roch., 15 août 1627 ; ceux qui étaient restés vont se jeter aux pieds du Roi, 1er nov. 1628 ; reçoit les Ursulines à la Roch., 6 déc. 1630 ; luttes de préséance avec les membres de la cour des Salins, 3 déc. 1641 ; obtient l'autorisation de porter la robe rouge, 26 avr. 1672 ; avait un banc à St-Barthélémy, 20 juin 1678 ; siège pendant plusieurs années à la Bourse ; sa suppression, 12 nov. 1789 et 22 nov. 1790. — V. *Palais de Justice*.

PRESSIGNY (Regnault de), seigneur de Marans, accorde aux Roch. des franchises commer., 1er juin 1350.

PRÊTRES. Accord avec les ministres pour les exercices religieux de l'un et de l'autre culte dans les églises, 7 avr. 1562 ; massacres de prêtres, 10 févr., 1er avril 1568 et 21 mars 1793 ; chapitre de cinq prêtres pour le service des paroisses de la Roch., 6 août 1599 ; autorisés à se vêtir publiquement de leur costume et à porter le viatique aux malades, 9 mai 1600 ; tracasseries et injures dont ils étaient l'objet de la part des protest., 21 mai 1621 ; condamnation contre un prêtre apostat, 26 sept. 1661 ; un synode cath. tenu à la Roch. décide qu'ils ne pourront avoir de jeunes servantes, 16 juin 1706 ; les prêtres non assermentés expulsés de la ville, 29 mai 1792.

PRÉVOST (François), Maire de 1609, beau-père de Guiton, 14 août 1610 : fait construire un bastion, auquel il donne son nom, 19 juin 1631.

PRÉVOT. — PRÉVOTÉ, garde de la..., sceau, 26 sept. 1199 et 7 déc. 1360 ; le prévôt avait succédé au viguier ; ses attributions, conflits avec le corps de ville, suppression, 19 oct. 1406 ; les droits de lestage et de délestage lui sont enlevés, 25 oct. 1465.

PRISONS. Les dernières tours du château servaient de..., 22 janv. 1373 et 30 déc. 1542 ; leur écroulement, 23 févr. 1574 ; construction de nouvelles prisons, ibid et 12 nov. 1789 ; — *prisons de la Commune*, où elles étaient, 23 nov. 1578 ; — *de l'hôpital général*, 3 av. 1667.

PRIVILÈGES, chartes de... déposées dans la tour de Moureilles, 24 déc. 1360 et 29 juin 1628. — V. *Tours*. Chenu en obtient communication, 30 mars 1619. — V. les noms des différents rois de France et d'Angleterre, *Rochelais, Rochelle*, &.

PROCESSIONS, autorisées avec certaines restrict., 9 mai 1600 ; procession instituée en commémoration de la réduction de la Roch., 2 nov. 1628, 15 janv. 1629 et 26 avril 1672 : conflits pour les tentures des maisons, 2 juin 1638.

PROCUREURS. — *De la ville*, ses fonctions, mode d'élection, 19 av. 1398, 19 oct. 1406, 28 juil. 1554 et 9 août 1614 ; — *du Roi*, conflits avec le corps de ville, 19 oct. 1406 ; — *proc. du Roi de la commune*,

— 572 —

22 octobre 1772 ; — *police*, 28 juillet 1576 ; — *procureur de la commune* au parlement de Paris, appointements, 16 octobre 1572 ; — *procur. au présidial*, confrérie au couvent des Augustins, 19 mai 1700.

PROCUREURS-SYNDICS DES BOURGEOIS, leur établissement, mode de nomination, leurs attributions, 29 mars et 9 août 1614.

PROTESTANTS. Rigueurs exercées contre eux ; terrible sentence du présidial, 10 mai 1552 et 14 déc. 1559 ; principes calvinistes prêchés pour la 1re fois publiquem., 6 févr. 1558 ; commencem. et progrès du calvinisme, assemblées secrètes, premier établissement d'un consistoire, 17 nov. 1558, 14 déc. 1559, 6 avr. 1561, 31 mai et 20 oct. 1562, 8 févr. 1563 et 8 mars 1580 ; le consistoire s'érige en tribunal des mœurs ; sévérités disciplinaires, 20 mai 1563, 3 juin 1581, 28 juin 1582 et 21 déc. 1617 ; premiers registres des baptêmes, 17 nov. 1558 ; solennelle célébration de la cène suivie de la dévastation des églises, 31 mai 1562 ; différents lieux consacrés à leurs exercices religieux, 6 avril 1561 et 12 mai 1565 ; vases dont ils se servaient pour la communion, 1er mars 1685 ; rigueurs exercés contre eux par le duc de Montpensier, 20 oct. 1562 ; leurs exercices religieux suspendus pendant le séjour de Charles IX à la Roch., 15 sept. 1565 ; excès et cruautés exercés contre les catholiques, 10 févr. 1568 ; signe de reconnaissance, ibid ; religion protestante seule autorisée à la Roch., 11 sept. 1568 ; vente des biens ecclésiastiques, 29 janv. 1569 ; abattement du parti après la bataille de Jarnac, 25 mars 1569 ; publication du 3e édit de paix, 26 août 1570 ; jeûne général à l'occasion de la St-Barthelémy, 9 sept. 1572 ; autres prescrits par les assemblées générales, 16 déc. 1588, &. — V. *Assemblées*. — Le parti protestant aspire à se constituer en fédération républicaine, 12 déc. 1573. — V. *Assemblée de 1620*. — Traité de la Roch. désavoué par le parti, 12 déc 1573 ; ils s'emparent d'un grand nombre de places du Poitou, 11 mars 1574 ; paix de Bergerac, 24 sept. 1577 ; traité de Némours ; nouvelles persécutions contre les protestants, 11 juin 1586 ; culte protestant proscrit par toute la France ; ils reprennent les armes, 18 mars 1588 ; conseil supérieur du parti protestant, 14 novembre 1588 ; n'acceptent qu'avec difficulté l'édit de Nantes, conflits pour son exécution. — V. *Edit de Nantes*. — Emeute à la Roch. à l'occasion d'excès commis à Tours contre les protestants, 22 avril 1621 ; intolérance et persécutions contre les catholiques, 21 mai 1621 ; paient cher leur prise d'armes de 1621, 10 nov. 1622 ; battus à l'île de Ré par les cathol., 15 sept. 1625 ; modération de Louis XIII envers les protest. après la reddition de la Roch, 19 nov. 1628, 23 déc. 1628 et 15 janv. 1629 ; conversion et intrigues religieuses qui suivirent, 23 déc. 1628 ; archives générales des églises réformées à la Roch.. — V. *Tour de Moureilles*. — Mystérieuse terreur panique, 22 mai 1643 ; mesures rigoureuses contre les protest. ; nombreuses expatriations, 19 sept. 1661 ; ils sont privés du droit de noblesse et exclus des corps de métiers, et des professions libérales, 7 août 1677, 14 juil. 1681 et 8 mars 1685 ; condamnation contre les quatre ministres, 12 sept. 1684. — V. *Temple*. — Cruauté contre un vieillard et une jeune fille, 13 déc. 1685 ; dispersés dans le monde entier par les persécutions ; sympathie manifestée par les Roch. à des déportés, 2 mars 1688 ; missionnaires et dragonnades pour leur conversion , 9 sept. 1689. — V. *Fénélon*. — Les *prisonniers de la Roch.*, leurs souffrances, sympathies qu'ils inspirèrent; complainte, 3 juillet 1721 ; nouvelles rigueurs, 14 juil. 1756; décret qui fixe à trois le nombre de leurs églises consist. dans le département, 25 févr. 1803. — V. *Guiton*, — *Rohan*, — *Soubise*, — *Temples*, — *Sièges de 1572 et de 1627*, &.

Prou (Jean), Maire de 1620, sa réponse à un envoyé du roi, 25 déc. 1620.

Prudhommes. On donnait parfois ce nom aux membres du corps de ville, 2 déc. 1360.

Puilboreau, étymologie de son nom; quartier de Strozzi, 13 déc. 1572.

Puits-Artésien du Mail, abandon des travaux, 13 oct. 1833.

Puy-Gaillard, au siège de 1573, 12 févr. ; intrigues pour s'emparer de la Roch. par trahison, 12 déc. 1573.

Q

Quarante-huit (conseil des) , établissement, mode de nominat., attributions , 29 mars 1614 et 28 avr. 1617; son influence dégénère en tyrannie, 5 mai 1625 ; son abolition, 8 mars 1626.

Quasimodo, jour des élections à la Mairie ; mode d'élection, 15 avr. 1398 et 30 avr. 1628 ; le jeudi suivant consacré à l'installation du Maire et à l'élection des officiers de la comm. , 19 avril.

R

Racan (le poëte) , au siège de la Roch., sa conversation avec Malherbe, 7 mars 1628.

Racaud (les frères), adjudicataires de la construction de l'Abattoir, 15 juin 1812.

Rambouillet. — *Marie de*, mère des frères Tallemant, 23 sept. 1620 ; — *Elisabeth de*, femme de Tallemant des Réaux, 2 oct. 1619 ; — *Renée-Madeleine de...*, de la Sablière, veuve de M. Trudaine, vend l'hôtel de Cheusses, 2 nov. 1753.

Ramelli, ingénieur italien, 8 nov. 1572.

Raoul (Michel), évêque de Saintes, célèbre la messe à Ste-Marguerite , 18 janv. 1624.

Raoul (Jacques) , évêque de Saintes , consacre l'église des Jésuites , 8 août 1638 ; premier évêque de la Roch., prend possession de son siège, ses armoiries, 18 oct. 1648 ; consacre l'église des capucins , 26 juin 1650 ; appelle à la Roch. les religieuses de la Providence, 28 août 1664.

Raoult, l'un des quatre sergents de la Roch., 19 mars 1822.

Rasse (comté de). — V. *St-Louis, (fief)*.

Rasteau, son généreux patriotisme, 21 août 1793.

Rastignac (de), évêque de Tulle, sacré à la Roch., 1er févr. 1722.

Ratouyt (Louis), comte de Souches, sa naissance, sa brillante carrière; donation qu'il fait à l'hôpital Saint-Barthelémy, 16 août 1608.

Razilly (Launay de), command. d'une flotte royale ; battu par Guiton, 2

— 574 —

oct, 1621 ; capturé par les Anglais en voulant ravitailler la citadelle de Saint-Martin, 8 oct. 1627.

Ré (île de). Henri III, d'Angleterre, accorde le droit de commune à ses habitants, 28 juin 1242 ; il la cède bientôt après à St-Louis, 7 avril 1243 ; descente des Anglais à l'île de Ré. dévastations, 15 oct. 1294, 28 oct. 1457 et 25 août 1462 ; ses habitants se soumettent à Charles V, à quelles conditions, 26 août 1372 ; seigneurs de l'île de Ré, ibid, 25 janv. 1461 et 30 sept. 1514 ; les habitants exemptés de toutes impositions pour fait de guerre, 26 mars 1408 ; abbaye de l'île de Ré; l'abbé va au-devant du duc de Guienne, 6 juil. 1460 et 30 sept 1514 ; il est chargé de lever les excommun. lancées contre les Roch., 21 août 1503 ; l'île coupée par une tempête, 22 août 1637 et 29 janv. 1645 ; les protestant de l'île autorisés à établir un temple, 8 juil. 1563 ; le fils de Montluc s'empare de l'île par surprise ; massacre de protestants, 24 mars 1568 ; les Roch. projettent de la reprendre, 8 nov. 1572 ; tombe au pouvoir de Landreau, qui en est chassé le lendemain, 3 sept. 1575 ; tentative de Lansac, 13 mai 1577 ; le duc d'Epernon s'en empare, 29 juil. 1621 ; les habitants envoient un renfort à la flotille de Guiton ; Soubise se rend maître de l'île, 16 juil. 1625 ; elle est reprise par les royalistes, 15 septembre et 26 novembre, 1625 ; arrivée et descente des Anglais, 20 et 22 juillet 1627 ; ils en sont chassés, 8 et 9 nov. 1627 ; Henri de Sourdis, archevêque de Bordeaux, à l'île de Ré, 30 juil. 1638 ; l'île détachée de l'évêché de Saintes et réunie à celui de la Roch., 2 mai 1648 ; elle était autrefois renom. pour ses vignobles, 29 juin 1681 ; le fort, lieu de détention pour les protestants, 2 mars 1688. — V. St-Martin. — Ars. — La Flotte. — Loix. — Les Portes-Ste-Marie.

Réaumur, sa naissance, san véritable nom, ses titres à la célébrité, 28 févr. 1683 ; sa mort, 18 oct. 1757 ; son nom donné à une rue, 15 mars 1654 et 12 nov. 1858. — V. 22 juil. 1772.

Réaux ou Rouhaux, maison seigneuriale dans laquelle logea Louis XIII, 12 oct. 1627 et 27 janv. 1628 ; dont Tallemant emprunta probablement son surnom, de des Réaux, ibid.

Régnier, colonel de la garde national, 17 mars 1811.

Repose-Pucelle, métairie dont Guiton prit le titre, 14 août 1610 et 15 mars 1654.

Retz (comte de), au siège de la Roch., 11 févr. 1573.

Richard-Cœur-de-Lion, 8 juil. 1199.

Richard II, roi d'Angl., fait proclamer à la Roch. un tournois qui devait avoir lieu à Dublin, 16 mai 1399.

Richard (baron), préfet de la Char.-Inf.; son arrivée à la Roch., 30 juin 1810, 23 juin 1811 et 3 juil. 1814.

Richard, assassin, son exécution, 31 janv. 1829.

Richard-des-Herbiers, fondat. de la biblioth. publiq., 13 avr. 1750.

Richelieu (le capitaine), grand oncle du cardinal, chargé de la garde des tours de la Roch., ses excès, 20 oct. et 26 déc. 1562.

Richelieu (le cardinal de), reprend la politique d'Henri IV, 5 mai 1625; fait des avances aux Roch., 15 sept. 1625 ; engage Louis XIII à se départir de sa rigueur envers eux, 8 mars et 27 nov. 1625 ; sa rivalité avec Buckingham, une des princip. causes de la guerre de 1627, 7 juin et 13 sept. 1627 ; comment il reçoit un envoyé de celui-ci, 13 sept. 1627 ; accompagne le Roi devant la Roch., son logement, 12 oct. ; fait enfoncer des vaisseaux maçonnés dans le canal, 21 et 27 janv. 1628 ; nommé lieut.-génér. des armées du Roi ; ses aides-de-camp, 10 févr. ; son activité et sa prévoyance, 1er oct. ; détermine Louis XIII à revenir au camp, 24 avr. ; va au-devant de lui, réception qu'il lui avait préparée, ibid ; convoque une assembl. générale du clergé pour voter des subsides, 17 juin ; somme les Roch. de se rendre, 7 juil. ; promet *des montagnes d'or* à un traître, 10 juil. ; un fanatique propose à Guiton de l'assassiner, 8 juil. ; conférence avec des députés Roch., ses promesses, motifs de ses concessions, son costume, 7 et 8 sept. ; fait répandre des billets dans la ville pour animer les pauvres contre les riches, 28 sept. ; ses conférences avec lord Montaigu, 14 et 16 oct. ; sa résidence au château de la Sausaye, se prononce pour la clémence dans un conseil tenu par le Roi, 26 oct. ; nouvelles conférences avec les députés Roch. pour traiter de la paix, 27, 28 et 29 oct. ; les présente au Roi, 29 oct. ; son entrée à la Roch., son logem., 30 oct. ; fait enterrer les morts, 31 oct. ; accomp. le Roi dans son entrée ; célèbre la messe et donne la communion, 1er nov. 1628 ; Louis XIII lui fait don des livres de la biblioth. de la Roch., 19 janv. 1606 ; le nomme gouvern. de la Roch. et lui donne l'Hôtel-de-Ville pour logement ; il se fait remplacer par son oncle, 12 déc. 1630 et 22 mai 1631 ; sa prétention de descendre du Roi Louis-le-Gros, 12 déc. 1630 ; détermine la Reine à visiter la Roch. ; une maladie l'empêche de l'accompagner, 20 nov. 1632 ; son petit page excellent chanteur, ibid ; inscriptions en son honneur à l'église des Minimes, 31 oct. 1675 ; — V. *Siège de 1627-28* et 20 juil., 9 et 17 nov. 1627, 29 févr. et 26 mars 1628 et 23 nov. 1632.

RICHEMONT (Arthus, comte de), seigneur de Châtelaillon, 31 août 1645.

RICHER ou RICHIER, *père de l'Eglise de la Roch.* ; son arrivée, succès de ses prédications, sa mort, 6 avr. 1561, 12 mai 1565 et 8 mars 1580.

RIÉ (île de). Honteuse conduite de Soubise à... ; effet produit à la Roch. par sa défaite, 14 et 16 avril 1622.

RIÉ (Jean de), 26 août 1372.

RIFFAUT, député à l'assemblée générale de 1620, 25 déc.

RIVAUD DE LA RAFFINIÈRE, général à la Roch., 23 juin 1811, 2 avril et 3 juil. 1814.

RIVIÈRE (la), courrier du Roi, apporte le traité de Montpellier, 10 nov. 1622.

ROBINET (l'abbé), curé de St-Savinien, élu évêque du département, 27 févr. 1791 ; réception qui lui fut faite à son arrivée à la Roch., 19 avril 1791.

ROCHEFORT (Geoffroy de), seigneur de la Roch., recouvre ses domaines et les perd de nouveau, 19 fév. 1152 et 26 déc. 1199.

ROCHEFORT, châtellenie, annexée au ressort de la Roch., 24 nov. 1374 ; seigneurs de..., 30 sept. 1514 et 15 oct. 1635 ; les Roch. s'en emparent, 24 févr. 1574 et 10 déc. 1615 ; détaché du diocèse de Saintes et uni à celui de la Roch., 2 mai 1648 ; tentatives des Anglais contre Rochef., 20 sept. 1757 et 12 déc. 1762.

ROCHEFOUCAULT (la). — *François* (comte de). Les Roch. lui ferment leurs portes, 20 oct. 1562 ; traite avec les Roch. au nom du prince de Condé, 11 et 18 sept. 1568 ; — *(prince de Marcillac)*, présente au baptême le fils de d'Andelot, 16 fév. 1569 ; assiste à la publication du troisième édit de paix et au mariage de Coligny, 26 août 1570 et 25 mars 1571 ; part de la Roch. avec Henri de Navarre, 9 juin 1572 ; — *(duc de)*, indique stratagème contre les Roch., 16 avril 1622 ; contribue à la prise de l'île de Ré, 15 sept 1625 ; assiste à une procession, 3 déc. 1641. — *(comtesse de)*, V. *de Roye* (Charlotte).

ROCHELAIS. Prennent à ferme les impôts de leur ville, 31 janv. 1200. — V. *Impôts*. — Leurs excès cause de la guerre entre la France et l'Angleterre, 15 juil. 1224 ; prêtent serment à Louis VIII, 12 août 1224 ; leur douleur de redevenir anglais, 8 mai et 29 oct. 1360 ; prêtent serment au duc de Galles, 28 août 1363 ; leur antipathie contre les Anglais ; ils les chassent de leur ville ; à l'aide de quel stratagème ; dictent les conditions de leur soumission à la France, 21 avril 1370, 22 juin et 15 août 1372 ; excommuniés, privilège pour faire lever les excommunic., 7 août 1382 et 29 août 1503 ; passaient pour les marins les plus habiles et les plus audacieux, preuves, 1er mai 1402 ; s'opposent à ce que leur ville soit cédée au duc de Guienne, 27 août 1410 ; se prononcent en faveur du Dauphin contre le parti anglais, 11 oct. 1422 ; chassent les Anglais de Mornac, 15, 19 et 31 mars 1434 ; prêtent leur concours à Charles VII contre Bordeaux, 24 août 1454 ; s'opposent à ce que leur ville soit cédée par Louis XI à son frère, 29 avril 1469 ; puis à ce qu'il la lui reprenne, 23 et 24 mai 1472 ; ils étaient exempts du service militaire hors de leur ville, 2 juin 1469 et 18 août 1474 ; éloge de leur fidélité par Louis XI, 25 mai 1472 ; ne pouvaient être appelés en justice hors de la Roch., 21 août 1503 ; nul n'avait le droit de *réformer* les Roch., 27 août 1514 ; ils se révoltent contre l'établissement de la gabelle, 12 avril 1519. — V. *François Ier*. — Habitude d'envoyer leurs enfants à l'étranger pour leur éducation, 23 déc. 1531 ; avaient droit de port d'armes, 4 juil. 1557 ; veulent rester neutres dans la lutte entre les protestants et les catholiques, 31 mai et 20 oct. 1562 ; résistent d'abord aux sollicitations de Condé, 8 févr. 1563 ; puis traitent avec lui et lui prêtent serment de fidélité, 11 et 18 sept. 1568 ; leur esprit d'indépendance, 19 mai 1568 et 19 août 1519 ; accèdent au traité conclu par Jeanne d'Albret et les princes avec la reine d'Angleterre, 17 janv. 1569 ; après la St-Barthelémy, ferment leurs portes aux agents de la cour et se préparent à la guerre, 20 janv. 1572 ; ne se laissent pas prendre aux cajoleries de Charles IX, 9 et 19 sept. 1572 ; repoussent Biron comme gouverneur, 26 sept. 1572. — V *Siège de 1572*. — Jurent de mourir s'il le faut pour Dieu et leur patrie, 11 mars 1573 ; se rallient à l'*union civile* et s'emparent de plusieurs places, 26 janv., 24 févr., 11 mars et 5 juin 1574 ; deviennent la terreur de la mer depuis le Pas-de-Calais jusqu'au détroit de Gibraltar, 5 juin 1574 ; importance de leur marine, V. *Marine rochelaise*. — Leur attachement à la France et leur fidélité au Roi ; comme ils étaient bons royalistes et bons catholiques autrefois, 24 sept. 1577 et 21 août 1503 ; leur dévouement à Henri IV, 28 janv. 1589 ; singulière preuve d'affection à Louis XIII, 14 oct. 1628 ; aimaient la liberté plus qu'il ne convient dans une monarchie, 13 nov. 1607 ; comment ils savaient faire respecter leurs privilèges, 3 nov. 1592 ; les meilleurs citoyens de la France, 2 juil. 1604 ; leur défiance envers la cour après l'assassinat d'Henri IV, refusent de recevoir ses commissaires ; font des préparatifs de défense, 2 déc. 1611 ; se prononcent pour le parti de Condé, 10 déc. 1615 ; étaient tous soldats ou marins, 17 mai 1615 ; craignant des troubles font des provisions de blé, 6 mars 1619 ; travaillent avec ardeur aux fortifications, 23 févr. 1622. — V. *Fortifications et Assemblée de 1620*. — Font des incursions jusqu'aux environs de Bordeaux ; envoient des secours à Royan, 11 mai 1622 ; exigent le rasement immédiat du Fort-Louis, 15 sept. 1625 ; repoussent les conditions de la cour et se préparent à la défense, 26 et 27 nov. 1625 ; refusent de recevoir les envoyés de Buckingham, 20 juil. 1627 ; hésitent entre la révolte et la fidélité, 30 juil. ; envoient des députés à Rohan, 31 juil. et 15 août ; propositions qu'ils adressent au duc d'Angoulême, 2 août ; motifs de leur union avec les Anglais ; ils refusent de les recevoir dans leur ville, 2 août et 6 octob. 1627 ; injustice des accusations portées contre eux à l'occasion de leur traité avec l'Angleterre, 30 mars 1628. — V. *Siège de 1627-28*. — Refusent de prendre parti pour la Fronde et se prononcent pour le Roi, 7 oct. et 5 nov. 1651. — V. *du Doignon*. — Ardeur patriotique pour s'opposer à une descente des Anglais, 20 sept. 1757 ; mettent leurs navires à la disposition du Roi pour secourir St-Domingue, 27 nov. 1791 ; font éclater leur patriotisme, enrôlements volontaires, dons patriotiques, 19 mars 1793 ; dénoncés à la Convention pour leur *modérantisme*, 21 août 1793. — V. *Rochelaises*, — *la Rochelle*, *Protestants*, — *Commerce*, &.

ROCHELAISES. Formaient une association pour travailler aux fortifications pendant le siège ; leur costume, 4 mars 1573 ; elles combattirent même avec héroïsme, 10 avril 1573 ; ce n'est pas la seule fois où elles s'employèrent aux travaux des fortifications, à fabriquer des cartouches, &., 23 févr. 1622, 19 déc. 1651 et 20 sept. 1757 ; plusieurs furent tuées par le canon, 26 févr. 1628 ; traits de généreuse charité, 2 mars 1688, 3 juil. 1721 et 23 nov. 1808 ; fête militaire en leur honneur, 25 août 1703 ; brodent le guidon des volontaires partant pour la frontière, 23 août 1792 ; dons patriotiques, 19 mars 1793 ; figurent dans les fêtes de la révolution. — V. *Fêtes*.

ROCHELLE (la). Ses commencements, ses progrès, ses différents seigneurs, 19 fév. 1152 et 26 déc. 1199 ; résiste pendant un an aux forces de Philippe-Auguste, 9 juil. 1206 ; son importance dès le siège de Louis VIII, 25 juil. 1224 ; sa chûte entraine la soumission des pays voisins, 3 août 1224 ; donnée en apanage au frère de St-Louis, 3 juin 1246 ; cédée aux Anglais par le traité de Brétigny, 8 mai 1360 ; prise de possession au nom du roi d'Anglet., 6 déc. 1360 ; transférée par celui-ci au prince de Galles, 19 juin 1362 ; projet des Anglais d'en faire une colonie anglaise, 22 juin 1372 ; comment elle redevint française, 15 août 1372 ; ses anciennes armoiries, 24 nov. 1827 ; déclarée inaliénable de la couronne et chambre royale, 3 avril 1224, 27 août 1410, 29 avril et 24 mai 1469 et 24 sept. 1577 ; il est fait mention de la Roch. dans d'anciennes lois de plusieurs Etats du Nord, 1er juil. 1395 ; établissement d'un juge à la Roch. par le duc de Bretagne et le roi de Castille, 15 mai 1430 ; cédée par Louis XI à son frère, 29 avril 1469 ; ses environs peu fertiles en grains et presque exclusivement consacrés à la culture de la vigne, 24 août 1454

37

— 578 —

et 25 déc. 1590 ; momentanément comprise dans le parlement de Bordeaux ; rendue au parlement de Paris, 12 juin 1472 ; son peu de salubrité autrefois, 23 déc. 1531 et 10 févr. 1628. — V. *Peste*. — Appelée fréquemment *République*, 30 août 1542, 19 nov. 1572 et 18 nov. 1628 ; exemptée de gouverneur et de garnison, 16 déc. 1542 et 15 sept. 1568 ; lieu de rendez-vous des chefs protestants, capitale et principale place d'armes du parti, 11 et 18 sept. 1568 et 17 janv. 1569 ; une de ses places de sûreté, 26 août 1570 et 10 nov. 1622 ; avait seule rang de province, 14 nov. 1588, 1er mars 1607 et 25 déc. 1620 ; comparée à Cybèle à cause de la multitude de ses tours ; son importance, 25 mai et 16 oct. 1572. — V. *Siège de 1572*. — Force de ses murailles, agrandissements divers, 27 juin 1590 ; rues de la ville neuve tracées et terrains adjugés, 15 sept. 1615 ; promesse de Richelieu d'en faire l'un des ports les plus commerçants de l'Europe, 7 sept. 1628. — V. *Commerce*. — Sa chûte comble de joie le monde catholique, 18 nov. 1628. — V. *Siège de 1627-28*. — Ses fortifications condamnées à être rasées, 15 janv. 1629 ; ses rues infestées de malfaiteurs, 7 oct. 1645. — V. *Rues*. — Dépeuplée par la révocation de l'édit de Nantes, 2 mars 1688 ; court le danger d'être rasée ; ses fortifications relevées, 4 avril 1689 ; projet d'en faire une des meilleures places fortes du royaume, 22 juil. 1700 ; a donné son nom à un établissement considérable du nord de l'Amérique et à une colonie du cap de Bonne-Espérance, 2 mars 1688 et 15 déc. 1789 ; désignée pour être l'un des trois sièges de l'assemblée départementale, 15 déc. 1789, 20 juin 1790. — V. *Préfecture*. — La convention déclare qu'elle a bien mérité de la patrie, 19 mars 1793 ; chef-lieu d'une église consistoriale, 25 févr. 1803. — V. *Rochelais*, *Fortifications*, *Rues*, &.

ROCHELLE (Jean), Maire de 1574, ses armoiries, 5 sept. 1612.

ROCHELLE, Sr du Coudray, son fils, conseiller au parlement de Paris, député par la cour à la Roch., est obligé de fuir devant une émeute, ibid.

ROCHES (chevalier des), chef de l'escadre qui donna à la Reine le spectacle d'un combat naval, 21 nov. 1632.

ROHAN. — *(Vicomte de)*, fesait partie de la suite de Louis XI, 23 mai 1472. — *(Françoise de)*, dame de Nemours, assiste au mariage de Coligny, 25 mars 1571. — *(René II, vicomte de)*, résidait à la Roch. avec sa famille, 24 sept. 1577 et 27 avril 1586 ; émeute à son occasion, 9 oct. 1580 ; sa mort, 27 avril 1586 ; son corps remis à son fils et transporté en Bretagne ; magnifiques funérailles, 29 oct. 1599. — *(Catherine de Parthenay, duchesse de)*, marraine d'un enfant de d'Andelot, 16 févr. 1569 ; vient habiter la Roch. avec sa fille ; son caractère et son intelligence ; auteur de la tragédie d'*Holopherne*, représentée à la Roch., 13 févr. 1626 ; où elle demeurait avant et pendant le siège, 1er févr. 1617 et 13 févr. 1626 ; introduit son fils dans la ville malgré l'opposition du Maire, 23 juil. 1627 ; fait tuer ses chevaux pour se nourrir, 27 juil. 1628 ; n'est pas comprise dans la capitulation de la Roch. et est envoyée au château de Niort, 29 oct. et 3 nov. 1628. — *(Henri, duc de)*, convoque une assemblée protestante à la Roch. ; démonstrations du peuple en sa faveur, 5 sept. et 22 nov. 1612 ; entraîne les Roch. dans le parti de Condé, 10 déc. 1615 ; se fait représenter à la grande assemblée de 1620 ; accepte le commandement de l'un des *cercles* militaires, 25 déc. 1620 et 10 mai 1622 ; signe la paix à Montpellier, 27 oct. 1622 ; fomente avec Soubise une nouvelle insurrection des huguenots, 5 mai et 16 juil. 1625 ; recoit des députés Roch., 31 juil. 1627. — V. 17 févr. 1621, 18 janv. 1624, 7 juin et 14 oct. 1627 et 10 juil. 1628. — *(Benjamin de)*. — V. *Soubise.*

ROMFORT (chevalier de), commandant général des volontaires nationaux, 29 sept. 1789.

ROMPSAY. Quartier de Goas et de ses troupes, 13 déc. 1572 ; ses *hauts bois* abattus par ordre du corps de ville, 28 juin 1622.

RONDEAU (le brave), porte-drapeau des volontaires nationaux, 29 sept. 1789 ; part pour la frontière à la tête d'une compagnie de volontaires ; guidon brodé par les dames rochel. : brillante carrière militaire, sa mort; rue qui porte son nom, 23 août 1792.

RONSARD, le poète, descendait d'une famille rochel. ; vers de lui à ce sujet, 21 avril 1370.

ROTHELIN (marquis de), 16 déc. 1542.

ROUGEMONT (de), vaudevilliste, chansonnier, etc., né à la Roch., 7 sept. 1781.

ROUILLAC (le marquis de), amène un renfort au duc de Guise, 15 nov. 1622.

ROULIN (Foulques), remplit les fonctions de Maire, 24 mai 1472.

ROYAN. Les protestants s'en emparent, 11 mars 1574 ; le Roi le leur reprend, 11 mai 1622.

ROYE (Charlotte de), comt.se de la Rochefoucault, à la Roch., 25 mars 1571.

ROZE (Jean de Mons, dit la), pendu pour trahison; son repentir, etc., 10 juil. 1628.

RUES. A la charge de qui était la confection et l'entretien du pavé ; réglement, 23 déc. 1394 et 28 juil. 1576 ; Mérichon en fait paver plusieurs, 28 avril 1443 et 28 juil 1576 ; établissement de charriots pour la propreté des...., 22 sept. 1477 ; chaînes que l'on tendait en cas d'émeute, 22 août 1621 ; infestées de malfaiteurs, mesures de police, 7 oct. 1645 et 4 déc. 1672 ; établissement de lanternes, 24 oct. 1697 ; suppression des lanternes, motifs, 28 août 1705 ; numérotage des maisons précède celui de Paris, 5 avril 1776 ; noms de rochel. célèbres donnés à quelques rues, 12 nov. 1858. — *Arcère*, naguères de Ste-Catherine, 12 août 1224 et 22 nov. 1858 ; — *Auffrédy*, 27 juin 1590 ; — des *Augustins*, son ancien nom, pavage, 21 avril 1370 ; 28 juil. 1576, 8 avril 1748 et 6 mai 1791 ; — *Bazoges*, origine de son nom, 19 mars 1434 ; — *Bethléem*, sur l'emplacement des anciennes fortifications, 27 juin 1590 ; — des *Bouchers*, d'où lui vient ce nom, 28 avril 1443 et 27 juin 1590 ; — de la *Bourserie*, 1er sept. 1457 ; — du *Brave-Rondeau*, explication de son titre, 23 avril 1792 ; — de *Chaudellerie*, corruption de son nom, ancienneté, 21 avril 1370, 28 août 1587, 25 avril 1628 et 8 avril 1748 ; — *Chef-de-Ville*, son ancien nom ; danger qu'y courut Charles VII, 11 oct. 1422, 16 août 1608 et 8 nov. 1630 ; — du *Collége*, 16 mai 1791 ; — *Dauphine*, anciennes dénominations, 22 août 1447 et 28 août 1664 ; — *Dupaty*, naguères des *Maîtresses*, 9 mai 1746, 6 mai 1791 et 12 nov. 1858 ; — de l'*Echelle-Chaurin*, 12 mai 1565 et 27 juin 1590 ; — de l'*Evêché*, son ancien nom, 22 août 1729 ; — *Evêché* (petite rue de l'), entrée du cimetière Ste-Anne, 28 août 1587 et 2 mai 1695 ; — de l'*Evescot*, origine de son nom, 17 juil. 1550 et 14 sept. 1565 ; — des *Fagots*, sur l'emplacement des anciennes murailles, 27 juin 1590 ; — *de la Ferté*, 12 juin 1531 ; — *Fleuriau*, anciennement de *Dompierre*; hôtels de Cheusses, de Marsan; le séminaire, 2 nov. 1573, 2 mai 1695, 1er juin 1773 et 24 sept. 1854 ; — *des Fonderies*, d'où lui vient cette dénomination, 29 sept. 1627 ; — *Gargouillaud* ; hôtel Legoux, jeu de paume, évêché, 1er juin 1586 et 1773, 2 juil. 1604 et 5 nov. 1628 ; — des *Grandes-Tendes*, sa situation, 1er mars 1298 ; — de la *Grille*, son ancien nom, ibid et 24 oct. 1628 ; — de l'*Hôtel-de-Ville*, comment elle s'appelait jadis, 1er mars 1298 ; transformée en salle de festin, 11 juil. 1548 et 9 avril 1587 — de *Lescale*, d'où lui vient ce nom, 3 déc. 1641 ; maison de Venette et de Billaud-Varennes, 18 août 1698 et 20 avril 1756 ; — des *Merciers* ; maison de Guiton, 24 oct. 1628 ; — *Monconseil*; maison de Valin, 10 juin 1695 ; — de la *Monnaie*, ancien nom, origine de celui-ci, 8 août 1394 ; — *Notre-Dame*, 4 sept. 1565 et 27 juin 1590 ; — *Pas-du-Minage*, 24 oct. 1628 ; — de la *Poterie*, sa situation, 15 nov. 1651 ; — *Porte-Murée*, 19 juin 1631 ; — du *Prêche*, d'où ce nom, 3 nov. 1630 ; — des *Prêtres* ; la porte de Cougnes, 27 juin 1590 ; — de *Prêtres St-Barthelémy*, où elle était placée ; puits au basilic, 28 août 1587 ; — *Rambeau*, V. *Religieuses hospitalières* ; — de *Réaumur*, naguères de la *Porte-Neuve*, sur l'emplacement de la première enceinte, 27 juin 1590 et 12 nov. 1858 ; — des *Saintes-Claires* ; d'où elle tire son nom, 5 août 1761 ; — *St-Cosme* ; origine de ce titre, 27 sept. ; — *St François*, 19 juin 1631 ; — *St-Jean*; porte des Deux-Moulins, 27 juin 1590 ; — *St-Julien-du-Beurre* ; la vieille fontaine, 22 août 1447 ; — *St-Michel*, 1er janv. 1543 et 27 juin 1590. — V. *St-Michel*. — *St-Yon*, son ancien nom, origine de celui-là, 6 mai 1791 ; — de la *Sardinerie*, 27 juin 1590 ; — du *Temple*, d'où lui vient ce nom, 12 août 1224 ; — des *Trois-Cailloux*, 27 juin 1590 ; — des *Trois-Marteaux*, 3 mai 1811 ; — de la *Verdière*; ses anciennes dénom., 11 oct. 1422 ; — des *Voiliers* ; origine de son nom, 13 nov. 1572. — V. *Carrefours*, *Impasses*.

S

SABLANCEAU. Point de débarquement des Anglais, 20 et 22 juil. 1627.
SACREMORE (Martin, dit). Courage et récompense, 22, 23 et 26 mars 1628.
SAINT-ANDRÉ (le maréchal de), cherche à entraîner les Roch. à servir la cause catholique, 31 mai 1562.
SAINTE-ANNE, ancienne patronne de la Roch., 20 juin 1678 ; rompt la corde d'un pendu, 26 juil. 1700 ; situation de la chapelle qui lui était consacrée, 8 août 1394 ; sert aux paroissiens de St-Barthelémy, 20 juin 1678 ; démolie pour agrandir la place, 4 avril 1689. — V. 5 déc. 1599.
SAINT-BARTHELÉMY (massacre de la). Explication qui en est donnée par Charles IX aux Roch. ; comment ceux-ci la qualifient, 9 et 19 sept. 1572. — V. *Siège de 1572* et 9 juin.

— 581 —

Saint-Barthelémy (église). — V. *Eglises*.
Saint-Christophe. Seigneurs de..., 30 sept. 1514 et 15 oct. 1635 ; l'un d'eux complice d'un assassinat, 23 nov. 1578 ; un autre accusé de faire partie d'une bande de voleurs, 11 déc. 1608.
Sainte-Colombe, fait prisonnier par la Noue, 12 févr. 1573.
Saint-Cosme, patron des médecins et chirurgiens ; salle St-..., 27 sept.
Saint-Crespin, patron des cordonniers, 25 oct. — V. *Cordonnier*.
Saint-Domingue. Les Roch. offrent leurs navires pour lui porter secours, 27 nov. 1791.
Saint-Eloy (faubourg de). Origine vraisemblable de son nom, 1er déc. ; là se trouvait le monastère de St-Jean-Dehors, où coucha Charles IX, 13 sept. 1565 ; et l'hôpital des lépreux, 17 mars 1573 ; ce faubourg fut plusieurs fois démoli, 10 févr. 1568, 12 nov. 1572, 29 sept. 1627 et 4 avril 1689 ; le père Grignon de Montfort y avait un oratoire, 16 août 1711. — V. *Serruriers*.
Saint-Etienne, capitaine roch., 23 oct. 1572.
Saint-Georges (chevalier de), fils de Jacques II, vient à la Roch., 24 juin 1711.
Saint-Germain, commissaire de la cour envoyé aux Roch., qui refusent de le recevoir, 2 déc. 1611.
Saint-Hermine, envoyé par Condé à la Roch., 9 janv. 1568 ; serment prêté entre ses mains ; fait abattre les églises, égorger treize prêtres, 10 févr. 1568 et 28 mai 1705 ; retarde la publication de la paix, 20 avril ; éloigné de la Roch. par Jarnac, 19 mai 1568.
Saint-Jean (faubourg de). Les hospitaliers en étaient jadis seigneurs, 12 août 1224.
Saint-Jean. — Eglise de... — V. *Eglises*. — Feu de la..., 23 juin 1702 et 1780.
Saint-Jean-d'Angély. Seule ville de la Saintonge où le culte protestant put être exercé, 7 avril 1562 ; appelé le *boulevard de la Roch.*; pris par Louis XIII, 22 févr. 1622 ; formait une des élections de la généralité de la Roch., 2 mai 1695.
Saint-Jean-de-Sagonne. Fête à l'occasion de sa canonisation, 3 mai 1697.
Sainte-Jucondine. Ses reliques données à la cathédrale par le pape, 26 juil. 1703.
Saint-Laurent. Doyenné du diocèse de la Rochelle, 2 mai 1648.
Saint-Léonard (abbaye de). L'abbé va au-devant du duc de Guienne, 6 juil. 1469 ; assiste à la publication du coutumier, 30 sept. 1514 ; chargé de lever les excommunications lancées contre les Roch., 21 août 1503.
Saint-Louis (fief), créé en faveur du duc de St-Simon ; son manoir, 29 sept. 1629 et 4 nov. 1630) ; érigé en comté de Rasse, 30 sept. 1514. — V. *St-Simon*
Saint-Luc. Privilège que lui accorde Henri IV ; opposition des Roch., 3 nov. 1592 ; mis en fuite par Guiton, 2 oct. 1621 ; commande l'avant-garde royaliste, danger auquel il est exposé, 27 oct. 1622 ; contribue à la prise de l'île de Ré, 15 sept. 1625. — V. 14 nov. 1588.
Saint-Marc (côte de), paroisse de Laleu, 25 août 1462.
Sainte-Marguerite, ancienne chapelle des sœurs blanches, transformée en hôpital, 22 déc. 1572 ; en magasin d'artillerie, 22 août 1576 ; en temple protestant, 6 août 1599 ; rendue au culte catholique, 22 août

1576, 6 août 1599, 21 mai 1621, 28 janv. 1624 et 24 mars 1630; chapitre de Ste-Marg., 6 août 1599 et 20 oct. 1792; seul église restée debout, consacrée par l'archevêque de Bordeaux après le siège, etc., 9 mai 1600 et 1er nov. 1628; sert aux paroissiens de St-Barthelémy, 20 juin 1678; l'ancien monastère était devenu le couvent des Oratoriens, 20 oct. 1792.

SAINTE-MARIE (île de Ré). Schomberg y débarque avec ses troupes, 8 nov. 1627.

SAINT-MARSAULT (famille de). — Origine, ancienneté, armoiries, &.; acquiert la baronnie de Châtelaillon, 31 août 1615; déchue de la propriété de Châtelaillon, la recouvre en l'échangeant avec le Roi pour la seigneurie de Dompierre, 5 février 1699; — *Daniel;* — *Louis, François;* — *Henri, Charles, Benjamin;* — Green de Saint-Marsault, marquis de Châtelaillon, 31 août 1615. 15 oct. 1635 et 15 févr. 1762.

SAINT-MARTIN (île-de-Ré.) Le curé assiste à la publication du coutumier, 30 sept. 1514; établissem. d'un temple protest., 8 juillet 1563; église fortifiée prise par les cathol., 24 mars 1568; pris par de Landreau, repris par les Roch., 3 sept. 1575; citadelle construite. 26 oct. 1627; rasée et reconstruite, 29 juin 1681 et 15 juil. 1596; canonnée par Buckingham, 20 juil. 1627; Thoiras s'y retire, 22 juil.; siège de la citadelle, 30 août et 6 oct.; secours envoyés aux assiégés, 8 et 14 oct.; le siège est levé, 8 nov. 1627; navires brûlés ou capturés par les Anglais, 22 sept. 1637; bombardé par la flotte anglo-holland., 15 juil. 1696.

SAINT-MARTIN (Jouanne de), lieut. de Maire, 22 oct. 1772; capitaine des volontaires nationaux, 29 sept. 1789.

SAINT-MARTIN, le luthérien, capitaine royaliste, donne son nom à un fort, 18 fév. 1573.

SAINT-MAURICE, l'un des quartiers du comte de Soissons, 25 juin 1622; combat près de..., 4 janv. 1628.

SAINT-MICHEL, patron des pâtissiers, 20 sept.

SAINT-MICHEL (la Motte), sur laquelle fût élevé le Fort-Louis, 4 févr. 1573 et 25 juin 1622. — V. *Forts.*

SAINT-MICHEL (Maison ou salle), sa situation; fête donnée à François Ier, 1er janv. 1542; servit aux premiers exercices de la religion réformée: le temple protest. construit sur son emplacement, 6 avr. 1561, 20 oct. 1562, 12 mai 1565 et 9 mars 1705; servait aux assemblées du peuple, 23 janv. 1577; au dîner d'installation des Maires, 9 avril 1587; dîner donné à Sully, 2 juil. 1604; au prince de Condé, 10 déc. 1615; abandonnée par Louis XIII aux Jésuites, ensuite aux Récollets, 14 févr. 1630.

SAINT-MICHEL-EN-L'HERM (abbé de), 6 juil. 1469.

SAINT-NICOLAS, patron des tonneliers. 6 déc.

SAINT-NICOLAS (église). — V. *Eglises.*

SAINT-NICOLAS (faubourg de), annexé à la ville, 27 juin 1590; séparé du port par une muraille, 15 nov. 1651.

SAINT-POL (comte de). accompagne François Ier à la Roch., 30 déc. 1542 et 1er janv. 1543.

SAINTE-QUITÈRE ou AQUITAIRE, vénération dont elle jouissait dans l'Aunis: superstitieuses pratiques, 22 mai.

Saint-Rogatien. Seigneurie du Grand-fief à... ; meurtre de Jacq. du Lyon, 12 déc. 1573.
Saint-Romain (de), chargé de la direction de travaux de fortifications, 19 nov. 1651.
Saint-Severan ; reliques données par le pape à la cathédrale, 26 juil. 1703.
Saint-Simon (duc de). Louis XIII lui fait don de l'emplacement des fortifications, 29 sept. 1627. — V. *St-Louis* (fief). — Abandonne un terrain aux Cordeliers pour la construct. de leur couv., 19 juin 1631.
Saint-Sulpice, envoyé de la cour, échoue dans ses efforts au près des Roch., 26 janv. 1574.
Saint-Surin, s'empare de l'île d'Oleron, 8 nov. 1624 ; confident de l'amour de Buckingham pour la reine; mission qu'il en reçoit 12 sept. 1627.
Saint-Vincent-de-Paule, contribue à la translat. de l'évêché de Maillezay à la Roch., 2 mai 1648.
Saint-Vivien (Jean de Biens), seigneur de..., 30 sept. 1514.
Saint-Xandre, quartier de Biron, 13 déc. 1572 ; J. Salbert, seigneur de..., 22 nov. 1612.
Saint-Yon (salle ou temple), ancien réfectoire des Augustins, 19 janv. 1606 ; sert aux assemblées du peuple, 18 oct. 1572 et 11 mars 1574 ; aux exercices religieux des protest., 29 mai 1614, 19 nov. et 23 déc. 1628 et 3 nov. 1630 ; la bibliothèque publique était au-dessus, 1er mars 1607.
Saintes, formait une des élections de la généralité, 2 mai 1695 ; désigné par les électeurs comme le siège permanent de l'assemblée départementale, 20 juin 1790 ; le siège épiscopal fixé à S., 12 juil. 1790. -- V. *Evéques, — Evéché, — Préfecture.*
Saintonge, conquise par Philippe-Auguste, 9 juil. 1206 ; incursion des Anglais, 15 mars 1434 ; forme une confédération avec les provinces voisines, 11 mars 1574 ; affligée par la guerre, 18 mars 1588 ; les juifs en sont expulsés, 22 août 1729 ; réunie à l'Aunis pour former une assemblée provinciale, 30 nov. 1788 ; demande de sa séparation de l'Aunis par les députés de cette dernière province, 15 déc. 1789.
Salbert. — *(Jean)*, nommé Maire, malgré l'opposition de la cour, 19 mai 1568 ; continué dans ses fonctions à la demande du roi de Navarre, 25 mars 1569 ; fait publiquement amende honorable pour une infraction aux statuts munic., 6 juin 1588. — *(Jean)*, fils du précédent, nommé Maire, 6 juin 1587 ; capitaine de la milice, 22 août 1598. — *(Jean)*, seign. de Romagné, Maire de 1612, préside une assemblée de cercle, 22 nov. 1612. — *(Pierre)*, choisi pour ôtage après le siège, 13 juil. 1573. — *(Jean-Pierre)*, ministre protestant, nommé député pour aller en Angleterre, refuse, 22 octob. 1627 ; sa réponse à un fanatique qui proposait d'assassiner Richelieu, 8 juil. 1628 ; exilé par Louis XIII après le siège, 3 nov. 1628.
Salines (maisons des), démolies, 13 nov. 1572. — V. *Ponts.*
Salins (cours des), établissem. attribut., compos., lieu de ses séances, sa courte durée, 9 janv., 20 avr. 1641 et 1er fév. 1617 ; conflits de préséance avec le présidial. — V. *Présidial.*
Salle (de la), son départ de la Roch. pour aller reconnaître le cours du Mississipi, 24 juil. 1684.

— 584 —

SALLE D'ASILE, construite sur l'emplacement de l'ancienne monnaie, 8 août 1394.

SALLES (bourg de), place forte prise par les Anglais ; reprise par les Roch., 9 avr. et 5 sept. 1356.

SALM (Anne de), femme de d'Andelot, arrive à la Roch. avec l'amiral Coligny, y accouche d'un fils, assiste au mariage de l'amiral, 16 févr. 1569 et 25 mars 1571.

SALONS ou CERCLES, dissous par Lequinio, 28 sept. 1793.

SANIER, graveur, auteur de la médaille commémorat. du passage de la duchesse d'Angoulême, 16 sept. 1823.

SARRAGAN (Jean), Maire de 1607, 6 juin 1588.

SARROT (André), lieut.-gén., autorise l'agrandissement de l'église Saint-Sauveur, 12 juin 1531.

SAUSAYE (la), château fortifié ; Biron s'en empare, 13 déc. 1572 ; d'Angliers-Joubert, seigneur de.., 31 oct. 1613 ; condamnée à être rasée ; 22 févr. 1622 ; sert de logement à Richelieu ; grand conseil tenu par Louis XIII, 26 oct. 1628 ; conférences pour la reddition de la Roch., 27 et 28 oct. 1628.

SAUVAIGE (Sébastien), commis. de Marie d'Angleterre 29 nov. 1525.

SAUVIGNON, Maire, fait const. une boucherie; ses armoiries, 20 sept. 1597.

SCALIGER, sa réponse à une demande de livres, 19 janv. 1606.

SCEAUX de la commune remis au Maire le jour de son installation, 15 avr. 1398 et 26 août 1573 ; les clés du coffret qui les contenaient, confiées aux coélus, 19 avril ; description du grand sceau de la commune, 12 août 1224.

SCHOMBERG (le maréchal de), poursuit et bat Buckingham; lettre au roi, 8 et 9 nov. 1627 ; sur le point d'être fait prisonnier, 16 janv. 1628 ; au siège de la Roch., 27 janv., 10 fév. et 24 avril 1628 ; assiste à la discussion des articles de la capitulation, 29 oct. ; prend possession de la ville au nom du Roi, 30 oct. ; reçoit la communion des mains de Richelieu, 1er nov. ; accompagne Louis XIII à son entrée, assiste à la procession générale, ibid et 2 nov. 1628.

SCRUTINE. Ce qu'on appelait ainsi, 15 avr. 1398 ; déposée aux mains du Maire, 26 août 1573.

SEGUIRAN, jésuite, les Roch. refusent de le recevoir ; importance que prit cette affaire, 25 nov. 1608.

SEIGNETTE (Pierre-Henri), nommé Maire, assesseur criminel, 22 oct. 1772 et 3 déc. 1774 ; — Seignette (l'aîné), sous-lieutenant des volontaires partis pour la frontière, 23 août 1792.

SEL. Les Roch. exempts de l'impôt du..., 12 juin 1472 ; quart et demi-quart du sel ; établissem. de la gabelle, cause de révolte, 12 avril 1541 et 16 déc. 1542 ; saisi par Thoiras, 26 oct. 1627.

SELINES (de), command. des volont. d'Aunis, 10 mars 1759.

SÉMINAIRE, sur l'emplacement de l'hôtel de Marsan, incendie, 1er févr. 1617 et 1er juin 1773 ; confié d'abord à des prêtres séculiers, puis aux jésuites, 13 août 1694 ; transféré dans l'ancien oratoire ; reconstruit sur l'emplacement du couvent des capucins, 11 juin 1628 et 4 janv. 1819.

SENECÉ (Mme de), accompagne la reine à la Roch., 20 nov. 1632.

SENECTERE (le maréchal de), commandant en chef de la province, 20 sept. 1757.

SERGENTS DU MAIRE, au nombre de 12, exempts d'impôts, 12 déc. 1447; portaient une baguette, 11 févr. 1519, 14 mars 1605 et 28 sept. 1628 ; assistent aux funérailles du Maire, 23 août 1577.
SERGENTS DE LA ROCHELLE. Conspiration des quatre..., 19 mars 1822.
SERMENT. — Des rois et princes avant d'entrer à la Roch., 6 juil. 1469, 24 mai 1472, 1er févr. 1519 et 5 févr. 1558 ; Charles IX refuse de le prêter, 14 sept. 1565 ; — du gouverneur lors de son arrivée et de son installation, 7 déc. 1360 et 2 déc. 1454 ; — du Maire au Roi, ibid, 6 juillet 1469 et 24 mai 1472; après son élection, 15 avril 1398 ; le jour de son installation, 19 avr. ; — des membres du corps de ville, le jour de l'installation du Maire, 19 avr. 1398 ; — des Roch. à Louis VIII, 12 août 1224; au Roi d'Anglet., 29 oct. et 7 déc. 1360 ; — des Roch. et des réfugiés à la *cause*, 18 oct. 1372 ; — de réconciliation entre les bourg. et le corps de ville, 11 avr. 1615 ; — des courtiers et des différents corps de métiers, entre les mains du Maire, 12 mars 1345, 12 janv. 1410, 28 juil. 1558, 24 janv. 1601, 27 sept., 25 oct. et 1er déc. ; — des officiers de la milice, 22 août 1598 ; — des membres du tribunal de district et du Maire, 23 nov. 1790 ; — serment civique des ecclésiastiques, 30 janv. 1791.
SERRURIERS; corporation, patron, bannière, statuts, chapelle. 1er déc.
SERVICE MILITAIRE. Droit d'ost et de chevauchée, 29 août 1206 ; les Roch. exemptés du.., 2 juin 1469 et 18 août 1474.
SIÈGE *de 1224*. Siège et prise de la Roch. par Louis VIII, 15 juil. 1224; condition de sa soumission, 3 août 1224.
SIÈGE *de 1572-73*. Préliminaires, 16, 18, 23 et 24 oct. ; 8, 13 et 19 nov.; investissement de la Roch. par Biron ; combat à La Fons, 13 déc. ; épisodes, 18, 20 et 22 déc., 20 et 23 janv. ; 1, 3 et 4 févr, ; arrivée du duc d'Anjou au camp; grands personnages qui l'accompagnaient, 11 févr. — V. 12, 13, 18, 21 et 28 févr., 3, 4, 11, 17, 26 et 29 mars ; assaut général 10 avr. — V. 18, 19 et 21 av. ; disette, excès qui en sont la suite, pêche miraculeuse de sourdons, 26 avr. — V. 1er, 5 et 23 mai ; le duc d'Anjou sauvé de la mort par le dévouement de son écuyer, 14 juin; couronné roi de Pologne, 17 et 24 juin; pourparlers de paix, 20 juin ; signature du traité, 24 juin ; réjouissance à cette occasion; les ambassadeurs de Pologne, 1er juil. ; mort du Maire, son remplacement, 2 juil. ; public. de la paix, 10 juil. ; serment de fidélité des Roch., otages ; étrange présent fait au roi de Pologne, 13 juil. ; nombre de ceux qui périrent pendant le siège, ibid ; le traité de la Roch. désavoué par le parti protestant, 12 déc. 1573.
SIÈGE *de 1622*. Causes et préliminaires. — V. *Assemblée de 1620*. — D'Epernon chargé d'attaquer la Roch., 22 févr. ; préparatifs de défense, 23 févr.; épisodes, 2 et 5 mars, 11, 14 et 16 avr., 10 et 11 mai ; le comte de Soissons arrive devant la Roch., 25 juin; V. 28 juin ; construction du Fort-Louis, 28 juil. ; déplorable état de l'armée royale, 5 août ; arrivée de la flotte, commandée par le duc de Guise, combat, 27 oct. — V. *Guiton*. — Ecroulement d'un grand pan de muraille, 7 nov. ; paix de Montpellier et envoi de députés au comte de Soissons, 10 nov. ; Guiton fait sa soumission, 15 nov. ; la garde du Fort-Louis laissée à Arnault, 11 nov. 1622.
SIÈGE *de 1627-28*. Préludes, 7 juin, 20, 22, 23, 30 et 31 juil., 2, 15, 18 et 30 août ; premier coup de canon tiré par les Roch. ; forts

élevés autour de la ville, 10 et 13 sept. ; négociations avec Buckingham, 11 sept. ; fabrication de monnaie, ibid et 18 sept. ; épisodes, 13, 19, 25 et 27 sept., 6 et 8 oct. ; fonte de canons et fabrication de poudre, 29 sept. et 8 oct. ; arrivée du Roi au camp, 12 oct.; députés envoyés au Roi d'Anglet., 22 oct. ; manifeste des Roch., 11 sept. et 26 o.; épisodes, 9, 14 et 29 nov., 7 déc. 1627 ; commenc. de la digue. — V. *Digue*. — Épisodes, 4, 13 et 16 janv. 1628 ; arrivée de la flotte royale et d'une flotte espagnole, 21 janv.; — V. 25, 27, 29 et 30 janv., 9 févr. ; le Roi part pour Paris après avoir investi Richelieu, du command. de l'armée, 10 févr. ; — V. 22, 26 et 29 févr., 5 7, 22, 23 et 26 mars; — ratification par tous les corps de la ville du traité passé avec le Roi d'Anglet., 30 mars ; — V. 9 et 18 avr. ; — retour de Louis XIII, curieuse description du camp royal, 24 et 25 avr.; élection de Guiton comme Maire, 30 avr. et 2 mai; arrivée de la flotte angl., 11 mai ; — V. 24 et 30 mai, 11, 17 et 21 juin ; famine horrible, 5, 7 et 27 juil., 24 août, 7, 12 et 28 sept. ; prix des denrées, 4 oct. ; cannibalisme, 12 oct. ; — V. 26 et 30 oct., 7, 8, 10. 18 et 29 juil., 20 et 24 août; pourparlers de paix, promesses de Richelieu, 7 sept. ; — V. 8, 12, 16 et 21 sept. ; arrivée d'une seconde flotte anglaise, 28 sept. ; sa force, vaines démonstrations, 1, 3 et 5 oct. ; — V. 14, 16 et 24 oct. ; négociations pour la paix, 26, 27 et 28 oct.; signature de la capitulation, ratification pour tous les ordres de la ville, 29 oct. ; Louis XIII reçoit les députés Roch., ibid ; sortie des soldats et officiers étrangers, 30 oct. ; prise de possession; entrée du cardinal, distribution de pain, effroyable aspect de la ville, 31 oct. ; entrée du Roi, 1er nov.; procession générale, 2 nov., démolition des fortifications, 3 nov. ; départ de la flotte anglaise, 4 nov. ; 5, 7 et 16 nov. ; départ du Roi; durée du siège; joie du monde cathol. à la chûte de la Roch., 18 nov. 1628; déclaration du Roi sur le sort de la Roch., après le siège, 15 janv. 1629. —V. *Louis XIII*, — *Richelieu*, — *Guiton*, &.

SIGOGNES (Château de), sa situation, attentat contre du Vigean, 23 oct. 1572.

SIRILLIAC, colonel, victime de la vengeance d'un soldat, 21 févr. 1573.

SOCIÉTÉ. — *D'agriculture;* sa fondation, noms des principaux membres, 15 févr. 1762 ; — *des Amis des Arts;* 1re exposition de tableaux, 7 août 1842 ; — *des Amis de la Constitution;* principes, lieu de réunion, affiliation, félicitations de Pétion, 13 août 1791 ; — *populaire*, 13 et 28 sept. 1793 ; fait dresser une liste de suspects, 13 mars et 8 9 juin 1794 ; — *littéraire*, dissoute, 28 sept, 1793 ; — *de médecine*. — V. *Médecins*. — *des sciences naturelles*, établissement, 19 avr. 1836. — V. *Académie*.

SOISSONS (comte de), vient bloquer la Roch., 25 juin 1622. — V. *Siège de 1622*.

SORE (Jean), amiral des Rochel., 19 avril 1573.

SOUBISE *(Benjamin de Rohan, duc de)*, 21 oct. 1599 ; nommé command. de l'un des *cercles* des protest., 10 mai et 9 oct. 1621 ; émeute à la Roch. contre lui, 3 nov. ; s'empare de l'île d'Oleron, 8 nov. ; abandonne lâchement ses troupes à Rié ; irritation des Roch. contre lui, son départ de la Roch., 14 et 16 avr., 11 mai 1622 ; envahit le Poitou, s'empare de plusieurs places ; offre aux Roch. les drapeaux

— 587 —

conquis, 2 mars et 14 avr. 1622; — 25 juin 1622; — fomente avec son frère une nouvelle insurrection des huguenots, 5 mai 1625; succès et revers; victoire de mauvais aloi, 16 juil. et 15 sept.; amiral de la flotte Roch.; battu par les royalistes, 15 et 17 sept.; — V. 26 nov. 1625, 7 juin, 23 juil., 11 sept., 14 oct., 6 et 8 nov. 1627; 29 oct. 1628.

SOURDIS (Henry d'Escoubleau de), lieut. de Richelieu, consacre l'église de Sainte-Marguerite, 1er nov. 1628; porte le Saint-Sacrement à la procession générale, 2 nov. 1628; chargé de recevoir la Reine à la Roch.; 20 nov. 1632; archevêque-amiral, conduit sa flotte à Fontarabie, 30 juil. 1638.

SOUS-MAIRES, nominations, fonctions, 13 avr. 1398; sous le régime établi par François Ier, 27 mars 1541.

SPINOLA (Ambrosio), au camp de la Roch.; son opinion sur les travaux du siège, 27 janv. 1628.

STATUTS MUNICIPAUX. Révision des..., curieux préambule, 14 déc. 1493; les livres des..., déposés aux mains du Maire, 26 août 1573.

STROZZI (Pèdre), command. d'une galère, reçu à la Roch. avec de grands honneurs, 16 juin 1545; — lettre des Roch. à S..., 9 sept. 1572; fait le siège du moulin de la Brande, 23 janv. 1573.

SUCRE. Première barrique apportée par les Roch., 15 déc. 1789; sucre à 130 fr. la livre, 19 déc. 1795.

SUDRE (Jehan), Maire de 1300, sa demeure, 1er mars 1298.

SUFFREN (le père), confesseur de Louis XIII; sermon, 1er nov. 1628.

SULLY (Maximil. de Bethune, duc de), au mariage de Coligny, 25 mai 1571; vient à la Roch. avec sa famille, fêtes brillantes en son honneur, 2 juil. 1604; sa lettre aux Roch dans l'affaire Malwin, 13 nov. 1607; chargé par le Roi d'apaiser les différents entre les catholiques et protestants rochel., 25 nov. 1608; livre au parti de Condé ses places du Poitou, 10 déc. 1615; vient à la Roch., 3 mars 1616; ne se fait pas représenter à la fameuse assemblée de 1620, 25 déc.

SULTE, ingénieur; travaux de fortification, 15 nov. 1651.

SUPERSTITION ET IGNORANCE, 22 mai et 24 oct. 1572, 26 avril 1573, 2 juil. 1585, 28 août et 26 oct. 1587, 20 juin 1588, 31 août 1593, 5 déc. 1599, 20 juil. 1604, 22 mai 1613, 15 juin 1619, 7 nov. 1622, 20 août et 21 sept. 1628, 18 juil. 1700 et 12 août 1711.

SURGÈRES. Conférence de Louis XI et des députés rochel. à...., 23 mai 1472; le cardinal de Bolterre, baron de...., 30 sept. 1514; François Ier chasse au cerf dans les environs de..., 30 déc. 1542; les Roch. s'emparent de...., 10 déc. 1615; Louis XIII à S..., 24 avril 1628; détaché du diocèse de Saintes et uni à celui de la Roch., 2 mai 1648.

SYRÉ (Guillaume de), propriétaire du terrain sur lequel fut construite l'église de St-Barthelémy, 19 févr. 1152,

T

TABAC. Manufacture de... dans l'ancien couvent des Capucins, 9 mai 1791.
TAILLANDIERS. Corporation érigée en maîtrise, règlement, 16 sept. 1589.
TALESIS, ingénieur militaire; trait de noble courage, 29 mai 1792.
TALLEMANT (famille). Son établissement à la Roch. — *François T.* —

Pierre T., son fils, pair de la commune. — *François* ou l'abbé T., fils de Pierre, membre de l'Académie française ; sa naissance, ses ouvrages, sa mort, 23 sept. 1620. — *Gédéon T. des Réaux*, frère du précédent, ses historiettes, etc.; demeure de son père, 2 octob. 1619 ; origine probable de son surnom, 27 janv. 1628. — *Marie* T., sœur de Pierre, femme du maire Paul Yvon. — *Paul* T., de l'Académie française, 2 oct. 1619.

Tantebaratz (de), ministre protestant, son arrestation, 14 juil. 1684.

Tarquex (Mathurin), avocat, contribue à la pelotte du Roi, 21 févr. 1542 ; François Ier déjeune chez lui, 2 janv. 1543.

Tarquex (Sylvie), femme du Maire de 1578.

Tasdon. Conférence de la Noue avec les commissaires rochel. à T..., 19 nov. 1572 ; frappé de la peste, 20 juil. 1604 ; en partie démoli, 29 sept. 1627 et 4 avril 1689. — V. *Fortifications*.

Téligny, épouse la fille de l'amiral Coligny, 17 mai 1571, 25 mars 1571.

Temples ou lieux de prières des protestants. — *Le grand Temple*, sa construction, sa description ; premier prêche, 21 juin 1600 et 9 févr. 1687 ; érigé en cathédrale, 15 janv. 1629 et 18 oct. 1648 ; abandonné provisoirement aux paroissiens de St-Barthélémy, 3 nov. et 6 déc. 1630 et 20 juin 1678, etc.; consummé par un incendie, 9 fév. 1687 et 10 juin 1702 ; les matériaux employés à la construction des fortifications, 4 avril 1689. — V. 20 nov. 1632, 3 déc. 1641, 2 oct. 1651, 16 nov. 1666, 12 sept. 1684, 27 juin 1784, etc. — *Salle Gargouillaud*, V. Gargouillaud. — *T. Ste-Marguerite*, V. Ste-Marguerite. — *Salle St-Michel*, V. St-Michel. — *T. St-Yon*, V. St-Yon. — *T. de la Villeneuve* ou *Prêche*, sa construction, premier prêche, sa fermeture, sa démolition, 3 nov. 1630, 14 juil. et 12 sept. 1684 et 1er mars 1686 ; son emplacement donné par le Roi pour la construction de l'hôpital général, 3 avril 1667. — V. 22 mai 1643. — *Temple actuel*, ancienne église des Récollets, 9 mars 1705. — V. *Protestants*.

Templiers. — V. *Couvents*.

Tessereau, conseiller au présidial, 10 sept. 1627 et 3 nov. 1628.

Testard, tribun du peuple, 4 mai 1530.

Tharay, chef du parti populaire, insulte le Maire, 7 janv. 1617 ; exilé par le Roi, 3 nov. 1628.

Théâtre. Pièces de circonstances, 26 mai 1777, 8 juin 1794 et 16 sept. 1823. — V. *Mystères*.

Théâtre des variétés, établi dans la chapelle de l'hôpital St-Etienne, 28 mars 1740.

Thévenin (famille). — *(Jehan)*, Maire, fait achever la boucherie de la lique, ses armoiries, 20 sept. 1597. — *(Jehan)*, le jeune, Maire de 1613, fait construire la deuxième porte de Cougnes, ses armoiries ; naïveté de son fils, 16 mai 1791. — *(Loyse)*, femme de François Tallemant, 23 sept. 1620.

Thoiras (de St-Bonnet de), commandant du Fort-Louis, 25 nov. 1623 ; fait faire un port à Port-Neuf, ibid ; contribue à la prise de l'île de Ré, 15 sept. 1625 ; construit la citadelle de l'île de Ré, 26 oct. 1627 ; battu par les Anglais, se replie sur St-Martin, 22 juil. ; défend vaillamment la citadelle, 30 août et 6 octob. ; extrémité à laquelle il est réduit, 6 octob.; reçoit du secours et des vivres, 8 octob.; parvient à faire lever le siège à Buckingham, 8 n. 1627 ; court le danger d'être

— 589 —

tué, 26 févr. 1628; gouverneur de la Roch.; remplacé par Richelieu, 12 déc. 1630 et 23 mai 1631.— V. 20 juil., 26 oct. et 31 déc. 1627, 16 janv. 1628 et 29 juin 1681.
THOU (le président de), écrit aux Roch., 16 oct. 1572.
THOURON, capitaine des volontaires nationaux, 29 sept. 1789 ; courageux efforts pour empêcher le massacre des prêtres, 21 mars 1793 ; son généreux patriotisme, 21 août 1793.
THUILLERIE (Coignet de la), intendant, son éloge, 23 déc. 1628, 5 mars et 8 nov. 1630.
TIRIOT, architecte, chargé de la construction de la digue, 28 nov. 1627.
TISSERANDS. Ancienneté de leur maîtrise, statuts, 15 nov. 1595.
TONDEURS DE DRAP, confrérie, maîtres-regards, etc., 6 déc.
TONNELIERS. Patron, réglement, bannière ; jauge, marque, futailles légales, etc., 29 déc. 1590.
TORTERUE (Israël), exilé par Louis XIII, 3 nov. 1628.
TOSINGHI, vieux général florentin, 8 nov. 1572.
TOUAS, établit une manufacture de tabac à la Roch., 9 mars 1791.
TOUPET (André), Maire de 1624, coélu de Guiton, 30 avril 1628.
TOURNON (cardinal de), accompagne François Ier à la Roch., 30 déc. 1542.
TOURS. La Roch. comparée à Cybèle à cause de la multiplicité de ses..., 25 mai 1572 et 15 juil. 1224 ; capitaines des... — V. *Capitaines.* — d'*Aix*, son emplacement, 27 juin 1590 ; — de la *Chaîne*, sa construction, description ; échappe à la démolition des fortifications ; en partie détruite plus tard, 19 nov. 1651, 31 déc. 1542, 3 nov. 1628 et 15 janv. 1629 ; Louis XI écrit sur l'un des vitraux, 25 mai 1472 ; servait de prison, 17 juil 1554 ; les restes de d'Andelot y sont déposés, 27 mai 1569 et 21 oct. 1599 ; une collation y est offerte à Sully, 2 juil. 1604 ; du Doignon s'y fortifie, 7 oct. 1651 et 28 mai 1705 ; d'Estissac s'en rend maître, 19 nov. 1651. — V. 15 mai et 11 sept. 1568, 10 avril 1573, 27 juin 1590 et 20 sept. 1757.— *petite tour de la Chaîne*, 25 mai 1472 ; — *petites tours* entre celles de la Chaîne et de la Lanterne, 31 déc. 1542 ; — du *Château*, V. *Château;* — de l'*Echelle-Chauvin,* 12 mai 1565 ; — de *Faye*, sa destruction, 10 févr. 1568 ; — de la *Lanterne*, sa construction, 28 avril 1443 ; sa description, 31 déc. 1542 ; ses différents noms, leur origine, 28 avril 1443 et 10 févr. 1568 ; servait de phare, 31 déc. 1542 ; frappée de la foudre, 8 déc. 1625 ; massacres de prêtres, 10 févr. 1568 et 21 mars 1793 ; échappe à la destruction des fortifications, 3 nov. 1628 et 15 janv. 1629 ; menacée d'être détruite, 15 nov. 1651 ; sert de prison, 28 sept. 1793. — V. 18 févr. 1569, 27 juin 1590 et 28 sept. 1628. — de *Mallevaut*, servait de beffroi, 15 avril 1398 ; — de *Moureilles,* sa construction, sa description, 24 déc. 1360 ; situation, destinations diverses, 2 avril 1571, 29 janv. 1628 et 2 sept. 1632 ; donnée aux Récollets. — V. *Couvents.* — Rachetée par le Roi pour en faire un magasin à poudre, 2 sept. 1632 ; en partie détruite par un incendie, ibid ; craintes d'un nouvel incendie, 9 mars 1705 ; époque de sa démolition, 2 sept. 1632. — V. 28 avril 1443, 12 mai 1565, 27 juin 1590 et 16 nov. 1628. — du *Padé*, son emplacement, 27 juin 1590 et 7 nov. 1622 ; — de *St-Nicolas*, on y attachait la chaîne qui fermait le port, 31 déc. 1542 ; Louis XIII en autorise la conservation, 3 nov. 1628 ; du Doignon y forme une sorte de citadelle, 7

— 590 —

oct. 1651 ; siège et prise, 28 nov. 1651 ; — de *Sermaise* ou de la *Crique*, sa situation, 27 juin 1590 ; — de la *Verdière*, 10 sept. 1627 ; — V. *encore*, 15 févr. 1471, 25 mai 1472, 20 oct. 1562, 17 sept. 1565 et 27 juin 1590.

TRAHAN (Jean), trésorier de France, Maire, 4 juin 1713.
TRAITES (tribunal des). Etablissem.t, attribut., suppression, 29 nov. 1790.
TRAVERSAY (de), s.-préfet de la Roch., reconstitue l'Acad., 27 oct. 1800.
TREMBLEMENTS DE TERRE. — V. *Météorologie*.
TREMOUILLE (Louis de la), comte de Benon, seigneur de l'île de Ré et de Marans, 30 sept. 1514. — (Duc de la...), assiste à une assemblée générale des réformés, 14 nov. 1588 ; se fait représenter à celle de 1620, 25 déc.; nommé command. de l'un des cercles, 10 mai 1621 ; il refuse et est remplacé par Soubise, 9 oct. 1621 ; abjure le protestantisme, 18 juil. 1628. — V. 17 févr. 1621. — (Mme de la), accompagne la Reine à la Roch., 20 nov. 1632.
TREPELUS. Signification de ce nom, 11 avril 1615.
TRÉSORIERS DE LA COMMUNE. Mode d'élection, leurs fonctions, 19 avril 1398 ; rendaient annuellement leurs comptes publiquement, 15 mars 1603. — V. 1er sept. 1457.
TRÉSORIERS DE FRANCE. Installation, composition de leur bureau, attributions, etc., 2 mai 1695 ; achètent l'office de Maire de la Roch., lieu de leurs séances, 3 mai 1695, 5 févr. 1718, 8 avril 1748 et 2 nov. 1753. — V. 20 juin 1678.
TRETON-DURUAU, oratorien, 6 déc. 1630.
TREUIL-AUX-FILLES. Le duc de Mayenne s'en empare, 13 mai 1577.
TREUIL-MÉNARD, 13 nov. 1572.
TREUIL-DES-NOYERS, 13 nov. 1572.
TRIBUNAUX. — *De Commerce*, établissement du premier..., sa composition, élection des juges, lieu de ses séances, 7 févr. 1566. — V. *Bourse*. — Défense aux huissiers de plaider, 7 sept. 1769 ; le présidial siège pendant plusieurs années au tribun. de comm., 12 nov. 1789 ; installation du nouveau tribun. de comm., 23 mai 1792. — *De District*, établissement, mode de nomination des juges, premiers juges élus, leur installation, 22 et 23 nov. 1790. — V. *Officialité* — *Présidial* — *Maire* — *Salins* (cours des) — *Elus* — *Monnaie* — *Traites* — *Trésoriers de F.* — *Maréchaussée*.
TRIMOUILLE, achète le couvent des Augustins ; pillage de sa maison, 29 mai 1792 ; assassinat de sa femme, 31 janv. 1829.
TROMPETTE DE LA VILLE, exempt d'impôts, 12 déc. 1447
TROUBLES ET ÉMEUTES POPULAIRES, 30 août 1542, 23 nov. 1578, 9 oct. 1580, 5 sept. 1612, 11 janv. 1613, 22 mars et 9 août 1614, 11 avril 1615, 20 août 1616, 16 févr. 1617 ; barricades défendues par du canon, 19 févr. 1617, 5 janv. 1619, 22 avril et 3 nov. 1621, 29 mai 1792, 21 mars et 13 sept. 1793, etc.
TURENNE (vicomte de), assiste à une assemblée générale des protestants, 14 nov. 1588.

U

UNIVERSITÉ DE POITIERS. Sa fondation, concours de la commune roch. ; étudiants rochel., 16 mars 1432.

Usure, proscrite par un synode, 28 juin 1582.
Uzès (le duc d') au siège de la Roch., 11 févr. 1573.

V

Vair (Robert de), Maire de 1395, 15 avril 1398.
Valençay (commandant de), l'un des chefs de la flotte royale ; son originalité, 16 oct. 1628.
Valette (la), au siège de la Roch., 11 févr. 1573 ; — *(marquis de)*, s'empare du fort de Tasdon, 29 juil. 1621.
Valin. — *(Josué)*, sa naissance, ses fonctions, ouvrages, demeure, armoiries, 10 juin 1695 ; membre de l'Académie de la Roch., 25 juil., 1732 ; sa mort, son tombeau, 23 août 1765 ; son nom donné à un quai, 12 nov. 1858. — *(Pierre-Josué-Barthelémy)*, son fils, lui succède dans ses fonctions, 23 août 1765.
Vallée (de la), ministre protestant, se met à la tête de ceux qui dévastent les églises, 31 mai 1562 et 12 mai 1565 ; exilé par Charles IX, 17 sept. 1565.
Vauban, s'oppose à l'exécution du vaste projet de fortification et d'agrandissement conçu par l'ingénieur Ferry, 22 juil. 1700.
Vendée. — Vendéens. Soulèvements, 19 et 21 mars 1793 ; rigueurs contre les *brigands* de la..., 28 sept. 1793.
Vendome (duc de), accompagne François Ier à la Roch., 30 déc. 1542 et 1er janv. 1543.
Venette, médecin célèbre, sa naissance, sa demeure, sa mort, 18 août 1698 et 23 avril 1756.
Vergano (Scipion), ingénieur italien, chargé des fortifications de la R. ; déserte la cause des protestants, sa mort, 18 avril 1573.
Vérines. Son curé est le plus maltraité dans le réglement de la dîme, 7 août 1382.
Vertugadins, proscrits par un synode, 27 juil. 1592.
Viault, juge du premier tribunal de commerce, 23 mai 1792.
Vic (de), commissaire envoyé par la Reine ; refus des Rochel. de le recevoir, 2 déc. 1611.
Vidault, capitaine de la marine, 26 mars 1628.
Vieilleville. Les Roch. refusent de le recevoir comme gouverneur, 11 sept. 1568.
Vieilseigle, lieutenant-général du sénéchal du Poitou, commissaire envoyé à la Roch., 23 déc. 1531.
Vierge (la), vaisseau amiral de Soubise ; héroïque intrépidité de son équipage, 17 sept. 1625.
Viette (avocat). Intrigues relig. au moment de sa mort, 23 déc. 1628.
Vigean (du). — V. *du Fou*.
Vignolles (de), laissé à la Roch. avec des troupes après la reddition de la ville, 18 nov. 1628.
Vihiers, formait un doyenné du diocèse, 2 mai 1648.
Vilennes (Pierre de), gouverneur, règle les conflits de pouvoir entre le corps de ville et les offic. du Roi, 19 oct. 1406. — V. 15 av. 1398.
Villecourt, cardinal, ancien évèque de la Roch. — V. 21 août 1503.
Villemontée (François de), intendant de la Roch., chargé des prépara-

— 592 —

tifs pour la réception de la Reine, 20 nov. 1632 ; premier président de la cour des Salins ; anecdocte, 9 janv. et 3 déc. 1641. — V. 8 nov. 1630 et 2 juin 1638.

VILLE-NEUVE. Ce qu'on appelait de ce nom, 27 juin 1590 ; on y trace des rues et vend les terrains à bâtir ; droits conférés aux habitants, 15 sept. 1615.

VILLEQUIER (André de), gouverneur, 2 déc. 1454.

VILLEQUIER, au siège de la Roch., 11 févr. 1573.

VILLIERS. Son embarras du choix entre le mariage et la potence, 29 mai 1614.

VIN. — VIGNES. L'Aunis presque exclusivement cultivé en vignes, 29 déc. 1590 ; importance du commerce des vins à la Roch., 1er juil. 1395 ; droit de complant, contenance du quartier, 3 juin 1246 ; impôt sur le vin, 23 octob. 1445, 30 nov. 1461 et 9 déc. 1651 ; il ne pouvait être vendu à la Roch. d'autre vin que celui récolté par les bourgeois, 4 mai 1536 et 29 sept.; prix du vin en 1538, 16 avril ; en 1795, 19 déc. ; dispositions relatives à la forme et contenance des futailles, 6 déc.; vignes autrefois entourées de murs, 13 nov. 1572 ; mesures de police pour la conservation des vignes, 15 déc. 1615. — V. *Chasse, Tonneliers*.

VINCENT (Philippe), ministre protestant, député en Angleterre, 22 oct. 1627 et 9 avril 1628.

VINGT-HUIT ARTICLES (les). Ce que l'on désignait ainsi ; le corps de ville contraint de les accepter, 11 janv. 1613, 29 mars 1614 et 11 avril 1615 ; leur abrogation, 8 mars 1626.

VITRY (le maréchal de), au siège de la Roch., 10 nov. 1622.

VIVIEN, condamné à être pendu pour cause de religion, 1er août 1746.

VIVIER, apporte aux Roch. une lettre d'Angl., révélation, 9 avril 1628.

VIVIER, capitaine des volontaires nationaux, 29 sept. 1789.

VIVIER (du), assassiné par trois gentilshommes, 27 avril 1606.

VOIRIE. Réglement, 13 mars 1577 ; dans les attributions du bureau des finances, 2 mai 1695.

VOLEURS. Sévérité de l'ancienne législation contre les.... ; diversité des peines, 26 juin 1787 ; jugements contre des...., 16 juil. 1493, 11 déc. 1608, 26 juil. et 3 août 1613 ; voleurs notables, 11 décemb. 1608 ; précautions contre les...., 1er déc. — V. *Rues*.

VOLLIERS (des). Maison seign., a donné son nom à une rue, 13 nov. 1572.

VOLTAIRE, de l'Académie de la Roch.; lettres, 25 juil. 1732 ; supposition erronée relativement à un enfant de Henri IV, 7 août 1587.

VOYON (de), lieutenant criminel ; émeutes contre lui, 16 févr. 1617 et 30 déc. 1618.

WALSH, physicien anglais, fait des expériences sur la torpille à la R., 22 juil. 1772.

WANHOOGUERF. Son généreux patriotisme, 21 août 1793.

WEIS, négociant, l'un des premiers membres de la société d'agriculture, 15 févr. 1762.

Y

YVON (Paul), seigneur de Laleu, Maire de 1616 ; comment le qualifiait un bulletin de vote, 6 juin 1588 ; député vers le Roi, 25 nov. 1607 ; ses bizarreries, serment extravagant ; ses armoiries dans l'église de Laleu, 7 janv. 1616 ; pâtissier condamné à être pendu pour l'avoir outragé, 16 févr. 1617 ; encourt les censures et l'excommunication des ministres par ses principes hérétiques, 21 déc. 1617 ; marié à Marie Tallemant, tante de des Réaux, 2 oct. 1619.

Yvon (Paul), seigneur du Plomb, fils du précédent, chargé par Soubise d'offrir à la commune les drapeaux pris à l'ennemi, 2 mars 1622.

FIN DE LA TABLE ANALYTIQUE.

ERRATA.

Page 2, ligne 19 : *duc de Saint-Pol*, lisez : *comte* de Saint-Pol.
— 3, ligne 1re : 1772, lisez : 1672, et ligne 13 : *conseillers*, lisez : *conseiller*.
— 8, ligne 6 : 1616, lisez : 1617, et ligne 19 : (1), lisez : (2).
— 21, ligne 23 : *Corisandre*, lisez : *Corisande*.
— 23, ligne 3 : reportez au 3 février la mort de Jean de la Rochelle.
— 32, ligne 11 : *fils* du marquis de Beauharnais, lisez : *neveu du marquis*.
— 67, ligne 2 : 21 février, lisez : 24 février, et ligne 23 : 1708, lisez : 1718.
— 79, ligne 26, après *ville de Châtelaillon*, ajoutez le signe ».
— 98, ligne 25 : *leur établissements*, lisez : *leurs établissements*.
— 108, ligne 23, lord *Cochram*, lisez : lord *Cochrane*.
— 123, ligne 38 : *Th.* Venette, lisez : *Nic.* Venette.
— 137, ligne 3 : *archiprêtres*, lisez : *archiprêtrés*.
— 141, ligne 14 : 1578 (siège de), lisez : 1573 (siège de).
— 150, ligne 1re : 1622, lisez : 1621.
— 163, ligne 12 : 1802, lisez : 1803, et ligne 14 : 23 au lieu de 22 octobre, en reportant l'article sous la date du 20 mai.
— 170, ligne 12 : Chamois *Raymond*, Nairac, effacez Raymond.
— 172, ligne 4 : 1465. — *Les élections*, etc., ce paragraphe a été transposé et doit être transporté à la ligne 19, sous la date du 25 mai.
— 180, note 3. En relevant une erreur d'Arcère, j'en ai commis une autre ; la *place du foin* n'était pas la même que celle *de la citadelle*, et elle occupait la plus grande partie de l'emplacement où est actuellement le Cours-Richard.
— 185, ligne 17 : à quoiquils..., lisez : *quoiqu'ils*.
— 189, dernière ligne de la note : le fantasque seigneur de Laleu ne le devint qu'en 1616, lisez : *ne devint Maire qu'en 1616*.
— 205, ligne 10 : extrait de l'origine du proc.-verb. com. par, lisez : *extrait de l'original du proc.-verb. communiqué par*...
— 216, ligne 4 : *colonel* de la garde national, lisez : *chef de bataillon* ; la garde nationale n'était pas assez nombreuse pour avoir un colonel.
— 242, dernière ligne de la note 2 : beaucoup plus *raisonnable*, lisez : *vraisemblable*.
— 244, ligne 37 : *Joanne de Saint-Martin*, lisez : *Jouanne*.
— 255, ligne 24 : comme le lui *conseillait*, lisez : *conseillaient*.
— 299, ligne 30 : 1698, lisez : 1598.
— 310, à la fin de la note 1re, lisez : *(Masse)*, au lieu de *(Chasse.)*
— 313, ligne 31 : *Rébublique*, lisez : *République*.
— 318, ligne 13 et 14 : persuadés que c'était un vray cordeau, cordeau pour les étrangler, lisez : *persuadés que c'était un vray cordeau pour les étrangler*.
— 331, ligne 12 : par deux *covrans*, lisez : *deux courans*.
— 345, ligne 24 : *Marguerite*, lisez : *Catherine*.
— 353, ligne 36 : *que* les Rochelais, lisez : *lorsque* les Rochelais.
— 379, ligne 2 : 1637, lisez : 1627.
— 392, ligne 18 : *et dès qu'il eût leur assentiment*, lisez : *mais dès qu'il eût*, etc.
— 393, ligne 20 et 21 : sous le nom de Maintenon, lisez : de *Madame* de Maintenon.
— 397, ligne 13 : 1445. — Charles VIII, etc. C'est par erreur que cet article a été placé sous la date du 23 octobre, il doit être reporté à celle du 23 décembre.
— 409, ligne 28 : les articles signés, lisez : les articles *ayant été* signés.
— 426, ligne 16 : nommé Fiesque, lisez : de *Fiesque*.
— 435, ligne 26 : hist. des assemb. polit. des *réformes*, lisez : *des réformés*.
— 438, ligne 2 : le 13 *octobre*, lisez : le 16 *novembre*. L'article doit par conséquent être transporté sous la date suivante.
— 478, ligne 23 : (V. 2 juin), lisez : (V. 1er juin.)
— 492, ligne 32 : la princesse *Marguerite*, lisez : la princesse *Catherine*.
— 502, note : Arcère et Massiou se sont trompés en traduisant *Londunum* par Londres, lisez : Arcère et Massiou se sont trompés en lisant *Londunum* au lieu de *Loudunum*, et en indiquant *Londres* au lieu *Loudun*, comme le lieu d'où était datée la charte.

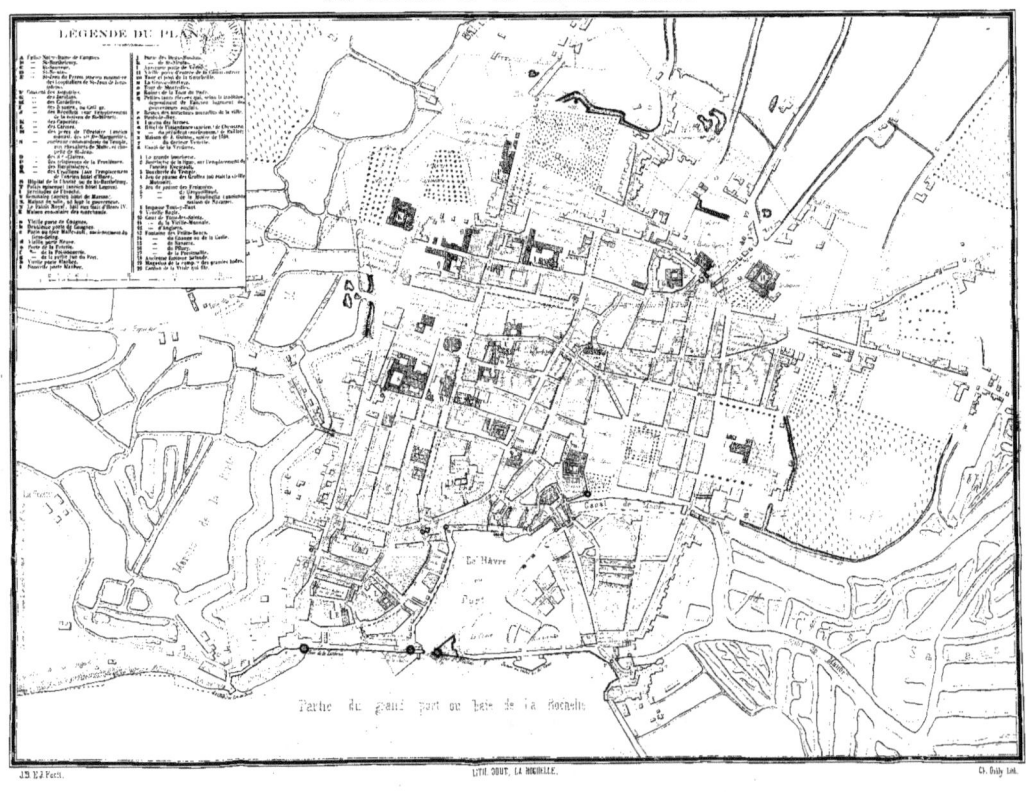

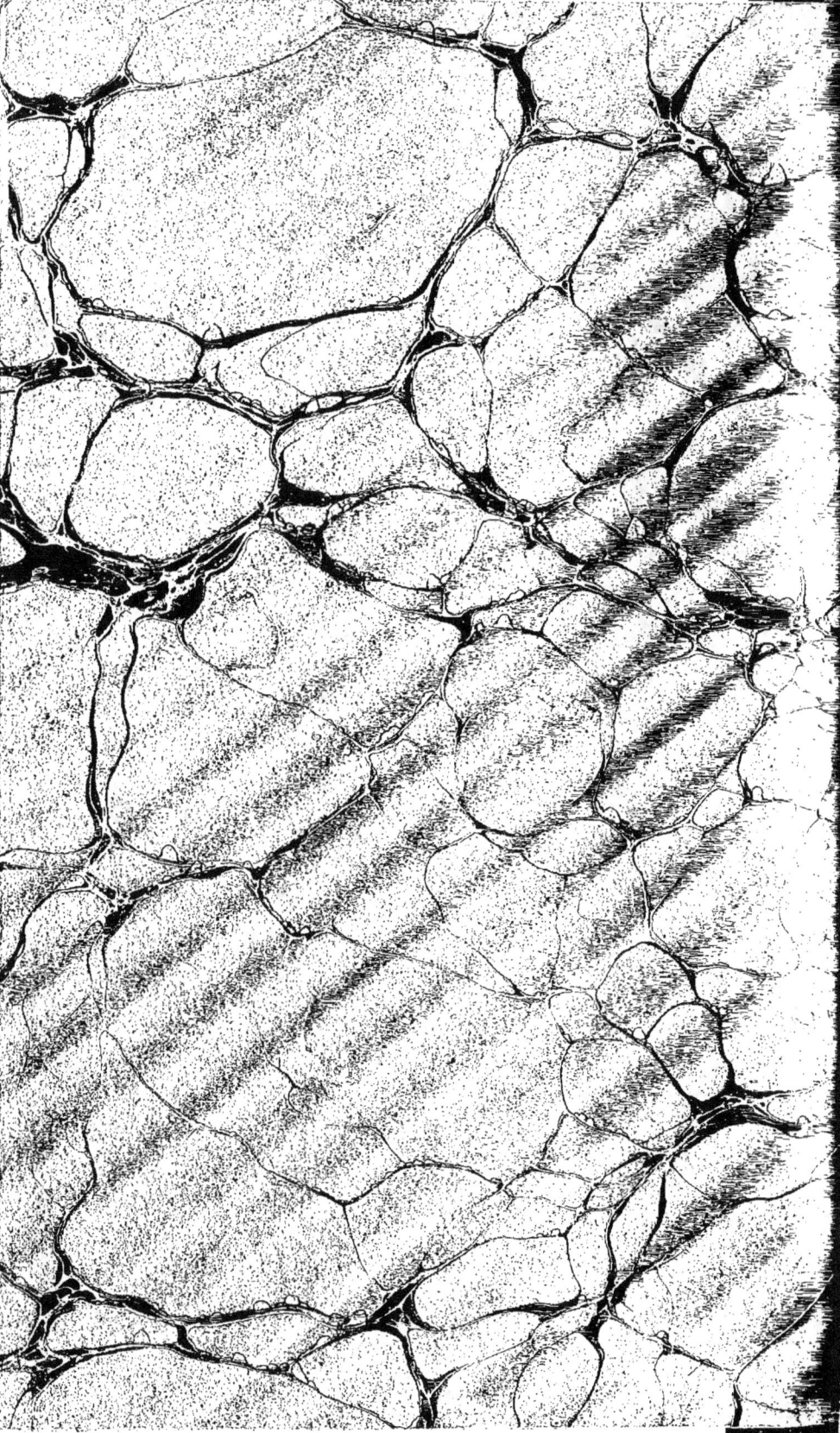

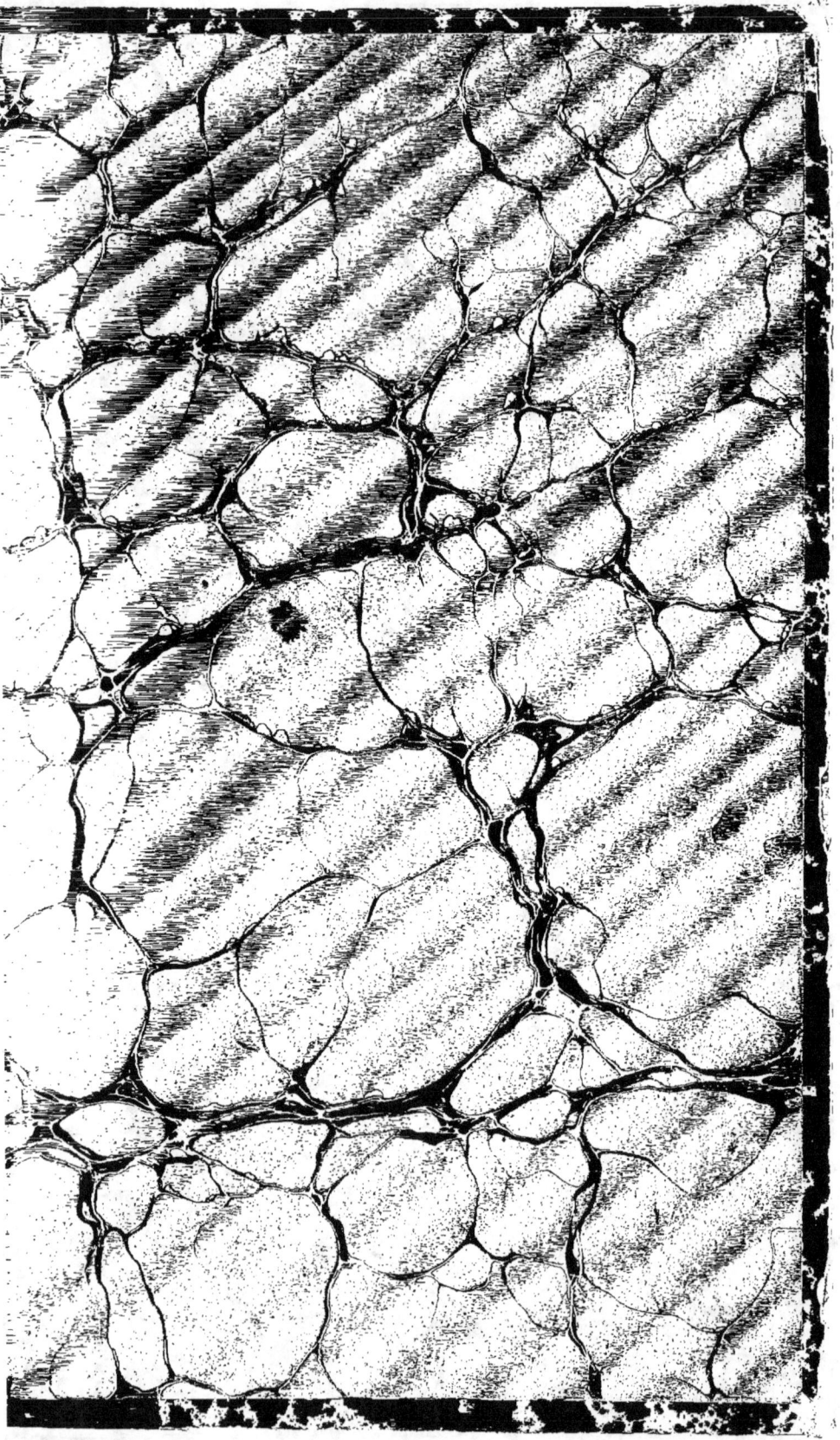

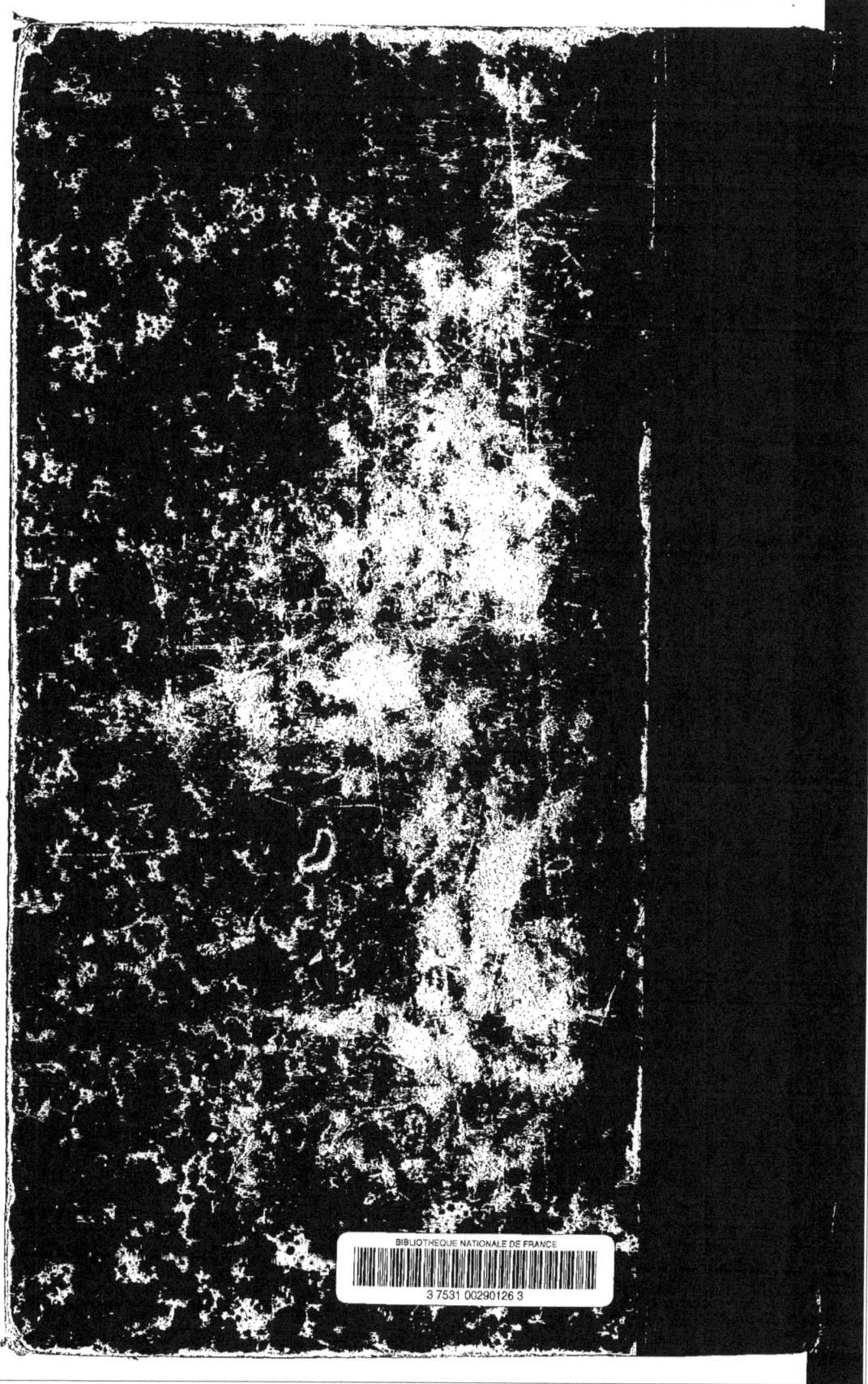

www.ingramcontent.com/pod-product-compliance
Lightning Source LLC
Chambersburg PA
CBHW051328230426
43668CB00010B/1191